한

．．ㅍ与汉语研究

판 원 궈　지음
오 은 석　옮김

玄 人

한자에서 언어학으로

字本位与汉语研究

판원궈 潘文国

읽기 전에

0. 엄밀하게 보면 "중국어"라는 표현은 적합하지 않다. 이 책의 연구대상인 "汉语"는 중국인 중 (절대다수이기는 하나) 한족들의 모어이자 중국의 공통어이지만, 그것이 곧 "중국어"라고 볼 수는 없다. 하지만 이 책이 한국어로 번역되어 한국 독자들에게 읽히는 만큼, 한국에서 통용되는 표현으로 "중국어"를 사용했다.

1. 가능한 한 일반언어학과 (한)국어학에서 사용되는 용어를 사용했다. "汉语"를 "한어"라고 옮기는 등의 한국 중국어학계의 독특한 표현은 되도록 적게 사용했다.

2. 중국어 표기는 꼭 필요한 경우가 아니면 간체자를 사용했다. 원 텍스트도 간체자로 되어 있다.

3. 이해를 돕기 위해 많은 수의 용어와 인명 등에 중국어 원어를 반복적으로 병기했다. 독서에 끼치는 영향을 최소화하기 위해 작고 옅은 폰트로 처리했다. 특히 인용문의 경우에는, 옮긴이의 번역에 한계가 있을 수 있으므로 인용문 전체를 병기했다.

중국어 원문을 많이 추가한 데에는 몇 가지 이유가 있다.

ㄱ. 원문이 다루는 영역이 넓고 깊어 번역이 쉽지 않았다. 공부가 깊지 못해 번역하면서 원저자께 의미를 물은 곳이 적지 않다. 최선을 다했다고 스스로 안위하지만, 원저자의 의도가 정확하게 전달되지 않은 것이 있다면 언제든지 지적을 받아들여 수정하겠다.

ㄴ. 중국어를 학습하는 단계에 있는 독자들에게 조금이라도 도움이 되었으면 하는 마음에서.

ㄷ. 이 책을 일반언어학 서적으로 읽는 독자들을 위해서.

4. 유협의 『문심조룡』, 소쉬르의 『일반언어학 강의』, 데리다의 『그라마톨로지에 대하여』 등 원문에서 많이 인용되고 원저자의 사상에 많은 영향을 끼친 책의 경우, 한국에서 출판된 번역서의 텍스트를 그대로 옮겼다. 문맥을 이해하는 데에 필요하다고 생각하는 최소한의 경우에만 옮긴이의 해석이 가미된 용어와 표현을 사용해 번역문을 수정했다. 원 번역자에게 누가 되지 않기를 바란다.

5. 부록의 용어대조표(주제어 색인)는 원문에 중영대조로 포함되어 있는 것이다. 옮긴이가 한중영으로 확대했다.

6. 예제로 사용한 중국어 단어의 발음은 푸퉁화(중국 대륙의 표준어)의 발음을 기준으로 그 뒤에 오는 한국어 조사를 선택했다. 병음은 원문에 있는 경우를 제외하면 병기하지 않았다.

7. 원문의 "中国zhongguo"를 한국어의 "중국"이 아니라 "동양"이나 "동방"으로 번역한 곳이 있다. 원저자가 "中国"를 "서양"이나 "서방"의 대립어로 사용한 곳이 많기 때문이다. 이런 현상은 중국에서 흔히 볼 수 있는 것이다.

원문의 많은 곳에 등장하는 "我们"은 당연히 중국인 혹은 중국의 언어학자를 일컫는다. 본 번역문이 한국 독자를 대상으로 하는 만큼 이를 가능한 한 불특정 다수의 연구자로 처리하려 노력했다. 원저자는 평소 "과학에도 국경이 있다."라는 표현을 자주 사용하는데, 이러한 입장과 태도는 언어연구에 있어서도 마찬가지이다.

8. 청나라 말기를 기준으로 그 이전의 고유명사는 한국식 한자음으로 표기했다. 이러한 시기구분은 옮긴이의 주관적인 방식이지만, 교육부의 방침과 큰 틀에서 차이가 없다. 중국어를 모르는 대부분의 한국인이 이 시점 이전의 경우 한국식 한자음에 익숙하고, 이 시점 이후의 경우 푸퉁화의 발음에 익숙하기 때문이다. "쑨원(손문孙文)"과 "루쉰(노신鲁迅)"의 시대를 경계선으로 나누었다.

9. "문법"과 "어법"이라는 용어는 원저자 판원귀 교수의 사상에 따라 모두 "어법" 을 사용했다. 원문에 "文法" 등의 단어가 인용문 등으로 등장하는 경우에는, 가능한 한 그 인용문의 저자가 사용한 어감을 살리기 위해 "문법"을 사용했다.

10. 많은 부분에서 이해의 깊이가 부족하여 원저자 판원귀 교수의 별도 지도를 받 았다. 여전히 충분하지 않다. 독자의 아량을 기대하는 수밖에 없다.

상하이임시정부수립 100주년 2019년 늦봄에
상하이시 百濟韓國語中心
오은석 識

목 차

한국어판 서문

판 원 귀

나의 책 《字本位汉语研究》를 오은석 군이 번역하여 한국에서 출판할 예정이다. 참으로 영광이다. 나의 책이 한국에서 출판되는 것은 이번이 처음인 데다, 오 군이 한국의 독자들을 위해 몇 마디 해달라고 하니 당연히 즐거운 마음으로 몇 자 적는다.

이 책은 언어학 이론서이면서 동시에 중국어를 공부하고 연구하는 사람을 위한 참고서이기도 하다. 독자층은 일반언어학에 관심이 있는 이론연구자와 중국어를 가르치고 연구하는 전문가라고 볼 수 있겠다. 오 군이 이 책의 한국어판 제목을 《한자에서 언어학으로》로 정했다고 하는데, 내가 생각하는 위의 두 독자층을 잘 반영한 것으로 생각한다.

이 책의 이론적인 의미는 어디에 있을까. 먼저 문자와 언어의 관계에 대한 새로운 시각이다. 아리스토텔레스부터 헤겔을 거쳐 소쉬르에 이르기까지, 서양의 학자들은 모두 문자를 "기호의 기호", 언어(사실은 음성)의 대체품으로만 생각했기 때문에 언어연구에서 그것이 차지하는 가치에 대해 전혀 관심을 기울이지 않았다. 그러나 사실 소쉬르는 아리스토텔레스와 헤겔과는 다르게 한자가 다른 문자체계와는 차이가 있다는 점을 명확하게 인식하고 있었다. 그래서 그는 "기호의 기호"라는 기존의 이론을 이어가면서도 동시에 중국어와 한자의 특수성을 강조한 것이다.

소쉬르의 말 중에서 아래의 두 가지는 특히 우리의 주의를 요한다. 첫 번째, "세상에는 두 가지 문자체계가 있다. 하나는 표음문자 체계이고 다른 하나는 표의문자 체계이다."라는 말이고, 두 번째는 "중국 사람에게는 표의문자와 발음된 말이 모두 똑같이 개념의 기호이다."라는 말이다. 그런데 그는 여러 원인으로 "우리는 표음체계, 특히 오늘날 사용되고 그 원형이 그리스 알파벳인 표음체계에 연구를 국한하겠다."라고 자기 연구의 범위를 한정지었다. 소쉬르가 스스로 "국한하겠다"라고 반복해서 강조한 것은 모든 언어를 대상으로 하지 않는 스스로의 연구가 일반언어학으로서 선명한 한계를 가지고 있음을 인정한 것이다.

그런데 소쉬르의 "국한하겠다"가 후대에 와서는 오히려 "국한하지 않는다"로 변하면서 "기호의 기호"가 마치 고대로부터 현대까지의 모든 언어에 적용되는 "공리"인 양 인식되어 언어학연구자들이 입문과정에서 반드시 알아야 할 상식으로 통하게 되었고, 중국을 포함한 전 세계의 언어학자들이 거의 모두 이것을 하늘과 땅이 정한 "진리"로 다루고 있다. 위에서 언급한 두 가지 한계성에는 아무도 주의를 기울이지 않았고 당연히 아무도 소쉬르에게서 힌트를 얻어 "국한한다"를 넘어서려는 어떤 시도도 하지 않았다.

내가 연구하고 싶었던 것이 바로 이 지점이다. 소쉬르의 말을 기초로 다시 앞으로 한 발짝 나아가 만약 한자가 중국인에게 2차적인 언어라면 1차적인 언어(음성)와 2차적인 언어(문자)를 모두 갖춘 언어, 즉 중국어는 어떻게 연구해야 하는가? 일반언어학은 이를 통해 또 어떻게 풍부해지고 충실해질 수 있는가? 이 책은 이에 대한 이론적 탐구로, 아래와 같은 세 가지 문제를 제시하고 있다.

첫 번째, 한자가 중국어연구에서 갖는 중요한 지위.

두 번째, 한자에 기반을 둔 새로운 중국어연구 체계.

세 번째, 새로운 중국어연구 체계와 일반언어학의 대응 관계.

이론의 가치는 실천의 방향성을 제시하는 데에 있다. 한자가 중국어에서 차지하는 핵심적인 지위 때문에, 그것은 중국어 언어학의 기초일 뿐만 아니라 중국어 사용과 중국어 교육의 기초이기도 하다. 그래서 이 책의 실천적 가치는 중국어의 응용에서 드러난다. 예를 들어 한자에 기반한 중국어이론은 중국어교육을 위해 최소한 아래의 몇 가지 힌트를 제시할 수 있다.

하나. 한자의 중요성을 충분히 강조하고, 중국어 학습자에게 가능한 한 먼저, 그리고 빨리 한자를 익히게 해야 한다. 중국어의 병음이 한자의 독음을 기록하는 수단에 불과하다는 점을 생각하면 그것은 사실 한자의 보조장치일 뿐 대체제가 될 수 없다. 여러 나라에서 중국어의 기초를 가르치면서 병음으로 한자를 대체하거나 혹은 한자보다 병음을 먼저 가르치는 것은 잘못된 일이다.

둘. 한자를 교육할 때 중국의 전통적인 한자이론인 "육서"의 원리와 경험을 충분히 활용해서 형태에 따라 분해하여 이해시켜야 한다. 이 책이 제시하고 있는 "한자형위학"은 사실 《설문해자》를 현대적인 언어학이론으로 재해석한 것으로, 한자 교육에 이론적 근거로 활용할 수 있도록 한 것이다.

셋. 중국어 어휘교육에서 한자가 가진 "2차적인 언어"의 특징을 충분히 활용해야 한다. "어휘는 무한하지만 한자는 유한하다."라는 특징을 말한다. 많은 사람이 영어는 어휘가 100만여 개에 달하는 데 비해서 중국어의 어휘는 37만여 개에 불과하다고 말한다. 그런데 사실 이러한 비교는, 서로 다른 언어는 어휘를 구성하는 방식도 매우 다르다는 점을 고려하지 않은 것이다. 영어는 새로운 개념이 나타날 때마다 새로운 단어를 만들어내지만 중국어는 원래 사용하던 한자에 기초해서 병렬, 접두, 접미 등의 방식으로 매우 자유롭게 수많은 새 단어를 탄생시키므로 아무리 새로운 단어가 나타나도 "익숙한 한자"를 사용한다. 때문에 새 단어의 의미를 쉽게 추측할 수 있어 배우기가 매우 쉽다. 더 주의를 요하는 것은 알파벳문자를 사용하는 영어의 경우 시대의 발전에 따라 어휘량이 빠른 속도로 증가하여 고대 영어 시기(기원전 11세기~300여 년 전)에는 2.3~2.4만 개에 불과했던 어휘가 현재는 100만여 개로 증가했지만, 중국어는 고대 중국어 시기(기원전 11세기~300여 년 전)에는 물론이고 현재에도 자주 사용하는 한자가 겨우 3,500여 개에 불과하다는 사실이다. 따라서 외국인이 중국어를 배울 때 어려운 것은 한자이지 어휘나 어법이 아니다. 즉, 중국어 학습에서 중요한 것은 "한자를 얼마나 아느냐"이지 어휘량이 아닌 것이다.

넷. 어법이 중요하지 않다는 말은 서양 언어학의 영향을 받아서 도식화된 어법분석 방식을 배워봤자 소용없다는 말이다. 왜냐하면 중국어는 구조화된 서양식 어법에 의해 말해지지 않고 "음과 의미의 상호작용"에 의해 발화되기 때문이다. 서양의 언어학이 언어를 연구하는 품사, 문장성분, 어순, 주술관계 등의 논리는 중국어에 어떠한 영향도 끼치지 않고, 오히려 중국어의 자연스러운 발화를 방해할 뿐이다. 중국어는 자유롭고 풍부하기 때문에 단어나 문장의 생성이 매우 역동적이다. 오직 음과 의미의 상호작용만이 이 현상을 제대로 설명할 수 있다.

한국과 중국은 역사적으로 오랫동안 교류해 왔고, 서로 영향을 주고받았다. 한국어는 음성과 어법 등에 매우 선명한 특징을 가지고 있다. 그런데 또 음절의 구성과 그것을 문자로 표기하는 방식이나 한자어 등에서는 고대 중국어와 한자의 영향을 많이 받았다. 고대 중국어는 한자에 기반한 언어학이 더욱 선명하게 작용했기 때문에 이 책이 제시하는 이론과 방법으로 한국어와 중국어의 관계를 비교하고 이해한다면 어법이나 입말의 각도에서 비교하는 것보다 더욱 효과적으로 의미 있는 연구 결과를 얻을 수 있을 것이라고 생각한다. 이 책의 번역이 한국의 중국어학계와 중국어이론에 작게나마 나비효과를 불러일으키길 희망한다.

이 책을 번역한 오은석 군은 중국에서 오랫동안 생활하고 일해 왔다. 중국어 실력도 외국 유학생의 수준을 크게 뛰어 넘는다. 오 군은 여러 해에 걸쳐 나와 공부했기 때문에 나의 사상과 이론에 비교적 깊은 이해를 가지고 있고, 특히 한자에 기반한 일반언어학에 많은 관심을 보여왔다. 오 군이 나의 여러 저작 중에서 이 책을 골라 번역하고 한국에 소개하는 것은 이 책의 내용이 한국인이 중국어를 공부하고 연구할 때에, 또 중국어연구에서 일반언어학 연구로 한 발짝 더 나아갈 때에 참고할 만한 가치가 있다고 생각했기 때문이다. 나는 오 군의 번역이 이 책의 내용을 제대로 이해하고 적확히 표현했을 것이라고 믿는다. 이 기회를 빌어 이 책을 출판해 준 한국의 출판사 현인에게도 감사를 전한다.

2021년 12월 22일 상하이에서

韩文版序

潘文国

我的《字本位与汉语研究》承吴恩锡君翻译成韩语，即将在韩国出版，深感荣幸。这是我在韩国出版的第一本书，吴君希望我对韩国读者说几句话，我当然乐以从命。

这本书是一部语言学的理论书，同时也是一本学中文、教中文的参考书。它的对象一是对普通语言学有兴趣的理论研究者，二是从事中文教学的老师和专家。吴君把这本书的韩文版的书名译为《从汉字到语言学》，准确地阐释了这两层意思。

这本书的理论意义在哪里？首先就在于对文字与语言关系的突破。从亚里士多德到黑格尔，直到索绪尔，都把文字看作是"符号的符号"，只是语言（实际指语音）的替代品，在语言研究中毫无价值。但实际上，索绪尔与前两人有重大的不同，他敏锐地看到汉字与其他文字的不同，因此在重复前人所谓"符号的符号"的同时强调汉语汉字的特殊性。他有两段话很值得注意。一段是说世界上有两种文字体系，一是表音文字体系，二是以汉字为代表的表意文字体系。另一段是说，对汉人来讲，文字也是语言，是第二语言。但由于历史的原因，他的研究"只限于表音体系，特别是只限于今天使用的以希腊字母为原始型的体系"。索绪尔反复强调的"只限于"，说明他的普通语言学是有限的，实际上并不包括所有的语言。而但索绪尔的"只限于"到了后人手里却成了"不限于"，"符号的符号"成了古往今来所有语言的"公律"，成了语言学理论的入门必知。包括中国语言学家在内的全世界语言学家、几乎全部普通语言学著作都把这作为天经地义的"铁律"。从没有人重视索绪尔的这两句话，更没有从中得到启发，尝试沿着索绪尔的话，突破"只限于"，往前再走一步。而本书所做的，就是在索绪尔基础上，往前走了一步，探讨如果承认文字是汉人的第二语言，那么对于兼具第一语言（语音）和第二语言（文字）的语言，汉语应该怎么研究？普通语言学又如何因此而得到丰富和充实？本书在理论上的探讨，因之可归结为三条，一是强调汉字在汉语研究中的重要地位，二是构建在字的基础上新的汉语研究体系，三是建立新的汉语研究体系与普通语言学各平面的对应关系。

语言理论的应用意义在于对语言实践的指导。由于汉字在汉语中的核心地位，它不仅是建立汉语语言学的基础，也是汉语使用和语言教学的基础。因此本书的实践性就体现在对汉语应用的指导价值。例如对于中文教学来说，字本位理论至少提供以下几点启示：第一，要充分重视汉字教学，在中文教学中要先学、早学汉字。要认识到汉语拼音只是汉字的注音工具，是学习汉字的助手而不是替代物。国际汉语教学界在汉语启蒙教学中以拼音代替汉字或者领先汉字的做法是错误的。第二，汉字学习要充分利用传统文字理论即"六书"的原理和经验，重视对字形进行拆解，本书提出的"汉语形位学"，实际就是传统"说文解字"的现代化和语言理论化，应该用这一理论来指导汉字教学。第三，在汉语词汇教学中，要充分利用汉字作为"第二语言"的一个特色，即词无限而字有限。即掌握一定数量的字以后，其造词、识词能力是无限的。常有人感慨于西方词汇的丰富和汉语词汇的贫乏，例如说英语词汇量已达100万，而汉语大词典收词才37万。其实这种比较完全不顾不同语言词汇的特点，英语是为每一个概念造一个新词，汉语则可以在已有汉字基础上，通过并列、前合、后合等方式，自如地造出成千上万的新词，而且对任何新词，由于用的是"熟字"，因此大多可猜出其意义来，学起来更方便。更值得注意的是，拼音文字语言如英语，随着时代的发展，词汇量在猛增，从古英语时期（公元5-11世纪）的2.3-2.4万猛增到今天的100万；而中国从更古的先秦时期（公元前11-前3世纪）至今，常用字却总在3500字左右。因此，外国人学汉语，难在汉字而不是词汇或语法，学习汉语重在考核"字汇量"而不是"词汇量"。第四，说语法不重要，是指现行在西方影响下的僵化的语法分析法学了用处不大，因为汉语不是受西文式的结构语法控制的，而是受中文式的"音义互动律"控制的，所谓词类、词性、词序、主谓、动宾等根本控制不了汉语，只会限制汉语的使用，动辄受拘。汉语组织灵活多变，富具动态性和生成性，只有音义互动律能够解释。

韩国与中国在历史上长期交往、彼此影响，韩语在语音语法等方面都有自己的鲜明特色，但在某些方面，例如韩语音节构成及呈现形式，韩语中的汉字词构成等，又深受古代汉语的影响，而古代汉语完全以字为本位。因此，如果从字本位的角度去比较和理解韩汉语的关系，我相信会比从语法和口语角度去比较更能事半功倍。希望相信这本书的翻译能对韩国汉语界和理论语言学界起到一定的作用。

本书译者吴恩锡君是我的学生，他在中国生活和工作多年，中文水平远超一般外国留学生。他曾从我学习多年，对我的思想理解较深，在字本位问题上尤其有感悟。他之所以在我的诸多著作中选择这一本来翻译介绍，也是感到这一本书对韩国人学习汉语、研究汉语乃至普通语言学有一定的参考价值。相信他的译文在理解和表达上一定会比较到位。在此谨向他及出版本书的玄人出版社表示衷心的感谢！

2021年12月22日于上海

중국어 연구의 새로운 기반
《한자에서 언어학으로》 역자 서문

판원궈 교수는 동서고금에 통달한 중국 화둥사범)교 언어학과의 종신석좌교수로, 교수의 수업은 주로 영어와 중국어를 비교하고 대조하는 방법으로 언어의 본질을 탐구한다. 판 선생님과 공부를 시작하기 전에는 "언어와 문자체계는 두 개의 구별되는 기호체계이다. 후자의 유일한 존재 이유는 전자를 표기하는 것이다."라는 유의 표현이 언어학의 "진리"라고 세뇌되어 있었던 것 같다. 나는 중국인에게 한국어를 가르치는 일을 하는데, 현장수업에서 한국어 "한자어"와 현대중국어를 자주 연결해 사용하고, 한자가 가진 조어 능력에 대해 감탄하고 설명하면서도, 학부과정에서 주입된 서양 언어학의 관점이 중국어의 실제 운용과 매우 거리가 있고, 또 경우에 따라서는 심각하게 모순된다는 사실에는 주의를 기울이지 않았다.

내가 처음 판원궈 교수의 《한자에서 언어학으로》를 접한 것은 2006년 초이다. 우연히 화둥사범대학교 중문과 박사생 수업을 참관할 일이 있었는데, 교수와 학생들이 "한자에 기반한 언어학"이라는 것이 과연 중국어의 실제에 어울리는 것인지 토론하는 모습을 보게 되었다. 언어와 문학을 전공한 나에게 이 모습은 매우 이상했다. 공부가 부족한 나에게도 표음문자를 사용하는 언어가 "어휘"에서 출발해 언어를 연구하고, 표의문자를 사용하는 언어가 "문자"를 기반으로 언어를 연구하는 것은 어쩐지 너무도 당연한 "상식"이라 여겨졌기에, 중국의 학자와 학생들이 "한자에 기반한 언어학"이 "가능한가"를 토론하는 모습이 "비상식적"으로 보였기 때문이었다. 참관이 끝난 후 나는 이 책의 원저를 바로 구입해서 몇 페이지 읽어보고서야 "한자에 기반한 언어학"이라는 것이 중국에서도 전혀 "주류" 사상이 아니라는 사실을 발견하게 되었고, 판원궈 교수의 연구를 따라가보고 싶어졌다.

　"한자에 기반한 언어학"이란 판원궈 교수의 핵심 사상이다. 내가 만약 교수의 넓은 학문 분야를 정리해야 한다면, 교수가 연구하는 철학언어학("언어철학"이 아니다), 언어학 이론, 중영언어비교, 번역학 등의 영역이 모두 이 책의 내용을 세분화하고 확장한 것이라고 말할 수 있다. 아주 간단하게 이 책의 주제를 말하자면, "문자(한자)는 중국어를 연구하는 출발점이자 동시에 종착점이다. 이 점은 글말과 입말을 모두 포함한다."라고 할 수 있다. 이 책은 이러한 사상을 확장하여 일반언어학의 연구 범주까지 나아가, 한자에서 시작하여 "언어" 전체를 관통하고 있다. 한국과 중국의 언어학연구는 대부분 소쉬르 등의 서양 언어학에 이론적 기반을 두고, 그 이론이 우리의 언어를 잘 설명하고 있는지 검증하는 방법을 사용하고 있으며, 심지어는 우리의 언어가 그 언어학 이론에 부합하는지 검증하려 하고 있다. 판원궈 교수는 이러한 학문계의 모습에 큰 안타까움을 느끼고 있다. 그는 항상 스스로의 언어에서 출발해 일반언어학에 어떤 식으로든 공헌을 해야 한다고 말씀하신다. 그래서 이 책은 "한자"와 "Word"의 대응성에서 시작하여 음운학, 형위학(광의의 형태론), 장구학(광의의 텍스트 언어학), 자의학(광의의 의미론)과 (중국어의) 음과 의미의 상호작용 등 언어학의 모든 영역을 연구의 대상으로 삼는다.

　한자에서 출발하여 언어학의 모든 영역으로 나아가기 위해서 판원궈 교수는 언어의 정의에서부터 연구를 시작했다. 그는 고대로부터 현대까지 동양과 서양에 존재했던 언어에 관한 정의 60여 종을 고찰하고, 언어 연구의 핵심 이념을 수립했다. "언어는 인류가 세계를 인식하고 표현하는 방식과 과정이다." 이러한 표현에서 발견할 수 있는 것은, 그의 사상에서는 "언어"가 "입말"뿐 아니라 "글말"도 포함한다는 사실이다. 이러한 생각은 "한자에 기반한 언어학"의 철학적 기초가 되었다. 서양의 언어학처럼 "로고스"에만 집중한다면 이는 곧 언어의 정의에서부터 "문자"가 언어일 가능성을 원천적으로 포기하는 일이고, 연구자의 시야 또한 그렇게 한계를 가지고 출발할 수밖에 없다.

위와 같은 정의에서 출발하여 언어의 본체를 연구하면, 우리는 비로소 "문자(한자)" 연구의 가치를 발견하게 된다. 판원궈 교수와 "한자에 기반한 언어학" 이론은 바로 이 점에서 시작한다. 가장 선명하게 "문자"의 중요성을 드러내고 있는 것은 이 책의 제4장이다. "한자와 Word의 대응성"이라는 명칭은 그 자체로 "하나의 한자"가 "하나의 Word"에 해당하며, 인도-유럽어족에서 Word가 언어의 기본단위로 어소와 조어 등의 방면에서 가장 중요한 연구 대상이 되는 것처럼, 중국어 연구에 있어서도 한자가 그러한 역할을 한다는 것을 증명하고 있다. 이러한 대응성은 한자에 기반한 언어학의 핵심적인 사고방식이다. 그는 이러한 이론에 의거해서 중국의 전통적인 한자연구 방법인 육서와 유협의 《문심조룡》을 재해석했으며, "조자법(한자의 구성 원리)", "조어법(새로운 어휘가 탄생하는 과정)"에서 장구학까지를 관통하는 새로운 관점을 제공하고 있다. 그의 사상을 완벽히 이해했다고 보기는 어렵지만, 한국인으로서 나는 최소한 한국어와 중국어의 조어법이 완전히 똑같다는 것은 확인할 수 있었다.[1] 이것은 새로운 발견인데, 한국의 중국어 연구자들이 이를 잘 활용하면 좋겠다.

그 외에 내가 이 책에서 중국어를 공부하는 한국 학생들에게 가장 커다란 도움이 되

---

[1] 아래의 표를 참고하면 한국어와 중국어의 조어법이 완전히 일치한다는 사실을 쉽게 확인할 수 있다. 이 점은 한국어의 "한자어"뿐 아니라 고유어에도 적용되는 것으로, 중국어를 공부하는 한국의 학생들이나 한국어를 공부하는 중국의 학생들도 이 점을 참고할 수 있을 것이다.

字(词)素		牛			马		
汉语	韩国语	汉语	韩国语	英语	汉语	韩国语	英语
公	수	公牛	수소	bull	公马	수말	stallion
母	암	母牛	암소	cow	母马	암말	mare
仔	-(이)아지	牛仔	송아지	calf	马仔	망아지	pony
肉	고기	牛肉	소고기	beef	马肉	말고기	horsemeat
字(词)素		猪			狗		
汉语	韩国语	汉语	韩国语	英语	汉语	韩国语	英语
公	수	公猪	수돼지	boar	公狗	수캐	(male) dog
母	암	母猪	암돼지	sow	母狗	암캐	bitch
仔	-(이)아지	猪仔	도야지	piggy	狗仔	강아지	puppy
肉	고기	猪肉	돼지고기	pork	狗肉	개고기	dog meat

리라 생각한 것은 제10장 "음과 의미의 상호작용" 부분이다. 잘 알려진 것처럼 중국어는 "해음" 문화가 매우 발달해 있다. 고대의 "대련"부터 현대의 "만담"까지, 중국어의 언어유희는 다른 언어에 비해 매우 활발하고 풍부하다. 판원궈 교수는 "한자에 기반한 언어학" 이론을 기초로 해음 문화가 중국어의 중요한 특징임을 언급하고 "중국어에서는 음절의 수가 문법의 구조보다 더 중요하다."는 새로운 명제를 입증했다. 중국어를 공부해본 외국인은 대부분 수업 시간에 배운 "문법"이 중국어의 실제 운용에서는 별로 도움이 되지 않는다는 사실을 잘 알고 있는데, 만약 학생들이 중국어에서 음절의 수량이 갖는 중요성을 제대로 인식할 수 있다면 입말과 글말에서 더 쉽게 고급 수준의 중국어를 구사할 수 있을 것이다.

이 책의 내용을 이렇게 간단하게 정리하는 것은 판원궈 교수에게 실례를 범하는 것이다. 이 책의 원저를 읽으면 판원궈 교수의 여러 가지 독창성과 학문적 경지를 발견하게 된다. 예를 들어 "한자에 기반한 언어학"을 통해 중국어의 오묘함을 해석하고 중국어와 인도-유럽어족의 본질적인 구별을 연구하는 그의 작업은 학문적 엄밀성을 추구하는 진정한 연구자의 모습을 보여준다. 한국의 중국어연구(실은 중국의 중국어연구도 거의 마찬가지로)는 어법 연구에 너무 치중되어 있다. 하지만 외국어를 제대로 공부한 사람은 어법이 "언어 현상"에서 차지하는 비중이 사실 그리 크지 않다는 점을 잘 알고 있다. 특히 한국인이 중국어를 공부하거나 중국인이 한국어를 공부할 때, 어법이 중요하게 작용하는 것은 "초급 단계"를 벗어나지 않는다. 어순이 아직 충분히 익숙하지 않을 때야 어법 문제를 비교적 많이 고려하는 편이지만, 이 단계를 넘어서고 나면 사실 어순조차도 그리 중요한 문제가 되지 않는다. (아마도 어휘량이 더 중요하지 않을까?)

학계의 논문과 단행본 모두에서 아직 한국의 중국어연구는 대체로 어법이 가장 큰 비중을 차지하고 있고 더 거시적인 시각에서 중국어를 본체론적으로 연구한 저작은 많지 않다. 번역자로서 나는 이 책이 한국의 중국어 연구자들에게 새로운 시야를 제공할 수 있기를 기대한다. 이제 막 발을 떼기 시작한 중국어 연구자가 이 책을 통해 더 많은 방법과 힌트를 발견할 수 있다면 나는 충분히 만족할 수 있다. 만약 한국의 어떤 대학교가 이 책을 중문과나 중문과 대학원의 교재로 채택한다면 더없이 기쁠 것이다.

단지 내 학문이 부족해서 원저의 깊이와 너비를 충분히 전달하지 못했을까 걱정할 뿐이다. 만약 독자가 이 책의 번역이나 해석의 부족을 발견한다면, 이는 오로지 번역자의 책임이다.

2021년 12월
번역자 오은석

学习、研究汉语的新思路
《字本位与汉语研究》韩文版译者序

潘文国教授是一位"通古今东西"的华东师范大学终身教授，他的课堂往往通过汉语和英语做比较、对比来进行语言研究。和潘文国先生学习之前，我也认为索绪尔的"语言和文字是两种不同的符号系统，后者唯一的存在理由是在于表现前者。语言学的对象不是书写的词和口说的词的结合，而是由后者单独构成的"说法是语言学的"真理"，虽然我教中国人韩语时，也经常利用普通语言学从未提过的"韩国语汉字词"的特点来提高学生的学习效率，但在本科阶段被"灌输"的西方语言学观点和汉语的实际运用之间的差别和矛盾，我却从没有认真关注过。不过我也完全没有想到不少的中国语言学者也拿"索绪尔"当真理。

我第一次接触潘文国教授和他的《字本位与汉语研究》是2006年年初。一次偶然的机会参加华东师范大学中文系的博士课堂，听到教授和学生讨论"字本位"思想是否正确。专业为韩语语言文学的我，当时觉得这种讨论很怪异。因为在我的"常识"中，表音文字的语言从"词汇"开始进行语言研究，表意文字的语言从"字"开始语言研究，是理所当然的事情，中国的学者和学生为什么会讨论"字本位是否恰当"呢？课后我直接奔到校内书店去买了《字本位与汉语研究》，回家就翻了几页。发现当时在中国学界，"字本位"并不是"主流"思想，就决定读潘文国教授的研究生。

《字本位与汉语研究》可以说是潘文国先生的核心思想。如果让我整理先生广阔的学术范围，我可以说先生的哲学语言学（并不是"语言哲学"）、语言理论、汉英语言比较、翻译思想等研究领域都是围绕着此书的内容进行细化、扩展的。粗略地概括《字本位与汉语研究》的主题，可以说是"字是研究汉语的出发点，也是终点，这不限于书面语，口语也是如此。"此书将这样的思想扩展到了普通语言学的研究范畴，就是说从汉语和汉字的特点开始，贯通"语言"本体的研究。目前，韩国和中国的语言学研究，都以索绪尔等的西方语言学为理论基础和出发点，验证该理论是否足够说明我们的语言；或者甚至是，验证我们的语言是否符合西方语言学的理论。潘文国先生非常痛恨这样的学术现实，说应该从自己的语言出发为普通语言学做出贡献。因此，此书从"字"与"Word"的对应性开始，展开至音韵学、形位学（广义的形态学）、章句学（广义的修辞学）、字义学（广义的词义学）和（汉语的）音义互动等的语言学各个领域。

为了从汉字出发扩展至语言学各个领域，潘文国先生从语言的定义开始研究。他研究了从古代到现代，从东方到西方的语言定义（60多种），树立了自己语言研究的核心理念："语言是人类认识世界及进行表述的方式和过程。"我们可以从这一定义中发现："语言"不限于"口述的语言"，而是包括"书写的语言"。这是"字本位语言研究"的哲学基础。因为如果像西方的语言学那样把语言的定义限于"罗格斯"，就从定义上就抛弃了"文字"作为语言的可能性，研究者的思路和研究范围就会受限了。

按照这样的语言定义研究语言的本体论，才能考虑到"（汉）字"的研究价值。潘文国先生和字本位理论就是从这里开始的。最明显看出"字"的重要性，是本书的第四章："'字'与Word的对应性"。从这个章节的名称我们就可以了解到，一个"（汉）字"相当于一个"Word"，所以印欧语系中的Word作为语言的基本单位，在语素和构词等研究层面，就可以和汉字连贯起来了。这是字本位理论的核心线索，也是"字本位主义者"的出发点。这样的考虑也是潘文国先生独创的"章句学"的出发点。他以字本位为理论依据，重新解释了中国传统的"六书"和刘勰的《文心雕龙章句篇》，阐述了从"构字法"、"构词法（不是词构法）"到章句学的贯穿性发展。虽然不能说对他的理解非常透彻，但是作为韩国人的我，发现了韩语的构词法和汉语的构词法其实是一模一样的[1]。这是一个新的发现，希望韩国的汉语研究者可以借鉴。

另外，我认为此书中对学习汉语的韩国学生最有参考价值的是第十章："音义互动"。众所周知，汉语的"谐音文化"是非常发达的，从古代的"对联"到现代的"相声"，汉语的"语言游戏"和其他的语言相比更加突出、更加丰富。潘文国先生基于字本位的汉语理论，将汉语的谐音文化纳入到语言本体的研究，证明了"对汉语而言，音节数量比语法结构更重要"的新观点。学过汉语的很多外国人都知道，在课堂上学过的"语法"，在汉语的实际运用中用处好像没那么大，而如果学生能够体会汉语音节数量的重要性，可能更容易达到汉语的高级水平。虽然为《字本位与汉语研究》原著写序的徐通锵先生

1　参考如下的表格，我们就很明显的看到韩语和汉语的构词法是一模一样的。下面的韩语词汇并不是"韩语汉字词"，而都是纯粹的韩语"固有词"。学习汉语的韩国学生和学习韩语的中国学生都可以参考。

字(词)素		牛			马		
汉语	韩国语	汉语	韩国语	英语	汉语	韩国语	英语
公	수	公牛	수소	bull	公马	수말	stallion
母	암	母牛	암소	cow	母马	암말	mare
仔	-(으)아지	牛仔	송아지	calf	马仔	망아지	pony
肉	고기	牛肉	소고기	beef	马肉	말고기	horsemeat
字(词)素		猪			狗		
汉语	韩国语	汉语	韩国语	英语	汉语	韩国语	英语
公	수	公猪	수돼지	boar	公狗	수캐	(male) dog
母	암	母猪	암돼지	sow	母狗	암캐	bitch
仔	-(으)아지	猪仔	도야지	piggy	狗仔	강아지	puppy
肉	고기	猪肉	돼지고기	pork	狗肉	개고기	dog meat

说："后几章没有充分展开"，但我认为最后一章"音义互动"对学习汉语的外国学生来讲却是参考价值最大的。

这么简单地整理本书的内容是不够的。阅读此书还会发现潘文国先生的很多独创和他独有的境界：用"字本位"思想解释汉语之奥妙；汉语和印欧语系本质上的区别等。韩国的汉语研究（实际上中国的汉语研究也大同小异）过于注重语法的研究。但其实大部分的"过来人"认为语法在"语言现象"中所占的比重并没有那么高，哪怕是学习外语的过程中语法学习对学生的帮助也没有那么大。尤其是韩国人学汉语，或者中国人学韩语，语法的作用是不超出"初级阶段"的。还不够熟悉目的语语序时，语法考虑得比较多，只要超过初级阶段，实际上包括语序在内的语法结构已经不是关键了。（可能更重要的是"识字量（词汇量）"吧。

目前韩国的汉语研究论文和专著基本都是研究汉语语法的，很少能看到从更宏观的角度研究汉语本身的著作。作为译者，我希望这本书能够为韩国的汉语研究者拓宽思路，如果刚走上汉语研究的人能够通过本书得到一些研究方向和创意，我就非常满意了！如果韩国的某一个大学选此书为中文系教材，我就更高兴了！

只担心我的学问不够，没能传达好原著的深度和广度，没有说清楚潘文国先生的思想……如果读者发现译文中解释不清楚的文章或句子，那绝对是我的责任。

2021年12月

译者 吴恩锡

서 문

쉬 퉁 창徐通锵

　　판원궈潘文国 교수가 내게 『한자에서 언어학으로字本位与汉语研究』를 보내며 서문을 부탁해왔다. 한자본위 이론의 창시자로서, 뜻을 같이하는 학자가 쓴 논저를 접하는 것은 매우 흥분되는 일이다. 서문 한 편을 쓰거나, 글에 대한 감상을 덧붙이는 일도 당연히 거절할 수 없었다.

　　한자본위 이론은 중국어 연구와 언어학 이론연구 영역에서 완전히 새로운 사고틀이다. 요즘 적지 않은 학자들이 서로 다른 각도에서 이 이론으로 여러 영역의 문제들을 해결하고 있는데, 『한자에서 언어학으로』는 이 분야의 최신 성과라고 볼 수 있다. 이 책은 이론적으로 한자본위와 중국어 연구의 관계를 서술하면서, 중국어 연구가 걸어온 길과 걸어갈 방향에 대한 저자의 천착과 도전을 보여준다. 이는 지난 100년 넘게 중국에서 유행하고 있는 언어학 이론들에 대한 하나의 거대한 도전으로, 저자의 의견에 동의하든 그렇지 않든 중국어를 공부하고 연구하는 사람이라면 충분히 일독할 만한 가치가 있다는 생각이다. 독자의 한 사람으로 나도 이 책을 읽은 후 깊은 인상을 받은 바 있어, 그중 몇 가지를 독자들과 공유하고자 한다.

　　첫 번째, 한자를 중국어 구조의 기본단위로 설정하고, 대조언어학의 방법에 따라 중국어의 한자와 인도-유럽어족의 단어에 대해 논술하고 있다. 이런 방식의 대조연구는 방법론적으로 중요한 가치를 갖고 있는데, 이는 연구자로 하여금 특별해 보이는 언어의 표면현상에 간섭받지 않고 구조의 기본단위에 가려 있는 규칙과 원리에 대해 생각하게 만들기 때문이다. 이 책은 'Word'와 한자에 공통적으로 숨겨져 있는 구조적 원리(보편성)를 4가지(자연발생적 단위, 각 민족이 세계를 인식하는 기본단위, 언어 각 층위의 교차점, 어법적으로 여러 계층을 연결하는 허브)로 귀납하고 있다. 이는 내가 주장한 현재적 완성도, 분리 가능성, 언어집단의 심리적 현실성 등 3가지 특징과 표현은 다르지만 기본정신은 완벽히 일치하는 것이며, 더불어 언어의 기본구조단위와 언어체계의 관계까지 고려한 것으로 내용 면에서 더욱 충실한 학문적 성과이다. 특수한 표면현상 뒤에 숨은 구조적 보편성을 꿰뚫어보지 못하고 "원래부터 아예 없는 것(뤼슈샹呂叔湘, 『语文常谈』, 三联书店, 1980: 45쪽)", 즉 단어를 중국어의 기본구조단위로 연구하는 바람에 그동안 중국어의 기초적인 문제들을 전혀 해결하지 못해왔다는 점을 판원궈 교수는 정확하게 짚어냈다.

두 번째, 철학과 언어학의 최근 발전 추세에 근거하여 "언어"에 대해 완전히 새롭게 정의하고 있다. 저자는 "언어는 음과 의미의 조합이다."라는 오랜 관념을 깨고 거기에 "형태와 의미의 조합"을 포함시켜야 한다고 주장한다. "인류가 세계를 인지하고 표현하는 방식과 과정"이라고 언어를 정의하고 따라서, "문자"를 언어연구의 범위에 포함시킨 것이다. 판원궈 교수의 이러한 정의는 언어가 갖는 기능 중 인지와 표현에 중점을 둔 것으로, 그 이전의 정의들이 의사소통의 도구라는 측면에 주의를 기울였던 것과는 크게 다르다. 이렇게 문자를 언어연구의 범위에 포함시키는 것은 언어학계의 "상식"에 크게 위배되는 것으로, 아마도 한자본위 이론 자체에 대한 반대보다도 더 큰 반론을 부를 수 있을 것으로 본다. 나는 여기서 독자들에게 조급해하지 말고 차근차근 저자의 입론과정을 이해해보라고 권하고 싶다. 학계에 이미 큰 족적을 남긴 학자가 어떤 근거로 "상식"에 위배되는 의견을 내게 되었는지 잘 살펴보라는 것이다. 판 교수가 학문을 대하는 태도는 엄밀하기로 유명하다. 그는 19세기 이후로 내려진 "언어"에 대한 모든 정의를 찾아보고 연구해서 60개가 넘는 정의에 대해 하나씩 되짚어보고, 신중하게 연구하여 위와 같이 "상식"에 위배되는 정의를 내리게 된 것이다. 이런 과정을 거친 후에야 언어의 함의 및 문자가 언어연구에서 차지하는 지위에 대해 발언할 수 있게 된 것이다. 이러한 견해는, 최소한 중국어와 한자의 관계를 생각할 때, 그것이 얼핏 보기에 학계의 상식에 위배된다 할지라도 그 이유만으로 절대 무시해서는 안 될 식견이다.

소쉬르는 일찍이 그의 『일반언어학 강의』에서 "중국 사람에게는 표의문자와 발음된 말이 모두 똑같이 개념의 기호이다. 그들에게는 문자가 2차적인 언어여서, 회화하는 데 발음된 두 말이 모두 같은 음을 가질 경우, 자기의 생각을 설명하기 위해 표기된 말에 의존하게 된다.[1] (소쉬르, 최승언 옮김, 『일반언어학 강의』, 민음사, 1990: 37쪽)"고 한 바 있다. 구조주의언어학이 성행한 이후로, 입말이 언어학에서 차지하는 지위는 점차 절대화되었다. 중국의 언어학자들이 구조주의언어학을 받아들이고 이러한 로고스 중심주의 안에서만 사고를 진행한 결과, 한자를 언어연구의 범주에서 완전히 배제시키는 일이 중국 언어학계의 선입견, 즉 "상식"이 되었다.

판원궈 교수는 스스로 내린 "언어"의 개념에 근거해서 이러한 "상식"을 과감히 포기하고 한자를 중국어 사용자의 "제2의 언어"로 대우한다. 그는 이 책에서 이러한 견해에 대해 많은 근거를 제시하고 있는데, 어느 하나도 일리 없는 것이 없다. 여기에 나도 하나의 의견을 보충하고 싶다. 그것은 바로 "별자別字"라는 것이다. 인도-유럽어족의 문자 체계에는 "틀린(잘못 쓴) 글자"만 있다. 별자라는 개념은 아예 존재하지 않는다. 그런데 한자는 형성문자 시스템이 생겨난 이후 바로 별자라는 개념이 생겨났다. 착별자錯別字[2]를 수정해주는 것이 언어교육의 중요한 임무 가운데 하나가

---

1 옮긴이의 말: 원문(『한자에서 언어학으로』)에는 까오밍카이高明凱의 중국어 번역이 실려 있다. 소쉬르의 이 문장에서 최승언이 "2차적인 언어"라고 번역한 부분은 중국어 번역본에는 "제2의 언어第二語言"라고 번역되어 있고, "표기된 말"이라는 표현은 "글로 쓴 단어书写的词"라고 되어 있다.

　나는 판원궈 교수가 자신의 논지를 전하는 데 핵심적이어서 자주 인용한 참고문헌(특히 유협, 『문심조룡』; 소쉬르, 『일반언어학 강의』; 데리다, 『그라마톨로지에 대하여』 등)이 한국에 번역되어 출판된 책이 이미 있을 경우, 가능한 한 해당 문장을 그대로 옮기는 것을 원칙으로 했다. 이는 특히 중역의 위험과 폐단을 피하기 위해서이기도 하고, 원 번역자의 노고에 감사하기 위해서이기도 하다. 과문하여 찾지 못했거나 원문의 문맥을 이해하는 데 지장이 있다고 판단된 경우, 옮긴이의 해석에 의존할 수밖에 없는 경우도 있음을 미리 밝힌다.

2 옮긴이의 말: 錯別字는 錯字와 別字를 합친 말이다. "착자"는 완전히 틀린 글자이기 때문에 수정을 해야 하는 경우이고, "별자"는 "정자"가 아니지만 (문맥을 포함해) 충분히 이해 가능하고, 그래서 어느 정도

된 것이다. 이러한 별자야말로, "중국의 특징이 가장 풍부한" 개념인 것이다.

한자의 형形 · 음音 · 의义 삼위일체는 학계가 모두 인정하는 상식이기는 하지만, 일반적인 저술에서 이 점에는 대체로 동의하면서도 그것에 대해 엄밀한 검증을 하지 않고 있는 것 또한 안타까운 일이다. 사실, 이 삼위일체 중에서 더욱 핵심을 이루는 것은 형形과 의义의 결합이다. 한자와 중국어에서의 음音과 의义의 결합은, "백성들이 (한자를 모르기 때문에) 매일 말하면서도 그렇게 된 원인을 알지 못한다(『석명釋名』 서문)."는 말로 대표되듯이, 형形과 의义의 결합에 의존하고 있는 것이다. 별자는 이러한 한자의 근거, 즉 형形 · 음音 · 의义 삼위일체에서 벗어났기 때문에 한자가 "제2의 언어"로서의 역할을 할 수 없게 만들었고, 따라서 중국어를 사용하는 민족에게 거부당할 수밖에 없었다. 현대의 중국인이 이러한 별자의 심각성을 전혀 이해하지 못하고, 또 그 안에 숨겨진 중국어와 인도-유럽어족과의 인코딩체계의 차이를 인식하지 못하고 있는 점은 특히 안타까운 일이다. 여기서 이 문제를 더 깊이 토론할 수는 없지만, "별자"가, 중국인이 한자를 "제2의 언어"로 보고 있었다는 하나의 방증이라는 점은 의심의 여지가 없다고 본다. 중국의 학생들에게 별자를 쓰지 못하게 하고 이를 정정한 한자로 교정해주는 것은 사실상 학생들이 "제2의 언어"로서의 한자를 엄격하게 받아들이도록 훈련시키는 일이고, 이는 즉 학생들이 "글"과 "말"을 일치시키도록 가르치는 일이다.

판원궈 교수는 이 책에서 한자의 "제2의 언어"로서의 지위를 확립하고 기호학의 관점으로 한자의 특징을 중국민족 언어문화의 상징으로 자리매김하는 한편, 이를 기반으로 한자의 의미체계에 대한 연구를 본격적으로 전개하는 아주 탁월한 논리흐름을 보여준다. 이것은 중국어 연구에 동양 전통사회의 연구방식을 부활시키는 일일 뿐만 아니라, 세계적으로도 완전히 새로운 연구방법을 제시하는 일이다.

판원궈 교수는 푸단대학교復旦大学에서 영어를 전공하면서 서양 언어학의 훈련을

통용되는 한자를 말한다. 개인용 컴퓨터가 보편화되기 전에는 착자와 별자가 매우 많아서, 정식으로 출판된 서적에서도 수많은 착별자를 볼 수 있었다. 물론 요즘에도 적지 않지만, 중국어에서 착별자를 찾아내는 일은 교정작업에서 가장 중요한 과정이었다. 실제로 출판사의 교정라인에서 일하다가 훈고학계의 대학자가 된 사람도 있을 정도이다.

정통으로 받은 사람이다. 그 후에는 화둥사범대학교华东师范大学에서 중국어사를 연구한 후, 언어이론의 연구와 교육에 매진해왔다. 그는 동서양 언어학에 대해 아주 깊게 이해하고 있어서, 인도-유럽어족의 언어학 이론에 근거하여 중국어를 연구하는 일의 폐단을 누구보다도 뼈저리게 느낄 수 있었다. 또 중국어와 한자의 관계에 대한 깊이 있는 이해가 없었더라면 한자본위 이론을 지지하거나 주도하여 중국어 연구에 만연해 있는 "인도-유럽어의 관점으로 중국어 보기"를 비판하지도 못했을 것이다. 독자들이 판원궈 교수의 "상식에 위배된" 여러 논술을 통해 한자본위 이론의 정수를 깨닫기 바란다.

세 번째, 음절과 리듬이 중국어 구조에서 차지하는 중요한 지위를 강조하고 소리-의미 교류의 중국어 구조연구를 진행한 점이다. 이 점은 아직 아무도 연구해보지 않은 새로운 영역으로, 판원궈 교수가 이 책을 통해 중요한 첫걸음을 내딛은 것이다. 저자는 선배 학자들이 이 분야에 대해 했던 말에서 영감을 얻은 것으로 보인다. 자오위안런赵元任은 "음절과 리듬은 문언문文言文에서 중요한 작용을 했는데, 현대 중국어의 복합어구조도 대체로 문언문의 구조유형을 따르고 있다. 따라서 음절과 리듬 역시 중요한 조어법의 요소이다."라고 말했는데, 판원궈는 이를 "중국의 언어학이 세계 언어학 이론에 공헌한 것"이라 했으며, "동서양의 언어학 역사상 음절과 리듬을 형태구조로 간주하고 이를 어법의 한 '요소'라고 본 것은 자오위안런이 처음이다."라고 평가했다. 저자는 이를 기반으로 문자의 조합으로 만들어진 단어에서 "음절과 리듬이 때로는 단어의 의미보다 중요하다."라고 말한다. 중국어 연구자의 입장에서, 저자의 이러한 강조는 아주 중요한 의의가 있다고 본다. 왜냐하면 문장을 포함해 중국어를 구성하는 각 단위는 모두 이런 소리-의미 교류에서 서로 밀접한 상관성을 보이기 때문이다. 이 상관성에서 벗어나 중국어의 구조적 특징을 밝히기란 매우 어려운 일이다.

판원궈 교수의 이러한 고찰은 어법연구의 발전을 3단계로 정리하는 데까지 나아간다. 즉, 언어의 형태를 주요 분석수단으로 하는 첫 번째 단계(예를 들면 라틴어),

어순과 허사를 주요 분석수단으로 하는 두 번째 단계(영어), 리듬과 휴지停頓를 주요 수단으로 하는 세 번째 단계(중국어)로 나누는 방법을 제시한 것이다. 이러한 3 단계 가설은 비록 생각하기에 따라 너무 대담한 면이 없지 않고 이 책에서도 충분히 논의를 전개하지는 못했지만, 저자가 중국어 어법구조를 강조하는 방법론이며 오랜 기간 연구자들이 무시했거나 깨닫지 못했던 점을 일깨우는 중요한 성과라고 할 수 있다. 소리-의미 교류에 대한 연구는 중국어 연구자에게 부여된 새로운 임무이다. 판원궈 교수가 이 책에서 초보적인 사고의 방향을 명확하게 정리했으니, 앞으로의 연구자들은 이를 한걸음 더 발전시키고 보정해야 할 것이다.

우리는 그동안 언어의 구조를 분석할 때 주로 단어의 배치를 연구했고, 구조단위의 출현 위치나 주어-술어, 술어-목적어 관계 등만 생각해 왔다. 음절이나 리듬이 중국어의 구조에서 작동하는 방식 등에 대해서는 고려하지 않았거나 아주 적게 고려해왔을 뿐인데, 따라서 이를 무시해왔다고 볼 수 있을 것이다. 이는 중국어 어법연구에서 중요한 지위를 차지하는 음절과 리듬에 대한 연구를 포기한 것이나 마찬가지이다. 이는 중국어 연구에 있어서 하나의 전략적 실수라고 볼 수밖에 없다.

이상이 내가 이 책을 읽으면서 인상 깊었던 점을 세 가지로 정리한 것이다. 동시에 판원궈 교수가 중국어와 언어를 연구하는 사람들에게 완전히 새로운 사고의 틀을 제공한 주요 시사점이다. 한자본위의 이론을 연구한다면, 서양의 언어학 이론을 어떻게 대해야 하는 것일까? 과학에는 국경이 없다고 한다. 쓸모가 있는 것은 모두 배워야 한다. 동양의 언어학을 발전시키기 위해서는 당연히 서양의 언어학 중에서 도움이 되는 이론과 방법을 배워야 하며, 동서양 언어학을 효과적으로 결합해야 한다. 이러한 일은 학문이 진보하기 위해 당연히 가야 할 길이다. 문제는 이러한 결합이 반드시 정확한 사고틀 위에서 출발해야 한다는 점이다. 『마씨문통马氏文通』 이래, 중국어 연구는 기본적으로 인도-유럽어의 이론을 사고틀로 삼았다. 중국어를 인도-유럽어의 틀 위에 올려서 연구를 하면서, 이를 "현실에 연결한다."라고 표현해왔다. "연결"이 잘 되는 경우에는 당연히 새로운 발견이 적지 않았다. 그러나 "연결"이 잘 되지 않으면 중국어의 현실을 동원하여 인도-유럽 언어학 이론에 주석을 다는 정도로 만족해왔다. 인도-유럽어의 이론이라는 틀로는 아마도 중국어 연구의 기본적인 문제들을 해결할 수 없을 듯 보인다. 단어의 품사를 나누는 일과 단어와 문장성분의 관계 문제는 지난 100여 년 동안 수많은 토론을 거쳐왔으면서도 중국의 언어학자들이 해결하지 못해온 것이다. 이러한 역사는 우리에게 사고틀을 바꿀 것을 요구하고 있다.

판원궈 교수는 『마씨문통』 이후의 중국어 연구를 치밀하게 비판하면서 그 비판의 연장선상에서 한자본위 이론을 정립했는데, 그가 가장 중시한 것은 중국어 연구에 적합한 새로운 사고틀을 만드는 일이다. 인도-유럽어와의 구조적 차이를 밝히기 위해 중국어의 특징을 명확히 인식하고, 그중에서 이론과 방법론을 제련해 승화시켰다. 한자는 중국어 특징의 응결체다. 이 응결체를 정확히 잡으면, 사고틀을 새로 정립하는 돌파구로 삼을 수 있다. 이 책 『한자에서 언어학으로』는 이 돌파구를 뚫고 들어가 시야를 넓힌 후, 중국어의 특징에 근거하여 전체가 하나의 시스템을 이루는 이론과 방법론을 제련해내었다.

새로운 사고틀은 필연적으로 중국의 언어학이 세계와 만나는 방법에까지 영향을 미친다. 요즘 중국어 연구의 수준이 너무 낮으므로 서양의 언어학을 열심히 학습해서 국제적인 수준과 궤를 맞춰야 한다는 말을 많이 한다. 틀린 말은 아니다. 문제는 어떻게 궤를 맞출 것이냐 하는 것인데 "열심히 따라갈 것이냐?" 아니면 "궤를 바꿀 것이냐?"라는 질문이 성립한다. 『마씨문통』 이후 중국어 연구의 이론과 방법은 대체로 서양 언어학을 본보기로 삼아 "열심히 따라만 가"고 있었다. 그들에게 어떤 이론이 있으면 그 이론을 배우고, 그들이 어떤 개념을 내세우면 그 개념을 사용했다. "모든 이론은 외국에서 온 것이다. 외국 이론의 어떤 점이 새로워지면, 우리도 그 점을 따라해 왔다(뤼슈샹呂叔湘이 공쳰옌龔千炎의 『중국어법학사고中国语法学史稿』에 쓴 서문, 语文出版社, 1986년)." 그러나 이런 "따라 하기"의 결과는 항상 "쳇바퀴

돌기"였다. 우리가 아직 그들의 이론을 정확히 이해하지도 못했을 때 그들의 이론은 이미 변해버렸고, 그래서 다시 급하게 따라가면 다시 "쳇바퀴 돌기"가 되어버렸다.

이러한 반복과 순환으로는 영원히 국제적인 수준과 궤를 맞출 수 없다. 그럼 어떻게 할 것인가. "열심히 따라가기"를 버리고, "궤도를 바꾸"는 수밖에 없다. 그렇다면 무엇이 "궤도"인가? 그것은 바로 언어의 특징이다. 인도-유럽어의 이론은 인도-유럽어의 특징을 귀납해낸 것이다. 우리가 "궤도를 바꾸"고자 한다면, 중국어의 특징에 근거를 두고 서양 언어학의 이론과 입론정신과 문제를 분석하는 사고방식 등을 흡수하여 우리의 "재료"를 분석하면서 그중에서 우리의 이론을 제련해내야 한다. 저자가 이 책에서 사용한 방법이 바로 이런 식으로 "궤도를 바꿔" 국제적인 수준과 맞추는 일이다.

이렇게 해서 만들어낸 이론은 비록 얼핏 보기에 현재 유행하는 이론들과 큰 차이가 있는 것으로 보이지만, 사실은 국제적인 수준과 궤를 맞추려는 정신을 보여준 것이다. 이렇게 창조적인 이론을 들고나오는 것은 "상식에 위배된다."는 세간의 평가를 두려워하지 않아야 하며, 권위와 유행에 정면으로 충돌하는 이론적 자신감과 용기가 필요한 일이다. 인도-유럽어의 이론과 방법론 앞에서, 우리에게 가장 필요한 것이 바로 이러한 자신감과 용기다. 이 책 『한자에서 언어학으로』는 판원궈 교수의 이러한 자신감과 용기를 충분히 보여주고 있다. 높이 숭앙할 만한 일이다. 100여 년 동안 누적된 습관의 힘 때문에, 우리의 언어학자들이 이렇게 새로운 이론을 받아들이기란 쉽지 않을 것이다. 하지만 이렇게 "궤도를 바꾸는" 정신에 집중한다면, 우리는 차츰 국제적인 수준과 궤를 맞추는 연구를 더 많이 만날 수 있을 것이다.

새로운 사고틀을 보여주는 이론체계에 옥에 티가 포함되는 것은 어쩌면 피할 수 없는 일이다. 이 책에도 단점과 약점이 보인다. 각 장의 이론적 치밀성이 서로 다른 점이나, 뒷부분의 몇 장에서는 논의를 충분히 전개하지 못했다는 점, 또 한자를 "제2의 언어"로 보는 관점이 아직 충분히 성숙하지 못한 점들이 어쩔 수 없이 눈에 띈다. 장구학의 연구가 요즘의 텍스트언어학의 성과를 충분히 반영하지 못했다는 점도 보인다. 그러나 옥에 티가 옥의 빛깔마저 가릴 수는 없는 일이다. 나는 이 책 『한자에서 언어학으로』가 연구자들의 찬성, 반대 여부와 관계없이 중국의 언어학 연구에 거대한 영향을 미칠 것으로 믿어 의심치 않는다.

2002년 6월 20일

서 론 편

중국어 연구에 기대하는 변혁
汉语研究期待变革

제1장 중국어 연구 100년사 회고
汉语研究的世纪回眸

1.0.

21세기가 되었다. 새로운 세기에 들어서면 인류는 지난 100년의 역사에 대해 돌아보며 교훈을 찾고 앞으로 갈 길에 대해 탐색하게 된다. 중국어 연구도 예외는 아니다.

학술연구는 한 번도 독립적으로 존재한 적이 없다. 역사와 문화의 전반적인 분위기에 제약을 받고, 특히나 철학과 사조의 영향을 많이 받는다. 20세기의 언어연구에 대한 메타연구도, 중국어의 연구사에 대한 연구도 세계의 발전이라는 대환경의 영향으로부터 자유로울 수는 없다. 오히려 사회진보의 대환경 속으로 적극적으로 가져가 다룰 때만 학술연구의 가치와 추세를 명확히 바라볼 수 있다.

1.1. 20세기 중국어 연구의 성과
20世纪汉语研究的成就

20세기의 중국어 연구가 전에 없던 성과를 올린 것은 사실이다. 이에 대해 전면적으로 고찰하는 일은 한두 사람이 할 수 있는 일이 아니며, 한두 권의 책으로 해결할 수 있는 일도 아니다. 이 책도 20세기의 중국어 연구를 전면적으로 고찰하는 거대한 작업을 추구하지는 않는다. 다만 지난 100여 년을 돌아보고 이를 통해 우리에게 주어진 임무를 살펴보며, 그 역사의 대략을 굵은 선으로 개괄하고 싶을 뿐이다. 20세기의 중국어 연구 중에서, 최소한 아래의 몇 가지 성과는 역사책에 기록할 만하다.

1. 『마씨문통马氏文通』의 출판을 기점으로 중국어 연구가 "현대"에 접어들었다.

2. 중국어 연구가 세계적 범위의 언어연구 궤도에 진입했으며, 인류언어연구의 한 부분이 되었다.

3. 세계적 수준의 언어학자, 중국어학자가 등장했다. 특히 마건충马建忠, 자오위안런赵元任, 왕리王力, 뤼슈샹吕叔湘 등은 당대 최고의 학자라고 할 수 있으며, 그 연구 업적은 후대의 학자들이 따라갈 수 없는 수준에 이르렀다.

4. 언어연구의 각 분과 학문들이 새롭게 탄생했으며 점차 성숙되었다.

5. 언어에 대한 묘사 등에서 역사적인 성과들이 생산되어 후대의 연구자들에게 훌륭한 기반이 되어주었다. 고서적의 정리, 방언연구, 실험언어학과 사전류 편찬 등의 분야가 특히 그렇다.

6. 언어연구의 이론과 방법이 사회적으로 전에 없던 관심과 주목을 받았다.

이러한 성과들은 서로 관련되어 있다. 특히 『마씨문통』의 출판은 시대를 나눌 만한 획기적인 사건이었으며 나머지 성과들도 그 영향으로 인한 자연스러운 결과라고 볼 수 있다. 『마씨문통』은 단지 한 권의 어법책에 불과하지만, 바위가 깨지고 하늘이 놀랄 정도로 중국어 연구의 역사를 바꾸었다. 이 책의 역사적 의의는 허신许

慎의 『설문해자说文解字』에 비견된다고 할 수 있다. (시대를 구분한다는 의미에서는 『마씨문통』이 『설문해자』보다 더 중요한 역사적 평가를 받아야 할 것이다.) 이 문제에는 더 많은 고찰이 필요한데, 이러한 역사적 평가가 가능해진 것은 한 권의 어법책으로서의 영향뿐 아니라 언어를 보는 관점과 언어연구의 이론을 완전히 바꿔놓았기 때문이기도 하다.

1.1.1. 『마씨문통』의 출판, 중국어 연구를 "현대"로 이끌다
『马氏文通』的出版为标志, 汉语研究进入了"现代"期

마건충马建忠은 중국 역사상 처음으로 중국어 연구를 세계 언어연구의 궤도에 진입시켰고, 중국어 연구를 전 인류언어연구의 일부로 편입시켰다. 그는 당대에 (정확하게 말하면 1880년대 말 그가 유럽에서 귀국하여 그의 저작을 집필하기까지) 세계적으로 영향력 있는 언어학 이론들을 이용해 중국어 이론을 연구하는 기틀을 만들었다. 그가 귀국한 지 얼마 지나지 않은 1891년에 영국의 언어학자 헨리 스위트Henry Sweet의 『신 영어 어법New English Grammar』 제1권이 출판되어 국제적으로 어법연구의 기념비적 사건이 되었지만, 마건충은 이 책을 보지 못했고, 당연히 『마씨문통』의 저술에 반영하지도 못했다. 만약 마건충이 스위트의 책을 볼 수 있어 새로운 시각으로 그의 『마씨문통』을 저술할 수 있었다면 아마도 완전히 다른 국면이 펼쳐졌을 것이고, 중국어 어법연구의 역사도 지금과는 확연히 달라졌을 것이다. 당연히 역사에 가정이란 있을 수 없다. 우리는 마건충이 겨우 10년 차이로 스위트의 이론을 고찰하지 못한 결과, 그의 후대 100여 년에 끼친 영향이 지금처럼 굳어진 상황을 받아들일 수밖에 없다.

마건충이 수입한 것은 본질적으로 보편어법관에 속하는 것으로, 플라톤 이래 포트 로열 어법(Port Royal Grammar)을 거쳐 당대 서양의 언어학 이론을 주도하고 있던 언어관이다. 이 이론에 근거하여 그는 "모든 나라에는 각자의 문법이 있지만 대체로 비슷하고, 서로 다른 것은 음운과 문자에 불과하다.各国皆有本国之葛朗玛, 大

旨相似, 所异者音韵与字型耳(마건충, 1898: 15쪽)"고 말했다. 이 이론에 근거하여 "서양에 이미 있는 규칙"으로 마건충은 아주 손쉽게 중국어의 어법이라는 거대한 탑을 쌓아올렸다. 서양 언어(특히 라틴어와 영어)를 기준으로 중국어 현상에 하나씩 이름표를 붙이고, 유사한 용어와 똑같은 체계를 대입하여, 세계의 언어연구와 대화를 하고자 했다. 이 일이 가지는 의미는 절대로 축소할 수 없는 것이다.

마건충의 "혁명"(이라고 부를 수 있다면)이 중국어 연구에 미친 가장 큰 영향은, 어법이 음운과 문자가 차지하던 지위를 철저히 밀어낸 완전히 새로운 국면이라고 볼 수 있다. 2,000년이 넘는 중국의 언어연구 역사에서, 음운과 문자는 항상 핵심에 자리 잡고 있었다. 어법의 지위는 거칠게 말하자면 "속국"의 지위조차 얻지 못했다. 그런데 마건충이 보편어법관을 받아들이면서 (모든 언어에서) "대체로 비슷한" 어법만이 연구의 대상이 되었고, 놀랍게도 "음운과 문자"를 "각국이 서로 다른 것" 정도로만 취급하여, 그 보편성을 인정하지 않는 결과가 초래된 것이다. 더구나 문자와 음운은 쉽게 변하는 반면에 어법은 "천 년 동안 거의 안 변하는(마건충, 1898: 후기)" 특징을 갖는다고 말함으로써, 그 후 전통적인 문자중심의 언어연구는 어법에 완전히 자리를 내어주게 되었다. 비록 그 이후 언어현상을 발음, 어휘, 어법으로 3분하거나 어법, 수사, 논리로 3분하기도 하고, 혹은 발음, 의미, 어법으로 혹은 발음, 문자, 어휘, 어법, 수사 등으로 5분하는 등의 사소한 변화는 있었지만, 그 절대적인 중심에 어법이 있었다는 것은 아무도 부정하지 못할 것이다. "현대 중국어"나 "현대 언어학"을 연구한다면서 어법을 연구하지 않으면 도저히 언어연구의 핵심에 접근할 수 없었고, 문자는 "별책부록" 정도의 지위만 부여받았으며 심지어는 최근 반세기 동안 "혁명"해야 하는 천덕꾸러기로 취급당했다.

많은 사람이 『마씨문통』의 출판을 중국어 연구 현대화의 출발점으로 삼지만, 사실 마건충이 연구한 것은 여전히 문언문文言文이었지 백화白话[3]가 아니었다. 따라서 여기서 말하는 "현대화"의 본질은 실제로는 어법중심주의가 문자중심주의를 대체했다는 점이다. 일단 중심이 변하자, 언어연구 전반에 변화가 도래했다. 언어학 각 분야의 연구가 새롭게 자리를 잡아야 했고, 학자들도 언어연구의 새로운 국면에서 생존할 수 있는 지위를 확립해야 했다.

마건충의 책은 사람들이 "수만 번 기억하려 했고, 수만 번 욕을 해야 했다. (천왕 다오陈望道의 말)"고 말할 정도로 20세기 중국어를 연구하는 학계에서 가장 많이 언급되는 대상이 되었다. 당연히 『마씨문통』의 공과를 몇 마디 말로 간략히 표현할 수는 없을 것이다. 나도 앞으로 이 책의 여러 부분에서, 여러 각도로 『마씨문통』에 대해 토론을 진행하겠지만, 마건충이 중국 언어학의 역사에 새바람을 불러일으킨 점은 지울 수 없을 것이다.

1.1.2. 중국어 연구가 세계 언어연구의 궤도에 진입하다
汉语研究进入了世界语言研究的轨道

중국과 서양의 언어와 문자가 마건충에 이르러서야 처음 교류를 시작한 것은 아니다. 일찍이 명대의 프랑스 선교사 니콜라스 트리고Nicholas Trigault의 『A Help for Western Scholars西儒耳目资』라는 책이 있었다. 그러나 서양인이 서양인을 위해 쓴 이 책은 새로운 이론이라고 할 만한 것도 없었고, 당연히 중국에서 별다른 영향력을 발휘하지 못했다. 마건충이 서양의 언어학 이론을 무기로 삼고 어법을 돌파구로 삼아 중국어를 분석하고자 했을 때, 비로소 중국어 연구가 세계 언어연구의 궤도에 들어서게 된 것이다. 그 이후 중국어 연구의 "현대화"는 곧 서양과 "궤도를 맞추는" 일을 의미했고, 대부분의 중국 언어학자들이 서양의 방식으로 중국의 언어학 연구를 바꾸는 일에 몰입하게 되었다.

어법에 이어 중국어 연구의 두 번째 세계적 성과는 바로 전통음운학을 개조해서 "현대"적인 중국어 음운학을 만든 일이었다. 이 일의 표지석은 스웨덴의 언어학자

---

3 옮긴이의 말: 입말을 말한다. 특히 문언문에 상대되는 개념으로서의 입말(을 기록한 글)을 가리킨다.

칼그렌(Bernhard Karlgren高本汉)이 『Etudes sur la phonologie chinoise中国音韵学研究』를 출판한 일이다. 그 핵심은 서양 언어학의 모음개구도 이론을 이용해 중국 전통의 등운학等韵学을 분석한 것으로, 국제음운부호를 이용해 『절운切韵』 계열의 송원宋元시대 등운도等韵图를 재해석하고 유럽의 역사비교언어학의 방법과 이론으로 중국어의 중고음中古音과 상고음上古音을 밝히려 노력한 것이다. 이는 체계의 엄밀성과 완결성으로 인해 중국어 연구의 모범이 되었다.

어법학과 음운학의 성공은 중국어 연구자들에게 체계의 편리성을 일깨워주었다. 사실 고대 중국에 완결성 높고 엄밀한 체계를 갖춘 높은 수준의 학술저작이 부족한 것은 아니었다. 예를 들어 『설문해자说文解字』가 그렇고, 남북조 시대의 유협刘勰이 쓴 『문심조룡文心雕龙』은 더욱 더 방대한 체계와 깊은 사유를 보여주는 수준 높은 대작이다. 그러나 주지하는 바와 같이 고대 중국인들은 주로 평론하는 방법으로 학문을 했으며 간략히 언급하여 독자의 흥을 일깨우는 방식으로 글을 썼다. 이런 방법의 장점은 형식의 속박을 받지 않고 자유롭게 뜻을 펼칠 수 있으며, 정밀하게 관찰하여 깊이 있는 분석을 할 수 있다는 점이다. 단점은 미리 어떤 분석틀을 상정하지 않는다는 점인데, 당연히 하나의 엄밀한 이론체계를 갖출 수 없었으며, 따라서 논리적이지 못하다는 공격을 받기도 했고, 효율 높은 교재로 후대에 전승되기도 어려웠다.

이런 단점 때문에 수백, 수천의 전문용어로 무장한 서양식 대작에 익숙해진 사람들은 스스로 자괴감에 빠지게 되었다. 따라서 학술연구 분야에서 서양의 장점을 배워 이런저런 학술체계를 만드는 일은 20세기 중국에서 연구방법의 주류가 되었다. 5·4운동은 서양의 민주주의와 과학이 중국사회 전반으로 퍼져나가는 계기가 됐고, 과학은 중국의 학자들에게 각 연구 분야의 체계를 수립하는 데 몰두하게 만들었다. 당연히 언어학도 예외는 아니었으며, 20세기 이전에 여기저기서 산만하게 진행되던 연구들이 20세기에 접어들면서 점차 "~학", "~론"으로 과학이라는 겉옷을 입게 되었다. 중국의 전통학문 중에서 가장 중요하게 다뤄졌던 음운과 문자의 연구도 이전에는 전문서적만 있고 별도의 학문분야로는 존재하지 않았는데, 『설문해자说文解字』, 『이아尔雅』, 『광운广韵』, 『방언方言』과 『～전소笺疏』, 『～소정疏证』, 『～의소义疏』, 『～교주校注』 등의 책으로만 존재하던 중국의 전통적인 언어연구는 20세기에 들어서서 비로소 이론과 체계가 있는 "학문"이 되어 문자"학", 음운"학", 훈고"학" 등으로 변했다. 원래는 그리 중시하지 않았던 "방언학", "수사학", "이론언어학", "음성학", "어법학"과 "어휘론", "의미론"도 만들어졌다. 동시에 각종 "개론"과 "학문사" 등이 범람하면서 20세기 중국어 연구의 전반적인 풍경을 만들었다. 특히 연구의 역사가 가장 짧은 어법이 가장 주류를 이루게 되었다.

5·4운동이 중국에 전파한 민주주의의 영향이 언어연구에 미친 영향도 절대 무시할 수 없다. 당시의 중국인들은 민주주의를 실현하기 위해 가장 중요한 것이 "민중의 계몽"이라고 생각했고, 계몽은 당연히 교육으로부터 시작되며, 교육의 기초는 말할 것도 없이 언어와 문자여서, 중국의 언어와 문자는 개조해야 할 대상이 되었다. 마건충의 『마씨문통』은 단지 언어학습방법을 개조하는 일이었지만, 그와 병행되면서 더욱 급진적이었던 것은 청나라 말기에 시작된 한자의 알파벳 표기운동과 5·4운동 이후의 백화문白话文운동이었다. 20세기 중국의 사회개조가 놀랍게도 언어의 혁명으로부터 시작된 것이다. 20세기 하반기에 중국인들이 "언어학은 과학의 첨병이다."라고 떠들고 다닌 것도 위와 같은 사실에서 그 자신감의 원천을 추적할 수 있다. 민주주의가 중국어 연구에 가져온 긍정적인 영향은 연구자들로 하여금 "아래쪽을 바라보도록" 만든 일이고, 부정적인 영향은 한자개조라는 문제를 지나치게 정치적으로 접근하게 만들었다는 점이다. 중국어 알파벳 표기운동은 더구나 20세기 이후 정부와 정권이 중요하게 생각하면서 점점 더 큰 목소리를 내게 되어 통치행위로써의 "중국어 병음화 운동"으로까지 발전했다. 이 운동은 당시 기준으로 약 100여 년간 중국의 국세가 기울어 영국이나 일본 등 제국주의의 침입을 받은 일까지도 한자의 문제로 몰아붙여, 나중에는 심지어는 한자를 취소하고 "각국 공통의 알파벳문자로" 바꾸자는 주장까지 성행하게 되었다. 20세기 말이나 되어야 사람들은 이러한

인식을 수정했으나, 이미 지울 수 없는 후유증을 남긴 후였다.

1.1.3. 세계적 수준의 언어학자들이 출현하다
涌现出了一批世界级的语言研究大师

어떤 분야든 처음 그 출발점이 되는 시기야말로 그 분야의 인재가 가장 필요하기도 하고, 또 인재가 많이 탄생하는 때이기도 하다. 중국어 연구는 20세기에 "현대"로 접어들면서, 옛것을 개조하려는 수요가 많고 새로운 체계는 부족한 시기로 인식되었고, 따라서 갑자기 많은 영역이 마치 "진공상태"처럼 인식되었다. 당연히 이 분야의 대학자가 필요했고, 또 대학자가 탄생했다. 최근 100여 년 동안 중국어 연구계에는 당대에 이미 찬란한 업적을 달성해 현대인의 자랑거리이자 모범이 된 대학자가 여럿 나타났는데 마건충马建忠, 자오위안런赵元任, 왕리王力와 뤼슈샹吕叔湘이 그들이다.

마건충에 대해서는 앞에서 이미 언급했다. 그는 비록 스스로 "서양에 이미 있는 규칙"을 기준으로 삼는다고 얘기했지만 사실 서양의 것을 그대로 베끼기만 한 것은 아니었다. 나중에 뤼슈샹이 『마씨문통』을 재출판할 때 붙인 서문을 보면, 마건충이 중국어 고문에서 좋은 예문을 찾기 위해 엄청난 노력을 기울였음을 알 수 있다. 마건충이 예문으로 제시한 고문의 양은 그 이후 고대 중국어의 어법을 연구한 어떤 연구저작보다도 많다. 더구나 그는 어떠한 문제도 회피하려 하지 않았으며, 여러 형태의 모순과 복잡한 현상을 있는 그대로 나열해놓았고, 후대의 어떤 연구자들처럼 자기의 가설이나 이론을 증명하기 위해 자기가 수집한 예문을 "감추(뤼슈샹, 1983: 서문 5쪽)"지도 않았다. 마건충은 학문의 내공과 학문하는 태도의 엄격함도 훌륭하지만, 그가 발견한 중국어의 특징과 새로운 시각으로 창조해낸 학문적 성과들의 깊이야말로 오늘날까지도 충분한 인정을 받지 못했다고 생각한다. 예를 들어 그가 "조자4는 중국어에서만 볼 수 있는 특별한 어법구조이다.助字者，华文所独"라고 한 말이나 "휴지顿"의 이론 등이 갖는 가치는 많은 부분이 왜곡되어 있다.

자오위안런趙元任은 세계 언어학계가 인정하는 정상급 대학자이다. 그가 한때 미국 언어학회의 회장이었다는 사실이 이를 증명한다. 그는 (리팡궤이李方桂, 뤄창페이罗常培와 같이) 칼그렌의 『중국음운학연구中国音韵学研究』를 중국어로 번역해 소개했을 뿐 아니라 원작의 많은 부분을 교정하기도 했으며, 스스로 『현대 오방언연구现代吴语之研究』를 써서 현대 중국어 방언연구의 기틀을 다지기도 했다. 또한 그의 『Mandarin Primer』와 『A Grammar of Spoken Chinese』는 각각 1950년대와 1980년대에 중국대륙의 중국어 어법연구에 결정적인 영향을 미치기도 했다. 더구나 그는 일생 동안 끝없이 진리를 탐구하는 진정한 학자적 태도로도 많은 것을 우리에게 남겨주었다. 그는 젊은 시절 미국의 기술언어학을 신봉해서 미국 구조주의 언어학계에서 중국어 연구자로서 대표주자의 지위를 누렸으며, 1970년대에 사회언어학 분야에서도 중국어 연구를 이끌었다. 만년에는 "한자"의 중요성을 새롭게 자각하여 1990년대 중국어 연구의 새로운 사고의 틀을 열었다(자오위안런, 1976: 233~234쪽; 쉬퉁창徐通锵, 1994a; 1994b). 1920년대부터 1990년대까지 반세기가 훌쩍 넘는 기간 동안, 중국어 연구의 중심에는 언제나 자오위안런이 있었다.

왕리王力는 또 한 명의 완벽에 가까운 대가였다. 20세기에 새로 탄생한 중국어 연구의 수많은 "학문"이 왕리의 이름을 달고 세상에 나왔다. 예를 들어 "문법"이 "문법학"으로 처음 등장한 것은 왕리의 『중국문법학초탐中国文法学初探』과 『중국어법이론中国语法理论』에서였고, 『중국어 음운학汉语音韵学』, 『중국어사汉语史』, 『중국어시율학汉语诗律学』, 『중국 언어학사中国语言学史』와 『동원자전同源字典』 등의 저작을 남겼는데, 모두가 한결같이 해당 영역에서 첫걸음을 뗀 걸작들이었다. 그는 또 아직도 중국 대학교에서 교재로 사용되는 『고대 중국어古代汉语』의 대표 편집인으로 고대 중국어 교육의 새로운 체계를 수립했다. 그러나 자오위안런과 마찬가지

---

4 옮긴이의 말: "助字"의 의미는 우리말 어법의 "조사(助词)"를 생각하면 쉽게 이해할 수 있다. 백화문의 的, 了, 着, 吧 啊 등이나, 문언문의 之 乎, 者, 也 矣 등이 助字이다.

로 왕리의 위대함은 이처럼 새로운 학문영역을 창조한 것에만 그치지 않는다. 학술적으로 큰 값어치가 있는 글을 이렇게 많이 쓰기도 했지만(그가 쓴 산문과 문학작품의 번역 등을 포함하면, 언어학계의 누구도 그의 어깨만큼도 따라갈 수 없다.) 그의 끝없이 탐구하는 진취적 정신이야말로 그를 최고의 언어학자로 꼽는 진정한 이유라고 할 수 있다.

사실 언어학계에는 왕리가 이렇게 자주 관심분야를 바꾼 것에 대해 숨어서 비판하는 사람도 적지 않지만, 이렇게 "변하는" 것이야말로 그가 끝없이 사유하는 과정이자 결과였다. 학문을 하면서 새로운 이론과 견해를 제시하는 것은 쉽지 않은 일이다. 그러나 스스로의 부족을 인정하고 몇 번이고 자기 저술을 수정하며, 심지어는 자기를 완전히 부정하고 새롭게 논리와 기틀을 세우는 것은 훨씬 더 어려운 일이자, 큰 지혜와 큰 용기가 필요한 일이다. 이런 태도야말로 진정한 대학자의 풍모일 것이다.

1930~1940년대와 1950년대를 비교해서 왕리의 어법사상을 살펴보면, 커다란 차이를 발견할 수 있다. 당시의 정치적 상황 때문에 어쩔 수 없었을 모종의 위선적인 느낌을 걷어내고 들여다보더라도, 1950년대에 그는 진심으로 구소련의 언어학 이론을 받아들여 중국어를 새로운 각도에서 해석하려 했다. 왕리의 음운학 사상과 특히 『절운切韻』의 체계에 대한 학술적 판단도 『중국어 음운학汉语音韵学』에서 『중국어 음운汉语音韵』을 거쳐 『「경전석문」 반절고经典释文反切考』에 이르기까지, 즉 1930년대에서 1960년대, 다시 1980년대에 이르기까지 3번의 중요한 변화를 겪었다. 처음에는 칼그렌의 단일체계설을 따르다가 훗날 비교적 철저한 종합체계설로까지 변화해간 것은 몇십 년에 걸친 끝없는 탐구의 결과로 인해 도달한 것이다. 1950년대에 어법을 연구하던 상황과는 달리, 음운학 분야에서 그는 어떠한 정치적인 스트레스도 없이 오로지 학술연구로서만 위와 같이 자기 변혁을 끝없이 시도했는데, 이 또한 후대의 학자들이 본받아야 할 일이 아닐 수 없다.

자오위안런이나 왕리와 달리, 뤼슈샹吕叔湘의 연구영역은 비교적 단일했다. 그는 주로 어법을 연구했고 비교적 분량이 큰 연구성과도 실질적으로는 『중국문법요략中國文法要略』 한 권 밖에 없다. 그러나 뤼슈샹은 그만의 선명한 특징을 보여준다. 첫 번째, 20세기에 모두들 중국어의 어법체계를 세우려 노력할 때, 그는 그의 학자로서의 명성에 비해 아주 냉정하게 이 분위기를 관찰하고 있었다. 만년이 되자 더더욱 어떤 체계를 세우기 위해 노력하기보다는 중국어의 실제 면모를 발굴하는 데에 집중하는 것이 중요하다고 생각하게 되었다. 펜을 잡아도 그는 길고 복잡한 문장을 쓰지 않았다. 그는 "공백을 메우는 정도의" 짧은 글을 주로 발표했는데, 글은 짧아도 항상 문제의 핵심을 건드려 당시 성행 중이던 이론이나 체계가 휘청거릴 정도의 충격을 주었기 때문에, 중국의 언어학계에서 어느 누구도 그의 글을 무시하지 못했다.

두 번째, 뤼슈샹은 영어에 능통했다. 아니 능통한 정도가 아니라, 완벽에 가까운 이해도를 가지고 있었다. 이를 무기로 그는 영어와 중국어의 대조영역에서 누구도 반박하기 어려운 수준의 분석을 보여줬다.

세 번째, 왕리가 넓은 영역에서 천재성을 뽐냈다면, 뤼슈샹은 정밀한 사고와 냉정한 태도를 항상 유지했다. 1960년대 이후 그는 긴 글을 거의 발표하지 않았다. 하지만 그의 대부분의 글이 다 어법학계에 커다란 진동을 불러왔다. "자유-점착自由-粘着"설이나 1음절-2음절 이론 등은 물론이고, 그의 『중국어 어법 분석문제汉语语法分析问题』는 오랜 기간 동안 이 분야의 지도적 위치를 차지했다. 정밀한 관찰과 핵심을 드러내는 분석은 20세기 학자들 중에서 뤼슈샹을 따라갈 자가 없었다. 따라서 20세기 후반부의 반세기에 이르는 동안 중국과 세계의 중국어 연구자들이 뤼슈샹을 언어학계의 대부로 대접한 것은 당연한 일이었다.

우리가 위에서 나열한 몇 명의 현대 중국어 연구의 대학자들에게서 어떤 공통점을 찾고자한다면, 칼그렌이 아래와 같이 한 말을 통해 최소한 두 가지 결론을 얻을 수 있을 것이다.

중국에서 새롭게 떠오르고 있는 일련의 언어학자들의 재능과 학식은 청나라의 대

학자 고염무顾炎武, 단옥재段玉裁, 왕념손王念孙, 유월俞樾, 쑨이랑孙诒让, 오대징吴大澂
과도 비교할 수 있으며, 또한 근대역사언어학의 새로운 도구를 충분히 이용한다는
장점을 지녔다. (칼그렌, 1940: 원저자 서문)

中国的新兴的一班学者，他们的才力学识既比得上清代的大师如顾炎武、段玉
裁、王念孙、俞樾、孙诒让、吴大澂，同时又能充分运用近代文史语言学的新工
具。

즉, 첫 번째는 탁월한 외국어 능력으로 세계적인 수준의 안목과 시야를 갖추었고,
두 번째는 중국의 전통적인 인문학 소양이 풍부했다는 점이다. 첫 번째 점은 그 전
세대의 학자들과 확연히 구별되는 점이고, 두 번째는 그 이후의 학자들이 갖추지 못
한 능력이다. 마건충은 청나라 말기의 외교관으로서, 당시 몇 되지 않던 "눈을 크게
뜨고 세계를 바라본" 사람이었다. 『청사고-마건충전清史稿-马建忠传』에서 말하기
를,

마건충은 박학했고 고문에 능했으며 유럽의 언어에 정통했다. 현대에 쓰는 영어
와 프랑스어는 물론이고, 고대의 희랍어와 라틴어에도 능통했다. (자오얼쉰엔赵尔巽
등, 1977: 12483쪽)

建忠博学，善古文辞；尤精欧文，自英、法现行文字以至希腊、拉丁古文，无不
兼通。

자오위안런은 오랫동안 미국에서 생활하면서 영어로 학술서적을 썼으므로 외국
어를 잘한다는 것은 말할 필요도 없거니와, 그는 정말로 언어학자로서 천부적인 재
능을 가지고 태어났다. 각종 사투리와 속어 등을 한 순간에 배워 흉내 냈는데, 그가
언어학자로서의 길을 가게 된 것은 루소가 영국을 대표해 중국에 와서 강연을 할 때
통역으로 따라다니면서였다. 그는 강연이 열리는 곳마다에서 현지인으로 오해받을
정도로 각 지역의 사투리에 능통했다. 왕리도 프랑스에 유학했는데, 영어와 프랑스

어가 유창했고 1950년대에는 러시아어와 베트남어를 배웠으며, 말년에는 일본어도 열심히 배웠다. 뤼슈샹의 영어실력도 당대의 언어학자들 중에서 가장 높았고, 영어-중국어의 번역계에서는 그를 숭상하기까지 했다. 이렇게 탁월한 외국어 실력은 그들로 하여금 20세기 이전의 학자들에겐 없던 "외부인"의 안목으로 중국어를 들여다볼 수 있게 해줬고, 그래서 더욱 더 객관적으로 중국어의 각 문제들을 새롭게 살펴볼 수 있게 해주었다.

마건충의 중국어 어법연구는 하나의 독보적인 금자탑이었다. 그의 『마씨문통』은 언어의 표본으로 영어가 아니라 라틴어를 사용했기에 많은 사람들이 이를 의아해했다. 사실 그는 유럽의 여러 언어를 섭렵한 뒤, 그 많은 언어들이 다 대동소이(그가 "대지상사大旨相似"라고 한 것은 당연히 높은 수준의 관찰과 비교를 거친 것이다.)하고, 모두 라틴어라는 공통적인 선조를 가지고 있다는 점을 알았기 때문에 이를 사용하게 된 것이다. 여기서 그의 학문적 수준이 다른 이들보다 한층 위에 있음을 알 수 있다. (물론 이것은 보편어법의 세계관으로 볼 때 그렇다는 것이다. 각 언어의 민족성을 강조할 때, 라틴어는 별 장점을 발휘하지 못한다.) 자오위안런, 왕리, 뤼슈샹 등은 중국어 연구를 일반언어학의 수준으로 끌어올렸고, 이론적으로도 마건충보다 더욱 성숙했으며, 더 높은 위치에 자리매김했다.

탁월한 외국어 실력과 일반언어학적 소양이 이들 선배학자들이 역대 중국어 연구자들보다 더욱 높은 위치를 차지하는 데에 결정적인 도움을 줬다면, 그들의 탄탄한 중국어 고문에 대한 이해와 전통문화에 대한 소양은 요즘 학자들이 도저히 올라가기 힘들 정도의 높은 탑을 쌓는 결과를 만들었다. 비록 현대의 중국어 연구가 현대 중국어를 주요한 연구대상으로 하고 있다고는 하지만, 현대 중국어는 고대 중국어의 계승과 발전으로 이뤄진 것이지 절대로 근원 없이 하늘에서 떨어진 것이 아니다. 현대 중국어를 연구하면서 고대 중국어나 고대 중국어의 뿌리가 되는 전통문화에 대한 이해도가 높지 않다면, 진정으로 높은 수준의 언어연구는 진행할 수 없다. 전통학문의 기초로 말하자면, 마건충은 말할 것도 없고 다른 몇 분의 선배들도 어린 시절 전통적인 방식으로 훈련받고 공부했기 때문에 그들의 언어연구가 보여준 성과도 고금을 아우르는 것이었다.

고금의 여러 분야에 큰 성과를 남긴 왕리나, 음운학의 대가 자오위안런, 문언문의 허자虛字와 근대 중국어를 연구한 뤼슈샹 모두 전통학문의 기초가 탄탄한 대학자들이었다. 그렇기에 우리는 그들을 시대성이 낳은 대학자라고 일컫는 것이다. 이전 세대의 학자들은 외국어의 안목이 없어서, 1900년대 후반기의 학자들은 중국어 특히 고대 중국어의 내공이 약해서 저들의 수준에 도달하기가 매우 어려운 것이다. 하물며 요즘의 연구자들은 외국어와 전통학문 둘 다를 갖추지 못한 경우가 대부분이므로 기념비적인 연구성과가 나올 수 없는 것이 당연하다.

1.1.4. 역사적 연구성과를 만들어내다
出现了一批历史性的成果

20세기 중국어 연구에서 또 하나 주목할 만한 특징은 연구자의 수가 많아져서 그전에는 상상하기 어려웠던 대규모 연구 프로젝트를 진행할 수 있게 되었다는 사실이다. 『강희자전康熙字典』을 제외하면, 중국 역사상 자료정리를 포함한 중국어 연구의 성과들 대부분은 모두 개인의 저작이다. 한 사람이 아무리 탁월한 능력을 가지고 있어도 그가 어떤 일에 투자할 수 있는 시간과 정력에는 한계가 있게 마련이므로, 경우에 따라서는 평생을 바쳐 한 가지 사업에만 몰두한 경우도 적지 않다. 단옥재段玉裁는 평생 『설문해자주说文解字注』 한 권의 책만 완성했고, 왕념손王念孙도 대부분의 시간을 투자해 『광아소정广雅疏证』을 쓰는 데 그친 것이 그 좋은 예이다. 어떤 종류의 프로젝트, 특히 대형 사전류를 편찬하는 작업 등은 개인의 역량에 기대기에는 근본적으로 불가능한 것인데, 중요한 것은 이런 사업이야말로 언어연구의 기초가 되어준다는 점이다. 청대의 완원阮元이 완성한 『십삼경주소十三经注疏』와 『경적찬고经籍篡诂』나, 20세기에 딩푸바오丁福保가 완성한 『설문고림说文诂林』도 모두 한 사람의 탁월하고 위대한 작품이지만, 20세기의 대형 사업에 비하면 그 방대함에서 어쩔 수 없는 차이를 보인다.

예를 들어 하버드-연경학사哈佛-燕京学社가 편찬한 『사해辞海』, 『사원辞源』, 『한어대자전汉语大字典』, 『한어대사전汉语大词典』, 『금문대자전金文大字典』, 『현대 방언대사전现代方言大词典』, 『고문자고림古文字诂林』 등 중국어 연구자라면 누구나 꿈에서라도 움켜쥐고 싶을 방대한 언어자료들은 한두 사람의 노력으로는 절대 불가능했을 사업이다. 20세기 말 과학기술의 발전으로 과거 연구자들을 골치 아프게 했던 이런 종류의 자료들을 손쉽게 찾아볼 수 있게 되었고, 특히 『사고전서四库全书』의 전자출판으로 인해 컴퓨터만 있으면 검색도 아주 쉬워졌다. 이런 연구 성과들은 앞으로 분명히 중국어 연구에 매우 긍정적인 영향을 끼치게 될 것이다.

1.1.5. 언어연구의 이론과 방법이 전에 없던 주목을 받다
语言研究的理论和方法受到前所未有的关注

이론과 연구방법을 중시한 것은 20세기 중국어 연구의 또 다른 특징이다. 『마씨문통』과 동시에, 중국어의 어법체계가 서양의 것을 모방해야 하느냐 그렇지 않느냐 하는 논쟁이 동시에 탄생했고, 이는 20세기 내내 언어학계를 관통하는 철학적 논쟁이 되었다. 언뜻 떠오르는 것만도,

· 20세기 초기의 문언文言-백화白话 논쟁

· 1930년대의 어법혁신 토론; 병음방안의 "주음부호" 방식과 "라틴화" 방식 논쟁

· 1950년대의 품사유형 문제와 주어, 목적어 문제의 토론

· 1960년대의 언어와 화언 문제; 『절운切韵』 음계의 본질 문제; 단문 복문의 문제

· 1980년대의 문장분석법 토론; 문화언어학 논쟁

· 1990년대의 "세 개의 평면 문제"; "한자본위" 문제

등이 있다. 그 외에도 "문법"이냐 "어법"이냐 하는 논쟁도 있었고, 어법과 수사의 경계를 나눌 수 있느냐 하는 논쟁 등도 아주 뜨거웠다. 1930년대부터 외국의 언어학 이론이 파도처럼 밀려들어와 중국의 언어연구에는 전통언어학, 신어법학파, 소쉬르

의 구조주의언어학, 미국의 기술언어학, 유럽의 기능언어학, 소련의 언어학, 촘스키의 변형생성언어학, 촘스키 후기의 각종 언어학 이론 외에도, 인지언어학, 심리언어학, 사회언어학, 인류학의 언어학, 할리데이의 기능언어학 등이 수입되었고, 각 언어학의 탄생지에서도 논쟁이 무수한 이론에 중국어의 예문을 끌어와 논쟁을 확대재생산하는 일이 계속되었다.

언어에 대한 이런 이론적 탐구는 20세기 이전엔 출현하지 않았던 것으로, 당연히 세계의 언어학 발전이라는 배경과 관련되어 있다. 이러한 열정적인 토론에 참여하는 것은 학자에게 당연히 도움이 되는 일이어서, 20세기의 언어학이 저 많은 찬란한 업적을 남기는 데 큰 도움이 되었다

1.2. 20세기 중국어 연구의 착오
20世纪汉语研究的失误

앞 장에서 우리는 20세기 중국어 연구의 성과들을 살펴보았다. 여기서는 같은 시기 중국어 연구자들이 범했던 실수들을 탐구해보고자 한다. 역사를 정리하면서 선배들의 업적을 칭송만 하고 그것에 득의양양 하는 것은 사실 아무런 의미도 없다. 더욱 중요한 것은 그들의 연구가 가지는 한계와 문제를 정확히 인식하고 거기서부터 우리에게 주어진 임무를 명확히 결정하여 해결하고자 노력하는 일이다. 우리 세대의 학자들이 이런 노력을 해야 하는 이유는, 우리가 그들보다 더 높은 학식이나 견해를 가져서가 아니다. 앞에서 말한 것처럼 20세기의 몇몇 중국어 연구자들은 그 깊이와 너비에 있어서 후대의 학자들이 따라갈 수 없는 높은 수준에 도달했다. 우리가 그들의 연구를 지적할 수 있는 것은 그들이 부족해서가 아니라 시대가 변하고 학술연구가 발전했으며, 결정적으로 우리가 그 거인들의 어깨 위에서 세상을 바라보기 때문이다. 간단히 말해 선배들의 성과가 우리에게 그들 연구의 부족한 점을 발견할 수 있는 조건을 마련해준 셈이다.

미리 밝혀두거니와, 앞으로 지적할 선배학자들의 이론적 문제점은 내가 20세기 중국어 연구의 역사를 종합하고 정리하면서 개괄해낸 것들이다. 당연히 공인된 것도 아니고, 오히려 학계에서 논쟁이 되어주길 기대하는 것들이다. 내가 "착오"라고 본 것이 어떤 동료학자의 눈에는 대단한 진보와 성과로 비칠 수도 있다는 점을 나는 미리 인정한다. 진리는 탐구할수록 밝아지는 법, 나는 20세기 중국어 연구의 공과 과를 종합정리하고 토론하여 앞으로 중국어에 더 잘 들어맞는 언어연구의 길이 활짝 열리길 기대한다.

20세기 중국어 연구의 성과들이 당시의 역사적 상황하에서 가능했던 것처럼, 20

세기 중국어 연구의 착오들 역시 역사가 그러한 조건을 제공한 것이다. 어떤 때는 하나의 상황과 조건이 큰 성과를 도출할 가능성이면서 동시에 쉽게 착오를 일으키게 하는 복병이 되기도 한다.

1.2.1. 착오 하나 : 보편어법관념
失误之一 : 普世语法观

내가 얘기하고 싶은 첫 번째 착오는 바로 보편어법의 관념이다. 원래부터 언어의 보편성과 특수성은 언어학계의 오래된 문제였는데, 20세기 말에 보편어법관이 국제 언어학 연구의 "주류"가 되면서 많은 사람이 이를 비판하는 일을 꺼려왔다. 나는 어떤 근거로 이것이 20세기 중국어 연구의 착오라고, 그것도 첫 번째 착오라고 지적하는 것일까? 아래의 몇 가지 이유를 살펴보자.

첫째. 근본적으로 보편성과 특수성은 서로 의존하고 있다. 특수성과 분리된 보편성도 없고, 보편성과 분리된 특수성도 없다. 특수성을 연구하는 학자라고 해서 보편성을 부정하는 사람도 없고, 보편성을 연구한다 하여 특수성을 무시하는 학자도 없다. 그러나 보편성을 강조하느냐 특수성을 강조하느냐 하는 것은 일종의 가치와 취향을 드러내고, 이론연구가 도달하고자 하는 최종 목표를 알 수 있게 해준다.

나는 앞부분에서 마건충의 『마씨문통』이 보편어법관을 기본철학으로 삼고 있다고 말한 바 있다. 마건충은 청나라 말기 중국이 국세가 기울어 열강들의 침략에 당황하고 있던 시기의 사람이다. 그는 서양의 학문을 열심히 배워 중국을 개조하고 일깨우는 일에 사용하고자 했다. 그가 보편어법관을 받아들이고, 이를 기초로 중국의 첫 번째 어법책을 쓰게 된 심리상태와 배경을 살펴보자. 먼저 보편어법관은 당시 국제 언어학계의 주류였다. 그가 유럽에서 살던 약 20년 동안, 서유럽 각국의 어법 체계는 아직 라틴어의 영향에서 벗어나지 못했다. 아니 라틴어로 통일된 세상이었다고 말하는 편이 더 정확하다. 따라서 그도 라틴어 기반의 어법 외에 다른 언어학

이론을 접해볼 기회가 없었다. 그 다음은 그가 라틴어를 모범으로 생각하고 중국어 어법책을 쓴 것은 중국어가 서양의 언어에 못지않다는 것을 "증명"하기 위해서였고, 중국민족이 서양민족에 뒤떨어지지 않는다는 점을 밝히기 위해서였다. 이는 당시, 중국민족의 자존감을 높이고 중국어와 중국민족의 국제적 지위를 제고하는 데 중요한 의의를 지니는 일이었다. 중국어로 하여금 서양의 언어들과 어깨를 나란히 하게 하고, 중국인으로 하여금 서양인과 마주볼 수 있게 하기 위해서였다. 이것이 마건충 당대에는 긍정에너지였고 애국이었으며, 그가 중국어와 유럽의 각 언어 사이의 공통점을 찾으려 노력한 것은 중국이 세계무대에 참여할 수 있는 기반을 닦는 일이었다. 이런 관점에서 보면 그의 작업은 큰 성공을 거두었다.

나는 모든 학술연구가 정치적인 배경을 가지고 있다고 생각하지는 않지만, 특정한 역사적 조건과 어떤 특수한 개인의 경우는 정치적 배경이야말로 그 이론과 사상의 근간을 이해하는 데 결정적인 도움을 주기도 한다. 마건충이 바로 그렇다.

중국어 연구계에 『마씨문통』의 탄생은 행운이자 동시에 불행이었다. 행운이라고 한 것은 중국어 연구가 비교적 빠른 속도로 세계 언어학 연구의 큰 흐름에 동참할 수 있게 해주었기 때문이다. 불행이라고 한 것은 이렇게 세계적 흐름에 동참하는 대가로 중국어의 특수성을 희생했다는 데에 있다. 앞에서 말한 것처럼 마건충이 귀국한 후 얼마 지나지 않아 헨리 스위트Henry Sweet의 『신 영어 어법New English Grammar』 제1권이 출판되었는데, 이는 언어학의 혁명적 변혁을 예고한 것으로, 영어를 선두로 유럽의 각 언어가 라틴어의 영향에서 벗어나는 하나의 신호탄이 되었다. 라틴어가 가지던 독보적인 지위가 보편어법관에 의한 것이었다면, 이 지위에 도전하는 가장 훌륭한 무기는 각 민족 스스로의 언어관일 것이다. 스위트가 바로 이런 작업을 했는데, 그는 영어가 라틴어와 어떻게 다른지를 특히 강조했고, 그 대조의 결과로 단어의 순서와 허사 역시 중요한 어법수단이라는 이론을 제시했다. 스위트는 영어법연구의 새 시대를 열었고, 동시에 20세기 언어학의 가장 빛나는 성과 중 하나인 기술언어학의 시대를 열었다. 그의 무기가 바로 각 민족의 독자적 언어관이었다.

스위트의 제자 예스페르센Otto Jespersen은 스승의 업적을 성공적으로 영어 연구에 적용했는데, 『영어의 발전과 구조Growth and Structure of the English Language』 는 전문적으로 영어의 특징을 연구한 그의 대표작이다(Jespersen, 1938: 1쪽).

1940년대에 중국에 출현한 중국어 어법연구의 대가 3명도 이 책의 영향을 크게 받아 몇몇 연구서를 출판했는데, 안타깝게도 중국의 민족적 언어관이 고개를 든 것은 이 전후로 십여 년에 불과했다. 그 후 1950년대가 되자 사회주의 사상의 영향으로 보편어법이 다시 성행하게 되었다.

마건충의 시대에 보편어법관을 받아들인 것은 아마도 어쩔 수 없는 일이 아니었을까 한다. 그 조급함과 절박성을 충분히 이해할 수 있다는 말이다. 그러나 마건충 이후에는? 특히 오늘날에는? 중국어 연구에서 아직도 보편어법관만을 강조하고 있는 저간의 상황은 도대체 어떤 필연성을 내재하고 있는 것일까? 저들은 보편어법관을 통해 어떤 목표를 추구하고 있는 것일까?

요즘 세계의 언어관을 주도하고 있는 것은 미국인이 제시한 사상이다. 미국의 언어 보편성 연구는 그린버그J. Greenberg로 대표되는 통계적 언어유형론5과 촘스키 Noam Chomsky로 대표되는 단일언어파6(Ferguson, 1978: 7~33쪽; Comrie, 1981: 1~2쪽)가 있는데, 후자의 영향력이 훨씬 더 커서 수십 년 동안 미국의 "정통" 언어학으로 대접받아왔다. 촘스키 스스로 언어의 보편성을 이해하는 가장 좋은 방법이 하나의 언어(실질적으로는 영어)를 상세하게 연구하는 것이라고 했는데, 이 점은 매우 중요하다. 여러 가지 언어를 유형별로 귀납하려는 사람들은 어떤 객관성을 확보하기 위해 노력하게 되고 따라서 특정 언어의 선입견에서 벗어날 수 있지만, 하나의 언어로부터 출발한 사람들은 그 특정 언어의 특징이 학문체계의 수립에 절대적으로 중요한 영향을 끼칠 수밖에 없고, 따라서 그 영향이 다른 언어를 해석하는 데에 반

---

5 옮긴이의 말: Induction from multi-languages. 이 책의 원문에는 중국어로 "多语言归纳派"라고 번역되어 있다.

6 옮긴이의 말: Deduction based on a single language. 이 책의 원문에는 중국어로 "单语言演绎派"라고 번역되어 있다.

드시 걸림돌이 된다. 현대의 언어 보편성 연구는 간단하게 말해서 영어에서 출발한 것이다. 촘스키는 최근(2000년)에 와서야 일본어가 자기의 언어학체계에 도움이 된다는 점을 깨달았는데, 이는 역설적으로 그가 영어라는 한 가지 언어에만 의존해서 자기 학설을 주장해왔다는 사실을 방증한다.

최근 언어의 보편성 연구는 주로 미국에서 이루어지고 있다. 물론 영어가 아닌 언어를 기반으로 보편성을 연구하는 언어학자도 적지는 않지만, 사실은 대부분 촘스키 등이 영어의 시각으로 연구해놓은 일련의 규칙을 자기 언어에 대입해보는 방식으로 그 보편성을 해석하는 정도에 그치고 있는 것이 실상이다. 이런 상황은 좀 거칠게 말하자면 100여 년 전에 마건충이 했던 작업과 큰 틀에서 전혀 다르지 않다. 이런 분위기에서 진행되는 연구는 보편성에 있어서도 앵무새가 사람의 말을 흉내 내는 정도의 도움밖에 줄 수 없으며, 중국어 특수성 연구에 공헌할 수 있는 것은 마건충이 100여 년 전에 했던 수준에도 이르지 못할 것이 분명하다. 마건충 시대에는 보편어법관에 찬성하는 것이 당시 중국과 중국민족의 자강과 자존을 위하는 일이었으나, 한 세기가 지난 오늘날에 영어 연구자들의 보편성을 "원칙"으로 대우하는 학자들은 스스로 학문의 주체성을 포기한 것이라고밖에 볼 수가 없다.

둘째. 보편성이란 과연 존재하는가. 이론적으로는 존재한다. 인류가 세계를 인식하는 것은 끝없는 추상화의 결과이고, 그 추상의 수준이 높을수록 보편성의 의의는 더욱 높아지기 때문이다. 사람에는 여러 종류가 있다. 남자 여자; 어른 아이; 흑인 백인; 중국인 외국인; 가난뱅이 부자; 고대인 현대인 등. 그러나 "사람"이라는 개념은 이 모든 종류의 사람을 하나로 추상화한다. 인류의 언어를 하나의 전체로 볼 때, 그것은 필연적으로 어떤 공통점을 가지고 있을 것이다. 그러나 이런 보편에 대한 인식은 분명히 귀납의 결과일 수밖에 없다. 미국 기술언어학의 대가 블룸필드Leonard Bloomfield는 이렇게 말했다.

…… 그러나 아무튼, 어떤 특징들은 아주 넓게 분포한다. 이러한 사실은 주의를 요

하고, 또 해석을 요한다. 많은 언어에서 수많은 자료를 수집한 이후, 우리는 반드시 보편어법의 시각으로 서로 다른 언어 사이에 왜 이런 같고 다름이 존재하는지 질문해야 한다. 그러나 이러한 연구를 해야 할 시점이 온다면, 그것은 추론이 아니라 귀납이 되어야 할 것이다.[7] (블룸필드, 1933: 21쪽)

……不过不论怎样，有些特征倒是广泛存在的，这一事实值得注意，并且需要解释。等到我们已有很多语言的大量材料以后，我们就必须回到普通语法的问题上来解释为什么有这样的异同；不过，最后做这种研究的时候，将不是推论而是归纳。

우리가 이해하는 언어가 많을수록 마지막에 귀납한 결과가 더욱 값어치 있는 것이 될 터이다. 그런데 현대의 보편어법론자들은 이런 길을 걷고 있지 않다. 그들이 내세우고 견지하는 것은 연역법의 길이다. 더구나 연역법은 그들의 방법론 중에서 첫 번째이며 가장 기본이 되는 원칙으로 인정받고 있다. 그들은 영어에서 연역한 한 세트의 어법규칙으로 충분히 각종 언어연구에 응용할 수 있으며, 다른 언어의 연구는 단지 이러한 "보편성"의 법칙이 해당 언어에서 어떻게 표현되는지만 연구하면 된다고 생각한다. 퍼거슨Ferguson의 비평처럼

(촘스키 등은) 어떤 특정 언어, 특히 영어를 연구하면 언어 자체에 대해 충분히 묘사할 수 있다고 생각한다. …… 그들이 관심을 갖는 것은 어법형식 혹은 언어의 보편성을 수립하는 것이지, 수많은 언어의 샘플을 가져와 그 특징에 대해 묘사하는 것이 아니다. (Ferguson, 1978: 18쪽)

（乔姆斯基等人认为）……致力于个别语言、特别是英语的研究，就能达到对语言进行充分描写的目标……人们感到，他们更关心的是建立一些语法形式或称语言共性而不是收集大量语言的样本来对其特征进行描写。

---

7 옮긴이의 말: 원저자가 블룸필드 『언어론语言论』의 중국어 번역본을 인용했다.

이런 방법으로 전 세계 사람들에게 하나의 관점을, 하나의 체계를, 하나의 이론을, 하나의 가치관을 강요한다. 우리가 깊이 생각해야 하는 점은 제2차 세계대전 이후의 미국에서 여전히 기술언어학이 맹위를 떨치고 있었다는 사실인데, 이러한 보편어법관이 출현하고 강화되는 과정은 제2차 세계대전 이후 미국이 점점 세계에서 둘도 없는 패권국이 되는 과정과 정확히 일치한다. 새로운 언어관은 영어를 기반으로 탄생했다. 언어권력이 비교적 작은 스와힐리어나 터키어, 심지어는 언어권력이 비교적 큰 편인 프랑스어, 스페인어 또는 아랍어에서 탄생한 것이 아니다. 역사를 되짚어보면, 보편어법관을 주장하는 것은 권력이 가장 막강한 언어의 특권인가도 싶다. 13, 14세기에는 라틴어가, 17세기에는 프랑스어가, 현재는 영어가 보편어법관의 기준이다. 나는 1950년대에 러시아어가 "사회주의 진영"에서 "보편어법"의 영향력을 행사하려 했던 것을 기억한다. 당시의 "소련 큰형님"이 중국에 와서 가르치기를:

중국의 학계는 중국어의 특징으로 1음절성과 형태 없음을 오랜 시간 동안 거론해 왔다. 이런 잘못된 관념은 중국어를 크게 손상시켰는데, "어법이 없다."라는 생각을 심어줘서 어법을 과학적으로 접근하지 못하도록 했다.[8] (Konrad, 1952: 26쪽)

长期在汉学界里占优势的汉语单音节性和没有形态性的错误观念使汉语遭受到很大的损害，它引起汉语的"没有语法论"，同时长期地妨碍了这种语法的科学探讨。

이 말을 계기로 중국의 학자들은 자신들이 반세기 가까이 진행해오던 중국어 연구를 버리고 중국어에서 형태(변화)를 찾는 흐름을 만들었는데, 왕리王力나 리진시黎锦熙 같은 당시의 일류 언어학자들도 비판의 대상이 되었다. 그 결과는? 30년 가까운 세월이 흐른 다음에야 뤼슈샹吕叔湘이 『중국어 어법 분석문제汉语语法分析问题』에서 다음과 같이 말할 수밖에 없었다.

---

8 옮긴이의 말: 원저자가 중국 언어학계의 대표적인 학술지 『중국어문中国语文』에 발표한 콘라트Konrad의 글을 인용했다. 콘라트는 러시아어로 썼지만, 펑추난彭楚南의 번역을 거쳐 학술지에는 중국어로 실렸다.

중국어에 엄밀한 의미의 형태란 없다. (뤼슈샹, 1979: 487쪽)

汉语缺少严格意义上的形态。

역사가 우리에게 크지도 작지도 않은 농담을 던진 것 같다. 아무튼 내 생각에도 언어의 보편성이 있기는 있는 것 같다. 하지만 요즘처럼 많이 강조하고 심지어는 유일한 목표인 것처럼 이를 추구하는 것은 불필요하다.

셋째. 위에서 얘기한 두 가지 문제뿐만 아니라, 연구방법만 살펴봐도 언어의 보편성 연구와 언어의 특수성 연구 중에 어떤 것이 더 현실적으로 유용한가 하는 질문이 남는다. 이 두 연구를 선명히 나누는 것은 당연히 쉽지 않은 일이다. 보편성 중에 특수성이 있고 특수성 중에 보편성이 있다. 보편성은 특수성에, 특수성은 보편성에 기대고 있다. 다만 언어를 분석하면서 우리는 둘을 임시로 나누어 살펴보는 것이며, 임의적으로 두 특성의 극단까지 예제와 사고를 밀어붙여보는 것이다. 이렇게 연구방법을 정리하고 생각해보면 보편성 연구라는 것이, 특히 연역법을 이용한 보편성 연구라는 것이 도달할 수 있는 최종의 성과는 "네게 있는 것, 내게도 있다.", "저들이 가진 것, 나도 가졌다.", 혹은 "있어야 할 것이, 나에게도 당연히 있다."는 표현에 불과하다는 것을 쉽게 추론할 수 있다. 당초에 『마씨문통』이 했던 작업이 바로 이것이 아니었을까? 다른 나라에 다 있는 어법이라는 것이 중국에도 있다는 것을 증명한 것에 불과했다는 말이다. 쑨원孙中山[9]은 일찍이 이 점을 간파하고 촌철살인으로 아래와 같이 지적한 바 있다:

마건충이 10여 년 공들인 연구로 이 책을 썼다고 말한다. 그러나 그 실용성을 살펴보니 선조들의 문장 모두에 쉽게 드러나지 않는 문법규칙이 포함되어 있다는 사실을 증명한 것에 불과하다. 문법이라는 것은 중국의 학자들이 빠르게 성과물을 내기

---

9 '孙中山'은 쑨원의 호.

위해서 필요한 어떤 것에 불과하다. 이미 공부가 충분한 사람들에게는 공부를 검증하는 데 도움이라도 되겠으나, 처음 공부를 시작하는 사람은 어떤 도움도 기대하기 힘들다. (쑨원, 1918: 364쪽)

> 马氏自称积十余年勤求探讨之功, 而后成此书。然审其为用, 不过证明中国古人
> 之文章, 无不暗合于文法, 而文法之学, 为中国学者求速成图进步不可少者而已；
> 虽足为通文者之参考印证, 而不能为初学者之津梁也。

마건충은 당시 "중국어는 서양의 언어보다 저급하지 않다. 중국인도 서양인과 비교해 뒤떨어지지 않는다."라고 말했지만, 중국과 서양의 언어 자체에 대해서는, 또 두 가지 언어의 교류에 대해서는 별달리 새로운 것을 말하지 못했다. 오히려 그의 책이 가지는 최고의 가치는 보편성이 아니라 특수성에 대한 언급으로 "허자虛字는 중국어에만 있음"을 발견한 점 등이 그것이다.

최근 100여 년의 중국어 연구 역사를 보면 보편성에 대한 토론은 대부분 별다른 성과를 내지 못한 것을 알 수 있다. 오히려 특수성과 민족성을 강조할 때, 중국어 연구는 새로운 돌파구를 찾아내었다. 뤼슈샹呂叔湘, 왕리王力, 까오밍카이高明凱 등 세 명의 대가가 어법책을 출판한 시기는 20세기 중국어 어법의 연구가 가장 휘황찬란했던 시기였는데, 그 이유는 이들이 중국어의 특수성에 집중했기 때문이다. 반대로 1950년대에 정치적 분위기로 소련의 언어학이 성행하던 때나 1970~1980년대에 외국의 언어학 이론과 연구방법이 어지러울 정도로 많이 수입되던 시기에도 중국의 언어학계는 사력을 다해 세계적인 수준과 "궤도"를 맞추고자 했으나 주목을 받을 만한 연구성과는 내지 못했다.

언어비교의 측면에서 다시 살펴보자면, 예를 들어 1980년대 초에 출판된 몇 권의 중영어법비교 저술을 보면, 그들이 도달한 결론으로 영어와 중국어 사이에 "중요한 것은 같은 점이다. 다른 것은 중요하지 않다. (런슈에량任学良, 1981a: 후기)"라고 말하고 있음을 알 수 있다. 그러나 이들의 책은 사람들에게 별다른 인상을 남기지 못했다. 반면에 언어비교를 통한 연구 가운데서도 차이에 집중한 책들은 1930년대 린위탕林语堂의 『개명영문문법开明英文文法』이나, 1940년대 뤼슈샹吕叔湘의 『중국인의 영어학습中国人学英文』에서 1990년대 류미칭刘宓庆의 『중영대비연구 및 번역汉英对比研究与翻译』에 이르기까지 사람들에게 많은 수확을 안겨주었고, 또 오래기억되고 있다.

이상 간략하게 살펴본 지난 100여 년의 역사를 통해, 우리는 보편어법의 언어학으로 시작한 20세기 중국어 연구가 1930~1940년대의 십여 년을 제외하면 몇십 년간 그 영향에서 벗어나지 못하다가 1980년대 후반에 이르러서야 조금씩 제자리를 찾아가고 있음을 알았다. 중국어 연구가 21세기에 새로운 발전방향을 찾고자 한다면, 반드시 이러한 경험을 참고해야 할 것이다.

1.2.2. 착오 둘: 어법중심관
失误之二 : 语法中心观

나는 앞에서 『마씨문통』이 가져온 가장 큰 변화이자 "현대 중국어 연구"가 "전통 중국어 연구"와 가장 크게 다른 점은 "어법중심"이 "문자중심"을 대신하게 된 점이라고 밝혔다. 100여 년 동안 발표된 학술성과로 보든 연구자의 수로 보든 어법이 압도적으로 높은 비중을 보이고 있다. 최근에도 중국어를 연구한다고 하는 사람의 십중팔구는 주로 어법을 연구하고 있고, 최소한 어법연구를 하나의 연구방향으로 하고 있다. 언어학을 연구하는 사람이라면 당연히 어법에 관심을 갖게 되어있다. 내가 "어법중심"이 20세기 중국어 연구의 큰 착오라고 말한다면, 분명히 많은 사람의 눈총과 분노를 사게 될 것이다. 그러나 나는 학술연구에는 금기가 없어야 한다고 생각한다. 특히 지난 100여 년간 진행되어온 연구를 종합하고자 한다면 흥분을 내려놓고 냉정하게 고찰해야 할 것이다. 물론 어법연구가 틀렸다거나 필요 없다는 것은 아니다. 심지어 어법연구가 중국어 연구에서 중요한 자리를 차지해서는 안 된다고 말하고자 하는 것도 아니다. 나는 단지 어법이 중국어 연구에서 차지하는 지위가 우리에게 어떤 소득을 가져다주었는지, 혹은 이를 주장했던 사람들의 원하던 목표를 달성했는지를 살펴보자는 것뿐이다.

사실 이렇게 말하고보면 문제가 그리 간단하지 않다는 것을 금방 발견할 수 있다. 일련의 생각들이 목구멍에 눌어붙어 있어서 뱉어내지 않으면 견디기 어렵다.

첫 번째, 어법연구는 예상하던 목표에 도달하지 못했다.

마건충은 『마씨문통』을 쓸 때 자신감에 충만해 있었는데 이 책을 완성한 후, 이렇게 말했다.

> 아이들이 학교에서 문법을 배우면 그 성과가 서양인에 뒤지지 않을 것이다. (마건충, 1898: 후기)
>
> 童蒙入塾能循是而学文焉，其成就之速必无逊于西人。

마건충과 후대의 수많은 어법연구자들은 어법이 언어학습의 지름길이 되어 언어를 배우는 속도가 비약적으로 빨라질 것이라고 믿었다. 당시의 중국에는 글을 아는 사람이 적고 언어와 문학의 교육이 보급되지 못했는데, 그 이유가 어법이 없었기 때문이라고 생각한 것이다. 이제 어법이 있으니 언어와 문학의 교육이 빨라질 것이고 품질도 크게 높아질 것이라고 보았다. 그러나 지난 100여 년을 되짚어보면, 사실은 전혀 그렇지 않았음을 알 수 있다. 더 이른 시기는 내가 직접 겪어보지 않아서 그 풍경을 묘사하기 어렵지만, 1950년대 이후의 50여 년은 내게 아주 익숙하다. 1950년대 이전의 중국어 어법연구는 상아탑 속의 학문이었지만, 1950년대 이후로는 그것이 초등학교와 중고등학교의 교육에 응용되었다. 요즘에는 초등학교에서 명사, 동사, 형용사나 주어, 서술어, 목적어 등을 배우며, 중고등학교에서 이미 현대 중국어 어법의 중요한 내용을 다 배운다. 그렇다면 언어와 문학의 교육은 그 속도와 수준에 있어서 진보했는가? 당국자들에게는 미안한 말이지만, 최근 50년간의 언어·문학교육의 수준은 한마디로 말해 갈수록 떨어지고 있다. 20세기 말에 이르러서는 그 현상이 사람들의 분노를 살 정도의 사회적 문제가 되었다.

이렇게까지 상황이 악화된 데에는 당연히 여러 가지 원인이 있고 어법교육이 그 모든 책임을 짊어질 필요는 없지만, 어법교육이 무능했고 효과 없었음은 명명백백한 사실이다. 그 원인을 끝까지 추적하면, 우리는 마건충의 인식부터 이미 문제가 있었다는 점을 알 수 있다. 그의 희망은 그저 백일몽에 불과했는지도 모른다. 당시 그를 비롯한 언어개조론자들은 서양의 언어를 일종의 이상적인 상태로 보고 있었다. 예를 들어

> 서양의 상황을 보니, 아이가 공부를 시작하는 과정이 이렇다. 학문에 뜻을 둘 나이가 되기 전에 이미 글을 보고 뜻을 모르는 경우가 없고, 학교에 들어가서는 각자의 성정에 따라 수학, 격치, 법률, 철학을 배워 깊이 연구한다. 따라서 그들은 공부하지 않는 이가 없고, 각자 유용한 학문을 연구한다. (마건충, 1898: 덧붙이는 글)
>
> 吾观泰西，童子入学，循序而进，未及志学之年，而观书为文无不明习；而后视其性之所近，肆力于数度、格致、法律、性理诸学而专精焉。故其国无不学之人，而人各学有用之学。

라고 말하기도 했고, 심지어는

> 영국사람은 90% 이상이 글을 안다. 백성이 개명하고 통달하여 시야가 매우 넓다. (라오나이슈엔劳乃宣, 1908: 336쪽)
>
> 英国百人中有九十余人识字，是以民智开通，雄视宇内。

라고 자신 있게 말한 사람도 있을 정도이다.

사실 영미권 국가들은 오늘날에도 저 정도의 수준에는 도달하지 못했다. 영어를 번역한 어떤 글에 의하면, 미국 청년의 4분의 1 정도가 실질적인 독서능력을 구비하지 못했다고 한다. (천딩안陈定安, 1990: 70~71쪽) 사실상 영국의 학자 스위트는 일

찍이 1899년에 "어법을 배우는 것은 자기 나라의 언어를 더 잘 습득하기 위한 것으로, 사투리나 나쁜 언어습관을 고치기 위한 것이다."라고 말했는데, 이런 현상은 이미 "낡은 견해(판원궈潘文国, 1997b: 97쪽)"이다. 미국은 19세기 50년대에, 영국은 20세기 30년대에, 중국은 20세기 80년대에 어법을 가르칠 것이냐 말 것이냐 하는 문제(중국에서는 이를 "어법약화淡化语法"라고 불렀다.)로 사회적 토론을 거친 바 있다. 이러한 논쟁은 기본적으로 모어를 습득하는 데에 어법은 전혀 쓸모가 없다는 생각에 기초한다. 실제로 요즘 세계 각국의 언어 · 문학교육에서 어법이 차지하는 비중이 점차 줄어들고 있다. (농담을 섞어 말하자면, 중국의 일반적인 중고등학교 학생은 영국이나 미국의 대학생보다 영어 어법을 더 잘 이해하고 있다.)

1983년에 쿤밍昆明에서 열린 중국 방송통신대학교 중국어교사 연수회에서 일부 교사들이 장즈궁张志公 교수를 초청해 "어법학습의 목표는 도대체 무엇인가?"라고 질문한 적이 있다. 장즈궁은 "어법은 일종의 지식체계이며 교양이다. 우리가 학교에서 배우는 모든 것이 실용적인 것은 아니다. 많은 학생이 중고등학교에서 물리, 화학이나 식물학 등을 배우지만, 대학교는 문과를 지원해서 이런 지식들이 아무 쓸모가 없어진다. 어법도 마찬가지여서 원래는 어법을 공부하는 것이 글쓰기 능력을 키워준다고 생각했지만 요즘 보면 꼭 그렇지도 않은 것 같다. 그러나 어법지식은 현대의 대학생들이 반드시 배워야할 교양이다."라고 대답했다. 오랜 기간의 실천과 실패 이후, 어법을 전문적으로 연구하는 학자조차 어법의 기능에 대한 믿음이 흔들리게 된 것 같다.

언어학의 인접 학문인 문학계에서도 어법에 대한 거부심리가 한결같았다. 몇십 년 전에 어떤 사람이 매우 난처해하며 "조설근曹雪芹이나 루쉰鲁迅은 어법을 공부한 적이 없는데도 저렇게 훌륭한 문장을 쓰지 않았느냐."라고 질문했다. 언어학자들은 "그들은 많은 글을 쓰면서 스스로 중국어가 조직되는 규칙을 발견한 것이다. 우리도 어법을 스스로 인식하면서 글을 쓴다면, 저렇게 좋은 글을 쓸 수 있다."고 대답했다. 그 후로 또 몇십 년이 지났다. 그런데 우리는 모두 어법을 스스로 인식하고 있지만, 어쩐지 언어학자를 포함해서 아무도 어법을 고려한 후에 글쓰기를 하는 것 같지는 않다. "어법에 대한 자각적 인식"과 "어법을 고려하지 않은 글쓰기"가 마치 통일된 듯이 보인다. 유협의 『문심조룡文心雕龙』은 문학에 대한 책이다. 그의 문학 이론에 대한 비평은 그렇다 치더라도, 이 책은 스스로 하나의 훌륭한 문학작품이다. 문장의 아름다움은 당시의 변려문骈文 중에서도 일류에 속하는 것으로, 유협 스스로 자기의 문학 이론에 대한 훌륭한 실천을 남긴 것이다. 그러나 현대의 언어학자들(뤼슈샹吕 叔湘 선생 등 특별한 예를 제외하고)의 문장은 그야말로 평범하기 그지없으니 사람 들이 어떻게 그들이 말하는 어법의 역할에 대해 믿음을 가질 수 있겠는가.

두 번째. 어법연구에 대한 "투자"에 비해 "생산물"이 너무 적다.

앞부분에서 나는 20세기 이후의 중국어 연구 중에서 사람들이 가장 관심을 많이 갖고 투자를 많이 한 것이 어법이라고 말했다. 당연히 그 결과로 발표된 학문적 성 과도 가장 많다. 갑골문 출토와 둔황초본敦煌抄券의 발견을 제외하고 지난 100여 년 간 언어학계를 떠들썩하게 만든 큰 사건들을 되짚어보면, 대부분이 어법과 관련된 일이었다. 그런데 당황스럽게도 어법연구의 성과가 무엇이었는지가 가장 의심스럽 다. 100여 년 동안 생산된 한우충동할 만한 어법관련 논저들 중에서 정말로 사람들 에게 영감을 준 것은 1800년대 말의 『마씨문통』, 1940년대의 왕리王力, 뤼슈샹吕叔 湘의 몇몇 저작과 1960년대 자오위안런赵元任의 『중국어의 어법』 등에 불과하다. 어법학계에서 수많은 학자들이 열심을 다해 진행했던 몇 차례의 대토론은 사실 아 무것도 해결하지 못했다. 1950년대의 품사유형, 주어·목적어 문제, 1960년대의 단 문·복문 문제, 1980년대의 문장분석 방법 같은 토론들은 한때 아주 시끌벅적했지 만, 한여름의 소나기처럼 시간이 지나면서 흐지부지되고 말았다. 더욱 황당한 일은 까오밍카이高明凯가 중국어의 실사实词는 품사를 나눌 수 없다고 주장한 관점 등이 당시에는 강하게 부정당했는데, 20세기 말이 되자 더욱 많은 학자와 논문이 이제야 다시 그러한 관점에 찬성하고 있다는 점이다.

어법연구 100여 년의 역사는 어법 외적으로도 언어·문학교육과의 관계를 정립 하는 데 실패했고, 내적으로도 스스로의 학문체계를 세우는 데 실패했다. 그저 체계

싸움, 술어싸움, 방법싸움 등을 어지럽게 주절거리다가 시간이 흘러 아무것도 남기지 못하고 끝나버린 것이다. 1950년대에 "잠정체계"라고 시작했다가 "성숙하지 못했다.", "중국어의 실제 운용에 적합하지 않다."라는 비난을 받았던 이론이 30여 년의 토론을 거쳤는데도 더 이상 성숙하지 못하고 더욱 중국어의 실질과 어울리지 않는 채로 다시 등장하기까지 했다. 20세기의 중국어 연구에 만연한 이런 불합리한 국면은 어쩔 수 없이 여러 학자들에게 어법이라는 현상 자체에 대해 의문을 품게 만들었다. 그렇다면 어법중심의 중국어 연구라는 것은 과연 하나의 거대한 착오라고 말할 수밖에 없을 것이다.

세 번째. 어법의 작용에 대한 재인식.

"어법중심관"의 형성에도 역사적이고 문화적인 원인이 존재하므로 그 과정을 이해할 필요가 있다. 19세기 이전의 서방세계는 라틴어가 통치하는 세계였다. 각 민족은 각자의 언어를 사용하고 있었지만, 모두 라틴어의 어법을 연구했고 라틴어의 언어관을 세상을 이해하고 관찰하는 지침으로 삼았다. 라틴어는 형태변화가 아주 많은 굴절어로, 번잡하고 다양한 형태변화를 외우지 못하면 라틴어를 배울 수 없었다. 따라서 라틴어를 공부한다는 것은 곧 이러한 규칙을 학습한다는 것을 의미했다. 그렇다면 라틴어가 실제로 사용되던 시기의 로마인들도 이런 규칙을 먼저 학습한 후에 사용했을까? 당연히 그렇지 않다. 마치 외국인이 보기에 아무리 어렵고 복잡해보여도 그 언어를 모어로 하는 아이들은 그 말을 별다른 어려움 없이 저절로 배우게 되는 것과 같다. 그러나 약 1,000년 가까운 세월 동안 유럽인에게 라틴어는 반드시 배워야 하는 공통어였으며, 동시에 하나의 외국어였다. 라틴어의 각종 어법변화 규칙은 그들이 반드시 외워야만 하는 언어패권이었고, 이러한 역사가 유럽인들에게 어법중심의 전통을 안겨준 것이다.

스위트가 어법혁명을 일으킬 수 있었던 것은, 모어를 배울 때와 외국어를 배울 때 어법이 담당하는 역할이 서로 다르다는 점을 명확히 인식한 데서 출발했기 때문이다. 모어를 배울 때는 어법 따위가 필요하지 않고, 외국어를 배울 때에야 그것이 중

요한 역할을 한다는 것을 깨닫게 된 것이다. (판원궈, 1997b: 81쪽) 마건충이 『마씨
문통』을 쓸 때의 목표는 2개였다. 그중 하나는 앞에서 이미 얘기했는데, 그것은 중
국의 아이들이 중국어를 배울 때 사용하자는 것으로 이는 이미 잘못된 관념이라는
것이 증명되었다. 또 하나 중국인이 외국어를 배울 때는

> 여기에서 출발하여 서양 언어의 내용을 구하고 그 도리를 알게 되면, 역시 어렵지
> 않게 그 디테일을 통해 전체 내용까지 이해할 수 있게 된다. (마건충, 1898: 덧붙이
> 는 글)
>
> 将由是而求西文所载之道，所明之理，亦不难精求而会通焉。

라고 했는데, 나도 예전엔 이러한 관점에 대해 많이 동조하는 편이었다. 더구나 중국
어의 어법체계가 중국인에게는 별 쓸모가 없지만 외국인에게 중국어를 가르치는 데
에는 쓸모가 많다고 생각했다. "어법중심"이라는 것이 자기 민족의 언어를 배우는
데에는 쓸모가 없지만, 외국어를 학습하는 데에는 중요한 도구라고 생각한 것이다.
　그러나 최근 들어 나는 이러한 생각에도 회의가 들기 시작했다. 무엇보다도 나는
국내외에서 초등학생부터 박사생까지 중국어를 배우거나 연구하는 외국인을 수없
이 만나왔는데, 그들은 한결같이 중국어의 어법이 그들의 중국어 학습에 별다른 도
움이 되지 않았다고 말한다. 거꾸로, 그들은 중국어 어법의 이런저런 용어들이 너무
골치 아프다고 말한다. 호주에서 중국어를 가르치는 어떤 교사는 학생에게 어법을
전혀 가르치지 않는다면서, 아이들에게 어법을 가르칠 수도 없다고 말한다. 중국에
서 중국어를 배우는 외국 유학생들은 초급 단계에서는 어느 정도 어법에 관심을 가
졌지만, 고급 과정에 들어서서는 어법이 관심영역에서 벗어났고, 이런저런 구조 등
도 잠깐 생각해서 그 의미를 이해할 수 있는데 오히려 중국어 어법책에서는 그 답을
구할 수 없다고 말한다. 중국과 외국의 학생들이 중국어 어법에 가지고 있는 반감이
저렇게 팽배해 있다는 점은 우리에게 깊은 반성을 요구한다.
　나는 또 이 문제가 중국어 어법의 특수성에서 기인한다고 생각했었다. 중국어는

형태변화가 없고 형식상으로도 눈에 띄는 특징이 없는데, 언어학자들이 중국어 문장을 분석하면서 강제로 주어, 목적어 등으로 태그를 붙여놓았을 뿐, 이를 외국어로 배우는 사람들이 발견하고 깨닫기 어렵기 때문이라고 생각했다. 아마도 형태변화가 분명한 다른 언어는 그렇지 않으리라 생각한 것이다. 그러나 최근에 영국의 언어학자가 쓴 저작을 통해 최근 몇십 년간 서방세계에서 일어났던 일을 이해한 후에는, 나의 이러한 생각도 잘못되었다는 사실을 알게 되었다. 존 허니John Honey가 1997년에 출판한 『Language is Power』에 이런 구절이 있다.

> 영어 표준어를 배우는 아이들은 반드시 표준어로 되어 있는 많은 작품을 접하고 공부해야 한다. 예를 들어 함의가 풍부한 문학작품이나, 복잡한 구조의 문장, 명확한 어법으로 쓰인 글과 다양한 문체로 쓰인 여러 가지 장르의 글 등을 열심히 익혀야 한다는 말이다. 반드시 글말을 많이 읽어보고, 고아한 표현이 많은 시를 암송해야 하며, 높은 수준의 교육을 받아야 한다. 그러면 어떻게 해야 아이들이 이렇게 할 수 있을까? 특히 어법규칙에 대해 상세하고 정확하게 가르치는 것을 통해 이를 해결할 수 있을 것인가 하는 문제는 지난 몇십 년간 교육전문가와 언어·문학교사들이 끝없이 논쟁해온 사안이었다. 최근에는 어법이란 가르칠 수 없는 것이며, 아이들이 스스로 모범이 되는 언어자료를 많이 접하면서 스스로 깨우쳐야 하는 영역이라는 견해가 대세를 이루고 있다. (John Honey, 1997: 52쪽)
>
> 学习标准英语的孩子必须努力学会使用标准语的丰富资源，诸如含义丰富的语词、复杂得多的句子、明确的语法形式，以及多姿多彩的风格等，必须经常接触书面语、听高雅的谈吐，接受明白的教育。怎样让他们做到这一点，特别是，能不能通过教给他们明确的语法规则来做到这一点，这是过去几十年里在教育家和英语教师中争论不休的问题，而现在主导性的意见是，语法没法教会，只能在接触好的榜样中自己去领会。

이 글을 읽고 나서야 최근 영어 표준어교육의 주요한 흐름도 이미 어법교육이 효과적인 교육방법이 아니며, 언어·문학교육에 있어서도 많이 읽고 많이 쓰면서 좋은 문장을 통해 스스로 체득하는 것이 좋다는 견해가 주류임을 알게 되었다.

이런 분위기를 통해 우리는 형태변화가 크게 간단해진 영어가 라틴어를 대신해 세계적인 영향력을 끼치고 있으며, '어법중심관'이 실제로 언어교육에서 점차 그 지위를 내어주고 있고, 의미이해와 다독의 중요성이 더욱 커져가고 있다는 사실을 알 수 있다. 이런 상황이니 본래부터 그 의미를 위주로 언어생활이 이루어지던 중국어에서 앞으로도 계속해서 어법중심으로 언어교육을 진행한다면 아마도 어떤 미래도 보장할 수 없을 것 같다. 영어를 교육하면서 독서훈련을 중시하는 것을 보니 도리어 동양의 전통적인 언어교육법을 다시 되돌아보게 만든다.

어법의 본질은 역시 사후에 귀납해낸 결과물이라는 점이다. 먼저 언어현상이 있고 이를 귀납해서 몇 가지 규칙을 발견한 것뿐이다. 규칙이 먼저 있고 사람들이 이를 이용해 언어활동을 진행하는 것이 아니다. 따라서 언어의 실제 사용을 떠나서는 모어에서든 외국어에서든 어법이 별로 쓸 데가 없는 것이다. 이 점에 대해서는 20세기의 선구적 언어학자 옌푸严复가 일찍이 얘기한 바 있다.

> 장자는 "제나라에서 태어난 사람은 제나라 말을 못할 수 없고, 초나라에서 태어난 사람은 초나라 말을 못할 수 없다."라고 하였다. 아이가 말을 배우는 것은 들어서 익숙해진 후 입이 따라가며 점점 자연스러워지는 과정일 뿐이다. 이 과정의 어느 부분에 법칙이라 할 만한 것이 있는가! 문법文谱이라는 것은 이미 있는 말의 규칙일 뿐, 그것으로부터 언어를 배울 수 있는 것이 아니다. …… 정말로 영어를 정통하게 익히고자 한다면 다양하게 읽고 많이 써서 익숙해지면 그만이다. 학생이 이 책을 읽고 이미 충분히 공부했다고 생각한다면, 그것은 마치 요리법을 베껴 쓰고 배가 부르다고 생각하는 것과 같고, 책을 읽고 실제로 경험했다고 생각하는 것과 같다. 그렇게 해서는 영어를 익힐 수 없다. (옌푸, 1904: 151~152쪽)
>
> 庄周曰："生于齐者，不能不齐言；生于楚者，不能不楚言。"小儿之学语，耳熟口从，习然而已。安有所谓法者哉！故文谱者，讲其所已习，非由此而得其所习

也。……诚欲精通英文，则在博学多通，熟之而已。使徒执是编以为已足，是无异钞食单而以果腹，诵书谱而遂废临池，斯无望已。

재미있는 것은 옌푸가 문법을 가리켜 "문보文谱"라고 했다는 점이다. 『흠정사보钦定词谱』나 기타 기보법棋谱과 요리법菜谱 등이 생각나지 않을 수 없는데, 그 본질이 매우 닮았기 때문이다.

옌푸의 『영문한고-서문英文汉诂-叙』을 자세히 살펴보면 그의 언어관과 문법관이 마건충과 완전히 반대여서 지금 읽어도 매우 가치가 있다. 그런데 100년이 넘는 기간 동안 어법을 연구하고서도 마건충만 기억하고 옌푸를 알지 못하는 것은 심각하게 반성해야 할 일이다.

1.2.3. 착오 셋: 글보다는 말을, 문자보다는 음성을 중시
失误之三 : 重语轻文和重音轻字情结

20세기 중국대륙의 언어학계에, 아니 언어학계뿐 아니라 대륙의 중국어 사회 전체에 다시는 돌이킬 수 없는 사건이 두 개 있었는데, 이는 사회와 역사에 지울 수 없는 흔적을 남겼다. 하나는 5·4운동 전후로 백화문白话文이 문언문文言文을 대체한 일이었고, 또 하나는 1950년대 이후 대륙에서 간체자를 강력하게 보급한 일이었다. 이 두 가지가 언어학계만의 사건이 아니라고 한 것은, 그 성격으로 볼 때 첫 번째 사건은 전 사회적인 문화운동으로 그 기세가 도도하여 막을 수 없었기에, 이를 따르는 자는 창성하고 거스르는 자는 살아남을 수 없었기 때문이다. 언어학자도 이 기세에 적지 않은 영향을 끼쳤다. 5·4운동의 지도자 중 하나였던 후스胡适는 다음과 같이 말했다.

한 나라의 말은 몇 명의 언어학 전문가에 의해 개조되는 것이 아니며, 몇 권의 국어교과서나 몇 권의 자전으로 만들어지는 것이 아니다. 한 나라의 말을 개조하고자

한다면 먼저 그 나라의 문학을 개조해야 한다. (후스, 1922: 83쪽)

国语不是单靠几位言语学的专门家就能造得成的, 也不是单靠几本国语教科书和几部国语字典就能造成的。若要造国语, 先要造国语的文学。

문학 영역에서 성공을 거두자 백화문이 자리를 잡게 되었다. 두 번째 사건은 원래 언어학자와 관련된 일이지만 중국의 사회역사적 상황 때문에 정부의 통치행위가 되어버린 사건이다. 타이완과의 관계 때문에 이는 너무 짙은 정치적 색채를 띠게 되었다.[10] 언어학자의 학자적 양심이 끼어들 틈이 없었다.

이 두 사건의 진정한 의의는 무엇인가. 아마도 역사가 평가해줄 것이다. 몇십 년이 더 지나야 그 의의를 정확히 알 수 있을지도 모른다. 두 사건으로부터 각각 100여 년과 50여 년이 지난 지금 돌이켜 생각해보면, 특히 첫 번째 사건은 하나의 역사적 흐름이었다. 그런데 두 사건 다 어딘가 너무 지나친 면이 있는 것 같다. 문언문과 백화문의 논쟁에서 가장 급진적인 태도를 가졌던 천두슈陈独秀부터 가장 '보수적인' 태도를 보였던 린슈林纾까지 급진적인 정도를 기준으로 일렬로 세운다면 첸쉬안통 钱玄同, 후스胡适, 류반농刘半农, 차이위안페이蔡元培 및 우미주吴宓诸가 줄을 맞춰 서게 될 것이다. 이렇게 하면 각 파벌의 태도가 점진적으로 변하는 스펙트럼을 형성하게 되는데, 당시의 백화문운동이 조금만 더 온건한 주장을 채택했다면 오늘날과 같은 현상은 없었을지도 모른다. 그런데 역사의 선택은 얄궂게도 가장 급진적인 천두슈의 주장(천두슈, 1919: 40~41쪽; 후스, 1924: 14쪽)이었고, 그 결과로 무대 위에는 백화문만 남고 문언문은 철저히 외면당하게 되었다. 이로부터 중국의 문학 또는 문화는 전통과의 철저한 단절을 맞이하게 되었는데, 대부분의 사람들이 문언문을 읽고 쓸 수 없게 되었고, 당연히 문언문으로 기록되어 있는 중국의 저 찬란한 문학 작품과 전통문화로부터 멀어졌기 때문이다. 새로운 세대가 태어나고 또 새로운 사람이 태어나서 겨우 두어 세대가 지나자, 중국의 전통문화는 점차 중국인의 머릿속

---

10 옮긴이의 말: 타이완은 번체자를 쓰고, 중국대륙은 간체자를 쓴다. 사실은, "타이완이 번체자를 쓰기 때문에 대륙에서는 차별화를 위해 간체자를 쓴다."고 말하는 것이 더욱 정확하다.

에 존재하지 않게 되었다. 이러한 결과는 당시의 급진주의자들이 원하고, 또 의도한
것이었다.

> 우리가 중국어의 문학이 미래의 새로운 문학으로 거듭나자고 주장하면서 기존의
> 문학을 안타까워해야 하는가? (뭐쓰넨博斯年, 1919: 308쪽)
>> 我们既已主张国语的文学，──未来的新文学，──对于已往的文学，还要顾惜
>> 吗？

그러나 세월이 지나고 냉정을 되찾자 사람들은 우리가 아이를 씻긴 물을 버리면
서 아이도 같이 버렸다는 사실을 깨닫게 되었다. 전통문화의 계승이 완전히 단절되
었고, 따라서 전통문화에 깃든 민족적 응집력이 크게 흐트러진 것을 느낀 것이다. 그
러나 이를 깨달았을 때는 이미 돌이키기 힘들 정도로 단절의 거리가 멀었다. 사실
당시에 백화문과 "신문화"를 적극적으로 주장했던 여러 사람도 스스로의 글쓰기행
위를 통해 어느 정도 한 발짝씩 물러났는데, 후스는 "고문정리사업整理国故"을 주장
했고, 뭐쓰넨은 사료학史料学 연구를 시작했으며, 루쉰조차도 여러 잡문의 문체가
그 이전에 발표한 소설과는 많이 달라져서 문언문과 백화문을 섞어서 쓰기 시작했
다. 요즘 젊은이들의 시각으로 보자면 루쉰의 작품도 문언문이 백화문보다 더 많다
고 느낀다. 저우주어런周作人은 더더욱 문언문 사용을 주장했고, 심지어 팔고문八股
文11을 주장하기도 했다. 문제는 이런 주장을 했던 당시의 문인들은 문언문 훈련을
이미 충분히 받은 상태에서 백화문을 쓰거나 쓰자고 주장했기 때문에 아무런 장벽
없이 문언문과 백화문을 넘나들거나 둘을 섞어 글쓰기를 할 수 있었지만, 그들의 주
장대로 문언문교육을 취소하고 나자 후대인들은 그들이 문언문을 반대한 것만 기억
하게 되었고, 그 폐해는 오로지 문언문을 이해하지 못하는 사람들이 감당하게 되었
다는 데에 있다.

---

11 옮긴이의 말: 8쌍으로 이루어진 한시의 일종으로 명청조에 과거시험에서 요구한 정형시 문체이다.

간체자 사용은 더욱 급진적이어서 한자를 폐기하고 알파벳문자를 사용하자는 사회분위기를 만든 첫걸음이 되었다. 사실 한자의 간략화 정책에는 더욱 "왼쪽의" 방안이 있었으니, 바로 "문화대혁명" 시기에 한자를 아예 포기하기 위해 급하게 채택한 "제2차 한자 간략화 방안二简"이 그것이다. 이 방안도 "4인방 척결의 성과"라는 식으로 정치적으로 포장되어 "한자의 완벽한 간략화"의 시작이라고 홍보했으니, 이런 풍조가 당시의 학계에도 적지 않은 수요를 가지고 있었던 것을 알 수 있다. 하지만 최근의 몇몇 토론을 통해서 "제1차 한자 간략화 방안"에서도 여러 가지 주도면밀하지 못했던 부분이 수면 위로 떠오르고 있어서, 이런 문제들이 중국어의 연구와 사용, 또 한자의 전산화 등에 해결하기 어려운 결함을 포함하고 있음이 밝혀지고 있다. "간체자"의 공과에 대한 논의는 차치하고라도 그것이 또 하나의 전통과의 단절을 초래했음은 부정하기 어려운 사실이다. 첫 번째 단절이 주로 역사적인 층위에서 일어난 일이라면, 두 번째 단절은 지역적인 층위에서도 문제를 안고 있었다. 1950년대 이후에 학교교육을 받은 대륙 사람들은 1950년대나 그 이전에 출판된 서적과 홍콩, 타이완 등지에서 생산된 저작을 읽는 것이 아주 힘들어졌다.

100년이라는 짧은 기간 동안 이렇게 큰 사건이 두 개나 일어난 것은 참으로 놀라운 일이다. 이미 드러나고 있고, 더구나 갈수록 선명해지고 있는 이 두 가지 전통과의 단절을 어떻게 해결할 것인지 하는 문제는 역사와 사회 전체에 맡겨진 사명이다. 여기서 상세히 거론할 수는 없겠지만, 언어학계와 문학계에서는 이 두 가지 사건에 대해 어떤 책임을 어떻게 질 것인지에 대해 깊이 생각해봐야 한다.

나는 언어학과 문학을 연구하는 사람들이 이 두 문제를 조장했으며, 이를 위해 이론적 근거를 제공해왔다고 생각한다. 이 점이 바로 20세기 중국어 연구가 가진 세 번째 착오인데, 바로 "글보다는 말을 중시"하고, "문자보다는 소리를 중시"하는 정서이다. "글보다는 말을 중시"했다는 것은 입말을 중요하게 여기고 글말을 가볍게 여겼다는 것이며, "문자보다는 음성을 중시"했다는 것은 음성을 중시하고 한자를 가볍게 여겼다는 것이다. "정서"라고 한 것은 이런 관념이 사람들의 머릿속에 깊게 뿌리내려 떨쳐버리기 어려워졌고, 이런 사상이 언어를 인식하는 태도의 기본 "상식"이 되어 이제는 중국어 연구 자체에 심각한 영향을 끼치게 되었다고 판단했기 때문이다.

내가 입말과 음성이 글말과 문자보다 중요하다는 생각 자체를 부정하는 것은 아니다. 이러한 발견은 본래 20세기 언어학의 중요한 성과 중 하나이다. 유물론의 기본원리를 기준으로 생각해보면 입말과 발음은 1차적인 것이고, 글말과 문자는 2차적인 것이다. 존재가 의식을 규정하는 것처럼 앞의 것이 뒤의 것을 결정한다. 그러나 한편으로 변증법적 유물론은 존재가 의식을 규정하긴 하지만, 의식이 다시 존재에게 강력한 반작용을 일으킨다고 말한다. 작용과 반작용은 서로 떼려야 뗄 수 없는 관계에 있기 때문에 그중 하나만 강조하거나 하나만 고려한다면 그야말로 하나만 알고 둘은 모르는 것이다. 평면적으로 존재의 규정작용만 강조하는 것은 기계적 유물론이고, 마찬가지로 의식의 반작용만을 강조하게 되면 주관적인 유심론으로 흐르게 된다. 그 둘을 동시에 고려해야만 변증법적 유물론이 중시하는 능동적인 반영론이 될 수 있을 것이다. 그러나 이것은 말로만 쉬울 뿐이지 실제 응용에 있어서는 평면적인 적용이라는 병폐를 피하기 어렵다. 20세기의 언어연구(중국어 연구뿐 아니라)는 "하나만 알고 둘은 모르는" 병을 심하게 앓았다.

입말과 글말의 차이를 지적하고 입말의 연구와 교육을 강조한 학자는 영국의 스위트Sweet가 시초라고 볼 수 있다. 그가 1895년에 출판한 『영어구어독본Primer of Spoken English』은 현대 입말교육의 원류가 되었고, 그의 제자 헤럴드 파머Herald Palmer 등이 출판한 『영어 구어 어법A Grammar of Spoken English』은 실질적인 입말 연구의 본보기가 되었다. (이 책의 이름은 저우위안런赵元任의 『중국 구어의 문법A Grammar of Spoken Chinese中国话的文法』을 떠올리게 한다. 훗날 뤼슈샹吕叔湘은 이 책을 『중국어 구어의 어법汉语口语语发』이라고 번역했다.) 스위트가 입말의 중요성을 강조한 것은 살아 있는 언어(영어)를 연구하고 죽어 있는 언어(라틴어)의 복잡한 규정을 벗어던져야 한다며 기술어법을 제창하고 규정어법을 반대한 것으로, 의심할 여지없는 역사적 진보였다. 그러나 이는 언어생활의 모든 면에서 입말만 중시하고 글말의 진보성을 부인하며 글말이 입말에 대해 가지고 있는 지도적 작용을 부인하고, 언어의 규범화가 가지는 의미를 부정하는 것으로 이론을 발전시켰다.

문언문과 백화문의 논쟁이 한창일 때, 사람들은 백화문에 대해 높은 수준의 신뢰를 보였다. 그 원인 중 하나는 문언문과 달리 백화문은 언문일치를 이룰 수 있다고 보았기 때문인데, "입에서 뭐라고 말하면, 손으로 뭐라고 쓴다."고 생각한 것이다. 여기에 한자까지 폐기하고 알파벳문자를 사용하면 말로 할 수 있는 것은 글로 쓸 수 있게 되어 교육과 문화의 보급 속도가 획기적으로 빨라질 것이라고 기대한 것이다. 물론 당시에도 러시아나 독일 등 알파벳문자를 사용하는 나라에도 수많은 문맹이 있기 때문에 말하기와 글쓰기가 하나로 통합될 수 없다고 말하는 사람이 있었지만, 사람들은 그 말을 믿으려 하지 않았다. 그러나 사람들이 하는 말은 이미 그 자체로 정확한 어법을 지키고 있었으므로, 취츄바이霍秋白는 1930년대의 번역과 관련한 논쟁에서 이렇게 말한 바 있다.

> 써놓은 문장이 현대 중국어(입으로 말한 그대로의 중국 표준어)라면, 당연히 순조롭지 않을 수 없다. 따라서 아무런 문제도 발생하지 않는다. (취츄바이, 1931: 280쪽)
>
> 如果写的的确是现代中国文（嘴上说的中国的普通话），那么自然而然不会有不顺的事情，所以根本不成问题。

재미있는 것은 1960~1970년대의 영국과 미국에서 새로운 사조가 출현했는데, 영어 표준어의 권위를 부정하고 각 언어사회, 각 지방의 향토적인 사투리를 강조하는 방식이 그것이다. 미국의 사회언어학자 윌리엄 라보프Willam Labov는 1972년에 출판한 걸작 『비표준영어의 논리성非标准英语里的逻辑性The Logic of Non-standard English』에서 녹취분석을 통해 하류층 흑인청년의 영어가 고등교육을 받은 중상류층 흑인들의 표준영어보다 "더 논리적"임을 "증명"했다. (라보프의 관점과 연구방법은 훗날 부정되었다. 허니Horny, 1997: 53~56쪽 참조.)

최근에 들어서 영미권 언어학자가 표준영어를 공격하는 기세는 갈수록 과격해지고 있는데, 표준어를 묘사할 때 "한 줌의 이기적 지식인들의 농간(Deborah Cameron, 1995)"이라고 하거나, "16세기 정부의 공무원들과 지식인층 등 권위주의자들이 만든 것(Leith, 1983)", "표준어는 사회 전체를 위해 존재하지 않는다. 문화, 경제와 사회의 특권을 강화하는 방식으로 현재뿐 아니라 항상 하나의 계급언어로 존재해왔다. (Deborah Cameron, 1995)", "특권 엘리트층이 소수민족이 주류문화에 접근하는 것을 막는 도구(Robert St Clair, 1982)", "표준어는 한 줌의 엘리트들이 권력을 동원해 수도에서 태어난 조건을 이용해 의식적으로 창작해낸 것이다. 그것은 본질적으로 계급적 사투리이며, 불만이 많지만 어떻게 표출할지 알지 못하는 대중에게 강제된 것(Leith, 1983)", "미국의 표준어는 백인우월주의의 외피이다. 흑인에게 표준어를 배우게 하는 것은 또 다른 방식의 착취로, 또 다른 방식으로 흑인이 백인의 소망대로 행동하도록 만드는 것에 불과하다. (James Sledd, 1969)"라고 하였다. (이상의 인용은 모두 Honey, 1997: 53~56쪽).

내가 주저리주저리 이런 말들을 인용한 것은, 표준(영)어를 공격하는 이런 말들이 문언문을 공격하던 당시 사람들의 언어와 너무도 닮았기 때문이다. 아래의 한 문장을 인용함으로써, 내 말을 쉽게 설명할 수 있다.

중국의 문언문은 "사대부민족"의 언어이다. 우리 서민들과는 관계가 없다. (휘츄바이, 1931: 282쪽)

中国的文言文，这是'士大夫民族'的用语，与我们小百姓不相干。

1950년대 소련의 학설을 비판할 때, 나는 언어에는 계급성이 없다고 배웠다. 5·4

운동 시기에는 당연히 이런 인식이 없었는데, 지금은 어떠한가? 영미권에서 언어의 계급성이 "최신 학문"으로 등장한 요즘, 우리는 어쩔 수 없이 다시 당시의 논쟁으로 돌아갈 수밖에 없다.

　　"음성은 언어의 기호이고 문자는 기호의 기호다."라는 관념은 20세기 초 스위스의 언어학자이자 현대 언어학의 아버지로 불리는 소쉬르가 제시한 이론(소쉬르, 『일반언어학 강의』, 94~97쪽)이다. 이 말은 "언어의 제1원칙"이라고 불린다. 이는 사실 2,000여 년을 거슬러 올라가 플라톤 시절부터 있던 생각이다. (추샤오첸褚孝泉, 1991: 50~51쪽) 중국에도 공자의 『주역-계사周易-系辞』편에 "글은 말을 다 전하지 못하고, 말은 뜻을 다 전하지 못한다.书不尽言，言不尽意"는 말이 있고, 당나라의 공영달孔颖达도 "말은 뜻을 가진 소리이고, 글은 말을 기록한 것이다.言者意之声，书者言之记(완원阮元, 1980: 82쪽에서 재인용)"라고 말한 바 있다. 후대에 유협刘勰도 분명히 말하기를, "마음이 소리를 의지하여 말이 되고, 말이 형태에 기생하여 문자가 된다.心既托声于言，言亦寄形于字(저우전푸周振甫, 1986: 61쪽)"라고 했다. 량치차오梁启超(1931: 61쪽), 뭐쓰녠博斯年(1919: 308쪽), 후이루胡以鲁(1923: 101쪽), 첸슈안퉁钱玄同(1926: 222쪽) 등도 비슷한 의미의 말을 했다. 그러나 20세기에 서양의 언어학 이론을 학습하기 시작하면서부터는 "기호의 기호"라는 간단명료한 하나의 표현만 기억 속에 남게 되었다. 내가 본 자료 중에서 가장 먼저 이 표현을 사용한 사람은 웨이젠궁魏建功이다.

　　　형태로 남겨진 기호는 본래 소리의 기호를 입에서 종이에 옮겨 적은 것에 불과하다. 따라서 문자는 원래부터 언어를 종이에 적은 것이다. 문자는 그야말로 기호의 기호이다. (웨이젠궁, 1925: 230쪽)

　　　留形的符号本是把留声的符号由嘴里写到纸上而已，所以文字原本是将语言记到纸上的东西。文字简直是符号的符号。

형태·음운·의미 간의 관계에 대한 통찰은 명청대의 황생黃生, 황승길黃承吉, 고염무顧炎武, 특히 대진戴震, 단옥재段玉裁, 왕념손王念孫과 왕인지王引之 부자 등의 언어학 대가들의 연구와 집필을 통해 차츰차츰 형성되었다. "소리를 통해 의미를 구한다."라는 중국 언어학 연구의 훌륭한 무기가 청나라 시대에 와서 크게 빛을 발산한 것이다. 그런데 이것이 어이없게도 20세기에 들어서는 한자를 취소하고 알파벳 문자로 중국어의 문자 체계를 바꾸자는 주장의 무기가 되어버렸다. 위에서 인용한 웨이젠궁의 문장 뒤는 다음과 같다.

기호는 가장 간편한 방법을 찾아 운용하면 되는 것이다. 따라서 기호에 대한 규정은 매우 유동적이고, 언제든지 수정할 수 있는 것이다. 수정한 횟수가 많을수록 간편한 정도도 더해진다. <u>언어는 끝없이 진화하고, 문자도 끝없이 진화한다. 우리는 진화의 방향에 역행할 수 없으므로, 한자는 폐기해야만 한다고 말하지 않으면 안 된다!</u> (윗글에서 계속 인용. 밑줄은 원문 그대로임)

符号的运用要怎样方便就怎样运用，所以符号的规定是非常活动，随时可以修改，修改的次数越多，简便的程度越深。<u>语言不绝的进化，文字也不绝的进化。我们不能逆着进化的趋势，所以我们不能不说汉字是应该废除的！</u>（同上，下划的着重线是原有的）

첸슈안퉁钱玄同도

문자는 언어의 기호이다. 언어의 음성을 들으면 그 말의 의미를 충분히 이해할 수 있다. 즉, 알파벳문자를 읽으면 곧 쓰인 내용의 의미를 이해할 수 있다. (첸슈안퉁, 1926: 222쪽)

文字是语言的符号，听了语言的音能够了解说的是什么意思，则看了拼音的文字同样也能了解写的是什么意思。

라고까지 했는데, 훗날 병음화 운동과정 중에 많은 사람을 곤혹스럽게 했던 동음자 同音字조차도 그에게는 전혀 문제가 되지 않았다.

한자를 사용해온 삼천여 년 동안, 음성이 중요했지 형태는 중요하지 않았다. 문자의 사용이 음성위주이고 형태위주가 아닌데, 문자를 만들 때는 주로 형태를 고려해서 만들었으니 실용성이 전혀 없다. 음성을 따라 문자를 만드는 것은 가능할 뿐만 아니라 사용하기에도 편리할 것이다. 한자에 동음자가 이렇게도 많으니, 사실상 하나의 음에 허다한 기호가 있는 것이다. 이는 실로 사람의 눈과 귀를 어지럽게 한다. 만약 차라리 로마자를 써서 하나의 음에 하나의 기호를 대응시킬 수 있다면 얼마나 편해지겠는가. (윗글에서 계속 인용: 219쪽)

三千多年以来用字都是主音而不主形的。用字既然主音而不主形，则造字时尽管用衍形法，实在毫不切于实用，若改用衍音法造字，不但是可能，而且只有便利适用，因为汉字的同音字如此其多，在实际上就等于一个音弄成许多符号，这实在太眩人耳目了，若干脆采用罗马字，一个音只用一个符号，岂不省事？

그는 아예 간단명료하게 "문자는 곧 음성기호다."라고까지 말했다. 이런 생각은 훗날 한자의 간체화 과정 중에서 같은 음의 한자를 하나로 합쳐버리는 ("제2차 간체화 방안"에서 특히 심각함) 착오에 중요한 이론적 근거를 마련해주었다.

그러나 "문자는 기호의 기호"라는 정의는 알파벳문자 시스템을 사용하는 언어에서는 어느 정도 일리가 있지만, 한자도 그렇다고 말하는 것은 적합하지 않다. 소쉬르가 이러한 학설을 제기할 때도 처음부터 한자는 그 범위에 포함시키지 않았다. 그는 "문자에는 두 가지 체계가 있다."라고 말하면서 표의문자체계와 표음문자체계를 나누어놓고 논의를 전개했으며, 한자를 표의문자체계의 전형적인 대표로 꼽았다. 또 중국어는 "각 낱말이 구성음과는 관계없는 단독기호로 표기된다."라고 말하면서 특히 우리는 표음체계, 특히 오늘날 사용되고 그 원형이 그리스 알파벳인 표음체계에 연구를 국한하겠다. (소쉬르, 최승언 옮김, 『일반언어학 강의』, 36~37쪽)

我们的研究将只限于表音体系, 特别是只限于今天使用的以希腊字母为原始型的体系。

라고 강조하였다.

중국의 첫 번째 일반언어학 저술의 저자 후이루胡以魯도 한자와 서양문자의 구별에 대해 아주 명확한 인식을 가지고 있었다. 그는,

중국의 문자는 어떻게 만들어졌는가. 자연스럽게 발생한 것이지, 만들어지지 않았다고 한다. 어떤 연고로 저절로 발생했는가. 그림을 그려 사용하다가 습관이 되면서 형태가 간략해졌고, 점차 발전하여 문자가 된 것뿐이라고 한다. 따라서 중국의 문자가 생기던 시기에는 사물의 본성을 대표했지, 특정 음성을 직접 대표한 것이 아니다. (후이루, 1923: 89쪽)

吾国文字何为而作者？曰自然发生, 未尝作也。缘何而自然发生乎？曰绘画也而适于用, 习用之而形态简略, 遂发达而为文字耳。故吾国文字发生之当时, 代表事物之本体, 非直接代表特定音声也。

후이루의 인식 중에서 특히 소중한 것은 그가 일찍부터 언어, 특히 중국의 글말이 개념에 간섭하는 반작용에 대해 명확한 입장을 가지고 있었다는 점이다.

사물의 표상이 개념이 되고, 개념에서 언어가 생겨난다. 이는 언어의 선천적인 발전이다. 그 후에는 먼저 언어가 있고, 그 언어가 개념을 얻게 된다. 즉, 형태가 없는 사물이나 직접 경험할 수 없는 사물은 먼저 언어를 통해 개념을 얻고 나서 그 사물의 표상을 만나고 싶어 한다. 이는 언어의 후천적인 발전이다. 중국의 문자는 특히 이런

후천적인 발전을 조장한다. (위의 책: 95쪽)

由表象而成概念，由概念而生语言，此语言之先天发展也。其后先有语言，由语言而得概念，即无形之事物不能直接经验者，先从语言会得其概念，然后想见相当之表象，此语言之后天发展也。吾国文字，尤能助长其后天之发展。

하지만 안타깝게도 위에서 언급한 옌푸严复와 마찬가지로 후이루도 중국의 전통적인 언어연구(예를 들어 『주역 계사편』이나 『설문해자 서문』 등)에 근거하여 내세운 관점인지라 20세기 중국어 연구자의 주의를 끌지 못했다. 결국 이도 궁극적으로는 보편어법의 영향으로, 서양 언어학의 체계를 받아들여야만 "과학적" 언어연구로 인정받을 수 있던 상황이었기 때문이리라.

문명이 발전해온 역사를 볼 때, 당연히 언어(협의의 언어, 꿀벌이 추는 춤 등의 "언어"를 포함하지 않는)가 먼저 있었다. 언어는 인간을 다른 동물과 구분하는 가장 중요한 차이점이다. 심지어 어떤 사람은 인류의 역사와 언어의 역사가 똑같이 오래되었다고 믿는다. 최근의 학설에 의하면, 언어는 약 200만 년의 역사를 가지고 있다고 한다. 그러나 문자가 나타난 것은 훨씬 이후의 일로, 한자를 예로 들자면 반파半坡에서 발견된 도문陶文부터 지금까지 약 6,000년의 역사에 지나지 않는다. 그러나 문자의 탄생은 인류에게 중요하고 결정적인 의미를 갖는데, 문자가 있음으로 해서 인류가 문명의 시대로 접어들었기 때문이다. 문자가 없는 언어는 연구대상이 될 수 없다. 선사시대의 언어만 그런 것이 아니고 현대에도 마찬가지다. 아메리카 인디언이나 호주 원주민의 언어처럼 옮겨 적을 수 없는 언어를 연구할 때, 우리는 이 언어를 어떤 식으로든 일단 글말의 형식(예를 들어 음운부호)으로 옮겨 적어야만 연구를 진행할 수 있다. 또 이미 성숙한 글말이 있는 언어(예를 들어 영어)를 연구의 도구로 삼아야 한다. 만약 입말의 중요성을 금과옥조로 삼는 사람들처럼 문자와 글말의 형식이 완전히 불필요하다면, 이는 한 부족의 인디언에게 옆 부족 인디언의 언어를 분석해달라고 말하는 것과 같다. 한편으로 자기 스스로 문자라는 특혜를 충분히 누리고 있으면서 한편으로는 갖은 방법으로 문자의 역할을 깎아내리는 일부 언어학자들의 논리는 얼마나 해괴망측한가!

사실 '문자는 기호의 기호'라는 학설을 처음 제기한 소쉬르는 오히려 이 비논리성을 명확히 인식하고 있었다.

> 그런데 우리는 일반적으로 문자 체계에 의해서만 언어를 안다. 모국어만 하더라도 항상 문헌이 개입한다. 약간 먼 곳에서 쓰고 있는 고유 언어라면 더욱 더 기록된 증언에 의존하지 않을 수 없다. 더욱이 이미 존재하지 않는 고유 언어에 대해서는 두말할 필요도 없다. (소쉬르, 앞의 책: 33쪽)
>
> 我们一般只通过文字来认识语言。研究母语也常要利用文献。如果那是一种远离我们的语言，还要求助于书写的证据，对于那些已经已不存在的语言更是这样。

입말과 글말의 관계도 이렇다. 당연히 입말이 1차적인 언어이지만, 1차적이라 하여 가장 중요한 것은 아니다. 사실 우리의 실제 언어생활에서는 글말의 지위가 입말에 비해 월등히 높다. "말은 근거가 없다. 글로 써야 증거가 된다."는 식의 속된 말까지 꺼내지 않더라도, 사람들이 글을 익히는 교육을 희망하는 것도 (영어도 learn to "read and write"라고 한다. 역시 글말을 배우는 것이다.) 모두 글말의 중요성 때문이다. 만약 현대의 언어학자들이 말하는 대로 정말 입말이 글말보다 그렇게나 중요하다면, 학교조차 다닐 필요가 없을 것이다. 글말과 입말이 서로 영향을 주고받는 것, 심지어는 문언문과 백화문이 서로 영향을 주고받는 과정에서도 모두 글말과 문언문이 더 지배적인 영향력을 가지고 있다. 장중싱张中行은,

> 문언과 백화는 공존하기 때문에, 영향을 주고받는 것을 피하기 어렵다. 그러나 영향력은 다르다. 문언의 영향력이 크고 백화의 영향력은 작다. 무역으로 비유하자면, 문언이 백화에게 수출은 많이 하고 수입은 적게 하며, 백화는 문언에게 수출은 적게 하고 수입을 많이 하는 것과 같다. (장중싱, 1988: 160쪽)

文言和白话并存，难免互有影响。可是影响力量的大小不同：文言大，白话小。
以国际贸易为喻，文言对白话是出口多进口少，白话对文言是出口少进口多。

앞에서 나는 언어가 문자에 대해, 입말이 글말에 대해 갖는 1차성의 작용을 부정할 생각이 전혀 없다고 말했다. 이러한 인식이 철학과 언어학에서 차지하는 의미도 절대로 폄훼하고 싶지 않다. 그러나 모든 일에는 정도가 있는 법이어서 20세기 이래 이러한 인식이 너무 지나치게 강조되어 우리의 언어교육과 언어연구, 심지어는 언어정책에까지도 심대한 악영향을 미쳐온 것 역시 객관적인 사실이다. 그래서 난 어쩔 수 없이 비판받을 각오를 하고 이 문제를 지적하고자 한다.

주목을 끄는 것은, 알파벳문자를 위주로 "기호의 기호"라는 이론을 탄생시킨 서양에서도 이 이론에 대한 반대의 목소리가 들려오고 있는 점이다. 1930년대부터 이런 의견이 끊이지 않았다. 먼저 프라그학파의 조세프 바체크Josef Vachek는 1930년대부터 1980년대까지 반세기 동안 기능의 관점으로 봤을 때 입말과 글말은 두 가지 서로 다른 언어규범(Language Norms)이라고 얘기했다. 언어가 문자에 선행한다는 생각은 통시적으로 봤을 때는 맞는 말이지만, 공시적으로 봤을 때는 어떤 우월성도 없으며, 오히려 글말이 입말을 규정하는 데에 큰 역할을 한다고 주장한 것이다. (Luelsdorff, 1989; Vachek, 1987 등) 또 20세기의 유명한 철학자이자 해체주의의 대가 데리다Derrida는 1967년에 출판한 『그라마톨로지에 대하여[12]』에서 소쉬르의 "음성중심주의" 혹은 "로고스중심주의"를 맹렬하게 비판하면서 심지어는,

    에크리튀르[13] 이전에 언어적 기호는 없다. (자크 데리다, 김웅권 옮김, 동문선, 2004,

---

[12] 옮긴이의 말: 중국어로는 『문자학에 대하여论文字学』라고 번역되었다.

[13] 옮긴이의 말: 판원궈 교수의 원문에는 "在文字产生之前，根本就没有什么语言的符号문자가 만들어지기 전에는 언어의 기호가 전혀 없었다."라고 되어 있다. 본문에서 역자가 인용한 김웅권의 번역에서는 프랑스어의 원어 "écriture"를 "에크리튀르"라고 직접 음역한 뒤, 역주에서 "적절한 낱말이 없어 우리가 번역하지 않은 écriture라는 용어는, 여기서 문자, 글쓰기, 글, 서법을 함축함은 물론이고, 문자 이외의 여타 표기수단들을 통한 소통을 내포하며, 신의 음성이 인간의 마음속에 새긴 말씀이나 말씀을 새기는 작업, 혹은 자

34쪽)

在文字产生之前，根本就没有什么语言的符号。

라고 하였다.

더 최근의 것으로는 당대 영국에서 가장 영향력 있는 언어학자 중 하나인 로이 해리스Roy Harris가 소쉬르에 대해 철저히 연구한 후에 (그는 혼자서 소쉬르의 『일반언어학 강의』를 새로 번역하고 주석을 달았으며, 소쉬르에 대한 연구서도 2 권을 집필했다.) 2000년에 언어와 문자의 관계에 대해 저술한 『문자에 대한 재고』 라는 책이 있다. 이 책에서 그는 "문자는 언어를 기록하기 위해서만 존재하는 것이 아니다. 문자와 언어는 서로 평행을 달리는 기호체계이다. 의사소통의 각도에서 볼 때, 문자는 언어에 비해 훨씬 더 권세가 있다. (Harris, 2000)"고 주장했다.

지면의 한계로 여기서 세 학자의 이론을 상세하게 소개하기는 어렵다. 안타까운 것은 이러한 비'주류 언어학'의 목소리를 들어보고 수입하는 데에 중국의 학자들이 소홀했다는 점이며, 심지어는 외국에서 이 분야에 대해 격렬한 쟁론이 있었음도 모 른다는 점이다. 예를 들어 1950년대 중기에 중국이 알파벳문자의 규범을 엄격하게 적용해서 중국어 병음화 방안을 설계할 때, 바체크는 이미 "하나의 음소(Phoneme)에 하나의 문자소(Grapheme)를 대응하지 말라."고 강력하게 지적한 바 있다. (Vachek, 1989: 199~200쪽14) 이렇게 살펴보니, "다양한 사람의 장점을 받아들이"는 것도 열심히 "수입"해야 하겠다는 생각이 든다.

연이 기호가 되어 제시하는 내용도 의미한다. 앞으로 본 번역서에서는 이 용어가 종합적 의미로 쓰였거나 우리말에 없는 의미로 쓰일 때 번역하지 않고 그대로 '에크리튀르'로 옮길 것이며, 경우에 따라서는 '글쓰기, 문자, 문자언어, 기호표기'로도 번역할 것임을 밝혀둔다."라고 밝히고 있다.

김응권이 écriture를 번역할 때 당면했던 어려움을 이해 못 하는 바 아니나, 아무리 특정 학자의 특정 용어라 해도 우리말로 옮길 때 그 음만 따오는 번역은 읽기도 어렵고 이해도 어렵다. 『그라마톨로지에 대하여』의 중국어 번역본은 "그라마톨로지"와 "에크리튀르"를 "文字學문자학"와 "文字문자"라고 번역했는데, 훨씬 이해가 쉽다. 이러한 번역 때문에 데리다의 전체 사상을 이해하는 데 방해를 받는다는 생각도 들지 않는다.

14 옮긴이의 말: Vachek의 지적은 1950년대의 것이지만, 이것이 중국에 소개된 것은 1989년이라는 말이다.

1.2.4. 착오 넷: "과학주의"라는 미신
失误之四 : "科学主义"迷信

1980년대 후반부터 1990년대 초반까지 중국대륙에서는 문화언어학 영역에서 대토론이 벌어졌는데, 이때 아주 날카로운 질문이 하나 나왔다. "인문정신은 과학주의인가?" (예를 들어 선샤오룽申小龙, 1989) 나는 이 질문이 말하고자 하는 바를 정확히 이해한다. 그러나 그의 질문은 "과학주의"에 대해 명확한 정의를 내리지 않은 데다가, 개념이 모호한 "인문정신"을 대립 면에 세웠기 때문에 그의 의도와는 다르게 수많은 불필요한 논쟁을 피할 수 없었다. 나는 여기서 위의 용어를 그대로 사용하면서, 이에 대해 간단한 설명을 먼저 덧붙이고자 한다.

내가 "과학주의"의 대립 면에 세우고자 하는 것은 무슨무슨 주의가 아니고 바로 "과학" 자체이다. "과학"과 "과학주의"는 다르다. "형식"과 "형식주의"가 다른 것과 같다. "형식"은 대체로 필요한 것이지만, "형식주의"가 된다면 좋은 현상이 아니다. 마찬가지로, "과학"은 우리가 다 같이 추구할 일이지만, "과학주의"가 되면, 혹은 과학을 종교 수준으로 맹신하면, 이는 오히려 과학의 반대, 즉 미신이 된다. 이런 과학이라는 깃발 아래 모인 미신, 이것이 내가 20세기 중국어 연구의 네 번째 착오로 보는 것이다.

"과학주의"는 몇 가지 특징을 보인다.

첫 번째는 학문의 체계성에 대한 미신이다.

학문의 체계성이란 무엇인가. 샤오징민邵敬敏의 말로 이 문제를 설명해보자. 그는 중국어 어법사의 시대구분에 대한 토론에서, 『마씨문통』 이전의 중국어 어법연구에 대해 다음과 같이 말했다.

> 하나의 완성된 어법체계가 등장하지 않았다. 체계적이고 과학적인 어법이론이나 독특한 연구방법도 형성되지 않았다. …… 이렇게 독립성, 계통성, 이론성이 부족한

연구는 하나의 "중국어 어법학"으로 수립될 수 없다. 따라서 우리는 이 시기를 중국어 어법학사에서 제외하는 것이다. (샤오징민, 1990: 7~8쪽)

并没有提出一个完整的汉语语法体系来。没有系统的科学的语法理论作指导，也没有形成独特的研究方法……这种缺乏独立性、系统性、理论性的研究，还不足以建立一门"汉语语法学"，所以我们把这一时期划在汉语语法学史之外。

이 말에 근거하여, 20세기 학자들의 기준으로 보면, 어떤 학문의 체계성은 "독립성 · 계통성 · 이론성"의 세 가지 "성性"으로 나타나는 것이다. 이 세 가지 "성"이 없으면 과학이 아니고 하나의 학문을 이룰 자격이 없는 것이다. 사실 위의 세 가지 "성" 중에서 그들이 가장 강조하는 것은 "독립성"이다. 왜냐하면 "체계성"이라는 것은 구성단위와 계층, 또 사물간의 네트워크적 연결을 말하는 것이기 때문이다. 그런데 이미 1,000여 년 전에 유협劉勰은 "무릇 인간이 쓰는 글은 단어를 사용하여 구를 만들고 구가 모여 장이 되고 장이 쌓여 텍스트를 이룬다. (저우전푸周振甫, 1986: 306쪽)"라고 말한 바 있다. 구성단위화 계층성이 이미 얼마나 명확한가! 청대의 고음古音학자 공광삼孔广森 등이 제시한 "음양대전阴阳对转"이 보여준 네트워크성은 또 얼마나 강렬한가! 그러나 현대의 학자들은 이들을 모두 "과학 이전"으로 보고 있다. "이론성"에 대해서는 더 말할 것도 없다. 『마씨문통』 이전에 "체계적이고 과학적인 어법이론도 …… 형성되지 않았다."라고 했지만, 그것은 『마씨문통』에도 없는 것이며, "보편어법관" 역시 후대의 학자들이 마건충의 문장과 행간에서 정리해낸 것이다. 그러므로 "독립성"이 가장 강조되고 있다고 말할 수밖에 없다. 소위 "독립성"이라는 것은 다른 학문과 경계를 긋는 것인데, 그 경계가 선명할수록 좋다. 먼저 언어학은 문자, 역사, 철학, 심리학, 사회학 등의 기타 학문과 구별되어야 한다. 그 다음에 언어 내부에서도 각각의 층위 간에 분명한 경계선이 그어져야 한다. 예를 들어 어법은 어휘, 수사, 논리 등과 경계가 분명해야 하고 음운이나 문자와는 말할 것도 없다.

소쉬르는 이러한 인식하에 "내부언어학"과 "외부언어학"을 나누었고, "통시언어학"과 "공시언어학"을 나누었는데, 이것이 "현대 언어학"이 성립하는 표지석이 되었다. 미국의 기술주의자들은 여기서 한발 더 나아가 음운音系, 형태形态, 통사句法, 의미语义 등의 "평면"으로 엄격하게 나눌 것을 주장했고, 실제로 그렇게 나누어서 연구했다. (Moore & Carling, 1982: 30쪽) 이런 주장은 촘스키의 "순수언어학"에 이르러 극단으로까지 발전했다. 한마디로 말해서 20세기의 반세기가 넘는 동안의 중국어 연구를 포함한 세계 언어연구가 이러한 분류틀 아래서 진행된 것이다. 연구의 성과와 연구의 한계도 이러한 경계 긋기와 관련되어 있다.

"체계성"에 지나치게 집착하면 두 가지 폐단을 초래한다. 첫 번째, 독립성을 지나치게 강조하는 것은 자기 손발을 묶는 당연한 결과를 불러온다. 세상의 사물들은 본시 서로 연결되어 있어 독립해서 관찰하기 쉽지 않다. 특히 언어를 인류사회에서 독립시켜 물리나 화학이 실험실에서 진행하는 연구처럼 순수한 연구대상으로 간주하는 태도와 방법에는 문제가 많다. 촘스키가 희망한 "이상적으로 완벽한 언어사회에서 이상적인 발화자와 청취자(Chomsky, 1965: 3쪽)" 자체가 거의 불가능하다. 20세기 마지막 1/4 정도의 세월 동안 세계의 언어연구가 보여준 진전은 모두 이러한 "독립성"을 깨고 얻어진 것이다. 언어 밖에서는 문자와 기호를 언어학의 영역으로 끌어들였고, 언어 내적으로는 각종 교차적 연구(interface)를 내세워 연구의 지반을 넓혔다. 1980년대 후반 이래로 중국어 문화언어학이 융성하게 되고 3개의 평면이론三个平面理论[15] 등이 등장한 것도 이러한 길을 걸었다는 이정표로 볼 수 있다.

"체계성"의 또 하나의 폐단은 너무도 쉽게 억지로 가져다 붙였다는 점이다. 중국 전통사회의 비평식 연구와 서양이 주로 사용한 체계수립 두 방식은 상호보완재 역할을 할 수 있는 두 가지 학술행위의 전형이다. 비평식 연구는 즉흥적으로 출발하기 때문에 별로 전면적이지 않다. 그래서 방대한 저작에서 앞과 뒤에 간혹 모순적인 내용이 출현하는 것쯤이야 두려워하지 않지만, 역사상의 연구를 하나로 집대성한다는

---

15 옮긴이의 말: 어법연구를 할 때는 통사론, 어법, 화용을 함께 연구해야 한다는 이론.

면에서 보면 경우에 따라서는 오히려 더욱 전면적이다. 체계수립식의 연구는 비록 전체를 지향하지만 각 디테일이 또 체계 속에서 각자의 위치를 찾아야 하기 때문에, 상호 모순되는 사실을 만나면 체계를 설계한 사람이 모순사항 중의 일부를 드러내지 않는 방식으로 감춰버릴 가능성이 있어 자료해석에서 억지성을 피하기 어렵다. 이러한 두 연구방식 중에서 하나만 골라 "과학"이라 단정하고 나머지를 무시하는 태도는 자체로 이미 과학적이라고 볼 수 없는 것이다. 뤼슈샹呂叔湘이 말년에 그의 특수한 지위를 이용해 "공백 채우기"라는 연구방식을 창조했는데, 이는 사실상 비평식 연구에 다름 아니다. 물론 얼마나 많은 사람이 이 방식을 사용할 수 있을지는 별도의 문제이다.

두 번째는 소위 "과학방법"에 대한 미신이다.

과학방법에는 여러 가지가 있지만, 여기서는 그중에서 가장 근본적인 하나만 언급하고자 한다. 그것은 5·4운동의 리더 중 하나인 천두슈陈独秀가 해석했던 과학방법을 말한다. 그는 5·4운동을 회고한 『신문화운동이란 무엇인가?新文化运动是什么』라는 글에서 "과학"에 대해 이렇게 해석했다.

광의의 과학과 협의의 과학이 있다. 협의의 과학은 자연과학을 말하고, 광의의 과학은 사회과학을 말한다. 사회과학은 자연과학의 연구방법으로 모든 사회현상을 연구하는 학문을 말한다. 사회학, 윤리학, 역사학, 법률학, 경제학 등이 그렇다. 자연과학의 방법으로 하는 연구는 모두 과학이라 할 수 있고, 이것이 과학의 가장 큰 효용가치다. (천두슈, 1934: 1쪽)

科学有广狭二义：狭义的是指自然科学而言，广义的是指社会科学而言。社会科学是拿研究自然科学的方法，用在一切社会人事的学问上，像社会学、伦理学、历史学、法律学、经济学等，凡用自然科学的方法来研究、说明的都算是科学；这乃是科学最大的效用。

우리는 여기서 "5·4운동"을 이끌었던 사람들에게 과학이란 곧 자연과학이었고, 사회과학은 자연과학의 연구방법을 통할 때만이 과학으로 대접받았다는 사실을 확인할 수 있다. 이와 호응해 5·4운동의 또 다른 리더인 후스胡适가 주장했던 실증주의는 아예 물리학의 연구방법을 차용했다. 서양의 언어학도 탄생부터 자연과학의 영향을 크게 받았다. 사람들은 습관적으로 19세기 이전의 언어연구를 어문학이라 부르고, 19세기 역사비교언어학부터의 언어연구를 언어학이라고 부르는데, 비교언어학은 분명히 식물학에서 힌트를 얻었고 그 영향을 받았다. 19세기 말에 발전하고 성숙한 음성학은 물리학과 생리학을 언어학에 적용한 결과였다. 20세기 이래 미국 언어학을 대표로 언어학이 점점 더 자연과학에 가깝게 발전했는데, 공교롭게도 미국 기술주의언어학 이론의 기초 역시 실증주의였다. 블룸필드는 그의 추종자에게 "언어학계의 뉴턴(Moore & Carling, 1982: 21쪽)"이라 불렸다. 블룸필드에서 시작해 해리스Harris, 블로흐Bloch, 트래거Trager, 호케트Hocket, 요스Joos에 이르는 구조주의 대가를 거쳐 촘스키와 그 후의 몬태규Montague에 이르기까지 한 사람도 빼놓지 않고 모두 언어학을 수학화, 형식화하고자 했다. 이들의 영향을 받은 중국어 연구도 갈수록 형식주의화 되었다.

1980년대 이후 중국에서 문화언어학이 바람을 일으킨 것은 이러한 사조에 대한 반발에서 시작된 것이었다. 문화언어학자들이 다급한 목소리로 "인문정신이냐, 과학주의냐?"라고 소리친 것은, 사실상 자연과학의 방법으로 중국어를 연구해야 하느냐, 중국어를 자연과학으로 간주해서 그 인문사회적 배경으로부터 분리시켜야 하느냐는 질문이었던 것이다. 이것이 핵심이므로 이를 떠나서 말꼬리나 잡는 것은 의미가 없다.

이러한 논의에는 사실 더 보편적인 의미가 있다. 즉, 인문사회과학(인문과학과 사회과학은 별도로 논해야 하지만, 천두슈는 이를 묶어서 같이 얘기했다. 논의의 편리성을 위해서 여기서도 같이 거론하겠다.)은 자연과학의 연구방법을 채용할 때만 과학이 되는가 하는 문제이다. 인문사회과학 스스로는 과학성이 없는가? 또 자연과학의 방법은 사회과학에 적합한가 하는 문제이다. 내가 보기에 자연과학의 연구방법이 사회과학의 발전에 중요한 역할을 한 것은 사실이지만, 자연과학과 사회과학은 분명히 서로 다른 두 가지 과학이다. 그 둘은 같은 점이 있으면서 동시에 서로 다른 점도 존재한다. 따라서 서로 다른 연구방법을 선택해야 한다. 만약 단편적으로 자연과학의 "과학"성만을 강조하고 사회과학의 특징과 규칙을 부정하거나 무시한다면, 이는 필연적으로 사회과학 연구에 "과학주의"를 유발하게 된다. 이것이 바로 20세기 중국어 연구의 착오 중 하나이다.

자연과학 방식의 연구에는 두 가지 전제조건이 있다. 하나는 연구대상을 명확히 하고 분명하게 표현하는 것이며, 다른 하나는 연구대상이 순수할수록 좋다는 것이다. 소위 말하는 "동질성"은 연구대상 이외의 요인이 연구대상에 미치는 간섭을 최소화해야 함을 의미한다. 언어를 예로 들면, 첫 번째 전제조건은 언어 중의 형태소·단어·구절·문장 혹은 명사·동사·형용사 등이 명확하게 정의되고 그 경계가 뚜렷해야 한다는 것이며, 두 번째 전제조건은 언어연구를 진행할 때 언어 이외의 요인에서 받는 영향을 최소화해야 한다는 것을 의미한다. 미국의 기술주의언어학이나 촘스키의 언어학이 바로 이러한 방식을 사용했다. 영어는 전통어법의 세례를 오랫동안 받아왔기 때문에 첫 번째 전제조건이 뚜렷하게 보인다. 유일하게 모호한 것은 의미인데, 그래서 미국 구조주의와 초창기의 생성어법은 언어연구가 "과학화"로 가는 데에 장애물이 된다고 생각해서 의미를 제거한 채 언어를 연구했다. 후기의 촘스키 언어학은 의미를 끌어들였지만 이를 개조해 어법구조 골격 중에서 "통사적 의미"만으로 한정한 것이다. 두 번째 전제조건은 언어연구에서 언어를 사용하는 사람과 언어를 사용하는 사회문화적 환경을 배제해야 한다는 것인데, 이는 사실상 불가능한 것임이 증명되었다.

영국의 언어학자 무어Moore와 칼링Carling은 촘스키 등이 주장한 자연과학의 연구방법은 언어학 같은 인문과학에 적합하지 않다고 생각했는데, 그 이유는 연구의 본체인 언어를 실제 사용하는 사람과 분리했기 때문이라고 봤다. (Moore & Carling, 1982: 20쪽) 그 결과 연구자들은 점점 더 언어의 본질을 탐구하는 것에서 벗어나 이론골격을 만드는 데 집중하게 되었고, 이는 심리학자, 교사, 사회학자, 컴퓨팅전문가와 철학자 등 언어에 관심을 보이는 다른 학문영역의 연구자들을 언어학자의 이론에서 점점 더 멀어지게 만드는 현상을 낳았다. (같은 책: 3; 1쪽) 최근 몇십 년 동안 중국어 연구의 운명도 이와 크게 다르지 않았다. 20세기 초의 중국어 연구에서 어법학과 음운학은 세기말에 이르기까지 갈수록 스스로의 영역 안에서 혼잣말만 하게 되었다. 그들 스스로는 열정적으로 토론했다고 생각하지만 그 영역 밖에서는 아무도 관심을 보이지 않은 것은 바로 이러한 원인이 작용했기 때문이다.

음운학을 예로 들어보자. 전통적인 중국어 연구에서 음운학은 학문에 입문하기 위해 누구나 거쳐야 하는 가장 실용적인 분야였다. "음운에 밝으면 육서에 밝고, 육서에 밝으면 고문과 경서에 통하지 않을 수 없다.音韵明而六书明，六书明耳古经传无不可通(단옥재, 1981: 805쪽)"는 말이 바로 이것을 말한다. 청대의 학자들은 음운학에 능통했기에 그들의 학술적 성과가 역사상 어느 시대보다 탁월할 수 있었다. 그러나 20세기에 들어서 음운학의 "과학화" 이후 연구의 중심이 "음운분류"에서 "음가구성"으로 옮겨가면서 점차 세밀해져, 몇천 년 전의 음성을 재구성한 수준이 심지어는 현대에 살아 있는 언어의 수준을 추월했다. 그러나 그 결과는 어떻게 되었는가. 갈수록 많은 사람들이 이에 대해 흥미를 잃게 되었고, 이전에는 "자연발생적인 동맹군"이었던 문자학과 훈고학의 전문가들도 점차 이를 멀리하게 되었다. 현재의 음운학이 아직 중국어 연구에서 어느 정도의 자리를 차지하고 있는 것은 대체로 방언학자들 때문이다. 그마저도 방언학자들이 의지하는 이론의 기초가 여전히 전통적인 음운학이라는 점은 실소를 머금게 한다. 이런 결과를 만들어낸 것은 '현대' 음운학의 창시자인 칼그렌이 중국어 음운학의 골격을 만들 때 자연과학의 연구방법을 인문과학에 그대로 도입한 착오에 기인한다. 언어학 중에서 음성학은 비교적 자연과학에 가깝다. 그러나 중국어의 음운학은 하나의 인문과학이다. 칼그렌이 음성학의 방법으로 중국어의 음운학을 연구한 것은 당연히 정확한 결과를 낳을 수 없었다. 그러나 그의 연구방법과 결론은 20세기의 중국어 음운연구에 막대한 영향을 끼쳤다. (중국어 음운학 연구에서 칼그렌이 범한 잘못에 대해서는 내가 상세하게 논술한 바 있다.

판원궈潘文国, 1986a; 1997a "후기" 참조. 여기서는 상론하지 않겠다.16)

세 번째는 소위 말하는 "과학규칙"과 "이론"이라는 미신이다.

이론에 병적으로 집착하는 사람들이 가장 좋아하는 것이 "규칙"이다. 여차하면 하나의 규칙을 내세우고 사람들은 이를 당연한 듯 받아들인다. 20세기에 이런 일은 너무도 많이 일어났다. 20세기 초에 어떤 사람이 인류의 언어는 고립어에서 교착어를 거쳐 굴절어로 발전해간다는 규칙성을 제시했다. 형태가 가장 풍부한 라틴어가 가장 고급언어라는 "이론" 때문에, 중국어는 고개를 들지도 못할 지경이 되었다.17 훗날 칼그렌이 상고 중국어는 굴절어라고 본 관념과 스위트가 영어 형태가 점점 간단해지는 사실에서 출발해 다시 거꾸로 된 "규칙"을 말하면서, 중국어를 가장 고급언어로 언급했고(장즈궁张志公, 1980: 434쪽), 이는 실로 중국어를 사용하는 사람들을 한동안 기쁘게 했다. 그런데 20세기 중국어 연구에 가장 오랫동안 가장 크게 긍정적, 부정적 영향을 끼친 "이론"으로 소위 말하는 인류문자의 발전규칙이 있다. 이 "규칙"은 미국의 문자학자 이삭 타일러Issac Taylor가 제시한 것으로, 그는 인류의 문자가 5개의 단계를 거쳐 발전했다고 보았다. 그림, 아이콘, 표언부호, 표음절부호, 표자모부호 이렇게 다섯 단계론을 말한 것인데, 그중 앞의 두 개는 표의문자이고 뒤의 두 개는 표음문자에 속한다고 하고, 중간의 것은 두 가지 특징을 다 갖는다고 주장하였다. (Taylor, 1899 1권: 5~6쪽; DeFrancis, 1989: 59쪽에서 재인용) 그는 한자를 상형자, 회의자, 표언표음자로 나누었다. "(이렇게 여러 가지 특징을 보이는 것이) 가장 선명한 예이며, 하나의 문자시스템이 초기단계의 습관화된 그림문자의 잔재를 전혀 극복하지 못했(Taylor, 1989 1권: 25쪽; 앞의 책에서 재인용)"기 때문이라고 했다. 훗날 사람들은 이 "규칙"을 표형문자가 표의문자를 거쳐 표음문자로 발전

---

16 옮긴이의 말: 판원궈, 『韵图考』를 말한다. 이 책은 원저자 판원궈 교수가 1981년에 (중국)화둥사범대학교 중문과에 석사논문으로 제출했던 것을 15년에 이르는 개정과 증보를 거쳐 1997년에 출판한 것이다. 판원궈 교수는 이 석사논문을 통해 일약 스타학자로 등장했다.

17 이런 "이론"은 통상적으로 훔볼트가 제시했다고 얘기된다. 그러나 훔볼트의 언어유형 분류와 중국어 연구에 대한 관점은 많이 왜곡되어 있다. 훔볼트의 중국어에 대한 생각을 전면적으로 이해하고자 한다면, 요세프의 긴 논문을 읽어보면 좋다. (Joshph, 1999)

해간다고 정리했는데, 표음문자 중에서도 음소문자가 가장 '선진적'이라고 생각했다. 이런 인식은 한자에게 사형선고나 마찬가지였다. 이런 인식의 영향으로 중국은 100여 년에 이르는 세월 동안 위에서부터 아래까지 스스로의 문자(많은 경우에 언어를 포함해서)에 대한 대대적인 공격을 멈춰본 일이 없다. 그러면서, "세계 각국의 알파벳문자와 공통된 방향으로 나아가자."라는 전대미문의 희한한 현상이 발생하게 되었다. 다행히 이러한 "규칙"은 역사의 저편으로 사라져버렸고, 이제 아무도 믿지 않고 있지만, 중국인들이 이러한 "규칙" 때문에 얼마나 고생을 했는지 우리는 절대로 잊지 말아야 한다. 그래서 우리는 갑자기 반짝 유행어가 된 각종 "규칙"에 대해 항상 경계심을 가져야 한다. 그러지 않으면 우리는 언제든 또 다시 새로운 규칙의 노예가 될 수 있다.

나는 최근에 유행하는 "언어연구규칙"에 대해서 심각한 회의를 품고 있다. 이 "규칙"은 언어연구가 '규정성'에서 '묘사성'으로, 다시 '해석성'으로 발전해 간다는 말인데, 그중 '해석성'은 이러한 연구의 가장 높은 차원이다.

"해석"은 촘스키가 사용한 용어인데, 과장을 섞어 말하면 그가 제시한 학설의 영혼이라고 할 수 있다. 그러나 촘스키의 "해석"이 구체적으로 무엇인지에 대해서는 아마도 근원적인 연구가 없는 것 같고, 대체로 당연한 듯이 사용하고 있는 것 같다. 많은 중국어 연구자들이 사용하는 "해석"이라는 말은 촘스키 이론의 "해석"과 같은 방법론을 가리킨다고 할 수 없다. 중국 연구자들의 "해석"이라는 말은 왕왕 구체적인 사실을 모아놓은 것을 일컫는데, 이는 즉 "묘사"를 기초로 한다는 말이 된다. 샤오징민邵敬敏은

> "해석"의 전제와 기초는 "묘사"이다. 객관적이고 과학적인 묘사 없이는 어떤 해석도 의미가 없다. 그러나 묘사만 있고 한발 더 들어간 해석이 없다면 우리의 인식은 심화될 수 없고 이론의 차원으로 상승할 수 없다. 묘사와 해석은 서로 의존하고 있어서, 어느 하나도 빠뜨릴 수 없다. (샤오징민, 1996)

"解释"的前提和基础是"描写"，没有客观的科学的描写，任何解释都是毫无意义的；但是，只有描写，没有进一步的解释，则我们的认识不可能深化，不可能上升到理论的高度。显然，这两者是相辅相成，缺一不可的。

이러한 생각이 "해석"에 대한 중국학자들의 이해를 대체로 대표하고 있다. 그렇다면 언어학자들이 노력하는 "해석"이란 구체적인 언어현상을 해석하는 일이 된다. 예를 들어 "在黑板上写字칠판에 글씨를 쓰다."는 "把字写在黑板上글씨를 칠판에 쓰다."으로 바꿔 말할 수 있지만, "在家里写字집에서 글씨를 쓰다."로는 바꿔 말할 수 없다는 사실을 해석하는 행위라는 말이 되는 것이다. 그러나 촘스키가 말한 "해석"은 하나의 추상적이고 이론적인 사고이며 묘사를 전제로 하는 것이 아니다. (촘스키는 기술주의언어학자들처럼 "필드에서 뛰는 사람"이 전혀 아니다.) 그가 생각하는 문제 중에서 예를 하나 들자면, (영어의) 주동문을 피동문으로 바꾸면, 원문장의 목적어는 왜 위치를 이동해야 하는가? 왜 원래 주어가 있던 위치로 자리를 옮겨야 하는가? 하는 문제를 살펴보자. 이 문제에 대한 일반적인 해석은 다음과 같다.

동사는 목적어를 목적격으로 만든다. 피동문의 동사는 격을 이미 포함하고 있기 때문에 그 목적어를 목적격으로 만들 수 없다. 그런데 격의 원칙상 모든 명사성분의 단어에는 반드시 격이 있어야 한다. 그래서 원래 목적격 명사는 주어 위치로 와서 주격 명사의 자격으로 격 원칙의 요구에 따라야 하는 것이다. 동시에 목적어를 옮긴 후에 그 말의 흔적이 남게 되는데, 주제관계 원칙은 또 이 흔적이 주제의 역할을 하게 만든다. 그 후에 이 흔적은 주제의 역할을 여기에서 옮겨간 명사성분으로 전달하게 되고, 이에 따라 피동문의 주어가 수동태의 의미를 갖게 되는 것이다. (위안위린袁毓林, 2001)

动词应该给其宾语赋予宾格，被动式动词由于格的吸收而不能赋予其宾语宾格；但是格位准则要求每一个名词性成分必须有格，于是原来的宾格名词只能移位到主语位置而获得主格来通过格位准则的检验；同时，宾语移走以后留下了一个语迹，论

旨关系准则强迫它接受了受事这种论旨角色，然后语迹再把受事这种论旨角色传给从

这儿移走的名词性成分，从而使被动句的主语获得受事这种语义解释。

우리가 이해하는 "해석"이 묘사에 기초하고 있고 구조주의가 심화된 정도라면, 생성어법 학자들이 보기에 이런 말은 표면적인 현상을 나열한 정도에 불과해서 "보편어법"으로서의 값어치가 부족하다. 이에 비해 촘스키가 말하는 "해석"은 "가설"을 전제로 하고, 연역을 수단으로 하며, 인류의 언어에 존재하는 보편적인 문제에 해답을 제공해서 최종적으로는 사람의 대뇌, 생리, 신경 등 생리학적인 차원에서 선천적 원인을 찾고자 하는 것이다.

여기서 촘스키의 이론을 평가하고 싶은 것은 아니다. 앞에서 말한 것처럼 "해석"이 촘스키 학설의 영혼이라면, 그래서 언어연구는 "규정성"에서 "묘사성"을 거쳐 "해석성"으로 발전해가는 것이고, "해석성"이 가장 높은 층위에 존재한다고 말한다면, 이는 곧 언어학의 발전이 전통언어학에서 구조주의언어학을 거쳐 변형생성언어학으로 발전해가고 있으며, 변형생성언어학이 가장 높은 수준이라고 말하는 것과 같다. 생성어법이 큰 성과를 올렸고, 또 많은 영향을 끼친 것은 사실이지만, "가장 수준이 높다."고 한다면, 참으로 가소로운 일이다. 우리가 21세기에 이런 식의 "언어연구의 규칙"을 받아들일 수 있겠는가?

생각해보면 20세기의 중국어 연구에는 심각한 병폐가 하나 있었다. 이론에 대한, 특히 서양인이 제시한 이론에 대한 맹목적인 추종이다. 심지어 이렇게 말하는 사람도 있었다.

우리가 오늘날까지 수입한 개념과 방법은 모두 국외에서 상세한 토론을 거친 것이다. 중국어에도 성공적으로 대응이 된다. 이는 곧 중국어가 다른 언어와 공통성을 가지고 있다는 사실을 증명한다. (예페이성叶蜚声, 1989: 72쪽)

我们迄今引进的概念、方法无一不在国外有过详尽的讨论，用于汉语，非常成功。这说明汉语跟其他语言有共性。

이런 글을 읽으면, 마음속에 무언가 말로 표현할 수 없는 묘한 느낌이 생긴다. 국외에서 수입한 이론이 정말로 모두 "성공적으로 대응"되는지는 차치하고, "국외에서 상세한 토론을 거친" 후에 어떤 이론은 반박을 당했고, 어떤 이론은 잠시 승리한 듯 보였지만(몇 년이 지나면 또 반박 당한다. 미국에서는 신기한 일도 아니다.), 대부분의 이론은 아예 눈 깜짝할 사이에 피었다 진다. 이렇게 "앞사람이 넘어지면 시체를 넘어서 달려나가는" 이론을 중국어에 적용하는 것이 모두 "성공적으로 대응"된다고 할 수 있겠는가. 이론언어학이 가장 번영하고 있는 미국에서, 새로운 이론은 반드시 앞의 이론을 철저히 부정한다는 특징이 있다. 기술주의언어학이 전통언어학을 철저히 부정했고, 변형생성언어학이 기술주의언어학을 완전히 부정했으며, 촘스키 이후의 각종 언어학이 다시 촘스키의 이론에 똑같이 철저한 부정을 보였다. 이렇게 서로가 서로에게 적대적인 이론들이 모두 중국어에 "성공적으로 대응"된다면, 중국어는 도대체 어떤 종류의 괴물이란 말인가?

물론 외국에서 들어온 이론을 모두 반대하고 다시 쇄국주의와 죽의 장막으로 돌아가자는 것은 아니다. 아니 그것과는 완전히 반대이다. 우리는 외국 언어학 연구의 동향을 예의주시해야 하며, 장점은 취하고 단점은 보완해야 한다. 중국어 연구는 외국어와의 비교를 통해서만 더 깊어지고, 중국어 언어학은 일반언어학의 큰 배경 아래에서만 제대로 발전할 수 있다. 그러나 우리는 이전의 경험에서 교훈을 얻어 어떤 이론을 들여올 때는 아래의 몇 가지 문제에 대해 반드시 생각해봐야 한다.

첫 번째 생각해볼 문제는, "이 이론은 어떤 배경에서, 어떤 문제를 해결하기 위해서 탄생했는가?"이다. 모든 이론에는 목적성이 있다. 모든 문제에 답할 수 있는 이론이나 방법은 없다. 예를 들어 미국의 기술주의언어학은 아메리카 인디언들의 언어를 조사하고 보존하기 위해 제기되었다가 제2차 세계대전 중에 미군을 세계 각지에 파견 보내 전쟁을 치르게 되면서 현지의 언어를 빠르게 습득하기 위해 크게 발전한 것이다. 제2차 세계대전 이후에는 미국이 자본주의 세계의 보스 지위에 안정적으로 자리 잡으면서 미국인이 외국어를 배워야 할 필요성이 크게 줄어들고 반대로 제2언어로서의 영어가 세계 각국으로 수출되었다. 변형생성언어학은 이렇게 미국이 절대 패권국이 되면서 탄생하고 발전한 이론이다. 따라서 다른 나라 사람에게 영어를 가르치는 일이 언어학계의 큰 임무로 떠오른 것이다. 이런 배경을 이해하면 우리는 어떤 이론이 탄생한 원인을 알 수 있다. 예를 들어 기술주의언어학은 왜 그렇게 "발견과정发现程序"을 강조하는가? 그들이 누구도 알아듣지 못하는 인디언의 언어를 연구해야 했기 때문이다. 왜 "분포이론分布理论"을 제기했는가? 왜냐하면 누구도 알아듣지 못하는 수많은 인디언의 언어를 앞에 두고서는 이런 방식으로만 그 언어의 규칙성을 발견할 수 있었기 때문이다. 어째서 직접성분분석법直接成分分析法을 강조하고 전통어법의 문장성분분석법을 사용하지 않았는가? 왜냐하면 후자는 본래 아는 뜻의 문장을 연구하는 것인데 비해, 전자는 어떤 문장에 대해서 아무 것도 알지 못하기에 계층분석 같은 신중한 접근이 필요했기 때문이다. 심지어 전통어법에서는 언어의 기본단위를 단어와 문장으로 보았는데, 왜 미국의 구조주의는 형태소와 구절을 언어의 기본단위로 보았는가에 대한 질문 등도 이런 목적성에서 해답을 찾을 수 있다. 전통어법은 연구자에게 익숙한 언어를 다루었고, 단어와 문장이 모두 확연히 드러나는 언어단위였음에 비해서, 미국의 구조주의자들이 해결해야 하는 것은 산더미 같이 쌓여 있는 혼돈상태의 자료였기 때문이다. 인디언의 말이 어디에서 시작해서 어디에서 끝나는지도 알 수 없었던 당시의 연구자들에게 기술주의언어학은 일종의 필연이었는지도 모른다.

이런 배경을 알았다면 우리가 기술주의언어학의 이론을 수입할 때 중국어를 인디언의 언어처럼 아무도 알아듣지 못하는 언어로 대할 위험을 감안해야 했다. 그런데 당시 우리는 이런 마음의 준비를 했었는가. 생성어법도 마찬가지여서 미국이 세계 각국에 대해, 영어가 세계의 기타 언어에 대해, 가지고 있는 우월성을 배경으로 제안된 이론은 취지와 목적이 바로 영어를 기초로 하는 "보편어법관"에 있다는 사실을 알아야 했다. 이런 이론을 들여올 때, 우리는 이런 이론들의 전제조건도 같이 수입하는 것인지 잘 생각해야 하는 것이다.

이론은 어느 날 갑자기 하늘에서 떨어지는 것이 아니다. 그것은 반드시 역사와 문화의 제약을 받는다. 같은 미국에서 불과 몇십 년의 시간차를 두고 태어난 기술주의언어학과 변형생성언어학이 하나는 귀납법을 주장하고 하나는 연역법을 주장하는 것은, 이렇게 그것들이 태어난 배경과 관련이 있다. 몇십, 몇백 가지 서로 다른 언어를 앞에 두고서는 어떤 사람도 연역법을 이용한 연구에 찬성할 수 없을 것이다. (오늘날의 호주에서 몇백 종의 원주민 언어를 연구하는 학자들이 연역법을 사용하지 않는 것도 같은 원인이다.) 다른 사람이 어떻게든 자신들의 모어를 배우려 하고, 자신들은 다른 언어를 배워야 할 이유가 전혀 없을 때에만, 자기 언어에서 출발해 "보편어법"의 규칙을 "연역"해내는 것은, 그야말로 가장 간단한 방법일 것이다.

두 번째로 물어봐야 할 것은 그 이론이 진짜 무엇을 말하고자 하는가, 라는 점이다. 글자와 겉모습만 보고 잘못 해석해서 다른 사람까지 오해하게 만들지 않아야 한다. 예를 들어 "기술성(묘사성)"에도 두 가지의 경우가 있는데, 스위트Sweet와 예스퍼슨Jespersen의 주장이 한 가지고, 미국 기술주의가 주장한 것이 또 다른 한 가지다. 스위트와 예스퍼슨의 "기술성"은 유럽 전통어법의 "규정성"을 대상으로 제기된 것으로, 언어의 본래 모습으로 언어에 대한 묘사를 진행해야 한다고 주장하여 언어적 사실을 중시하고 어법의 이런저런 규칙으로 언어사용을 제한하는 것에 반대했다.

사실상, 1940년대의 뤼슈샹呂叔湘, 왕리王力, 까오밍카이高明凱 등 세 명의 거장들도 모두 이런 이론을 기반으로 기술주의어법의 저작을 남긴 것이다. 미국의 기술주의언어학도 언어에 대한 묘사를 중시하긴 하지만 사실 더욱 중요하게 여기는 것은 한 세트의 프로세스라고 할 수 있는데, 이런 사상을 기반으로 우리가 앞에서 말한 이론체계가 만들어진 것이다. 중국의 많은 학자들이 스위트 등의 묘사방법에 찬동을 보냈으나 1970년대가 되자 자기도 모르는 사이에 미국 기술주의 이론을 받아들였다. 이와 꼭 닮은 꼴로 1940년대에는 뤼슈샹이 "변형"의 개념(뤼슈샹, 1941: 114~123쪽)을 제시했는데 이는 변형을 하나의 연구방법으로 다룬 것으로, 촘스키의 변형생성어법이 "변형"을 그의 이론체계에서 아주 중요한 구성부분으로 삼아, "보편어법"의 수단으로 본 것과는 다르다. 그래서 "해석성"이라는 말이 중국에 막 소개되었을 때 많은 사람이, 특히 원작을 읽어보지도 않은 사람들이 표면적인 이해를 기반으로 "'해석'이 '묘사'와 상부상조하는 것"이라고 이해하고, "묘사"가 진일보한 것이라고 생각했다. "묘사"는 "그 모습을 아는 것"이고, "해석"은 "그렇게 된 까닭을 아는 것"이라고 생각한 것이다. 학문하는 방법이나 목표로서, "해석"은 아주 쉽게 사람들에게 지위를 인정받을 수 있었다. 하지만 그들이 몰랐던 것은 "해석"이 사실은 촘스키의 전체 이론체계가 아니라는 점이었다. 연역법을 수단으로, "보편어법"을 중심사상으로 하는 구조주의보다도 훨씬 더 복잡한 법칙(예를 들자면 "논항구조Argument Structure", "의미역Theta-Role", "투사원칙", "X-Bar 구조" 등등)이어서, 수학처럼 정밀한 계산방식과 "매개변수", "변수" 등으로 세상에 존재하는 모든 언어현상을 모두 "보편어법"의 각종 변형태로 "해석"하려는 것이다. (Sampson의 관점. 그의 "본능설"은 사실상 세계 모든 언어를 한 가지 언어의 사투리로 본다. Sampson, 1997: 158~159쪽) 그동안 우리가 "상부상조"하는 관계로 생각했던 "묘사"와 "해석"이 촘스키파의 이론에서는 물과 불처럼 서로 섞일 수 없는 것이다.

구조주의자들은 해석을 반대했는데, 호케트Hocket는 "언어학은 분류의 과학이다. (Hocket, 1950: 96쪽)"라고 공개적으로 선포하고, 분류를 최종 목표로 인식했다. 요스Joos도 "해석은 언어학의 임무가 아니다. (Joos, 1942: 349쪽)"라고 규정했다. 이렇게 서로 완전히 대립하는 두 개의 언어학 이론이 중국어에 모두 "성공적으로 대응"된다고 하니, 참으로 해괴한 일이 아닐 수 없다.

세 번째로 우리가 물어야 할 것은 우리가 어떤 이론을 들여오는 목적이 무엇인가 하는 점이다. 이를 위해 우리는 외국의 이론연구가 몇 가지 서로 다른 목표를 가지고 있다는 점을 알아야 한다. 미국의 학자 하우스홀더Householder는 영국인이 이론언어학의 실용성을 대하는 태도를 얘기하면서 "유럽인은 '진짜 그러한가?'라고 묻는다. 미국인은 '논리가 충분히 성립하는가?'라고 묻고, 영국인은 '쓸모가 있는가?'라고 묻는다.The European asks: 'Is it true?' the American: 'Is it consistent?' the English man: 'Will it help?'" (Householder, 1949). 가벼운 농담처럼 보이는 이 말은 간단명료하게 유럽대륙, 영국인과 미국인이 학문연구에서 서로 다른 경향을 보인다는 점을 설명하고 있다. 유럽인은 사변적이고, 영국인은 실용성을 따지며, 미국인은 이론의 논리정합성을 요구한다는 것이다. 미국인은 어떤 이론이 내부적으로 논리성이 강하다면 그 이론의 실용성에 대해서는 비교적 적게 생각하거나 아예 생각하지 않는다. 이런 연구풍토가 형성된 것은 각 나라의 전통과 문화와 관련이 있고, 각각의 특정한 연구환경과도 관계가 있다. 미국의 한 대학에서 일하는 친구의 말에 의하면, 미국의 대학교는 경쟁이 아주 치열해서 어떤 자리를 얻거나 유지하기 위해서는 학술저작이나 논문을 멈추지 않고 발표해야 한다고 한다. 이런 저술을 평가하는 위원회가 해당 영역의 전문가만으로 이루어진 것은 아니어서 논문의 "품질"을 보장하기 위해서는 서로가 받아들일 수 있는 표준을 채택할 수밖에 없는데, 그 표준이란 바로 새로운 입장을 세워서 저술이 논리적 완결성을 가지도록 하는 것이라고 한다. 그 관점이 정확한 것인지, 혹은 실용성이 있는 것인지에 대해서는 고려할 수도 없고 고려하지도 않는다고 한다. 이런 연구방법의 장점은 최대한의 상상력을 발휘할 수 있다는 것이어서, 여러 기상천외한 아이디어가 탄생하고, 그중에서 아주 값어치가 높은 완성품도 자주 생산된다. 그러나 당연히 단점도 선명해서 이론에서 시작해 이론으로 끝나는 탁상공론으로 흐를 여지가 많을 수밖에 없다.

또 하나 지적해야 하는 것은, 연역법을 기초로 하는 '해석언어학'을 운용할 때 아주 좋지 않은 연구풍토가 만들어진다는 점이다. 연구자들은 힘든 "풍찬노숙의 필드 플레이"를 꺼려하게 되어 일종의 영감에 의지하게 되고 머릿속에서 상상만으로 "공로를 빠르게 인정받는 성과"를 추구하게 된다. 미국에서도 한학이나 중국문학, 철학을 연구하는 이들은 당연히 원전을 심도 깊게 연구해야 한다. 이백, 두보, 왕유의 시를 자세하게 읽지 않고 당시唐诗를 연구한다든가, 『명사明史』를 읽지 않고 명나라 역사를 연구한다거나, 혹은 공맹과 노장을 통독하지 않은 자가 중국의 철학을 연구한다든가 하는 것은 불가능한 일이다. 그런데 유일하게 언어학을 연구하는 사람들만은 몇십 년 전의 칼그렌 등을 제외하면 원전을 열심히 읽는 사람이 거의 없는 실정이다. 이는 촘스키 언어학의 "은사"를 받은 것이라고밖에 볼 수 없고, 언어학을 자연과학화 하는 이들의 "은사"를 받은 것이라고밖에 말할 수 없다. 2,000여 년 전에 공자는 이미 "공부만 하고 사고하지 않으면 경직되고, 생각만 하고 공부하지 않으면 위태롭게 된다.学而不思則罔, 思而不学則殆"고 했다. 저 해석론자들은 "생각"만 하고 "공부"하지 않으니, 학문적 성과가 쌓이지 않는다. 최근까지도 나는 해석론자들이 어떤 원전이나 저작을 깊이 있게 연구하고 그에 대해 해석했다는 말을 들어보지 못했다. 아마도 『요재지이聊斋志异』나 『고문관지古文观止』를 해독하기도 어려울 사람들이, 중국어 어법 발전의 규칙성을 논하면서 갑골문의 점괘에 뭐라뭐라 나온다 말하고 『상서尚书』나 『역경易经』의 자구를 잘도 인용하는 것을 자주 본다. 듣기에 불편하겠지만, 그들의 예문은 2차 자료에 불과한 것으로, 다른 사람이 써놓은 몇 편의 문장과 몇 개의 예문을 여기서 저기로 저기서 여기로 베껴와서 새로운 이론인 것처럼 짜깁기를 한 것에 불과하다.

20세기 초반의 50여 년간은 중국어 학자들에게 좋은 전통이 있었는데, "예문이 10개가 안 되면 규칙이라 일컫지 않는다.例不十, 法不立"라는 말이다. 현대의 학자들은 이런 말조차 유행 지난 "귀납법"으로 취급하고 있다. 그들의 "연구"는 어떤 종류의 영감이 떠오르면 하나의 관점을 만들어 하나의 체계를 세운 후에 그 골격 안에 한두 개의 예제를 채워넣어 "논리정합성"을 완성하는 일에 불과하다. 이런 방식의 "연구"로 만들어진 "이론"을 믿을 수 있겠는가?

1.3. 중국어의 본체언어학 수립
建立汉语自己的本体语言学

현대적인 개념의 중국어 연구도 지금까지 한 세기를 거쳐 발전해왔다. 이 시점에서 나는 지난 100여 년간의 성과에 자부심을 느끼는 동시에 중국어 연구에 도사리고 있는 문제들에 대해 초조함과 불안감도 느낀다. 가장 큰 문제는 오늘까지도 중국에는 스스로의 본체언어학이 없고, 스스로의 언어이론이 없다는 점이다. 고개를 들어 사방을 둘러보면, 여러 민족이 자기만의 언어학을 가지고 있다. 영국에는 영국의 언어학이 있고 프랑스와 러시아도 그렇다. 미국은 더 말할 나위 없다. 그러나 중국 언어학에는 이론부터 방법까지 모두 외국에서 들여온 것들뿐이다. 고금의 중국어 연구는 완전히 두 조각으로 나뉘어 전통적인 소학小学[18] 연구는 언어학 연구의 바깥으로 내던져졌다. 그 원인은 끝없이 관심을 갖고 외국의 이론을 들여온 것이 한 측면이고(당연히 이것도 필요하지만), 더 중요한 것은 이 과정 중에서 중국의 언어학이 스스로 자아를 잃어버렸다는 데에 있다. 앞에서 분석한 바로 알 수 있듯이 『마씨문통』의 가장 큰 공헌이자 착오는 외국의 이론을 들여오고 모방한 데에 있는 것이 아니라, 그것이 중국어 연구의 구조와 방향을 완전히 틀어놓았다는 데에 있다. 전통적인 "문자중심"에서 서양의 "어법중심"으로 방향을 틀고, 스스로를 다른 나라 군대의 전차에 묶어버렸기 때문에, 긴 시간이 지나 이것이 습관이 되자 이제 자기 몸도 스스로 다룰 수 없는 지경이 되어버린 것이다. 『마씨문통』 이후의 변화는 더욱 심각해졌다. 먼저 장스자오章士钊(1907: 1쪽)가 "한자"와 "단어"를 나눈 데서 시작해서 한자를 언어학 연구의 전당에서 멀리 차버리게 되었고, 높디높은 문자개혁이라는 거센 물결이 한자까지 소멸시키기 위해 노력하게 되었다.

---

18 옮긴이의 말: 협의의 한자 익히기부터 광의의 문자학 연구를 포괄하는 개념이다. 전통시대의 동양사회에서 소학은 모든 학문의 기본이었다.

'현대 언어학'의 창시자인 소쉬르는,

> 중국 사람에게는 표의문자와 발음된 말이 모두 똑같이 개념의 기호이다. 그에게
> 는 문자가 2차적인 언어(소쉬르, 최승언 옮김, 『일반언어학 강의』, 민음사, 37쪽)
>
> 对汉人来说，表意字和口说的词都是观念的符号；在他们看来，文字就是第二语
> 言。

라고 말한 바 있다.

현대 언어학의 창시자가 분명히 중국인에게는 두 종류의 언어가 있어서 그중 하나는 입말이고, 또 하나는 한자라고 말하고 있다. 이는 세계적으로도 아주 독특한 현상으로, 중국인은 언어학을 연구하는 데 있어서 천혜의 조건을 타고난 것이라고도 말할 수 있다. 중국인은 세계 언어학 이론의 발전에 큰 공헌을 할 수 있다는 것이다. 그러나 지난 100여 년 동안 중국인이 한자를 소멸해야 할 대상으로 본 결과 스스로의 우세를 포기하고 장점을 버렸으며, 스스로의 "단점"을 내세워 외세와 경쟁하려 했으니 이런 일이 계속된다면 영원히 다른 사람의 뒤꽁무니만 쫓아다닐 것이 뻔하다.

역사를 되돌아보는 것은 미래를 위해서이다. 중국어 언어학의 발전을 위해서 중국의 언어학은 먼저 스스로의 주체적 지위를 확립해야 한다. 자기의 "본체"가 있어야만 다른 사람의 이론과 방법을 나의 상황과 목적에 맞게 이용할 수 있다. 그래야만 앞에서 얘기한 외국의 몇몇 언어학 이론도 그 안에서 스스로에게 필요한 것을 찾아낼 수 있는 것이다. 이미 익숙한 중국어에서 "발견과정"이나 "분포이론" 등을 연구할 필요는 없다. 하지만 구조주의가 언어실제를 중시하는 것, 객관적인 묘사라는 정신, 대량의 언어자료를 수집하여 과학적으로 귀납하는 연구방법 등은 열심히 배워야 한다. 촘스키 언어학의 경우도, 그의 "보편어법관"을 받아들일 필요는 없지만 그 학파가 인류언어의 보편성에 대해 보인 관심과 차이에서 공통점을 찾아내는 안

목, 또 논리적 정합성을 추구하는 태도 등에서는 배울 것이 많다. 이 두 학파가 아무 쓸모없다고 공통적으로 비판하는 전통언어학에 대해서도, 우리는 그들 뒤를 따라다니며 욕만 해댈 것이 아니라 그중에서 합리적인 핵심을 추출해야 한다. 전통어법의 "규정성"도 그 자체로는 나쁜 것이 아니다. 교육용 어법은 당연히 규정성이 있어야 한다. 그렇지 않다면 언어를 가르칠 수조차 없다. 교육용 어법이 아니라도 언어의 규범화나 여러 민족의 공용어 등을 위해서 어느 정도의, 아니 엄격한 정도의 "규정성"이 필요하다. 중국민족은 본래 융합에 능하고 외재하는 여러 역량의 장점을 취하는 데에 익숙하며, 언어연구도 당연히 그렇게 될 수 있다. 그러나 이런 작업의 주체는 당연히 중국이어야 하고, 중국어이어야 한다. 형형색색의 외국어이론을 가져와 중국어에 겉옷으로 입히는 방식이어서도 안 되고, 그것이 외국의 "유행"만 따라다녀서는 더욱 안 된다. 수입의 근본적인 목적은 빌려쓰는 데 있지, 베껴쓰는 데에 있지 않다.

20세기가 우리에게 준 큰 교훈은, 중국어 연구는 반드시 한자를 원래 있어야 할 자리에 자리매김하고, 한자가 갖는 "2차 언어"로서의 지위와 특징을 충분히 존중해야 한다는 것이다. 사실상 한자로부터 출발할 때만이 고금의 중국어와 고금의 중국어 연구를 통괄할 수 있다. 전통적으로 소학 · 음운 · 훈고의 연구는 모두 한자를 기초로 이루어졌다. 나 또한 갈수록 한자를 위주로 음운 · 문자 · 어휘 · 어법 · 수사 등 언어연구의 각 층위를 연구하는 것만이 고금을 연결하는 진정한 연구가 될 수 있다는 생각이 공고해진다. 21세기에 접어든 지금 인류사회는 이미 완전히 컴퓨터 시대로 접어들어 과학기술의 혁명에 휩쓸리고 있다. 중국어와 정보기술의 결합도, 우리가 볼 수 있는 모든 연구성과는 한자를 기초로 이루어지고 있다. (컴퓨터 프로그램에서는 "단어", "복합어" 등이 사실상 모두 "문자열字串string"로 다뤄질 뿐이다.) 과거든 현재든 그리고 미래까지도 중국어 연구는 한자라는 오래 됐으면서도 새로운 화제를 통해 진행될 수밖에 없을 것 같다. 20세기 중국어 연구의 성과와 착오 위에서, 또 2,000년이 넘는 중국어 연구의 전통 위에 서서, 주체적이고 적극적으로 외국의 이론과 방법을 들여와서, 중국어와 한자의 특징에서 출발하여 언어학의 각종 문제에 대해 사고하고 연구하는 것은 매우 새로운 의미의 도전이다. 이는 종합적이고 입체적인 연구이다. 나는 이러한 연구를 "한자를 본위로 하는 중국어 연구"라고 부르고자 한다.

본 론 편

한자본위와 중국어 연구
字本位与汉语研究

제2장 "본위"연구의 방법론적 의의

"本位"研究的方法论意义

2.1. 각종 "본위"이론
"本位"理论的种种

1970년대 말 이후로, 특히 1990년대 이후로, 언어연구 중에서 "본위"문제가 전에 없이 많은 관심을 받았다. 앞서거니 뒤서거니 하면서 몇 가지 "본위"이론이 등장했고 여러 학자들이 이 문제에 대해 여러 가지 평론을 내놓았다. 시간 순서대로 이러한 이론들을 나열해보면 아래와 같다.

"문장본위句本位":	스춘즈史存直(1973; 1986);
"구문본위词组本位":	궈샤오위郭绍虞(1978; 1997);
	장셔우캉张寿康(1978);
	주더시朱德熙(1982; 1985);
"한자본위字本位":	왕아이루王艾彔(1987);
	쉬퉁창徐通锵(1991; 1994a; 1994b);
	왕훙쥔王洪君(1994; 1996);
	판원귀潘文国(1996; 1997b);
	왕핑王平(1997);
	루촨鲁川(2000);
"형태소본위语素本位":	청위민程雨民(1991; 2001);
"절본위小句本位(中枢)":	스여우웨이史有为(1991);
	싱푸이邢福义(1996; 1997);
"이동본위移动本位":	스여우웨이史有为(1991; 1995);
"복수본위夏本位":	마칭주马庆株(1998);
"무 본위无本位":	샤오징민邵敬敏(1998);

이 중에서 "문장본위"는 스춘즈가 아니라 반세기 전의 리진시黎锦熙가 처음 주장

한 것이다. (리진시, 1924) 그러나 스춘즈와 리진시 이외에도 "구문본위"이론을 격렬하게 주장하고 끝까지 포기하지 않은 사람으로 1980년대 초에 이 이론의 대표인사가 된 주더시를 거론해야 할 것이다. 사실상 그는 스스로 자기의 이론을 "구문본위"라고 강하게 주장했다.

"형태소본위"를 처음 주장한 사람도 역시 주더시였다. 1950년대, 주더시는 영어의 morpheme이라는 단어를 원래 사용하던 "사소词素"라는 번역어 대신 "어소(형태소)语素"를 사용하자고 주장했다. (차오붜한曹伯韩 등, 1960) 그 후 뤼슈샹吕叔湘 등의 지지를 얻어 현재까지도 학계에서 통용되고 있다. 이렇게 한 글자를 바꾼 것만으로, morpheme은 "단어词"의 구성요소에서 "언어语"의 구성요소로 변신했고, 이어서 오늘날의 "본위" 혹은 "기본구조단위"가 되었다. 그러나 훗날 주더시가 스스로 자기 주장을 바꿨기 때문에, 여기서는 "형태소본위"의 대표주자를 청위민으로 정리했다. 청위민은 원래 자기의 관점을 "한자본위字本位"라고 불렀고, 자기가 수립한 체계를 "한자기초어법字基语法"이라고 불렀다. 하지만, 그가 말한 "한자字"는 사실상 "형태소语素"였기에, 나는 이를 "형태소본위"라 부르고자 한다.

일반적으로 "구문본위词组本位"를 주장한 사람을 주더시로 알고 있다. 이를 주장한 또 다른 사람으로 궈샤오위郭绍虞는 별로 언급되지 않지만, 그가 구문의 중요성을 주장한 것은 주더시보다 더 빨랐다. 물론 궈샤오위와 주더시의 구문본위는 본질이 달랐으나 기본적인 출발점, 즉 중국어의 단어, 구문, 문장구조형식이 모두 같다고 본 점은 두 사람의 주장이 완전히 일치한다. 장셔우캉의 『"구조"에 대하여说"结构"』라는 글(1978)은 "어법의 연구는 마땅히 구조연구를 주로 진행해야 한다."고 강조한 것이나, 여기서는 명칭과 주장을 일치시키기 위해 "구문본위"라고 부르고자 한다.

"절본위小句本位"라는 이름은 스여우웨이가 제시한 것이다. 그는 1991년에 다음과 같이 주장했다.

언어의 화언과 텍스트 영역을 넓혀 화용 층위의 복잡한 문제를 명백히 밝히기 위해 "절본위"를 수립해야 할 것 같다. 절에는 음성, 어법, 의미, 화용이라는 4가지 구성요소가 모여 있고, 단어와 구를 포함하고 있다. 따라서 체계의 각도에서 보면 절을 본위로 어법을 연구하는 것은 새로운 연구단계의 필연이다. (스여우웨이, 1991: 341쪽)

为了扩展语言的话语篇章领域，揭示语用层面的复杂表现，看来有必要建立"小句本位"。小句汇集着语音、语法、语义、语用四种因素，而且可以涵盖词和短语，因此从系统角度看，以小句做本位来研究语法应是在新的研究阶段中的必然。

스여우웨이는 그 뒤로 체계를 형성하지 못했으며 그 체계를 형성한 것은 싱푸이邢福义였지만, 두 사람의 이론구상이 서로 멀지 않다.

"이동본위" 역시 스여우웨이가 한 글에서 제시한 것이다. 몇 년 후 그는

만약 본위가 반드시 필요하다면, 우리는 "이동본위"를 얘기할 수 있을 것이다. 서로 다른 범위, 서로 다른 처리에 서로 다른 본위를 사용하자는 것이다. 문장(구, 단문)의 범위에 하나의 본위(중심)를 사용하고, 복문과 문장(발화)의 범위 내에서는 또 다른 본위(중심)를 선택하는 식으로, 각 급의 본위에 전 단계의 일련의 구성요소를 추가해서, 서로 다른 성질의 문제를 처리하자는 것이다. (스여우웨이, 1995: 44쪽)

如果一定要本位的话，我们无妨"移动本位"，不同范围、不同处理要求可以有不同的本位。在句子（小句、单句）的范围内以一种本位（中心），在从复句到句群（话语）的范围内选择另一种本位（中心），每一级本位都需要在前一级上增加某些因素，以处理面临的不同性质的问题。

라고 주장했다.

마칭주马庆株의 "복수본위复本位"와 샤오징민邵敬敏의 "무 본위无本位"는 사실상 위에서 언급한 여러 학설에 대한 평론이다. 마칭주는 정면에서 출발해 여러 의견을 절충하고자 했고, 샤오징민은 반대쪽에서 출발해 모든 것을 부정했다.

2.2. "본위"이론에 관한 몇 가지 평가
对"本位"理论的几种评述

나에게 각종 "본위"이론에 대한 평가 중에서 중요한 글을 고르라고 한다면, 아래의 몇몇 논평을 언급할 수 있을 것이다.

萧国政：『"句本位""词组本位"和"小句中枢"』，载『世界汉语教学』1995年 第4期；

史有为：『效率单位：语素和短语之间』，见所著『汉语如是观』 1997年；

李宇明：『汉语语法"本位"论评』，载『世界汉语教学』1997年 第1期；

马庆珠：『结构、语义、表达研究琐议』，载『中国语文』1998年 第3期；

陆俭明， 郭锐：『汉语语法研究所面临的挑战』，载『世界汉语教学』1998年 第4期；

邵敬敏：『八十到九十年代的现代汉语语法研究』，载『世界汉语教学』1998年 第4期；

陈保亚：『字本位与语义语法』，见所著『20世纪中国语言学方法论』 1999年；

王若江：『由法国"字本位"教材引发的思考』，载『世界汉语教学』2000年 第3期[19]

이와 같은 글들은 대체로 "단어본위", "문장본위", "구문본위"에 대해서는 한두 번 언급하는 정도로 지나가고 "한자본위"와 "절본위小句中枢"에 대해 집중적으로 토론하고 있다. 물론 긍정적인 평가와 부정적인 평가가 다 있다. 여기서 나는 먼저 샤

---

19 옮긴이의 말: 위에 언급된 논문들을 번역하면 아래와 같다. 발표 시기는 생략한다.

　　　샤오궈정: 「"문장본위", "구문본위"와 "절본위"」, 『세계중국어교학』

　　　스여우웨이: 「효율적인 단위: 형태소와 구절의 사이」, 스여우웨이의 『중국어를 어떻게 볼 것인가』에서

　　　리위밍: 「중국어 어법의 "본위"논평」, 『세계중국어교학』

　　　마칭주: 「구조, 의미, 표현 연구에 관한 잡념」, 『중국어문』

　　　루젠밍, 궈뤠이: 「중국어 어법연구가 직면한 도전」, 『세계중국어교학』

　　　샤오징민: 「1980~1990년대의 현대 중국어 어법연구」, 『세계중국어교학』

　　　천바오야: 「한자본위와 의미어법」, 천바오야의 『20세기 중국 언어학 연구 방법론』에서

　　　왕뤄장: 「프랑스 "한자본위" (중국어) 교재가 촉발한 생각」, 『세계중국어교학』

오징민邵敬敏의 "무 본위无本位"론에 대해 살펴보고자 한다. 왜냐하면 이 주장은 "본위"설 자체를 부정하는 태도를 견지하고 있는데, 만약 이런 의견이 성립한다면 나의 "한자본위"를 비롯한 여러 "본위"연구의 입론 근거 자체가 흔들리기 때문이다.

샤오징민은, 아래와 같이 주장했다.

중국어 어법학계에서 마건충이 최초로 "한자(단어)본위"를 주장했고, 리진시의 "문장본위"가 등장했으며, 나중에 주더시가 유명한 "구문본위"를 제시했다. 최근에 들어 다시 쉬통창의 "한자(형태소)본위"와 싱푸이의 "절본위", 또 "복수본위"와 "다중본위", "화용본위", "이동본위" 등이 출현했으며, 뒤이어 다시 "의미본위"나 "교차본위" 등이 나타날지도 모를 일이다. 각각의 "본위설"은 어느 정도 일리가 있어 보인다. 어떤 언어단위 혹은 언어층위의 연구를 강조하는 것은 아주 긍정적인 의미를 지니고 있다. 그러나 나는 "본위설"에 세 가지 폐단이 있음을 지적하지 않을 수 없다. 하나. 어떤 언어단위 혹은 언어층위의 작용을 지나치게 강조한다. 둘. 의도했든 그렇지 않았든 간에 "본위"와 다른 언어단위 혹은 언어층위 사이의 연계성을 끊어버린다. 셋. 의식·무의식중에 다른 언어단위 혹은 언어층위에 대한 연구를 약화시킨다. 서로 다른 연구자가 서로 다른 연구중점을 강조하는 것은 정상적인 일이다. 그러나 걸핏하면 "무슨무슨 본위"를 주장하는 것은 어법연구에 실질적인 도움이 될 수 없다. 그래서 나는 "무 본위론"을 주장하는 것이다. (샤오징민, 1988: 27쪽)

汉语语法学界最早有马建忠的"字（词）本位"、黎锦熙的"句本位"，后来朱德熙提出了著名的"词组本位"，近来，又有徐通锵的"字（语素）本位"和邢福义的"小句本位"，还有"复本位"、"多本位"、"语用本位"、"移动本位"，说不定还会冒出来什么"语义本位"、"交叉本位"等等。每种"本位说"，相对地说，都有它一定的道理，对强调该语言单位或语言层面的研究都起了相当的积极作用，但是，我们也不得不指出："本位说"往往有三个弊病：一、过分夸大该语言单位或语言层面的作用；二、有意无意地割裂了它同其他语言单位或语言层面的联系；三、会自觉不自觉地削弱对别的语言单位或语言层面的研究。不同研究者强调和研究的重点各不相同，这是很正常的，但是动辄称之为"某某本位"，最终不会对语法研究带来实质性的好处 。 因此，我们主张"无本位论"。

샤오징민의 평론은 공평하고 합리적이며 전면적인 것으로 유명하다. 이와 더불어 역사를 꿰는 평론으로 학계에 이름이 높다. 하지만 위의 말은 설득력이 아주 떨어진다. 이 말로 볼 때, 그는 각종 "본위"설에 대한 이해도도 높지 않은 것 같다. 예를 들어 쉬퉁창의 "한자본위"가 형태소본위와 같다고 한 것은 쉬퉁창의 뜻과 완전히 다르다. 또 그가 지적한 각종 "본위설"의 3가지 폐단에 대해서는 아마도 어떤 "본위"를 주장하는 사람도 받아들이기 어려울 것이다. 먼저, 어떤 "본위"를 주장하는 것이 어떤 언어단위나 언어층위를 "강조"하거나 "과장"하기 위해서라고 평론한 부분은 완전히 사실과 다르다. 그는 마건충이 "단어본위"를 주장했다고 했지만, 사실 마건충이 강조하거나 과장한 것은 통사론으로, "이 책은 구두句读법에 대해 깊이 논하고자 한다. (마건충, 1898: 15쪽)"고 스스로 밝힌 바 있다. 리진시의 주장은 구본위인데, 그가 강조하고 과장한 것은 문장의 성분과 명사의 "격"이었다. (소위 말하는 "실사의 7위实体词的七位"가 그것이다.) 두 번째, 어떤 "본위"를 주장하는 것이 다른 언어단위 혹은 언어층위와의 연계성을 "끊어"버리고, 기타 언어단위 혹은 언어층위에 대한 연구를 "약화"시킨다는 말은 더욱 사실이 아니다. 소위 "본위"론자들 중에 누구 하나 그 본위와 다른 언어단위 혹은 언어층위와의 관계를 주목하지 않는 이는 없다. 심지어는 "어떤어떤 본위"를 주장하는 것은 단위 자체에 대한 연구보다는 그 단위에서 출발하여 다른 단위를 연구하기 위해서라고 말하는 것이 옳다. 예를 들어 리진시黎锦熙는 아래와 같이 말했다.

문장본위의 문법은 아래로 내려가 품사의 세목을 분석하고, 위로 올라가 단락과 텍스트의 전체를 종합하는 것이다. (리진시, 1924: 3쪽)

句本位的文法，退而分析，便是词类底细目；进而综合，便成段落篇章底大观。

싱푸이邢福义가 "절본위小句中枢"를 제시한 것은 절이 "연계의 중심联络中心"으로서의 지위가 있다고 보았기 때문이다.

> 중국어의 각급 어법실체 중, 절만이 다른 어법실체와 모두 직접 연계되어 "연계의 중심" 위치를 차지한다. 구체적으로 말하자면 말하는 방법에 있어서 절은 말투와 연결되어 있고, 내부 구조적으로는 절이 단어와 구절과 연결되어 있으며, 외부 조합상으로는 절이 복문과 문장에 연계되어 있다. (싱푸이, 1997: 17쪽)
>
> 在汉语各类各级语法实体中, 只有小句跟其他语法实体都有直接联系, 处于"联络中心"的位置。具体说, 就是：在说话方式上, 小句同语气相联系；在内部构件上, 小句同词和短语相联系；在外部组合上, 小句同复句和句群相联系。

마칭주马庆株의 "복수본위夏本位"도 마찬가지로 상하급의 단위를 고려했다.

> 우리가 형태론 중에서 단어의 층위를 주장하는 것은, 통사론 중에서 구문의 층위가 중간에서 양쪽 끝까지 관련성을 가지기 때문이다. 단어를 잡으면 형태소 쪽으로, 구문을 잡으면 문장 쪽으로 연계하여 분석할 수 있다. …… 기본단위를 파악하는 것은 기본단위가 아닌 다른 단위를 신경 쓰지 않는다는 것과는 다르다. (마칭주, 1998: 177쪽)
>
> 我们主张在词法中抓词这个层级, 在句法中抓词组这个层级, 即抓住中间带两头；抓住词向语素推, 抓住词组向句子推。……抓基本单位不等于不管其他的非基本单位。

이 외에도 샤오징민邵敬敏의 "무 본위无本位" 주장은 사실상 성립하기 어렵다. "본위"는 사실 학자가 연구를 진행하는 출발점이자 기본 입장이다. 인정하든 그렇지 않든, 연구를 진행하고자 한다면 출발점이 없을 수 없다. 어떠어떤 본위를 주장하는 사람은 이 점을 매우 분명히 자각하고 있고, "본위"를 선명히 밝히지 않은 경우에도 어떤 "본위"의 사상이 없다고 보기 어렵다. 예를 들어 마건충은 사실 어떤 본위설도 주장한 바가 없지만, 그의 저작을 살펴보면 그가 "단어본위"를 귀납해냈음을 쉽게 알 수 있다. 리진시黎锦熙는 이를 "품사유형 본위词类本位"라고 했다. 더 적절한 표현이다. (리진시, 1924: 3쪽) 나는 마건충이 살아 있다면, 이를 부인하기 어려울 것이라고 생각한다. 샤오징민도 이 점을 반대하지는 않는 것 같다. 기본단위에 대해 자각이 없는 상태에서 누군가가 이를 깨달아 어떤 본위관을 제시하는 것은 이론의 자각의식이 더욱 성숙한 것이라고 볼 수 있고, 어법과 언어에 대한 연구가 더 진일보한 것이라고 생각한다. 루젠밍陆俭明이,

> 이런 각종의 어법관 중에서 어느 것이 더 훌륭한가에 대해서는 각자가 자기 의견을 가지고 점차 평론하고 논쟁하면 된다. 그러나 한 가지 긍정적인 것은, 각종 어법관이 우후죽순처럼 생겨나는 것은 중국어 어법학계가 이론연구의 단계에 접어들었다는 것을 의미한다는 점이다. 이는 또 모두에게 큰 깨달음을 줄 것이라고 생각한다. (루젠밍, 1998: 5쪽)
>
> 这种种语法观孰优孰劣，大家可以各抒己见，慢慢加以评说、争论。但有一点应该肯定的，这种种语法观的提出应该说标志着汉语语法学界确实已开始进入理论思考阶段，而且将给人以极大的启迪。

라고 한 말에서 나는 중국어 연구가 (리진시黎锦熙를 제외하면) 100여 년의 세월을 보낸 후에야 "본위"문제에 대해 커다란 관심을 갖게 된 이유를 발견한다.

2.3. "본위"문제의 이론적 가치
"本位"问题的理论价值

그렇다면, "본위"연구에는 과연 어떤 이론적 가치가 있는가.

여러 학자들이 제시한 "본위"설을 종합적으로 고찰해보면, 사실 이들이 하나의 층위에서 논의되는 것이 아님을 쉽게 발견할 수 있다. 다르게 말하면, "본위"가 무엇인지에 대한 이해가 서로 다르다는 것이다. 이에 대해 몇 년 전에 나는 아래와 같이 말한 바 있다.

> "본위"란 단어에는 3가지 의미가 있다. 첫 번째, 가장 중요하고 근본적인 단위로서, 어법연구의 출발점이 된다. 처음으로 "ㅇㅇ본위"를 말한 사람은 리진시로, 그는 "문장본위"를 주장했는데, 문장이야말로 어법을 연구하는 기본적인 출발점이라고 본 것이다. 두 번째, 어법연구의 기초단위를 말하는데, 이것은 꼭 하나일 필요는 없다. 영어 어법을 예로 들면, 그 기초단위에는 형태소·단어·구절·문장 등이 있다. 세 번째, 언어의 기초적인 구조단위이며, 어법연구의 "기본입자"이다. (판원궈, 1996: 357쪽)
>
> "本位"这个词有三个意思：第一，可以指最重要、最根本的单位，作为语法研究的出发点的单位。第一个提出"×本位"的是黎锦熙，他主张的"句本位"就是以句子为基本出发点的语法研究；第二，可以指语法研究的基本单位，这种单位还可以不止一个。譬如英语的语法基本单位就有语素、词、短语、句子等；第三，指的是语言基本结构单位，语法研究的"基本粒子"。

이와 같은 3개의 정의를 기반으로 각 학자들이 주장한 "본위"를 관찰해보면, 각자가 말하는 "본위"가 가리키는 대상이 꼭 같지는 않다는 것을 발견할 수 있다. 이들의 주장 중에서 "구문본위词组本位", "구본위句本位", "절본위小句本位", "이동본위移动本位", 샤오징민邵敬敏이 말한 "화용본위语用本位"와 "의미본위语义本位", "교차본위交叉本位" 등은 모두 "본위"의 첫 번째 정의에 속한다. 마칭주马庆株의 "복수본위复本位"와 샤오징민의 "다중본위多本位" 등은 첫 번째와 두 번째 정의에 속한다. 왜냐하면 이런 본위들은, 첫 번째 정의에서처럼 "가장"이라고 수식할 수 있는 것은 단 하나밖에 없어야 하는데, 모두가 "가장" 중요하다고 말하니 "가장" 중요한 것은 없는 셈이기 때문이다. 청위민程雨民의 "형태소본위语素本位"는 첫 번째와 세 번째 정의에 해당한다. 쉬퉁창徐通锵의 "한자본위字本位"는 첫 번째와 세 번째 정의에 해당하지만, 세 번째 정의에 더 무게가 실려 있다. "품사유형본위词类本位"와 "단어본위词本位"는 일반적으로 잘 구분하지 않지만, 사실 분명한 차이가 있다. 전자는 첫 번째 정의에 해당하고, 후자는 세 번째 정의를 사용했다. 리진시黎锦熙가 『마씨문통』이 "서양 언어의 그램마葛郎玛Grammar를 모방"한 점을 들어 마건충의 견해를 "품사유형본위"라고 평가하고 자기의 이론 "문장본위"로 대립각을 세운 것도 스스로 자기가 분명히 첫 번째 정의의 "본위"개념을 사용하고 있음을 보여준다. 그러나 어떤 평론은 이러한 "본위"를 비평하면서 자기 비평이 어떤 정의에 해당하는지 구분하지 않아서 평론의 목적성이 불분명한 경우도 있다.

"본위"가 가리키는 대상이 무엇인지에 따라, "본위"연구의 이론적 의의에 관한 토론을 두 방면으로 나눠서 진행해보고자 한다.

첫 번째는, "본위"의 첫 번째 정의에서 말한, 어법연구에서 가장 중요한 단위라는 점과 어법연구의 출발점이라는 입장에서, "단어(품사유형)본위", "문장본위", "구문본위", "절본위", "형태소본위", "복수본위", "한자본위"가 서로 어떻게 다른지 살펴보겠다.

두 번째는, "본위"의 세 번째 정의에서 말한 것으로, 주로 "한자본위"와 "단어본위"의 대립을 살펴보겠다. 기타의 "본위"설은 이 견해와 무관하다.

이번 장에서는 주로 첫 번째 것을 다루고, 두 번째 것은 다음 장에서 다루어보겠다.

2.4. "본위"연구의 방법론적 의의
"本位"研究的方法论意义

앞에서 말한 "본위"연구의 첫 번째 관점에서 봤을 때, 나는 "본위"연구의 이론적 의의가 주로 방법론 방면에 있다고 생각한다. 어떤 "본위"관을 가지고 있느냐에 따라서 중국어 어법연구는 방법론상으로 중요한 혁신을 보여준다. 주로 어법이론의 변화와 중국어의 특징에 대한 중시와 발견에 따라서 "본위"관이 새롭게 제시되기 때문이다.

2.4.1. 품사유형본위
词类本位

현대적인 의미의 중국어 어법연구는 『마씨문통』에서 시작되었다. 또 『마씨문통』이 중국어 어법연구에 첫 번째로 "본위"연구를 제시했다. 『마씨문통』 이전의 중국에 어법연구가 없었던 것은 아니지만, 그 전에는 그것이 두 가지로 나뉘어 있었다. 하나는 구두법이고, 하나는 허사였다. 이 둘은 서로 연결되지 않아서, 구두법을 연구하는 사람은 허사를 연구하지 않았고, 허사를 주의 깊게 본 사람 중에서는 구두법에 관심을 기울인 이가 없었다. 유일하게 이 두 가지에 모두 관심을 보인 것은 남북조시대 양梁나라의 유협刘勰이 쓴 『문심조룡文心雕龙』이다. 『문심조룡』의 "장구편"은 고대 중국어에 관한 첫 번째 어법체계라고 할 수 있다.

> 무릇 인간이 쓰는 글은 단어를 이용하여 구를 만들고 구가 모여 장이 되고 장이 쌓여 편(篇)을 이룬다. (『문심조룡』 장구편)
>
> 夫人之立言，因字而生句，积句而成章，积章而成篇。

이러한 체계는 "한자본위"의 어법체계라 할 수 있다. 이 체계에 대해서는 뒤에서 상론하겠다. 안타깝게도 유협이 체계를 세운 후에는 더 발전하지 못해서, 훗날 마건충이 그의 어법체계를 수립할 때는 전통학문 중에서 참고할 만한 학설이 존재하지 않았다. 마건충이 "이 책의 목표는 구두법에 대해 집중적으로 토론하는 것이다.是书本旨, 专论句读"라고 말한 것으로 볼 때, 그는 고대의 연구와 아귀를 맞추려 한 것으로 보인다. 그러나 그는

> 구두는 한자가 모여 이루어진 것이다. 한자만이 구두법에서 어떤 위치에 자리하는데, 한자와 한자의 조합은 어떤 유형이 있어서 그 유형을 나눈 후에야 구두법을 논할 수 있다. 무릇 한자의 유형과 구두법은 고대의 저작에서 이를 토론한 적이 없어서 한자의 유형과 한자가 구두법에서 차지하는 위치의 선후를 구별할 수 있는 이름도 없다. (마건충, 1898: 15쪽)
>
> ……而句读集字所成者也。惟字之在句读也必有其所, 而字字相配必从其类, 类别而后进论乎句读焉。夫字类与句读, 古书中无论及者, 故字类与字在句读所居先后之处, 古亦未有其名。

라고 인식하고 있었으며, "서양 언어에 이미 있는 규칙에 따라 고서 중에서 그 같고 다름을 좇아 증거를 찾아 인용하면서 중국어에도 그러한 의미와 예제가 있음을 확실히 알게 되었다.因西文已有之规矩, 于经籍中求其所同所不同者, 曲证繁引以确知华文义例之所在"(위 책: 13쪽)라고 하여 서양 언어 방식의 어법체계를 만들고자 하였다. 마건충은 자기 어법체계가 어떤 "본위"인지 밝히지 않았지만, 그가 "한자의 유형"이 "구두법"의 기초라고 말하고, 전체 저술의 9할을 들여 "한자유형"에 대해 토론한 것을 보면, 리진시가 마건충의 이론을 "품사(한자)유형본위"라고 분류한 것은 정확하다고 할 수 있다. 이렇게 언어의 본위를 확립하려 한 것은 중국어의 어법연구에서 큰 변혁이었으며, 중국어 어법과 중국어 연구의 패턴을 완전히 바꿔놓아 역사에 오

랫동안 영향을 끼쳤다.

2.4.2. 문장본위
句本位

리진시黎錦熙가 "문장본위"를 들고나와 "구문본위"를 대체하고자 한 것은 이미 언급했다. 후대 학자의 눈으로 보기에, 리진시의 어법체계 역시 "모방어법"으로 볼 수 있는데, 이는 마건충과 오십보백보의 구별밖에 없어 보인다. 하지만 당시의 리진시는 그렇게 생각하지 않았다. 마건충에 대한 리진시의 비판은 사뭇 날카로웠다.

> 라틴어 문법을 단번에 던져버리고 중국어의 문법을 수립하고자 하는 것은 "같음을 잃어버린 것"이고, 라틴어 문법을 꽉 부여잡고 중국어 문법을 거기에 끼워 맞추려 하는 것은 "다름을 잃어버린 것"이다. ——— 『마씨문통』이 그러하다. (리진시, 1933: 13쪽)
>
> 一脚踢开拉丁文法而欲另建中华文法者，是"迷其所同"也；一手把住拉丁文法而遂挪作中华文法者，是又"失其所以异"也——— 『马氏文通』是已。

> 아홉 개의 품사유형만 가져와서 일련의 법칙과 예제로 아홉 개의 서로 상관없는 단위를 만드는 것은 문법책으로 가장 자연스럽지 못한 구성이며, 문법연구로 볼 때도 가장 부자연스러운 진행이다. (리진시, 1924: 3쪽)
>
> 仅就九品词类，分别汇集一些法式和例证，弄成九个各不相关的单位，是文法书最不自然的组织，是研究文法最不自然的进程。

그는 스스로 제시한 "문장본위"에 대해서 아주 만족스럽게 생각하면서 아래와 같이 말했다.

먼저 문장의 발전에 주목하여, 품사유형이 문장 안에서 차지하는 각각의 위치와 역할에 익숙해진 후에, 계속해서 품사유형의 디테일을 연구하는 것은 아주 자연스러운 일이다. 문장은 가장 간단한 것에서 가장 복잡한 형식으로 발전하는데 …… 이것도 아주 자연스러운 연구의 추세이다. (같은 곳에서 인용)

先就句子底发展，娴习词类在句中各部分的种种位置和职权，然后继续研究词类的细目：这乃是极自然的事。句子由最简单的到极繁复的形式……这也是研究上很自然的趋势。

이러한 연구 순서의 변화 혹은 "본위" 교체의 배후에는 어법사상의 변화라는 배경이 숨겨져 있다. 그것은 바로 유럽의 헨리 스위트Henry Sweet가 이끈 어법혁명이다. 마건충이 근거로 삼은 것은 라틴어 어법으로, 라틴어는 그 형태가 아주 복잡한 굴절어다. 단어 형태변화가 아주 복잡하기 때문에 어법의 연구와 학습에서 단어의 형태론이 중요할 수밖에 없으며, 따라서 "품사유형"이 본위가 되는 것은 지극히 자연스러운 현상이다. 교회와 전통의 영향으로 라틴어 어법이 유럽을 천 년 넘게 지배하게 되었다. 마건충이 수입한 것은 이러한 어법체계였다. 이러한 체계는 현대적 개념의 어법체계가 없던 중국어의 입장에서 볼 때 분명히 눈과 귀를 크게 뜨게 하는 충격이었을 것이다. 하지만 영어처럼 이미 형태가 크게 간소화된 언어가 많은 유럽에서는 라틴어 연구에 기반한 이러한 어법체계가 이미 철 지난 어법이었고, 학습과 연구의 걸림돌이었다. 19세기가 되자 영어의 영향력이 라틴어를 크게 앞서게 되었고, 19세기 말에는 스위트와 예스퍼슨Jespersen 등이 앞장서서 영어의 어법이론으로 라틴어의 울타리를 넘어버렸다. 어법혁신파의 관점 중 하나가 바로 통사론이 품사유형에 앞선다는 것이고, 리진시에게 영향을 끼친 리드Reed 등이 편찬한 『영어 고급과정』(Reed & Kellogg, 1877)이 바로 문장분석에서 시작해 8대 품사유형이 따라오는 저술이었다. 더구나 그림을 통해 설명하는 방법까지도 리진시는 따라했다. 이전에는 많은 사람들이 리진시가 『English Gramma, Past and Present』(Nesfield, 1895~1911)를 모방했다고 보았지만, 이 책은 품사유형본위를 사용했고, 그림을 통한 설명도 없다. 지금의 기준으로 보면, 리드 등의 책이 리진시의 저작에 더 많은 영향을 끼친 것 같은데, 이는 연구가 필요한 부분이다. 통사론이 형태론보다 중요한 것은 간소화된 형태와 단어의 순서 및 허사가 더욱 중요한 언어, 즉 영어에 적합한 이론이기 때문이다. 라틴어에서 훨씬 더 먼 중국어에도 적합할 것이라고 생각한 리진시가 이 책을 발견했을 때, 그는 아마 중국어 어법에 꼭 맞는 옷을 찾았다는 기쁨을 감출 수 없었을 것이다. 『마씨문통』의 주장을 단박에 뒤집을 수 있다고 생각했을 것이다. 물론 이 혁신의 의미는 절대로 과소평가할 수 없다. 훗날 중국어 어법연구사에서 가장 유명한 3명의 대가, 즉 왕리王力, 뤼슈샹呂叔湘, 까오밍카이高明凱의 책이 모두 통사론이 형태론에 우선한다는 관점을 선택했다. 리진시가 개척한 길을 걸었다고 볼 수 있는 것이다. 1950년대 소련을 따라서 일부 어법책들이 다시 단어본위词本位로 회귀(예를 들어 루종다陆宗达 & 위민俞敏, 1954)한 것은 퇴보라고 할 수밖에 없을 것이다.

2.4.3. 형태소본위와 구문본위
语素本位与词组本位

1930년대 말, 루즈웨이陆志伟(1937)는 동형대체법을 제시하고 분포이론을 사용했는데, 이는 기술언어학과 미국의 구조주의언어학이 중국대륙에 수입되었음을 알리는 이정표다. 1950년대 초부터 리룽李荣이 자오위안런赵元任의 『(중)국어입문国语入门』(1948)을 편역하고 번역본의 제목을 『베이징 구어 어법北京口语语法』(1952)이라고 바꿔 중국에서 출판하면서, 구조주의의 영향은 점점 더 커졌다. 미국의 구조주의와 유럽의 전통어법이 연구하는 대상은 완전히 다른 것이었다. 따라서 연구방법으로 채택한 것도 서로 완전히 다른 이론과 방식이었다. 유럽의 전통어법이 천 년 넘게 연구해온 것은 항상 사람들에게 익숙한 라틴어와 영어 등이었으므로 연구를 진행하기 전에 라틴어와 영어에서 어떤 것이 단어이고 어떤 것이 문장인지 이미 분명했다. 따라서 언어를 연구하는 것은 단어에서 시작하든 문장에서 시작하든 사실상 별 문제가 아니었다. 미국의 기술언어학과 인류학의 언어학이 동시에 탄생한 것은 인디언의 언어를 조사(혹은 "구조")하는 데서 시작한 것이다. 연구를 시작할 때 언어학자들에게 놓인 소재는 아무도 알지 못하는 언어였다. 어떤 음의 조합이 단어인지, 어떤 것이 단어가 아닌지, 아무도 알려주지 않았다. 문장은 어디서 시작해서 어디서 끝나는지, 역시 아무도 몰랐다. 전통언어학의 천연적인 단위는 단어와 문장이었지만, 인디언의 언어에서는 모든 것이 모호해졌다. 문제가 되지 않는 단위는 음소音位Phoneme와 발화话语Utterance뿐이었고, 그 사이에 존재하는 모든 것은 "분절片段Segments"이라 부를 수밖에 없었다. 그중 가장 중요하고 가장 기본이 되는 단락은 음소였다. Harris는 일찍이 형태소语素와 음소의 관계에 대해 이렇게 말했다.

> 비록 음운학과 형태론의 과학적 지위와 작용은 각자 독립된 것이지만, 둘 사이에는 중요하고 밀접한 연결이 있다. 만약 우리가 음운학을 신경 쓰지 않고 어떤 언어의 형태소를 얻었다면 이것을 바로 음소로 분해할 수 있다. 마찬가지로 우리가 음소만 안다면 형태소를 하나씩 변별해낼 수 있다. (Harris, 1951: 23쪽)
>
> 尽管音系学与形态学的科学地位与作用各自独立，但两者之间有着重要和密切的联系。如果我们不管音系学，先得到了一个语言的语素，我们就能把它们分解成音位；同样，如果我们只知道音位，我们也能——辨别出语素。

이런 상황은 당시의 언어조사 연구자들이 이전에는 전혀 사용해보지 않은 방법을 채택하도록 만들었다. 이들은 곧 한 번도 사용된 적이 없는 이론을 창조해냈는데, 이것이 바로 발견과정发现程序, 직접성분분석层次分析, 대입법代替, 분포이론分布理论과 같은 한 묶음의 기계적 운영방법이다. 이와 동시에, 언어분석 단위의 중점도 단어词와 문장句子에서 형태소语素와 "구조结构"(이는 중국에 수입되어 구절短语 혹은 구문词组으로 번역됐다. 장셔우캉, 1978)로 바뀌었다.

구조주의가 중국에 들어오자, 당연히 그와 함께 구조주의의 연구방법과 이론도 같이 중국에 도착했다. 연구방법 측면에서 보면, 자오위안런의 『베이징 구어 어법

北京口语语法』과 딩성슈丁声树의 『현대 중국어 어법강화現代汉语语法讲话』(1961)
가 비교적 전면적으로 발견과정(중국에서는 "위치의 문장성분 결정"으로 바뀜)과
직접성분석법을 전면적으로 응용했다. 동시에 형태소와 구절을 중시하는 경향도
중국어 연구에 영향을 끼쳐 형태소본위설과 구절본위설이 등장했다.

중국어에 형태소라는 개념이 만들어진 것은 1950년대인데, 어째서 명확하게 형태
소본위를 내세우는 주장은 없었고, 구절본위설도 1980년대가 되어서야 등장했을까?
정치적 원인으로 1950년대의 중국 언어학 이론은 소련 언어학의 통제를 받았고, 구
조주의는 암암리에 유행하는 정도여서 아무도 드러내놓고 자기 학문을 주장하지 못
했기 때문이다. 소련의 언어학은 그 기반을 유럽의 전통어법에 두고 있는 이론이고,
러시아어는 영어와는 달리 형태변화가 매우 복잡한 종합어이기에 형태론이 아주 선
명한 지위를 차지하고 있다. 이 영향으로 1950년대 중국어 어법연구에는 두 가지 특
징이 있었다. 하나는 통사론을 중시하는 관점(예스퍼슨의 3단계설이 전형적)이 비판
을 받은 것이다. 앞에서 말한 것처럼, 리진시黎锦熙와 왕리王力, 뤼슈샹吕叔湘, 까오
밍카이高明凯 등은 공통적으로 통사론句法을 중시했는데, 이들은 1950년대에 "자본
가 계급의 언어 사상资产阶级语言思想"이라고 비판을 받았다. 이런 비판은 사실상 중
국어 연구자들이 1920년대부터 1940년대까지 이룩한 나름의 연구전통을 전면적으
로 부정하는 결과를 낳았다. 두 번째 특징은 형태론을 강조한다는 점인데, 이는 중국
어에서 "형태"를 찾아내려는 풍조를 만들었다. "형태소"는 형태론과 얼마간 관계가
있는데, 이런 풍조 때문에 형태소가 주목을 받은 것은 어쩌면 당연한 결과였다. 하지
만 정치적 분위기의 영향으로 이때도 "형태소본위"의 기치를 선명하게 내세우는 사
람은 없었다.

1960년대에 들어서서 소련언어학의 영향이 점차 옅어지자, "문화대혁명" 이후부
터 개혁개방 초기까지 중국에 영향을 가장 먼저 끼친 외국의 언어학 이론이 바로 미
국의 구조주의였다. 그러나 당시의 중국학자들은 외국과 많은 교류를 하지 못했다.
소위 말하는 "새로운 관점"이라는 것도 사실은 1950~1960년대에 억눌려 있던 "암

암리의 유행"이 수면 위로 올라온 것에 불과했다. 물론 구조주의도 마찬가지였다. 당시의 국제사회에는 촘스키의 생성어법이 구조주의에 완승을 거둔 후 이미 황금기를 지났으며, 내외부에서 수많은 도전을 받고 있던 시기였다. 그러나 중국에서는 아직 이런 국제적 분위기를 감지하지 못하고 촘스키의 초기 관점에 대해 이해하고자 노력하는 분위기에 머물러 있었다. 『통사구조句法结构Syntactic Structures』가 "촘스키 혁명"의 표지석이라고는 하지만, 사실은 아직까지 구조주의의 관념을 적잖이 계승하고 있었는데, "구문구조"에 대한 중시가 그중 하나이다. 촘스키는

> 구문구조와 변형구조는 언어가 의미를 조직하고 표현하는 주요한 통사수단인 것으로 보인다. 어법은 3개의 구성요소로 된 구조로 볼 수 있다. 즉 어법은 구문구조를 생성해내는 일련의 규칙과, 음소기호를 연결하여 형태소를 만들어내는 일련의 규칙, 그리고 이 두 규칙을 연결하는 일련의 변형규칙으로 구성된 것이다. 구조규칙과 형태소-음소규칙은 어떤 의미에서 기본이 되고, 변형규칙은 같은 의미에서 기본규칙이 아니다. (촘스키, 1957: 104, 109쪽)
>
> 看起来，词组结构和转换结构，是语言赖以组织意思和表达意思的主要句法手段。我们可以把语法看作是一个由三部分构成的结构。语法包含着一系列据之可以重新造出词组结构的规则，包含着一系列可以把语素符号链变成音位符号链的语素音位规则，还包含着把这两系列规则连结起来的一系列转换规则。词组结构规则和语素音位规则在某种意义上说是基本的，而转换规则在这种意义上说，则不是基本的。

라고 말했는데, 이러한 표현은 구조주의가 구문을 다루는 방식과 일맥상통했기 때문에 중국의 학자들에게 환영을 받았다. "구문본위설"은 그 결과로 탄생한 것이다. 따라서 촘스키가 구문구조와 변형규칙의 결합을 말한 것은 중국의 구문본위론자들이 가장 좋아하는 구조분석이었다.

그러나 사실 가만히 살펴보면, 중국어에는 첫 번째, 서양 언어에 있는 "단어"에 대응하는 개념이 없고, 두 번째, 중국어의 문장은 그 경계를 확정하는 것이 쉽지 않

다. 뤼슈샹呂叔湘은 다음과 같이 말했다.

> 서양 언어의 어법에서 단어와 문장은 중요한 단위이고, 형태소·구절·구 등은 부차적인 것이다. (이는 전통어법의 관념이고, 구조주의 어법에서는 형태소의 지위가 단어보다 더 중요하다.) 중국어의 어법에서는, 역사적인 원인으로 형태소와 구절의 중요성이 단어에 못지않고, 구의 중요성이 문장에 못지않다. (뤼슈샹, 1979: 489쪽)
>
> 讲西方语言的语法，词和句子是主要的单位，语素、短语、小句是次要的（这是就传统语法说，结构主义语法里边语素的地位比词重要）。讲汉语的语法，由于历史的原因，语素和短语的重要性不亚于词，小句的重要性不亚于句子。

형태소나 구절로 "본위"를 삼는 것이 분명히 단어나 문장을 "본위"로 삼는 것보다 낫다. 어떤 측면에서 보면 확실히 중국어의 특징을 잘 잡아낸 결과물인 것이다. 그러나 나는 이러한 것이 큰 범위에서 볼 때 서양 언어학의 영향을 받은 결과물이라는 사실을 부정할 수 없다. 형태소语素, 단어词, 구절短语, 절小句, 문장句子이라는 다섯 단계 단위의 확립도 역시 서양 이론의 영향을 받은 결과이다.

"구문(구절)본위"의 사상도 처음에는 궈샤오위郭绍虞가 제시한 것이고, 중국어의 단어, 구문과 문장의 구조에 구문(구절)본위의 형식을 처음 채택한 것도 역시 그였다.

> 왜 특별히 구문의 문제를 별도로 토론해야 하는가. 이는 우리가 "단어" 쪽의 구조문제를 발견했고, 동시에 "문장" 쪽의 구조문제를 발견했으며, 또 동시에 "구문"의 구조문제와 형태론 및 통사론이 일치하는 것을 발견했기 때문이다. 그래서 중국어 어법이 간단하다는 것은 이러한 기초에서 언급된 것이다. 단어, 구문과 문장 등 세 단계의 구조가 모두 같은 형식을 띄고 있어서, 구문이 중국어 어법에서 중요한 위치에 있음이 선명하고, 동시에 이것이 중국어 어법의 특징을 잘 설명하고 있기 때문이다.

(궈샤오위, 1978: 328쪽)

　为什么要特别提出词组的问题来讨论　？这是因为我们看到了"词"一边的结构问题，又看到了"句"一边的结构问题，同时更看到了"词组"的结构问题，与构词造句之法的一致性，所以认为汉语语法的简易性就是在这种基础上建立起来的。由于词、词组和句子这三级在结构上都取同一形式，所以显出了词组在汉语语法上的重要性，同时也说明了汉语语法的特殊性。

훗날 주더시朱德熙의 입론근거도 이와 그리 멀지 않다.

　중국어 문장의 구조원칙이 구문의 구조원칙과 기본적으로 일치하기 때문에, 우리는 구문을 기초로 통사론을 묘사할 수 있다. 구문을 기초로 하는 어법체계를 만들 수 있는 것이다. 문장본위의 어법체계와의 대립 면에서 이러한 구문을 기본으로 하는 어법체계를 구문본위의 어법체계라고 부를 수 있을 것이다. (주더시, 1985: 74쪽)

　由于汉语的句子的构造原则与词组的构造原则基本一致，我们就有可能在词组的基础上来描写句法，建立一种以词组为基点的语法体系。跟句本位语法体系相对待，这种以词组为基点的语法体系似乎可以叫作词组本位的语法体系。

　그러나 사실 위 두 사람의 관점에는 아주 큰 차이가 있다. 궈샤오위는 구문의 중요성이 "일부의 특수한 규칙"이라고 본 반면에, 주더시는 이를 기점으로 중국어 어법체계 전체를 설계하려 했다. 궈샤오위는 구문의 허브 작용과 "음성문장音句" 작용을 강조했고, 주더시는 구문의 하위분석 및 상위(문장)의 "실제" 관계를 강조했다. 비교하자면, 중국어의 특징을 찾는다는 관점에서 궈샤오위는 전통의 영향을 더 많이 받았고, 주더시는 서양의 영향을 더 많이 받았다. 그러나 아무튼, 두 사람의 연구는 모두 "품사유형본위"나 "문장본위"의 방법보다는 크게 진일보한 것이다.

2.4.4. 절본위
小句本位

"절小句"이라는 명칭은 뤼슈샹呂叔湘이 제시한 것이다. 그 이전에는 대체로 "분구分句"라고 불렀다. 뤼슈샹은 이렇게 설명한다.

> 분구라 부르는 것이 좋을까, 아니면 절이라 부르는 것이 좋을까. 분구라 부른다면 문장을 기본단위로 가정하는 것이다. 먼저 문장이 있고, 분구는 그 문장에서 나눠진 것이다. 절이라고 부른다면 이런 가정을 할 필요가 없다. 절을 기본단위로 보고 몇 개의 절이 모여 하나의 큰 구절, 즉 문장을 만든다고 할 수 있는 것이다. 이렇게 말하면 단문과 복합문도 얘기할 수 있다. 단문은 한 개의 절로 이루어진 문장인데, 만약 분구를 사용한다면 단문은 하나의 분구로 이루어진 문장이 되고, 이런 표현은 그 자체로 형용모순이다. 절을 사용하고 분구를 기본단위로 사용하지 않는 것은, 중국어의 실제에 비교적 잘 어울린다. 왜냐하면, 중국어의 입말에는 절이 아주 많아서, 하나의 절 뒤에 또 다른 절이 나오는데, 많은 곳에서 이를 끊거나 이을 수 있기 때문이다. (뤼슈샹, 1979: 499~500쪽)

> 叫做分句好还是叫做小句好？叫做分句是假定句子是基本单位，先有句子，分句是从句子里划出来的。叫做小句就无须作这样的假定，就可以说：小句是基本单位，几个小句组成一个大句即句子。这样就可以沟通单句和复句，说单句是由一个小句组成的句子。如果改用分句，说单句是由一个分句组成的句子，就显得别扭。用小句而不用句子做基本单位，较能适应汉语的情况，因为汉语口语里特多流水句，一个小句接一个小句，很多地方可断可连。

위의 말로 볼 때, 뤼슈샹의 절은 궈샤오위郭紹虞의 구문词组이나 음성문장音句과 닮았다. "절본위小句中枢"설을 말한 싱푸이邢福义와는 선명하게 다르다. 싱푸이는 이렇게 설명했다.

이 책에서 "절"이라고 하는 것은, 일단 단문을 가리킨다. 그 다음은 구조적으로 혹은 대체로 단문의 분구를 일컫는다. 절도 "문장"이고, 복합문도 "문장"이다. 엄격하게 말하면, "문장"에는 단문과 복합문이 포함되어 있다. 그러나 절은 복문구성의 기초이자, 기본이 되는 문장이다. 따라서 "문장"이라고 습관적으로 부르는 것은 보통 절을 가리킨다. 절 중에서도 특히 단문을 가리킨다. (싱푸이, 1997: 15~16쪽)

本书的"小句"，首先指的是单句，其次是指结构上相当于或大体上相当于单句的分句。小句是"句"，复句也是"句"。严格地说，"句子"包括小句和复句。但是，小句是复句构成的基础，是基本的句子，因此，通常提到"句子"，往往只是指小句，特别是只指小句中的单句。

리진시黎锦熙의 "문장본위句本位"는 6개의 문장성분과 3개의 계층层次을 말하는데, 역시 단문单句에서 출발한다. 따라서 대충 살펴보면 이 "절본위小句本位"와 "문장본위句本位"는 별다른 차이가 없고 "문장본위"의 변종에 불과하다. 샤오궈정萧国政은,

만약 구문본위가 중국어 어법을 "구문"어법이라고 말한다면, 절본위는 중국어 어법을 "문장본위"라고 부를 것이다. 이런 의미에서 "절"본위 역시 일종의 새로운 "문장본위"설이다. (샤오궈정, 1995: 9쪽)

如果说词组本位是认为汉语语法是"词组"语法的话，那么小组中枢则是在认为汉语语法是"句子"语法。因此在这个意义上，小句中枢也是一种新的"句本位"说。

라고 말했다. 그렇기 때문에 표면적으로 절본위설은 어법분석에 있어 새로운 분석방식을 많이 가져오지는 않은 것 같다. 루젠밍陆俭明은,

예를 들어 "절본위설"을 보자. 최근까지의 논저를 살펴볼 때 형식에서든 의미에서든 누가 어떤 어법현상을 분석하는 데에 "절본위설"에 의거해 연구에 진전을 이루었

다고 볼 수는 없다. (루젠밍, 1995: 9쪽)

　……如小句中枢说，从目前已有的论著看，对汉语语法的研究，无论从形式到意
义，还不能让人看出在哪些问题的研究上、在哪些语法现象的分析上是由于"小句中
枢说"的确立在有所前进、有所发展的。

라고 말했다.

　그러나 나는 "절본위설"의 가장 큰 의미는 방법론의 혁신에 있다고 생각한다. "절
본위"에는 그 이전의 문장본위나 구문본위에 비해 중요한 진전이 있었다.

　"문장본위"의 폐단은 그 개념이 불분명하여 명실상부하지 않다는 데 있다. 이론
적으로 볼 때 단문도 문장이고 복문도 문장이다. 더구나 실제 사용되는 문장 중에는
복문이 더욱 많을 것이다. "문장본위"는 분명히 단문에 중심을 두고 있으면서 모든
유형의 문장을 다 포함하고자 했다. 중국어처럼 문장의 경계가 불분명한 언어에 있
어서, 문장이 무엇인지를 명확히 규정하는 것이 이미 아주 어려운 작업인데, 무슨 방
법으로 이를 "본위"로 삼는다는 말인가. 반대로 뤼슈샹의 말처럼 중국어의 "절"은
아주 쉽게 알 수 있다. "절"을 본위로 하면, 대상이 무엇인지 찾지도 못하는 폐단은
없는 데다가, "문장본위"가 가진 장점을 다 살릴 수 있으니 얼마나 효율적인가! 한
편, "구문본위词组本位"의 진일보한 이론으로서의 의미는 더욱 크다. 주더시朱德熙가
구문과 문장을 "실현관계实现关系" 혹은 "구문词组 + 정서语气 = 문장句子"으로 본
관점에는 아마 싱푸이邢福义도 반대하지 않을 것이다. 즉 "절본위小句本位"와 "구문
본위词组本位"의 본질적인 차이는 정서语气의 어법적 지위를 인정하느냐 그렇지 않
느냐에 있다. 구문본위설을 주장하는 학자들이

　　이런 어법체계는 구문을 추상적이고 일반적인 대상으로 보고, 문장을 구체적이고
특수한 대상으로 본다. 구문의 내부구조와 어법기능을 묘사할 때, 그것이 문장 혹은
문장의 구성요소인지 고려하지 않고 그것을 단지 추상적인 통사구조로만 보는 것이
다. (주더시, 1985: 75쪽)

这种语法体系把词组看成是抽象的、一般的东西，把句子看成是具体的、特殊的东西。在描写词组的内部结构和语法功能的时候，不考虑它是不是句子或句子的组成部分，只把它当作抽象的句法结构看待。

"절본위"는 언어와 화언의 두 영역에서 언어구조와 언어운용의 문제를 해결하기 위해 제시된 일종의 본위학설로서 현대 언어학의 발전방향에 부합한다. (리위밍李宇明, 1997: 19쪽)

"小句中枢"则是在语言和言语两个领域中，为解决语言结构和语言运用的问题而提出的一种本位学说，符合当代语言学的发展方向。

라고 말한 것은 일리가 있다.

절본위론이 등장한 것은 서양 한 학파의 언어학 이론이 중국어에 영향을 미친 결과이다. 단어본위가 유럽의 전통어법이 중국어에 적용된 경우라면, 문장본위는 스위트의 어법혁신파가 중국어에 굴절된 경우이고, 형태소본위와 구문본위는 미국 구조주의 및 초기 촘스키 이론이 중국어 연구에 적용된 것이다. 그렇다면 절본위는 프라그학파와 런던학파, 특히 할리데이Halliday의 기능언어학이 중국어 연구에 반영된 것으로 볼 수 있다. 할리데이의 기능언어학이 중국에 영향을 끼친 것은 이미 오래되었다. 예전에는 그 영향이 주로 외국어학계에 한정되어 있었는데, 절본위설의 등장은 그 영향이 드디어 중국어 연구의 주류학계에 스며들었다는 것을 상징한다.

일찍이 1960년대(Halliday, 1967a; 1967b; 1968; 1969)에, 할리데이는 절(Clause)이 어법체계의 핵심이라는 사상을 제시했고, 1985년에 발간한 『기능어법 소개』라는 책은 "절본위어법"의 모범이라고 볼 수 있는데, 2부 10장으로 이루어진 이 책 전체가 모두 절과 관련이 있다. 제1부의 표제가 "절"이고, 제2부의 표제는 "절보다 낮은 곳에, 높은 곳에, 밖에"이다. 그(1969: 138쪽)는 절의 기능을 3가지로 정리했는데, 바로 타동성物性(Transitivity), 정서语气(Mood)와 주제성主体性(Theme)이다. 이들은 각각 경험성经验性(Experiential), 인간관계성人际性(Interpersonal)과 텍스트성语篇性(Intratextual)의 각종 관계로 처리되었다. 이 세 가지 중에서 첫 번째는 취지意旨의 표현인데 우리에게 익숙한 말로 얘기하자면 의미문제语义问题이고, 두 번째는 사회 혹은 교류의 관계인데 우리에게 익숙한 말로 얘기하자면 화용문제语用问题이며, 세 번째는 절의 주제체계主位系统와 정보체계信息系统로 구성되어 절 간의 참고체계参照体系(예를 들어 연결接应, 연관连贯, 생략省略, 대응替代 등)가 실현되는 것으로, 우리가 말하는 통사론句法 문제를 토론하는 것이다. 이 이후부터 런던학파는 더 이상 문장을 어법연구의 출발점으로 삼지 않고 절을 대상으로 삼았다. 당초 절은 곧 단문单句(Simple Sentence)이라고 주석이라도 달았지만, 이 표현이 통용되자 주석도 달지 않았다. 예를 들어 중국의 영어 어법계에 큰 영향을 끼친 란돌프 퀵Randolph Quirk 등 4명이 편저한 『영어 어법대전英语语法大全 A Comprehensive Grammar of the English Language』은 그 첫머리에서 책 전체의 요지를 아래와 같이 설명했다.

특히 입말에서, 우리가 어디에서 끊어야 할지 단정하기 어렵기 때문에 문장은 불분명한 단위이다. 절, 특히 독립된 절은 여러 각도에서 봤을 때 문장보다 훨씬 더 확정하기 쉬운 단위이다. 따라서 이 장에서부터 제9장까지 우리는 단문, 즉 하나의 독립된 절만을 가진 문장을 집중적으로 다루고, 이를 어법연구의 가장 핵심적인 부분으로 연구하겠다. (Quirk et al, 1985: 47쪽)

句子（Sentence）是不确定的单位，因为我们常常不能断定，一个句子从哪里开始，到哪里结束，特别是在口语中。小句（Clause）、特别是独立性小句，从各方面看，都是比句子确定得多的单位，因此从本章起直至以后九章，我们都将集中研究简单句、亦即只包含一个独立小句的句子，将之作为语法研究最核心的部分。

싱푸이邢福义의 절본위설에도 3가지 규칙이 있다. 생존률成活律, 포용률包容律과 연결률联结律이 그것이다. 그는 생존률의 2가지 규칙을 아래와 같이 제시했다.

생존률1: 문장정서 + 문장구성이 가능한 어법단위 = 절의 형성

생존률2: 문장정서 + 문장구성이 가능한 어법단위 + 취지의 효과적인 표현 = 절의 유효성 확보. (싱푸이, 1997: 25쪽)

成活律 1 ：句子语气＋可成句构件语法单位＝小句成型。

成活律 2 ：句子语气＋可成句构件语法单位＋意旨的有效表述＝小句生效。

이 세 사람이 말한 것은 화용어법 의미의 3방면으로, 할리데이의 주장과 거의 똑같다. 싱푸이가 말한 절을 조합해 복문이나 단락을 만드는 문제(연결률)도 할리데이의 참고체계에 대한 토론이다. 싱푸이는 다만 할리데이의 개념과 이론을 사용하지 않고, 전통어법연구의 복문연구 성과를 이용했을 뿐이다. (할리데이의 표현과 관련해서는 Halliday & Hasan, 1976을 참고하면 좋다.) 싱푸이의 통사론 부분도 할리데이의 주어체계와 정보체계 이론을 사용하지 않고 전통어법의 연구를 많이 응용했다. 그래서 싱푸이의 책은 퀵Quirk 등과 더 닮았고, 할리데이와는 멀어 보이지만, 새로운 것은 별로 없다. 이 점은 루젠밍陆俭明이 싱푸이를 비판한 주요 원인이기도 하다.

그러나 내가 지적한 것처럼, 이 절본위설의 주요한 가치는 방법론의 측면에 있다. 싱푸이가 비록 구체적인 분석에서 특히 문장분석에서 별다른 성과는 보여주지 못했지만, 그는 외국의 이론을 운용해 중국어 연구에 새로운 기틀을 만들었고, 특히 중국어 어법의 주류가 기능학파의 핵심관점에 접촉하게 만드는 출발점 역할을 했기 때문이다. 이는 중국어 연구의 다원화를 위해 의미 있는 일이면서, 최근 십여 년 사이에 중국의 어법계에서 유행하고 있는 "3개의 평면이론[20]"의 이론수준을 한 단계 승화시켰다는 의미를 가지고 있다. 유감스러운 것은 싱푸이가 자신의 이론과 외국 이론의 관계를 명확히 밝히지 않았다는 사실과, 긍정적이든 부정적이든 싱푸이의 이론을 평론한 이들도 이 점을 지적하지 않았다는 사실이다.

---

20 옮긴이의 말: 중국어를 연구하고 문장을 분석할 때, 의미론에만 의존하지 말고 어법과 화용을 포함한 세 "평면"을 같이 연구해야 한다는 이론을 말한다.

2.4.5. 복수본위
夏本位

여러 가지 "본위"설 중에서, 마칭주马庆株의 "복수본위"는 가장 받아들이기 어려운 이론일 것이다. 이 관점 자체에 어떤 문제가 있다거나, "단어"와 "구문"이 똑같이 중요하다고 볼 수 없다거나 하는 문제가 아니라, 이 학설은 "본위"설이 해결하고자 하는 원칙을 위배했기 때문이다. 방법론에 문제가 있는 것이다. 앞에서 정리한 "본위"개념의 첫 번째와 세 번째 정의에 의해 "가장"이라는 표현은 당연히 하나의 대상에게만 사용할 수 있다. (두 번째 정의에 의하면 비록 여러 개도 가능하긴 하나 응용가치가 없다.) 마칭주는

> 어법단위에는 총 4개의 계층이 있다. 각 급의 단위가 모두 기초단위가 될 수도 없고, 여러 급의 단위가 기초단위가 될 수도 없다. 따라서 두 개의 어법단위를 선택해 기초단위로 삼을 것을 제안한다. (마칭주, 1998: 177쪽)
>
> 由于语法单位一共有四个层级，不可能所有各级单位都是基本单位，也不宜以多数层级单位为基本单位，因而建议选两级语法单位为基本单位。

라고 말했는데, 총 4개의 단위가 있다고 해놓고 곧장 그중 두 개를 기초단위로 선택했다. 누가 "이 두 개의 기본단위 중, 어떤 것이 더 '기본'이 되는가? 혹은 어떤 '기본'이 더 중요한가?"라고 물으면 마칭주는 어떻게 답변할 것인가? 아마도 그는, "단어가 형태론의 기본단위이고, 절이 통사론의 기본단위이다."라고 대답할 것이다. 그렇다면 더 답답해지는 것이, 마칭주의 체계에 의하면 형태론에는 단어와 형태소 등 두 개의 단위가 있고, 통사론에는 구문과 문장 등 두 개의 단위가 있는데, 각각 두 개밖에 없는 단위에서 하나씩을 "선택"해서 기본단위로 삼을 필요가 있을까? 샤오징민邵敬敏의 "무 본위론无本位论"이 이런 생각에서 제시된 것인지는 모르겠지만, 내

가 마칭주의 주장을 봤더라도 "무 본위"를 주장했을 것 같다. 더구나 마칭주의 주장은 형태론과 통사론의 연결성을 끊어버리고 그 둘을 서로 독립된 두 개의 대상으로 다뤘는데, 방법론적으로 볼 때 이는 원래 있던 단어본위 혹은 문장본위만도 못한 이론체계라고 하겠다. 단어본위와 문장본위는 최소한 형태론과 통사론을 통일하려고 노력이라도 했다.

2.4.6. 한자본위
字本位

마지막으로 "한자본위"이론에 대해 살펴보자. 한자본위는 방법론적으로 위에서 언급한 여러 학설들과 다르다. 가장 큰 특징은 연구자의 시선과 관점을 인도-유럽어에서 중국어로 바꾸었다는 점이다. 루젠밍陆俭明(1998) 같은 학자는 "인도-유럽어의 관점"에 대한 비판에 찬성하지 않았다.

> ……최근 어떤 사람들이 "인도-유럽어 관점의 속박에서 벗어나자."라고 큰 목소리를 내고 있다. 이전의 중국어 어법연구의 성과를 "인도-유럽어 관점의 속박"에 의한 편협한 의견으로 보고 이를 일시에 걷어내려 하고 있는 것이다. 내가 볼 때, 그들이 얘기하는 "인도-유럽어 관점"이라는 말의 함의는 주더시가 얘기했던 것과 같지 않고, 그들의 태도 또한 주더시 선생에 한참 못 미친다. (루젠밍 & 궈뤠이郭锐, 1998: 18쪽)
>
> ……现在有一些人大谈"摆脱印欧语眼光的束缚", 将以往的汉语语法研究成果一概斥之为"受印欧语眼光束缚"的产物。在我们看来, 他们所说的"印欧语眼光"在含义上跟朱德熙先生所说的并不相同, 而他们的态度更与朱先生相去甚远。

하지만 우리가 앞에서 분석한 각종 "본위설"의 맥락을 살펴보면, 저 많은 본위이론 가운데 "인도-유럽어 관점"에 속박되지 않은 것이 없다. 이런 이론들의 근원을 거슬러 가보면 모두가 수입품인 것이다. 품사든 문장이든 형태소든 구문이든 구절이나 절까지도 모두 유럽 언어학자들이 자기들의 언어를 분석할 때 창조해낸 개념들이고, 언어의 단위에서 용어까지 모두 그들이 서로 다른 시기에 서로 다른 목적으로 서로 다른 단위를 언어연구의 "본위"로 삼은 것들이다. 이들은 물론 의심할 여지 없이 서로 다른 정도의 성과를 이룩했다. 중국의 학자들이 서로 다른 시기에 서로 다른 목적으로 이러한 이론들을 들여와 그 이론의 기초하에 방법과 관점을 바꿔 중국어 연구를 진행한 것도 의심할 여지가 없는 사실이며, 그 과정에서 학자들이 중국어의 실체를 밝히고 중국어의 규칙을 탐구하는 데에 크고 작은 업적을 남긴 것이다. 나는 중국어학자들이 중국어를 탐구하는 과정에서 보여준 각종 노력을 폄훼할 생각은 전혀 없다. 그들의 노력 중에 중국어에 관한 이론이 유럽 언어학자들의 각종 이론과 완전히 동일하다는 말도 아니다. 그들만의 창의적인 발명도 분명히 있었다. 하지만 기본적인 사실은 위에서 언급한 이론들은 중국의 학자들이 중국어의 실체를 밝히려는 과정에서 스스로의 귀납과 발전을 거쳐 만들어낸 것이 아니고, "들여와서" 다시 "결합"해낸 것이라는 점이다. 인도-유럽어의 각종 "본위"설이 먼저 생겨났고, 따라서 "선입견"이 생기는 상황을 피하기 어려웠을 것이다. 루젠밍陆俭明이 주더시朱德熙의 말을 인용한 것도,

> …… 일부 언어학자들이 인도-유럽어족의 속박에서 벗어나 중국어 자체의 어법규칙을 탐색하고 있다. 그들이 가치 있는 일을 많이 했지만, 아직도 오랜 기간 동안 인도-유럽어의 어법관념이 가져온 부정적인 영향에서 벗어나는 것은 쉽지 않아 보인다. 이런 영향은 주로 인도-유럽어에는 있지만 중국어에는 없는 것을 중국어에 억지로 덮어씌우는 방식으로 표현되어 왔다. (주더시, 1985: 서문 3쪽)

> ……有一些语言学者企图摆脱印欧语的束缚，探索汉语自身的语法规律。尽管他们做了不少有价值的工作，仍然难以消除长期以来印欧语语法观念给汉语研究带来的消极影响。这种影响主要表现在用印欧语的眼光来看待汉语，把印欧语所有而为汉语所无的东西强加给汉语。

이런 상황이 벌어진 근본적인 원인은 "선입견"에 있다. 인도-유럽어를 분석해 얻은 일련의 개념, 예를 들어 형태소, 구절, 절, 문장 등의 단위와 명사, 동사, 형용사, 주어, 서술어, 목적어 등의 용어를 모두 천연적이고 합리적인 것으로 보고, 이를 모든 언어의 "보편성"으로 본 것이다. 또 이를 언어연구, 특히 어법연구의 "대전제" 혹은 "상식"으로 보아온 것이다. 이런 "대전제"나 "상식" 자체에 의문을 품어본 사람은 매우 적다. 반대로 누군가 이런 상식에 의문을 품고 새로운 견해를 얘기하면 오히려 이를 궤변으로 몰아붙이고 정도가 아닌 것으로 치부했다.

"한자본위"론자들은 바로 이러한 어려운 상황에서 관점 바꾸기를 시도한 것으로, 진정으로 중국어에서 출발하여 중국어 연구의 새로운 길을 열어보고자 한 것이다. 용기 있는 일이 아닐 수 없다.

"한자"는 "단어"와 다르다. 중국어에만 있는 것이다. 자오위안런赵元任은,

> 영어를 사용하는 사람이 word를 언급하는 대부분의 상황에, 중국어를 사용하는 사람은 "한자"라고 말한다. 이렇게 말하는 것이 곧 "한자"의 구조적 특징이 영어의 word와 같다는 말은 아니다. 심지어는 비슷하다고 말할 수도 없다. 왜 중국어에서 다른 언어에 존재하는 실체를 찾으려고만 하는가? (자오위안런, 1975: 233쪽)
>
> 在说英语的人谈到word的大多数场合，说汉语的人说到的是"字"。这样说绝不意味着"字"的结构特性与英语的word相同，甚至连近乎相近也谈不上。为什么非要在汉语里找出其它语言中存在的实体呢？

라고 말했고, 뤼슈샹吕叔湘도,

> 중국어의 "단어"에 대해 만족할 만큼의 정의를 내리지 못하는 것은 그것이 실체로 존재하지 않기 때문이다. 사실 중국어의 어법을 논하는데 "단어"가 반드시 필요한

것은 아니다. (뤼슈샹, 1980: 45쪽)

汉语里的"词"之所以不容易归纳出一个令人满意的定义，就是因为本来没有这样
一种现成的东西。其实啊，讲汉语语法也不一定非有"词"不可。

라고 말했다. 내가 보기에도 "한자"에서 출발하는 것은 근본에서부터 인도-유럽어
의 관점에서 벗어나보려는 시도처럼 보인다. 천바오야陈保亚(1999)도 이런 이유로
인해 "이질적인 언어연구"라고 했다. 이 책의 앞부분에서 소개한 것처럼, 다른 "본
위"를 주장한 사람은 대체로 한두 명인데 반해, "한자본위"를 주장한 사람은 여러
명이다. 더구나 이들의 주장이 발표된 시점에는 각자 선후가 있지만, 학자들 서로가
서로의 상황을 모르는 상태에서 거의 같은 시간대에 동시다발적으로 연구했다는 점
이 중요하다. 쉬퉁창徐通锵은,

서로 다른 지역, 서로 다른 연령, 서로 다른 수준, 서로 다른 영역의 학자들이 서
로 알지 못하는 상황에서 한자가 중국어 구조에서 차지하는 지위를 고찰했다는 점
은, 학술연구의 객관적 조건이 이미 상당히 성숙해 있었다는 사실을 보여준다. 사람
들은 이미 중국어 연구에서 느낀 좌절 때문에 같은 방향으로 탈출구를 찾고 있었던
것이다. (쉬퉁창, 2001: 32쪽)

不同地区、不同年龄、不同层次、不同领域的学者在相互不知情的情况下同时考
察字在汉语结构中的地位，说明学术研究的客观条件已趋成熟，人们已因汉语研究的
挫折而开始向着同一个方向去探索前进的道路了。

라고 통찰했다. 이러한 새로운 탐구의 미래 모습이 어떠할 것이라고 지금 결론을 내
리는 것은 당연히 너무 빠르다. 하지만 이러한 방향전환이 가진 방법론적 의의는 충
분히 긍정할 수 있다고 본다.

제3장 "한자본위"의 인식론적, 본체론적 의의

"字本位"的认识论与本体论意义

3.0.

본위연구의 두 번째 이론적 의의는 주로 한자본위와 단어본위의 대립에 있다. 이는 여타의 다른 본위관과는 같은 차원에 있지 않다. 왜냐하면 형태소본위를 제외한 다른 몇 가지 본위는 비록 품사, 구절, 절, 문장 등 서로 다른 측면을 강조하지만, 그 본위이론들 모두 언어를 분석할 때의 "기본입자"를 단어라고 가정하기 때문이다. 어떻게 보면 이런 이론들은 사실상 단어본위(품사 본위가 아니라) 관점의 여러 버전이라고 할 수 있다. 본질적으로 공통점이 있다는 말이다. 이 공통점이란 바로 지난 한 세기 동안 중국인에게 습관이 되어버린 언어연구의 이론과 방법인 "인도-유럽어의 관점"을 말한다.

이렇게 보면 한자본위가 표면적으로는 단어본위와 대립각을 세우고 있는 것처럼 보이지만, 사실은 구문본위부터 문장본위에 이르기까지의 각종 본위와 모두 적합성을 다투는 것이다. 나는 나의 주장이 중국어 언어이론과 그 이론을 기반으로 연구를 진행하고 있는 중국의 학자들을 향한 일종의 도전이라고 생각하며, 이러한 주장이 중국의 학계에 일종의 전복성을 가지고 있다는 것도 잘 알고 있다. 이러한 혁명성 때문에 한자본위 이론이 각종 반대와 거부반응에 부딪히고 있는 것이고, 따라서 이를 주장하는 사람들도 몇 번씩 스스로의 이론을 자기검열 하느라 스스로의 관점을 쉽게 내세우지 못해 온 것이다.

한자본위라는 주장은 단지 어법단위 혹은 언어연구의 출발점 문제만 다루는 것이 아니고, 지난 100여 년 넘게 진행되어온 언어연구의 체계 및 방법 전체에 도전하는 것이다. 이를 논증하는 과정에서 분명히 수많은 사람들이 상식으로 알고 있는 이론, 개념 및 방법과 충돌을 일으킬 것은 자명한 사실이다. 따라서 내가 이러한 관점을 제시하는 것은 언어연구의 방법론적 차원만이 아니라, 인식론과 본체론 차원 전체에 대한 도전으로 "중국어 언어철학상의 변혁"을 지향하는 것이다. 나는 한자본위가 단어본위와의 전쟁에서 승리를 거두든 그렇지 못하든 나의 이러한 도전이 언어이론의 발전에 보탬이 되기를 원한다. 단어본위로 대표되는 여러 본위이론은 본질적으로 모두 인도-유럽어의 큰 틀 안에서 토론되었는데 유일하게 한자본위만이 중국어의 역사와 현실에 그 기반을 두고 있기 때문에, 이 논쟁은 필연적으로 일반언어학의 내실을 더욱 풍부하게 만들 것이고, 결과적으로는 중국어 연구자들이 오랫동안 갈망하던 "인류 보편의 언어연구에 공헌"하려는 꿈에 한 발짝 더 다가서게 해줄 것이다.

3.1. "한자본위"의 인식론적 의의
"字本位"的认识论意义

인식론의 관점으로 보면 "한자본위"의 이론은 우리의 인식을 3가지 방면에서 심화시킨다.

3.1.1. 언어학 이론의 "상식"을 어떻게 볼 것인가
怎样看待语言学理论中的所谓"常识"？

"한자본위"를 주장하는 것은, 필연적으로 언어와 문자의 관계라는 문제를 상기시킨다. 한자본위를 주장하는 학자들 사이에는 이 문제를 가능한 한 언급하지 않으려 하는 경향도 있는데, 반대하는 입장에서 이를 그냥 지나칠 리가 없다. 당연히 피하는 것이 능사는 아니다. 한자본위를 주장했다면 용기를 내어 이 문제를 토론해야 하며, 사실과 논리를 동원해서 이 문제에 대한 인식을 같이 끌어올릴 필요가 있다. 주장하는 자는 근거를 찾기 위해 노력할 것이고, 반대하는 자는 "이는 언어학의 '상식'이 아니다."라고 맞설 것이 분명하므로 한자본위를 주장하는 사람은 반드시 이 "상식" 자체에 대해 사유해야 한다.

상식이란 무엇인가. 어떤 사람은 "A common sense is what you were told when you were a school pupil.상식이란 초중고등학교에서 선생님이 가르쳐준 지식이다."라고 말했다. 『중국어대사전汉语大词典』은 "상식"의 정의를 "일반적인 지식"이라고 했다. 이런 정의들은 우리에게 두 가지를 추론할 수 있게 한다. 하나는 상식은 진리가 아니라 일반적인 지식일 뿐이므로 과학적 검증을 거친 것도 아니며 절대 위배할 수 없는 진리는 더욱 아니라는 점이고, 두 번째는 상식도 인류사회의 인식이 발전함에 따라 같이 발전한다는 점이다. 학교에서 선생님들이 학생에게 가르치는 지식은 50

년 전과 비교해서 이미 매우 달라졌다. 100년 전은 말할 것도 없다. 따라서 당연한 듯이 "이것이 상식이다."라고 말하는 것은 다른 사람의 입을 막는 행위이며, 이것만으로도 이 말은 학문의 엄밀성에 위배되는 것으로 학술토론이 취할 태도가 아니다.

사실상 과학의 시각에서 볼 때 "상식"에는 3가지가 있다. 첫 번째는 수많은 객관적 실험을 거쳐 이미 증명된 이치이다. 예를 들어 전기에 감전되면 죽을 수 있다, 화상을 입으면 아프다, 등과 같은 것들이다. 이런 종류의 "상식"에 대해서, 우리는 의심을 할 필요도 없고, 이를 입증하기 위해 다시 실험이나 실천을 진행할 이유도 없다. 이를 증명하려 든다는 것은 스스로의 멍청함을 입증하는 결과밖에 낳지 못한다. 두 번째 "상식"은 일정한 역사적 단계에서 사람들이 객관적으로 인식했던 것이 인류의 지식이 증가하면서 틀린 것으로 증명된 경우이다. 예를 들어 태양이 지구를 돈다는 생각은 긴 세월 동안 동서양에서 모두 "상식"이었다. 그러나 과학의 발전은 이런 인식이 틀렸다는 사실을 증명했고, 현재 이런 "상식"을 믿는 사람은 극소수에 불과하다. 세 번째 "상식"은 좀 복잡하다. 부분적 진리를 품고 있어서 어떤 범위에서는 정확하지만 그 범위를 벗어나면 정확하지 않은 것이 있다. 어떤 현상을 해석하는 데에는 적합하지만, 다른 현상을 설명하는 데에는 적합하지 않은 것을 말한다. 이런 지식은 "상식"인 것 같지만, 사실은 하나의 불완전한 지식인 경우가 많아서 인간의 인식이 발전하면서 점점 더 심화될 필요가 있는 것들이다. 과학 연구에서 도출한 많은 "공리公理"가 바로 그렇다. 유클리드의 기하학이나 뉴턴의 물리학을 예로 들 수 있는데, 일정 범위 안에서 이들은 모두 진리이자 상식이지만 일정 범위를 벗어나 거시세계로 혹은 미시세계로 들어가면 성립하지 않는다. 이런 상식을 깼기 때문에 아인슈타인의 상대성이론과 막스 플랑크의 양자역학이 탄생하게 된 것이다. 과학사의 발전이라는 측면에서 보면 현존하는 상식에 만족하지 않은 것이 바로 과학발전의 동력이 되었다. 만약 아인슈타인이 유클리드나 뉴턴의 "상식"에 만족하고 있었다면 상대성이론은 발견되지 않았을 것이고, 20세기 현대 물리학과 이에 기반한 현대과학의 폭발적인 발전도 없었을 것이다.

그렇다면 현대 언어학의 저 많은 "상식"은 어떤 종류의 상식인가? 내가 볼 때는 위의 첫 번째 상식에 속하는 부분이 있다. 예를 들어 "언어는 의사소통 수단이다."라는 점이다. 또 두 번째 상식에 속하는 부분도 있다. 예를 들면 지난 세기에 유행했던 "언어는 고립어에서 교착어로, 다시 굴절어로 발전하는 규칙이 있다."라든가, "문자는 상형문자에서 표의문자로, 다시 표음문자로 발전한다."라는 상식 등이다. 하지만 대부분은 첫 번째 상식처럼 여실히 증명된 것도 아니고, 두 번째 상식처럼 진위여부가 명백해진 것도 아닌 상태라고 볼 수 있다. 오히려 세 번째 종류의 상식이라고 보는 것이 옳을 텐데, 즉 어느 정도의 진리성은 있지만, 동시에 응용할 수 있는 범위가 제한되어 있는 상태를 말한다. 예를 들어 "언어는 하나의 폐쇄된 시스템이다."라든가, "언어가 문자에 우선한다.", 혹은 "문자는 기호의 기호이다.", 또 "언어와 생각은 동시에 진행된다."라는 생각들은 긴 세월 동안 학교가 우리에게 주입시킨 "상식"이었다. 이런 생각들도 세 번째 정의인 "상식"이 아닐까?

따라서 우리는 상식을 대할 때, 더 이상 수정할 증거가 없는 것이라면 물론 일부러 의심부터 할 필요까지는 없겠지만, 또 이미 틀린 것으로 증명되어 또 다시 뒤집어엎을 이유가 없는 것이라면 모르겠지만, 만약 충분한 사실증명이 없는 상태라면 우리는 이를 대담하게 의심하는 정신을 가져야 한다. 우리는 "금기"를 넘어서는 용기를 발휘해야 한다.

3.1.2. 언어연구의 "보편성"과 "개별성"을 어떻게 볼 것인가
怎样看待语言研究的"共性"和"个性"?

이 문제에 대해 나는 많은 토론을 해왔다. (판원궈, 1997b: 38~42쪽; 2000: 7~10쪽) 또 많은 학자들이 이 문제에 대해 언급하는 것을 보아왔다. 그 과정에서 나는 인식론적 관점에서 볼 때, 이 문제는 이론문제가 아니라 실천문제라는 사실을 깨달았다. 보편성과 개별성 중 어떤 것이 더 중요하냐고 묻는 것은 이제 큰 의미가 없다. 보편성을 강조하는 어떤 학자도 개별성 연구를 완전히 반대하지 않고, 개별성을 강조하는 사람도 보편성을 완전히 비껴가서 개별성만을 강조하지 않기 때문이다. 모두 보편성과 개별성이라는 양 극단에서 출발하지만, 종국에는 둘 다 "보편"과 "개별"을 아우르는 결합론자가 되고 결국은 무승부로 끝나 모두가 행복해지기 때문이다. 이렇게 서로 악수하고 끝내면 평화로워지기는 하겠지만, 그러나 실제로는 아무런 문제도 해결되지 않는다. 그래서 이 문제는 각도를 바꿔 사고할 필요가 있다. 중국이라는 조건하에서 우리는 보편성에 더 신경 써야 하는가, 아니면 개별성을 더 고민해야 하는가? 어떻게 해야 중국 언어학의 발전이 세계의 보편적인 언어학 발전에 공헌할 수 있을까?

이 문제도 마찬가지로 이론적 접근만으로 해답을 찾을 수는 없다. 이 책의 서론 부분에서 지난 100여 년의 역사를 회고했는데, 그동안 중국의 언어연구는 보편성 연구가 많았는가, 아니면 개별성 연구가 많았는가?

앞 장에서 말한 대로, 『마씨문통』 이후의 100여 년 동안 중국어 연구 중에서 "본위"관이 발전해온 역사로 볼 때, 중국의 학자들은 대부분의 시간 동안 세계 언어의 보편성에서 출발해 중국어 연구를 진행해 왔다고 솔직히 인정할 수밖에 없다. 왜냐하면 중국의 학자들이 선택한 거의 대부분의 "본위"—언어연구의 출발점이 되는 가장 중요한 단위—는 모두 외국에서 수입해온 것이기 때문이다. 비록 마건충에서 시작해서 많은 사람이 "중국어에만 있는" 현상을 찾으려 노력했고, 리진시부터 세대를 거듭하며 "중국어의 특징"을 기치로 내걸지 않은 사람이 없었지만, 결국 모두 서양 언어학 이론의 테두리 안으로 다시 추락했다. 많은 사람이 다른 사람을 얘기할 때는 "모방"이니 "베껴쓰기"니 하면서 귀에 거슬리는 말로 비판했으나, 시간이 지나면 또 다른 사람에게 똑같은 용어로 비판을 당하고 말았다. "훗날의 사람들이 지금의 우리를 보는 것이 우리가 옛사람을 보는 것과 같을 것이다.[21]后之视今, 犹今之视昔"라는 말은 중국의 많은 어법학자들이 갖는 슬픔이다. 후밍양胡明扬의 말에서 그 궁극적인 원인을 알아보자.

---

21 옮긴이의 말: 왕희지王羲之, 「난정서兰亭序」에 나오는 말이다.

중국의 어법학자들은 중국어를 연구하는 과정에서 서양의 어법이론과 방법 및 체계를 빌려다 썼다. 물론 이는 간단하게 모방하고 베끼기만 했다는 말은 아니다. 그렇게 말한다면 그들에게 불공평한 일이다. 중국의 어법학자들은 서로 다른 시기에 구체적인 문제에서 끝없이 창의력을 발휘했으며 가끔은 중대한 이론상의 기틀을 마련하기도 했다. 그러나 전체적인 분위에서는 서양어법의 울타리를 시종 벗어나지 못했다. 식견이 있는 많은 학자들이 이런 분위기에 만족하지 못하고 1940년대에 어법혁신논쟁을 크게 벌이기도 했고, 1950년대에는 품사와 주어, 목적어와 관련한 대규모의 토론을 벌였으며, 1970년대 말과 1980년대 초에도 통사론과 관련해 토론을 벌였다. 이 몇 번의 논쟁을 통해 중국어의 어법연구는 멈추지 않고 발전했으며, 크고 작은 성과를 만들어냈다. 하지만 모든 토론이 다 서양에서 나타난 새로운 어법이론과 방법의 영향하에서 진행된 것이어서, 역시 서양어법의 이론과 방법의 울타리를 벗어나지는 못했다. (후밍양, 1992: 1~2쪽) <강조는 판원궈潘文国가 추가>

中国的语法学家在研究汉语语法的过程中，借鉴了西方语法的理论 、方法和体系，但也不是简单的模仿和抄袭，那样说就不公允了。中国的语法学家在不同时期内在一些具体问题上不断有所创新，偶而也有重大的理论上的建树，不过从总的来看始终没有跳出西方语法的圈子。不少有识之士不满足于这种状况，在四十年代展开了一场文法革新大论争，在五十年代展开了一场关于词类和主宾语问题的大论争，在七十年代末和八十年代初又展开了一次析句方法的论争。这几次论争使汉语语法研究不断向前发展，不断有新的收获。但是也应该看到，每一次论争都是在西方新的语法理论和方法的影响下进行的，所以仍然没有跳出西方语法理论和方法的圈子。

나는 더욱 직접적으로 말한 바 있다.

1950년대에 몇 번 있었던 어법상의 대토론전은, 본질적으로 미국의 구조주의와 유럽의 전통어법이 중국어라는 진영을 빌려 벌인 대리전이다. (판원궈, 1997b: 91

쪽)

五六十年代几次语法上的大论战，从本质上看，是美国结构主义与欧洲传统语法借汉语这块阵地作为战场而进行的交战。

편견을 갖지 않고 중국어 어법사를 이해하려 노력해본 사람이라면, 모두 이와 같은 말이 사실이라고 인정할 수밖에 없을 것이다. 주더시가 비판한 "인도-유럽어의 관점"도 이런 상황에서 언급된 것이다.

...... 중국어 어법의 연구는 처음 시작부터 인도-유럽어 어법에서 심각한 영향을 받았다. 초창기의 중국어 어법 저작 대부분이 인도-유럽어의 어법을 모방한 것이었다. 1940년대에 이르러서야 일부 언어학자들이 인도-유럽어의 속박에서 벗어나 중국어 자체의 어법규칙을 찾으려고 노력했다. 비록 그들이 가치 있는 일을 적잖이 했다지만, 긴 세월 동안 인도-유럽어의 어법관이 중국어 연구에 가져온 부정적인 영향을 벗어나긴 어려웠다. 이런 영향은 주로 인도-유럽어의 관점으로 중국어를 바라본 데서 구체적으로 표현됐으며, 중국어에는 없는 인도-유럽어의 규칙을 강제로 중국어에 덮어씌우려 했기 때문이었다. 1950년대에 중국 언어학계에서 벌어진 품사 문제, 주어 · 목적어 문제와 어법분석 방법과 관련된 토론만 봐도, 우리는 이 영향이 얼마나 큰지 쉽게 확인할 수 있다. ...... 내가 보기에, 이런 논쟁 자체가 대부분 인도-유럽어 어법관념의 영향을 받아 중국어 어법의 진짜 모습을 보지 못했기 때문에 벌어진 것이다. 우리가 인도-유럽어의 간섭에서 벗어나 소박한 관점으로 중국어를 바라보기만 했어도, 수많은 논쟁은 일어날 필요가 없었던 것들이었다. (주더시, 1985: 서문 3쪽)

......汉语语法研究从一开始就受到印欧语语法的深刻影响。早期的汉语语法著作大都是模仿印欧语语法的。一直到本世纪四十年代，才有一些语言学者企图摆脱印欧语的束缚，探索汉语自身的语法规律。尽管他们做了不少有价值的工作，仍然难以消除长期以来印欧语语法观念给汉语研究带来的消极影响。这种影响主要表现在用印欧

语的眼光来看待汉语，把印欧语所有而为汉语所无的东西强加给汉语。只要回顾一下
五十年代以来中国语言学界关于词类问题、主宾语问题以及语法分析方法问题的讨
论，就会发现这种影响有多么深广。……在我看来，这些争论里有很大一部分是由于
受了印欧语传统语法观念的影响以致看不清汉语语法的本来面目引起的。要是我们能
摆脱印欧语的干扰，用朴素的眼光看汉语，有许多争论本来是不会发生的。

주더시는 또 다음과 같이 정확하게 예측했다.

"선입견"이라는 말이 있다. 오래된 관념의 힘이 아주 크다는 말이다. 내가 이렇게
고정관념을 비판하고 있지만, 아마 나 역시 모르는 사이에 고정관념에 묶여 있을 것
이다. 다음 세대의 학자들이 또 나의 고정관념을 고쳐줘야 한다. 바로 "훗날의 사람
들이 지금의 우리를 보는 것이, 우리가 옛사람을 보는 것과 같을 것이다."라고 한 말
과 같은 것이다. (위의 글에서 다시 인용)

中国有一句成语叫"先入为主"，意思是说旧有的观念的力量是很大的。我们现在
在这里批评某些传统观念，很可能我们自己也正在不知不觉中受这些传统观念的摆
布。这当然只能等将来由别人来纠正了，正所谓后之视今，亦犹今之视昔。

훗날 새 세대의 학자들이 그를 비판한 말들도, 또 다시 "인도-유럽어의 관점"이
었다. 쉬퉁창은,

중국어 통사구조의 가장 큰 특징은 개방성이다. 인도-유럽언어처럼 주어-술어가
항상 일치하는 폐쇄성을 가진 것과는 선명하게 대조된다. 구문본위는 중국어 통사구
조의 개방성을 반영하지 못할 뿐 아니라, 폐쇄적인 통사구조를 단어조합에까지 적용
했다. 이로써 어법연구의 길은 갈수록 좁아졌고, 개방성을 특징으로 하는 통사구조
를 가진 중국어를 분석하기 어려워졌다. (쉬퉁창, 1994b: 10쪽)

汉语句法结构的最大特点是它的开放性，与印欧语言以一致关系为标志的封闭性

的主谓结构形成鲜明的对照。词组本位不仅不能反映汉语句法的开放性，而且还进一步把封闭性的句子结构缩小到词组的结构，这就使语法研究的路子越走越窄，难以分析汉语以开放性为特点的句法结构。

아마도 어떤 사람은, 이것은 많고 적음의 문제가 아니라 중국어 연구의 "현대화"라는 것이 원래부터 외국의 선진적인 이론을 쉬지 않고 들여왔기 때문에 이루어진 것이라고 말할지도 모르겠다. 최근 외국의 이론은 날마다 새로운 것이 나오고 있는데, 중국 언어학은 서양에 비해 많이 뒤떨어지므로 중국은 신발 신을 새도 없이 내달려 뒤따라가야 하는 마당에 중국어의 특수성 운운하며 언어의 보편성에 대한 탐구를 포기하는 것이 말이 되는가? 하고 따질 것이다. 이런 생각을 가진 사람들에게 말해주고 싶다.

첫 번째, 언어의 보편성은 어떤 추상적인 대상이 아니고 세계 각 민족의 언어에 공통적으로 포함되어 있는 사실이다. 세계의 각종 언어에 대해 공통적으로 해석능력을 갖춘 이론만이 진정한 보편성을 갖춘 이론인 것이다. 보편성을 연구하는 방법은 두 가지이다. 하나는 일부의 언어에서 도출된 규칙을 다른 언어에 적용해 보는 것이고 또 하나는 각 언어의 구체적인 언어실제에서 출발해 귀납하는 것이다. 인도-유럽어와 비교할 때 중국어는 아직 연구가 충분히 진행되지 않은 언어이다. 이런 환경에서는 서양의 언어이론이 귀납해낸 규칙을 이용해 중국어의 규칙을 찾고자 하기보다는 중국어 자체에 대한 연구를 먼저 진행해 그 결과를 귀납해내는 것이 나을 것이다.

두 번째, 중국어는 현존하는 모든 언어 중에서 가장 오래됐고 가장 생명력이 강한 언어 중 하나이다. 인도-유럽어와 비교해볼 때 그 긴 역사가 쌓여서 이루어진 특수한 현상이 다른 언어에 비해 월등히 많다. 중국의 언어학이 세계 언어학에 어떤 공헌을 하고 싶다면, 국제언어학과의 교류에서 그들의 이론을 들여오기만 해서는 안 되며 중국민족의 언어를 구체적으로 연구한 결과를 기반으로 출발해야만 그러한 공헌이 가능할 것이다.

세 번째, 어떤 사람은 중국어의 연구에는 아직도 수입해야 할 외국의 이론이 많다고 말한다. 맞는 말이다. 하지만 다른 길을 탐색해보는 것은 어떨까? 개별성을 연구하는 실험은 어떨까? 사실, 중국의 언어학은 이미 100여 년 동안 "보편성"을 연구해왔지만, 중국어 연구의 길은 아직도 제대로 닦이지 않았다. 좀 더 관용을 베풀어서, 아니 적극적으로 장려하면서 다른 방향의 연구를 독려해봐야 하지 않을까? 현대는 다원화된 세계이므로 언어연구의 방법도 당연히 다원화되어야 한다. 누구의 주장이 지난 100년여의 "전통"과 다르다 하여 이를 인정하지 않고 이와 화해하지 않는 것은 일종의 폐단이다.

네 번째, "보편성"은 도대체 무엇인가? 어떤 것들이 인류언어에 "공통적으로" 존재하는 규칙인가? 이 문제도 심각하게 고민해봐야 한다. 언어연구에는 서로 다른 층위가 있다. "보편성" 연구는 대체 어떤 층위에 자리 잡게 해야 하는가? 이 문제는 어느 한 학자, 어떤 학파 하나가 답변할 문제가 아니다. 이는 전 세계의 언어학자들이 답변해야 하는 문제이다. 중국어를 연구하는 학자들도 마찬가지다.

3.1.3. 전통의 계승과 회귀를 어떻게 볼 것인가
怎样看待传统的継承与回归

어떤 각도에서 보면 "한자본위"의 주장은 『마씨문통』 이전의 고대로 돌아가는 것처럼 보인다. 이것이 많은 사람에게 "한자본위"에 대해 어딘지 불편한 감정이 들고, 이런 주장을 불가사의한 것으로 여기게 만드는 원인일 것이다. 세계는 이미 21세기 컴퓨터의 시대로 접어들었고, 다른 과학기술도 날로 발전하고 있다. 언어학계에서도 수많은 이론이 서로 경쟁하고 있어서 많은 것이 눈코 뜰 새 없이 변하고 있다. 지식의 폭발이고 정보의 폭발이다. 사람들은 새로운 사상, 새로운 이론, 새로운 개념, 새로운 방법을 받아들여 국제사회 언어학발전의 최신 사조를 따라가기에도 바쁜데, 어디에 시간이 남아 지난 시절의 해골이나 뒤적이고 있느냐고, 역사에서 도태된 낡은 물건 따위에 귀 기울이고 있느냐고 물을지도 모르겠다. 이것이 "한자본위"가 처음 세상에 나왔을 때 많은 사람이 제대로 들어보려조차 하지 않은 이유였다. 문자를 언어와 동급으로 다루는 것은 20세기 초 현대 언어학이 탄생하기 전 중국인들이 가지고 있던 낡은 관념인데 이것조차도 구별하지 못하면서 무슨 언어학을 하겠다고 덤벼든단 말인가!

그러나 문제의 복잡성이 바로 여기에 있다. 사실, 20세기 이후로 현대 언어학은 크게 발전했고, 많은 관념이 사람들에게 각인되었다. 맞든 틀리든 많은 문제에 대해 명확한 답이 생겼으며, 그것이 교과서 등을 통해 빠르고 공고하게 전파되었다. 하지만 기억해야 할 것은 한자본위를 제시한 사람들도 진공 속에서 산 것은 아니어서, 그들도 20세기에 언어학이 발전해온 과정에 대해 다른 학자들처럼 익숙하며, 새로운 관념, 새로운 이론에 대해 다른 학자들처럼 열심히 연구했을 것이고, 아마도 가르치기까지 했을 것이다. 그중에는 이미 해외에까지 이름을 날린 저명한 학자도 있으며, 그가 집필한 교재22가 전국의 대학교에서 20년 넘게 주요한 교재로 사용되기도 했다. 일반적인 언어학자들은 평생 그 수준에 다다르지 못한다. 우리는 그의 지혜를 무시할 수 없다. 그렇다면 무엇이 그동안 그에게 명성을 보장해주던 기초이론을 버리고 그로 하여금 새로운 가시밭길을 탐색하게 했을까? 그것은 책임감이다! 중국 언어학의 발전을 기대하는 절박한 책임감이다. 이 책임감이 그(그리고 기타 몇몇 사람들)를 반성의 길로 이끌었으며, 자신의 학술생애를 반성하게 만들었고, 중국의 언어학이 걸어온 100여 년의 역사를 반성하게 했고, 그 100여 년 동안 중국이 스스로의 언어학 전통을 버린 시간을 반성하게 한 것이다.

인류가 세계를 인식해온 규칙은 사물이 나선형을 그리며 발전해 간다는 것을 우리에게 알려준다. 사람들은 사물에 대해 점점 더 정확한 인식체계를 갖게 되며, 간혹 원래 있던 자리로 되돌아간 것 같은 때도 있지만 그것이 그저 단순한 반복에만 머무

---

22 옮긴이의 말: 예페이성 · 쉬퉁창, 『언어학의 핵심语言学纲要』(베이징대학교출판사, 1980)을 말한다. 이 책은 중국의 수많은 대학교 언어학과나 중문과에서 수십 년간 언어학개론 교재로 사용되었고, 따라서 쉬퉁창은 중국에서 가장 영향력 있는 언어학자 중 하나라고 보아도 무방하다. 나중에 쉬퉁창이 『언어학기초基础语言学教程』(베이징대학교출판사, 2000)를 출판하면서 스스로가 『언어학의 핵심』에서 주장하던 단어본위 사상을 포기하기 위해 그 책을 절판했다. 그런데 중국의 학계에서는 그 후로도 오랫동안 쉬퉁창이 스스로 포기한 단어본위 사상을 가장 신봉했고, 한자본위 사상을 받아들이지 않았다.

는 것은 아니다. 한자본위 문제도 마찬가지이다. 『마씨문통』 이전의 중국어학자들이 사용했던 한자본위를 요즘의 학자들이 100여 년의 시간차를 두고 다시 들고나왔다고 해서 그것이 단순하게 전통으로의 회귀만을 의미하지는 않는다는 말이다. 현대의 한자본위론자들은 언어학 이론과 언어철학의 이론 등, 서양의 이론을 포함해 인류사회가 이룩한 새로운 지식체계들을 잘 결합해 오래된 명제에 대해 새로운 과학적 해석을 시도해야 한다.

여기서 "전통"에 대해서도 몇 마디 짚어보자. 어떤 이는 "『마씨문통』 이전"이라는 말만 들으면 짜증부터 낸다. 그것들 모두 오래된 골동품 같은 것이어서, 진작에 역사의 쓰레기장에 버려진 것으로 생각하곤 한다. 이런 "전통권태증"과 "서양우월론"은 현대 중국 언어학자들의 가장 큰 적이다. 최근 중국의 언어학계, 특히 외국어학계에서는 뤼슈샹呂叔湘이 말한 "두 집안" 얘기가 다시 중시되고 있다. 뤼슈샹은 생전에, "중국의 외국어학계와 중국어학계는 전혀 왕래가 없다. '두 집안' 현상이 매우 심각하다."라고 말한 바 있다. (천자슈엔沈家煊, 1996) 뤼슈샹은 외국어학자들이 중국어를 중시하지 않고, 중국어학자들이 외국문헌 해독능력이 없음을 안타까워한 것이다.

젊은 중문과 학생들의 외국어실력이 좋아지고 외국어전공자들의 수업에 중국어 연구가 포함되면서 이런 현상도 점차 바뀌고 있다. 그러나 아직도 "두 집안"이 존재하는데, 그것은 중국어학자 내부에 있는 "두 집안"이다. 이는 고대 중국어를 연구하는 학자와 현대 중국어를 연구하는 학자들이 서로 교류하지 않으면서 형성된 것으로, 고대 중국어를 다루는 학자들은 현대 중국어학자들이 열심히 토론하는 어법분석을 상대조차 하려들지 않고, 현대 중국어를 연구하는 사람들은 소학·음운·훈고가 무엇인지도 모르는 현상이 바로 그것이다. 첫 번째 "두 집안" 문제가 개혁개방 전의 중국이 "죽의 장막"을 치고 외부 세계와 교류하지 않았기 때문에 생긴 것이었다면, 두 번째 "두 집안" 문제는 우리의 언어사상, 언어정책과 시대적 분위기의 영향을 받은 것이다.

많은 사람은 20세기 초에 있었던 신문화운동이 중국의 새로운 문화를 건설하여 현대로 나아가는 과정에 지대한 역할을 했다고 생각하지만, 그 운동의 여러 리더들이 너무 "극좌"로 치우친 나머지 문화전통을 단절시켰다는 부정적인 측면에도 우리는 주목해야 한다. 신문화운동은 고대 중국어와 현대 중국어를 완전히 다른 두 개의 언어로 만들어버렸고, 소쉬르의 공시언어학이 이 틈새를 더 벌렸으며, 사회주의 중국 수립 후에 벌어진 각종 운동은 전통을 우매함의 소산으로, 반동적인 것으로, 낙후된 것으로 간주해버렸다. 오늘에 와서도 누가 전통을 계승하자고 말하면 눈살을 찌푸리는 사람이 많다. 그러나 우리가 숭배해 마지않는 구라파의 어느 나라가 전통과의 단절을 통해 학문의 발전을 도모하는가? 그래서 나는 서양에 대한 미신과 전통에 대한 무시가 현대 중국 언어학의 두 적군이라고 말한다. 우리는 동양이 서양과 평등하다는 태도를 가지고 적극적으로 전통을 계승하고 발전시켜야 한다. 이런 시각에서 나는 스여우웨이史有为가 한 말에 적극 찬성한다.

서양의 현대 언어학을 수입하고 빌려오지 않는다면, 중국의 언어학이 짧은 시간 안에 세계적 수준에 오르기는 어려울 것이다. 그러나 한자학의 오래된 전통과 『마씨문통』이 창조한 새로운 전통과 정수를 잘 계승하지 않으면, 중국의 언어학은 스스로의 특성을 잃어버릴 것이며, 그렇다면 세계적 영향력 따위는 영원히 불가능할 것이다. (스여우웨이, 1989: 325쪽)

对于中国语言学来说，不引进、借鉴西方现代语言学，中国语言学就很难在短时间内赶上世界；而不慎重继承小学的老传统以及『马氏文通』所开创的新传统的优质、精华，中国语言学也将失去自我特性，从而不可能在世界上具有影响。

3.2. "한자본위"의 본체론적 의의
"字本位"的本体论意义

　본체론의 각도에서 보면, "한자본위"라는 개념은 언어의 본질이라는 가장 민감한 신경을 자극한다. 가장 근본적인 문제에 대해 새롭게 사고하게 만드는 것이다. 주요한 문제는, 언어란 무엇인가? 문자는 언어인가? 문자는 언어의 기록에 불과한가? 문자는 "기호의 기호"인가? 고대 중국의 문자중심 연구는 언어연구인가? 이 연구의 보편성은 어디에서 찾을 수 있는가? 중국의 현대 언어학 연구는 어떤 방식으로 세계 언어연구의 시대적 흐름을 따라가면서 고대 중국 언어학의 우수한 전통을 계승할 수 있는가? 언어연구에는 민족성이 있는가? 민족성이 있어야 하는가? 등의 질문이다. 이런 문제들은 당연히 일시에 해결될 수 없다. 한두 가지가 해결된다 하더라도 다시 뒤집어지는 일을 피할 수 없을 것이다. 그러나 이런 문제들에 대한 깊은 사유는 중국의 언어학 연구를 더 깊이 있게 만들 것이다.

　나(판원궈, 2001b)는 중국의 언어학이 낙후된 이유는 스스로의 이론과 철학이 없고, 스스로의 언어관과 연구방법이 없기 때문이라고 지적한 바 있다. 최근 몇 년의 상황을 보면 방법론 문제는 어느 정도 중요시되고 있는 것 같다. 그러나 언어관, 즉 중국어관이 가장 중요하다. 언젠가 중국의 학계(언어학계뿐 아니라 철학계, 심리학계, 문학계를 포함한 전체 학계)가 다함께 중국어의 본질에 대해 깊게 연구하고, 중국어가 세계 언어에서 차지하는 지위 등에 대해 깊이 있게 고민한다면, 중국의 언어학이 큰 희망을 보여줄 것이다.

　위의 문제를 여기서 모두 다룰 수는 없고, 그중 몇 가지에 대해서 토론해보고자 한다.

3.2.1. 언어란 무엇인가; 한자는 언어인가
什么是语言？文字是不是语言？

"언어란 무엇인가?"라는 문제에 답하기 위해, 나(2001a)는 19세기 초부터 지금에 이르기까지의 200여 년 동안 중국과 세계의 학자들이 언어에 대해 내린 정의 60여 가지를 찾아서 정리한 적이 있다. 언어에 대한 정의는 4가지로 나눌 수 있다. 첫째는 언어의 자연적 속성을 강조한 것인데, 대표적인 이론으로는 "자족적 체계설"을, 대표적인 인물로는 소쉬르를 들 수 있다. 두 번째는 언어의 사회적 속성을 강조하여 언어를 의사소통의 도구로 보는 입장인데 스탈린이 대표적이다. 세 번째와 네 번째는 인류의 특징에서 출발하는데, 세 번째는 인류의 자연적 속성을 강조하여 자연과학적 방법으로 언어를 연구한 것이고, 네 번째는 인류의 역사문화성을 강조한 것으로 인문과학의 연구방법으로 언어를 연구한 것이다. 세 번째 정의의 대표학자는 촘스키이고, 네 번째 정의의 대표학자는 훔볼트Humboldt이다. 여러 정의에 대한 비교를 위해 필자는 "3가지 세계"라고 부를 수 있는 구별법을 제시한 바 있다.

인류가 지금까지 발전시켜온 모든 과학 연구는 크게 3가지 분야로 나눌 수 있다. 자연 혹은 자연성질과 관련된 자연과학, 사회 혹은 사회성질과 관련된 사회과학, 인류 본연과 관련된 인문과학이 그것이다. 이들은 서로 다른 대상을 다루기 때문에 이런 분류는 합리적이다. 공시적으로 뿐만 아니라 통시적으로도 그렇다. 이러한 3가지 연구 분야는 사실 선후로 3개의 "세계"와 연결되어 있다. 우주가 열리고 천지가 시작할 때부터 첫 번째 동물이 생기기까지 광물질밖에 없는 조용한 세계, 그때는 자연 세계였다. 동물의 출현으로 자유활동을 하는 객체와 그로 이루어진 집단이 생겨났으며, 집단은 필연적으로 관계와 협조를 불러오고 정보가 교류되는 두 번째 세계인 사회세계를 탄생시켰다. 동물이 진화하여 사람이 되자 인류세계가 출현했다. 이 세 번째 세계가 두 번째 세계와 다른 점은 인류에게는 언어와 사상이 있다는 점이다. 모든 학문은 이 3대 분야로 귀납할 수 있다. 당연히 학문 간에 교차가 있을 수 있고, 어떤 학문은 3개의 분야 모두에 걸쳐 있을 수 있다. 그러나 아무튼 어떤 학문이든 기본적으로 한 세계에 귀속되어 있고, 이러한 기본적 귀속은 필연적으로 연구대상의 본질을 내포하고 있다. 언어의 성격을 규정하는 데 있어서 관건이 되는 것은 언어라는 복잡한 현상에 대해 도대체 어떤 학문분야의 시각에서 출발해야 하는가 하는 점이다. 언어의 자연속성이냐, 사회속성이냐, 인류 본연의 속성이냐. 이 점은 반드시 제일 먼저 해결해야 하는 문제이며, 언어의 정의에 관한 각종 이견이 생기는 근원이기도 하다. (판원궈, 2001a: 104~105쪽)

人类迄今从事的所有科学研究都可以归纳进三个大门类：自然科学，关于自然或带有自然性质的科学；社会科学，关于社会或带有社会性质的科学；人文科学，关于人类自身的科学。这个分类是有其合理性的，因为它们分别是针对不同的对象，不但从"共时"的角度去看是如此，从"历时"的角度去看也是如此，这三个门类研究的其实是前后相承的三个"世界"：天地之始，宇宙初辟，一直到第一种动物诞生之前，这个只有矿物和植物的相对静止的世界，就是自然世界；动物的出现带来了由自由活动的个体组成的群体，有了群体就必然有关系需要协调，有信息需要交流，这时就出现了第二世界——社会世界；动物进化到人，出现了人类世界，其与第二世界的区别在于人类有语言和思想。所有的学科都可以归纳进三大门类里，当然学科间可能会有交叉，有的还可能兼属于三个门类，但不管怎样，它首先有个基本的归属，而这个基本归属必然是所研究对象的本质之所在。给语言定性的关键就在于，对于语言这么一个复杂的现象，究竟应该从哪类学科的角度来给它作基本的定性，是关注于语言的自然属性呢，社会属性呢，还是人类本身的属性？这是必须解决的首要关键问题；也是在语言定义上各种分歧产生的根源。

그리고,

언어의 기본속성은 인문과학의 각도에서 접근해 연구해야 한다. 자연과학이나 사회과학의 각도에서 시작해 얻은 결론은 일부분의 진실은 포함하겠지만, 언어의 본질적 속성은 아니다. (같은 글: 105쪽)

語言的基本屬性只能從人文科學的角度去着手研究。凡從自然科學角度或社会科学角度着手得出的结论，即使反映了一定的事实，也必然不是语言的本质属性。

라고 주장했다.

이런 기준에서, 또 60여 종에 이르는 언어에 대한 정의를 살펴본 후, 나는 아래와 같이 언어에 대한 새로운 정의를 제시했다.

언어는 인류가 세계를 인지하고 표현하는 방식과 과정이다. (같은 글: 106쪽)
语言是人类认知世界及进行表述的方式和过程。

우리가 많이 보아온 언어에 대한 다른 정의와 비교해서 나의 정의에는 "소리와 의미의 결합"이라는 특징이 강조되어 있지 않은데, 그 목적은 문자를 포함시키기 위해서이다. 사실상 문자가 "언어"의 범위에 포함되느냐 그렇지 않느냐 하는 것은 최근 몇십 년간 세계 언어학계에서 공통적으로 관심을 보여온 과제였다. 나는 언어에 대한 정의가 발전해오는 과정 중에서, 문자언어와 몸짓언어를 언어의 범위에 포함시킨 것은 1990년대 이후의 경향이라는 점을 발견했다. 영국의 유명한 언어학자 데이비 크리스털Davy Crystal은 편저 『케임브리지 언어백과전서』(Crystal: 1997)에서 언어의 매개체 3쌍을 제시했는데, 여기에서 전통적으로 사용되던 "듣기-말하기(입말)", "읽기-쓰기(글말)" 외에, "행위-보기(몸짓언어)"를 포함하였다. "인지하고 표현하는 방식"의 범위는 "소리와 의미의 결합"에 비해 그 범위가 넓다. 이는 "소리와 뜻의 결합"뿐 아니라, "형태와 의미의 결합"도 포함한다. 예를 들어 한자는 중국인이 "세계를 인지하고 표현하는 방식"이지만, 서양의 문자도 이 범위 안에 들어가는가? 독자의 판단에 맡기겠다. 만약 서양의 문자가 "세계를 인지하고 표현하는 방식"이라면 포함될 것이고, 단지 음성의 기록과 모방이라면 포함되지 않을 것이다. 청각장애인의 수화도 같은 방식으로 분석할 수 있다.

3.2.2. 한자는 언어의 기록에 불과한가; "기호의 기호"에 불과한가?
文字是不是只是语言的记录？是不是只是"符号的符号"？

이 문제는 최근 몇십 년간 서양 언어철학계의 뜨거운 감자였다. 소쉬르로 대표되는 구조주의언어학자들은 문자를 단지 음성을 기록하는 도구로만 이해하여 이를 "기호의 기호"라고 폄하하고, 또 이를 의심의 여지가 없는 "상식"이라고 보았다. 하지만 데리다의 해체주의는 이러한 이론은 아예 성립조차 하지 않는다고 보는 관점을 철학계의 상식으로 만들었다. 중국의 중국어학계가 철학문제에 별 관심이 없기 때문에, 여기서 이 문제에 대해 간단히 소개하고자 한다.

서양에서 문자에 대한 관심이 다시 일어나게 된 것은 철학의 발전과 관계가 있다. 고대 그리스의 플라톤이나 아리스토텔레스, 근대의 루소와 헤겔, 그리고 지난 세기의 소쉬르까지 서양의 철학은 어느 정도 문자를 경시해왔다. 플라톤은,

> 회화는 마치 살아 있는 것처럼 사람을 표현할 수 있다. 그러나 우리가 그 회화작품에게 무엇인가를 묻는다면, 그것은 한마디도 대답해주지 않을 것이다. 문자로 기록된 말도 이와 마찬가지다. 우리는 그것이 자기가 무슨 말을 하는지 알고 있다고 생각하지만, 우리가 그것에게 무엇인가를 묻는다면 그 글은 원래 기록되어 있는 답안을 계속 반복할 뿐이다. (Harris, 2000: 18쪽에서 재인용)
>
> 绘画可以把所绘的人表现得栩栩如生，但如果你去问这画像，他却会严肃地一言不发。写成文字的一篇话也是如此，你可能以为它知道自己在说什么，但如果你去问它，它却只会一遍遍地重复原有的答案。

라고 말했고, 저 유명한 "기호의 기호"라는 말을 창조해낸 아리스토텔레스도,

> 목소리가 내는 소리들이 영혼의 상태를 나타내는 상징들이고, 문자로 쓰인 낱말들이 목소리가 내는 낱말들의 상징들(데리다, 김웅권 옮김, 2004: 28쪽23)

口说的词是心理经验的符号，书写的词是口说的词的符号。

이라고 말했으며, 헤겔도 비슷한 말을 했다.

알파벳문자는 소리들을 표현하는데, 이 소리들 자체가 이미 기호들이다. 따라서 그것은 기호들의 기호들로 성립되어 있다. (Derrida, 위의 책 53쪽에서 재인용)

字母文字表达声音，而声音本身即是符号，因此它实际由符号的符号（aus Zeichen der Zeichen）所组成。

루소의 말은 더 극단적인데, 그는 문자가 악의 근원이라고 생각했다. 문자가 사람과 사람 사이에 벽을 만들고 폭정과 불평등을 초래하며, 글은 읽는 이를 무시하고 글쓴이를 감추며 사람의 재산(언어)을 착취한다고 보았다. 진정한 말은 음성을 통해 열정을 표현하며, 음성은 글과 다르게 사람과 사람 사이에 거리감을 만들지 않는다. (쉬여우위徐友渔 등, 1996: 207쪽) 소쉬르는 유럽의 이런 주류철학의 전통을 충실히 계승했는데 사용하는 용어조차도 거의 똑같았다. 예를 들어 플라톤이 문자를 회화 작품에 비유했다면, 소쉬르는 문자와 사진을 비교했다.

---

23 옮긴이의 말: 데리다의 책 『De la Grammatologie』를 한국어로 번역(김웅권)한 『그라마톨로지에 대하여』는 유독 이해하기 어려운 번역서이다. (소쉬르의 『일반언어학 강의』도 마찬가지다.) 나는 데리다의 "그라마톨로지"에 대해 이해하기 위해 왕탕자汪堂家가 번역한 『论文自学문자학을 논하다』 (上海译文出版社, 1991)를 참고하였고, 소쉬르의 『일반언어학 강의』를 이해하기 위해 까오밍카이高明凯가 번역한 『普通语言学教程일반언어학 교육과정』(商务印书馆, 1980)을 주로 참고했는데, 이해하기 훨씬 쉬웠다. 서양의 책을 한국어로 번역하면서 어떤 용어를 번역하기 어렵다고 해서 발음 나는 대로 옮겨온 저 많은 개념들, 한자를 써줘도 그 의미를 이해하기 힘든 조잡한 한자어 조어가 너무 많은 것은 참 문제다. 마침 이 책 『한자본위의 중국어 연구』에서 외국의 철학과 이론을 자국에 적용하는 문제를 길고 자세하게 다루고 있으니, 독자들에게도 생각할 거리가 되었으면 좋겠다.
그러나 한국에 이미 번역본이 존재하고 더구나 쉽게 찾을 수 있는 고전 급의 책을 내가 이해한 대로 중역할 수도 없는 노릇이어서 (더구나 내가 읽은 것은 원본이 아니고 중국어 번역본이기까지 해서), 어쩔 수 없이 경우에 따라 김웅권, 최승언의 번역문을 인용했다. 한국의 번역본 내용이 용어나 문맥상 이 책의 내용을 전개하는 데에 크게 적합하지 않을 경우에만 해당 중국어 번역문 부분을 옮긴이가 다시 한국어로 옮기는 방식을 선택했다. 독자들의 양해를 구한다. 중국어를 직접 읽을 수 있는 독자는 가능한 한 옮긴이가 흐린 글씨로 추가한 중국어 부분을 참고해주었으면 좋겠다.

발음된 말의 영상에 불과한 쓰인 말은 이와 너무 밀접하게 섞여 있어 결국 주된 역할을 빼앗아버리고 만다. 사람들은 음성기호의 표기를 이 기호 자체만큼, 또는 그 이상으로 중요시한다. 이것은 마치 어떤 사람을 알기 위해서는 실물을 보는 것보다 사진을 보는 것이 더 낫다고 생각하는 것과 같다. (Saussure, 최승언 옮김, 1990: 34쪽)

书写的词常跟它所表现的口说的词紧密地混在一起，结果篡夺了主要的作用；人们终于把声音符号的代表看得和这符号一样重要或比它更重要。这好像人们相信，要认识一个人，与其看他的相貌，不如看他的照片。

또 아리스토텔레스처럼 그도 문자를 기호의 기호라고 인식하여,

언어와 문자체계는 두 개의 구별되는 기호체계이다. 후자의 유일한 존재 이유는 전자를 표기하는 것이다. 언어적 물체는 쓰인 낱말과 발음된 낱말의 결합으로 정의되지 않는다. 후자 하나만으로도 이 물체를 구성한다. (같은 책: 34쪽)

语言和文字是两种不同的符号系统，后者存在的唯一理由是在于表现前者。语言学的对象不是书写的词和口说的词的结合，而是由后者单独构成的。

라고 단언했다.

소쉬르가 가진 "현대 언어학의 아버지"라는 지위 때문에, 이 말은 20세기의 언어학에 고대 그리스의 선배들이 준 영향에 비해 훨씬 더 지대한 영향을 끼쳤다. 그는 또 루소처럼 아주 격렬하게 문자의 죄악을 성토하기도 했다.

문자 체계가 언어를 보지 못하게 가린다는 것이다. 문자 체계는 언어의 의복이 아니라 하나의 변장이다. (같은 책: 41쪽)

文字遮掩住了语言的面貌，文字不是一件衣服，而是一种假装。

그러나 문자의 횡포는 여기에서 더 나아가 대중에게 압도적으로 부각되어 언어에
영향을 주고 이를 변경시켜 버린다. (같은 책: 43쪽)

但是字母的暴虐还不仅止于此：它会欺骗大众，影响语言，使它发生变化。

소쉬르의 이론은 반세기 넘게 언어학계를 지배했고, 20세기 하반기에 들어서서야
비판을 받기 시작했다. 그 비판에 가장 앞장선 것은 두 명의 유명한 프랑스인 철학
자로, 데리다Jacques Derrida와 리쾨르Paul Ricoeur이다.

데리다가 1967년에 『그라마톨로지에 대하여』라는 책을 출판하자, 이 책은 바로
세계적인 명저가 되었다. 그리고 1976년에 인도의 여성학자 스피박Spivak이 영어로
번역하면서 80페이지에 달하는 긴 서문을 붙였는데, 이 책도 그녀를 일시에 유명인
사로 만든 바 있다. 데리다는 『그라마톨로지에 대하여』라는 책에서 플라톤, 아리
스토텔레스에서 소쉬르까지 음성을 중시하고 문자를 경시하는 전통을 "음성중심주
의" 혹은 "로고스중심주의"라고 칭하면서, 그것이 서양세계 전체의 형이상학적 사유
방식과 구조주의의 기초라고 평가했다. 그는 그의 독특한 사상인 "문자학"이론으로
이 전통을 뒤집고자 했다. 20세기 초에 서양의 철학은 "언어"로의 방향전환을 실현
했는데, 데리다는 다시 "문자"로의 대전환을 이룬 것이다. 그는,

그 필연성이 가까스로 인지되는 완만한 운동을 통해서, 적어도 약 2천 년 이래로
언어라는 이름하에 집결되려는 경향을 보였고, 또 그렇게 되는 데 성공한 모든 것이
에크리튀르라는 이름 아래 강제로 옮겨지거나 적어도 요약되기 시작하고 있다. 겨우
인지되는 필연성을 통해서, 모든 것은 마치 에크리튀르의 개념이 일반적으로 언어의
특수하고 파생적이며 보조적인 형태를 지칭하는 것을 멈추고(언어(language)는 의
사소통, 관계, 표현, 의미, 의미의 구성 또는 사유 등을 의미하는 것으로 이해된다),
그리고 주(主)기표의 외피, 변덕스런 분신과 기표의 기표를 지칭하는 것을 멈추면서
언어의 외연을 넘어서기 시작한 것처럼 일어나고 있다. 에크리튀르는 이 말이 가지
고 있는 모든 의미에서 본다면 언어를 포함한다는 것이다. '에크리튀르'라는 낱말이

기표의 기표를 더 이상 지칭하지 않기 때문이 아니라, '기표의 기표'가 우발적인 중복이나 전락한 이차성을 규정하는 것은 더 이상 아니라는 점이 기묘한 빛을 띠고 나타나고 있는 것이다. (Derrida, 위의 책: 20~21쪽)

经过一场缓慢而人们未曾察觉的必然运动，延续了至少两千年之久而最终汇聚在语言名下的一切，现在正开始转向文字、或至少统括在文字名下。由于这种人们未察觉的必然性，文字概念正在开始超越语言的范围，它不再表示一般语言的一种特殊的、派生的、或辅助的形式（不管把语言理解为交际、关系、表达、指示，还是思维的组织），不再表示外表，表示主要能指的一种无关紧要的复制形式，所谓"能指的能指"。不论从哪方面看，文字现在都"涵盖"了语言。并不是因为文字现在已不再表示能指的能指，而是"能指的能指"已无法说明文字只是对语言的偶然的复制和次一等的地位。

라고 말했는데, 이러한 "문자학"은 사실상 그의 해체주의 이론의 기초가 되었고, 철학계에 커다란 충격을 안겼다.

리쾨르의 관점은 그가 1976년에 출판한 『해석이론Interpretation Theory』이라는 책에 집중적으로 드러나 있다. 특히 제2장 "언어와 문자"가 대표적이다. 그는 데리다와 마찬가지로 소크라테스와 플라톤 이래 루소와 베르그송을 포함한 서양문화의 전통을 격렬하게 비판하면서 문자가 인류역사에서 차지하는 의미를 강조했다.

문자는 절대로 글말의 형식으로 입말을 고정시키지 않는다. 문자는 특수한 문제를 제기하는데, 인류의 사상을 직접적으로, 언어라는 중개 없이 사상으로 표현한다. 이를 통해, 글말은 입말의 지위를 대체한다. 화언의 의미와 물질매개 사이에 일종의 지름길이 출현한 것이다. …… 화언의 명운은 이제 음성이 아니라 문자에게 넘겨졌다. (Ricoeur, 1976: 28~29쪽)

文字绝不只是以书面形式固定口语，它提出一个特殊问题：人类思想直接被带入

思想中，而不必以说话为中介，从而使书写取代说话的地位。话语的意义与物质媒
介之间出现了某种捷径……话语的命运交给了文字，而不再是声音。

플라톤은 문자와 회화를 비교한 것에 반해, 리쾨르는 회화가 현실을 강화한다고
강조한다. 회화는 적은 양으로 많은 양을 실현하는데, "화가는 일종의 새로운 기호
재료를 장악하고 있기 때문에, 화학업자이기도 하고, 제련가이기도 하며, 인테리어
업자이자 광학 전문가이기도 하다. 따라서 화가는 현실을 위해 새로운 텍스트를 창
조하는 것이다. 네덜란드의 대화가에게 회화는 현실의 복제가 아니며, 창제도 아니
고, 그것은 일종의 질적 변화이다."(같은 책: 41쪽) 리쾨르는 또 아래와 같이 말했
다.

서양문화에서 알파벳문자의 승리와 문자가 언어에 속해 있다는 경향은 음성에 대
한 문자의 의존성으로 나타났다. 그러나 우리는 문자가 또 다른 수많은 가능성을 포
함하고 있다는 사실을 잊어서는 안 된다. 그것은 그림문자와 상형문자, 특히 표의문
자로 대표되는데, 그들은 사상의 의미를 직접 표시할 수 있고, 또 서로 다른 언어에
서 읽는 법이 다른 경우도 많아서, 이런 문자들은 글쓰기의 어떤 보편적 특징을 보여
준다. 물론 알파벳문자에도 이런 특징이 있긴 하지만, 그것들은 독음에 의지해야 하
기 때문에 이런 특징은 많이 가려질 수밖에 없다. 이런 특징은 기록매체일 뿐 아니라
각종 기호 자체이기도 하며, 형체, 위치, 서로간의 거리, 순서, 선형적 특징의 배치
등을 말하기도 한다. 듣는 것에서 읽는 것으로의 전이는 근본적으로 볼 때 음성의 시
간특징이 문자의 공간특징으로 연결되는 전이를 말한다. 인쇄술의 출현은 이러한 언
어의 보편공간화를 완성했다. (Ricoeur, 1976: 42쪽)

西方文化中拼音文字的胜利及所呈现的文字附属于言语倾向来源于文字对声音的
依赖性，然而我们不要忘了文字还有诸多其他可能性：它们是由图画文字和象形文
字、特别是表意文字所表达的，它们呈现为对思想意义的直接描述，它们在不同的
语言中读法不一，这些文字展示了书写的一种普遍特征，这一特征在拼音文字里也存

在，但由于依附于读音而往往被掩盖了。这一特征就是：不仅是记载体，而且是各种记号本身，其形体、位置、彼此间的距离、顺序、线性的安排等等。从听到读的转移从根本上来说，是与从声音的时间特征到文字的空间特征相联系的。印刷术的出现使语言的普遍空间化得以最终完成。

여기서 나는 데리다든 리쾨르든 한자에 대해 특별히 주의를 기울이고 있음을 발견하였고, 한자가 일반문자학에서 차지하는 의미를 알 수 있었다. 이것은 많은 언어학자들이 그동안 미처 발견하지 못했거나 보고 싶어 하지 않았던 것들이다. 알파벳문자를 사용하는 서양의 언어학자들은 이를 발견하지 못한 것이었고, 그들의 영향을 받은 중국의 언어학자들은 살펴보려 하지 않았던 것이다.

중국의 예전 일반언어학 저작은 대체로 서양의 전통에 따라 문자를 눈에 잘 띄지 않는 곳에 배치했는데, 이는 자기 민족의 언어특징에 대한 무시나 경시라고 볼 수밖에 없다. 세계적으로 영향력이 있는 언어철학자들이 한자에 관심을 기울이면서, 특히 최근 몇십 년 사이에 중국의 학술계, 특히 한자학계에서도 한자의 본질과 세계문자 체계에서 차지하는 지위에 대한 새로운 인식과 토론이 시작되었다. 나는 문자, 특히 한자가 일반언어학에서 차지하는 지위를 새롭게 자리매김해야 한다고 생각한다. 한자를 무시하는 것은 사실상 인류가 스스로 창조한 문명을 무시하는 것이다.

문자가 기호의 기호라는 문제는 한자로 대표되는 표의문자와 라틴알파벳을 대표로 하는 표음문자를 구별해서 접근해야 한다. 사실상 소쉬르도 이 문제에 대해 아주 분명하게 알고 있었다.

문자 체계에는 두 가지가 있을 뿐이다.

(1) 표의체계. 여기에서는 각 낱말이 그 구성음과는 관계없는 단독기호로 표기된다. 이 기호는 낱말 전체에 해당하며 그 낱말이 나타내는 개념에 간접적으로 해당한다. 이 체계의 전형적인 예가 중국 문자 체계이다.

(2) 속칭 '표음'체계. 이것은 낱말 속에 차례로 나오는 일련의 음을 재생하고자 한다. 이 체계는 때로는 음절 체계이고, 때로는 알파벳 체계인데, 후자의 경우 최소한의 화언 요소에 기초를 두었다는 말이다. (Saussure, 앞의 책: 36∼37쪽)

只有两种文字体系：(1)表意体系。一个词只用一个符号表示，而这个符号却与赖以构成的声音无关。这个符号和整个词发生关系，因此也就间接地和它所表达的观念发生关系。这种体系的经典例子就是汉字。(2)通常说的"表音"体系。它的目的是要把词中一连串连读的声音模写出来。表音文字有时是音节的，有时是字母的，即以言语中不能再缩减的要素为基础的。

이 두 가지 체계가 언어에서 차지하는 지위는 서로 다른 것이다.

우리의 머릿속에서는 표기된 말이 발음된 말을 대체하는 경향이 있다고 말했다. 이것은 두 문자 체계에 다 해당되지만, 이 경향은 특히 전자에서 더욱 강하다. 중국 사람에게는 표의문자와 발음된 말이 모두 똑같이 개념의 기호이다. 그에게는 문자가 2차적인 언어여서, 회화하는 데 발음된 두 말이 같은 음을 가질 경우, 자기의 생각을 설명하기 위해 표기된 말에 의존하게 된다. …… 동일한 개념에 상응하는 서로 다른 중국 방언들의 낱말도 역시 동일한 서기기호에 합치한다. (같은 책: 27쪽)

如上所说，书写的词在我们的心目中有代替口说的词的倾向，对这两种文字的体系来说，情况都是这样，但是在头一种体系里，这倾向更为强烈。对汉人来说，表意字和口说的词都是观念的符号；在他们看来，文字就是第二语言。在谈话中，如果有两个口说的词发音相同，他们有时就求助于书写的词来说明他们的思想……汉语各方言表示同一概念的词都可以用相同的书写符号。

소쉬르는 분명히 "우리의 연구는 단지 표음체계에만 국한한다. 특히 고대 그리스의 알파벳을 원시형으로 하는 표음체계로 국한한다.(같은 곳)"라고 강조했다. 모든 학자는 다 자기의 연구범위를 자기가 익숙한 대상에 한정하였고, 또 당시 중국이 국제사회에서 갖는 영향력이 미미했기 때문에 서양의 학자가 중국어와 한자의 문제에 관심을 기울일 이유가 없었으므로 소쉬르의 이런 주장에는 논쟁의 여지가 없다. 그런데 문제는 이렇게 "국한한다."고 말한 것이 후대의 언어학자들에게서는 "국한하지 않는다."로 변했다는 데에 있다. 마치 모든 언어의 문자연구가 이 방식을 따라야 하는 것처럼 심지어는 중국의 언어학자들의 경우, 자발적으로 한자를 서양의 알파벳 문자 연구의 이론틀 안에 가두어 버렸다. 여기에서 하나의 편견이 생겼는데, 곧 문자는 모두 기호의 기호라는 관념이다. 우리는 이 책임을 소쉬르에게 돌릴 수 없다. 이런 편견의 책임은 중국의 일부 언어학자들이 전적으로 져야한다.

데리다와 리쾨르가 서양의 문자개념에 대해 비판한 것을 자세히 살펴보면 그들이 "음성중심주의"를 공격하는 무기가 바로 한자로 대표되는 표의문자라는 점을 알 수 있다. 바로 한자가 그들에게 무한한 상상력의 공간을 제공한 것이다. 사실 그들보다 먼저 17세기 독일의 철학자이자 수학자인 라이프니츠Leibniz가 일찍이 한자의 특수한 의미에 주목한 바 있다. 그는 심지어 한자를 기틀로 새로운 공용문자를 설계하려 했다.

따라서 "문자는 기호의 기호이다."라는 편견을 바로잡기 위해서는 저 두 가지 서로 다른 문자 체계를 이해하고 구별해야 한다. 여기서 우리가 중점적으로 다루어야 할 것이 바로 한자인 것이다. 서양의 알파벳문자에 대해서 "기호의 기호"라는 가설은 어느 정도 일리가 있다. 그러나 로이 해리스Roy Harris로 대표되는 서양의 언어학자 중에도 심지어는 이에 대해서까지 강력하게 도전하는 사람도 있다. 나도 이 점에 큰 흥미를 느끼고 있다.

그렇다면, 무엇이 두 가지 서로 다른 문자 체계를 가능하게 했는가? 내가 보기에 두 가지 중요한 원인이 있다.

첫 번째, 인류가 세계를 인지하고 표현하는 방식이 다르기 때문이다.

나는 언어를 "인류가 세계를 인지하고 표현하는 방식과 과정"이라고 정의한 바 있다. 문자에 있어서 두 체계의 차이점은 바로 인지, 표현방식의 차이이다. 인류가 세계를 인식해서 개념을 형성하고 다시 언어로 표현하는 데에는 서로 다른 과정이 존재한다. 표음문자와 표의문자는 이 두 가지 서로 다른 과정을 대표한다. 하나는 곡선처럼 개념에서 출발해 음성의 중개를 거쳐 문자로 표현된다. 다시 말해 개념과 직접 연결된 것은 단어의 독음이고, 다시 문자로 그 독음을 기록하는 것이다. 또 하나는 직선처럼 개념이 직접 문자로 연결되며, 또는 문자를 이용해 직접 개념을 표시하는 것이라고도 말할 수 있다. 음성은 단지 그 과정 중에 없으면 안 될 부가물로, 음성이 없으면 문자가 성립하지 않는다. 첫 번째 곡선의 경우, 문자는 음성에 대해 책임을 지고, 음성만이 개념과 직접 관계를 형성하기 때문에, 이런 문자 체계에서 음성은 1차적인 것이고 문자는 단지 "기호의 기호"일 뿐이다. 역사가 발전하면서 많은 알파벳문자 언어(특히 영어와 프랑스어 같이 비교적 오래된 언어)에서 문자가 이미 독음을 정확하게 반영하지 못해서[24], 대부분의 경우 사람들은 문자의 형상 그대로를 기억하는 방식(예를 들어 laugh, taught와 같은 단어는 우리가 하나하나의 자모를 인식해서 발음하지 않는다)으로 그 독음과 의미를 파악하지만, 여전히 문자가 음성에 속해 있다는 특성을 바꾸지는 못한다. 데리다는 "음성중심주의"를 강하게 공격하면서 심지어는 언어와 문자 중에서 어느 것이 먼저 탄생했는지에 대해서도 의심하고 있다. 그러나 그는 "문자중심주의"로 "음성중심주의"를 대체할 수는 없다고 반복해서 강조하고 있는데, 이는 그의 비판에 충분히 날이 서 있지 않음을 잘 보여준다. 두 번째, 직선의 경우에는 문자가 직접 개념을 표시하고 음성은 부가물이기 때문에, 여기서는 문자가 최소한 음성과 동등하거나 더 우월한 지위에 오르게 된다. 문자는 절대로 "기호의 기호"가 아니며, 오히려 소쉬르의 말처럼 한자는 중국인의 2차적 언어이고, 한자는 중국민족의 사회문화생활에서 (서양 언어의) 음성에 상응하는 작용을 하고 있다. 그래서 천여 년이 넘는 동안 중국의 선조들이 한자를 언어학의 연구 대상으로 삼아온 것이다.

---

24 이 책 6장 6.2 참조.

이런 "두 개의 과정설"을 근대의 학자들이 새롭게 발견한 것이라고 생각하기 쉽지만, 놀랍게도 300여 년 전에 이미 독일의 철학자 라이프니츠가 이와 비슷한 말을 했다.

> 말이라는 것은 분절된 목소리인데, 인간이 사유할 수 있는 기호를 만들어 낸다. 글을 쓴다는 것은 쓴 것을 영속적인 모습으로 종이 위에 남기는 것이다. 중국 문자에서 분명히 알 수 있듯이, 문자가 반드시 소리로 귀결되는 것은 아니다. (Derrida, 위의 책: 147~148쪽에서 재인용)
>
> 言语是通过发出的声音提供思想的符号，书写是通过写在纸上的永久的文字提供思想符号。后者不必与语音相联系，这从汉字中可以看得很清楚。

이런 말에서 알 수 있듯이 우리가 편견 없이 한자의 존재를 정확하게 인식한다면, 이러한 표현에 진리가 포함되어 있음을 깨달을 수 있을 것이다.

두 번째, 문자발생학상의 차이 때문이다.

표의문자와 표음문자의 구분은 문자가 언어를 기록하는 방식을 기준으로 나눈 것이다. 사실 문자는 다른 기준으로 분류할 수도 있다. 발생학적으로도 나눌 수 있다. 발생학적으로 보면, 세계의 문자는 크게 두 가지로 나눌 수 있는데, 하나는 자원문자自源文字이고, 또 하나는 타원문자他源文字이다. 자원문자는 자생적으로 생겨난 것으로, 어떤 민족의 역사발전의 과정 중에 독립적으로 스스로 형성된 문자이다. 타원문자는 차용문자라고도 부르는데, 타민족의 문자 체계를 스스로의 언어에 맞게 개조하여 사용하는 문자이다. 한자는 전형적인 자원문자이다. 자원문자에 속하는 것으로는 고대 메소포타미아와 수메르의 설형문자, 아메리카 중부의 마야문자, 그리고 중국 나시 족의 동파문자 등이 있다. 이를 제외한 다른 문자는 고대와 현대를 막론하고 대부분이 타원문자이다. 고대의 페니키아문자, 그리스문자, 그리고 현대의 라틴자모, 인도자모, 슬라브자모, 아랍자모 등이 있다. 일본어의 문자는 한자를 차용해서

사용할 뿐만 아니라 가나도 한자를 빌려 가공한 것이고, (예를 들어 히라가나의 あいうえおかききくけこ와 가타카나의 アイウエオカキクケコ도 한자 "安以宇衣於加几久计己"와 "阿伊宇江於加几久介己"의 초서체와 해서체를 변형한 것이다.) 한국은 역사적으로 한자만을 사용하던 시기도 있었고, 이두(실사는 한자의 의미를 사용하고 허사는 한자의 한국어 독음을 이용했다.)를 사용하기도 했는데, 1446년에 반포한 훈민정음은 한국민족이 스스로 발명한 것이다. 그러나 이를 자원문자로 보기는 어려운데, 먼저 시기적으로 너무 늦게 나타났고, 다음은 창제과정 중에 중국어와 한자의 영향을 많이 받았기 때문이다. 한글의 초성, 중성, 종성의 구분은 중국음운학의 영향을 크게 받았고,25 합자하여 사각형에 가깝게 쓰는 방식도 한자형식의 영향을 받았다.26

문자를 이렇게 두 개의 분류로 나누고 보면, 사실 분류기준이 다른 표의문자와 자원문자, 표음문자와 타원문자가 결과적으로는 중복됨을 알 수 있다. 자원문자는 모두 의미를 표현(상형문자形意文字, 의음문자意音文字, 표어문자表词文字를 막론하고)

---

25 옮긴이의 말: 중국어가 한자의 독음을 "성모+운모"의 두 조각으로 이해하고 분석한 것과는 달리, 세종대왕은 한국어의 음운구조를 "초성+중성+종성"의 세 조각으로 이해하고 분석했다. (물론 두 조각이든 세 조각이든 "성조"를 중요한 음운학 요소로 보았다.) 2019년 개봉한 어떤 영화(『나랏말싸미』)에서는 범어(인도어)를 유창하게 구사하는 승자가 이 아이디어를 내어 훈민정음 창제에 결정적인 역할을 한 것처럼 묘사했는데, 이는 물론 문학적 픽션이라고 봐야 한다.

　　七音, 즉 牙·舌·唇·齒·喉·半舌·半齒의 조음위치 자질들은 고대 인도의 음성학에서 온 것으로 역시 前揭한 鄭樵의 '七音略序'에 "七音之源起自西域 流入諸夏 梵僧欲以教傳之天下 故為此書"라는 기사가 있어 佛經과 함께 古代印度의 調音音聲學이 중국에 유입되었음을 말하고 있다. (정광, 『훈민정음의 사람들』, 제이앤씨, 2006, 52쪽)

　　위 인용문에서 알 수 있듯이, 훈민정음을 창제하던 시기의 세종대왕 및 당시의 조선 언어학자들은 중국을 통해 들어온 인도의 음성학에 대해 자세하게 이해하고 있었을 것이고, 이러한 음성학과 중국의 음운학에 기반하여 당시의 한자음에 독음을 다는 방식에 대한 치밀한 연구 중에 "초성+중성+종성(+성조)라는 천재적인 방식을 고안한 것으로 이해해야 한다.

26 옮긴이의 말: 훈민정음이 직선을 위주로 하는 점은 한자 특히 해서체의 영향이라고 봐야 한다. 세종대왕은 분명히 한자의 고문자와 예변(한자가 전서체 등 곡선 위주의 형태에서 해서체 등 직선 위주의 형태로 변화하여 전달력이 높아진 과정과 그 결과) 이후의 한자가 갖는 형태적 특징과 전달력의 차이에 대해 정확하게 이해하고 있었을 것이고, 따라서 훈민정음의 문자형태도 발음기관을 모방하되 최대한 직선으로 표현하고자 했을 것이다. 실제로 훈민정음에는 ㅇ(이응)을 제외하면 곡선이 전혀 없다. 이응도 완벽한 원이어서 쓰기도 쉽고 다른 문자와 구별하기도 쉽다. 이 점은 범어, 팍스파, 티베트의 문자가 곡선을 위주로 되어 있는 점과 확연히 다르다.

하고, 타원문자는 모두 음성을 표현한다. 이러한 발견은 중요한 의미를 갖는다. 첫 번째, 이를 통해 우리는 알파벳문자를 사용하는 언어에서 문자가 어째서 기호의 기호일 뿐인지를 알 수 있다. 이런 문자는 모두 타원적이어서 자기 민족이 세계를 인지하고 표현하는 방식이 아니고, 타민족이 세계를 인지하고 표현하는 부호를 빌려온 것이기 때문이다. 처음 이런 기호를 사용한 민족에게 이 부호는 아마도 1차적인 것이어서 세계에 대한 인지를 직접 반영했을 것이다. 빌려온 민족에게 있어서 입말은 자기 민족이 세계를 인지하는 대로 말하지만, 빌려온 기호는 자기 민족 언어의 음성을 기록하는 데에만 사용하였을 것이다. 따라서 이는 2차적인 것이 될 수밖에 없어 기호의 기호가 된 것이다.

두 번째, 이런 결과는 우리가 또 다른 편견을 수정할 수 있게 해준다. 그 편견은 바로 언어기호와 의미 사이에 있다는 자의성이다. 언어기호는 언어와 문자를 포함한다. 타원문자를 사용하는 언어에서는 문자와 의미 간에 별다른 직접적 연계가 없다. 음성과 의미 사이의 연계에도 한계가 있다. (의성어 정도에만 있다.) 따라서 여기에서의 "자의성"은 기본적으로 성립한다고 볼 수 있겠다. 그러나 자원문자를 사용하는 언어에서는 자원문자가 모두 표의문자이기 때문에 문자와 의미간의 연결은 자의적이지 않고 필연적이다. 따라서 자의성은 알파벳문자 언어에만 적용할 수 있고, 중국어에는 적용할 수 없다.

세 번째, 이는 우리에게 중국어가 일반언어학 연구에서 차지하는 의의를 더 명확히 느끼게 해준다. 위와 같은 구분에서, 중국어는 표의체계문자의 유일한 대표일 뿐 아니라 자원문자의 유일한 대표이기도 하니, 어떤 일반언어학 이론이 중국어의 상황을 충분히 고려하지 못한다면 그것은 전면적이고 완성적인 것이라고 볼 수 없기 때문이다. 아리스토텔레스가 문자는 "기호의 기호"라고 말했는데, 그가 고려한 것은 타원문자인 고대 그리스의 문자였으므로 당시에는 그 말이 틀렸다고 볼 수 없다. 그에게 한자나 고대 이집트의 문자를 연구했어야 한다고 요구할 수는 없기 때문이다. 하지만 아리스토텔레스를 시작으로 20세기까지 형성된, 음성을 중시하고 문자를 경시하는 태도는 분명히 너무 편견에 빠져 있다.

3.2.3. 중국 고대의 한자중심 연구는 언어연구라고 볼 수 있는가
中国古代以文字为中心的研究是不是语言研究？

위에서 제기한 두 가지 문제에 답변이 되었다면, 우리는 사실 이 문제에도 답변할 수 있다. 문자가 언어에 속한다면, 또 문자가 언어의 부속물이 아니고 독립적으로 중요한 지위를 가지고 있다면, 우리는 문자를 중심으로 한 중국의 고대 한자학 연구 역시 언어학 연구라고 자신 있게 말할 수 있을 것이다. 한자학 연구의 찬란한 성과들이 바로 중국 고대 언어학자들이 세계 언어학 연구에 크게 기여한 공헌이다.

그러나 이를 따라 오는 문제들은 그렇게 간단하지 않다. 중국 고대의 한자학 연구가 언어학 연구라면, 다음과 같은 질문에 답할 수 있어야 한다.

첫 번째, 우리는 중국 고대의 언어연구도 세계 언어연구의 전통 중 하나라고 인정할 수 있는가? 인류언어연구의 풍부한 유산이라고 볼 수 있는가?

두 번째, 중국의 고대에는 어째서 세계의 다른 지역(예를 들어 인도나 유럽)과는 확연히 다른 언어연구의 전통이 형성되었는가? (이러한 문제들은 두 가지 방면에서 생각해볼 수 있다. 하나는 중국에는 어찌하여 서양과 같은 어법연구의 전통이 없었는가? 또 하나는 서양에는 어찌하여 중국과 같은 문자 · 음운 · 훈고에 대한 연구가 없었는가?)

세 번째, 한걸음 더 나아가서, 중국과 서양의 언어연구 전통이 다른 것은 분명히 언어의 유형이 다르기 때문일 터인데, 그렇다면 서로 다른 언어유형은 서로 유형이 다른 언어학을 초래하는가?

네 번째, 만약 고대 중국과 서양이 두 가지 언어학 연구 전통을 대표한다면, 오늘날 그것들은 서로 통합될 수 있는가? 통합되어야 하는가? 어떻게 통합될 수 있는가? 어떻게 해야 자기의 전통을 버리지 않으면서 다른 이의 장점을 흡수할 수 있는가?

마지막으로 다섯 번째, 『마씨문통』 이래로 서양 언어학의 영향하에 형성된 중국어 연구의 "새로운 전통"을 어떻게 정확하게, 전면적으로 이해해야 하는가? 그런 "새로운 전통"이 어떻게 전통을 버렸고 어떻게 계승했다고 합리적으로 평가해야 하는가? 나는 위의 여러 문제들에 대해 현대 중국의 중국어학자들이 책임감을 가지고 고민하고 스스로의 해답을 내놓아야 한다고 생각한다.

선배 세대의 언어학자들이 우리를 위해 먼저 모범이 되어주었다. 평생 어법연구에 종사하면서 "중국어 교육용 잠정 어법체계暫擬汉语教学语法系统"와 "중등교육 어법체계 요강(시용) 中学教学语法系统提要(试用)"의 초안을 작성한 장즈궁张志公이 이러한 문제에 답변한 글로 이 장을 마무리하고자 한다.

마건충 이전의 중국에는 어찌하여 체계적인 어법, 어법학, 어법저작, 어법연구가 없었는가? (여기서 "어법"이라 함은 우리에게 익숙한 품사, 문장성분, 단문, 복문 등을 일컫는다.) 고대의 그리스나 인도에는 일찍이 기원전 몇 세기부터 이미 그들의 어법학이 있었다. 그런데 어째서 인문이나 공예는 세계적인 수준이었던 중국에서만 이런 어법학이 발생하지 않았는가?

나는 중국인이 필요성을 느끼지 못했기 때문에 연구하지 않았고, 따라서 그런 학문분야가 발생할 수 없었다고 생각한다. 한발 더 나아가서 묻는다면, 중국인은 어째서 그 필요성을 느끼지 못했을까? 아래는 아직 성숙하지 않은 나의 추론이다. 언어의 여러 요소 중, 언어적 사실 자체든 언어의 의사소통 기능이든 가장 중요한 구성요소는 어휘지 어법이 아니다. 언어의 기능은 정보교류 혹은 감정표현에 있다. 이러한 "정보"와 "감정"의 매개가 바로 어휘이다. 이러한 인식과 분석은 어떤 언어든 마찬가지이다. 그런데 중국어의 특징 때문에 이런 인식과 분석은 더욱 중요하다. ……

많은 사람들이 음성, 어휘, 어법을 언어의 3대 요소라고 병립해서 나열하지만, 나는 이러한 생각에 대해 의구심을 가지고 있다. 나는 이 셋이 같은 층위에 있다고 생각하지 않는다. 첫 번째 층위에 어휘가 있다고 생각하는데, 이는 개념과 사상의 물질적인 기초이자 정보의 저장장치이다. 두 번째 층위는 음성과 문자이다. 이 둘이 언어의 의사소통과정을 현실화하는데, 음성은 입말에서 문자는 글말에서 사용된다. 근대에 들어서 언어연구자들이 문자를 경시하는 경향이 있지만, 사실 문자의 창조는 인류에게 첫 번째 정보기술의 혁명이 되었고, 이는 언어의 표현기능을 획기적으로 강화한 것이었다. 이 효능은 실로 계산하기조차 어려운 것이어서, 사람들은 이를 측량조차 못 한다. 언어의 세 번째 층위가 어법이다. 어휘가 있으면 조합이 필요하고 당연히 조합의 법칙이 필요하다.

어휘와 문자가 언어의 각 요소 중에서 중요한 지위를 차지하기 때문에, 더구나 중국어에는 형태를 통해 복잡한 어법을 표현하는 일이 없기 때문에 중국의 고대 학자들은 그들의 주의력을 가장 중요한 방면(문자와 훈고)에 집중한 것뿐이다. 중국의 학자들은 처음부터 언어의 비교적 깊은 층위에 집중한 것으로 이는 훌륭한 안목이면서 세계적으로도 아주 앞선 것이다. 중국 고대의 한자학과 훈고학은 독특하고 완성된 이론, 방법과 체계를 형성하고 있었다. 이는 그리스, 인도와 함께 초기 세계 언어학 연구의 3대 중심지로 꼽을 만한 것이다. 후한 시대 이후로 불경번역 사업 때문에 중국에서 음운학이 크게 발전했다. 최근 100여 년에야 서양의 어법학이 들어온 것뿐이다. (장즈궁, 1990: 137~138쪽)

为什么在马建忠以前中国没有系统的语法、语法学、语法著作、语法研究？（这个"语法"，就是我们现在熟悉的：词类，句子成分，单句，复句等等。）古代的希腊，印度，早在纪元前几世纪就有了他们的语法学。而我们中国，人文工艺都曾经领先于世界，为什么独独中国没有产生过这样的语法学？

我想，是因为中国人一直没有感觉到需要，所以就不去研究它，所以就不可能产生这样的学科。如果进一步问：为什么我们没感到这样的需要呢？以下就是我的一些不成熟的看法和推论。我认为语言诸要素当中，无论针对语言事实本身、还是针对语言所体现的交际功能来说，第一位的因素是语汇，而不是语法。语言功能，无非是交流信息，或者说表情达意。这"信息"和"情意"的载体，正是语汇。这种认识和分析，应该适用于任何一种语言。而汉语由于自身的特点，这种认识和分析显得尤为重要。……

大家都把语音、语汇、语法并列为语言的三要素。我对这个提法表示怀疑。我认为这三者并非处在同一平面上。我认为第一个层面，这是概念、思维的物质基础，是信息的载体。第二个层面是语音和文字。此二者把语言的交际过程现实化，前者形于口语，后者成为书面语言。近年来，研究语言有忽视文字的倾向。其实文字的创造可以看作是人类的第一次信息技术革命，它极大地扩大和加强了语言的表达功能，其效果是难以衡量、计算的。人们对此往往估计不足。语言的第三个层面是语法。有了语汇，总还要组合，这就要讲组合的法则，这就产生了语法。

由于语汇、文字在语言诸要素中的地位很重要，更由于汉语缺乏通过形态来表现的相当复杂的、外在的语法条例和规则，所以我国古代学者把注意力集中在最迫切需要的方面，搞起了文字训诂之学。我国学者一开始就把注意力集中于语言较深的层面，这是很有眼光的，至今仍然领先于世界。我国古代文字训诂之学形成了独特完整的理论、方法和体系，与希腊、印度一起，形成早期世界语言学的三个中心。两汉以后，由于翻译佛教经典的推动，又搞起了音韵之学。近百年来，才引进了西方的语法学。

그의 관점에 동의하지 않을 수는 있지만, 이러한 반성적 사고에는 탄복하지 않을 수 없다. 이런 정신이야말로 중국의 언어학과 각 분야의 사업이 끝없이 발전할 수 있는 동력일 것이다.

제4장 "한자"와 Word의 대응성
"字"与Word的对应性

4.0.

1990년대 이후로 몇 명의 학자가 앞뒤를 다퉈가며 "한자본위"의 관점을 제시했다. 자세히 살펴보면 이들 학자의 관점은 대체로 비슷하면서도 몇 가지 점에서 작은 차이를 보인다. 이 "작은 차이" 중에서 어떤 것은 관건적이고 근본적이다. 그중 대표적인 것은 "한자"에 대한 정의이다. 만약 "한자"에 대한 정의가 일치하지 않는다면, 지지하는 사람과 반대하는 사람도 그 근거가 흔들리게 된다. 그래서 루젠밍陆俭明은,

> 새로운 사고방식, 새로운 이론, 새로운 학설이나 새로운 방법을 제시하고자 한다면, 먼저 자기가 사용하는 개념과 술어에 대해서 반드시 명확한 정의를 내려야 한다. 이는 과학적인 학술태도가 스스로 요구하는 것이다. 만약 그렇게 하지 못한다면, 그 이론적 관점의 명확성이 영향을 받게 되고, 다른 사람이 그 사고와 이론, 학설과 방법을 이해하는 데에 방해가 된다. (루젠밍, 1998: 15쪽)
>
> 当提出一种新思路、新理论、新学说、新方法时，一定要对自己所使用的新的概念、新的名词术语加以明确的定义。这是科学本身所要求的。如果不能做到这一点，就会影响自己的理论观点的明确性，就会影响人们对自己的思路、理论、学说、方法的理解。

라고 말했는데, 이러한 요구는 정당하고 합리적이다. 그가 쉬퉁창徐通锵의 한자에 대한 해석이 모호하다고 한 것은 일리 있는 지적이다. 예를 들어 쉬퉁창이 "한자"가 어떤 때는 하나의 음절이 아닐 수 있다며 "不服", "惊心动魄" 같은 말을 하나의 "한자"로 본 것은 "한자본위"학설에 이롭지 않다. 또 어떤 학자들은 자기의 생각을 명확히 말하지 못했는데, 예를 들어 청위민程雨民은 원래 자기의 체계를 "중국어 한자기초어법汉语字基语法"이라고 불렀기에, 사람들은 그가 "한자본위"를 주장한다고 생

각했다. 그런데 그는 최근에 아래와 같이 명확하게 얘기했다.

나는 『중국어 한자 기초어법』에서 중국어가 형태소 층위에서 이미 문장을 구성
한다고 주장했다. 이는 유럽의 언어가 반드시 먼저 단어를 구성하고, 다시 단어의 기
초 위에 문장을 만드는 것과 다르다. 그래서 정확한 호칭은 "형태소를 기초로 하는
어법"이 되어야 한다. 그런데 이 말은 너무 복잡하고, 또 일반인은 "형태소"라는 용
어가 익숙하지 않은 데다, 중국어에서는 대부분의 형태소가 1음절이기 때문에 이것
이 "한자"의 특징과 같아서 이를 "한자 기초어법"이라 명명한 것이다. 그러나 내가
여기서 말한 "문자"는 여타의 "음성과 의미의 결합체"와 비교해서 한자를 표기하는
방법이 가진 상징적 의의(예를 들어 "明"이 "日"과 "月"의 빛을 말한다는 등)와는 아
무런 관계도 없다. 이렇게 말할 때의 "문자"는 형태소의 대명사라서 2음절과 다음절
을 포함하는 음성-의미 결합체의 최소단위를 말한다. 예를 들어 鸚鵡앵무새, 玛瑙마
노, 巧克力초콜릿가 모두 하나의 "문자"이다. (청위민, 2001: 36쪽)

我们在『汉语字基语法』一书中讲的是汉语在语素的层次上就开始造句, 不同于
欧洲语言必须先构成词, 然后再在词的基础上造句。所以, 正确的称呼应该是"以语
素为基础的语法"。但这称呼太拗口, 而且一般人不熟悉"语素"这术语, 所以利用汉
语中绝大多数语素为单音节, 等同于"字"的特点, 姑且称之为"字基语法"。但必须强
调这里的"字"是就其代表"音义结合体"而言的, 与字的写法所象征的意义, 如"明"表
示日、月的光照等, 毫无关系。我们这里的"字"既然是语素的代用名称, 所以也包
括双音节和多音节的最小音义结合体, 例如鹦鹉、玛瑙、巧克力都算一个"字"。

이런 생각은 "한자본위"를 주장하는 다른 사람의 생각과 거리가 있다. 그래서 나
는 그의 생각을 "형태소본위"라고 명명하겠다.

"한자"를 언어연구의 본위로 주장하려면, "한자"의 정의에 대한 일반인과 전문가
의 이해가 어느 정도 비슷해야 한다고 생각한다. 그렇지 않다면 차라리 다른 명칭을
사용하는 편이 낫다. 그래서 나는 "한자"는 곧 "한자"라고 말한다. 즉, 형태와 음운

과 의미가 결합된 "한자"를 말하는 것이다. "한자"를 말하고자 한다면, 한자의 "형태"라는 요소를 배제할 수 없다. "음운과 의미의 결합"만 얘기하고 그 음운과 의미가 "표현되는 형태", 즉 한자라는 형상을 말하지 않는다는 것은 있을 수 없는 일이다. 예를 들어 말하면, "汉字"는 분명히 두 개의 "한자"이다. 그러나 누구도 중국어 병음의 "han", "zi"를 두 개의 "한자"로 보지 않는다. 어떤 점에서, 한자의 형태를 제외하고 "한자"에 대해 얘기하는 것은 어느 정도 개념을 바꿔치기한 것이다. "한자"의 영역은 일반적으로 "Chinese character"이지만, 한자의 정통성과 학술용어의 전문성을 살리기 위해 나는 이것을 "Sinigram"으로 번역하고자 한다.

각종 "본위"이론 중에서 "한자본위"는 특수한 의미를 갖는다. "형태소본위", "품사본위", "문장본위", "구문본위", "절본위", "복수본위" 등의 다른 "본위"는 어법을 연구하는 출발점으로서의 기본단위로, 내가 앞에서 얘기한 "본위"의 첫 번째 함의에 해당된다. 그러나 "한자본위"가 주장하는 "한자"는 "어법구조의 기초단위"일 뿐 아니라, "언어구조의 기본단위"이므로 "한자"를 본위로 연구하는 것이 어법문제뿐 아니라 음운, 의미 등의 각 층위를 포함하는 언어 전체의 문제가 되길 희망한다. 이는 "본위"의 세 번째 정의를 감안한 것이다. "한자본위"는 따라서 앞에서 얘기한 각종 본위들과는 같은 층위에서 논의되지 않으므로 비교할 수도 없다.

"한자본위"의 대척점에 있는 것은 "단어본위"뿐이다. "한자본위" vs. "단어본위"의 핵심문제는 "어법연구"를 "한자"에서 출발해야 하는가, "단어"에서 출발해야 하는가 하는 것이 아니고, 전체 중국어의 연구를 과연 "단어"를 기본단위로 삼을 것이냐, "한자"를 기본단위로 삼을 것이냐 하는 문제인 것이다. 따라서 이는 어법문제라고 하기보다 언어유형학의 문제라고 부르는 것이 나을지도 모르겠다. 또 이 "본위"는 "기본단위(basic unit)"라고 하기보다는 "근본단위(fundamental unit)"라고 말하는 것이 좋겠다.

이런 의미에서 "한자본위"설은 언어연구의 방법론적 의의뿐 아니라 언어연구의 본체론적 의의를 지닌다고 보아야 한다. 이는 중국어 연구의 과제이면서 동시에 일반언어학 연구의 과제이기도 하다. 따라서 이 문제에 대한 연구는 중국어에 한정지을 것이 아니라 일반언어학에서 출발하고 언어대조에 착안해서, 혹은 저들이 좋아하는 "언어의 보편성"에서 시작해야 한다. 구체적으로 말해서 나는 영어의 "word"를 이러한 고찰의 출발점으로 삼고자 한다. (나는 영어를 인도-유럽어의 대표로 보고 주로 영어와 중국어를 대조하는 방법으로 논의를 전개하고자 한다. 영어 외의 다른 인도-유럽어의 예도 간혹 사용했다.)

4.1. Word는 영어 연구의 본위
Word是英语研究的本位

영어의 Word를 영어 연구의 본위라고 말해도 이를 반대하는 사람은 없을 것이다. 영국의 유명한 언어학자 존 라이언스John Lyons는,

The word is the unit *par excellence* of traditional grammatical theory. (전통어법이론에서 단어는 가장 중요한 단위이다.) (Lyons, 1968: 194쪽)

라고 말했다. 그는 프랑스어 *par excellence*를 이용해 단어의 중요성을 강조했다. 전체 영어 연구의 역사에서 word의 지위는 항상 가장 높았다. 『요한복음』 1장 1절은 "태초에 말씀이 있었다."이다. 여기서 "말씀"의 그리스어 원문은 logos(λογοϛ)인데, 4~5세기의 라틴어 번역에서는 이것을 Verbum이라 했고, 그 이후 각 언어의 번역본이 나타났다. 16세기(1534년) 독일의 마틴 루터(Wort)와 17세기(1611년) 영국의 King James Version(Word), 그리고 20세기 일본어는 각각 Wort, Word, "言"까지 모두 "단어"라는 말을 사용했다. (야오샤오핑姚小平, 1992: 581쪽과 주석) 이 문장을 영어에서는 "In the beginning there was the word"라고 표현하는데, 400여 년에 이르는 동안 이 표현이 계속해서 사용된 것이다. 종교가 유럽에서 가지는 역량까지 감안해야만 Word가 사람들의 마음속에 자리 잡은 무게를 추정할 수 있다.

문화적 측면뿐 아니고 실제 언어연구에서도 단어의 지위는 마찬가지이다. 영어의 의미연구는 단어를 본위로 하는데, 영어사전의 연구는 세계적으로 유명해서 1755년 사무엘 존슨Samuel Johnson 박사가 영어사상 첫 번째 사전을 출판했고, 1857년부터 1928년까지 70여 년 동안 편찬한 『Oxford English Dictionary』 13권에는 45만 개의 단어를 수록했으며 1986년에 4권, 6만 5천 개의 단어를 추가했는데, 사람들은 이

를 세계 최고의 사전으로 부른다. 이 사전이 수록한 것이 바로 "단어"이다. 영어의 독음연구도 단어를 본위로 한다. 다니엘 존스Daniel Jones가 편찬한 『Everyman's English Pronouncing dictionary』는 1917년부터 1977년까지 14판을 출간한 영어학습의 권위작이다. 이 사전 역시 "단어"의 발음을 수록했다. (여기까지 쉬궈장許国璋, 1988 참고) 어법 층위에서는 더 말할 것도 없이, 고대 그리스에서 시작되어 천 년이 넘는 어법연구가 모두 "단어-품사"본위로 되어 있고, 19세기 말에야 문장본위 이론이 나왔으나 문장분석의 결과(문장성분)도 단어에서 구체화되었다. 20세기 30년대부터 미국의 기술주의언어학이 인디언의 언어 등을 연구하면서 형태소본위를 사용했지만, 구조주의의 방법으로도 역사와 문화가 있는 영어 같은 언어를 연구할 때는 다시 단어본위로 회귀했다. 변형생성언어학도 초기에는 통사론을 언어연구의 중심에 두었으니, 단어의 지위가 더욱 중요해진 것은 당연하다. 훗날 형태론이 중시되었으나 형태론도 단어에서 시작해 하위로 분석대상을 넓힌 것이다. 그래서 이런 이론을 "단어기초론(word-based theory)이라고 불렀다. (Aronoff, 1992: 8쪽) 그렇기에 우리는 오늘날까지의 영어 연구가 "단어본위"를 벗어난 적이 없다고 말할 수 있다.

4.1.1. 단어는 영어의 천연단위
词是英语的天然单位

"천연단위"라는 것은 가장 간단하면서도 합리적인 이유이다. 나는 천연단위를 언어연구의 출발점으로 삼지 않고 왜 어렵게 분석해서 나온 어떤 것, 그것도 논쟁의 여지가 많은 어떤 단위를 기본단위로 삼는지 이해할 수가 없다. 영어에서 형태소와 구절은 분석하여 찾아낸 것이며 확정적이지 않은 단위이기 때문에 "본위"가 될 수 없다.

구절은 기본단위가 될 수 없다. 사실상 언어연구에서 어느 누구도 구절이 기본단위가 될 수 있다고 주장하지도 않았다. 즉, 이 문제는 토론할 필요조차 없다.

형태소도 기본단위가 될 수 없다. 형태소는 천연적인 단위가 아니고, 분석의 결과로 얻어진 단위이기 때문이다. 형태소를 분석해내기 위해서는 훈련을 받아야 한다. 일반인이 한눈에 알아볼 수 있는 것이 아니다. 사실상 어떤 형태소들은 언어학자들 조차도 명확히 말하기 어렵다. 예를 들어 conceive, deceive, perceive, receive에 들어 있는 -ceive와 contend, distend, pretend에 있는 -tend와 adduce, conduce, deduce, induce, produce, reduce에 있는 -duce 등은 전치사도 후치사도 아니고 마치 어근처럼 보인다. 그러나 그 의미는 아주 모호한데, 특히 cranberry의 cran-(straw-berry, blackberry 등과 비교해보면)은 영어 어휘 전체에서 딱 한 번 출현한다. 이런 것들을 형태소라고 말한다면 매우 억지스럽다. 아마도 어쩔 수 없어서(블룸필드, 1933: 186쪽, 194쪽 참조) 형태소로 처리했을 것이다. 이런 방식으로 단어를 분석하는 것은 전통어법에서 단어의 하위구조를 분석하는 과정에서 얻어진 것이다. 미국의 구조주의 언어학의 경우는 발화(Utterance)에 절차발견(Discovering Procedures)과 분포이론(Distribution Theory)을 운용하는 과정에서 절편분할(Segmentation)로 얻어진 것이다. 즉 형태소는 언어연구의 "결과"이다. 형태소를 "본위"라 일컫는 것은 사실상 결과와 원인을 도치시킨 것이며, 결론을 서론의 자리에 놓은 것이다.

그 외에도 기본단위로 취급될 가능성이 있는 단위로 음성音素[27](sound)이 있다. 그러나 음성 역시 분석의 결과로 얻은 것이다. 전통어법에서 음성은 낱소리语音(phone)를 분석하여 얻은 결과이고, 구조주의언어학에서는 음성을 말하지 않고 오로지 음소音位(phoneme)만을 말하고 있으니 역시 음성 혹은 다른 절편(segment)을 분석하여 얻어진 결과임을 알 수 있다. Sound는 "최소단위"이지만, 아주 낮은 층위에 있어서 언어에서의 중요성을 단어와 비교할 수 없다.

영어의 또 다른 천연단위는 문장이다. 그러나 첫째, 문장이라는 단위는 너무 커서

---

[27] 옮긴이의 말: 중국어 문장은 당연히 한자를 사용하고, 우리말도 한자어를 많이 사용한다. 많은 경우에 이는 한국 사람이 중국어를, 중국 사람이 한국어를 배울 때 훌륭한 무기가 되어주지만, 한자의 조어능력이 워낙 탁월하다보니 같은 함의의 말을 서로 별도로 조어하면서 이것이 역으로 서로를 불편하게 만드는 경우도 있다. 예를 들어, "sound"라는 영어 용어를 한국어는 "음성"이라고 번역했지만, 중국어는 이를 "音素(음소)"라고 번역했다. 이 "音素"는 마침 한국어에서 "음소"라고 번역한 영어의 "phoneme(중국어에서는 '音位')"와 한자가 똑같아서, 배우는 사람이 적응하기 어렵다. 독자의 이해를 돕기 위해, 책의 말미에 한국어-중국어-영어 순으로 되어 있는 용어 색인을 첨부했다.

"가장 작다."는 기본단위의 조건에 맞지 않고 둘째, 문장은 단어가 구비한 만큼의 기본단위로서의 다른 조건을 갖추지 못했다.

4.1.2. 단어는 영어사용 민족이 세계를 인식하는 기본단위
词是英语民族认识世界的基本单位

『성경』에 언어의 기원에 대한 전설이 있다. 『창세기』에 두 군데가 있는데, 하나는 제1장에,

> 땅이 혼돈하고 공허하며 흑암이 깊음 위에 있고 하나님의 영은 수면 위에 운행하시니라. 하나님이 이르시되 빛이 있으라 하시니 빛이 있었고, 빛이 하나님이 보시기에 좋았더라. 하나님이 빛과 어둠을 나누사, 하나님이 빛을 낮이라 부르시고 어둠을 밤이라 부르시니라. 저녁이 되고 아침이 되니 이는 첫째 날이니라. 하나님이 이르시되 물 가운데에 궁창이 있어 물과 물로 나뉘라 하시고, 하나님이 궁창을 만드사 궁창 아래의 물과 궁창 위의 물로 나뉘게 하시니 그대로 되니라. 하나님이 궁창을 하늘이라 부르시니라. …… 하나님이 자기 형상 곧 하나님의 형상대로 사람을 창조하시되 남자와 여자를 창조하시고, 하나님이 그들에게 복을 주시며 하나님이 그들에게 이르시되 생육하고 번성하여 땅에 충만하라, 땅을 정복하라, 바다의 물고기와 하늘의 새와 땅에 움직이는 모든 생물을 다스리라 하시니라. (창세기 1장 2절~8절, 27~28절)

그런데 『창세기』 2장에는 하나님이 천지만물을 창조한 후에 진흙으로 남자를 만들어 이름을 아담이라 했다고 나온다. 하나님이 동물과 식물 등을 아담 앞에 가져다 놓고 아담이 그들을 어떻게 부르는지 보았다고 했다. 아담이 그들을 뭐라고 부르면, 그것이 곧 그들의 이름이 되었다.

이 두 얘기를 보면, 서양민족(영어민족을 포함해서)이 보기에 세계는 "이름 짓기"

로 창조된 것이다. 천지만물을 창조한 것은 당연히 하나님이지만 인류가 그 최후의 과정에 참여했으며, 세계를 우리가 현재 이해하는 세계로 만든 것이다. 여기서 "이름 짓기"는 아주 중요한 역할을 한다. 그런데 이름 짓기는 대체로 단어를 이용하게 된다. 이 점에 대해서 영국의 유명한 언어학자 트렌시Trency 주교는 하나님이 인간에게 준 것은 word뿐 아니라 reason도 있다고 말한다. 왜냐하면 이 두 단어의 고대 그리스어 어원은 하나(바로, "logos"!)이기 때문이다. 인류는 창조되면서부터 이름을 얻었고, 또 이름 짓는 능력을 얻었다. 현실세계에서 이것은 바로 인류가 단어와 구절을 통해 사상을 포용하는 능력이다.

단어와 구절이 인류의 세계인식을 반영하기 때문에, 트렌시 주교는 단어와 구절을 분석함으로써 조상들의 사상을 이해할 수 있다고 보았다.

> 언어는 "화석화된 서사시"이다. 이 말은 우리가 어느 민족의 서사시를 찾을 때, 시나 시적 함의가 담긴 풍속, 습관, 신앙 등을 찾을 필요 없이 많은 단어에 응집되어 있는 서사를 찾으면 된다는 뜻이다. 그 안에는 충만한 시상과 상상력이 포함되어 있다. 이런 단어를 관찰하면, 많은 자연사물과 추상사물 사이에 깊은 연상작용이 일어나는 것을 발견할 수 있고, 그에 대한 묘사는 그에 상응하는 형식과 실체를 갖추게 할 수 있다. 이런 단어에 담긴 인상은 너무 자주 사용되기 때문에 우리가 보기에 평이하고 간단해 보이지만, 당시에 이런 연결을 발견하고 새로운 단어로 혹은 옛 낱말의 새로운 뜻으로 이름을 지어준 것은 하나의 훌륭한 서사시이다. (Trency, 1904: 6쪽)

> 语言是"化石的诗", 这就是说, 我们要寻找一个民族的诗, 可以不必只通过诗歌或者富有诗意的风俗、习惯、信仰等等, 许多单个的词就凝聚了一首首诗, 其中充满了诗意和想象力。观察这些词, 你就会发现许多自然事物与抽象事物间的深刻联想, 并把对它们的描述巧妙地赋予相应的形式和实体。这些词的意象由于运用得太频繁, 现在看来也许已平淡无奇, 但对当时首先发现这一联系, 并用造新词或赋旧词以新义的人来说, 这却是了不起的一首诗。

이를 위해 트렌시 주교는 『단어와 구절의 연구』라는 책도 썼다. 이 책 속 "단어와 구절에 나타난 서사시", "단어와 구절의 도덕성", "단어와 구절의 역사", "신조어의 탄생" 등의 장에서 우리는 어휘와 문화의 관계에 대한 많은 힌트를 얻을 수 있다.

서양의 현대 언어철학에는 언어와 세계의 관계에 대한 두 가지 관점이 있다. 그중 언어반영론은 언어가 거울처럼 피동적으로 객관적인 세계를 반영한다고 이해하고, 언어결정론은 인류가 언어를 통해 세계를 분류하고 인류가 인식한 세계를 건설한다고 인식한다. 하지만 어떤 관점에 동의하든 세계를 인식하는 기준점으로 단어를 말하는 것에는 차이가 없다. 미국의 유명한 철학자 퀸Willard Van Orman Quine은 "교류"의 각도에서 출발하여 "문장"이 영어의 기본단위라고 강하게 주장했다. "Ouch" 같은 감탄성 단어도 "Red", "Square" 같은 일반적인 단어도 모두 문장으로 볼 수 있다는 것이 소위 "독립어구문(One-word-sentence)"이다. (Quine, 1960: 9쪽) 그러나 구체적인 논술에서 그는 스스로 하나의 날카로운 모순을 발견했다. 즉, 사람이 문장을 배울 때는 아마도 한 문장 전체를 그대로 받아들이지만, 문장을 말할 때는 부품(곧 단어)을 조합해서 문장을 만든다는 것이다. 그래서 어린아이는 "문장"을 배우지만, 점차 자라면서 "단어"를 배우게 된다는 것이다. 그는 나아가 사람이 단어를 학습하는 3가지 방법을 제시하기도 했다. (1) "문장" 전체를 흡수 (2) 문맥(context)에서 "대체(substitution)"하는 방식을 통한 학습인데, 대부분의 전치사나 연결사는 이런 방식으로 배우게 된다. 실사에도 이런 경우가 있다. 예를 들어 영어의 "sake" 같은 경우이다. (3) 표현하고자 하는 대상에 대한 묘사를 통해 학습하기도 한다. 예를 들어 "Molecule(분자)" 같은 단어가 그렇다. 이렇게 그가 "문장본위"라고 주장한 것은 멀리 한 바퀴를 돌아 다시 "단어본위"로 돌아왔다.

4.1.3. 단어는 언어 각 층위연구의 교차점
词是语言各个平面研究的交会点

"한자본위"에 반대하는 사람들은 종종 "한자"는 글쓰기의 단위이고, "단어"는 어법단위이므로 두 가지는 서로 비교가능성이 없다고 말한다. 나는 일부 학자들이 "한자"가 무엇이고 "단어"가 무엇인지를 제대로 이해하지 못하고 있기 때문에 이런 시각을 갖게 되었다고 생각한다. 단어를 어법단위로만 이해하는 것은 단편적이다. 사실상 "단어", 최소한 word는 어법단위이기만 한 것은 아니다. 영어의 기본구조단위로서 이 단위에 영어 연구의 각 층위가 교차되어 있다.

Word란 무엇인가? 이 정의는 사실 쉽지 않다. 긴 세월 동안의 역사를 통해 영어학자들, 예를 들어 라이언스Lyons나 마튜스Matthews 등은 영어의 단어가 "삼위일체"의 특징을 가지고 있다는 것을 발견했다. 즉 영어의 word라는 명칭에 3개의 함의가 있다는 것인데, "음운단어音韵词" 혹은 "문자단어文字词(Phonelogical or Orthographical Word)", "어법단어语法词(Grammatical Word)", 그리고 "어휘단어词汇词(Lexeme)"가 그것이다. 이들은 다시 음운音韵 혹은 문자文字(Phonology or Orthography), 어법语法(Grammar)과 어휘词汇(Lexicon)연구의 기본단위가 된다. 음운단어(글말에서는 문자단어)는 듣거나 볼 수 있는 단어의 형식이고, 어휘단어는 사전에 등재되는 단어이며, 어법단어는 어법의 필요에 따라 변화가 발생한 단어를 일컫는다. 예를 들어 dies, died, dying, die 등은 모두 어휘단어 DIE의 어법단어이다. 인도-유럽어족의 각 언어들마다, 사전에 등재되는 어휘단어의 형식은 서로 다르다. 영어와 프랑스어 및 이탈리아어는 동사를 사전에 등재할 때 부정형不定式形式을 사용하지만, 라틴어는 동사를 등재할 때 일인칭 단수 현재형 서술식을 사용하고, 인도어에서는 사전에 어간 혹은 어근만 등재한다.

위에서 말한 것처럼, 하나의 어휘단어 혹은 문자단어에는 여러 개의 어법단어가 있다. 예를 들어 cut이라는 음운(문자)단어는 CUT의 현재형, 과거형 및 과거분사형을 다 표시한다. 라이언스는 한발 더 나아가, 음운단어와 필기법이 반드시 1:1로 대응하지는 않는다고 보았다. 1:n일 수도, n:1일 수도 있다는 것이다. 예를 들어 1:n인 경우는, /poustmen/: postman, postmen; /mi:t/: meat, meet 등이 있고, n:1에는 /ri:d/, /red/ : read 등이 있다. 그런데 /ri:d/는 또 reed와 음이 같고, /red/는 red와 음이 같다. (Lyons, 1968: 196~197쪽)

프랑스어에서 필기법이 독음과 일치하지 않는 현상은 영어보다 훨씬 더 심각하다. 그래서 나는 인도-유럽어의 "단어"에는 3개의 함의가 아니라 4개의 함의가 있다고 생각하게 되었다. 즉 문자단어와 음운단어를 아예 구별해서 연구하자는 것이다.

영어 Word의 "삼위일체" 문제는 아주 중요한데 라이언스는,

> 단어의 이 3가지 함의는 매우 중요하다. 현재의 언어학자들이 이 문제에서 자주 일관성을 지키지 못하는데, 그 결과 그들은 자주 전통적인 어법이론을 오해하게 되었다. (Lyons, 1968: 197쪽)
>
> 区分词的这三种含义非常重要。现代语言学家在这个问题上常不能前后一致，其结果是他们经常误解传统的语法理论。

라고 말했다.

만약 "음운 · 문자 · 어휘 · 어법"이 전통적인 언어학의 세부학문에 불과하다면, 수많은 세부학문을 탄생시킨 현대의 언어학에서도 단어가 언어연구의 기본단위이며 또 각 "층위"연구의 교차점이라는 사실은 전혀 변하지 않았다고 볼 수밖에 없다. 1998년에 영국 에식스Essex 대학의 스펜서Andrew Spencer 교수와 미국 오하이오 주립대학의 츠비키Arnold M. Zwicky 교수가 『형태론 연구 편람Morphological Theory』이라는 책을 출판했다. 그들은 이 책에서 아래와 같이 말했다.

> 개념상으로 볼 때 형태론(morphology)이 언어학 연구의 중심이다. 이는 형태론이 작금의 언어연구에서 주목도가 높기 때문만은 아니다. 더욱 중요한 것은 형태론의 연구대상은 단어의 구조인데, 단어가 음운론과 통사론 및 의미론의 교차면(interface)에

존재하기 때문이다.[28] (Spencer & Zwicky, 1998: 1쪽)

从概念上来说，构词法（morphology）已成了语言学研究的中心，这不仅是因为它在今天是一门显学，更因为它研究的是词的结构，而词本身却处在音系学、句法学和语义学的交接面（interface）。

4.1.4. 단어는 어법상 위아래를 잇는 허브; 형태론과 통사론의 접합점
词在语法上处于承上启下的枢纽位置，是词法与句法的交接点

이어서, 서양의 학자가 이 문제에 대해 설명한 것을 계속해서 보자.

전통적인 어법이론에서 단어는 가장 중요한 단위이다. 단어는 형태론과 통사론을 구별하는 기초이면서 어휘론(혹은 사전편찬 연구)의 가장 주요한 단위이다.

형태론과 통사론의 구별에 대해, 형태론은 단어의 내부구조를 연구하고 통사론은 단어를 조합해 문장이 되는 규칙을 연구하는 것이라고 일반적으로 이해하고 있다. "형태론"과 "통사론"이라는 명칭 자체가 사실 단어의 중요성을 내포하고 있다. 어원을 보면 "형태론(Morphology)"의 뜻은 "형식연구"이며, "통사론(Syntax)"의 뜻은 "조립"이다. 따라서 전통어법은 자연적으로 어법 중의 "단어의 형식연구"로 이해되었고, 단어는 또 문장을 조립하는 기본단위이기도 했다. 좀 더 오래된 언어학 저작에서는 형태론과 통사론의 구별을 간혹 "형식"과 "기능"의 구별로 보기도 했다. 이런 이론도 여전히 단어의 중요한 지위에 기초하고 있다. 그것은 통사규칙에 따라 단어는 서로 다른 "기능(주어, 목적어, 보어 등)"을 실현하기 위해 서로 다른 "형식"을 채용해야 하는데, 여기서 말하는 "형식"이란 곧 형태론을 통해 처리되어야 하기 때문이다. (Lyons, 1968: 194~195쪽)

在传统语法理论中，词是顶级重要的单位。它是区分词法与句法的基础，又是词

---

28 옮긴이의 말: 밑줄은 판원쿼 교수.

汇学（或词典编写研究）的最主要单位。

　　词法与句法的区别，一般的理解是，词法研究词的内部结构，而句法研究词组合成句子的规律。"词法"、"句法"这些名称及其实际应用，本身就隐含了词的重要性。从词源上，"词法"（Morphology）的意思是"形式研究"，而"句法"（Syntax）的意思是"组装"。因此传统语法自然而然地认为，语法中的"形式"研究，就是词的形式研究，而词本身，又是组装成句子的基本单位。在另一些较老的语言学著作里，词法与句法的区别，有时被认为反映了"形式"和"功能"的区别。这一理论仍是基于词的重要地位。因为按照句法规则，词为了实现不同的"功能"（指"主语"、"宾语"、"补足语"等），就必须采用不同的"形式"，而不同的"形式"，正是由词法来处理的。

　　여러 가지 어법이론이 흥망성쇠를 거듭했지만, 형태론과 통사론의 구분은 인도-유럽어에서 항상 기본이었다. 매튜스는 1930년대를 구조주의 "음운학"의 시대, 1940년대와 1950년대 초까지를 구조주의의 "형태론" 시대, 1950년대 중기부터 1960년대까지를 "통사론"의 시대였다고 구분했고, 1960년대 후반에 들어서 의미론이 유행하게 됐다고 평가했다. (Mattews, 1974: 4쪽) 판원궈潘文国 등의 연구에 의하면, 1970년대 하반기부터 형태론이 갑자기 부흥하면서 20여 년간 주목할 만한 발전을 이루었다. 위에서 인용한 스펜서 교수의 말에 의하면, 당대에도 형태론이 언어연구의 중심이었다고 한다. 물론 통사론의 중요성을 무시할 순 없다. 특히 현대 언어학계의 양대 거장 촘스키와 할리데이의 어법체계에서 통사론은 중요한 위치를 차지하고 있다. 아무튼 단어가 어법상에서 위아래를 잇는 허브로서의 역할을 한다는 점에는 변함이 없으며 그 지위가 흔들리지도 않았다.

4.2. "한자"와 Word의 상호대응
"字"与Word相对应

이상 우리는 4가지 방면에서 Word가 영어 연구의 본위이며 영어 연구에서 가장 중요한 출발점임을 입증했다. 사람들은 언어연구의 "보편성"에 대해 얘기하길 좋아한다. 나도 이 얘기를 좀 하고자 한다. 모든 언어를 연구할 때는 반드시 하나의 기본 단위가 있으며, 그것이 바로 해당 언어를 연구하는 출발점이 된다. 이것이 바로 "본위"를 연구하는 의미이기도 하다. 중국어도 예외일 수 없다. 문제는 중국어 연구에서는 과연 무엇을 본위로 삼을 것인가 하는 점이다. 사람들이 믿고 있는 대로 영어의 Word를 번역해서 얻은 "단어"를 당연한 듯이 받아들여야 하는가? 나는 아니라고 말하고 싶다. 중국어 연구의 기본단위는 다르다. 중국어 연구의 본위는 "한자"일 수밖에 없다. 왜냐하면 중국어에서는 다른 어떤 단위도 위에서 토론한 영어의 Word가 가진 4가지 조건을 갖추지 못했기 때문이다.

4.2.1. "한자"는 중국어의 천연단위
"字"是汉语的天然单位

앞에서 나는 "천연단위"가 가장 간단하면서도 가장 합리적인 이유라고 말했다. 나는 천연단위가 아닌 것을 언어연구의 출발점으로 삼아야 하는 어떤 이유도 상상할 수 없다. 분석을 통해 얻어지고, 그마저도 논쟁의 여지가 있는 단위를 기본단위로 삼을 이유가 없는 것이다.

영어에서와 마찬가지로 중국어에서도 형태소와 구절은 모두 분석을 통해 얻어진 것이다. 형태소가 무슨 말인지도 모르는 중국인이 아직도 엄청나게 많지만, 내가 보기에 그들이 이를 부끄러워할 이유는 전혀 없다.

영어와 다른 점은 중국어의 "단어"는 분석을 통해야 얻을 수 있다는 점으로 천연 단위가 아니라는 사실이다. 중국어는 몇천 년을 거쳐 발전해왔지만, 한 번도 영어의 Word에 해당하는 단위가 발견된 적이 없다. 처음으로 "한자와 단어의 구별"을 제시한 사람은 장스자오章士钊인데, 그는 1907에 출판한 『중등(중)국문전中等国文典』에서 처음으로 중국어의 "단어" 개념을 제시했다.

> 문장은 한자가 모여서 이루어진 것이다. 일례로 『맹자』의 "齐宣王见孟子于雪宫 제선왕이 설궁에서 맹자를 만났다."라는 문장은 총 9개의 한자로 되어 있다. 하나씩 나누면 한자이고, 합쳐서 보면 문장이다. 이것이 한자와 문장의 구별이다. 이 문장은 총 9개의 한자로 되어 있지만, 어법의 시각으로 보면 "孟子", "齐宣王", "雪宫"은 모두 명사이고, "见"은 동사이며, "于"는 전치사이다. 총 5개의 단어인 것이다. 하나의 한자가 하나의 단어가 될 수도 있지만, 한 단어가 꼭 하나의 한자인 것은 아니다. 일상에서 우리는 주로 한자의 수를 세지만, 어법의 규정을 논할 때는 단어를 살핀다. 이것이 바로 한자와 단어의 구별이다. (장스자오, 1907: 1쪽)

> 句，集字而成者也。如『孟子』云："齐宣王见孟子于雪宫。" 共九字为一句，分视之则为字，合观之则为句，此字与句之区别也。右所引句，共九字也，而自文法上观之，则"孟子"、"齐宣王"、"雪宫"皆名词；"见"，动词；"于"，前置介词，共五词也。是一字可为一词，而一词不必为一字。泛论之则为字，而以文法规定之则为词，此字与词之区别也。

장스자오 이후의 중국어 어법저작은, 왕리王力, 뤼슈샹吕叔湘, 까오밍카이高明凯의 저작을 포함해서, 이를 따르지 않은 것이 없다. 책을 시작하면서 처음 언급하는 것이 바로 한자와 단어의 구별이었고, 이는 곧 중국어 어법연구의 선결과제가 되었다. 그러나 지금에 이르러서도 무엇이 단어이고 무엇이 단어가 아닌지 규명되지 않아 중국어 어법계에서는 아직도 수많은 "설"만 꽃가루처럼 날리고 있다. 모두 자기의 얘기를 하고, 다른 사람은 그 얘기를 항상 생경하게 여긴다. 위에서 인용한 장스자오의 글에서 알 수 있듯 "단어"는 본질적으로 서양의 규칙을 좇아 "어법"연구를 하기 위해 전문가들이 만들어낸 개념이다. 그런데 어법전문가들도 그것이 무엇인지 알지 못한다. 루즈웨이陆志韦(1957)는 처음으로 단어가 천연단위가 아니라 "문장에서 잘라낸 것"임을 인정했고, 뤼슈샹은 단어의 경계선을 설정하는 것의 어려움을 귀납해냈다.

> 단어의 경계선 설정에는 문제가 있다. 하나는 스스로 단어가 되는 형태소와 스스로 단어가 될 수 없는 형태소를 구별하는 것이다. 다른 하나는 어떤 형태소의 조합이 단어가 되고 어떤 형태소의 조합이 구절이 되는지 구별하는 것이다. (뤼슈샹, 1979: 491~492쪽)
>
> 词在两头都有划界问题：一头是如何区别单独成词的语素和单独不成词的语素；另一头是如何决定什么样的语素组合只是一个词，什么样的语素组合构成一个短语。

이런 상태에서, 뤼슈샹은 아래와 같은 의미심장한 말을 남겼다.

> 언어의 단위로 자주 언급되는 것은 단어, 구절, 문장 등이다. 그런데 이는 어법학자들이 사용하는 명칭이고, 일반인의 머릿속에는 사실 "한자"와 "문장" 밖에 없다. 유럽언어에는 단어가 현실에 존재하고, 언어학자의 임무는 단어에서 형태소를 분석하는 일이었다. …… 중국어에서는 반대였다. 현실에 존재하는 것은 "한자"이고, 언어학자들의 과제는 어떤 한자조합이 단어이고 어떤 한자조합이 구문인지를 밝히는 일이었다. 중국어의 "단어"가 이렇게 만족할 만큼의 귀납이 어려운 것은, 본래부터 단어라는 현실적 존재가 없었기 때문이다. (뤼슈샹, 1980: 40쪽, 46쪽)
>
> 语言的单位，常常讲到的有词、短语、句子等等。这些是语法学家们用的名目，一般人脑子里大概只有"字"和"句"。词在欧洲语言里是现成的，语言学家的任务是从词分析语素……汉语恰好相反，现成的是"字"，语言学家的课题是研究哪些字群是词，哪些是词组。汉语里的"词"之所以不容易归纳出一个令人满意的定义，就是因为

本来没有这样一种现成的东西。

어법을 전공하지 않은 일반적인 중국인에게 문장 하나를 주고 그 안에 몇 개의 단어가 있는지 세어보라고 하면, 아마도 열이면 열 명 모두 다른 답을 낼 것이다. 그러나 몇 개의 한자가 있는지 물어보면 한 명도 틀리지 않을 것이다.

어떤 언어든, 그 언어에 있는 천연단위만이 본위가 될 자격을 갖추고 있다. 어떤 이론에 근거하여 분석해낸 불확정적인 단위는 절대로 "본위"가 될 수 없다.

4.2.2. "한자"는 중국어 민족이 세계를 인식하는 기본단위
"字"是汉语民族认识世界的基本单位

『노자』의 첫 구절, "道可道, 非常道 ; 名可名, 非常名도를 도라 말할 수 있으면 떳떳한 도가 될 수 없고, 명을 명이라 말할 수 있으면 떳떳한 명이 될 수 없다."은 "도(사상)"와 "명(언어)"의 관계를 깊이 있게 지적하고 있다. 그 다음에 이어지는 말은, "无名, 天地之始 ; 有名, 万物之母이름이 없다는 것은 천지의 시작이고, 이름이 있다는 것은 만물의 어미이다."로, 이는 사람이 세상만물과 세상만사를 인식하는 과정에서 언어가 끼치는 영향을 말해주고 있다. 이 글을 『성경』에서 말한 "In the beginning there was the word"와 비교해서 보면, 고대 동서양의 철학자들이 언어와 세계의 관계를 보는 눈이 놀랍도록 비슷했음을 알 수 있다. 그러나 비록 둘 다 언어의 중요성을 강조하고 있다 할지라도, 언어와 현실을 연결하는 과정에 대해서는 동서양이 선명한 차이를 보인다. 이 점은 언어의 기원에 대해 내려오는 동서양의 전설을 비교하면 쉽게 알 수 있다.

서양의 『성경』에는 언어의 기원과 관련한 전설이 두 개 있다. 하나는 앞에서 인용한 창세기의 이야기로, 하나님이 세계를 창조하면서 낮과 밤, 하늘과 땅 등에 이름을 지은 후 그가 창조한 동물과 식물 등을 아담 앞에 가져와 아담에게 이름을 짓게 했다는 내용이다. 아담이 어떤 음성을 발화하면, 그것이 그 사물의 이름이 되었다.

또 하나의 전설은 『창세기』 제11장에 나오는데, 바로 저 유명한 바벨탑의 이야기이다. 당시 지구상의 모든 사람은 똑같은 언어로 말했다. 그런데 그들이 하늘까지 닿는 높은 탑을 쌓으려 했고, 인간이 욕망을 절제하지 못하고 하늘과 땅의 질서를 어지럽힐 것을 아는 하나님은 사람들의 언어를 뒤섞어 그들이 서로 알아듣지 못하게 하였다. 당연히 탑도 쌓을 수 없게 되었다. 이 두 가지 전설을 보면, 우리는 서양 사람들이 입말을 얼마나 중요하게 생각했는지 알 수 있다. 그들이 언어와 세계를 연결하는 방법은 모두 입말을 통해서 완성된 것이다.

그런데 중국어의 기원에 대한 전설을 살펴보면, 중국인은 문자를 중요시했음을 알 수 있다. 기원전 2세기에 기록된 『설문해자-서문』에 보면,

> 복희씨庖牺氏가 천하를 다스릴 때, 위로는 하늘의 현상을 우러러 보고, 아래로는 땅의 법칙을 굽어보며, 새와 짐승의 모양과 땅의 형태를 보고, 가까이는 자신에게서 취하고 멀리는 사물에서 취해 『주역易』의 8괘八卦를 처음 만들어 물상의 법을 세웠다. 신농씨神农氏에 이르러서 결승结绳으로 다스려 세상사를 거느렸으며 번거로운 것들을 거의 표현했다. 황제黃帝의 사관 창힐仓颉이 새와 짐승의 발자국을 보고 그 발자국이 서로 다른 것을 깨달아 처음으로 서계书契를 만들었다. …… 창힐이 처음 글자를 만들 때 같은 종류의 형상을 본떴으므로 이를 "문文"이라 불렀다. 그 후 형태와 소리가 서로 많아지게 되어, 이를 "자字"라 불렀다. "문"은 만물의 근본이며, "자"는 동물이 번식하듯 점차 많아지는 것이다.
>
> 古者庖牺氏之王天下也，仰则观象于天，俯则观法于地，视鸟兽之文与地之宜，近取诸身，远取诸物，于是始作『易』八卦，以垂宪象。及神农氏结绳为治而统其事，庶业其繁，饰伪萌生。黃帝之史仓颉见鸟兽蹄迒之迹，知分理之可相别异也，初造书契。……仓颉之初作书，盖依类象形，故谓之文。其后，形声相益，即谓之字。文者，物象之本也；字者，言孳乳而浸多也。

이 전설은 사실 훨씬 더 이른 시기, 늦어도 전국시대(기원전 3~5세기)의 『주역

周易』과 더 이른 시기의 『상서尙书』에서도 볼 수 있으니 오랜 시간 동안 인구에 회자되었음을 알 수 있다. 창힐仓颉이 한자를 창조했다는 전설은 『회남자淮南子』의 "창힐이 한자를 만들자 하늘에서 비가 크게 내렸고, 귀신이 밤새 울었다."라고 한 데에서도 볼 수 있다. 이 두 가지 전설로 알 수 있는 것은, 첫 번째, 중국 고대의 언어기원 전설은 서양이 음성에 집중했던 것과는 달리 문자에 집중했다는 사실과, 두 번째, 중국의 고대인들은 문자를 높이 숭앙했으며, 문자의 탄생은 경천동지하고 귀신도 놀랄 정도의 큰 사건이었다는 점이다. 더 중요한 것은 세 번째인데, 이런 전설은 우리에게 문자가 탄생하고 발전하는 과정을 구체적으로 알려준다. 한자의 탄생은 천지만물의 형상을 직접 취한 것으로, 한자와 천지만물 사이에 음성이라는 매개가 없다. (물론, 문자가 그림과 달리 문자가 될 수 있는 것은 음성 때문이다. 하지만 중국어에서는 그 지위가 한 등급 떨어진다. 고대 중국인의 이러한 인식을 현대 언어학의 이런저런 규칙으로 비판하고 질책할 일이 아니라, 이를 이해하기 위해 많은 노력을 기울여야 한다.) 한자를 만드는 방법은 형상의 구별을 원칙으로 삼았는데, 이는 현대의 음운학이 음성을 구별하는 원칙과 정확히 대조를 이룬다.

한자의 발전과정은 문文과 자字의 두 단계를 거친다. 첫 번째 단계인 "문"은 사물의 형상에 의거하여, 즉 객관세계의 사물이 갖는 본래의 모습을 모사하여 만든 것으로 "육서법六书" 중에서 상형象形, 지사指事와 좀 더 복잡한 회의会意를 말한다. 두 번째 단계인 "자"는 형태와 음성이 서로 도움을 주는데, 때로는 형태에 음성을 더하기도 하고(형성形声), 때로는 음성에 형태를 입히기도 하며(전주转注), 소리를 빌리고 형태를 옮기기도 한다(가차假借). (내가 여기서 말한 "육서법" 분류는 전통적인 구분과 조금 다르다. 뒤에 상론하겠다.)

또 서양의 전설에서 하나님이 사람들의 입말을 교란시킨 것과는 정반대로, 중국에서는 진시황이 전국을 통일한 후에 "문자통일书同文" 정책을 써서 기원전 3세기에 중국의 문자를 통일했다. 이는 중국문명의 발전사에 지대한 영향을 끼쳤다.

서양의 언어가 아담이 내키는 대로 뱉은 말에서 시작되었다면, 중국어는 만물의 형상에 의미를 부여하는 모방을 통해서 탄생되었다. 내키는 대로 뱉은 말은 "자의적 (arbitrary)"이므로 근거가 없고, 의미를 부여하며 모방한 것은 근거가 있어서 분석 가능하다. ("说文解字문'을 설명하고 '자'를 해석한다."라는 말이 바로 이러한 분석 가능성을 보여준다.) 중국어와 서양 언어가 그 탄생부터 완전히 다른 두 가지 경로("음성-자의성" vs. "문자-근거성")를 보여준다는 것은, 일반언어학 연구에서 커다란 의미를 가진다.

1900년대의 상반기까지 사람들은 소쉬르 등이 언어에 대해 내린 협의의 정의에 갇혀서 음성과 의미의 결합만을 언어로 인정하고 문자는 "기호의 기호"로만 이해했다. 형태와 의미의 결합이 언어발생의 한 과정이라는 사실은 인정하지도 않았으므로 문자를 중심으로 언어를 연구해왔던 중국의 전통은 이런 분위기에서 "과학 이전"이나 "어문학"으로 냉대 받아야 했다. 그런데 20세기 하반기부터는, 특히 해체주의가 탄생한 이후부터는 언어를 보는 시야가 많이 넓어져서 문자가 직접 개념과 사상을 표현하는 한자에 대해 새로운 인식이 등장했고, 한자의 언어학적 의의와 언어철학적 의의가 세계의 많은 철학자들에게 주목을 받았다.

19세기와 20세기가 교차하던 시점에 서양의 문화인류학이 전파되었고 그 영향으로 중국에서도 "언어를 통해 역사를 증명"하는 연구가 붐을 이루었다. 1899년의 갑골문 발견은 중국어와 한자연구를 통해 상고문화에 접근하려는 노력에 풍부하고 신선한 피를 수혈했다. 쑨이랑孙诒让, 량치차오梁启超와 왕궈웨이王国维가 가장 먼저 갑골문을 이용해 역사를 연구했고, 특히 량치차오는 처음으로 "어원语原"론, 즉 언어문화가 사회문화를 반영한다는 이론을 제시했다.

조상들의 생활 정도와 진화의 순서를 깊이 생각하고 그 사상이 변천한 모습을 살펴볼 때, 그 사상을 표현한 언어와 문자를 보면 근원을 알 수 있다. …… 이를 법도대로 구하면, 세상사람들이 무미건조하다고 생각하는 한자학에서 사상계에 던지는 찬란한 색채를 찾을 수 있다. (량치차오, 1916)

冥想先民生活之程度、进化之次第，考其思想变迁之迹象，而覆按诸其表此思想

之语言文字，泥然其若有爪印可寻也……循此法以求之，则世人所目为干燥无味之字
学，将为思想界发一异彩焉。

량치차오와 왕궈웨이 이후, 한자나 고대문자를 통해 고대사회의 모습을 연구하는
것은 일종의 유행이 되었다. 고찰의 범위도 고대인의 모습, 화폐, 주거형태, 부녀, 색
감, 염색기술, 가족제도, 부족, 관리, 형법, 도덕관 등 문화의 각 방면에 미치지 않은
것이 없다. 청슈더程樹德가 1930년에 출판한 『설문계고편说文稽古篇』과 판마오딩
潘懋鼎이 1942년에 출판한 『중국의 언어와 그 문화中国语言及其文化』에 이런 연구
들이 집중적으로 나타나 있다. 한자를 통해 문화를 연구하는 학문은 학계에서 두 번
의 대규모 토론을 일으켰다. 하나는 1920년대의 "설문정사说文证史" 문제에 대한 토
론으로, 참가한 사람만 해도 류이정柳诒徵, 꾸제강顾颉刚, 첸슈안퉁钱玄同, 웨이젠궁
魏建功, 룽겅容庚 등이 있고, 꾸제강顾颉刚이 이 논문들을 엮어 『고사변古史辨』[29]이
라는 제목으로 출판하기에 이르렀다. 또 하나는 1930년대에 천두슈陈独秀가 『실암
자설实庵字说』을 출판하면서 궈뭐뤄郭沫若와 일으킨 중국 고대사회의 노예제도 존
재 여부에 대한 논쟁이다.

문자연구를 통해 고대사회의 모습을 밝히는 분야의 최고 권위자로는 궈뭐뤄를 들
수 있다. 그는 1930년에 출판한 『중국 고대사회연구中国古代社会研究』와 『갑골문
자연구甲骨文字研究』라는 2권의 책에서 마르크스주의를 지도사상으로 하고, 고문자
를 연구도구로 삼고, 갑골문의 복사卜辞와 청동기의 명문铭文을 사료로 삼아 중국의
역사와 고대사회를 연구했다. 량치차오와 왕궈웨이가 가장 먼저 언어(특히 고문자)
연구와 문화를 결합한 선구자라면, 궈뭐뤄는 이 분야에서 가장 높은 성취를 보인 학
자라고 할 수 있다. 그 뒤를 이은 둥쭤빈董作宾, 후허우쉬엔胡厚宣, 천멍자陈梦家, 위
성우于省吾 등도 문자를 통해 역사를 증명하는 분야에서 주목할 만한 성과를 거두었

---

[29] 꾸제강은 『고사변』을 편집하고 그 제1권에 스스로 서문을 길게 붙여 자신이 학문하는 방법과 그 태
도에 대해 정리했는데, 이 부분은 한국에도 번역되었다. 꾸제강顾颉刚, 김병준 역, 『고사변 자서』, 소
명출판, 2006.

다. 20세기 말에 이르러서는 리링푸李玲璞와 허주잉何九盈이 서로 한자문화학汉字文化学의 가능성을 제시했고, 한자문화의 연구가 중국에서 크게 빛을 보게 되었으며, 세계 언어학 연구에서도 하나의 독특한 풍경을 이루었다. 그 내용의 풍부함은 영어의 "Etymology 어원학" 연구와는 비교할 수도 없을 만큼 찬란하다. 이것은 연구자가 얼마나 공을 많이 들였는가의 문제가 아니라, 언어의 특징이 그렇게 되도록 만든 것이다. 이는 중국의 고대에 현대적 의미의 어법학이 없었던 것과 같다.

4.2.3. "한자"는 중국어 각 층위연구의 교차점
"字"是汉语各个平面研究的交汇点

영어 단어의 "삼위일체"라는 용어를 사용한 이후, 내가 이 부분에서 무슨 말을 하려는지 독자들도 알 것이라고 생각한다. 당연히 중국어에는 형태·음운·의미가 "삼위일체"라는 특징이 있다. 사실, 영어의 단어가 "삼위일체"라는 것은 영어의 단어에도 형태·음운·의미의 세 가지가 결합한 특징이 있다는 말이다. (우리가 소위 "어법"을 언어를 조직하는 형식이라고 이해한다면 이것은 결국 "형태"이다.) 사실상 어떤 언어든 우리가 "본위"라고 부를 자격이 있는 단위는 모두 이러한 특징을 가지고 있다. 그런데 20세기 이래로 "한자"의 "형태"적 특성은 크게 무시당했고, 영어의 "단어"가 "음성과 의미의 결합"이라는 특징은 크게 부풀려졌다. 그 결과 마치 "한자"와 "단어"가 대립 면에 있는 두 사물인 것처럼 여겨지게 됐다. 새롭게 "한자"의 "삼위일체"를 강조하는 이유는 우리가 만약 이에 대한 충분한 인식이 없다면 "한자"를 정확하게 아는 것이라고 할 수 없고, 동시에 인도-유럽어의 "단어"에 대해서도 정확한 지식이 있는 것이라고는 할 수 없기 때문이다. 새로운 예를 들어 보자. 2000년에 처음 출판된 미국의 권위 있는 언어학 이론 교재 『Linguistics: An Introduction to Linguistic Theory』에서 저자는,

영어사용자로서 우리는 무엇이 "단어"인지 확정해야 할 때 자주 필기법(단어 간의

여백)에 의존한다. 따라서 "단어"의 개념은 일정 정도는 글말에 의해 결정된 것이다. (Fromkim, 위의 책: 70쪽)

作为英语使用者，我们在确定什么是"词"时常有赖于拼写（词间的空格），因此我们关于"词"的概念，部分是靠书面语决定的。

라고 말했다. 중국의 고대 학자들도 "한자"의 기본적인 성질에 대해 매우 정밀하게 이해하고 있었다. 청나라의 언어학자 단옥재段玉裁는 다른 언어학자 왕념손王念孙의 『광아소정广雅疏证』을 위해 쓴 서문에서 다음과 같이 말했다.

소학小学에는 형태·음운·의미 3가지가 있어 서로 돕는다. 하나를 들면 나머지 두 개가 딸려 나온다. 고대의 형태와 현재의 형태가 있고, 고대의 음운과 현대의 음운이 있으며, 고대의 의미와 현대의 의미가 있고 이 여섯이 서로 돕기에 하나를 얻으면 나머지도 얻을 수 있다. …… 성인圣人이 한자를 만들 때는 의미가 먼저 있었고 음운이 뒤에 있었으며, 형태가 그 뒤에 있었다. 학자들이 한자를 연구할 때는 형태에서 음운을 얻고, 음운에서 뜻을 얻는다. …… 삼대三代에 이르는 소학 서적이 전하지 않는 것이 많은데, 현존하는 것 중 형태 위주의 책은 『설문해자』가 으뜸이고, 『옥편』이 다음이다. 음운과 관련된 것은 『광운』이 으뜸이고, 『집운』이 다음이다. 의미를 말하는 것은 『이아』가 으뜸이고, 『방언』, 『석명』, 『광아』가 다음이다. (단옥재, 『왕회조광아주서王怀祖广雅注序』)

小学有形、有音、有义，三者互相求，举一可得其二；有古形、有今形，有古音、有今音，有古义、有今义，六者互相求，举一可得其五。……圣人之制字，有义而后有音，有音然后有形。学者之考字，因形以得其音，因音以得其义。……三代小学之书多不传；今之存者，形书『说文』为之首，『玉篇』已下次之；音书『广韵』为之首，『集韵』已下次之；义书『尔雅』为之首，『方言』、『释名』、『广雅』已下次之。

이런 표현은 중국어의 "한자"가 "삼위일체"를 내포하고 있음을 명확히 밝히고 있다. 또 한자에 대한 근본적인 이해에서 출발해서 한자본위의 연구체계를 말한 것이다. 여기에는 언어형태의 연구도 있고 음운과 의미의 연구도 있으며, 공시적 · 통시적 연구가 모두 포함되어 있는 완전하고 입체적인 연구체계이다. 20세기에 이르러 서양 언어학 이론의 충격으로 이러한 체계를 단편적으로 이해한 결과 전체 중국어 연구의 전통이 몰락하게 되었다. 문자학은 "기호의 기호"에 대한 연구라고 간주되어 언어학의 전당에서 쫓겨났으며, 경전을 연구하는 기능이 있는 훈고학은 "경학經學 연구의 노예"라고 비판받아 언어연구의 변방으로 밀려났다. 음운학은 인도-유럽어에서 발달한 역사비교언어학의 "개조"에 의해 크게 변질되어 발음기호의 유희 정도로 취급 받았다. 중국의 전통적인 "어형학語形學"은 언급할 가치도 없는 학문으로 취급 받았고 서양의 "어형학(사실은 어법학)"이 기세등등하게 언어연구의 핵심지위로 진군했다. 20세기의 중국어 연구의 현실이 이렇지 않은가?

어떤 이는 이런 현상이 "한자본위"와 무슨 관계가 있는가? 하고 물을지도 모르겠다. 영어와 그 외 많은 언어의 단어가 "삼위일체"의 특징을 가지고 있으니 우리는 중국어의 "단어"도 "삼위일체"를 이룬다고 보고 현재의 연구체계를 유지해야 한다고 주장할 수도 있겠다. 그러나 나는 "아니다."라고 단호하게 말하겠다. 중국어에서 말하는 소위 "단어"에는 그러한 특징이 없기 때문이다. 음운 방면에서, 중국어의 음운은 절대로 "단어"를 출발점으로 삼지 않는다. 의미 방면에서 중국어 "단어"의 의미분석은 단어로 귀착되지 않고 "형태소"로 귀착된다. 영어에 이런 현상이 있는가? 마지막으로 남은 "형태"도 음운이나 의미와 독립되어 껍데기만 남아 있다면 우리는 어째서 "선진적"이라는 알파벳문자로 바꾸는 데 실패했는가? 그래서 나는 중국어 연구의 전통이 단절된 것은 우리가 한자본위를 내버린 당연한 결과라고 보는 것이다.

4.2.4. "한자"는 어법적으로 위아래를 잇는 허브; "한자서기소론"과 "통사론"의 접합점
"字"在语法上处于承上启下的枢纽位置, 是"字法"与"句法"的交接点

마칭주马庆株의 "복수본위"를 비판하면서 나는 그 이론의 맹점이 형태론과 통사론에 각각 하나의 "본위"를 주장해서 형태론과 통사론을 서로 상관없는 두 체계로 나눈 데 있다고 말한 바 있다. 인도-유럽어의 어법을 연구하는 사람에게 형태론과 통사론을 갈라놓겠다는 시도는 하늘과 땅이 놀랄 만한 생각이다. 언어이론의 발전 과정 중, 전통어법에서 구조주의로, 다시 구조주의에서 생성어법으로 바뀌는 과정에서도 이러한 국면은 한 번도 흔들린 적이 없었기 때문이다. 『Linguistics: an Introduction to Linguistic Theory』(Fromkin et al.: 2000)에서 편찬인은 현대의 언어학 이론을 크게 3가지로 분류했는데, (1) 형태론과 통사론; (2) 의미론; (3) 음성학과 음운학이 그것이다. 여기에서 형태론과 통사론을 일반언어학의 기본규칙으로 삼은 것을 알 수 있다. 이 글에서도 영어에서 형태론과 통사론을 연결하는 허브는 단어라고 말하고 있다. 단어의 하위 단위를 분석해 음성과 의미의 결합을 보여주는 최소단위를 형태소로 보았고, 단어를 조합해서 구절과 문장을 만든다고 본 것이다. 이는 "단어"가 천연적으로 가장 중요한 지위에 있음을 보여준다.

그러나 만약 우리가 형태론과 통사론의 구별 자체를 "언어의 보편성"이라고 본다면, 이 이론을 현대의 중국어 어법체계에는 응용하기 어려워진다. 그 이유는 현대의 중국어 어법체계가 절름발이여서 통사론은 기형적으로 크고 형태론은 보이지도 않을 정도로 작기 때문이다. 일찍이 1940년대에 왕리王力도 이 점을 지적했다.

중국어에는 굴절작용이 없기 때문에 형태와 관련된 부분은 취소할 수 있다. 이렇게 본다면 중국어의 어법을 논할 때는 문장 만들기 부분만 다루면 된다. (왕리, 1944: 8쪽)

汉语没有屈折作用, 于是形态的部分也可取消。由此看来, 中国语法所论, 就只有造句的部分了。

왕리처럼 중국어의 특징을 끈질기게 고집하고 인도-유럽어의 어법에 끌려다니기 원치 않았던 학자가 이렇게 말한 것은 당연해 보인다. 그렇다면 보편성만 강조하는 현대의 학자들에게 중국어의 "특수성"은 눈에 보이지 않는다는 말인가? 다른 한 부류, 구조주의 관점의 학자들은 또 중국어의 문장, 구절과 합성어의 생산방식이 똑같다고 말하는데 이런 관점은 중국어에 "형태론"이 없다고 믿게 만든다. 중국어 연구에서는 통사론만 깔끔하게 정리할 수 있으면 된다고 말한 것이다. 정말로 그러한가? 아니다. 중국어의 개별성을 충분히 강조하는 학자로, 나는 왕리의 결론이 성립하길 원한다. 하지만 중국어 연구를 역사적으로 살펴보면 왕리의 이론은 중국어 연구에서 매우 중요한 부분 하나를 빠뜨렸다는 점 때문에 완전하지 못하다고 볼 수밖에 없다. 내 생각에 영어의 어법은 형태론과 통사론의 두 부분으로 나뉘는 것이 합리적이다. 단어가 두 부분을 연결하는 허브라고 보고 어법을 논하는 것이 합당하다는 말이다. 이러한 합리성과 합당함은 말 그대로 보편성을 갖는데, 그것들이 중국어에서도 나타난다.

조금 더 깊이 들어가보면 중국어 연구의 문제는 형태론과 통사론의 구별이라는 현상 자체의 문제가 아니라, 어법연구의 "본위"를 제대로 설정하지 못했다는 데 있다는 점을 알 수 있다. 중국어에서는 제대로 찾을 수도 없는 "단어"를 "형태론"과 "통사론"의 허브로 설정하고 형태론과 통사론이 상당한 정도의 "일치성"을 갖길 원한다면, 그 이론은 당연히 튼튼한 하부구조를 가질 수 없다. 그렇다면 시야를 달리해서 다른 "본위"를 찾아야 한다. 그 "다른 본위"가 바로 "한자"이다. "한자"를 찾고 나면 벼릿줄을 잡아 그물 전체를 끌어올리듯이 중국어 어법이 깔끔하게 정리된다. 한자 위로는 통사론으로 1음절부터 문장, 나아가 텍스트까지, 한자 아래로는 한자서기 소론字法으로 고대와 현대의 한자형태연구까지의 내용 대부분을 포괄할 수 있다. 소위 "조어법"에 관해서는, 그것이 본래부터 중국어 통사론의 범위에 속하는 것이어서 다른 통사론의 논리성과 대부분 일치하므로 이상할 것이 전혀 없다.

나의 이런 생각은 린위탕林语堂에게서 영감을 얻은 것이다. 린위탕은 영어학습과 관련된 어떤 글에서 아래와 같이 말한 적이 있다.

어휘를 영어로 Vocabulary라고 하는데, 이것은 곧 언어의 실체이다. 어법을 영어로 grammar라고 하는데, 언어로 생각을 표현하는 여러 가지 방법을 일컫는다. 음성은 곧 독음(phonetics)이다. 이러한 세 부분의 구별은 중국의 한자학자들이 사용하는 형태·음운·의미라는 3분법과 대체로 똑같다. 문자를 말하는 것은 문법과 같고, 음운은 음성학과 같으며, 훈고는 어휘와 같다. 다른 것이 있다면, 중국의 한자학은 문자를 위주로 이루어지고 영어를 학습하는 사람은 입말을 위주로 한다는 것뿐이다. 따라서 중국의 한자학이 『설문해자』와 금석문까지 문자의 변화와 구조를 연구했지만, 문법을 다루려면 언어와 자구의 변화와 구조까지 연구해야 하는 것이다. 하지만 이는 사실 같은 부류의 연구이다. 구조가 합해지는 원칙에 집중한다면 둘 사이는 사실 동등한 지위를 갖는다. (구식 문법학의 일부는 형태의 변화를 주로 다룬다 하여 "형태론[morphology]"이라고 불렸다. 즉 문자형태의 연구와 맥을 같이한다.) (린위탕, 1969: 270~271쪽)

语汇英文就是vocabulary，就是语言的内容实质。语法英文叫做grammar，是讲某种语言中表示意念关系的种种方法。语音就是读音(phonetics)。这三个区别略与中国小学家所分形、音、义三学相仿佛。说文等于文法；音韵等于发音学；训诂等于语汇。所不同者中国小学是以文字为主，学英语者却须以语言为主。故如在中国小学，说文及金石之学只讲文字的变化与构造，而在文法，却须讲语言字句的变化与构造。然其同属于一类的研究，注重构造化合的原则，则两者实处于相等的地位（旧式文法一部分专讲形的演变，名曰"形态学[morphology]"，则与字形之义尤近）。

린위탕이 한자의 형태·음운·의미 세 부분을 서양 언어학의 어법·음성·어휘의 세 부분과 같은 것으로 보고 『설문해자』를 문법과 동일시한 것은 어떤 사람들이 보기에는 해괴망측하겠지만 이는 내가 위에서 말한 "삼위일체"론과 일치한다. 그가 『설문해자』를 어법에 비교한 것은 중국어의 한자서기소론과 영어의 형태론이 기본적인 공통점과 차이점을 가졌다는 것을 날카롭게 짚어낸 것이라고 생각한다. 공통점은 "언어형태"의 연구라는 점에서 똑같이 중요한 지위를 갖는다는 것으로, 중국어에는 형태가 없다고 주장하는 사람들이 눈을 크게 뜨고 살펴야 할 부분이다. 차이점은 중국어는 문자 위주(사실은 문자의 형태 위주)이고, 영어는 언어 위주(사실은 언어의 형태 위주)라는 것인데 여기서 두 언어가 서로 다른 모습으로 발전해온 방향이 정해졌다.

4.3. 중국어의 "단어"와 "형태소"에는 Word의 지위가 없다
"词"和"语素"不具备Word的地位

위에서 많은 지면을 할애해 중국어 "한자"와 영어 "Word"의 대응성을 논증했다. 이는 자오위안런赵元任이 일생을 바쳐 중국어를 연구한 후 82세의 고령에 남긴 아래의 글을 재증명한 것이다.

"한자"라는 명칭(이렇게 말하는 이유는 내가 word라는 단어를 중국어에 사용하는 것을 피하기 위해서이다.)은 word라는 단어가 영어에서 차지하는 역할과 같다. 즉 영어를 사용하는 사람들이 word라고 표현하는 대부분의 상황에서 중국어를 사용하는 사람들은 이를 "한자"라고 말한다. 나는 이러한 중국어의 단위를 word라고 말하고 싶지 않다. 왜냐하면 한자는 영어를 쓰고 말하는 사람들이 word라고 말하는 언어 성분과 구조적으로 아주 중요한 차이를 보이기 때문이다. (자오위안런, 1975: 233~234쪽)

"字"这个名称（这样说是因为我希望先避免把word这个词用于汉语）将和word这个词在英语中的角色相当。也就是说，在说英语的人谈到word的大多数场合，说汉语的人说到的是"字"。我们不想把这种单位叫word，因为它跟说英语和写英语的人叫做word的那种别的语言里的成分在结构上有很重要的区别。

지금부터는 반대쪽에서 출발해서 이러한 단위가 왜 "단어"나 "형태소"가 될 수 없는지 살펴보겠다.

어떻게 보면, 사람들에게 익숙한 단어와 한자라는 용어가 어떤 경우에는 위에서 논증한 과정에 대해서 어느 정도의 해석능력을 보인다고 볼 수도 있다. 하지만 절대로 위에서 논증한 내용 모두를 만족시키지는 못한다. 위에서 제기한 4가지 표준은 당연히 내가 주관적으로 선정한 것이다. 하지만 나는 그 근거를 영어에서 찾아 증명했으므로, 객관성을 의심할 여지는 없을 것이다. 논의를 끝까지 진행한 후 뒤돌아보면, 한 언어의 "본위"가 될 만한 기본조건 4가지 중에서 가장 중요한 것은 뭐니뭐니해도 역시 "천연성"이다. "단어"나 "형태소"가 본위가 될 수 없는 근본적인 원인은 그것들이 천연적인 상태가 아니고 "인위적으로" "분석" 혹은 "제조"되어 나타난 것이기 때문이다. 그것들은 사람들이 어떤 목표(예를 들어 어법분석)를 위해 설정한 단위이므로 이런 목표를 위해서는 이 단위들이 어쩌면 자연적이고 합리적이어서 학계 내의 사람들이 보기에는 당연한 상식일지 모르겠다. 하지만 이런 목표에서 벗어나 해당 학계 밖에서는 별로 언급할 가치가 없다. 중국어의 "단어"와 "형태소"가 그러하다는 말이다.

더 중요한 것은, 이런 단위들은 인도-유럽어, 특히 영어 어법을 모방하여 설정된 것인데, 중국어와 영어에는 객관적인 차이가 많아서 그것들이 중국어에 적합한지에 대해서는 많은 논쟁이 있을 수 있다는 점이다. 이런 견해를 격렬하게 주장하는 사람들은 "중국어에는 단어가 없다." (청위민程雨民, 2001)라거나, "중국어에는 형태소가 없다." (쉬퉁창徐通锵, 1994b)라고 생각한다. 이런 과격한 생각에 대해서는 당연히 토론할 수 있겠지만, 단어나 형태소가 중국어의 "본위"로서 갖는 자격에 대해서는 막강한 적군일 수밖에 없다. 비유해서 말하자면, 단어본위나 형태소본위를 좋아하는 어떤 사람도 "중국어에는 한자가 없다."라고 주장하지는 못할 것이기 때문이다.

이 장의 시작 부분에서 나는 "새로운 사고, 새로운 이론, 새로운 학설, 새로운 방법을 제시하고자 한다면, 먼저 자기가 사용하는 새로운 개념, 새로운 용어에 대해서 명확한 정의를 내려야 한다."라는 루젠밍陆俭明의 말을 인용한 바 있다. 의심의 여지가 없는 말이다. 그런데 이러한 요구는 이미 수립된 이론과 학설 및 방법에도 적용되어야 한다. 만약 자기가 사용하는 개념과 용어에 대해서 과학적인 정의를 내릴 수 없다면, 많은 사람에게 재차, 삼차 질문을 받게 될 것이다. "단어"라는 개념을 장스자오章士钊가 처음 사용한 후 100여 년이 지났다. "형태소"라는 용어를 처음 사용한 것은 천왕다오陈望道로, 1940년의 일이다. (천왕다오, 1940a; 1940b) 그가 언급한 것은 요즘 대체로 "기호소词素"라고 불리고 있으니, 현재 사용되는 "형태소"를 처음 사용한 것이 1950년대의 주더시朱德熙(차오뷔한曹伯韩, 1960 참조)라고 해도 이미 반 세기가 훌쩍 넘었다. 그러나 이 두 용어의 정의는 아직도 심각한 문제를 가지고 있어서 많은 사람들이 합리성과 필요성에 의심을 품고 있다. 따라서 내가 한자본위를 주장하기 위해 "한자"에 대해 명확한 정의와 해석을 내리는 것과 마찬가지로, "단어본위"나 "형태소본위" 혹은 기타 본위를 주장하는 학자들도 "단어"와 "형태소"에 대해 명확하게 해석해줄 책임이 있다. 최소한 선배학자들이 해석한 수준은 넘어서야 하지 않을까?

예를 들어 청위민程雨民이 "중국어에는 단어가 없다."라는 학설(청위민, 2001)을 제시하자마자 적지 않은 비판이 쏟아졌다. (런후롄任瑚琏, 2001 참조) 하지만 사람들은 처음으로 "단어"의 정의에 대해 회의적이었던 사람이 청위민이 아니라는 사실을 잊고 있는 것 같다. 그것은 바로 현대 중국어 어법의 기반을 닦은 자오위안런赵元任과 뤼슈샹吕叔湘 두 대학자이다. 자오위안런은 중국어에 영어의 word에 해당하는 단위가 있는지 근본적으로 의심했다.

음률이나 형식과 동형대체 등의 몇몇 분야를 종합적으로 고찰해보면, 다른 언어의 word와 비슷한 개념을 찾을 수 있을지도 모른다. 하지만 앞에서 말한 바와 같이 우리는 어째서 중국어에서 다른 언어에 존재하는 어떤 실체를 찾아야 하는가? 더욱 효율적인 연구는 1음절과 문장 사이의 단위가 어떤 유형의 것인지를 확정하는 것 아닐까? 이 유형의 단위를 무엇이라고 불러야 하는지를 고민하는 일은 그 다음의 문제이다. (자오위안런, 1975: 239~240쪽)

综合考虑韵律成分、形式类和同形替代等几个方面，也许会产生出一个跟其它语言的word相似的概念，但是，正象我一开始就说过的，为什么非要在汉语里找出其它语言中存在的实体呢？更有成效的进一步研究该是确定介乎音节词和句子之间的那级单位是什么类型的，至于把这些类型的单位叫做什么，应该是其次考虑的问题。

뤼슈샹도,

중국어의 "단어"가 만족할 만한 수준의 정의를 얻지 못하는 것은 언어현실에 이러한 대상이 없기 때문이다. (뤼슈샹, 1980: 40쪽; 46쪽)

汉语里的"词"之所以不容易归纳出一个令人满意的定义，就是因为本来没有这样一种现成的东西。

라고 말하고, 그 뒤에는 더 의미심장한 말을 덧붙였다.

사실 중국어에 반드시 "단어"가 있어야 하는 것도 아니다. (같은 책, 46쪽)

其实啊，讲汉语语法也不一定非有"词"不可。

"단어"를 사용하지 않는다면 무엇을 사용해야 할까? 뤼슈샹이 명확히 말하진 않았지만, 아래의 글을 보면,

중국어의 어법을 논할 때, "단어"가 반드시 필요한 것 같지는 않다. 그런데 어휘의 각도에서 보면, 현대 중국어의 어휘는 한자를 단위로 하지 않을 수 없다. (같은 글, 47쪽)

讲汉语语法，也许"词"不是绝对必要，可是从语汇的角度看，现代汉语的语汇显然不能再以字为单位。

라고 말한 것으로 보아 아마도 어법연구가 "한자를 단위"로 할 수 있다는 뜻을 내비친 것 같다.

이렇게 보면, "단어"를 중국어 연구의 "본위"로 주장하는 사람들은 반드시 자오위

안런과 뤼슈샹 등 대선배가 "단어"라는 단위(특히 어법단위로서의)에 대해 품었던 근본적인 의혹을 먼저 타파해야 할 것이다.

"형태소"에 대한 의심은 장즈궁张志公에서 시작되었다. 그는 1990년에 대학원 수업에서 학생들에게 강의한 내용을 1993년에 발표했다.

> "형태소语素"는 morpheme과 다르다. 중국어엔 기본적으로 morph(형소形素)가 없다. 그렇다면 "한자"는 무엇인가? 아무리 분석을 하고 설명을 다해도, 한자는 한자라고 할 수밖에 없다. 예전으로 돌아가보자. 1950년대의 어떤 학자가 한자를 굉장히 강조했다. 중국어에는 한자만 있고 단어가 없다고 한 것이다. 당시에는 엄청난 비판이 쏟아졌다. 요즘 내가 뒤돌아보면, 그의 주장이 얼마나 전면적이고 체계적인지는 별도로 치더라도 한자의 성격을 규명하는 일에는 참으로 노력을 쏟아 부어 연구를 거듭해야 할 것으로 보인다. 한자는 의심의 여지없이 중국산이다. 한자를 morpheme이라고 번역하고 다시 morpheme을 형태소라고 번역하는 것은 그것이 한자를 가리키는 것 같지만 사실은 서로 다른 대상을 가리키는 것이므로 당연히 이런 번역에 대해서는 심각하게 고민해봐야 할 것이다. (장즈궁, 1993: 94쪽)
>
> 语素不等于morpheme，我们的语言里基本上没有morph（形素），那么字是什么呢？恐怕说半天，字就是字。算个老账吧：50年代有一位同志（我记不得名字了）非常强调字，认为汉语就是字，没有词。当时批风很盛，把这位同志批了一通。现在想一想，他的说法是否全面，得另当别论，但是对于字的性质恐怕还确实需要下一番功夫来研究研究。这是个地道的中国货，把它翻成morpheme，再把morpheme翻成语素，用以指字，恐怕有点名同实异，还需要再考虑考虑。

더 많이 인구에 회자되는 것은 쉬퉁창徐通锵의 관점이다.

> 중국어에 형태소라는 단위가 없는 것은 물론이고 형태소라는 개념조차 없다. ……

중국어에 존재하지 않는 단위를 구조단위로 사용하고 그것을 기초로 중국어의 어법 체계를 만든다는 것은, 그것이 비록 정밀할 수 있을지는 모르겠으나 실용적이지 않은 것은 너무나도 분명하다. 중국어의 실제 상황과 거리가 크게 먼 것이다. (쉬퉁창, 1994b: 9쪽)

汉语中不仅没有语素这种单位，而且连这种概念也没有。……把汉语中不存在的东西作为结构单位，以此为基础而建立起来的语法体系可能很精致，但不实用，与汉语的实际状况有很大的距离。

나도 이런 관점에 찬성한다. 나는 요즘의 중국어 연구에서 "형태소가 트렌드화"된 이유는, 그것이 가장 중요한 기본어법단위라는 말과, 단어의 구성단위라는 평가, 또 그것이 한자에 대응된다고 하는 말, 또 한자가 "형태소문자"라는 표현까지, 본질적으로는 모두다 "Morpheme"이라는 단어가 명확하게 번역되지 않은 데서 기인한 것이라고 생각한다. "어소语素[30]"라는 말은, 말 그대로 언'어语'의 요'소素'이다. 중국어처럼 의미가 중요한 언어에 있어서 이러한 "요소"는 당연히 의미에 귀결된다. 그래서 이것이 "한자"의 또 다른, 마치 더 과학적인 것처럼 보이는 명칭이 되어버린 것이다. 사실 서양의 언어학에서 "Morpheme"은 당연히 하나의 어법단위이고, "Morpheme"을 기초로 설계된 학문 "Morpholgy"는 중국어에서 아주 자연스럽게 "형태학形态学"이라고 번역되었기 때문에 우리는 "Morpholgy"와 "형태"의 관계를 명확히 알 수 있다. 오늘날까지 영어를 제외하면 프랑스어를 포함한 대부분의 서양 언어에서 "Morpheme"이 가리키는 것은 여전히 하나의 어법단위이다. 예를 들어 프랑스의 언어학자 앙드레 마르티네André Martinet의 체계는 언어의 최소단위를 moneme라고 하고, 거기서 다시 어휘성의 lexemex어휘소와 어법성의 morpheme형태소를 구별해냈다. 예를 들어 프랑스어 travaillons(동사 "일하다"의 일인칭 복수형

---

30 옮긴이의 말: 语素라는 중국어 단어는 원래 영어 morpheme을 번역한 것 중에서 주로 사용되는 말이다. 이 단어가 한국어로는 "형태소"라고 번역되었는데, 다시 중국어의 语素를 한국어로 번역할 때는 "형태소"라고 번역하면 문맥상 맞지 않을 때가 있다. 위와 같은 경우인데, 이럴 경우에는 "어소"라는 말을 임시로 만들어 사용했다.

식)에서 travaill은 lexeme이고, -ons는 morpheme이다. (André Martinet, 1997: 230) 그러나 영어에서는 현대 영어의 분석성이 강화되고 형태가 간단해져서 morpheme 의 범위가 점점 넓어졌다. 거기에다 아르노프Mark Aronoff(1976) 같은 학자들이 형 태론의 어휘론적 속성을 강조(판원궈潘文国 등, 1999 참조)한 점 등이 중국어학자들 로 하여금 "Morpheme = 어소语素 = 기호소词素 = 중국어의 '한자' = 의미와 관련된 언어의 기본단위"라는 식으로 받아들이게 한 것이다. 그런데 엄밀하게 말하면 영어 언어학을 전공한 사람들은 아직 morpheme에 대한 기본적인 인식을 보류하고 있다. 이는 중국어와 영어의 여러 용어를 같이 나열해보면 알 수 있다.

문자文字	음성语音	단어词汇	어법语法
grapheme　字位	phoneme　音位	lexeme　词汇词	morpheme ?
graph　　　字素	phone　　音素		morph?
graphology 字系学	phonology 音系学	lexicology 词汇学	morphology?
Allograph 字位变体	allophone 音位变体		allomorph?

어법에 속하는 용어들은 중국어로 어떻게 번역하는 것이 좋을까? Morpheme을 "어소"라고 번역하는 것은 얼핏 보기에도 적합하지 않음을 알 수 있다. Morph를 번 역할 방법이 없기 때문이다. 또 "어소"의 "어语"는 원래 "어법"을 가리키던 말인데, 중국어로 번역되면서 "언어"를 가리키게 된 점도 오해를 불러일으켰다. 저우류시周 流溪(2000: F20)는 최근 영국의 학자 래드포드A. Radford 등이 편찬한 『Linguistics: An Introduction』의 안내문을 쓰면서 원전의 용어를 아래와 같이 번역했다.

morpheme	-	形位형위
morph	-	形素형소
morphology	-	形态学형태학

이런 번역의 연장선상에서 저우류시가 언급하지 않은 allomorph는 "형위변형체形 位变体"라고 번역해야 마땅할 것이다. (이 단어에서 "형形"이 가리키는 것은 "형태形

态"이지 "자형字形"이 아니다.)

영어에서 전형적인 형태소는 단어 중에서 어법을 나타내는 성분이다. 예를 들어 trams, buses 중의 -s와 -es 두 개의 형태는 모두 명사의 복수형태이고, smiling, helped의 -ing와 -ed 두 형태는 동사의 현재진행형과 과거형을 나타내는 형태이다. 한걸음 더 나아가면 우리는 위의 -s와 -es에 oxen, children에 포함된 (-r)en도 명사 복수형태의 서로 다른 형위변형체라고 할 수 있다. 이런 성분들은 아무튼 단어에서 분석해낼 여지가 있기 때문에 비교적 쉽게 이해할 수 있을 것이다. 중국 사람이 이것들을 복수를 표시하는 "형태소"라고 번역한다면 이것도 어느 정도는 받아들일 수 있다. 그러나 더 깊이 들어가면 어떻게 될까? Men은 man의 복수이고, brought는 bring의 과거시제이다. 우리는 어떻게 이 단어들의 "형태소"를 분석해낼 것인가? GO의 과거형은 went, BAD의 비교급은 worse인데, "형태소"분석은 이런 단어에서 어떤 쓸모가 있는가? CUT는 과거형과 과거분사형이 모두 cut인데, 그럼 cut은 "독립형태소独素词"라고 해야 하는가? (영어에서는 이런 것이 문제되지 않는다. "동사 go + 과거형 형태, 형용사 bad + 비교급 형태, 동사 cut + 과거형 혹은 과거분사형"이라고 말하기 때문이다.)

영어학자가 morpheme에 대해 아래와 같이 한 말을 보고, 중국의 학자들은 또 놀랄 수밖에 없을 것이다.

단어를 더 하위의 구성부분으로 나눌 수 있는지가 morpheme이론과 관련이 없다는 점은 명약관화하다. Morpheme은 단어를 분석해 얻은 언어의 절편이 아니다. 그것은 단어에서 어떤 지위도 차지할 수 없고 단지 어떤 "요소"로서의 기능을 할 뿐이다. …… 다른 어법단위와 마찬가지로 morpheme은 단지 하나의 "형식" 성분이다. 그것과 음성 혹은 문자의 표현형식 사이는 "자의적"인 관계이다. 그것은 어떤 음성이나 문자라는 실체형식으로 나타나거나 다른 실체형식으로 나타난다. …… morpheme과 그 표현형식 간의 관계는 자의적이고, 이것은 우리가 숫자만 이용해 표시해도 무

방한 것이다. (Lyons, 1968: 183~184쪽)

　很明显，词能不能分析成下位组成部分与（morpheme的）理论无关。Morphem
e根本不是对词进行分析后得到的语言片段，它在词中没有什么地位，只是发挥"因
素"性的功能……如同所有语法单位一样，morpheme只是一种"形式"成分，它跟它
在语音上或文字上的表达形式之间是"任意性"的关系，它可以由某种语音或文字的实
体形式表示出来，也可以用别的实体形式来表示……由于morpheme与其表达形式之
间的关系是任意性的，我们即使用数字来表示也无伤大雅。

이렇게 "형태의 위치"가 morpheme의 시작이자 가장 기본적인 함의임을 알았다
면, 우리는 쉬퉁창이 "중국어에는 형태소라는 단위가 없을 뿐 아니라, 그러한 개념
조차 없다."라고 한 말을 쉽게 이해할 수 있다. 이렇게 존재하지조차 않는 단위를 어
떻게 언어연구의 "본위"로 설정할 수 있겠는가?

이 문제는 우리에게 문화교류에서 번역이 차지하는 중요성을 일깨워준다. 단어
하나를 오역한 것이 이렇게 예상치 못하게 큰 영향을 끼칠 수도 있기 때문이다. 잘
못된 번역이 학술계에 끼친 영향도 이미 많이 들어봤다. 외국의 이론을 들여오고자
하는 학자는 이 점에 대해 신중하고 또 신중해야 할 것이다.

제5장 한자본위의 음운연구 — 음운학
字本位的语音研究－音韵学

5.1. 한자본위에 기초한 중국어 연구
字本位基础上的言语研究

이번 장에서부터 나는 한자본위에 기초해 중국어 연구 체계의 기틀을 세워보고자
한다. 먼저 영어는 어떻게 단어본위의 기초 위에 영어 연구의 체계를 세웠는지 살펴
보자. 영어의 "단어"본위는 "단어"의 "삼위일체"를 통해 실현된다.

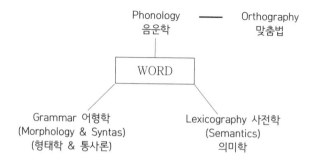

영어는 문자(정서법)를 그다지 중시하지 않는다. 예전에 소쉬르의 전통에 의하면
문자는 단지 "기호의 기호"이기 때문에, 현대 언어학도 일반적으로 이를 괄호 안에
넣어 음성학과 비슷한 지위를 부여할 뿐이다. 알파벳문자에서는 어쩌면 당연한 일
이다.

중국어가 "한자"를 본위로 한자 연구의 체계를 수립하려면, 역시 "한자"의 "삼위
일체"를 특징으로 삼아야 할 것이다.

어법은 형식을 중시하는 학문이다. 그런데 지난 100여 년 동안 중국어 연구가 한
자를 배척해왔고, 또 서양학문의 영향을 너무 많이 받아 전통적인 중국어 연구와 조
화롭게 결합하지 못했기 때문에, 고대의 중국어 연구와 현대의 중국어 연구는 살아
있는 채 둘로 잘린 참혹한 결과를 낳았다. 이런 상황에서 "한자본위"의 연구는 공시

적 연구와 통시적 연구를 모두 포함하기 때문에 고금의 중국어 연구를 전부 연결해야 한다. 이 "연결"은 고대 중국어 자체의 연구성과를 희생하거나 현대 중국어의 연구성과를 그대로 고대 중국어에 대입(예를 들어 요즘 학자들이 "고대 중국어의 어법을 '연구'한다."고 말하는 것처럼)하는 것이 아니다. 당연히 고대인의 연구전통을 단순히 21세기의 새로운 학술용어로 포장만 바꾸는 "계승"에 만족해도 안 된다. 나는 고대와 현대의 연구성과가 한자본위의 중국어 연구체계 안에서 각자의 장점을 발휘해 화학적으로 결합하길 원한다.

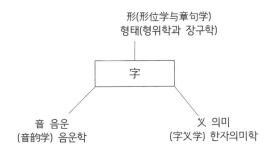

나는 이 체계가 "중국언어문자학汉语言文字学" 전공의 이상적인 목표에 하나의 중요한 기틀을 제공하길 원한다. 얼마 전 중국의 교육부가 대학의 각 전공을 통폐합하면서 원래의 "중국어사, 현대 중국어, 중국문자학" 등 3개의 전공을 통합해 하나의 새로운 전공으로 묶은 바 있는데, 적지 않은 사람이 이 정책을 이해하지 못했다. 나도 학과의 통폐합이 간혹 학술적이지 않은 이유로 진행될 때도 있다는 것을 인정한다. 하지만 실사구시의 안목으로 보면 이 세 학과의 통합은 나에게 새로운 학술적 사상이 정립되고 있음을 보여줬다. 그래서 이러한 전공 통폐합에 대해 간단한 논문을 발표한 바 있다.

소쉬르는 그의 연구가 "표음체계, 특히 오늘날 사용되고 있는, 그리스의 알파벳문자를 원형으로 하는 체계에 국한된다."고 했고, "중국인에게는 문자가 곧 2차적인 언어"라고도 말했다. 따라서 우리도 언어와 문자라는 구성요소를 종합적으로 고려하여 현재까지 "일반언어학"이 표음문자의 언어학에 머물러 있는 국면을 바꿔보자고 대담하게 말해볼 수 있지 않을까? 표의문자의 언어학을 통해 일반언어학에 공헌하는 것이 21세기 중국어 연구자들에게 맡겨진 가장 큰 임무가 아닐까? 이러한 연구는 절대로 지금까지의 언어학 이론에 대한 부정이 아니다. 이것은 마치 비유클리드기하학이 유클리드기하학을 부정한 것이 아니고 하나의 기초명제―제5공리의 수정인 것처럼 하나의 새로운 길을 여는 일이다. 언어학의 새로운 돌파는 한자의 의미와 작용을 새롭게 평가하는 데에서 시작된다. 지금 (중국의) 교육부가 중국 문자학과 중국 언어학을 합병해 새로운 학과를 설립한다고 한다. 이것은 아주 긍정적인 의미를 지닌다. (판원궈, 1998: 62쪽)

索绪尔承认, 他的研究, "只限于表音体系, 特别是只限于今天使用的以希腊字母为原始型的体系", 而"对汉人来说, 文字就是第二语言"。因此我们可以大胆地说, 如果综合考虑到语言和文字两个因素, 那迄今为止的"普通语言学"可说只是表音文字的语言学, 而表意文字的语言学的建立将有待于汉语语言学者的努力, 这将是汉语对真正意义上的普通语言学作出的最大贡献, 也是二十一世纪汉语研究最重要的任务。这一研究, 并不是对迄今为止的语言学理论的否定, 而是对之的有力补充, 这就好象非欧几何学之对于欧几里得几何学, 一条公理――第五公理的修正开辟了一条广阔的道路。语言学的新突破也可能从重新评价汉字的意义和作用开始 。在这个时候, 新设立的专业将汉语文字学并入了汉语语言学, 这是意味深长的。

나는 세 전공의 "화학적 결합"을 특별히 강조했다.

"결합"에는 두 가지가 있다. "물리적 결합"과 "화학적 결합"이 그것이다. 물리적인 결합은 큰 의미부여 없이 하는 것이고, 표면적이며 임시적이다. 결과적으로 겉모습만 합치고 정신은 서로 분리된 채로 남는 것이다. 화학적 결합은 유기적인 것이며, 내적이고 깊이 있는 것이다. 그것은 관련 있는 부분의 내적 관계가 서로 깊이 있게 이해하여 결합의 결과가 다시 나눌 수 없는 새로운 전체가 되는 것이다. "중국언어

문자학"은 이러한 "화학적 결합"에 의한 새로운 전공이다. 그 결과는 현대 중국어를 몸통으로 하고 고대 중국어와 중국 문자를 양 날개로 하는 안정적인 삼각형이다. (같은 글, 61쪽)

"合"有两种："粘合"和"化合"。粘合是随意的、表面的、暂时的，其结果很可能是貌合神离；化合却是有机的、内在的、深刻的，它基于对几个有关部分的内在关系的深刻的认识，其结果将是形成一个不可随意分割的新的整体。"汉语言文字学"就是这样一个"化合"的新专业。其结构关系也很明确，是一个以现代汉语为底座、以古代汉语和汉语文字为两翼的稳固的三角。

어떤 관점에서 보면, 한자본위의 중국어 연구 체계는 이러한 "화학적 결합"의 새로운 전공이 학술적 층위에서 더 깊이 있게 해석된 것이다.

5.2. 왜 음운학인가
为什么是音韵学？

"한자"본위의 중국어 연구를 체계화하면서 가장 먼저 고려한 것은 음성의 문제이다. "한자본위"를 반대하는 학자들이 오해하는 것이 하나 있는데, 그들은 "한자"를 강조하는 것은 곧 문자를 강조하는 것이고, 필기법의 단위를 강조하는 것이라고 생각한다. 예를 들어 최근에 봤던 어떤 글은 다음과 같이 말하고 있다.

> 문자는 언어와 같지 않다. 이것은 상식이다. 이는 수학과 물리학의 공리와 같다. 한자의 특수성과 한자와 중국어의 특수한 관계를 강조하며 이 상식을 부정하는 것은 근거가 없다. …… 일반적인 인식에서 한자는 언어를 기록하는 표기기호체계의 기본 단위이다. (런후렌任瑚琏, 2001: 1쪽)
>
> 文字不等于语言，这是常识，相当于数学、物理学里面的公理。强调汉字的特殊性及其与汉语的特殊关系而否认这一点是站不住脚的。……按照一般的认识，字是记录语言的书写符号系统的基本单位。

처음부터 음운을 언급하는 것은 내가 한자본위를 주장하면서도 한순간도 음운이라는 언어의 영혼을 잊지 않고 있음을 보여주기 위해서이다. 이는 또 "한자본위는 음운연구를 포함한다."라고 세상에 명확히 선언하는 것이기도 하다. 본래부터 한자의 가장 큰 특징은 음운-형태-의미의 삼위일체이다. 중국의 전통적인 소학 연구(혹은 광의의 "문자학" 연구)에서도 음운이라는 요소를 배척한 적이 없다. 청나라 때 소학이 창성한 가장 큰 동력도 고음학의 연구에 있었다. 현대의 학문이 지나치게 세분화되어 음성, 문자, 어법, 어휘를 각각의 한 조각으로 보고 "문자는 문자일 뿐"임을 주장하며, "문자"를 만나면 바로 "글쓰기 기호"라고 한정하는 어리석음을 범하고 있는 것일 뿐이다.

그렇다면 나는 왜 "음성학语音学"이나 "음소학音位学", 또는 요즘 유행하는 "음운학音系学31"이 아니고 "중국어 음운학音韵学"을 주장하는가? "복고풍"에 휩싸여 전통음운학을 등에 업고 현대 음성연구의 진영을 정복하려는 것일까? 사실 이것은 "한자본위" 사상과 관련이 있을 뿐이다. "한자본위"연구는 보편성과 개별성의 결합에 집중한다. 모든 개별언어에는 다 스스로의 기본단위(본위)가 있고, 그 언어는 각 "층위"연구를 출발점으로 삼는다. 이것이 바로 언어의 "보편성"이다. 그런데 중국어에서는 이 기본단위가 "한자"로 귀결되며 이것이 바로 "개별성"이다. 마찬가지로 음성연구에서 "음성학语音学"은 보편성이고, "음소학音位学"은 "개별성"이며, "음운학音韵学"은 바로 "개별성의 개별성"이다. 이것이 바로 한자본위의 각도에서 중국어 음성을 연구하는 가장 적합한 출발점이다.

이쯤에서 잠시 음성학语音学(Phonetics), 음소학音位学(Phonemics), 음운학音系学(Phonology), 운율소론音律学(Prosody), 중국어 음운학音韵学(Chinese Phonology) 등의 학술용어에 대해 정리를 한번 해야 할 것 같다.

음성학은 물리적, 생리적으로 음성을 연구한다. 음성학의 연구대상은 이론적으로는 인류가 발성할 수 있는 모든 음성이다. 국제음성협회의 "국제음성기호"가 작성된 후 몇 번의 수정을 거치면서 현존하는 모든 언어의 음성을 표기하고자 노력한 것이 대표적인 음성학 연구라고 할 수 있다.

음소학은 사회나 인류의 의사소통의 각도에서 음성을 연구한다. 이론적으로 인류가 발성할 수 있는 음성의 종류는 무한하다고 할 수 있다. 모음의 구강형태변화나 자음의 발음부위변화는 둘 다 모두 실처럼 연결되어 연속성을 가지고 있기 때문이

---

31 옮긴이의 말: 音系学는 Phonology를 중국어로 번역한 말인데, Phonology는 한국어로는 보통 "음운학"이라고 번역된다. 판원궈 교수는 音系学와 音韵学를 구별하기 위해, 音韵学를 Chinese Phonology라고 영역했다.

며, 선 위의 어떤 점도 하나의 음이 될 수 있고 2D 방식으로든 3D 방식으로든, 인류가 발성할 수 있는 음의 수는 실제로 무한에 가깝기 때문이다. 따라서 모든 구체적인 언어에서는 이에 대해 특정한 조정을 거칠 수밖에 없었고 여기에서 음소학이 탄생했다.

음성학과 음소학을 비교해보면 음성학은 인류의 음성(발음, 전파, 청각을 포함해)의 공통적 규칙을 연구하기 때문에 보편성이 더욱 강하다고 할 수 있다. 그렇기에 "일반음성학"이 가능했다. 음소학은 필연적으로 어떤 구체적인 하나의 언어와 연결되어 있기 때문에 한 가지 언어의 음성 중에서 선택된 음성에는 당연히 한계가 있기 마련이고, 따라서 한 언어의 민족성이 강하게 드러나게 되었다. 이는 구체적인 언어의 음소를 기술하고자 했으므로 "일반음소학" 따위의 학문은 존재할 수 없었다. 음성학의 기초는 물리학과 생리학이었고 음소학의 기초는 사회학과 심리학이었다. 음소학자 스와디시M. Swadesh는,

> 음소는 사실 사람들이 자기 언어에 대해서 가지고 있는 감각이다. 사람들은 누구나 자기의 모어에서 출발하여 어떤 음과 어떤 음이 같은지 어떤 음과 어떤 음이 다른지를 구별하고, 다른 언어의 음을 들으면 어쩔 수 없이 자기의 표준으로 이해하려 한다. 이 음은 어떤 음에 해당하고 이 음은 어떤 음에 해당한다고 생각하는 것이다. (Swadesh, 1934: 35~36쪽)
>
> 音位说到底只是人们对自身语言的一种感觉。人们总是从自己的母语出发，说哪个音和哪个音是相同的，哪个音和哪个音不同，即使听到别种语言的音，也总用自己的标准去理解：这个音相当于什么音，那个音相当于什么音。

라고 말했다. 이 관점으로 볼 때 음소학과 음성학은 매우 다르다. 초창기의 음소학자와 음성학자가 서로 "가는 길이 달라 서로 신경 쓰지 않"는 느낌을 준 것은 이런 차이점 때문이다.

실험언어학은 언어학과 실험수단이 결합하여 탄생했지만 음소언어학은 어떤 특

정 음소체계를 배경으로 탄생했다. 예를 들어 중국어의 병음방안도 음소언어학의 원리를 기반으로 탄생한 것이다.

음성학과 음소학은 19세기 70~80년대에 영국의 스위트Henry Sweet와 폴란드계 러시아 언어학자 쿠르트네이Baudouin de Courtenay를 출발점으로 시작되었다. 20세기 50년대 이후 음소학音位学은 점차 두 가지 서로 다른 방향으로 발전했는데, 하나는 음운학音系学이고 하나는 운율소론韵律学이다.

본래 음성학의 기본단위는 음성이었고 음소학의 기본단위는 음소였다. 그런데 훗날 사람들은 음소가 음성의 최소단위가 될 수 없음을 발견했고, 계속해서 음소의 하위에 대한 분석을 진행하여 변별자질区别性特征Distinctive features이론이 탄생하게 되었다. 변별자질이라는 개념은 프라그학파의 트루베츠코이N. S. Trubetzkoy가 제시한 것이다. 하지만 그의 이론은 야콥슨Jacobosn과 그의 학생 할레Halle(1956년)가 완성한 것으로, 저 유명한 12쌍의 변별자질이 바로 그것이다. 12년 후에 할레와 촘스키가 함께 『영어의 음성체계The Sound Pattern of English』라는 책을 출판했는데, 일반적으로 이를 "생성음운학生成音系学" 탄생의 표지석으로 본다. 하지만 이 책에서 나열한 25개의 음성특징으로 볼 때, 내용은 여전히 음성학과 야콥슨이 제시한 일부의 특징을 다시 개괄한 것에 불과하고, 그 기본적인 방법은 아직도 귀납법이어서, 생성언어학이 강조하는 연역법과는 전혀 달랐다.

음소학과 음운학의 구별은 이론적인 배경에 있다. 음소학은 구조주의에 속하고, 음운학은 주로 촘스키의 생성언어학에 속한다. 구조주의는 각 민족 언어의 특징을 중시하는데, 음소학이 바로 그러하기 때문이다. 촘스키 이론의 기초는 인류의 모든 언어에는 보편성이 있다는 것이므로, 음소학을 환영했을 까닭이 없다. 그래서 변별자질 이론을 통해 이름을 "음성특징"이라고 바꾸고 사람들이 이미 잊어버린 음성학을 새롭게 개조하여 자기의 보편어법의 체계 안으로 끌어들인 것이다.

운율소론韵律学은 음소학이 또 다른 방향으로 발전한 결과이다. 창시자는 영국의 퍼스Firth(1948)이다. 음운학이 주로 음색의 연구에 방점을 찍었다면, 운율소론은 처음부터 초음질성분超音质成分을 학문의 임무로 삼았다. (촘스키와 할레의 저작에

"운율특징"편은 제목만 있고 내용이 없다.) 퍼스의 운율연구는 일종의 syntagmatic (연쇄관계组合关系)에 대한 연구로, 이는 음소연구의 부족한 부분을 보완하게 되었다. 퍼스는 운율연구가 주로 세 가지 방면에 주의를 기울여야 한다고 생각했는데, 음의 위치, 음의 협력, 음성과 어법의 관계가 그것이다. 이는 중국어 연구에도 많은 힌트를 제공해주었다. 현대적 운율소론 연구는 1977년 리버만Liberman, 프린스Prince 의 논문 『강세와 언어리듬에 대하여On Stress and Linguistic Rhythm』에서 시작되었는데, 이 논문에서 유명한 경중대치원칙轻重相对原则Relative principle and relative importance을 제시했고 이것이 수많은 "연쇄관계"의 연구를 촉발했다. 20여 년 동안 점차 운율음운론, 운율형태론 및 운율통사론으로 발전했다.

위와 같은 간단한 분석을 통해 음성학은 자연과학의 시각에서 사람의 발성을 연구했고, 따라서 각 언어에 공통적으로 적용되는 음성학이 성립했음을 알 수 있다. 음소학은 사회와 교류의 각도에서 출발해 음성을 연구했기 때문에 태생적으로 각 언어에 속하며, 그중에서 운율소론은 민족적 특성이 더욱 강조된 것이다. 음운학은 음성학과 운율소론의 중간쯤에 있는 것으로, 본질적으로는 음소론에 속한다고 볼 수 있다. 그러나 동시에 보편음성학의 모습을 띠고 있기도 하다. "보편성"의 시각에서 보면 중국어의 음성연구도 당연히 음성학语音学, 음소학音位学, 음운학音系学이 될 수 있다. 하지만 나는 우리가 만일 "개별성"에 더 집중한다면, "중국어 음운학"에서 출발하는 것이 좋겠다고 생각한다.

내가 말하는 중국어 음운학音韵学(phonology)과 위에서 언급한 서양의 음운학音系学은 영어로는 같은 단어이다. 여기서 그 둘의 관계를 알 수 있다. 하지만 나는 반드시 음운학音韵学이라는 단어를 사용하고자 한다. 이는 실제 사용에서 서양의 음운학은 공시적 연구에 집중하는 반면, 나의 음운학은 공시성뿐 아니라 통시성에도 똑같은 관심을 기울이기 때문이다. 더욱 중요한 것은 서양의 음운학이 일반어법이론에 포함된 이후 각 민족의 특성은 의도적으로 약화되었으나, 중국어 음운학은 역사와 문화의 시각에서 출발해 음성연구와 음율연구를 진행하는 것이며, 따라서 그 민족적 특성이 음소학에 비해 훨씬 더 강조되기 때문이다.

음운학의 영혼은 그 민족성이다. 만약 중국어의 역사문화적 구성요소를 무시한다면 중국어 음운사에 있었던 수많은 현상에 대해 정확히 해석할 수 없다. 여기서 나는 중국어 음운연구의 역사상 가장 유명했던 논쟁, 즉 『절운切韵』의 음운에 관한 논쟁을 예로 들어 이 점을 설명해보고자 한다.

『절운』은 중국에 현존하는 가장 오래된 운서韵书이다. 이 책은 서기 601년에 완성됐는데, 원전은 이미 소실되었고, 사람들이 일반적으로 연구하는 텍스트는 『절운』의 체계로 저작되어 1008년에 출판된 『광운广韵』이다. 『광운』은 중국어 음운연구에서 가장 중요한 자료로 이를 통해 고대 음과 현대 음을 연결할 수 있기 때문에, 『절운』-『광운』의 성격을 어떻게 이해하느냐는 중국어의 음운을 연구하는 데 결정적인 역할을 한다. 『절운』은 4성으로 나뉘어 있으며, 총 206개의 운부로 구성되어 있다. 만약 평성, 상성, 거성을 합병한다 해도 운부가 95개나 된다. 상식적으로 볼 때 한 가지 언어에 이렇게 복잡한 독음이 어떻게 가능할까? (현대 중국어의 푸퉁화普通话는 총 18개의 운부로 구성되어 있다.) 그래서 몇백 년 동안 연구자들은 이 206부가 한 지역, 한 시기의 독음을 대표하는 것이 아니고, 동서남북의 방언을 역사적으로 종합한 것으로 인식해왔다. 이런 관점을 종합체계설이라 한다. 그러나 20세기 상반기에 스웨덴의 중국학자 칼그렌Bernhard Carlgren이 『중국음운학 연구』라는 책을 발표했는데, 그는 서양의 역사비교언어학과 음성학을 배경으로 삼고, 음운부호를 도구로 삼아 『광운』의 206운에 서로 다른 독음을 달았다. 이 작업은 "현대 중국어 음운학"의 시작을 알리는 신호탄이 되어 전통적인 중국어 음운연구와의 맥을 끊어놓게 되었다. 칼그렌의 기본적인 관점은, "1. 『절운』은 한 시대, 한 지역의 음운체계이다. 2. 이 음운체계는 8세기 당나라 장안의 음이다. 3. 푸젠 성福建省을 제외한 현대 중국 모든 지역의 방언은 『절운』의 음운체계가 역사적 변천을 거쳐 정립된 것이다."로 정리할 수 있다. 이러한 관점을 "단일체계설"이라고 하는데, 그 후 몇십 년 동안 종합체계설과 단일체계설을 둘러싼 논쟁이 끊이지 않았다. 종합체계설의 가장 중요한 근거는 『절운』의 서문에 저자가 스스로 고금남북古今南北의

음을 종합했고, "세분하는 방식을 따르고 종합하는 방식을 따르지 않았다."는 원칙을 천명했다는 점이었다. 반면에 단일체계설의 가장 강력한 근거는 음성학과 음소학의 이론에서 출발하여 "종합"하는 방법을 인정하지 않는다는 점이었다. 한 음운학자는 직설적으로 아래와 같이 말하기도 했다.

우리는 서로 다른 음운체계를 가능한 한 세분화해서 음의 같고 다름을 나누어 각자에 상응하는 규칙을 찾아내야 한다. 현실적으로 존재하는 음을 나누고 자른 후 다시 조립하여 매끄럽고 엄밀한 구조를 갖춘 음운체계를 수립할 수는 없다. 즉 A방언에도 부합되면서 B방언에도 부합되고 C와 D방언에도 동시에 부합되게 할 수는 없는 것이다. 예를 들어 베이징 방언, 상하이 방언, 광둥 방언 모두에 스스로의 음운체계가 있는데, 이들을 하나의 체계로 정리할 수는 없다. 만약 누군가가 자기의 주관적 의지에 근거해 억지로 여러 가지 방언의 체계를 하나의 체계로 정리하고자 한다면, 이는 각 방언의 음운체계를 어지럽게 만들어 베이징 방언에도 부합되지 않고 상하이나 광둥의 방언에도 부합되지 않는 결과를 낳을 것이다. (왕센王显, 1962: 540쪽)

对于不同的音系我们可以条分缕析地比较其异同，找出它们的对应规律，然而不能把它们横加割裂剪裁，然后又拼凑起来，使之成为一个结构整齐严密的音系，既符合于甲方言，同时又符合于乙方言、丙方言和丁方言。举例来说，北京话、上海话、广州话都各有它们的语音系统，它们是不能拼凑在一起成为一个体系的。如果硬是有人凭主观意志，要把它们拼成个三位一体的话，那一定会把它们三个原有的语音系统破坏得一塌糊涂，既不符合北京话，也不符合上海话和广州话。

이런 발언은 얼핏 보기엔 논리정연한 것 같지만, 사실은 중국문화와 한자의 특성을 고려하지 않았다는 혐의를 벗을 수 없다. 먼저 각종 연구결과를 하나로 모아 집대성하는 것은 중국인에게서 자주 볼 수 있는 문화심리이다. 『절운』의 저자가 스스로 고금남북의 음을 종합했다고 했으니 우리가 이를 믿지 않을 이유는 없다. 또 여러 가지 체계를 모아 하나의 체계를 만들면서도 각자 원래 가지고 있던 체계와 모순되지 않는 것은 음성학, 음소학에서는 불가능하지만, 중국어의 음운학에서는 전적으로 가능한 일이다. 중국어와 한자의 특수성이 이러한 체계를 가능하게 한다. 서양의 문자는 알파벳문자라서 한 가지 속성만을 가지는데, 바로 특정한 독음을 표시하는 것이다. 하지만 한자는 형태-의미의 결합체 문자로, 표음을 하기 위해서만 존재하지 않으며, 두 가지 속성을 모두 가지고 있다. 한자는 음가音值(어떤 구체적인 방언에서 일정한 독음을 갖는다.)를 표시하는데, 예를 들어 "三"이라는 한자는 현대 표준어에서 [san]이라고 읽지만, 이는 또 동시에 하나의 음운유형音类을 나타내기도 한다. "三"은 베이징 방언, 상하이 방언, 광둥 방언에서 각각 [san], [se], [sam]이라고 읽기 때문에 "三"이라는 한자만 주고 어떤 방언인지 알려주지 않는다면, 어떻게 읽는지 알 수 없다. 음가의 시각에서 보았을 때(음성학이든 음소학이든) 서로 다른 음운체계를 종합하면 당연히 원래 있던 각자의 음운체계를 유지할 수 없지만, 음운유형의 시각에서 보았을 때 여러 방언의 음을 종합하는 것은 매우 자연스러운 일이다. 위의 왕셴이 제기한 세 가지 방언을 예로 들어 좀 더 자세히 설명해보자.

"寒·男·三·山·开·街"를 대표로 하는 6모둠의 한자가 있다고 가정하자. 베이징 방언에서 이 여섯 모둠의 한자는 3개의 운모부韵部로 나뉜다. 즉, "寒·男·三·山"이 하나의 운모부이고, "开"와 "街"가 각각 하나의 운모부이다. 그런데 상하이 방언에서는 이 여섯 모둠이 "寒·男"이 하나, "三·山·开"가 하나, "街"가 하나의 독립된 운모부를 이룬다. 또 광둥 방언에서는 이 여섯 모둠의 한자가 네 개의 운모부를 이루는데, "男·三"이 하나의 운모부, "开·街"가 하나의 운모부, "寒"과 "山"이 각각 하나의 운모부가 된다. 만약 우리가 이 세 지역의 음운체계를 종합해 하나의 체계를 만든다면, "寒·男·三·山·开·街"의 여섯 운모부로 나눌 수 있고, 다시 그 운모부 밑에 주석을 달 수 있을 것이다. 예를 들어 "寒" 밑에 주석을 달아, "베이징에서는 男·三·山과 같고 광둥에서는 다르다. 오늘날엔 광둥의 구별법에 따른다.", "男" 밑에 주석을 달아, "광둥에서는 三과 같고 상하이에서는 다르다. 오늘날엔 상하이의 구별법을 따른다." 또 "三" 밑에 주석을 달아 "상하이에선 山, 开와 같고, 베이징에선 山과 같으며 광둥에선 다르다. 오늘날엔 광둥의 구별법을 따른다." ……

같은 식으로 말할 수 있을 것이다. 필요하다면, 아주 쉽게 아래와 같은 표를 만들 수도 있을 것이다.

	寒	男	三	山	开	街
北京						
上海						
广州						

만약 이 표가 반영한 상황을 『절운』의 시대에 적용한다면, 제1항은 『절운』의 분류법이고, 제2, 제3, 제4항은 각자 『절운』이 종합한 당시의 여러 운서를 대표한다. 여기서 우리는 『절운』이 각 운서의 운모체계를 어지럽히지 않았음을 알 수 있는데, 이것이야말로 각 지역에서 『절운』을 받아들인 근본적인 원인이다. 유일한 문제는 이렇게 정리하여 얻은 여섯 개의 "운모부"가 각자 서로 다른 독음을 모사해낼 수 없다는 것뿐이다. 그래서 나는 운모부가 모아지고 나눠진 결과를 음가체계가 아니라 음운유형이라고 말하는 것이다. 이 가능성이야말로 중국어와 한자의 특징이자 장점에서 야기된 것이다. 중국어의 음운학 연구는 반드시 중국어와 한자의 특징을 살려야 한다. 이 점을 무시하고 서양의 알파벳문자를 기초로 수립된 언어학 이론을 억지로 대입하는 것은 바로 중국어 음운학 연구를 "인도-유럽어의 관점"으로 바라본 결과이므로, 우리는 이를 강력하게 지양해야 한다.

음성학의 기본단위가 음성이라면, 음소학의 기본단위는 음소이며, 음운학의 기본단위는 변별자질이고 중국어 음운학의 기본단위는 음운유형이다. 이 점을 무시한다면, 중국어 음운학 연구의 많은 문제들은 잘못된 결론만 얻게 될 것이다.

5.3. "한자본위"의 음운연구
"字本位"的音韵研究

그렇다면 "한자본위"의 음운연구는 어디에서 시작해야 하는가? 대략 구분하여 아래와 같은 세 개의 골격을 잡을 수 있을 것이다.

5.3.1. "한자"를 허브로 상하위를 분석하는 두 개의 분석틀 수립
以"字"为枢纽，建立下位分析与上位分析两个支框架

5.3.1.1. 중국어 음운의 하위 분석
汉语音韵的下位分析

1958년 중국어 병음방안이 정식으로 공포된 시점을 전후로 병음을 모음과 자음의 체계로 만들 것인지 아니면 성모와 운모의 체계로 만들 것인지에 대한 논쟁이 있었다. 그 결과 채택된 것은 성모운모체계였지 "세계 공통"의 자음모음체계가 아니었다. 당연한 말이지만 이것이 중국어에 모음과 자음이 없다거나, 중국어의 학습과 연구에 자음모음체계를 선택할 수 없다는 말은 아니다. 이러한 결론은 중국어의 음성을 분석할 때 자음·모음의 기준보다 성모·운모·성조의 기준을 사용하는 것이 더욱 합리적임을 실천적으로 검증했다. 성모·운모·성조라는 기준이 중국어의 음성을 분석하고 가르치는 데에 더욱 효율적이라는 것이다.

반세기의 시간이 지나 사람들은 이 논쟁 자체를 잊었지만, 지금 뒤돌아보면 이는 중국어의 특징을 살릴 것이냐 맹목적으로 서양의 이론을 따를 것이냐 하는 논쟁이었다. 개별성을 지킬 것이냐 보편성에 따를 것이냐 하는 논쟁이었다는 말이다. 당시의 분위기에서 "전통"이라는 논거가 승리했다는 것은, 지금 돌이켜보면 약간 불가사의하기까지 하다. 하지만 다른 방면에서 보면, 이는 성모·운모·성조라는 구조가 중국인의 마음속에 이미 깊게 자리 잡고 있어서 이를 거스를 수 없다는 증거이기도 하다. 성모운모성조의 분석이 모음자음분석을 이겨 중국식 언어연구의 주요영역을 차지했고, 이것은 그래서 "중국식 언어연구"의 가장 좋은 예가 되었다. 이러한 연구 스타일은 중국어의 전통을 계승하면서도 세계 음성연구의 "보편성"에 전혀 해가 되지 않았다. 누군가가 언어의 개별성이나 중국어의 특징을 말하기만 하면 곧바로 그것이 세계 언어연구의 "공통방향"에 위배된다고 입버릇처럼 말하는 사람들은 그들이 현재도 사용하고 있는 성모운모성조체계와 그것의 교육에의 응용에서 하나의 영감을 얻었으면 좋겠다.

인식하지 못한 사람이 많겠지만 성모운모성조체계의 승리는 사실상 "한자본위"의 승리를 의미한다. 왜냐하면 "성모, 운모, 성조"라는 것은 단순히 중국어의 음성을 기반으로 한 것이 아니라 한자의 음을 분석한 결과이고, 한자의 "하나의 형태", "하나의 음운", "하나의 의미"라는 삼위일체에서 "하나의 음절"을 분석해 나온 산물이기 때문이다. 중국어를 사용하는 민족은 이 분석 방법을 찾기 위해 긴 세월과 어려운 과정을 겪어왔다. 이르게는 전국시대에 한자의 의미에 대해 인식하기 시작했고, 동의어 수집을 주요 내용으로 하는 『이아尔雅』를 편찬했다. 동한东汉 시대에는 한자형태에 대한 연구가 매우 성숙하여, 허신许慎의 『설문해자说文解字』가 등장했다. 한자음에 대한 연구도 마찬가지이다. 『시경诗经』 시대부터 이미 시를 지을 때 쌍성첩운双声叠韵의 기교를 숙련되게 사용했고, 제齐나라와 양梁나라 시대의 문인들 역시 시를 창작하면서 4개의 성조가 존재함을 깨달았다. 그러나 운서韵书는 위진魏晋시대에나 등장했고, 성모와 성조의 체계 및 음운사상의 성숙은 수隋나라 때의 육법언陆法言이 『절운切韵』을 출판하면서 출현했다. 이는 『이아』가 등장한 후 약 1,000년이나 시간이 흐른 뒤였다.

한자는 왜 성모, 운모, 성조의 구조를 갖게 되었는가? 혹은 질문의 방식을 바꿔서 성모, 운모, 성조는 어떻게 한자의 형식이 되었는가? 이것은 중국어 언어학 또는 일반언어학이 반드시 답변해야 할 하나의 중요한 과제이다. 이 문제를 해결한다면 우리는 언어와 문자의 관계에 대해 더 깊이 이해하게 될 것이다. 나는 에드워드 사피어Edward Sapir가 언어의 동적 특성(Dynamic features)에 대해 언급한 말에 크게 찬성한다.

> 결론적으로, 라틴과 그리스의 시는 음량대비의 원리에 근거하고 영어의 시는 악센트 대비의 원리에 근거하며 프랑스어의 시는 음절수와 압운의 원리에 근거한다. 그런데 중국어의 시는 음절수, 압운과 음고의 대비원리에 근거한다. 이러한 리듬체계는 모두 각 언어의 무의식적이고 동적인 습관에서 나오며 일반 민중의 입에서 탄생한 것이다. 한 언어의 음성체계를 자세하게 연구하는 것, 특히 언어의 동적 특성을 자세하게 연구하는 것으로, 우리는 그 언어가 어떠한 시를 발전시켜왔는지 알 수 있다. 만약 역사가 민중의 삶에 어떤 농담을 걸었다 해도 우리는 그 민족의 시가 어떻게 발전했는지 알 수 있을 것이며, 앞으로 어떤 시로 발전해갈지 알 수 있을 것이다. (Sapir, 1921: 230쪽)

> 总而言之，拉丁和希腊诗依据的是音量对比原理；英语诗依据音势对比的原理；法语诗依据音节数和押韵的原理；中国诗依据音节数、押韵和音高对比原理。这些节奏系统都出自语言无意识的动力习惯，出自一般老百姓之口。仔细研究一种语言的语音系统、特别是它的动力特点，我们就能知道它发展了什么样的诗，要是历史跟它的心理开过玩笑，我们也能知道它本该发展什么样的诗，而将来会发展什么样的诗。

사피어가 말한 "동적 특성"이라는 것은 각 언어의 음량, 악센트, 음고(중국어에서는 성조) 등의 민감성과 음절을 이루는 여러 방법(Methods of syllabifying), 그리고 음성성분 조합상의 가능성(Possibility of combining the phonetic elements) 등을 말한다. 그는

> 이러한 동적 특성의 구성요소를 더하는 것은, 한 언어의 음성의 본성을 제대로 이해하는 데 있어서 음성체계 자체만큼이나 중요하다. 아니 훨씬 더 중요하다. (같은

책: 54쪽)

> 这些动力因素加起来，对适当地了解一种语言的语音本性，可说和语音系统本身
> 一样重要，甚至重要得多。

라고 말했고, 또,

> 한 언어가 가지고 있는 순수하면서도 객관적인, 어려운 음성분석을 통해야만 얻
> 을 수 있는 음성체계의 배후에 더욱 엄격하고 "내재적"이거나 "이상적"인 체계가 숨
> 겨져 있다. 순수한 발화자는 아마 이 체계를 의식하지 못할지도 모른다. 그러나 이것
> 은 첫 번째 체계보다 정해진 패턴과 심리적 기제를 사람들이 훨씬 쉽게 인식한다.
> …… 모든 언어는 스스로의 어법구조를 통해 그렇게 하는 것처럼, 그 언어의 이상적
> 음성체계와 내재된 음성패턴으로 스스로의 특성을 표현한다. (같은 책: 55~56쪽)

> 在一种语言特具的纯粹客观的、须要经过艰苦的语音分析才能得出的语音系统背
> 后，还有一个更严格的、"内在的"或"理想的"系统。天真的说话人也许同样意识不到
> 这是一个系统，但它远比第一个系统更容易叫人意识到是一个既定的模式、一个心理
> 的机制。……所有语言都通过它理想的语音系统和内在的语音模式来表现它的特性，
> 就象通过自己的语法结构来表现一样。

라고 주장했다.

중국어 음운의 "동적 특성"은 무엇인가? 나는 최소한 두 개를 들 수 있을 것 같다.

1. 성모운모성조구조声韵调结构

이 점은 사피어가 제시한 세 방면에서 중국어와 인도-유럽어(예를 들어 영어)를
비교하여 얻은 필연적인 결론이다.

첫째, 민감성 차원에서 중국어는 음고가 민감한 언어이다. 이것이 성조의 중요성
을 결정했다.

둘째, 음절을 구성하는 방식상, 중국어는 한자를 음절단위로 하여 하나하나의 음절(한자)이 앞부분은 성모로 뒷부분은 운모로 구성되어 있으며, 성조는 전체 음절에 부속되어 있다. 음절의 구성은 아주 간단하여, 설사 모음자음체계에 따라도 중국어에서는 손쉽게 모음, 반모음, 자음 등을 분석해낼 수 있다. 하지만 중국어의 모든 음절은 하나의 공식으로 묘사할 수 있다.

$$(C) + (v') + V + (v'')/(c)^{32}$$

여기에서, v'= i, u, y; v''= i, u; c= n, ng이며 괄호는 있을 때도 있고 없을 때도 있음을 나타낸다. 이렇게 간단한 음절구성 공식은 일본어를 제외하면 세계의 각국 언어에서 매우 드문 예이다. 아마 어떤 사람은 영어 같은 다른 언어의 음절은 성모 · 운모의 조합으로 묘사할 수 없느냐고 물어볼 것이다. 나는 이런 질문에 대비해 실험을 진행한 적이 있다. 모음, 자음을 비교할 때, 중국어와 영어는 그리 다르지 않다. 중국어에는 23개의 자음이 있고(비음운미鼻音云母 ng와 하나의 "영성모零声母"를 포함. 만약 영성모를 3개의 "반모음"으로 처리하면 25개), 13개의 모음(10개의 주요모음과 3개의 "매개음介音")이 있다. 영어는 자음이 24개, 모음이 12개이다. 그러나 성모와 운모를 조합해 음절을 구성하면 두 언어의 차이는 매우 커진다. 중국어의 음절 총수는 432개(성조 불포함) 혹은 1,376개(성조 구별 포함)(류저셴刘泽先, 1957: 459쪽)인데 반해, 영어를 똑같은 방법으로 정리하면 대충 계산해도 10,000개가 넘는다. 내가 본 어떤 자료에서는 80,000개가 넘는다고 했다.

셋째, 음성성분조합의 가능성을 모두 조합해봐도 중국어에는 자음군复辅音이 없고(상고음을 연구하는 연구자 중에는 고대에 자음군이 있었다고 주장하는 사람도 있지만, 논쟁의 여지가 있는 일설에 불과하다.) 겨우 두 개의 운미자음韵尾辅音이 있을 뿐이다. 이중모음과 삼중모음의 수도 아주 제한적이다. 이것이 바로 중국어의 음

---

32 옮긴이의 말: C=자음, V=모음, c=부차적 자음, v=부차적 모음.

절구조가 매우 간단한 주요 원인이다. 영어의 자음은 음절을 구성할 때 모음 앞에 오기도 하고 모음 뒤에 오기도 하며, 수많은 종류의 자음군을 구성하기도 하기 때문에 음절의 수량이 셀 수 없을 정도로 많아진다. 어두音节首에 오는 자음을 예로 들어 보면, 영어의 24개 자음 중에서 23개의 자음(ng 제외)이 어두에 올 수 있다. s-로 조합되는 것이 6가지, -w로 조합되는 것이 7가지, -r로 조합되는 것이 9가지, -l로 조합되는 것이 6가지, s-w로 조합되는 것이 1가지, s-r로 조합되는 것이 3가지, s-l로 조합되는 것이 1가지 총 56개의 "성모"가 존재한다고 볼 수 있다. 동시에 분석할 수 있는 영어의 "운미자음"도 형태변화에 의한 자음변화(ps, pt, bz, bd 등 36가지)를 차치하고라도 81가지나 된다. (이상의 통계는 블룸필드Bloomfield, 1933: 155~159쪽 참조) 운미자음이 이렇게 많은데, 여기에 다시 "운미모음元音韵尾"까지 더하고, 또 각각의 단모음, 이중모음, 삼중모음 등이 "단운모", "복운모" 등이 되면 그 수량은 놀랄 정도로 많아진다. 모음 [ei]와 운미자음이 합쳐져 만들어진 운모만도 41가지에 이르며, 단순히 계산해도 여러 성모와 조합하여 480여개의 음절이 만들어진다. (이 분야의 통계는 스틸먼Stillman, 1944: 127~132 참조) 내가 영어의 총 음절수를 10,000개로 상정한 것은 이런 비율로 추산한 것이다.

이런 세 가지 특징 때문에 중국어는 성모운모성조체계를 채택하고, 영어는 모음자음의 체계를 채택한 것이다. 우리는 똑같은 방법으로 중국어와 한자의 영향을 많이 받은 한국과 일본이 왜 하나는 음소문자체계를 채택하고 하나는 음절문자체계를 채택했는지 이해할 수 있다. 한국어의 음절수는 10,000개에 달하기 때문에 모음자음체계를 택하고 한자의 모양만 빌려 사각형문자를 사용하고 있고, 일본어의 음절구조는 중국어보다도 더 간단하기 때문에 총 73개 음절밖에 없는 것이다.

2. 내부는 긴밀하고 외부는 느슨한 결합방식內紧外松的拼合方式

이 특성도 사피어가 제시한 "음절구성의 여러 방법"을 이용해 충분히 설명할 수 있다. 하지만 이 특징은 너무나 강력한 것이니 여기에서 별도로 전문적인 설명을 해볼까 한다.

"내부는 긴밀하고 외부는 느슨"하다는 것은 두 층위의 뜻을 가졌다. 모두 한자와 알파벳문자 언어를 비교하는 과정에서 얻어진 결론이다. "내부가 긴밀하다"는 것은 음절 내부가 매우 조밀하다는 것으로 발음할 때 모음, 자음과 조합과정이 모두 선명하지 않고 전체 음절이 마치 하나의 덩어리처럼 던져진다는 것이다. 영어는 이와 다르다. 영어를 발음할 때는 하나하나의 발음이 선명하게 움직인다. 이는 중국어의 "岁, 外, 来"와 영어의 "sway, why, lie"등의 단어를 비교해보면 아주 쉽게 알 수 있다. 4가지 성조 중 거성去声은 이 특징이 더욱 선명하다. 유일하게 비교적 선명하게 조합과정을 알 수 있는 것은 상성上声인데, 상성의 이런 특징조차도 한 글자만 별도로 말할 때와 문장 말미를 제외하면 실제 말의 흐름에서는 거의 눈에 띄지 않는다.

"외부는 느슨"하다는 것은 음절과 음절 사이의 관계가 아주 헐렁하다는 말이다. 심지어는 하나하나가 단절됐다고도 볼 수 있을 정도이다. 영어(또 불어)는 소위 "연음"이라는 것이 있어서, 앞 음절이 자음으로 끝나고 뒤 음절이 모음으로 시작하면 반드시 두 개의 발음을 조합해서 읽어야 한다. 예를 들어 an apple의 실제 독음은 a napple이다. 중국어에서는 절대로 이렇게 읽어서는 안 된다. 마치 "延安"을 "叶南"이라고 읽으면 절대 안 되는 것과 같다.33 따라서 비록 영어는 글쓰기에 있어서 단어와 단어 사이에 띄어쓰기를 넣고 중국어는 한자와 한자 사이를 모두 이어서 쓰지만, 들을 때는 완전히 반대로 느껴지는 것이다. 영어의 단어와 단어 사이는 자주 구별할 수 없을 정도로 모호한데, 예를 들어 Grade A와 gray day는 완전히 똑같이 들리지만, 중국어는 "한 글자 한 글자 또박또박" 들리는 것이다. 특히 천천히 읽을 때 더욱 선명한데, 영어는 아무리 천천히 읽어도 이어서 읽어야 하므로, Thank you를 읽으면서 중간에 5초를 쉰다고 해도, 결국은 than——kyou라고 읽게 되지 thank——you라고 읽지는 않는다. 마찬가지로 중국어를 천천히 읽으면 하나하나의 음절이 더욱 선명하게 독립되어 "한 글자 한 글자씩 천천히 말해라"라는 식이 되는 것이다.

---

33 "延安"의 병음은 "yan an"이다. 이를 "ye nan(叶南)" 혹은 "ya nan(亚南)"으로 읽으면, 즉 첫 글자의 운미자음(받침)을 뒷글자의 영성모(모음)에 "연음"시키면 안 된다. 이는 중국어를 처음 배우는 한국학생이 자주 범하는 실수인데 중국어에서는 완전히 다른 단어로 이해될 가능성이 많으므로 주의해야 한다.

이 두 가지, 하나는 음절 내부의 응집력이 강력하다는 것, 또 하나는 음절과 음절 사이가 또 아주 선명하게 분리되어 있다는 것, 이것이 바로 중국어 음절의 독립성이 특별히 강하다는 것을 보여준다. 중국어는 음운상의 근본적인 "동적 특성"과 중국인의 "상형"을 통해 세계를 반영하는 세계관 때문에 한자와 같은 문자형식을 채택하게 된 것이다.

5.3.1.2. 중국어 음운의 상위 분석
汉语音韵的上位分析

한자음과 성모운모성조의 구조가 중국어 음운의 하위분석이라면, 한자음을 기초로 하는 중국어 운율학韵律学은 중국어 음운학의 상위분석이다. 이는 다음 절의 성모운모성조구조와 변화, 성조와 어조, 음운과 어휘 및 어법, 음운과 수사 등의 연구를 포함한다. 이 중에는 전통적인 연구도 있고 새로운 연구도 있다.

"상위"를 언급하기 전에, 한자음절 자체의 운용과 변화 문제를 고려해야 한다. 이는 하위도 아니고 상위도 아니다. 아마도 "중위中位" 분석이라고 불러야 하지 않을까 싶다. 이는 한자의 가차假借와 통가通假의 문제이다. 이것은 전통적인 훈고학 영역의 연구라서 현대 중국어에서는 자기 영역이 아니라고 생각할지 모르겠으나, 사실은 그렇지 않다. 고대 언어와 현대 언어 사이의 연결성이 매우 밀접하다는 것은 중국어의 중요한 특성으로, 이는 세계의 어떤 언어에서도 보기 드문 현상이다. 이 점은 중국어가 끈질긴 생명력을 갖게 된 원인 중 하나이고, 많은 현상이 겉모습은 변했지만 본질은 통하는 일이 많다. 예를 들어 가차와 현대의 음역용 한자 사이에는 닮은 점이 매우 많다. 가차자假借字는 가차의미假借义를 만들게 되는데, 그중에서 "其"라는 한자가 "他的"라는 의미를 얻어 "其他, 其余, 莫名其妙[34]" 등을 낳은 것처럼,

---

[34] 옮긴이의 말: 其는 원래 앞에 이미 언급된 대상을 다시 언급할 때 간단하게 표현하는 일종의 대명사로, 여기에서 "기타, 그 외, 그 기묘함" 등의 단어가 파생되었다. 대부분은 우리말의 "그"로 번역된다.

음역音译도 같은 방식으로 음역의미音译义(판원궈, 1997b)를 낳는다. 예를 들어 "卡35"라는 한자는 "卡片"이라는 의미를 얻어 "登记卡, 信用卡, 金卡工程" 등의 단어가 파생됐다. 전통 중국어에 등장하는 통가자36와 현대 중국어에서 자주 볼 수 있는 별자别字37와의 관계와 연결도 연구가 필요한 현상이다. 이런 용법 모두가 한자 + 음절(음절만이 아니라)을 빌려쓰는 현상이다.

"상위" 연구의 내용은 매우 풍부하다. 얼핏 떠오르는 것을 아래에 간단히 나열했는데, 이런 문제의식은 "단어본위"를 연구하는 사람들이 대체로 관심을 기울이지 않는 분야이다.

첫째는 음가연구 분야로 중국어가 어떻게 1음절의 기초에서 음성운동을 통해 "2음절화"를 이루게 되었는지를 살피는 것인데, 그중에서도 특히 관심을 기울여야 할 부분은 첩음叠音38과 쌍성첩운双声叠韵39 현상이다. 이는 중국어의 아주 독특한 특징이다. 다른 언어에 이런 현상이 없다고 말할 수는 없지만, 중국어처럼 많이 쓰이거나 규칙성을 보이지는 않기 때문에 이것이 중국어의 독특한 현상이라고 말한다 해도 절대로 지나치지 않다. 이런 현상은 음성운동과 어떤 관계가 있는가? 중국어의 "글말의 1음절화와 입말의 2음절화书面语的单音节化与口语的双音节化"는 도대체 어떤 현상인가? 이를 음성학 이론으로 어떻게 해석할 수 있는가? 두 번째로 관심을 가질 만한 문제는 "반절反切법"이다. 많은 사람이 이를 역사적 유물로 이미 도태된 병음방안 정도로만 이해하고 있는 실정이다. 그러나 우리가 민간으로 눈을 돌려 사투리나 속어, 심지어는 은어와 특정 업계의 전문용어에 이르기까지 관련 사항을 사회언

---

35 옮긴이의 말: 卡는 "꼬집다", "(사이에) 끼이다"라는 뜻으로 원래는 "qia"라는 음이었다. 서양문명과 교류하면서 card의 음역용 한자로 사용하면서 그 음과 비슷한 "ka"라는 음을 얻었고, 이를 이용해 "등록카드, 신용카드, 골드카드" 등의 단어가 생겨났다.

36 옮긴이의 말: 글 쓰는 사람이 정확한 한자를 기억하지 못하거나 몰라서 발음이 같은 다른 한자로 적어 놓은 한자.

37 옮긴이의 말: 정확하지 않지만 틀렸다고 보기는 힘든 한자를 말한다. 错字(틀린 글자)와는 다르다.

38 옮긴이의 말: 같은 한자를 반복해서 의미를 강조하거나 더 정확하게 묘사하는 중국어 수사법의 일종이다. 보통은 AAB, ABB 혹은 AABB의 형식으로 나타난다. Ex) 呱呱叫, 娘娘腔, 绿油油, 平平安安, 明明白白, 家家户户 등이 있다.

39 옮긴이의 말: "쌍성"과 "첩운"의 합성어이다. 쌍성은 성모가 같은 한자를 앞뒤로, 첩운은 운모가 같은 한자를 차례로 나열하는 수사법을 말한다. 특히 시诗歌에 많이 사용된다.

학의 연구대상으로 확대한다면, 반절법이 "죽어서도 꿈틀거리는死而不僵" 현상임을 알 수 있다. 더구나 그 현상도 매우 풍부해서 "단반单反, 쌍반双反, 잘라읽기嵌语"[40] 등 다양한 형태의 변종이 있다.

두 번째는 초음질超音质 방면의 연구로 중국어의 성조가 2음절 이상의 언어단위에서 보이는 규칙(예를 들어 2글자의 성조, 3글자의 성조, 4글자의 성조 등이 보이는 변화)이라든가, 푸퉁화普通话의 경성轻声, 얼화儿化 등의 규칙, 중국어의 어조 문제, 어조와 성조의 관계 문제 등이 그것이다. 그중 어떤 문제에 대해선 이미 초보적인 수준의 연구성과가 나와 있다. 예를 들어 자오위안런赵元任이 1933년에 발표한 유명한 논문(赵元任, 1933)이나 궈진푸郭锦桴(1993)의 저작 등을 참고하면 좋다. 방언연구에도 아주 재미있는 현상이 있는데, 예를 들어 왕핑汪平(2001)은 쑤저우 방언에 하나의 "辞(일반적으로 2음절 이상의 '단어'라고 이해하면 된다.)"의 성조가 한 "글자"의 성조와 같은 현상이 있음을 밝혔다. 이런 연구는 모두 매우 "중국적인" 과제이다. 이런 연구에서 성과를 내면 반드시 일반언어학자들의 주목을 받을 터인데, 이런 연구는 어느 것 하나 1음절인 한자에서 시작하지 않는 것이 없다.

세 번째는 1음절 한자를 단위로 하는 중국어의 리듬节奏과 운율韵律이다. 고문에 밝은 사람이라면 이 문제가 사실은 글쓰기의 영혼이라는 점을 발견했을 것이다. 특히 청나라의 동성파桐城派가 이 점을 매우 높게 평가했는데, 동성파의 리더 격인 요내姚鼐가

대저 고문을 공부하는 사람은 반드시 소리 내어 크게 읽어야 한다. 이를 오래 실천하면 저절로 이치를 깨닫게 된다. 만약 눈으로만 본다면 평생 문외한이 된다.
(『척두여진석사尺牍与陈硕士』)

---

40 옮긴이의 말: "单反"은 "한 방향으로 반절한다."라고 해석할 수 있다. 즉, "德de"와 "红hong"을 반절하면 전자에서 성모 "d"를 취하고 후자에서 운모 "ong"를 취해서 "东dong"과 같은 음을 얻는다는 말이다. "双反"은 "쌍방향으로 반절한다."는 뜻이다. 즉, "德"와 "红"을 반절할 때, 순방향으로 "东dong"과 같은 음을 얻을 수도 있고, 역방향으로 "劼he"라는 음을 얻을 수도 있다는 말이다. "嵌语"은 산시 성山西省 지역의 방언에서 볼 수 있는 방법으로, 성모 뒤에 또 다른 성모 "l"을 추가하여([kan]이 [klan]이 되는 식으로) 의미와 용법에 변화를 주는 방법을 말한다.

大抵学古文者，必要放声疾读，只久之自悟；若但能默看，即终身作外行也。

라고 했고, 유대개刘大櫆는 고대 작가들이 말하는 글의 "기气, 신神" 등에 대해 구체적으로 묘사했다.

　　문장에서 가장 중요한 것은 리듬감이다. 이것은 마치 관현악기를 연주할 때 반드시 음량은 작지만 매우 높고 몽환적인 소리가 있는 것과 같다. 신과 기는 문장의 정수이다. 음의 긴장도는 문장이 약간 모습을 드러낸 것이고, 자구는 문장이 자기를 크게 드러낸 곳이다. 따라서 문장을 논할 때 자구까지 말하는 것은 문장과 관련해 모든 것을 언급하는 것이다. 음의 긴장도는 신과 기가 남긴 흔적이며, 자구는 긴장도의 규칙이다. 신과 기는 보이지 않고, 음의 긴장도를 통해 드러난다. 음의 긴장도는 기준이 되지 않고, 자구가 기준이 된다. 음의 긴장도가 잘 쓰이면 신과 기가 반드시 높아지고, 잘못 쓰이면 신과 기도 떨어진다. 따라서 이 긴장도는 신과 기의 흔적이다. 한마디 글에서 한 글자가 많거나 혹은 적은 것과, 한 글자에서 평음을 쓰거나 혹은 측음을 쓰는 것, 혹은 음평, 양평, 상성, 거성, 입성을 사용하는 것은 모두 음절의 긴장도가 완전히 달라지게 만드는 것이므로 자구는 음의 긴장도를 규칙으로 삼는다고 말하는 것이다. 글자가 모여 문장을 이루고, 문장이 모여 장이 되며, 장이 모여 텍스트가 된다. 모아서 읽을 때 음의 긴장도가 보인다. 노래로 읊을 때 신과 기가 드러난다. (『논문우견论文偶见』)

　　文章最要节奏。譬之管弦繁奏中，必有希声窈渺处。神气者，文之最精处也；音节者，文之稍粗处也；字句者，文之最粗处也。然予谓论文而至于字句，则文之能事尽矣。盖音节者，神气之迹也；字句者，音节之矩也。神气不可见，于音节见之；音节无可准，以字句准之。音节高，则神气必高；音节下，则神气必下，故音节为神气之迹。一句之中，或多一字，或少一字；一字之中，或用平声，或用仄声；同一平字、仄字，或用阴平、阳平、上声、去声、入声，则音节迥异，故字句为音节之矩。积字成句，积句成章，积章成篇，合而读之，音节见矣；歌而咏之，神气出矣。

사실 이 중에서 글자의 수가 얼마인가 하는 문제는 일찍이 유협刘勰이 『문심조룡文心雕龙』에서 언급한 바 있다.

> 문구의 변화는 비록 일정하지 않다고는 하지만 구(句)를 이루는 글자의 수가 얼마인가, 그리고 그에 따른 작용의 차이점에 대해서는 설명이 가능하다. 사언구(四言句)는 짧은 구절이지만 그 음절이 결코 촉급(促急)하지 않으며, 육언구(六言句)는 비교적 긴 구절이지만 그 음절이 결코 완만하지는 않다. 때로 삼언구(三言句)나 오언구(五言句)로 변하기도 하는데, 이런 경우에는 정황의 변화에 따라 박자를 임기응변으로 처리한다. (『문심조룡』 제34장 장구편41)
>
> 若夫笔句无常, 而字有条数：四字密而不促, 六字格而非缓, 或变之以三五, 盖应机之权节也。

이 글은 변려문骈文에 대해서 말한 것이다. 시에서는 대체로 정해진 글자 수를 사용한다. 사언시四言诗, 오언시五言诗, 칠언시七言诗는 우리에게 가장 익숙한 시의 형식이고, 오늘날의 민요에서도 자주 사용하는 형식이다. 정형시가 아니라도 매 구절의 글자 수는 그렇게 많지 않다. 이백의 『촉도난蜀道难』 중에 있는 "嗟尔远道之人胡为乎来哉"도 11개 글자이지만, 그 리듬감은 4글자 기준으로 되어 있어서 칠언시와 같은 구조라고 볼 수도 있다. 나는 이에 대해 아래와 같이 말한 바 있다.

운각에 관한 연구로 리듬을 맞출 수 있고, 한 행의 시에 있는 운각의 수량도 이론

---

41 옮긴이의 말: 刘勰, 朱振宝今译, 김관웅 · 김정은 옮김, 『文心雕龙』, 연변인민출판사, 2007, 481쪽. 앞부분에서 언급한 『일반언어학 강의』나 『그라마톨로지에 대하여』와 마찬가지로 『문심조룡』의 경우도 기존에 한국에서 출판된 번역본을 대부분 직접 인용했다. 단, 『문심조룡』의 경우는 중국의 연변인민출판사에서 출판한 것을 한국의 집문당출판사가 수입하여 판매한 판본이기에 한국인이 읽기 어색한 부분이 없지 않다.

적으로는 한계치가 없다고 볼 수 있다. 하지만 각 민족은 자기 시가의 매 행이 얼마나 길면 좋은지에 대해 일정한 느낌을 가지고 있어서, 이를 초과하면 어딘지 자연스럽지 못하다고 생각한다. 시를 읽는 호흡이 불편해지는 것이다. 중국의 고시는 칠언(4운각)이 극한까지 발전한 것이므로 칠언이 넘어가면 대체로 두 부분으로 나눠읽게 된다. 중국 현대시의 경우 하나의 운각에 많을 때는 4개, 5개의 글자가 포함되어 한 행의 시가 열 몇 글자까지 늘어나기도 하지만, 그래도 4운각을 이상적인 극한으로 생각하므로 이를 넘어가면 어딘지 부자연스럽다. (판원궈, 1997c: 213쪽)

尽管讲究音步便能造成节奏，一个诗行的音步数从理论上来说没有什么限制，但实际上，各民族对本族诗歌每行能达到多长是有一定感受的，超过这个限度就会觉得不自然，念起来感到吃力。具体来说，汉语的理想最长诗行是四个音步，而英语的理想最长诗行是五个音步。中国的古诗，到了七言（四音步）是个极限，超过七言，就往往要分作两顿；中国的新诗，由于一个音步可包含多至四、五个字，因此一行诗可长达十几个字，但仍以四音步为理想的极限，超过了就觉得不自然。

이런 현상은 사실 산문에서도 크게 다르지 않다. 뤼슈샹呂叔湘은,

전통적인 "구"는 요즘 말하는 "문장"과 다른 점이 있다. "구"의 길이에는 일정한 범위가 있지만, "문장"은 매우 짧을 수도 있고 아주 길 수도 있다. 예를 들어 "君子食无求饱, 居无求安, 敏于事而慎于言, 就有道而正焉, 可谓好学也已군자는 배불리 먹을 것을 구하지 않고 편안한 잠자리를 구하지 않는다. 일을 영민하게 처리하고 도가 있는 곳에서 몸과 마음을 바르게 한다. 이것을 배우기 좋아한다고 이를 수 있다."라는 글은, 예전에는 5개의 구로 보았지만, 요즘에는 하나의 문장으로 본다. (뤼슈샹, 1980: 44쪽)

传统的"句"和现在的"句子"有一点很不同："句"的长短差不多有一定的范围，可是"句子"呢，可以很短，也可以很长。比如"君子食无求饱, 居无求安, 敏于事而慎于言, 就有道而正焉, 可谓好学也已"，从前算五句，现在只算一个句子。

라고 말했다. 하지만 여기서 말한 "요즘 말하는 '문장'"의 기준은 서양의 이론에서 온 것이다. 언어학자가 이렇게 이론분석을 하는 것과 중국어로 글을 쓰는 사람(언어학자 스스로를 포함해서)이 글을 써내는 것은 서로 완전히 분리되어 있다. 아마도 대부분의 사람이 전통적인 방식에 따라 마음속으로 혹은 무의식중에 "구 자르기"를 하고 있을 것이다. 그래서 사피어가 말한 중국어의 "동적 특성" 중 하나가 음절수인 것이다. 외국의 학자가 이 점을 발견했다는 것은 참으로 대단한 일이다.

현대의 운율소론节律学 연구는 최근에 들어서 크게 발전했는데, 이 방면의 연구는 펑성리冯胜利(1997; 2000)와 우제민吴洁敏, 주훙다朱宏达(2001)가 대표적이다.

5.3.2. "한자"를 허브로 공시적 연구와 통시적 연구 두 개의 분석틀 수립
以"字"为枢纽, 建立共时研究与历时研究两个支框架

이 부분을 다루는 방식은 윗부분과 좀 다르다. 이 부분의 "공시적 연구"와 다음 부분의 "공통어 연구"는 사실상 윗부분의 "하위연구" 및 "상위연구"에 포함되어 있다. 여기서는 주로 이것들과 대응되는 "통시적 연구"와 "방언연구"에 집중하려 한다.

나는 위에서 음성학语音学과 음소학音位学 등의 개념을 비교하면서 음성학의 기본단위가 음성이라면 음소학의 기본단위는 음소音位이고, 음운학의 기본단위는 변별자질区别性特征이며, 중국어 음운학音韵学의 기본단위는 음운유형音类이라고 주장했다. 여기서 이 점을 다시 한 번 강조한다. 이것이 바로 중국어 음운연구가 시간과 공간으로 발전해나갈 수 있는 기초이기 때문이다.

어떤 사람은 내가 음운유형처럼 손에 잡히지 않는, 약간은 추상적인 것을 강조하고 구체적인 독음을 강조하지 않는 것을 "비과학적"이라고 말할지 모르겠다. 심지어는 이를 역사의 퇴보로 보고, 20세기 음성과학의 비약적인 발전과 현대 언어학의 연구성과를 무시한다고 생각할 수도 있겠다. 그러나 나의 대답은 한결같다. 나는 보편성과 개별성의 결합을 원하는데 다만 개별성을 더 중시할 뿐이다. 서양에서 시작한 음성학, 음소학, 음운학, 특히 운율소론音律學은 분명히 중국어 연구에 커다란 영향을 끼쳤고, 중국의 실험음성학과 푸퉁화 음성체계, 방언조사 등의 영역이 크게 발전하는 계기가 되었다. 하지만 어떻게 하면 외국의 이론과 방법을 더 잘 이용해 중국어 연구를 위해 사용할 것인가라는 문제에 대해서, 나는 오로지 중국어 자체만이 유일한 해법이라고 믿는다. 구체적으로 말하자면 한자본위를 제대로 정립해야 한다고 생각한다.

한자본위에서 출발하면, 우리는 결국 음운유형을 외면할 수 없다. 이것이 바로 중국어 음운의 가장 기본적인 특성이기 때문이다. 본래부터 엄격한 표음이 불가능한 한자를 공시적 · 통시적으로 고찰할 때, 즉 저 유구한 역사의 흐름이나 수많은 방언의 바다에서 살펴볼 때, 오직 한자 자체만이 손에 잡히는 대상이고, 서로 다른 시기, 서로 다른 지역에서 한자가 갖는 구체적인 독음은 오히려 도저히 손에 잡히지 않는 추상적인 무엇이다. 현대의 실험기기나 표음도구는 분명히 음성을 정확하게 기록할 수 있지만, 그것은 음표이지 한자가 아니다. 더구나 고대 음은 아예 측정조차 불가능하다. 각종 한자음에 대해 아무리 정밀한 측정을 하고 감탄할 만큼의 표기를 한다고 하더라도, 그것이 고대의 상황을 반영한다고 누가 얘기할 수 있겠는가!

중국어 음운학 연구에서 가장 기본이 되는 단위는 음운유형이다. 가장 기본적인 개념은 음운유형과 음가의 대응성이고, 가장 중요한 두 개의 모순은 고대 음과 현대음, 그리고 공통어와 방언 사이의 모순이다. 이것들은 우리가 항상 마음속에 품고 있어야 하는 항목이고 고대 음을 연구한다면 더더욱 그렇다. 고대에는 지금처럼 교통이 발달하지 않았고 당연히 사람과 사람의 교류도 오늘날처럼 복잡하지 않았으므로 언어를 학습하는 것, 특히 음성을 학습하는 조건이 오늘날과는 완전히 달랐다. 고대의 방언은 현대사회보다 더욱 복잡할 수밖에 없었다. 여기에 고대인들이 가지고 있던 집대성 심리와 모으고 수집하는 전통까지 고려한다면, 아무리 당대나 후대에 큰 영향력을 발휘한 운서라 할지라도 절대로 이를 특정 시기, 특정 지역의 음성을 기록한 것이라고는 볼 수 없다.

　어떤 사람은 역사음운의 연구는 음운학 전문가의 일이어서 현대 언어학이나 현대 중국어의 연구와는 무관하다고 생각할지 모르겠으나 당연히 그렇지 않다. 일단, 일반언어학이 진정으로 "일반"언어학이 되기 위해서는 그 발전방향에 현재와 역사상의 모든 언어에 대한 해석이 전부 포함되어야 한다. 이런 임무는 당연히 달성하기 어렵다. 최근 우리가 알고 있는 일반언어학에 관한 대부분의 지식은 인도-유럽어의 기초 위에 건립된 것이다. 최근 100여 년 이래 인도-유럽어의 언어학은 분명히 큰 성공을 거두었다. 하지만 인도-유럽어의 모든 언어현상을 다 해석하기엔 아직도 많이 부족하고, 인도-유럽어 이외의 언어를 해석하는 것은 훨씬 더 어렵다. 중국어는 유구한 역사와 거대한 문화를 배경으로 하면서도 인도-유럽어와 언어유형의 거리가 아주 먼 언어이다. 인도-유럽어의 언어학자와 언어철학자의 저작을 보면, 첫 부분에 중국어와 인도-유럽어를 천칭의 좌우에 놓고 이를 근본적으로 상대되는 두 극단으로 비교하기를 좋아한다. 그들은 오히려 중국어에 큰 희망을 가지고 있다. 중국어에 대한 깊이 있는 연구를 통해 일반언어학의 내용을 더 풍부히 해주길 원하는 것이다. 우리가 언어의 영혼이 음성에 있다는 생각에 동의한다면, 한자의 존재(복이기도 하고 화이기도 하다. 유리한 구성요소이면서 또 불리한 구성요소이기도 하다.) 때문에 학문의 유형이 완전히 다른 중국어 음운학은 확실히 수많은 성과를 일궈낼 수 있다. 음성의 서로 다른 형태와 문자의 서로 다른 형태가 서로 영향을 끼치는데, 그 영향은 어휘와 어법 등 각각의 표현 층위에까지도 미친다. 만약 인도-유럽어의 언어적 사실에 기초한 언어학 이론으로 언어형태가 완전히 다른 중국어를 묘사하는 상황에 만족한다면 이는 중국어의 선학들을 뵐 면목이 없는 일이다. 당연히 중국어를 연구해 일반언어학의 새로운 지평이 열리길 기대하는 서양의 언어학자들의 희망도 만족시켜줄 수 없을 것이다. 그런데 중국어를 제대로 연구하기 위해서는 음운과 문자에서 시작하는 수밖에 없다. 그렇게 하지 않는다면 우리의 연구는 근원 없는 강이 될 것이다.

　현실적인 측면에서 보더라도 현대 중국어의 연구는 푸퉁화에서 벗어날 수 없다.

하지만 푸퉁화는 어느 날 갑자기 하늘에서 떨어진 것이 아니다. 음성, 어휘, 어법 등의 방면에 모두 켜켜이 쌓인 역사가 있다. 그중에서 가장 중요한 문제 중 하나가 푸퉁화와 베이징 방언의 관계 및 베이징 방언의 원류에 관련된 것이다. 우리는 푸퉁화의 음성규범과 관련해 전통이냐 현실이냐 하는 문제가 있음을 알고 있다. 이 두 방면 모두 역사음운학적 문제를 품고 있는데, 전통 측면에서는 베이징 방언과 그 이전에 존재했던 주류 공통어의 관계(간단히 말하면 『절운』 음운계통과의 관계)를 말하고, 현실 측면에서는 베이징 방언 자체의 원류 문제를 말한다. 베이징 방언과 700여 년 전의 대도화大都话42는 같은 방언인가? 대도화와 『중원음운中原音韵』의 관계는 어떠한가? 최근 몇십 년간 푸퉁화의 정확한 발음과 관련되어 적지 않은 성과가 있었음에도 불구하고, 아직도 많은 문제가 남아 있어 뜻 있는 학자들의 불만이 적지 않다. 아직 남아 있는 문제들은 아마도 위에서 언급한 두 가지 문제를 제대로 처리하지 못한 것과 관련이 있을 것이다. 최근 한 학자(리바오자李葆嘉, 2000)가 명청 시대의 700여 년간에 걸친 대부분의 시간 동안 중국어 관화官话의 기초방언이 그동안 우리가 생각해온 것처럼 베이징 방언이 아니라, 『홍무정운洪武正韵』으로 대표되는 난징 방언임을 논증한 바 있다. 베이징 방언이 관화의 대표가 된 역사는 겨우 100여 년밖에 되지 않았다는 것이다. 이 문제는 많은 현대 음운학자의 관심을 받게 될 것이다.

5.3.3. "한자"를 허브로 공통어 연구와 방언연구 두 개의 분석틀 수립
以"字"为枢纽，建立通语研究与方言研究两个之框架

역사적 음운과 현대 중국어 방언의 관계는 또 하나의 중요한 문제이다. 위에서 우리는 중국어 음운의 기본단위가 음운유형이라고 말했는데, 이 문제에서 그 말의 중요성이 더욱 잘 드러난다.

---

42 옮긴이의 말: 원나라 시대의 관방언어(표준어)를 말한다.

중국어 방언의 조사와 연구에서 가장 중요한 역사적 문헌은 『절운切韻』의 음운 체계이고, 가장 중요한 도구는 자오위안런趙元任이 『절운』의 음운체계를 근거로 만들고, 훗날 중국사회과학원 언어연구소가 수정한 『방언조사자표方言調查字表』 이다. 전혀 과장 없이 말하거니와, 중국의 역사음운학 지식 중 가장 많은 영역에서 사용되는 것은 청나라 이래의 훈고학이 아니라 방언학이다. 또 방언학자들의 절대 다수가 『절운』의 음운체계와 스스로 조사한 방언 간의 대응과 비교작업을 진행했 다.

『절운』의 음운체계와 현대 방언의 관계에 대해서 음운학자들은 두 가지 완전히 다른 견해를 제시했다. 칼그렌을 대표로 하는 단일체계론자들은 현대 중국의 모든 방언이 『절운』의 직계후손(칼그렌은 훗날 푸젠福建 방언을 제외했다.)이라고 봤는 데, 소수이긴 하지만 아직도 이런 의견을 지지하는 학자가 있다. 예를 들어 판우윈潘 悟云은

칼그렌의 이러한 관점은 그가 중고음을 다시 구조화하는 출발점이라고 할 수 있 다. 하지만 이 관점은 오랫동안 사람들의 의심을 받아왔다. 첫 번째, 『절운』은 하 나의 방언을 대표하는가? 두 번째, 『절운』은 장안長安의 방언을 대표하는가? 세 번째, 『절운』의 언어는 현대 중국어 방언의 원형인가? 두 번째 문제는 사실 그다 지 중요하지 않다. 장안의 방언을 대표하지 않고 낙양洛陽 방언 등 기타 지역의 방언 을 대표한다 해도, 지역을 바꿨을 뿐이기 때문에 칼그렌의 체계를 흔들지는 못한다. 그러나 첫 번째, 세 번째 문제가 부정된다면, 칼그렌의 모든 작업은 전부 뒤엎어질 수밖에 없다. (판우윈, 2000: 2쪽)

高本汉的以上观点可以说是他的中古音构拟的出发点，但是这个观点一直受到人 们的怀疑。第一，『切韵』代表单一方言吗？第二，『切韵』代表长安方言吗？第 三，『切韵』的语言是现代汉语方言的母语吗？第二个问题倒不太重要，如果不代 表长安方言，而代表其他方言，例如洛阳方言，只不过换了个地方，并不影响到高 氏的构拟体系。但是第一、三个问题如果是否定的话，高本汉的全部构拟工作就只能推倒重来。

라고 말했다. 하지만 더욱 많은 음운학자들은 『절운』이 당시 남북고금의 방언을
종합한 체계라고 본다. 『절운』이 현대의 방언조사에 사용되는 것은 그것이 가지
고 있는 종합성 때문이다. 싱궁완邢公畹은 아래와 같은 의견을 밝혔다.

> 『절운』은 6세기 특정 지역 방언의 음운체계를 대표할 수 없고, 일종의 통계치
> 로 완성된 방언조사표일 뿐이다. 더 정확하게 말하자면 진晉나라와 수隋나라 양 대간
> 의 음운유형을 나누어 놓은 동음자표로, 중국어 중고음의 음소정보를 보존하고 있
> 다. 이러한 학설은 대부분의 현대 방언학자들이 가진 기본적인 관점이다. (싱궁완,
> 1982: 64)
>
> 『切韵』并不能代表六世纪的某一个具体的地点方言的音系，而是一种统计出来
> 的方言调查字表。更明确地说，是一个有关晋隋间汉语音类的分韵同音字总表，它
> 比较完整地储存了汉语中古音音位的信息。这个说法代表了当代大多数方言学家的基
> 本观点。

『절운』이 현대 중국어 각 방언의 원류를 종합했기 때문에, 각 지방의 방언이 모
두 『절운』에서 각자의 음성과 대응되는 성분을 찾을 수 있는 것이다. 거꾸로 얘기
하면 『절운』과 대응되는 방언의 종류가 많으면 많을수록 그것이 갖는 종합도가
더욱 높아지는 것이다. 그런데 『절운』은 아무래도 1,400여 년 전의 저작이고, 시대
가 변함에 따라 방언이 나뉘고 합쳐지는 것도 수없이 일어났기 때문에 현대의 방언
과 『절운』이 부합되지 않는 부분이 당연히 존재한다. 그럼에도 불구하고 『절
운』이라는 진귀한 역사문헌이 전승되어 이것이 오늘날의 방언조사에 훌륭한 기초
가 되어주었고, 덕분에 방언학자들이 먼 길을 돌아가지 않게 된 것도 분명한 사실이
다. 만약 『절운』 계통의 운서가 존재하지 않고, 특정 시대 특정 지역의 방언을 반
영한 운서(『중원음운中原音韵』 같은)만 있었다면, 오늘날의 방언조사는 미국의 기

술주의언어학자들이 인디언들의 언어를 조사한 것과 같은 길을 걸었을 것이다. 그랬다면 우리가 이렇게 빨리 현대적 방언학을 수립할 수 있었을까? 여우루제游汝杰가 『방언조사자표方言调查字表』의 장점을 아래와 같이 정리한 바 있다.

> 방언조사자표를 이용해 방언의 음성을 조사하는 것의 또 하나의 장점은 비교적 짧은 시간에 어떤 방언의 음성체계의 전체적 모습을 이해할 수 있다는 점에 있다. 훈련을 받은 방언조사인력은 30분 안에 하나의 방언이 갖고 있는 성조의 구조에 대해 이해할 수 있다. (여우루제, 1992: 40쪽)
>
> 利用这个字表调查方言语音，还有一个好处是能在较少的时间里大致了解方言语音系统的全貌。例如一个受过训练的调查者可以在半小时之内了解一个方言单字调的调类和调值。

물론 그는 동시에 아래와 같이 단점도 얘기했다.

> 문자는 언어의 기호이다. 언어를 조사하고 연구할 때 문자에 의존하면 안 되고, 반드시 입말에서 출발해야 한다. 언어학자들은 입말에서 출발해 언어를 연구하는 일에서 많은 경험을 축적했다. 예를 들어 아메리카의 인디언 말을 조사하는 일이나, 중국의 수많은 소수민족의 언어를 조사하는 일 같은 경우이다. 그렇다면 중국어의 방언을 연구할 때도 한자를 떠나서 기술주의언어학의 원칙과 조사방법대로 완전히 입말에서 시작하는 것이 불가능할 이유가 없지 않은가? (같은 글, 41쪽)
>
> 文字只是语言的符号，调查研究语言不能凭借文字，而应该从口语出发。语言学家从口语出发调查语言已有许多经验，例如调查美洲印第安语，调查国内某些少数民族语言等。那么调查汉语方言能不能严格按照描写语言学的原则和调查程序，离开汉字，完全从口语出发呢？

그러나 그는 또 둥퉁허董同龢가 1946년에 이 방법으로 쓰촨四川 성의 화양华阳 량

쉐이징凉水井의 객가客家 방언을 연구했던 예를 들어

> 이런 방법의 장점은 조사를 통해 얻은 결과가 자연언어의 진짜 모습에 가깝다는
> 데에 있다. 그러나 조사에 너무 많은 시간이 필요해서 요즘에는 이런 방법을 사용하
> 는 학자가 없다. (같은 글)
>
> 这种方法的好处是，调查所得的结果较接近自然语言的真实面貌，但是在调查时
> 间上不经济，迄今似乎还没有别的学者采用同样的方法。

고 말했다.

한자라는 조건을 충분히 이용하여 한자를 기초로 방언을 연구하는 것은 분명히
중국어에만 있는 일종의 편리함이다. 사실상 둥퉁허가 채용한 방식(조사대상이 실
물을 보고 이름을 말하게 하는 방식)은 어떤 상황에서는 불가능하다. 예를 들어 장
시江西의 어떤 지역에서는 "房", "屋" 두 글자의 의미가 푸퉁화와 정확하게 반대된
다. 조사자가 "屋"를 가리키면 그들은 "房"이라고 말하고, "房"을 가리키면 "屋"이라
고 말했다. 언어의 대응관계가 수립할 수 있을까? 물론, 이런 조사결과가 "단어"의
대응성을 연구하는 데에는 도움이 될 수 있을 것이다. 그래서 나는 이런 방식을 일
종의 "단어본위" 방언조사방법이라고 부른다.

제6장 한자본위의 언어형태 연구 ─ 형위학

字本位的语形研究 ─形位学

6.0.

몇 년 전에 나는 이런 가설을 세운 적이 있다.

> 우리가 중국어의 언어연구 중에서 한자연구에 어울리는 위치를 만들어줘야 한다
> 면, 언어의 3요소—음성, 의미, 어법(사실 "어형"이라 부르는 것이 더욱 좋겠다)— 외
> 에 제4요소를 추가할 수 없으므로 어형, 즉 어법 혹은 문법 중에 자리 잡게 하는 것
> 이 가장 적합할 것이다. (판원궈, 1997b: 180쪽)
>
> 我们要给汉字研究在汉语的语言研究中留出一个恰当的位置，既然不可能在语言
> 三要素——语音、语义、语法（也许不如叫语形）——外增加第四个要素，看来放
> 在语形，即语法或文法中是最合适的。

이 책에서는 이 생각에서 진일보하여 구체화시키고자 한다.

6.1. 음성과 문자; 입말과 글말
语音与文字、口语与书面语

  "한자본위"를 주장한다는 것은 음성과 문자, 입말과 글말의 관계를 회피할 수도 없고 회피하려 하지도 않는다는 것을 의미한다. 이 문제에 대한 깊은 사고는 우리가 언어의 본질을 인식하는 데에 도움을 준다. 이 문제에 대해서는 앞에서도 여러 번 얘기했지만 여기에서 다시 한 번 강조하고자 한다.

  음성은 언어에서 가장 핵심적인 지위를 차지하고 있다. 음성이 언어의 영혼이라는 점에는 의심의 여지가 없다. 만약 그것에 상응하는, 그것도 상대적으로 고정적인 독음이 없다면, 그것은 문자가 아니고 그림이나 기호에 불과하다. 서양의 일부 현대 언어철학자와 언어학자들이 아라비아숫자, 수학과 논리학의 기호(예를 들어 "∵∴ ≈≠≤≥" 등), 음악의 부호, 공중표지판의 부호나 교통표지(남녀 화장실을 표시하는 아이콘, 좌우 회전을 알리는 부호) 등을 모두 문자로 간주하는 관점은 어떤 각도에서 보면 우리에게 새로운 사고의 힌트가 되기도 하지만, 이런 예도 일괄적으로 말할 수는 없고 세밀하게 구분해서 얘기해야 한다. 아라비아숫자, 수학과 논리학의 기호, 음악의 부호 등에는 상대적으로 고정된, 오랜 시간 동안 사람들에게 자리 잡은 독음(비록 서로 다른 언어에서 서로 다른 독음이 있지만, 이는 한자가 서로 다른 방언에서 서로 다른 독음을 보이는 현상과 같다.)이 있기 때문에 나는 이것들을 문자라고 본다. 하지만 일부 공공표지나 교통표지 등은 꼭 그렇지 않다. 예를 들어 남녀의 형상을 한 아이콘은 "남자측간, 여자측간"이라고 읽을 수도 있고, "남자화장실, 여자화장실"이라고 읽을 수도 있으며, "남자변소, 여자변소"라고 읽을 수도 있다. 즉 결국은 부호에 불과하다는 것이다.

  또 한 방면으로, 장즈궁张志公이 말했듯이,

문자의 창조는 인류 최초의 정보기술 혁명이다. 문자는 언어의 표현기능을 최대한도로 확장하고 강화했다. 그 효과는 측량하거나 계량할 수 없을 정도로 큰데, 사람들은 대부분 이에 대해 충분히 고려하지 않는다. (장즈궁, 1990: 138쪽)

文字的创造可以看作人类的第一次信息技术革命，它极大地扩大和加强了语言的表达功能，其效果是难以衡量、计算的。人们对此往往估计不足。

문자가 생겨난 후 문자가 있는 언어를 대할 때, 특히 중국어처럼 유구한 역사와 문화적 전통을 가진 언어를 대할 때, 문자가 없는 언어와 똑같이 대우하고 음성의 중요성만을 강조하여 문자를 무시하거나 심지어 부정하는 것은 또 하나의 극단이다. 극단을 달리는 것은 어느 쪽의 극단이든 당연히 별로 좋지 않다. 그렇다면 요즘의 중국어 연구에서 보이는 경향성 가운데 어떤 경향성이 더욱 우리의 주의를 요하는가? 나는 문자를 무시하는 경향이라고 생각한다. "문자는 기호의 기호이다."라는 생각이 20세기 초반에 중국에 들어온 후 한자의 연구, 특히 언어의 한 부분으로서의 연구는 항상 억압당해 고개를 들지도 못할 정도가 되었다. 오히려 서양에서는 이러한 생각의 창시자로 알려진 소쉬르조차도 그가 연구하는 것은 알파벳문자에 한정된다고 말하였고, 중국어 같은 표의문자를 사용하는 언어에는 해당하지 않는다고 단언했다. 또 중국어에서는 문자가 2차적인 언어라고 규정했으며, 또 한편으로는 표음문자에서조차 문자의 작용을 완전히 부정하지는 않았다.

우리는 일반적으로 문자 체계에 의해서만 언어를 안다. 모국어만 하더라도 항상 문헌이 개입한다. 약간 먼 곳에서 쓰고 있는 고유 언어라면 더욱 더 기록된 증언에 의존하지 않을 수 없다. 더욱이 이미 존재하지 않는 고유 언어에 대해서는 두말할 필요도 없다. (소쉬르, 최승언 옮김, 『일반언어학 강의』, 민음사, 1990: 33쪽)

我们一般只通过文字来认识语言。研究母语也常要利用文献。如果那是一种远离我们的语言，还要求助于书写的证据，对于那些已经不存在的语言更是这样。（索绪尔，1996: 49쪽)

그런데 안타깝게도 중국어학자들은 문자의 작용을 부정하는 일에 있어서 서양의 학자들보다 더욱 극단적이었다. 오히려 20세기의 60~70년대 이래, 서양의 언어학자와 언어철학자들은 문자의 의미와 작용을 갈수록 더 중시하고 있다. 저명한 언어학자로 『The Cambridge Encyclopedia of Language』의 저자인 데이비드 크리스털 David Crystal은

> 과학의 관점으로 보면 글말에 대한 이해는 입말에 대한 이해보다 뒤처져 있다. 이는 20세기 이래 언어학자들이 입말을 지나치게 중시해온 편견에서 비롯된 것이다. 이 편견은 최근에 와서야 바로잡히고 있다. (Crystal, 1997: 179쪽)
>
> 从科学的观点看，我们对书语的了解远不如我们对口语的了解，这主要是由于二十世纪以来语言学研究过程中过于注重口语的偏见，这一偏见直到最近才开始得到纠正。

로이 해리스Roy Harris는 4가지 예를 들어 서양에서 문자에 대한 인식이 크게 변화하고 있음을 지적했다. 첫 번째는 포스트모더니즘의 발전이 문자와 글말의 지위에 대해 진행한 새로운 평가이고, 두 번째는 최근에 일고 있는 "말하기능력"과 "읽기쓰기능력"의 구별에 대한 논쟁이며, 세 번째는 최근 몇십 년간 언어학자들이 점점 더 문자가 언어의 한 형식이며 언어학의 연구대상임을 인정하고 있다는 것이고, 네 번째는 컴퓨팅기술의 발전으로 인한 문자영역의 확장이다. (Harris, 1995: 3쪽) 이렇게 문자가 언어에 속한다는 것은 현대 서양에서 상식이 되었다. 그런데 문자의 지위가 다른 언어보다 훨씬 더 중요한 중국에서는 장즈궁张志公 같은 소수의 학자를 제외하면 이를 솔직하게 인정하는 사람이 보이지 않는다. 입만 열면 세계 언어학의 사조를 바짝 뒤쫓아야 한다고 외치는 수많은 "현대 언어학"계의 인물들은 이러한 현상을 못 본 체한다. 누군가 문자에 대해 논하고자 하면 마치 홍수에 떠내려가는 맹수 보듯 하며, "한자본위의 중국어 연구"를 주장하기라도 하면 꼭 그 앞뒤로 "소위

~~~ 따위의" 같은 수식어를 붙여야 자기 학문의 과학성을 입증할 수 있는 것처럼 여긴다. 그들의 인식은 사실 아직도 반세기 이전의 수준에 머물러 있는 것이다.

사실상 글말과 입말의 차이는 중국어의 경우 영어 등 인도-유럽어보다 훨씬 더 크다. 따라서 언어연구 중에서도 영어 등에 비해 더욱 글말과 문자의 도움에서 벗어날 수 없다. 문자를 경시하는 사람들은 자주 "문자가 없던 시절에 인류의 언어생활은…… 문자가 생긴 후에 문맹은……."이라고 말하길 좋아하지만, 사실 한자가 발생한 지 이미 6,000여 년이 지난 오늘날, 한자가 없는 상태를 가정하는 것은 아무런 의미가 없다. 오늘날의 문맹인도 의식·무의식중에 글말에 의지하고 문자에 의지하고 있다. 이 말은 좀 이상하게 들릴지도 모르겠지만, 사실이 그렇다. 한자가 발생한 이후 긴 세월 동안 글말과 입말이 서로 상호작용을 일으킨 결과, 글말이 입말에 주는 영향은 입말이 글말에 주는 영향을 크게 앞섰다. 아주 외진 산골에 살며 몇 글자 알지도 못하는 농민들도 입만 열면 새로운 명사를 쏟아내는 사람이 적지 않다. 루쉰魯迅의 작품들에 나오는 무식쟁이 아낙네가 "皇恩大赦황은이 망극하옵나이다."를 떠드는 것이나, 아Q가 "君子动口不动手군자는 말로 하지 몸싸움을 하지 않는다."고 말하는 것이 좋은 예가 될 수 있다.43 문언과 백화의 발음이 다른 방언의 경우, 글자를 전혀 모르는 문맹인도 외지인을 만나면 몇 마디 말을 "표준어처럼" 말해 책을 읽을 때의 한자음을 말하게 된다. 만약 이런 예들이 아직도 예외적인 독특한 상황에 불과하다고 말한다면 도저히 부인할 수 없는 예를 들어 보겠다.

아무리 문맹이라도, "我姓章, 是立早44'章'. 不是弓长'张'나는 '장'씨입니다. '장'은 설

---

43 옮긴이의 말: 루쉰은, 백화문과 문언문의 논쟁 중에 백화문으로도 훌륭한 작품을 쓸 수 있다는 것을 증명하고자 했던 작가 중 한 사람이다. 백화문논쟁에도 참여했다. 문언-백화의 논쟁은 문자-언어의 논쟁과 마찬가지로 서양의 로고스중심주의를 맹목적으로 받아들인 중국 근현대사의 학문적 분위기의 산물이라는 점에서 그 연장선상에 있다. 그런데 오늘날 뒤돌아보면, 루쉰의 작품들은 전혀 입말에 가깝지 않으며, 루쉰 스스로도 중국 전통학문의 훈련 덕을 많이 본 작가였다. 오히려 요즘의 문학평론가나 수사학자들은 루쉰 작품 속의 억지로 만들어낸 입말이나 백화문 때문에 엉터리문장이 된 예를 많이 비판하고 있다.

44 옮긴이의 말: "章"은 사실 "音+章"이라고 해야 맞다. "章"이 음악이나 시의 단위라는 점을 생각하면 이해하기 쉽다. 하지만 (특히) 교육수준이 높지 않은 중국 사람들은 습관적으로 "立早章"라고 하기 때문

립자와 이를 조자를 씁니다. 활 궁자와 길 장자를 쓰지 않습니다.", "**我姓王, 三橫王**'나는 왕 씨입니다. '왕'은 가로 획 3개를 쓰는 그 왕자입니다." 같은 표현은 누구나 뱉어내는 말이다. "**八字沒一撇**팔자의 한 획이 아직 없다.", "**睡得像个'大'字**큰 대자로 누워서 잔다." 등도 낫 놓고 기역자도 모르는 사람이 쏟아내는 "글말"이다. 중국어의 동음이의자는 영어의 동음이의어에 비해 그 차이가 몇 배인지 알 수 없을 만큼 많다. 한 개의 단어나 글자를 말할 때 영어는 오해를 불러일으키는 경우가 많지 않지만, 중국어에서는 듣는 사람이 반드시 "어떤 '한자'?"라고 묻게 되어 있다. 당연히 공부를 많이 하고 한자를 많이 아는 사람이 이런 질문을 더 많이 하겠지만, 문자를 모르는 사람도 이런 말을 자주 한다. 이런 표현은 영어에서는 들어보기 어렵다. 우리는 여기서 중국어의 문자는 고립되어 있는 것 같지만, 사실은 고립되어 있지 않음을 알 수 있다. 컨텍스트에 대한 의존 정도가 비교적 크기 때문이다. 영어의 단어야말로 강하게 고립되어 있다45.

정리해보자. 문자가 있는 언어에서 음성과 문자의 관계, 입말과 글말의 관계는 상호교류의 관계이다. "네 안에 내가 있고, 내 안에 네가 있다."는 식의 상호의존적인 관계이다. 둘 중에 하나라도 폐기하고자 한다면 이는 잘못된 것이다. 문명의 발전과

에, 판원궈 교수도 실제 사용하는 표현을 채택한 것이다.
45 만약 동음이의자 문제를 문자와 언어(음성)의 모순으로 본다면, 이 문제는 중국어에만 있는 것이 아니라 영어 등 서양의 언어에도 존재한다. 다만 영어는 "단어"의 층위가 아닌 단어 이하의 층위에 존재한다. 영어의 음소(phoneme)와 서기소(grapheme) 즉 음소의 문자적 표기형식은 일치하지 않는다. 미국의 중국어학자 드프란시스John DeFrancis는 영어의 [o]발음은 적어도 10개의 서기법(so, sow, sew, oh, oew, dough, doe, deau, soak, soul)으로 표기되는데, 또 알파벳 o에 다시 최소 8가지 독음(so, to, on, honey, horse, woman, borough)이 있음을 지적했다. (DeFrancis, 1989: 112쪽)

영어에 존재하는 40개 정도의 음성이 서기법에서 보여주는 형태의 총량도 통계를 낸 학자들마다 다른데, 가장 적다고 본 학자도 600개 정도라고 보았고, 중간 값이 1,120~1,768개이며, 가장 많다고 본 학자는 2,000개였다. (DeFrancis, 1980: 120쪽)

기타의 표음문자 언어도 대체로 이와 같은 문제를 가지고 있다. 이런 내용은 이 책의 서론 중에서 얘기한 것인데 조세프 바체크Josef Vachek는 음소와 서기소 간에 대응관계를 만들고자 하는 시도를 포기해야 한다고 주장했다. 나는 "이것이 바로 언어다!"라고 말하겠다. 언어는 바로 이렇게 되어야만 다양하고 풍성해질 수 있다. 그런데 첸슈안통錢玄同 등 중국 문자개혁의 추동자들은 음소와 서기소의 일대일 대응을 그들의 출발점으로 삼았다. 그 결과 중국어 병음방안은 발음기호를 보조하는 역할에서는 성공을 거두었을지 몰라도 하나의 독립된 언어로서는 실패가 이미 예정된 것이었다. 이런 역사와 논리를 아직도 이해하지 못하는 사람이 있다는 것은 참으로 안타까운 일이다.

정에서 글말이 입말에 끼치는 영향이 입말이 글말에 끼치는 영향보다 커졌으므로 글말에 대한 연구가 더욱 중요해졌다. 입말과 글말을 조직하는 것은 똑같이 "네 안에 내가 있고, 내 안에 네가 있다."는 식이지만, 그 안에도 당연히 공통점과 차이점이 있다. 그 공통점과 차이점도 당연히 서로 영향을 주고받는다. 마찬가지로 글말이 입말에 주는 영향은 입말이 글말에 주는 영향을 초월한다. 이는 중국어처럼 문자에 크게 의존하는 언어에서 더욱 그렇다.

6.2. 왜 "어형학"인가
为什么是"语形学"

린위탕林语堂이 『설문해자说文解字』를 영어의 morphology와 같은 유형으로 본 것은 우리에게 많은 생각을 하게 한다. 이런 대응방식은 아무렇게나 만들어낸 것이 아니다. 린위탕은 중국어와 영어에 완전히 통달했을 뿐만 아니라, 영어권에서도 드문 정도의 수준으로 영어를 이해하고 사용했다. 더구나 그는 당시의 인물로는 아주 드물게 진정으로 언어학을 전공한 "전문가 출신"이다. 위의 비교는 분명히 오랜 사고의 결과로 나온 말이다. 린위탕의 말은 이렇다.

설문해자는 문법과 같고 음운학은 발음학과 같으며 훈고는 어휘와 같다. 서로 다른 점이 있다면 중국의 소학46은 문자를 위주로 하고, 영어를 공부하는 사람은 반드시 말을 위주로 해야 한다는 점이다. 따라서 중국의 소학은 『설문해자』와 금석학에서 문자의 변화와 구조만을 얘기해 왔지만, 문법에서는 반드시 언어와 문장의 변화와 구조를 말해야 한다. 하지만 <mark>그 둘은 한 유형의 연구에 속한다. 구조의 화학적 결합 원칙에 집중하면 그 둘이 사실은 똑같은 지위를 갖는다.</mark> (전통문법의 일부분은 형태변화만을 연구해서 "형태론(morphology)"이라고 한다. 이는 문자의 형태와 매우 가까운 말이다. (린위탕, 1969: 271쪽) (강조는 판원궈)

说文等于文法；音韵学等于发音学；训诂等于语汇。所不同者中国小学是以文字为主，学英语者却须以语言为主。故如在中国小学，说文及金石之学只讲文字的变化与构造，而在文法，却须讲语言字句的变化与构造。<u>然其同属于一类的研究，注重构造化合的原则，则两者实处于相等的地位</u>（旧式文法一部分专讲形的演变，名

---

46 옮긴이의 말: 小学이라는 개념은 전통적으로 文字学이라는 말과 동일하게 이해되고 사용되었다.

曰"形态学"morphology，则与字形之义尤近。）

　이 말을 잘 음미해보면, 린위탕이 『설문해자』와 문법을 같은 유형으로 본 근본적인 원인이 그 둘 다 언어의 변화와 구조를 말하기 때문이고, 또 언어의 구조적 법칙에 주목했기 때문임을 알 수 있다. 바꿔 말하면, 둘 다 "형태" 연구에 집중했다는 말이다. 비록 하나는 문자를 중시하고 다른 하나는 말에 집중한다는 다른 점이 있긴 하지만, 본질적으로는 그 둘이 같은 유형이라는 것이다. 이러한 분석은 중국의 전통적인 문자학을 언어학의 수준으로 끌어올렸으며, 동시에 우리가 "어법"이라는 것이 무엇인지에 대해 더 깊이 생각해볼 계기를 제공했다. 어법은 본질적으로 언어형식의 규칙을 연구하는 것이다. 이로써 우리는 중국어와 인도-유럽어가 천차만별로 다른 표면현상의 배후에서 또 하나의 공통점을 발견한 것이다. 최근에 유행하는 말로 바꿔 말하자면, 인류언어의 보편성을 또 하나 발견한 것이다. 단지 서로 다른 유형의 언어에서 그것이 다른 형식으로 표현되었을 뿐이다. 이렇게 보면 인류의 언어에는 모두 음성에 대한 연구가 있는데, 서양 언어에서는 음성학으로, 중국어에서는 음운학으로 나타난 것이다. 인류의 언어에는 모두 의미에 관한 연구가 있는데, 서양의 언어에서는 그것이 어휘론이 되었으며, 고대 중국에서는 그것이 훈고학이 된 것이다. 인류의 언어에는 모두 언어형식에 대한 연구가 있는데, 서양에서는 그것이 어법학으로 나타났고, 고대 중국에서는 그것이 문자학으로 나타난 것이다. 다만 『설문해자』가 집중한 것은 단지 한자 이하의 층위에 대한 연구일 뿐, 한자 이상에 대해서는 언급하지 않았으니, 서양의 전통적인 형태학에 해당한다고 본 것이다. 이렇게 생각하면 중국과 서양의 언어에 대해 더욱 전면적인 인식이 가능해진다. 린위탕의 이 말은 그도 모르는 사이에 깨달은 인류언어연구의 보편성에 관한 위대한 발견이다!

　이 문제에 대한 생각이 명확해지면 그것은 우리가 중국어 조직형식의 규칙을 연구하는 데에 하나의 훌륭한 기틀이 되어준다. 이 연구는 두 개의 층위로 나눠서 진행해야 한다. 하나는 한자 이하로, 바로 중국의 전통적인 문자학의 연구내용이다. 또 하나의 층위는 한자 이상으로, 중국의 전통학문에서는 구두句读법과 허자虛字에 대한 연구일 것이다. 중국 전통의 문자학을 형태론(단어를 조직하는 법)에 해당한다고 본다면 전통의 구두법과 허자연구는 서양의 통사론에 해당한다. 서양의 "단어"가 형태론과 통사론 사이에서 허브 역할을 하는 것과 마찬가지로 중국어의 "한자"도 중국어의 문자학과 구두법 사이에서 허브의 역할을 하는 것이다.

하지만 이렇게 볼 때 "문법" 혹은 "어법"이라는 단어는 두 언어에 걸쳐 있는 연구의 모든 내용을 포함할 수 없다. 이러한 연구가 모두 언어의 형식적 규칙을 다루는 것이므로, 나는 이 학문을 "어형학語形学"이라고 부르자고 제안한다. 이 이름은 매우 낯설어 보인다. 하지만 이 말에 해당하는 영어단어는 여전히 Grammar이다. Grammar라는 단어의 어원과 의미를 보자. 이 단어는 그리스어 Graphein에서 왔는데, 이는 "쓰다"라는 뜻이다. Graphein에서 Gramma("문자"), Gramma의 복수형 Grammata에서 형용사 Grammatikos("문자의, 문학의")가 나왔으며, 그 여성형 Grammatike이 라틴어의 Grammatica로 변했다. 이는 또 고대 프랑스어의 Grammaire가 되었다. 영어 Grammar의 전신인 중세 영어의 Gram(m)ere는 바로 이 프랑스어(Grammaire)에서 왔다. 우리는 여기서 Grammar라는 단어가 본래는 "문자학"이라는 의미를 가졌음을 알 수 있는데, 이는 중국어의 문자학과 본질적으로 차이가 없다. (이런 어원 찾기를 통해서 볼 때도, 린위탕의 명철함이 확인된다.) 현대 프랑스의 유명한 철학자 데리다의 명저 『De la Grammatologie(영역본 제목은 Of Grammatology)』의 어근도 Grammar와 같다. 중국어로 출판된 두 개의 번역본도 『论文字学』와 『书写学』[47]이다. (Derrida, 1967 및 정민鄭敏, 1988: 서문 8쪽 참조.)

영어의 어형학(어법론)은 형태론(morphology: 형태론, 조어법)과 통사론(syntax)으로 나눌 수 있고, 단어를 허브로 삼아 단어가 만들어지는 규칙과 단어 이상의 단위(구절에서 문장까지)가 만들어지는 규칙을 연구한다. 문장 이상의 단위는 일반적으로 텍스트언어학(text linguistics)이나 담화분석(discourse analysis)에서 연구하

---

47 옮긴이의 말: 『论文字学』 와 『书写学』 는 각각 『문자학을 논하다』 와 『글자의 학문』 정도로 번역할 수 있겠다.

므로 일반적으로 어법의 연구영역으로 인정하지 않는다. 이와 마찬가지로 중국어의 어형학(grammar)도 두 부분으로 나눌 수 있는데, 한자를 허브로 하여 한자가 구성되는 규칙을 연구하는 것과 한자 이상의 단위가 구성되는 규칙에 관한 연구가 그것이다. 이번 장에서는 그중 첫 번째 부분을, 다음의 두 장에서는 나머지 하나를 다루겠다.

6.3. 중국어 "한자서기소론" 연구의 관련 체계
汉语"字法"研究的有关体系

먼저 우리는 중국어의 "한자서기소론"이 전체 중국어 연구에서 차지하는 지위를 명확히 설정해야 한다. 또 "한자서기소론"이 "어형학"의 일부분으로 협의의 한자학 연구가 아님을 증명해야 한다. 중국어 연구를 일반언어학의 연구범위에 포함시키기 위해, 먼저 영어의 관련 분과가 어떻게 나뉘는지 살펴보자.

단어 —— 형태론(morpholgy) < 음성(음소론 혹은 음운론 phonology)
                              문자형태(서기소론 graphemecs)

영어의 단어를 한 단계 더 깊이 분석하면 서기소形位나 형태소形素(语素)를 얻을 수 있다. 이 연구는 통상적으로 조어법 혹은 형태론으로 불린다. 형태소는 다시 입말의 음성音素[48]으로 분석되며, 음성을 귀납해내어 음소音位가 되고, 이것이 영어의 음운音系을 이룬다. 이러한 연구를 요즘은 음운론音系学이라고 부른다. 글말의 입장에서 보면 형태소는 알파벳까지 분석해 들어갈 수 있다. 현대 언어학에서 알파벳은 서기소字素(grapheme)라고 부르며, 이는 또 문자소字素(graph)와 서기소변형체字位变体(allograph)로 나타난다. 이러한 연구를 "서기소론字位学(graphemics)"이라 부른다. "서기소론"은 더 큰 범위의 문자연구일 뿐이다. 20세기의 70년대부터 문자의 연구에 큰 진전이 있어서, 문자연구 체계가 초보적인 단계를 형성했다. 크리스털David Crystal의 소개에 의해 아래와 같이 연구체계를 귀납할 수 있다.

---

48 옮긴이의 말: 한자는 조어능력이 매우 강력하기 때문에 같은 한자와 한자어를 사용하는 한국과 일본의 한자조어가 중국과는 다른 경우가 많다. 특히 서양의 언어를 번역한 단어들이 그러한데, 언어학에서 말하는 "phone"이나 "sound"를 한국어에서는 "음성"이라고 번역했고, 중국어에서는 "音素음소"라고 번역한 것 등이 그 예이다. 한국어의 한자어도 한자를 기반으로 조어되었으므로 중국어의 번역과 혼동되는 것이다. 본문 각주 30번 참조.

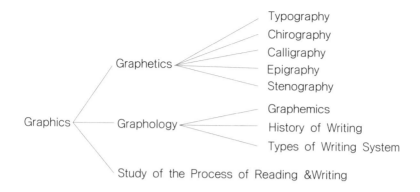

이 표를 제시한 것은 순수하게 형태의 각도에서 문자학 자체의 연구내용을 설명하기 위해서이다. 중국어의 관련연구도 이 표 안에 자리 잡는다. 이런 연구들이 어형학과는 관련이 없다는 것은 말할 필요도 없다. "한자본위"를 주장하는 학자들이 이런 연구들을 어형학에 포함시키려 한다고 오해하는 사람들이 있는데, 전혀 그렇지 않다. "한자서기소론"과 관련된 중국어 연구의 체계는 아래와 같다.

한자字 < 음성语音(음운학音韵学phonology)
형위形位(형위론形位学morphology)-한자형태字位(한자서기론字位学graphemecs)

영어와 중국어의 연구체계가 다르게 형성된 원인은 의미에 있다. 한자와 단어를 분석한 어형까지는 의미가 있고, 어형에서 더 아래 층위로 내려가면 의미가 없기 때문이다. 영어는 문자형태 혹은 음성의 분석이고, 중국어에서는 한자형태의 분석이다. 영어와 중국어가 다른 점은, 영어는 음소와 문자형태가 같은 층위에 있는 반면, 중국어의 음운분석은 한자 층위에서 시작되기에 서기소분석과 같은 층위가 아니기 때문이다. 한자는 중국어의 "어형(한자를 구성하는 최소 부품)"까지 분석해야만 순수한 형태 층위에 진입하게 되는데, 이는 영어의 Graphemics와 같은 지위이다. 영어는 단어와 서기소 사이에 어형론이 있으나 중국어는 한자와 서기소학 사이에 어형학이 있다. 중국어 어형학의 존재를 부정하고 중국어의 어형학을 순수한 한자형태

의 일부로만 보는 것은 공정하지 않은 일이다. 이는 중국어의 한자에 대한 전면적인
인식이 부족하다는 것을 의미하고, 세계 언어연구의 보편성을 정확하게 이해하지
못한 상태인 것이다.

6.4. 용어의 통일 문제
术语的统一问题

一般名称	整字	偏旁	部件	笔画
傳永和1993	整字	偏旁	部件/字根/字元	笔画
高家莺等 1993	整字	部件		笔画
		偏旁	部件	元件	
苏培成1994	整字	部件/字根/字元/字素		笔画
王 宁1995	整字	偏旁 / 构件	形位(形素)	笔画
李 圃1995	整字	字位 (字素)		笔画
李大遂1998	整字	偏旁 (偏旁分析法)		笔画
李大遂1998	整字	部件 (部件分析法)		笔画
Ann 1982	Character	Morpheme	Co-component	Morpheme	笔画
(1994)Yin& Rohsenow	Character	Side component	Component Part	Stroke
本书建议	字	偏旁	形位 (形素)	笔画 / 字位(字素)
英文译名	Sinigram	Bi-component	Morpheme	Stroke / Grapheme

한자의 하위분석은 4단계로 나눌 수 있다. 첫 번째는 한자整字, 한자 아래는 편방부수偏旁部首, 그 아래는 부품构字部件, 다시 그 아래는 필획笔画이다. 어형학연구와 관련된 부분은 이 중에서 앞의 3단계이다. 이러한 각 단위의 명칭에 관해서는 학자들마다 서로 다른 용어를 사용하고 있어서 매우 혼란스러운 상황이다. 특히 국제사회의 연구와 궤를 맞추기 위해서는 이런 용어들의 명칭을 어떻게 정리해야 국제사회에서 통용될 수 있는지도 해결해야 한다. 이에 위와 같이 여러 학자들의 용어를 정리하고 그 용어들의 영역을 위와 같이 사용할 것을 제안한다.

이렇게 비교적 유명한 학자들의 용어를 정리해놓으면, 주로 (1) 편방偏旁과 부수部首를 나눌 것이냐 합칠 것이냐; (2) 편방, 부수, 서기소字位와 자소字素, 형위形位와 형소形素 등의 명칭에 관한 다른 의견; (3) 안즈제安子介(표 중의 Ann)는 비교적 특수한데, 그는 기본적인 한자를 "형태소(Morpheme A)"로 보면서 동시에 한자가 되지 못하는 기본부품도 "형태소(Morpheme B)"로 보아서, 하나의 명칭이 두 곳에 등장하고 있다. 하지만 그는 내가 본 자료 중에서는 최초로 한자의 기본부품을 Morphome으로 번역한 사람으로, 한자의 구조분석을 영어의 단어분석과 비교한 역사적 공헌이 있는 학자이다.

복잡해 보이지만 사실은 복잡하지 않다. 지나치게 세밀하게 명칭을 나눈 학자들이 주목하는 것은 가장 기본적인 한자의 구성요소에서 한자에 이르는 과정 중의 각 층위(예를 들어 하나의 부품으로 된 한자)를 하나 혹은 둘 혹은 그 이상으로 보고, 각 층위에 각각 명칭을 붙인 것에 불과하다. 사실 이렇게 세분할 필요는 없다. 중간의 층위들은 그저 과정에 불과하며 연구의 단위로써는 가장 기본적인 것만으로도 충분하기 때문이다. 예를 들어 영어에서 counter-revolutionary는 여러 개의 층위로 나눌 수 있는데, 첫 번째 층위는 counter와 revolutionary, 두 번째 층위는 revolution과 -ary, 세 번째 층위는 revolut(e)와 -tion, 네 번째 층위는 re-와 volute라고 볼 수 있다. 하지만 영어에도 단어와 형태소 두 개의 단계밖에 없으므로 중간의 과정에는 별도의 이름을 설정하지 않았다. 나도 중국어의 형태소론에 "한자字"와 "형위形位" 두 단계면 충분하다고 생각한다. "편방偏旁49"은 특수한 문제로, 이는 한자를 분석해 처음 얻을 수 있는 결과이기 때문에, 한자교육에서 아주 중요하다. 하지만, 한자의 분석을 통해 편방을 얻어내는 것으로 충분하고, 영어에는 이에 해당하는 상황이 없기 때문에 절반의 지위만 부여해서 특정 상황에만 대비하면 충분하다.

명칭을 부여할 때 관건이 되는 것은 국제사회와 궤를 같이하는 명칭인 "서기소字位(문자소字素)"와 "형위形位(형소形素)" 중 어떤 것을 붙이느냐 하는 문제이다. 나는 둘 중 어느 것을 부여해도 무방하다고 보지만 이 문제는 언어연구 전체에 영향을 끼치므로 정확하게 정리할 필요가 있다. 우선 영어의 상황을 보자.

---

49 옮긴이의 말: 현대 중국어에서 편방偏旁과 부수部首는 비슷하지만 다른 개념이다. 편방은 한자를 배우는 학생들이 글자의 형태를 쉽게 익히게 하기 위해 한자의 각 부분에 "편"과 "방"이라는 이름을 붙인 것이고(누가 인위적으로 붙였다기보다는 민간에서 오랫동안 회자되는 말들이 하나의 개념으로 정착되었다고 봐야 한다.) 부수는 자전을 찾기 위해 각 글자의 가장 중요한 부분을 별도로 귀납해 정리한 것이다. 부수는 한국에서 한자를 배울 때 사용하는 개념과 같다.

音位学	字位学	形位学	(译名)
sound	graph	morph	……素
phoneme	grapheme	morpheme	……位
allophone	allograph	allomorph	……位变体
phonemics	graphemics	morphemics	……位学
phonology	graphology	(morphology)	……系学

Morphemics가 아주 적게 사용되고, morphology는 일반적으로 "형위학形位学"으로 번역되지 "형계학形系学"이라고 번역하는 사람은 없다. 나머지는 아주 잘 대응이 된다. 이렇게 본다면 "서기소字位"라는 명칭은 순수한 한자형태의 연구에 남겨놓는 것이 좋겠다.

영어와 기타 인도-유럽어족 언어의 서기소학은 음소학音位学을 모방해서 생겨난 것으로, 서기소字位(Graphemes)와 그 변형체变体(Allographs) 및 문자소字素(graph)를 연구한다. 음소와 마찬가지로, 변별자질区別性特征(Distinctive Features)도 연구할 수 있다. 서양의 알파벳문자를 대상으로 놓고 보면, 서기소는 곧 26개의 자모와 10개의 아라비아숫자, 각종 문장부호, 그리고 기타의 각종 기호($, %, @, #, &, *) 등을 말한다. 이는 실제로 타자기나 컴퓨터의 키보드에 인쇄된 것들을 가리킨다. 문자소는 자모 등의 각종 변형체 즉 대문자, 소문자 및 정자체, 이탤릭체 등을 말한다. 변별자질 역시 음운학音系学을 모방한 것으로, 알파벳의 형체 등을 한 단계 더 세분해서 일련의 대립요소를 찾아낸 것이다. 예를 들어 직선과 곡선, 점이 있음과 없음, 곡선의 우향과 좌향 등을 말한다. 프랑스어에는 이 외에도 악성부호重音符号 등이 있다.

중국어에서 순수하게 글쓰기의 형체와 관련된 최소단위는 필획이다. 따라서 "서기소"라는 명칭을 필획에 부여하는 것으로 중국어와 서양 언어에서 서로 대립되는 "서기소학"을 수립할 수 있고, 또 국제사회와 궤를 맞추어 서기소학 연구가 형체성形体性을 다룬다는 점을 강조할 수 있다. 중국어의 서기소학은 또 "서기소字位", "문자소字素", "서기소변형체字位变体" 등의 명칭을 정립할 수 있다. 예를 들어 푸용허傅永和(1993: 152~153쪽)의 분석을 보면, 그는 한자를 6종류의 평필필형平笔笔形, 12종의 단절필필형单折笔笔形, 11종의 복절필필형复折笔笔形, 총 29종의 필형으로 분석할 수 있다고 주장했다. 그리고선 이를 병합하고 개괄하여 "횡横, 수竖, 별撇, 점点, 절折"이라는 5가지 기본 필형(즉 컴퓨터에 중국어를 입력할 때 사용하는 오필자형五笔字型 입력법50의 근거)을 만들어냈다. 이에 근거하여 나는 이 다섯 가지의 기본 필형을 한자의 "서기소"로 보고, 총 29종의 구체적 필형을 이 다섯 가지 "서기소"의 서로 다른 "변형체" 혹은 "문자소"로 볼 수 있다고 생각한다. 다른 "서기소"도 중국어 중에 있는 아라비아숫자, 문장부호, 수학의 연산부호 등을 포함해야 한다.

정리하자면, 중국어의 서기소학을 정립하는 것도 하나의 의미 있는 시도가 될 것이며 내가 여기서 얘기한 것은 대략적으로 상상해본 것에 불과하다. 중국어의 서기소 아래 층위에 별도의 "변별자질"을 두느냐 그렇지 않느냐에 대한 문제의 경우 아직까지 그렇게 할 필요는 없다고 생각한다.

하지만 "형위形位"라는 명칭은 어형학语形学 분석을 목적으로 하는 중국어의 "한자형태론字法" 연구에 남겨두는 것이 좋겠다. 이에 대해 나는 왕닝王宁 교수의 의견에 동의하는데, 한자의 최소구성단위(이 단위는 대체로 음과 의미가 결합한 것인데 역사적으로 보면 더욱 그러하다.)를 "형위形位"라 부르고, 이에 맞춰 중국어의 "형태론" 연구를 정식으로 "형위학形位学"이라고 부르자는 것이다. 이는 린위탕林语堂이 중국어의 "형위학"은 영어의 "형위학(형태론)"과 완전히 똑같은 속성을 가지고 있다고 지적한 것과 일맥상통한다.

---

50 옮긴이의 말: 속기를 제외하면 중국어를 컴퓨터에 입력하는 방법에는 크게 네 가지가 있다. (1) 오필자형: 한자의 필획을 자판에 나눠넣고, 그 필획을 조합하는 방법으로 한자를 입력; (2) 병음입력: 자판의 알파벳과 중국어의 병음을 1:1로 대응해 병음을 쓰고 그 병음에 해당하는 한자를 선택해서 입력; (3) 필기입력: 마우스 등을 이용해 직접 한자를 써서 입력; (4) 음성인식: 아직 많이 사용되지 않지만, 스마트폰이 발달하면서 빠른 속도로 기술이 진보하고 있다. 일반적으로 오필자형의 입력법이 압도적으로 빠르고, 병음입력을 가장 많이 사용한다. 옮긴이도 SOHO라는 회사가 개발한 병음입력법을 주로 사용한다. 원문의 저자 판원궈 교수는 오필자형을 사용한다. 오필자형은 한자의 구성을 이해하면 정확한 독음(혹은 병음)을 몰라도 입력할 수 있기 때문에, 병음을 체계적으로 배우지 않았거나 사투리를 쓰는 지역에서 성장하고 공부한 지식인이 많이 사용한다.

이렇게 이 둘의 속성이 닮았기에 영어번역에서도 안즈제가 사용했던 Morpholgy를 사용해서 중국어의 "형위학"을 번역하고자 한다. 중국어로도 Morphome, Morph, Allomorph 등의 단어를 사용해 상응하는 개념을 표시할 수 있다. 예를 들어 "氵"라는 "형소"는 "水"라는 "형위"의 "변형체"이다, 등으로 말이다.

당연히 중국어의 형위학과 인도-유럽어의 형위학에는 서로 다른 점도 있다. 인도-유럽어의 "형"은 "형태形态"의 "형"을 가리키지만, 중국어의 "형"은 "형성构形"의 "형"인 것이다.51 이 점이 바로 "보편성"의 배후에 있는 "개별성"이 아닐까?

---

51 옮긴이의 말: 形态형태의 形이 "이미 고정된 어떤 모양"을 의미한다면, 构形형성의 形은 "모양을 만들어 가는 과정"을 강조한다고 이해해도 좋을 것이다. 우리말의 한자어를 예로 들면 형용, 형식, 지형 등의 "형"이 전자에 속한다고 할 수 있다. 형세, 형국, 변형 등의 "형"이 후자에 속한다고 할 수 있다.

6.5. 중국어 형위학 연구의 의의
汉语形位学研究的意义

중국어 연구에서 중국어 형위학을 수립하는 것은 아주 중요한 의미가 있다.

6.5.1. 중국어의 어형학(어법) 연구가 처음으로 국제적 수준과 궤를 맞추도록 하여 "통사론"만 있고 "형태론"은 없는 현상황을 타개
使汉语的语形学（语法）研究第一次全方位的国际接轨，从而避免了只有"句法"、没有"词法"的窘状

마건충马建忠은 1898년에 처음으로 서양의 "그램마葛郎玛gramma"를 도입했다. 이로써 그는 중국어에 현대적인 의미의 어법학을 수립하는 동시에 중국어 연구에 치명적인 귀태鬼胎를 잉태시켰는데, 이것이 바로 "단어본위"이다. 마건충 이후 100여 년 동안 단어본위는 유령처럼 중국어 연구에 깊숙이 똬리 튼 채 "어법"이라는 콤플렉스로 작용해왔다. 『마씨문통马氏文通』이 수립한 "단어본위의 어법체계"는 본질적으로 중국어에는 존재하지 않는 것을 인도-유럽어의 형태론체계에 억지로 끼워 맞춘 것이었다. 그 후 중국어 어법연구의 기본구조 단위는 여러 번 바뀌어서, "문장본위"에서 "구문본위"로, 또 "절본위" 등으로, 서양 어법연구의 중점이 변하는 데에 따라 자꾸만 변해왔다. 심지어는 "중국어엔 형태론이 없다."는 주장과 이를 증명하는 적지 않은 근거들이 생산되었음에도, 전체 어법연구의 분위기가 "단어본위"에 머물러 있는 현상은 변하지 않았다. 이는 모든 어법연구의 체계가 "단어"의 기초 위에 수립되었기 때문이다. 중국어의 "단어"는 "한자"가 "문장"으로 가는 과정 중에 발생하는 임시적인 단위이기 때문에, 영어의 "Word"가 가진 지위와 기능을 근본적으로 포함하지 않는다. 따라서 당연히 중국어 연구라는 거대한 건물을 지탱할 수도 없다. 아무리 고치고 다듬고 개조해도 중국어의 어법체계와 실천이, 둥근 구멍에 네모난 기둥을 끼우려고 하는 것처럼 어색하고 조화되지 않는 이유가 바로 이것 때문이다. 100여 년 동안 『마씨문통』에 대한 비판이 끊이지 않아서 수많은 사람이 이에 대한 개혁안을 내세웠지만, 진정으로 그것을 극복한 이론은 여전히 없다고 봐야 한다. 그저 새로운 "단어본위"가 이전의 "단어본위"를 대체했을 뿐, 여전히 "단어"라는 문제의 쳇바퀴만 맴돌고 있다. 이렇게 보면 사실 "단어본위"야말로 중국어 어법연구의 고질병으로 이제는 역사의 무대에서 사라질 때가 된 것 같다. 중국어 어법이 진정으로 혁신을 원한다면 바로 이 "단어본위"와 철저하게 단절하는 데에서부터 시작해야 할 것이다.

동시에 "단어본위"의 실패는 우리에게 다른 사람의 장점을 배우고자 한다면 반드시 그 사람의 근본을 알아야 하고, 다른 이론의 정수를 배우고자 한다면 반드시 자신의 실제상황과 결합시킬 수 있어야 한다는 사실을 일깨워줬다. "품사본위"에서 시작한 각종 본위이론은 사실 서양에서 베껴온 것이며, 각종 서양 어법체계의 껍데기를 배워온 것에 불과하다. 서양 어법이론의 정수─언어연구의 근본단위를 찾아내고, 이를 기준으로 그 아래 층위로, 또 그 위 층위로 분석해나가는 연구체계─는 배우지 못한 것이다. 그 결과 서양의 어법을 배워왔으면서도 이것이 점점 더 "반푼이" 같은 어법이 되어버렸다. "통사론"만 있고 "형태론"은 없는 언어를 본 적이 있는가? 요즘 중국어에는 "형태론"이 없다고 주장하는 사람들의 생각은 그들 스스로는 외국의 선진적인 이론을 학습한 결과라고 떠들지만, 도저히 그들 생각에 동의할 수 없다.

내가 중국어 형위학이라는 학문분야를 제시하는 것은, 중국어의 본질 위에서 "한자본위"를 주장하는 것이다. "한자"를 본위로 할 때만 우리는 아마도 서양의 어법학체계와 대응할 만한 중국어의 형태학체계를 수립할 수 있고, 그래야만 더 높은 층위에서 서양의 언어학과 대화를 진행할 수 있을 것이다. 이렇게 해야만 중국어 연구가 비로소 스스로의 자존감을 회복하여 가슴을 펴고 세계 일반언어학의 전당에 당당히 걸어들어갈 수 있을 것이다.

6.5.2. 현대 중국어 연구가 전통적인 중국어 연구를 더 잘 계승하려는 시도
使当代的汉语研究能充分吸收传统文字研究的成果，这是打通古今汉语研究，为具有传承性的汉语建立传承性的汉语研究的一个尝试

중국어는 현존하는 가장 오래된 언어이면서 사용하는 인구도 가장 많은 언어이다. 한자문명권의 소중한 보물이자 자산이다. 중국어에 대한 연구도 이미 오래된 전통을 가지고 있는데, 이는 중국의 고대인들이 세계문명에 기여한 탁월한 공헌이다. 마찬가지로 중국인과 세계인의 소중한 보물이자 자산이다. 그러나 『마씨문통』의 출판을 기점으로 중국어 연구에 완전히 새로운 규범이 생겼는데 이것이 전통적인 중국어 연구와의 연결을 끊어놓게 되었다. 이로 인해 중국어의 연구전통에 단절이 생겼는데, 이러한 단절은 세계 언어연구의 역사에서 흔히 볼 수 없는 현상이다. 『마씨문통』 이후 중국어 연구에는 서로가 서로를 간섭하지 않는 두 개의 독립된 영역이 생겨버렸다. 한쪽에서는 전통적인 연구방법을 이어받아 문자학, 음운학, 훈고학을 연구하면서 대상을 대체로 고대 중국어에만 한정해왔다. 시대가 바뀌고 세대가 변하여 이 분야에서 훌륭한 연구업적을 보인 이들이 하나둘 세상을 뜨자, 앞으로 이들의 연구가 계승될 수 있을지조차 의심스러운 지경이 되었다. 또 다른 한쪽에는 서양 언어학 연구의 사조에 따라 매우 생기 있게 그 분위기를 바꿔가며 활발하게 활동하고, 연구자의 수도 앞의 한쪽과 비교할 수 없을 정도로 많지만, 사실은 아무런 실용적 가치도 없는 연구만을 진행하고 있는 어법학과 이론언어학이 자리 잡고 있다.

국제화가 빠른 속도로 진행되면서 이 두 분야의 거리가 점점 더 멀어져 중국어 연구는 갈수록 진퇴양난의 상황으로 몰리고 있다. 전통을 유지하자니 현대화의 조류에서 멀어지고, 현대화의 보폭을 유지하려면 낡은 전통을 벗어버려야만 할 것 같은 상황이다. "노인의 지혜"를 듣는 젊은 연구자는 점점 더 적어지고, 소위 말하는 "국제적인 수준과 궤를 맞추는" 분위기는 점점 더 강해지고 있다. 어떤 때는 전통적인 방법으로 중국어를 연구하는 학자들은 학문적 목표가 아니라 애국심 같은 신념 때문에 저런 연구를 고집하고 있는 건 아닌가 하는 의문이 들 정도이다.

이런 현상은 우리에게 하나의 날카로운 질문을 던지고 있다. 중국어의 전통적인 연구와 "현대화"는 정말로 물과 불처럼 서로 섞일 수 없는 것일까? 모든 언어를 다 해석할 수 있다는 세계적인 언어학연구의 "보편성"이 고대 중국어에서만은 도저히 설명될 수 없는 것일까? "고대 중국어"의 연구와 "현대 중국어"의 연구에서는 정말로 일말의 공통점도 찾을 수 없는 것일까? 전승과 발전이 선명한 고대 중국어와 현대 중국어 사이에서, 연구자들은 정말로 어떤 계승점도 찾을 수 없는 것일까? 중국어 연구가 세계화와 현대화로 나아가기 위해서는 정말로 전통을 포기해야만 하는 것일까? 중국어 연구의 역사는 정말로 반드시 『마씨문통』부터 완전히 새로 써야만 하는 것일까?

이러한 문제들에 대해선 두 가지 답안밖에 존재하지 않는다. 하나는, 이런 현상은 어쩔 수 없는 것으로 낡고 고루한 중국어와 그 연구전통은 현대화를 위해 과감하게 잘라내고 그 아픔을 견뎌야 한다는 것이고, 두 번째는 이러한 단절을 야기한 기초이론에 문제가 있어서 잘못된 이론이 잘못된 결과를 낳았다고 보는 것이다. 이 문제를 해결하려면 반드시 지난 100여 년간 당연하게 여겨졌던 기초적인 이론을 모두 검토하는 것에서부터 시작할 수밖에 없다.

나는 후자를 선택했다. 이를 통해 내가 찾아낸 "가장 잘못된 이론"은 "단어본위"이다. 단어본위라는 기본이념이 중국어 연구에 전면적이고 근본적인 변화를 일으켰고, 이것이 중국어 연구를 전통에서 완전히 단절시켰다. 단어본위가 현대 언어학 이론의 정수를 전면적으로 곡해했으며, 중국어 연구가 국제사회와 "궤를 맞추는" 일을 흉내만 내는 정도로 만족하게 만들었다.

"단어본위"의 미신을 타파하고, 중국어의 특징을 담고 있는 "한자본위"로 대체하는 것은 현대의 중국학자들이 지난 100여 년의 시행착오를 겪고 나서 어렵게 찾아낸 새로운 사고이다. 이 새로운 사고의 기반은 기초적인 관점의 전환이다. 더욱 높은 층위에서 언어란 무엇인가, 어법이란 무엇인가 같은 근본적인 문제에 대해 고민하고, 중국어와 세계 언어의 공통점 및 중국어만의 개별성에 대해 고민하는 연구이다. 새로운 사고의 틀은 필연적으로 새로운 프레임을 동반한다. 형위학은 바로 이러한 새로운 프레임의 중요한 체인이다. 형위形位가 가지는 의미 중에서 가장 중요한 것은 그것이 처음으로 고대 중국어 연구와 현대 중국어 연구를 연결하기 위해 필요한 연결고리를 찾아냈다는 점이다. 이는 "한자"를 축으로 하여 음운, 의미, 어법연구에서 공통적으로 사용되는 본위를 찾은 것뿐만 아니라, 한자서기소론과 통사론의 연구에 사용할 수 있는 중요한 허브를 찾아낸 것이기도 하고, 고금의 중국어 연구를 연결시킬 수 있는 방법을 찾아낸 것이기도 하다. 사실 고대 중국어 연구의 본위는 바로 "한자"였다. 만약 현대 중국어 연구도 "한자"를 기준점으로 삼아 연구체계를 세운다면 고대와 현대의 연결도 당연히 가능해지는 것이다. 2,000년이 넘는 고대 중국어 연구의 전통과 성과를 현대 언어학의 표현방식에 맞춰 사용할 수 있게 된다면, 이는 새로운 시대의 세계 언어학연구에서 크게 빛날 것임에 틀림없다. 얼마나 가슴 떨리는 일인가!

6.5.3. 현대 언어학의 사상, 특히 어형(어법)연구의 이념으로 전통적인 한자연구를 넘어서려는 시도이자 전통적인 연구의 현대화
这也是用当代语言学思想，特别是关于语形（语法）研究的理念去改造传统汉字研究的一个尝试，更好地实现传统研究的现代化

전통적인 중국어 연구는 한자를 중심으로 이루어졌다. 한자가 가진 형태·음운·의미의 "삼위일체"라는 특징에서 출발하여 문자학과 음운학, 그리고 훈고학을 수립했다. 이 세 가지 학문분야는 인도-유럽어 언어학의 핵심분야인 어법학과 표면적으로는 닮은 점이 하나도 없어 보인다. 그런데 린위탕林语堂이 처음으로 중국어의 한자와 서양의 형태학에 본질적으로 같은 부분이 있음을 발견했고, 이것은 한자연구에 완전히 새로운 관점을 선물해주었다. 하지만 어떻게 현대 어법학의 관점으로 중국의 전통적인 문자학을 해석할 것인가, 어떻게 해야 진정으로 문자학의 일부를 현대의 어법학연구로 가져올 수 있을까에 대한 문제는 아직 아무도 시도해보지 않은 과제이다. 린위탕도 이 방법론에 대해서는 어떠한 가설이나 답안도 주지 않았다.

하지만 거꾸로 뒤집어보면, 이런 상태는 오늘날의 중국어 연구자들에게 매우 매력적인 연구영역이 될 수 있다. 전통적인 연구와 현대적인 연구가 여기에서 격렬한 만남을 갖게 될 것이고, 그 결과로 완전히 새로운 학술분야가 생겨날 것이다. 중국어 형위학은 바로 이러한 학문이다. 한편으로 새로운 어형학의 이념으로 한자의 구조를 해석하고, 서양 형태론의 정신으로 중국어 문자학을 재해석하고 개조할 것이다. 또 다른 한편으로는 어떻게 해야만 전통적인 한자연구의 성과와 방법을 현대적인 연구방법에 불러들여 새로운 청춘을 부여할 수 있을지 고민하게 만들 것이 분명하다. 한마디로 말하면 중국어 형위학의 수립은 고금과 동서를 아울러 중국어 연구와 교육에 커다란 영향을 끼치게 될 것이다.

이 둘이 만나는 교차점이 Morphology에 있기 때문에, 현대의 중국어 연구에 가장 큰 영향을 끼치는 분야는 일단 서양 어법학 중에서 "형태학"이라고 불리는 학술분야일 것이다. 형태가 없거나 아주 적은 언어에게 있어서 이는 일종의 "조어법"이 될 것이다. 사실상 중국어 형위학도 중국어의 조어법이라고 볼 수 있다. 다만 이 이론에서는 "단어"가 중요한 위치를 차지하지 않을 뿐이고, 그것의 존재 이유 자체도 의미가 없어질 뿐이다. 이런 점들이 모두 형위학이 중국어 조어법에 가져다주는 완전히 새로운 해석이 될 것이다.

6.5.4. 형위학의 수립은 또한 한자연구를 위해, 서로 관계되어 있으면서도 구별되는 두 개의 학문분야에 대한 명확한 정리: 한자가 단지 서기수단에 불과하다는 낡은 견해를 탈피하는 일

形位学的设立为汉字研究理了两个既有关系、又有区别的学科体系，摆脱了汉字只是书写字形的陈腐见解

위에서 나는 똑같은 한자구조의 분석이지만 사실은 서로 다른 두 개의 체계가 있음을 발견했다. 이 두 체계는 언어연구에 있어서 서로 다른 두 개의 학술분야를 이른다.

하나는 중국어 서기소학汉语字位学(Graphemics) 분과체계이다. 이는 광의의 문자학(Graphics)의 구성요소로 중국어에서는 한자에서 시작해서 한 층 한 층씩 한자의 구조부품을 분석하여 종국에는 한자의 필획에 이르는 학문이다. 이 분과의 최소단위는 필획, 즉 "한자서기소"로, 서양 알파벳문자 언어의 자모에 해당한다. 이 분과가 관심을 기울이는 것은 한자의 물리적 형체로, 필획의 형태, 방향, 필순, 필획의 구성부품, 한자를 만드는 방법과 형태 등이다. 푸용허傅永和는 『한자의 구조와 구성요소의 기초연구汉字结构和构造成分的基础研究』에서 이러한 분석을 보여줬는데, 예를 들어 한자의 구조를 분석할 때 "평면분석법平面分析法"에 의하면 전체 구조방식은 85종에 이르고, 그중에서 두 개의 부품으로 이루어진 것이 9종류, 세 개의 부품으로 이루어진 것이 21종류, 네 개의 부품으로 이루어진 것이 20종류, 다섯 개의 부품으로 이루어진 것이 20종류, 여섯 개의 부품으로 이루어진 것이 10종류, 일곱 개의 부품으로 이루어진 것이 3종류, 여덟 개의 부품으로 이루어진 것과 아홉 개의 부품으로 이루어진 것이 각각 1종류이다. "단계분석법层次分析法"의 경우에는 통용되는 한자의 범위 내에서 한자의 구성방식을 13종으로 분류했다. (푸용허, 1993: 109~113쪽) 또 한자부품의 명칭, 한자부품이 출현하는 구조부위("방旁", "변边", "두头", "저底", "중中", "좌상左上", "좌하左下", "우상右上", "우하右下", "위내围内", "위외围外", "포내包内", "포외包外" 등 총 13종) (같은 책, 117~152쪽), 그리고 한자의 필형, 필순(같은 책, 152~159쪽)도 정리했다. 이런 연구는 한자서기소학의 내용이 되는 것이다. 푸용허가 이 글에서 말했듯이 이러한 연구는 한자의 전산화 처리에 있어서 매우 중요한 의미를 갖는다. 중국어 연구의 현대화 과정에서 이러한 연구는 현실적으로 매우 중요하다.

또 다른 하나는 중국어 형위학(Morpholgy) 분과체계이다. 이것은 넓은 의미의 어형학 혹은 어법학(Grammar)의 구성요소이다. 한자를 기본단위로 하여 한 단계씩 구조를 분석한다. 가장 작은 단위는 "형위(Morpheme)"로 형태-의미 결합(간혹 음운도 포함)의 최소 구조단위이다. 그 지위는 인도-유럽어의 "형위" 혹은 "형태소"와 같다. 주로 관심을 기울이는 것은 중국어의 언어학적 구성요소, 한자 내부의 형形 · 의義 · 음音의 조합관계이다. 전통적인 중국어 연구 가운데서는 "육서六书"이론이 형위학연구에 해당한다.

이러한 두 분야의 연구는 모두 한자에서 시작하지만 하나는 "형위"에서 멈추고, 다른 하나는 계속 분석해서 필획에 이르는데 구체적인 분석과정에서 많은 부분이 중복된다. 그래서 일종의 착시현상을 일으키는데, 중국어에는 형태학이 없다는 착각이 그것이다. 한자 자체를 서양 언어의 "형태소"로 보고, 그것을 음성-의미 결합의 최소단위로 간주하여 더 낮은 단계로 분석하는 것은 형태를 분석하는 것에 불과하다고 보는 것이다. 그렇기 때문에 이런 연구는 언어학과 무관한 문자학인 것으로 인식한다. 중국어 형위의 발견과 형위학의 수립은 중국어 어형연구에 출현한 하나의 새로운 단계로 문자와 문자학에 대한, 특히 한자와 한자학에 대한 우리의 인식을 한 차원 더 높은 곳으로 이끄는 것이다.

6.5.5. 한자본위는 중국어 교육에 이론적 근거를 제공
为字本位汉语教学提供了论依据

언어연구는 궁극적으로 응용을 목표로 할 수밖에 없다. 그중에서도 교육은 가장 직접적이고 기본적인 운용일 것이다. 나(1998)는 언어이론의 연구와 언어의 교육은 일정 정도의 거리를 유지해야 한다고 생각한다. 하지만 어떤 언어이론이 교육에서 완전히 멀리 떨어져 있어서 긴 시간 동안 교육에 공헌하지 못하고, 심지어는 교육에 악영향을 끼친다면 이는 절대로 좋은 이론이라고 볼 수 없다. 마건충马建忠이 당시에 『마씨문통马氏文通』을 쓰면서 목적으로 내세운 것도 교육이었다. 그는 이 어법책을 마무리한 후, 신념에 차서 아래와 같이 말했다.

어린이가 이 책의 내용을 잘 익히면 배움의 속도가 서양인에 뒤지지 않을 것이다.
(마건충, 1989: 후서)

童蒙入塾能循是而学文焉，其成就之速必无逊于西人。

　　그러나 훌륭한 이상이 항상 훌륭한 현실이 되는 것은 아니다. 100여 년의 시행착오를 뒤돌아보면, 마건충의 소망은 현실이 되지 못했다. 언어와 문학의 교육품질은 서양의 어법체계를 수입했다고 해서 더 좋아지지 않았다. 뿐만 아니라 최근 몇십 년 동안은 오히려 더 퇴보해서 많은 사람이 분노할 정도의 사회문제가 되어버렸다. 물론 언어의 수준이 사회 전반적으로 퇴보하는 데에는 여러 가지 원인이 있을 것이다. 그러나 100여 년 동안 어법과 어법의 교육이 효과가 없었고 무능했다는 것은 분명하다. 시간이 가면서 어법연구의 "이론"은 갈수록 강해졌고 정교해졌지만, 그럴수록 중국어의 교육적 실천과는 점점 더 멀어진 것도 사실이다. 두 번이나 중국어 교육어법체계汉语教学语法体系 책임편찬위원을 지낸 장즈궁张志公은 만년에 아래와 같이 탄식한 바 있다.

　　최근 들어 어떤 사람들은 어법의 중요도를 낮춰야 한다고 말한다. "낮추다"라는 말은 뭔가 명확하지 않다. 쉽게 말하면 줄이자는 말이고 더 나아가 말하자면 아예 취소하자는 말이다. "취소하자"는 말은 귀에 거슬린다. 그래서 "낮추자"라고 하는 것이다. 왜 낮추자는 것일까? 왜냐하면 "너무 어렵기 때문"이고 "쓸모가 없기 때문"이다. 바꿔 말하면 이 어법이라는 기초지식이 언어의 실제응용(즉 듣기, 말하기, 읽기, 쓰기)과 연관이 없기 때문이다. 어법의 유일한 목적이 교정에 있는 것 같다. 그런데 이 교정 운운하는 것도 예를 들어 "주술관계가 맞지 않는다.", "동사와 목적어가 어울리지 않는다." 등은 사실상 논리적인 문제를 전문용어를 동원해 풀어쓴 것에 불과하다. 더구나 소극적인 교정은 어법지식을 어떻게 운용해서 언어능력을 얼마나 올릴 수 있을지에 관심도 갖지 않는다. 나는 이 문제로 오랫동안 머리가 아팠으나 스스로 해결방안이 떠오르지 않았고, 다른 동료학자들도 쓸 만한 방안을 내놓지 못하고 있다. (장즈궁, 1993: 31~32쪽)

　　现在有人提出要淡化语法。"淡化"这个字眼儿很玄，明确一点说，就是少要一

点，再进一步，干脆不要。"不要"，这话不好听，所以说成"淡化"。为什么要淡化
呢？就是因为它"实在难啊！""用不上啊！"换言之，这门基础知识同应用技术（听
说读写）挂不上钩。学语法，好象惟一的用处就是改错，而所谓改错云云，如"主谓
不搭配""动宾不搭配"等，其实是逻辑事理问题，不过用术语讲它就是了。而且仅仅
是消极的改正错误，并没有想如何用语法知识提高实际运用语言的能力。我为此苦恼
了许多年，自己拿不出方案，也没有看到其他的同志拿出可行的方案来。

1990년대에 들어서서 사람들은 점점 언어연구에 대해 회의하고 반성하기 시작했
다. 이런 현상의 근본적인 원인은 마건충이 어법체계를 수립하기 위해 새로운 학문
을 수입하는 동시에 중국어 학습과 연구의 "본위"를 잘못 설정한 데에 있다. 전통적
인 중국어 연구인 "한자본위"를 "단어본위"로 바꾼 것은 중국어의 인지규칙에 위배
되는 것이다. 중국어 학습은 한자학습을 떠나서는 절대로 불가능하다. 그런데 지난
100여 년간 중국은 한자가 없는 길을 걷고자 노력해왔고, 단순히 어법만을 강조하는
것이 중국어 학습의 지름길이라고 생각해왔다. 모어로서의 중국어 교육만 그런 것
이 아니고, 외국어로서의 중국어 학습에서도 마찬가지이다. 이 문제는 1990년대에
와서야 비로소 발견되었다.

최근 중국의 초등학교에서 대량으로 한자를 인지하고 이를 기반으로 어휘력을 높
이는 교육방법이 채용되었다. 이는 중국어의 특징에 어울리는 효과적인 수단으로,
외국인을 위한 중국어 교육에도 이를 적극 도입해야 한다. (판원궈, 1990: 116쪽)

目前中国的小学大量采取认字、组词、扩词的教学方法，这是适合汉语特点的、
行之有效的手段，应该引入对外汉语教学。

외국인을 위한 중국어 교육계에서도 역시 프랑스의 중국어 교육 전문가 조엘 벨
라셍Joël Bellassen과 장펑펑张朋朋(Bellassen & Zhang, 1997: 565쪽) 등이 대표적으
로 "'한자본위' 교육법"을 큰 목소리로 주장했다. 벨라셍은,

정확하게 말하자면 언어학이나 교육학 이론분야에서, 또 교재를 편찬하는 원칙이나 심지어는 구체적인 교학실무에서 중국문자의 특수성을 인정하지 않거나 또는 중국문자와 언어와의 관계를 정확하게 처리하지 못해온 것이 중국어 교육이 위기에 처한 근본적인 원인이다. (Bellassen, 1997: 565쪽)

确切地说，无论在语言学和教学理论方面，在教材的编写原则方面甚至在课程设置方面，不承认中国文字的特殊性以及不正确地处理中国文字和语言所特有的关系，正是汉语教学危机的根源。

라고 말했다. 이들의 강력한 주장과 추진력으로 1998년 파리 Ecole Nationale des Ponts et Chaussées에서 세계 중국어 교육학회와 프랑스 중국어 교사협회가 연합으로 개최한 국제한자-중국어 교육연구회가 열렸다. 그러나 왕뤄장王若江(2000)이 말한 것처럼, 이 문제는 대체로 지금까지도 외국인을 위한 중국어 교육학계에서 받아들여지지 않고 있다. 모어 교육학계에서는 말할 것도 없다. 나는 언어학 이론이 이를 뒷받침하지 못하는 것이 근본적인 원인이라고 생각한다. "'한자'는 문자에 속하고, '단어'는 언어에 속한다."라는 의식이 아직도 사람들의 머릿속에 깊게 뿌리내리고 있기 때문이다. 나는 "한자본위"에 이론적 기반을 둔 중국어 형위학의 수립과 발전이 모어와 외국어로서의 중국어 교육에 탄탄한 뒷배경이 되어주기를 기대한다.

6.6. 중국어 형위학 연구의 원칙과 방법
汉语形位学研究的原则与方法

중국어 형위학의 수립은 본질적으로 전통과 현대의 결합이다. 전통사회에서 통용되던 한자의 생성이론과 현대의 조어법이론을 조합한 것이며, 현대 언어학 이론으로 전통적인 이론을 "개조"하여 탄생시킨 것이다. 바꿔 말하면, 중국어 형위학을 수립하는 것은 전통 중국어 연구의 "현대화"에 속하는 일이며, 동시에 현대 서양의 조어법이론을 "중국화"하는 일이기도 하다. 이는 동서양의 이론과 학문을 통섭하는 과정에서 찾아낸 새로운 길이다. 이론서인 이 책에서 중국어 형위학의 세부적인 내용까지 일일이 묘사할 순 없기 때문에, 여기에서는 이 학술분야의 원칙과 방법에 나름대로 몇 가지 건의를 하는 것으로 만족하고자 한다. 현대의 조어법이론(Morphology)의 발전에 의거하여 나는 중국어 형위학이 아래의 몇 가지 원칙을 지켜야 한다고 생각한다.

6.6.1. 의미 기초의 원칙
语义为本的原则

내가 Morpholgy라는 한 단어로 서양의 형태론과 중국어의 형위학을 동시에 표기하는 것은, 그 둘 사이에 공통점도 있고 상이점도 있기 때문이다. 그중에서 상이점은 아주 선명하다. 앞에서 말한 것처럼 서양의 "형形"이 가리키는 것은 "형태形态"이지만, 중국어의 "형形"이 가리키는 것은 "형체形体"이다. 이 둘 사이엔 공통점도 있다. 아니 공통점이 더욱 중요한데, 이 두 개념에 하나의 용어를 사용한 원인도 공통점 때문이다. 그 공통점은 바로 의미이다. 인도-유럽의 언어를 분석할 때는 "음성"과 "의미"의 결합을 강조하고 "형"은 부차적인 것으로 본다. 중국어, 특히 중국어의 글말을 분석할 때는 "형태"와 "의미"의 결합을 강조하고 "음운"은 부차적인 것으로 본다. 하지만, 이 둘에 공통점이 있으니, 그것이 바로 "의미"이다. 서양의 형태위주 언어든, 중국어의 비형태언어든 "의미"는 항상 핵심적인 내용이고, 다만 이를 표현하는 방식과 중점이 서로 다른 것뿐이다.

그런데 중국어 형위학의 입장에서 보면 의미는 또 하나의 중요한 가치를 지닌다. 즉, 의미는 형위학과 서기소학을 나누는 분수령이 된다. 서기소학은 글자형태의 분석만을 다루고 의미에 대해서는 별로 연구하지 않는다. 형위학은 한자의 형체를 분석하는 동시에 의미도 언급해야 한다. 한 단계씩 분석할 때마다 그 결과에 반드시 의미를 포함해야 한다. 형위는 반드시 의미단위여야 한다. 이 점을 정확하게 알고 있다면 형위학과 서기소학의 구분이 어렵지 않을 것이다. 예를 들어 컴퓨터에 한자를 입력하는 코드 문제는 서기소학일까? 형위학일까? 만약 이것이 형위학에 속한다면 모든 코드에서 다 이론적인 근거를 찾을 수 있어야 한다. 만약 서기소학에 속한다면 편리한 사용을 위해 한자를 해부할 수만 있으면 된다. 그렇다면 어디선가 들리는 "어떤어떤 방안은 '비과학적'이다."라든지, "중국어의 한자원칙에 맞지 않다."라든지 하는 비판으로부터 자유롭게 입력코드를 설계할 수 있을 것이다.

6.6.2. 한자본위의 원칙
字本位的原則

서양에서 조어법 연구는 언제나 단어를 분석해 기호소를 얻는 것에 만족해왔다. 기호소는 조어법 연구의 기본단위이다. 촘스키의 "혁명"의 시작은 주로 통사론의 혁명이었다. 촘스키 초기의 대표작 2권이 1957년의 『Syntactic Structure』와 1965년의 『Aspects of the Theory of Syntax』인 적을 봐도 알 수 있다. 이는 빠른 속도로 언어학 연구에 일련의 근본적인 변화를 몰고 왔다. 1976년에 미국의 언어학자 마크 아르노프Mark Aronoff가 『Word Formation in Generative Grammar』를 출판한 것도 조어법 연구의 일대 혁명이었다. 아르노프는 자신의 이론을 기존의 이론과 구별하기 위해 "단어본위의 조어법 Word-based Morphology"이라고 불렀다. 몇 년 후 스칼리즈S. Scalise는 『Generative Morphology』에서 아르노프의 이론을 몇 가지로 정리했다. (1) 조어법의 본위는 형태소가 아니라 단어이다. (2) 이때 "단어"라 함은 반드시 실제로 존재하는 단어여야 한다. 이론적으로 가능하지만 실제로는 존재하지 않는 단어는 조어의 재료가 될 수 없다. (3) 조어법의 기초는 단일한 단어이다. 더 크거나(예를 들어 구절), 더 작을(예를 들어 교착어의 형태소) 수 없다. (4) 조어 이전의 단어와 조어 이후의 단어는 일정한 품사유형의 속성을 보인다(예를 들어 명사, 동사, 형용사). (Spencer, 1991: 83쪽 참조.)

아르노프의 이론은 중요한 힌트를 제공해준다. 나는 현대 영어의 조어법(형태론)과 대응해서, 중국어의 형위학이 한자를 본위로 해야 한다고 생각한다. 『설문해자』 서문에도 "창힐仓颉이 처음 글자를 만들 때 같은 종류대로 형태를 상징하여 만든 것은 '문文'이라 불렀고, 그 후 형태와 소리가 서로 도움을 주어 만들어진 것은 '자字'라 불렀다."고 하였다. 여기서 우리가 "문"과 "자"가 사실상 모두 "한자"라는 점을 인정한다면, 중국의 전통적인 한자생성이론은 사실 한자본위를 주장하고 있는 것으로 이해할 수 있다. 즉, "한자"로 "한자"를 조합한다는 뜻이다.

한자본위의 중국어 형위학에 일련의 기본개념이 필요하다.

한자생성의 기본단위(형위)는 본질적으로 한자여야 한다. 여기서 말하는 "한자"는 바로 허신许慎이 말한 "문文"으로, 현대적 개념으로 말하자면 독립적인 상형자独体象形字이다.

서양 조어법과 상응하는 "자간字干, 접자字缀, 한자형체소成字形素, 비독립형체소不成字形素" 등의 개념과 학술용어를 만들어야 한다.

"자간"은 독립적으로 한자를 이루는 상형자象形字이다. 독립적으로 한자를 이루지 못하는 중국어의 문자부품은 두 가지로 나눌 수 있다. 하나는 전통적인 문자학이 말하는 "생형省形", "생성省声"자에 사용되는 부품으로, 형위形位보다 아래 층위에 존재하는 여러 가지 형위변형체形位变体이다. 예를 들어 "岛"자를 "从山, 鸟省声52"이라고 말할 때, 한 획이 부족한 "鸟"자의 형체는 "鸟"의 형위변형체이다. 또 "考"가 "从老省, 丂声53"이라고 말할 때, "匕"가 없는 "엄老"도 "老"의 형위변형체로 볼 수 있는 것이다. 또 다른 한 가지는 지사자에 있는 부호들이다. 예를 들어 "本, 末"이라는 글자에 있는 짧은 가로획은 "접자字缀"로 볼 수 있고, 이는 자간字干과 대응한다. 자간은 한자형태소이고, 접자는 비독립형체소이다. "접자字缀"라는 용어는 리푸李圃가 제시했다. 그의 설명을 빌려온다.

접자는 형태와 음성, 의미의 통일성이라는 특징을 갖추지 못한 것이다. 당연히 단독으로 한 글자를 이룰 수 없고, 다른 서기소(이 책54에서는 형위)에 기생하여 그 서기소의 음과 의미를 바꿔 새로운 글자를 창조한다. (리푸, 1995: 24쪽)

字缀不具备形与音、义相统一的特性，更不能单独构成新字，而只是缀加在字素（按：本书称形位）之上，改变原字素的音义，创造新字。

이런 개념을 확립하는 것은 중국의 언어학이 세계의 언어학과 편리하게 대화할 수 있는 기제를 제공해준다.

서양 조어법과 대응되는 "파생조자법派生造字学, 합성조자법合成造字学, 전환조자법转化造字学" 등의 개념을 수립하여 "육서六书"이론을 재해석해야 한다.

린위탕이 『설문해자』를 통사론으로 본 것을 많은 사람이 이해하기 어려워한다. 그러나 그가 만약 위와 같은 개념들을 확립하고 그렇게 말했다면 우리는 훨씬 쉽게 『설문해자』의 "육서"와 서양의 형태학(조어법) 사이의 관계를 이해할 수 있었을 것이다.

"상형象形"은 독립적으로 한자를 이루고 또 자간의 기초이므로 전체 중국어 형위학의 기본이 된다.

---

52 옮긴이의 말: "산山에 속하고 조鸟에서 성声모를 생략했다." 설문해자 등에서 한자의 음과 의미 및 형태를 설명하는 방식이다.
53 옮긴이의 말: "'老'에서 '匕'를 생략했다. '丂'와 성모가 같다."
54 옮긴이의 말: "이 책"은 판원궈 교수의 본 저작(『한자에서 언어학으로』)을 일컫는다.

"지사指事"는 자간에 접자를 더하는 파생법으로 한자를 생산한다.

"회의会意"와 "형성形声" 및 "전주转注"는 모두 합성법으로 한자를 생산한다. 연구에서는 이렇게 3가지 유형으로 나눌 수 있는데, 우리는 여기서 중국어의 합성법의 내용이 인도-유럽어보다 더욱 풍부하다는 사실을 알 수 있다. (상대적으로 중국어의 파생법은 인도-유럽어에 비해 간단하다.)

"가차假借"는 전환법으로 한자를 생산한다. 영어의 전환법은 단어의 형태와 음성이 변하지 않고 품사를 바꾸는 데 반해 중국어의 전환(가차)은 한자의 형태와 음성이 변하지 않고 의미만 변한다. 이러한 특성도 의미형 언어와 형태형 언어의 중요한 구별점이 된다. 앞에서 소개한 아르노프의 이론에서 조어 전후의 단어에 반드시 품사로서의 속성이 있어야 한다면, 중국어의 한자생성 전후는 반드시 의미가 강조된다.

아르노프의 단어본위 조어법이론의 핵심은 어간에 접사가 붙는 파생법이다. 그 조어의 결과는 단어에서 멈춘다. 구절단어는 말할 것도 없고 합성어조차도 그의 이론체계에서는 통사론에 속한다. 나는 이 원칙이 중국어에도 적용될 수 있다고 생각한다. 중국어의 형위학 연구도 한자를 기초로 한자를 만드는데 그 최대치도 역시 단일 한자이다. 2글자 이상의 구조는 모두 통사론의 연구범위에 속한다. 즉, 나는 최근의 중국어 어법이론 중에서 "중국어의 단어, 구절, 문장은 모두 같은 방식으로 이루어진다."는 주장에 동의한다. 다만 이렇게 생각하는 원인이 다른데, 나는 이들이 모두 통사론의 내용이라고 보기 때문에 이러한 주장에 동의하는 것이다.

6.6.3. "한자생성"과 "한자구조"의 병립 원칙
"构字"和"字构"并重的原则

아르노프의 조어법이론에는 3가지 중요한 특징이 있다.

(1) "단어구조(Word Structure)"와 "조어(Word Formation)"를 나누며, "조어"에 중점을 둔다. (2) 조어법의 어휘성을 강조한다. (3) 조어법과 기타 언어연구 층위의

관계를 중시하고, 단어를 언어연구의 허브로 삼는다. (판원궈, 1999) 이 중에서 가장 중요하고 이전의 조어법과 가장 선명하게 구별되는 것은 첫 번째인데, 아르노프가 보기에 기존의 조어법 연구는 사실상 단어구조의 연구였지만, 사실 더욱 중요한 것은 새로운 단어가 어떻게 생겨나느냐 하는 점이기 때문이다. 중국에서는 쑨창쉬孫常叙(1956)와 런슈에량任学良(1981b) 등도 이와 비슷한 의견을 보인 바 있다. 사실상 『설문해자』 서문에서 한 말도 고대의 중국인이 "한자생성"을 더욱 중시했음을 보여준다.

하지만 이런 연결은 구체적인 배경을 통해서 이해해야 한다. 『설문해자』에서 말한 내용은 사실 문자가 생산되고 발전하는 자연적인 과정을 반영한 것이다. 아르노프의 이론이 강조하는 것은 조어법 가운데 파생법인데, 특히 그중에서도 "생산성(Productivity)" 부분이다. 하지만 나는 중국어 형위학 연구의 구체적인 목표가 "한자생성构字"과 "한자구조字构" 둘을 병립시켜야 한다고 본다. 어느 한쪽에 치우쳐서는 안 된다. 『설문해자』에서부터 지금까지, 한자의 총수량은 9,353개에서 6만여 개로 발전했다. 그러나 대형자전에 수록된 한자 중에는 수많은 죽은 글자死字, 벽자僻字와 이체자异体字, 와체자讹体字가 많이 포함되어 있다. 츄시궤이裘锡圭에 의하면,

만약 저 많은 죽은 한자와 벽자를 무시하고 그 용법이 완전히 같은 이체자를 하나의 글자로 본다면, 각 시대에 사용된 한자의 수량에는 거의 변화가 없다. …… 상나라 후기에서 주나라 말기까지 일반적으로 사용된 문자의 수량은 아마도 4,000~5,000 자 정도였을 것이다. 최근의 통계에 의하면 현대에 들어와서도 일반적으로 사용되는 한자의 수량은 역시 4,000~5,000자 정도이다. (츄시궤이, 1988: 31쪽)

如果不管那些死字、僻字，并且把用法完全相同的异体字看作一个字，各个时代使用的汉字的数量似乎并无很大变化……从商代后期到周末，一般使用的文字的数量，很可能一直在四五千字左右徘徊。直到现代，据近代的统计，一般使用的汉字的数量也还是四五千的样子。

실용성이 있는 한자의 수량은 몇천 년 동안 별로 늘어나지 않았다. 현대에 들어서는 간혹 새롭게 발견된 화학원소에 이름을 지어주는 경우 정도가 아니라면 한자의 생산성은 이미 거의 없는 것으로 봐야 한다. 즉 사람들은 이미 새롭게 한자를 창조하지 않는다. (간체자 문제는 하나의 특수한 사회현상으로 봐야 한다. 돌이켜 생각해보면 간체자, 특히 "제2차 간체자 방안"이 새로운 문자를 만들었고 최대한 한자 생성의 규칙을 따르려고 노력했지만, 사실 한자의 총수를 늘어나게 만들었다.) 이런 상황에서 중국어 형위학 연구가 "한자구조"로 전환되는 것은 정상적인 일이다. 사실상 『설문해자』 이후의 문자학 연구는 주로 "한자구조"의 연구였다.

한편, 연구의 목적은 응용에 있다. 교육과 응용이라는 실제수요를 통해서 볼 때, "한자구조" 즉 한자의 구조분석에는 더욱 직접적인 의의가 있다고 할 것이다. 중국 고대의 언어·문학교육은 한자를 익히는 것에서 출발했다. 그리고 한자의 분석은 한자를 익히는 데에 아주 중요한 역할을 했다. 청나라의 문자학자 왕균王筠은 아동 교육용으로 『문자몽구文字蒙求』를 지었는데, 서문에 이렇게 썼다.

> 문자를 알지 못하는 것은 나누어 보지 못하기 때문이다. 한 글자를 여러 글자로 나눌 수 있다면 점 하나 획 하나도 늘리거나 뺄 수 없어서, 쉽게 외울 수 있고 잊어버리지 않는다. 아동을 교육하면서 먼저 어떤 것이 상형자고 어떤 것이 지시자이며 회의자는 이 둘을 합친 것이며, 형성자는 앞의 세 가지가 모여서 되었다고 가르친다면, 간단한 원칙으로 복잡한 현상을 다스리는 법이 되지 않겠는가? (왕균, 1838: 서문)
>
> 人之不识字也，病于不能分；苟能分一字为数字，则点画必不可以增减，且易记而难忘矣。苟于童蒙时先令知某为象形，某为指事，而会意即合此二以成之，形声字即全此三者以成之，岂非执简驭繁之法乎？

현대의 언어·문학교육 수준이 떨어지는 것은 한자를 식별하는 능력이 떨어지는 것과 같이 진행되고 있다. 이는 중국인이 지난 세기 초부터 한자본위를 잃어버리고 단어본위를 언어의 교육과 연구의 체계로 삼은 것과 관련이 있다. 외국인을 위한 중국어 교육에 단어본위를 사용하는 것도 부정적인 결과를 많이 낳고 있다. 예부칭叶步青55(1997)은 중국어를 배우는 유학생이 필기시험을 볼 때 한자를 틀리게 쓰는 상황을 7가지로 분류했는데, 대부분이 한자익히기 교육을 충분히 중시하지 않은 배경과 관련이 있다. 이에 대해 천푸陈绂가 날카롭게 비평했다.

> 단어를 본위로 하는 교육방법은 유학생들, 특히 구미의 유학생들에게 익숙한 인지방식과 잘 어울렸다. 하지만 …… 이런 방식은 중국어 및 한자의 특징 및 요구와는 거리가 멀었다. (천푸, 1999: 64쪽)
>
> 以词为单位的教学法恰恰迎合了留学生们、特别是欧美留学生们所熟悉的音义结合的认知模式，而……这种模式并不符合汉语及汉字的特点与要求。

나는 언어교육의 개혁은 한자의 특징을 정확하게 인식하는 것에서 출발해야 한다고 생각한다. 한자익히기에서 시작해야 하는 것이다. 역사의 경험과 교훈이 그렇게 말하고 있다.

6.6.4. 간체자와 번체자 및 고금병립의 원칙
简繁兼顾与今古并重的原则

한자에 대해 구조분석을 진행할 때, 필연적으로 한자의 형체와 관련해 두 개의 모순을 발견하게 된다. 하나는 번체자와 간체자의 모순이다. 일반적으로 번체자의 이론적 근거가 더욱 강하기 때문에 분석 가능성도 더욱 강하다. 많은 글자가 번체자에서는 분석이 가능하지만 간체자에서는 아주 어색하거나 아예 분석되지 않는다. 특히 어떤 기호성 성분에서는 매우 선명한데, "又"와 "×"의 차이가 간체자

---

55 옮긴이의 말: 화교 출신의 영국 중국어학자이다. 이 책의 저자 판원궈 교수가 1989년~1991년 영국에 교환교수로 방문해 있는 동안 『중국어의 조어법 연구汉语的构词法研究』라는 책을 쓸 때 지도교수의 역할을 담당했다. 이 연구는 훗날 한자본위이론의 기초가 되었다.

에서는 불분명하다. "凤, 邓, 观(劝/权/欢), 叹(汉), 轰, 鸡, 仅, 树, 双, 对, 圣, 戏, 泽" 및 "风, 岗, 区, 网, 卤, 赵"등56을 보면 알 수 있다. 한 가지 방법은"又"와 "×"를 현대의 "접자"로 보는 것이다. 하지만 이는 부담이 너무 큰데, 예를 들어 위에 있는 "又"가 13종의 형체와 의미를 대표하게 되기 때문이고, 또 이 방식으로는 고대와 현대의 연구를 연결할 수 없게 되기 때문이다. 이런 현상이 생긴 이유는 간체자를 만든 기본적인 이론근거가 인도-유럽어의 언어학이어서 간체자가 당시 중국어의 실제 모습을 충분히 고려하지 못했기 때문이다. 자오청赵诚은

> 간체자는 원래 번체자에 의존하여 생겨난 것이다. 손글씨에 편리하도록 만든 것이어서 구조적으로 한자체계의 구조와의 연관성을 요구하지 않았다. 문자개혁을 통해 대량의 간체자가 사용된 후에 처음 학습하는 사람은 분명히 많이 편해졌고, 특히 쓰는 것이 쉬워졌다. 그러나 사용되는 간체자가 한자의 고유한 체계와 정확히 맞아떨어지지 않았기 때문에 처음 학습하는 사람이 일정 수량의 한자를 익혀도 감성적으로 한자의 체계를 인지할 수 없게 되었고, 이는 공부를 계속하는 것을 어렵게 만들었다. (자오청, 1988: 294쪽; 292쪽)
>
> 简体字本来是依附于繁体字产生的，为了书写方便才被运用，它本来不要求在结构上符合汉字体系的结构关系。经过文字改革大量使用简体字之后，初学者学习起来的确方便了许多，尤其是写起来简单。但是，由于使用的简化字与汉字固有的体系不完全吻合，所以初学者学习了一定数量的汉字之后并不能从感性上大体掌握汉字的体系，再进一步学习，比较起来就不那么顺利。

라고 했다. 하지만 간체자가 중국의 법정문자로써 정식으로 사용되고 있는 것이 또한 객관적 사실이다. 이런 상황에서 내가 생각하는 대안은 "번체자를 버리지 않고 간체자를 사용"하는 방식이다. 최대한 현행 간체자를 이용해 형위학분석을 진행하는데, 예를 들어 "贝、页、饣、讠"등은 처음에 언급할 때만 사용하거나 이를 형위

---

56 이 글자들의 번체자는 각각 "鳳, 鄧, 觀(勸/權/歡), 嘆(漢), 轟, 雞, 僅, 樹, 雙, 對, 聖, 戲, 澤" 및 "風, 崗, 區, 網, 鹵, 趙"이다.

변형체로 처리하는 것이다. 하지만 어떤 한자, 특히 위에 나열한 것처럼 "又"를 포함한 한자는 번체자로 돌아가서 분석하는 수밖에 없어 보인다. 안즈제安子介(1982)가 외국인에게 한자의 우수성을 알리기 위해 영어로 집필한 『벽문절자집劈文切字集』 등의 책에서 사용한 것도 기본적으로는 이런 원칙에 따른 것이다. 나는 이것이 오늘날 사용할 수 있는 가장 현실적인 방안이라고 생각한다.

또 하나의 모순은 "금고문今古文 논쟁"이라고 할 때의 "금今"과 "고古"의 모순이다. 여기서 "금"은 한나라 이후의 문자에서부터 오늘날의 간체자를 일컫고, "고"는 "예변隸變57" 이전의 고대문자를 뜻한다. "고"와 "금"에는 두 가지 중요한 차이가 있다. 하나는 고문자란 상형문자를 기초로 해서 소전小篆체까지를 말하는데, 한자의 형체에 아직 상형의 성분이 많이 남아 있는 상태의 글자로 갑골문甲骨文과 금문金文이 당연히 포함된다. "금문"은 기본적으로 "상형" 단계를 벗어난 상태이다. 예를 들어 "태양"을 표시하는 글자가 이미 원형이 아니라 직사각형으로 바뀌었다. "日"이라는 글자가 상형문자라고 말하는 것은 사실 어불성설이다. 하지만 "日"의 형체를 보면 사람들은 누구나 이것이 "태양"을 뜻한다는 것을 안다. 나는 이 "日"="태양"이라는 의미는 사람들이 이 글자에 이 의미를 부여한 것이라고 생각한다. 따라서 만약 고대의 한자가 상형을 기초로 했다면 오늘날의 한자는 표의表意를 기초로 한다고 볼 수 있다는 말이다. 표의문자는 표형문자表形文字처럼 직관적이지는 않아서 추측에 의해 그 뜻을 짐작하는 경우가 많다. 하지만 표의문자와 의미의 연결도 직접적인 것이어서 충분히 받아들일 수 있다. 이것은 오늘날 "한자본위"의 한자익히기 교육을 진행할 수 있는 이론적 기초가 될 수 있다.

---

57 옮긴이의 말: 예변隸變은 한자가 발전하는 과정에서 전서篆书가 예서隸书로 바뀐 과정을 의미한다. 진시황은 전국시대 6국을 통일한 후에, 전서(소전小篆)로 문자를 통일했고, (이 작업을 '서동문書同文'이라 불렀다.) 그 후 한나라에 이르러 한자가 더 간략해져 예서가 보편적으로 사용되었다. 이 "전서가 예서로 바뀌는 과정"을 예변이라고 일컬으며, 이러한 변화는 한자가 오늘날의 모습으로 정형화되는 토대가 되었다. 『설문해자说文解字』는 한나라 시대에 예변이 상당히 진행된 후 (당시 기준으로) 사람들이 한자의 본뜻을 알지 못할 것을 염려한 지식인(허신许慎)이 전서(소전)를 기록하고 설명하기 위해 저술한 책이다.

두 번째, 고대의 한자가 발전해서 오늘날의 한자가 되는 과정에서 예변隸変을 겪었다. 예변은 표형한자가 다시는 표형을 하지 않게 되었다는 것을 의미한다. 뿐만 아니라 많은 한자가 예변을 거치면서 자형구조字形构造가 변하기도 해서, 어떤 글자는 모습을 완전히 바꿔 심지어는 분석 가능성마저 잃어버리기도 했다. 예를 들어 "寒"이라는 글자는 갑골문에서 원래 7개의 형소로 이루어져 있었다. 집을 뜻하는 "宀" 1개와 풀을 표시하는 "屮" 4개, 그리고 사람을 표시하는 "亻" 1개 및 얼음을 뜻하는 "仌" 1개로 이루어져 있었던 것이다. 그런데 이 글자가 예변을 거치자 아래쪽에 있는 두 개의 점이 "仌"을 표시하는 것 외에 다른 여섯 개의 형소가 모두 하나로 합쳐지듯 하여 더 이상 분석할 수 없게 되었다. 이런 변화는 형위분석에 커다란 어려움을 초래했다. 오늘날의 형위분석은 일단 시선을 현재의 모습에 두어야 한다. 오늘날 실제로 필요한 학문적 요구에 대응하기 위해서 이는 필연적인 수요라고 할 수 있을 것이다. 따라서 우리의 입론과정이 금문을 기반으로 해야 한다는 점에는 의심의 여지가 없다. 하지만 위와 같은 예를 만나면, 당연히 필요한 수준의 고문자관련 지식을 필요로 한다. 그래서 나의 입장은 "입론기반을 금문今文에 두고 고문古文을 참고한다."이다.

정리하자면 나는 중국어 형위학 연구가 금문과 간체자의 기초에서 이루어져야 한다는 점에는 반대하지 않지만, 번체자와 고문과 관련된 지식을 적극적으로 이용해서 오늘날의 수요에 대응해야 한다고 생각한다. 동시에 나는 이것이 또한 비교적 과학적인 태도라고 생각한다. 자오위안런赵元任은 생전에 형태소 문제를 얘기하면서 이렇게 말한 바 있다.

> 지식수준이 높고 한자를 많이 아는 사람의 수준으로 (한자를) 분석해야 한다. 문화수준이 낮은 사람을 기준으로 분석할 수는 없다. 왜냐하면 문화수준의 차이라는 것은 점진적이어서, 일치되는 결과를 얻기 힘들기 때문이다. (Chao, 1968: 142쪽; 중국어 번역문은 자오위안런, 1979: 79쪽)

比较可取的办法是采用读书识字的人的最大限度的分析，而不采用文化程度较差的人的分析，因为程度之差是渐变的，不容易得出一致的结果。

나도 이런 태도에 찬성한다. 이런 방법이 연구자에 대한 요구치를 너무 높인 것 아니냐고 물을 수도 있다. 하지만 나는 그렇게 생각하지 않는다. 중국어를 연구하는 사람이라면 자신이 연구대상으로 삼고 있는 중국어가 가진 기본적인 전통과 기본적인 지식을 어느 정도 갖춰야 한다는 요구는 합리적이고 당연한 것이다. 요구치가 높으면 또 어떠한가? 외국의 언어학 이론, 특히 저 번잡하기 짝이 없는 공식들이 너무 복잡하다고는 한 번도 말해보지 않은 사람들이 어째서 자기들의 선조가 남긴 지적 자산에 대해서는 그런 태도를 보이지 않는가? 최소한 외국의 이론과 선조의 자산 중에서 현대 중국어의 실제운용에 더욱 가까운 것은 조상이 남긴 것들이지 않은가? 연구성과는 실천할 수 있어야 한다. 특히 교육과 관련된 연구는 반드시 깊게 들어가서 쉽게 풀어내야 한다.

6.7. 형위학 연구의 방법
形位学研究的方法

위에서 말한 것은 형위학 연구의 원칙이다. 형위학 연구의 방법론은 이러한 원칙을 준수하면서 아래의 몇 가지 방법을 운용할 수 있을 것이다.

6.7.1. 정량분석의 방법
定量分析的方法

20세기 초 이래로 과학 연구의 발전은 정성분석定性分析에서 출발하여 정량분석定量分析에 집중하는 경향을 보였다. 정성분석도 충분한 정량분석을 기초로 하고 있다. 이런 요구는 합리적이고 기본적이다. 중국어 연구도 지난 세기에 충분한 정량연구 작업을 진행해왔다. 예를 들어 천위안陈原이 이끈 두 개의 과제(그 성과는 천위안, 1989; 1993 참고)나, 중국언어문자위원회国家语言文字工作委员会가 주재한 한자의 출현빈도, 한자표, 한자부품의 통계 등이 대표적이다. 미시적으로는 천런펑陈仁凤과 천아바오陈阿宝(1998)가 출현빈도가 가장 높은 1,000개의 한자를 추려낸 바 있다. 고대 한자연구 분야에서는 리푸李圃의 『갑골문문자학甲骨文文字学』이 이론연구서이면서 동시에 갑골문의 자형에 대해 정량분석을 진행한 역작이다. 이런 연구들은 모두 중국어 형위학汉语形位学에 훌륭한 기초자료가 되어준다. 컴퓨터에 중국어를 입력하는 여러 가지 방법들도 한자에 대한 철저한 연구에 기반을 두고 설계되었다.

하지만 이런 연구들은 대부분 서기소학의 연구와 형위학의 연구를 구별하지 않았다. 일반적인 용어로 표현하자면 언어의 연구와 문자의 연구를 구별하지 않은 것이며, 더구나 대부분은 한자를 서기체계로만 보고 연구를 진행한 것들이다. 한자에 대한 형위학의 연구는 아직도 수많은 기초적 작업을 필요로 한다. 정성연구를 통해 정량연구를 촉진해야 하며, 정량연구를 통해 다시 정성연구를 추진해야 한다. 최종적으로는 일정 범위의 한자(3,500개 혹은 7,000개, GB 혹은 GBK 한자 인코딩 코드)에 대해 형위학에 근거한 상세한 분석을 진행해야 한다. 이 묶음의 한자들이 총 몇 개의 형위形位로 이루어져 있고, 몇 개의 형위변형체形位变体로 구성되어 있으며, 몇 개의 접자字缀로 이루어졌는지 분석해야 하는 것이다. 또 몇 개의 독립한자独素汉字와 접자추가한자加缀字, 합성자合成字, 전환자转化字로 되어 있는지도 밝혀야 한다. 형위조합자形位组字는 몇 종류의 층위로 구성되어 있으며, 몇 가지 방법으로 조합되었는지도 밝혀야 한다. 형위의 표의, 표음 등의 상황도 밝혀야 한다. 이를 통해 한자교육과 컴퓨터의 한자처리 등에 정밀한 이론적 근거를 제시해야 한다.

6.7.2. 편방을 이용해 양분법과 다분법을 결합하는 방법
两分和多分相结合方法

형위학의 단위에 필자는 "편방偏旁"을 설정했다. 이는 중국어의 개별성을 충분히 고려한 특수한 단위로, 한자분석의 첫 단계에서 얻어진 결과이다. 편방은 한자교육에서 특별히 중요한 가치를 가지고 있는데, 많은 상황에서 한자분석은 여기까지만 진행해도 충분하다. 영어에는 여기에 해당하는 단위나 상황이 존재하지 않는다.

"편방"에는 두 가지 특징이 있다. 하나는 독립적이면서 독립적이지 않다는 점이다. 편방은 한자를 분석해 처음 얻어진 결과로 교육과 기타 다른 언어실천 과정에서 바로 사용할 수 있다. 이 점에 착안한다면 편방은 독립적이라고 할 수 있다. 하지만 다른 한편으로 편방은 다시 더 아래 층위로 분석할 수 있기 때문에 최소단위로 볼 수 없다. 형위학의 관점에서 보면 독립적인 지위가 없는 것이다.

편방의 또 다른 특징은 양분성两分性이다. 편방은 통상적으로 형성자의 한 부분으로 분석된다. 그런데 형성자는 일반적으로 하나의 형부形旁와 하나의 성부声旁로 이루어져 있다. 번체자의 "宝"처럼, "从宀从玉从贝缶声58."하는 식으로 분석되는 경우는 매우 드물다. 형체와 성모를 포함한 회의자를 제외하면 일반적으로 형위까지 분석해야 한다. 물론 회의자会意字가 형체形와 성모声를 다 포함하고 있는지 여부, 또는 형성이 회의를 포함한 것인지의 여부는 『설문해자』를 기준으로 판단할 수는 없고, 고대와 현대의 각 연구성과를 종합적으로 충분히 활용해야 할 것이다.

형성자가 고대 한자의 절대적인 대부분을 차지하고 있기 때문에, 이러한 양분법은 자주 사용되는 수단이 된다. 물론 번체자나 복잡한 한자의 경우 더 많은 부분으로 분석할 수도 있다. 양분법과 다분법多分은 서로 시너지를 일으키는 연구방법이 될 것이며, 형위학 연구의 내용을 더욱 풍부하게 만들 것이다.

---

58 옮긴이의 말: 宀(mian)과 玉(yu)와 贝(bei)에 속하고 缶(fou)와 성모가 같다.

6.8. 형위론 연구의 중점
形位学研究的重点

마지막으로 중국어 형위학 연구의 중점에 대해 생각해보고자 한다. 앞에서 나는 형위학이 전통적인 문자학의 계승과 발전이라고 말한 바 있다. 새로운 언어학 이론으로 "육서六书" 등의 전통적인 이론을 재해석하고 새롭게 응용하자는 것이다. 이런 상황에서 우리는 당연히 "육서"의 전통만을 고집해서는 안 된다. 또 "육서" 중 각 한자의 생성방법에 대해 동일한 노력을 기울일 이유도 없다. 형위학의 연구에 있어서 나는 "육서" 가운데 "전주转注"가 가장 가치 있는 부분이라고 생각한다. 여기에 연구의 중점을 두어야 한다는 말이다.

몇 년 전 나(판원궈, 1997b: 173쪽)는 "육서"를 한자의 발전단계에 따라 3가지로 나눌 수 있음을 밝힌 바 있다. 첫 번째는 상형象形, 지사指事, 회의会议 등으로 형체를 위주로 한자가 발생한 단계; 두 번째는 가차假借로 음운을 위주로 하는 단계; 세 번째는 형성形声으로 형체와 음운이 결합하면서 형체를 위주로 하는 단계이다. 당시에 나는 전주에 대해 언급하지 않았는데, 역사상 존재하는 수많은 해석을 살펴도 전주转注에 대한 입장을 정리하기 어려웠기 때문이다. 훗날 내가 여러 연구를 통해 전주에 대해 명확한 견해를 갖게 되었을 때, 순융창孙雍长의 책 『전주론转注论』(순융창, 1991)을 접하게 되었다. 이 저서는 내 생각과 맥을 같이 하고 있어서 매우 유쾌한 독서가 되었다. 지금에 와서 생각해보면 위의 세 번째 단계는 형성形声과 전주转注 중에서 전주가 더 중요한 지위를 차지하는 단계라고 보는 것이 옳을 듯하다. 형성과 전주의 구별은 간단하게 말하면 형성은 형체形体에 성부声旁를 더한 것이고, 전주转注는 성부에 형방形旁을 더하는 방법으로 동의자同义字를 분화시킨 것이다. 즉, 한자의 절대적 대부분을 차지하는 형성자가 사실은 형성자가 아니라 전주자라는 것이다. 이는 얼핏 보기에 명칭만 다른 것 같지만 소위 "형부形符"와 "성부声符"

의 합성으로 이루어진 한자가 사실은 그 둘 중 어디에 더 무게중심을 두느냐에 차이가 있다. 형성을 강조하면 "형부"가 주체가 되고, "성부"는 부가적인 것이 된다. 전주를 강조하면 소위 "성부"가 주체가 되고 "형부"는 부가적인 부분이 되는 것이다. 이 둘은 무게중심이 다를 뿐만 아니라 의미도 서로 다르다.

전주에 중점을 두는 것은 아래와 같은 몇 가지 중요한 의의를 지닌다.

하나. 전주는 한자가 문자에서 언어로 확장되는 전환점이며, 동시에 한자의 근본적 특징이고 정신이다. 해리스Roy Harris(2000)는 언어와 문자가 인류의 두 가지 커뮤니케이션 방식이라고 설명했는데, 자원문자自源文字의 기원에서 이러한 사실을 확인할 수 있다. 문자는 직접적으로 의미와 연결되어 있고, 언어는 음성이라는 매개를 통해 간접적으로 의미와 연결되어 있다. 이 둘은 시작되는 시점에서는 서로 별도로 발전했으나 발전이 심화되면서 서로 결합하는 과정을 거쳐 언어 속에 문자의 속성이, 문자 속에 언어의 속성이 포함되는 경향을 갖게 되었다. 문자는 점점 언어를 표현할 수 있게 되었고, 언어를 표현하지 못하는 문자는 점차 생명력을 잃게 되었다. 한자를 제외한 세계의 다른 모든 표의문자는 도태되고, 표음문자가 세계적인 범위에서 우세를 점하게 된 이유가 바로 여기에 있다. 도태된 표의문자들은 언어의 발전을 따라가지 못한 것이다.

그렇다면 한자는 어떻게 생존할 수 있었는가? 또 어떻게 다른 민족의 언어처럼 표음화 되지 않았는가? 자원성自源性이 당연히 그 중요한 원인일 것이다. 하지만 자원성도 한자가 표음문자로 바뀔 가능성까지 배제하지는 못한다. 사실상 한자는 발전의 제2단계에서 표음을 위한 시도를 보였다. 왜냐하면 상형, 지사, 회의를 통해 창조된 문자의 수는 어쩔 수 없이 한정적일 수밖에 없기 때문에 사회의 발전에 충분히 적응하지 못했다. 따라서 대량으로 출현하는 새로운 사물, 새로운 단어, 새로운 개념을 따라갈 수 없었다. (예를 들어 조사나 연결사, 대명사, 어조사 등의 "허사"는 더더욱 이러한 방법으로 창조될 수 없었다.) 표음만이 유일한 탈출구였던 것이다. 여기에서 "원래는 이런 글자가 없어 소리에 의존하여 사물을 표현했다.本无其字, 依声托事"는 가차자假借字가 대량으로 탄생하게 되었다. 이것이 바로 "가차가 상형, 지사,

회의의 부족한 점을 메웠다.假借以济三书之穷"라고 말하게 된 배경이다.

고증에 의하면 은, 상나라 시기에 가장 많은 가차자가 번성했다. 야오샤오쉐이姚孝遂(1980)는 갑골문에 나타나는 가차자의 비율이 낮게 잡아도 70%를 넘는다고 했다. 그러나 중국어는 음절이 간단하고 동음이의어가 많아서 가차자를 대량으로 사용하는 것은 언어의 사용에 적지 않은 혼란을 불러왔다. 가차자의 성격은 음절문자의 자모와 비슷하기 때문이다. (일본어의 자모를 "가나假名"라고 부르는 것은, 그것이 사실 가차자이기 때문이다.) 한자가 더 발전하기 위해서는 사실상 두 가지 길밖에 없었다. 하나는 표음능력을 더 키워서 음소문자로 발전해 가는 길이었다. (이것이 바로 서양의 문자가 발전한 방향이다.) 하지만 첫 번째 방법은 중국어가 가지고 있는 음과 의미라는 모순(1977년 "제2차 한자 간체화 방안"이 실패한 것을 통해 우리는 이 방법이 불가능하다는 것을 이미 경험했다.)을 해결할 수 없었다. 두 번째 방법은 표의문자의 기조를 유지하되, 표의의 수준을 한 차원 더 높이는 방법이었다. 원래 존재하던 방식으로 간단히 중복해서 사용하는 것이 아니고, 표음을 위해 발전하던 경험과 성과(가차)를 이용해 표음과 표의를 결합한 것이다. 동시에 이 방법은 문자와 언어가 더욱 잘 결합할 수 있도록 해주었다.

전주轉注와 형성形声, 특히 전주라는 방법의 발명은 한자의 생산력을 극적으로 발전시켰다. 이것이 소위 "형성이 가차의 단점을 해결했다.形声以济假借之穷"고 말하는 까닭이다. 현대 한자에서 가장 많은 수량을 보이는 것은 형성자이고, 형성자의 대부분은 또 전주의 방법으로 생겨난 것이다. 많은 문자학자들이 육서이론은 중국어뿐 아니라 대부분의 고대문자에도 적용된다고 말한다. 실제로 육서의 다른 다섯 가지는 그렇다고 볼 수 있다. (물론 다른 고대문자에는 형성자-표의문자에 성부声符를 추가한 경우-도 아주 적지만) 하지만 전주는 그렇다고 볼 수 없다. 전주는 한자에만 존재하는 특별한 현상이고, 이는 한자가 언어발전에 적응하면서 생겨난 특수한 수단이다. 다른 고대문자는 이러한 수단을 발명하지 못했고, 또 문자의 분석성이 높지 않았기 때문에 역사의 발전과정에서 자연스럽게 도태되었다.

둘. 전주에 대한 연구는 중국 전통언어학의 성과를 정리하는 데에 도움을 준다.

중국의 전통적인 언어학은 문자文字, 음운音韵, 훈고训诂의 세 부분으로 이루어져 있고 각자 독자적인 영역으로 존재한다. 현대사회에서 이 세 영역은 모두 실제로 멀리 떨어져 있는 실정이다. 문자를 연구하는 사람은 주로 고대의 문자만을 연구하고, 음운을 공부하는 사람은 "(옛음의) 재구성构拟"이라는 명목으로 한자에 음운부호를 붙이는 놀이에나 열중하고 있으며, 훈고학을 하는 사람도 낡은 자료에 온몸을 파묻은 채로 생활하고 있다. 고대 중국어에 대한 연구가 전체적으로 아주 침체되어 있는 현실에서 이처럼 세 분야가 별도로 자기 영역의 수호에만 만족하는 현실은 중요한 전투에서 병력을 분산시킨 것과 같다. 이 세 분야가 서로 대화할 수 있는 방법은 없을까? 나는 그것이 전주转注라고 생각한다.

문자학에서 전주는 한자 발전의 최첨단 단계여서, 전주를 이해하기 위해서는 기타의 오서五书, 특히 가차假借를 이해해야 한다. 왜냐하면, 전주의 "성부声符"는 가차자일 가능성이 크기 때문이다. 훈고학에서는 송대에 시작한 "성부의미론右文说"이 명청 시대의 발전을 거쳐 1900년대의 선젠스沈兼士에 이르러 이미 매우 성숙한 이론 체계를 갖췄는데, 이것이 바로 "전주"연구의 풍성한 성과이다. "전주"는 "성부의미론"에서 시작해 한나라 시대 유희刘熙의 『석명释名』의 전통을 이어받아 중국어의 "어원语源"연구를 촉진했는데, 이것들은 현대 훈고학 연구에서 가장 관심도가 높은 부분이기도 하다. 음운학 분야에 있어서 청대의 음운연구가 가장 높은 성과를 보인 이유는 "음운전이音转"의 연구 때문이라고 볼 수 있는데, (해외의 학자들은 이 "일성지전一声之转59"을 인정하지 않는 분위기이지만) 사실 나도 "음전"이 중국어 음운학의 영혼이라고 생각한다. 중국어를 연구하고 있다는 사실을 인정한다면, 또 중국어가 수많은 방언으로 이루어져 있으면서도 동일한 한자를 사용하고 있다는 사실을 인정한다면, 또 한자가 대수학代数의 기호처럼 표음기호의 성격도 가지고 있다는 점을 인정한다면, 또 선조들이 남긴 음운학자료(『설문해자说文解字』, 『절운切韵』같은)들이 남북고금의 집대성임을 인정한다면, 우리는 음전에 대해 이야기하지 않

---

59 옮긴이의 말: 훈고학의 학술용어로, 성모가 같은 한자의 운모를 바꿔 사용하여 한자와 단어의 의미를 분화하거나 파생시켜 고문의 의미를 해석하는 방법을 말한다.

을 수 없다. 전주를 연구하면 음운의 결합이 성부연구를 통해 드러난다는 사실을 알수 있는데, 이는 곧 중국어의 형성자(광의의 형성자는 형성과 전주를 통해 생산된한자를 포함한다.) 성부와 관련되어 있다. 이 역시 매우 현실적인 연구이다.

셋. 전주는 고대와 현대의 중국어 연구를 잇는 교량이다. 한자발전의 3단계에서, 1단계의 한자는 형태가 의미를 표현하는 속성을 보였다. 따라서 그 분석도 고대문자학의 영역에 속한다. 2단계는 음운이 의미를 표현했다. 따라서 여기까지는 고대 음운연구의 재료이기 때문에 현대 중국어와의 관계성이 높지 않다고 볼 수 있다. 바로 3단계에서 생산된 한자들이 현대 한자의 본체를 이루고 있다. 따라서 이 부분의 한자는 현대 중국어의 연구와 교육에서 무시할 수 없는 내용을 품고 있다. 앞에서 말한 "성운체계연구声系研究"도 사실 고대 중국어만의 임무라고 볼 수는 없다. (예를 들어 선젠스沈兼士가 쓴 『광운성계广韵声系』) 이 역시 현대 중국어 연구의 임무이다. 이는 모어로서 또 외국어로서 중국어를 교육할 때, 한자를 컴퓨터에 입력하는 방법을 연구할 때, 모두 중요한 역할을 할 수 있다. 예전에는 형성자를 강조했기 때문에, 형부가 표현하는 의미유형에만 중점을 두었지만, 요즘에는 "성부"연구가 점점 더 주목을 받고 있다. 서양에서는 프랑스의 한학자 조슈아 마쉬만Joshua Marshman 이 일찍부터 이를 중요하게 생각했다. 그는 1814년의 『중문어법요소中文语法要素』[60]에서 『강희자전康熙字典』의 47,000여 개의 한자 중 25,000개를 선별(그는 이것이 2,000여 년 동안 출현한 한자를 충분히 대표한다고 보았다.)해 여기에서 요즘 성부라고 불리는 단위 3,867개를 분석해내었다. 그는 몇백 개의 독립된 한자를 제외하면 절대다수의 한자가 모두 이 3,867개의 성부가 214개의 부수와 1:1로 결합하여 이루어졌다고 주장했다. 그는 이 단위를 Primitives(자원字元)이라고 명명했다. (De Francis, 1989: 106쪽 참고) 나는 고대 중국어와 현대 중국어의 연구방법과 성과가 결합된다면 이 영역에서 다양한 연구성과를 낼 수 있을 것이라고 생각한다.

넷. 전주(및 회의)는 중국어의 구조가 한자서기소론에서 통사론으로 나아가는 키

---

60 그는 한자분석을 "어법"이라고 불렀다. 린위탕林语堂의 의견과 같다.

포인트이다. 전주와 회의로 대표되는 한자의 구성원칙은 중국어가 조직되는 가장 근본적인 규칙이다. 이는 중국어를 조직하는 방법의 알파요 오메가이다. 이는 한자 생성의 규칙이며 또한 중국어가 구절을 만들고 문장으로, 텍스트로 발전해가는 방법이기도 하다. 전주는 같은 유형의 수식구조에 적합하며 회의는 다른 종류의 "의미결합" 구조에 적합하다. 이에 대해 충분히 이해한다면, 중국어가 조직되는 방법에 대해 절반 이상 이해한 것이다. (중국어가 조직되는 방법에는 또 "음音"의 문제가 있다. 제10장을 참고하라.)

다섯. 중국어와 다른 언어를 대조연구하는 데에 도움이 된다. 조어법의 측면에서 보면 전주자는 사실 서양의 파생법과 매우 닮았다. 줄기(stem, 즉 "성부声符")를 기초로 의미유형요소를 붙여서 새로운 의미를 만드는 것이다. 마쉬만은 부수와 "자원字元"을 결합해 만든 글자를 derivatives파생물라고 불렀다. 나는 앞에서 "지사指事"가 서양에서 접사를 이용해 새로운 단어를 만드는 방법과 같다고 말했는데, 이는 어쩔 수 없이 그렇게 표현한 것이다. 엄밀하게 말하면 지사에서 새롭게 첨가되는 부호에는 의미도 없고, 그것이 체계를 이루지도 않기 때문에 서양 언어의 접두사나 접미사 등과는 현격한 차이를 보인다. 전주자转注字의 형부와 서양의 접사는 다르다. 서양의 접사는 대부분 독립해서 사용할 수 없지만, 전주转注에서 첨가되는 성분은 대체로 스스로 하나의 독립된 한자를 이룬다. 그래서 나는 이를 합성법으로 분류한 것이다. 하지만 중국어의 한자생성법과 서양의 조어법이 비교할 만한 가치를 많이 지니고 있다는 점에는 의심의 여지가 없다. 또 한자의 이러한 특징은 문자학을 어법연구로 간주해야 한다는 나의 믿음에 더욱 힘을 실어준다.

제7장 한자본위의 언어형태 연구 — 장구학(상)

字本位的语形研究－章句学（上）

7.1. 새로운 용어의 문제
新名词、新术语问题

이 책에서 말하는 장구학은 다른 언어학 저술에서 일반적으로 사용되는 통사론과 텍스트언어학의 연구내용을 모두 포함한다. 아니, 어쩌면 그 둘의 범위를 더 넘어서는 것일 수도 있다. 예를 들어 사람들이 일반적으로 수사학이라고 말하는 분야도 포함하고 있다.

장구학의 내용을 더 상세하게 풀어가기 전에, 나는 누군가는 제기할 만한 문제에 대해 먼저 토론해보고자 한다. 장구학은 왜 통사론이나 텍스트언어학으로 부르지 않는가? 어째서 특이하고 이해하기 어려운 명사를 내세워 이해를 어렵게 만드는가? 앞 장의 형위학形位学도 형태론이나 조어법이라고 부르면 쉽게 이해할 수 있지 않은가?

이런 질문에 대해 나는 어쩔 수 없는 일이라고 답할 수밖에 없다. 루젠밍陆俭明은,

중국의 어법연구 성과는 세계 언어학과 궤를 맞추어야 한다. 먼저 명사와 전문용어를 세계 언어학과 통일해야 한다. 쉬레종徐烈炯은 이번(1998년 현대 중국어 어법학 국제학술회의) 대회의 주제발표에서 "어쩔 수 없는 경우가 아니면, 새로운 분석틀을 만드는 것은 좋지 않다. 새로운 개념을 내세우는 것도, 새로운 용어를 창조하는 것도 좋지 않다. 거꾸로 다른 이론을 이해하려 노력하고, 이미 사용된 용어 중에 자기 생각을 잘 표현하는 개념을 찾아 사용하는 것이 좋다."라고 말한 적이 있다. 이는 새로운 개념을 제기해서는 안 된다는 말도 아니고, 새로운 명사와 전문용어를 창조해서는 안 된다는 말도 아니다. 우리는 모든 분야의 과학 연구에서 개념이 아주 중요하다는 사실을 잘 알고 있다. 개념을 떠나서는 과학도 존재할 수 없다. 만약 새로운 명사를 창조하는 것이 어법연구 과정에서 반드시 수립해야 하는 새로운 개념을 위한 일이라면, 더구나 어법연구에서 필요한 어떤 개념을 더욱 명확하게 표현할 수 있는

것이라면, 이는 당연히 필요한 일이다. (루젠밍, 1998: 17~18쪽)

我们的语法研究成果要注意与世界语言学的接轨。首先在名词术语的运用上要注意与世界语言学的接轨。徐烈炯先生在这次（98现代汉语语法学国际学术会议）的大会专题报告中提出这样的看法："除非必要，不宜建立更多的框架，不宜提出更多的概念，不宜采用更多的术语。反之，应当努力去了解其他框架中已经有哪些术语可以用来表示我们要表达的概念。"这不是说不能提出新的概念，不能创立新的名词术语。我们知道，在任何科学研究中，概念很重要。离开概念就没有科学。……如果新名词术语的创立是为了表示语法研究中必须建立的新概念，或为了更准确地表示语法研究中已建立的概念，那是完全必要的。

이런 글을 읽으면 내가 하려는 작업을 이해할 수 있을 것이다. 나는 지금 쉬레종이 말한 "어쩔 수 없는 경우"에 처해 있다. 나는 지금 새로운 사고틀을 제시하고 새로운 개념을 수립해야 한다. 따라서 새로운 용어를 사용하거나 기존의 용어에 대해 새로운 해석을 내리는 것은 도저히 피할 수 없는 작업이다.

새로운 용어에 대해 나는 전반적으로 루젠밍과 쉬레종의 의견에 동의한다. 어쩔 수 없는 경우가 아니고, 깊은 통찰을 거친 개념과 용어가 아니라면 마구 뱉어내서는 안 된다. 더구나 요즘처럼 새로운 개념과 용어가 넘쳐나는 시기에는 일단 저 많은 용어들을 먼저 제대로 이해하려고 노력해야 한다. 특히 외국의 언어학계에 등장한 새로운 이론을 국내에 소개하고자 한다면 반드시 그들의 새로운 용어와 함의를 정확하게 이해한 후에 번역을 진행해야만 한다. 그렇지 않다면 후세 번역자들은 오해를 피하기 위해 기존의 번역본을 버리고 새롭게 번역해야 하며, 어쩔 수 없이 새로운 용어를 사용해야 한다. 내가 앞 장에서 "서기소학字位学" 등의 용어에 대해 정리한 것도 바로 국제사회와 궤를 맞추기 위한 노력이다. 하지만 Morpheme이라는 단어의 번역어로 "형태소语素"라는 기존의 번역을 버리고 저우류시周流溪의 "형위形位"라는 새로운 번역을 따른 것은 Morpheme의 원뜻에 가능한 한 가까이 다가가기 위함이며, 동시에 국제사회와 궤를 맞추는 중국어 Morpheme(형위학)의 기초를 닦기 위함이다.

하지만 나는 루젠밍과 쉬레종의 의견에 몇 마디 보충하고 싶은 것이 있다. 루젠밍이 말한 것처럼 모든 과학에서는 개념이 아주 중요하다. 개념을 떠나서는 과학이 존재할 수 없다. 거의 모든 새로운 이론과 새로운 연구법은 항상 새로운 개념, 새로운 용어와 함께 등장한다. 이런 현상은 서양에서 특히 자주 보이는데 이것은 아마도 서양의 이론혁신이 동양보다 훨씬 더 빈번하게 일어나는 이유 아닌가 싶기도 하다. 누구의 말인지 생각나지 않지만, 어떤 외국의 학자는 학계에서 새로운 용어가 가장 많이 등장하는 영역이 언어학계라고 단정했다. 만약 서양의 언어학 이론서를 신중하게 꼼꼼히 읽어본 사람이라면 누구나 이를 느낄 수 있을 것이다. 누구나 그 이름을 아는 예스퍼슨이나 촘스키, 할리데이 세 사람은 특히 새로운 학술용어를 많이 만들어냈다. 그들의 대부분 저작에는 빠짐없이 새로운 용어가 등장한다. 어떤 때는 새로운 용어가 몇 묶음씩 등장한다. 저 많은 새로운 용어가 정말로 "반드시 필요"할까? 이에 대해서는 서로 다른 관점의 평가가 가능할 것이다. 너무 많은 전문용어는 긍정과 부정 두 방면의 결과를 양산하는데, 긍정적인 면은 그것이 "한 학자의" 것이므로 그 학자의 관점과 체계를 명확히 서술하는 데에 큰 도움이 된다. 반면 부정적인 면으로는 다른 사람의 용어와 다르게 사용되기 때문에 학술적 토론의 가능성이 쉽게 봉쇄된다는 점을 지적할 수 있다. 언어학자뿐 아니라 철학자들도 새로운 용어 만들기를 좋아한다. 멀리까지 갈 필요도 없이 데리다만 해도 자기만의 새로운 용어를 사용하기 좋아한 학자인데, 그는 심지어 의미가 불명확한 용어까지도 일부러 사용했다. 그의 책이 잘 읽히지 않는 이유이기도 하다.

물론 중국에는 스스로도 잘 이해하지 못하는 새로운 이론이나 학문을 알량한 외국어 실력에만 의존해서 번역했기 때문에 번역자가 정말로 그 전문용어를 이해했는지 매우 의심스러운 번역서들이 있다. 하지만 나는 새로운 용어를 만들어내는 저자들 대부분은 학문을 대하는 태도가 엄밀하고 엄숙하다고 생각한다. 그들의 새로운 개념과 새로운 체계는 신중하고 깊은 사고를 거친 결과물이며, 새로운 용어를 사용할 수밖에 없기 때문에 그렇게 한 것이라고 믿는다. 따라서 일반적으로 새로운 개념과 용어의 사용이 곧 새로운 창조를 의미하기도 한다. 그러나 중국 학계의 상황, 특히 언어학계의 상황은 이론에 대한 관심도가 아주 낮고 이론상의 혁신이 너무 적어, 마치 거의 없는 것처럼 보이기까지 한다. 요즘 중국에서 볼 수 있는 언어학논문들에는 외국에서 수입한 새로운 명사, 새로운 용어가 넘쳐나지만, 중국 사람 스스로 만들어낸 창조물은 참으로 미미하다. 지난 100여 년 중국의 언어학 역사를 되돌아보면, 『마씨문통』 이후 1930~1940년대에는 그래도 새로운 용어가 많이 생산되었는데 당시의 왕리王力, 뤼슈샹呂叔湘, 천왕다오陳望道 등이 적지 않은 수의 용어를 만들어냈다. 왕리와 뤼슈샹은 중국어 어법연구에 길이 남을 족적을 여러 가지 남겨서 아직도 우리가 그들의 학문적 업적에 기대고 있다. 오늘날의 중국어 연구는 선배들의 업적을 계승하여 미래의 문을 활짝 열어야 하는 중요한 시점에 있다. 더욱 격려하고 용기를 북돋아서 언어학자들이 이론적인 탐구를 과감하게 진행할 수 있도록 도와줘야 한다. 새로운 용어 사용을 자제하라고 필요 이상으로 종용하는 것은 이들에게 도움이 되지 않는다.

만약 새로운 개념과 용어를 절대로 사용하지 못하도록 한다면, 연구자들은 둘 중 하나를 선택해야 할 것이다. 첫 번째 옵션은 이미 존재하는 체계와 개념 및 용어의 "화언" 범위 내에서 연구를 진행하는 것이다. 19세기의 언어철학자 훔볼트는,

> 언어가 없다면 새로운 개념도 없다. 마찬가지로 언어가 없다면 우리의 영혼에 어떠한 대상도 존재하지 않을 것이다. 왜냐하면 영혼에게는 모든 외재하는 대상이 개념을 통해서만 완전한 존재가 될 수 있기 때문이다. 다른 한 방면으로 사물에 대한 주관적인 지각은 필연적으로 언어의 구조와 운용을 통해 체현된다. 우리가 알아야 할 것은 단어가 이런 지각행위에서 생겨난 것이라는 사실이다. 단어는 사물 자체의 반영이 아니라, 사물이 영혼에 남긴 형상의 반영이다. (Humbolt, 1836: 59쪽; 중역본, 1997: 69~70쪽)
>
> 没有语言，就不会有任何概念；同样，没有语言，我们的心灵就不会有任何对象，因为对心灵来说，每一外在的对象惟有借助概念才会获得完整的存在。而另一

方面, 对事物的全部主观知觉都必然在语言的构造和运用上得到体现。要知道, 词正是从这种知觉行为中产生的。词不是事物本身的模印, 而是事物在心灵中造成的图象的反映。

라고 했다. 이러한 사상은 20세기에 들어서서 워프Benjamin Lee Whorf의 언어결정론으로 발전했다. 워프의 극단적인 관점까지 동의하는 사람은 많지 않지만, 근래에 들어서 점점 더 많은 언어학자들이 언어가 인간의 행위를 제약하고 규범화하는 작용을 한다고 생각하고 있다. 만약 우리가 조심스럽게 선배학자들이 규정한 체계 개념 용어의 범위 내에서만 자기 의견을 전개한다면, 사실상 스스로 다른 사람의 "화언"의 굴레로 걸어 들어가는 것이며 다른 사람의 머리로 생각하는 것이어서 과학 연구의 창조성은 모두 말살되고 말 것이다. 나는 동서양을 막론하고 촘스키와 할리데이의 언어학을 연구하는 많은 학자들이 촘스키 혹은 할리데이의 체계 자체가 훌륭해서가 아니라 그 이론을 구성하고 있는 정신과 체계, 개념과 용어에 사로잡혀서 자기 스스로의 사고는 갖지 못한 채 연구하는 모습을 수없이 보아왔다. 이런 상황을 고려할 때 새로운 이론을 창조하고 발전시키고자 한다면 오직 기존의 체계와 개념 및 용어에 대해 의문을 품거나 그것을 새롭게 재해석하거나, 아니면 신중하게 새로운 용어를 창조하는 수밖에 없다. 이는 20세기 초 철학의 "언어적 전환"이 야기한 학계의 공통된 인식이다. 이러한 시각으로 본다면 촘스키 등이 어째서 새로운 명사와 개념을 이용해 자기들의 이론체계를 만들었는지 이해할 수 있다. 촘스키와 할리데이의 독특한 사상에서 그들이 만든 새로운 용어를 제외한다면, 과연 그것이 하나의 체계로서 성립할 수 있을까? 서양의 학자들이 할 수 있다면, 동양의 학자들은 왜 그렇게 할 수 없는 것인가?

새로운 개념과 용어를 사용할 수 없을 때 학자들이 선택할 수 있는 두 번째 방법은 기존의 명사와 용어를 사용하되 거기에 새로운 해석을 더하는 것이다. 이것도 하나의 방법이 될 수 있긴 하지만 어느 정도 모험을 감내해야 한다. 첫째, 용어의 개념이 모호해질 것이다. 더 많은 사람이 쓸수록 개념은 더욱 모호해질 것이다. 가장 전형적인 예가 바로 중국의 고대철학에 등장하는 "도道"의 개념이다. 제자백가들이 모두 도에 대해 논했지만, 특히 공자와 맹자의 도는 노자나 장자가 말한 도와 아주 많이 다르고, 노장老庄의 도는 또 법가, 병가의 도와 다르다. 각자 다 "도"를 말하고 있는데, 우리는 어떤 해석을 믿어야 할까? 두 번째, 만약 새로운 해석을 채택해 사용했다 하더라도 이를 다른 사람이 받아들일까 하는 문제가 남는다. 예를 들어 앞장에서 나는 Morphology라는 단어를 중국어 연구에 사용하기 위해 그 의미를 더욱 넓게 해석하고 "형위학形位学"이라는 새로운 용어를 써서 중국어와 영어에서 모두 사용하자고 제안했는데, 나의 이러한 생각에 모든 사람이 동의하지는 않을 것이다. 이런 경우야말로 아예 새로운 단어를 창조해내는 것이 더 좋을 수도 있겠다. 하지만 나는 중국어와 다른 언어 사이에서 "보편성"이나 "공통적인 규칙"을 찾고, 루젠밍陆俭明과 쉬레종徐烈炯이 말한 것처럼 "국제사회와 궤를 맞추기" 위해서 "형위학"이라는 용어를 고집한 것이다. (사실상 Morphology라는 단어의 의미는 영어에서도 이미 많이 확장되어 있다. 라틴어처럼 형태가 발달한 언어에서, 또 현대의 프랑스어를 포함한 많은 언어에서, Morphology는 아직도 "형태학"이라는 원래 의미대로 쓰이고 있지만, 영어에서는 20세기 하반기부터 점차 "조어법"의 대명사가 되어, 어떻게 보면 이미 어느 정도 그 단어의 본래 의미를 벗어나기까지 했다.)

따라서 나는 루젠밍과 쉬레종의 관점을 기초로 새로운 명사나 용어를 사용하는 태도를 아래와 같이 정리했다.

① 현재 쓰이는 개념과 명사, 학술용어 사용을 권장한다. 일반적인 상황에서는 새로운 것을 사용하지 않는다.

② 이론의 혁신을 적극 장려하고 더 적합한 새로운 사상과 새로운 개념의 명사와 용어를 사용하는 분위기를 권장한다.

③ 이론의 혁신 없이 새로운 명사와 용어를 남발하는 것에 반대한다.

④ 번역이나 소개를 통해 새로운 명사와 새로운 용어를 만들 때는 반드시 아주 조심해야 한다. 번역자는 자기의 책임을 명심해야 한다.

7.2. 왜 장구학인가
为什么是章句学？

중국어 장구학이라는 이름은 내가 어쩔 수 없이 사용하는 새로운 명사이다. 아니 오래된 명사를 새롭게 사용하는 것이다. 왜냐하면 "장구"라는 명칭은 일찍이 한나라 시대에 이미 출현했고, 『문심조룡文心雕龙』에 이미 "장구"편이 존재하기 때문이다. 나는 왜 이 용어를 사용할 수밖에 없는가. 왜냐하면 내가 말하는 장구학은 언어학에서 일반적으로 말하는 통사론(Syntax, 문장 이하의 언어조직을 연구)과 텍스트언어학(Text Linguistics, 문장 이상의 언어조직을 연구)의 내용을 포함하기 때문이다. 현대 서양의 언어학에서 이 두 분야는 물과 불처럼 서로 섞이지 않는 분야이다. 통사론을 전문적으로 연구하는 촘스키 등은 텍스트언어학이 "비과학적"이라고 말하고, 텍스트언어학을 연구하는 독일의 울프강(Wolfgang Dressler, 1972; 1981)이나 할리데이 등은 촘스키 류의 학문에 눈길조차 주지 않는다. 나는 이 두 분야의 연구를 하나로 "접합"하려 하는데, 현재까지 출현한 용어들로는 이 둘을 한꺼번에 가리킬 수가 없으므로 새로운 용어를 창조할 수밖에 없다. 장구학을 영역한다면 아마도 Syntactical-textual Studies(Analysis는 사용하지 않았는데 이유는 뒤에서 밝히겠다.)라고 하거나, 간단하게 Textual Syntax라고 할 수 있겠지만, 이런 용어들도 영어학자들에게 인정을 받아야만 할 것이다.

그렇다면 나는 왜 "장구학"이라는 명칭을 사용하는가? 이 부분에서 나는 포스트구조주의자 데리다의 영향을 받았다고 볼 수 있다. 나는 "장구"라는 두 글자가 가진 모의성과 다의성을 이용해 더 넓은 함의를 포함하고자 한다. 먼저 "장구"는 사람들에게 "장"과 "구"를 떠올리게 하는데, "장"은 텍스트를, "구"는 문장을 가리키므로 내가 연구하는 내용과 정확히 일치한다. 또 내가 앞으로 분석하려는 것이 중국어 연구의 발전과정에서 "장구"="구두"라는 생각인데, 이러한 연구구도는 "구" 이하와

"두" 층위의 연구로 확장된다. 셋째, "장구"는 또 우리에게 고대 훈고학에서 사용되던 용어를 떠올리게 하는데, 나의 장구학 이론구조는 훈고학의 연구성과를 활용하고 있어서 방법론적으로 고대와 현대의 중국어 연구를 넘나들고 있다. 넷째, "장구"는 중국의 역사상 첫 번째 어법학의 명문 『문심조룡文心雕龙』의 편명이므로, 이 용어를 사용한다는 것은 내가 전통을 계승하여 중국적인 특징이 풍부한 어법학을 전개하고자 한다는 것을 사람들에게 쉽게 각인시키는 효과가 있다.

"중국적인 특징"이라는 말에 대해 거부감을 가진 사람이 많다. 학문은 전 세계에 통용되는 것이어야 하는데, 한 나라의 "특징"을 강조하는 것은 학술적인 교류와 대화에 방해가 된다는 생각이 팽배해 있기 때문이다. 하지만 그 특징은 객관적으로 존재하는 것이고, 중국의 언어학 연구의 특징은 중국어와 한자의 특징에 의해 결정되는 것이다. 앞 장에서도 우리는 한자의 특징 때문에 "중국어 형위학"이 서양의 "형위학"과 다른 모습을 확인했다. 그리고 중국어에 형태변화가 없다는 특징 때문에, 장구학이 서양의 통사론이나 텍스트언어학 연구와 다르다는 것도 확인하게 될 것이다. 본질적으로, 아마 서양에서는 앞으로도 한참 동안 통사론과 텍스트언어학을 관통하는 연구가 언어학의 주류가 되는 일은 보기 어려울 것이다. 하지만 중국에서는 그 두 분야의 연구를 한꺼번에 진행하는 것이 이미 오래된 전통이며, 동시에 오늘날 우리가 계승, 발전시켜야 할 필연적 과제이다.

그렇다면 통사론과 텍스트언어학에는 도대체 어떤 차이가 있는가? 어째서 서양에서는 이 두 영역이 서로를 멀리하고 있으며, 촘스키 같은 소위 "주류언어학" 인사들은 텍스트언어학을 파충류 보듯 경시하는 것일까? 현대 텍스트언어학계의 중요한 학자 보우그랑데Beaugrande와 드레슬러Dressler의 말을 통해 이 둘이 어떻게 다른지 비교해보자.

언어학의 개념과 용어들은 아주 야심만만하다. 과학성이나 논리성이 마치 수학처럼 엄밀하다. 하지만 저들처럼 (텍스트언어학 연구에) 무비판적으로 사용하는 것은 매우 위험하다. 텍스트언어학은 스스로의 특성 때문에 스스로의 개념과 용어가 필요하다. 거기에는 **개연성**의 형식보다 **확정성**의 형식이 더욱 적합하고 현실적이다. **구조조합과정**의 동적인 설명이 구조 자체에 대한 정태적인 묘사보다 더욱 생산적이다. 우리는 거기에서 **조절, 책략, 동기, 편애나 말없는 깨달음** 같은 것을 발견하기 위해 노력해야 한다. **규칙**이나 **규율**이 아니다. **통제 가능성**이 **엄밀한 범주**보다 더 현실적인 분류결과를 얻게 한다. 텍스트언어학에서는 **수용 가능성**과 **적합성**이 어법 적합성과 조직 적합성에 비해 더욱 중요한 표준이 된다. 지식을 사용하고 전달하는 데 있어서는 **인간의 추리과정**이 **논리적 증명**보다 더욱 기본이 된다. 과학의 임무는 연구대상의 **모호성**을 체계화하는 것이지 그 모호성을 무시하거나 갖은 방법으로 그것을 부정하는 것이 아니다. (Beaugrande and Dressler, 1981: 서문 14~15쪽. 강조는 원문에서)

> 语言学的概念和术语总是野心勃勃，致力于科学性、逻辑性，像数学那样严密，然而要是将它们不加批判地使用到（语篇研究上），那是十分危险的。由于其本身的性质，语篇研究需要有自己的概念和术语。**或然性**的模式比**确定性**的模式更合适、也更现实；对**结构组合过程**的动态说明，比对结构本身的静态描写更具能产性。我们应该致力于发现**调节、策略、动机、偏爱**，及**不言而喻**的东西，而不是**规则和规律**。控制性比**严密的范畴**能够提供现实的分类结果。对于语篇来说，**可接受性**和得体性比起合语法性和合组织性来，是更为重要的标准。对于使用和传递知识，**人的推理过程**比**逻辑证明**更为基本。科学的任务是使其研究对象的**模糊性**得以体系化，而不是无视这种模糊性或千方百计证明其不存在。

이런 인용문을 통해 우리는 통사론과 텍스트언어학이 물과 불처럼 서로 섞일 수 없음을 확인할 수 있다. 이는 연구층위의 문제가 아니라 연구목적의 문제이다. 통사론 연구(특히 구조주의부터 촘스키에 이르는)는 과학성을 목표로 삼았고, 텍스트언어학은 모호성을 목표로 삼았다. "과학성"의 형태적 특징이 비교적 통제 가능하다는 점에 의지하기 때문에 별다른 형태적 특성이 없는 부분에서는 대체로 어떤 것도 증명하지 못했다. 따라서 "과학성"을 강조하는 언어연구는 일반적으로 통사론 이상의 연구대상에는 감히 접근조차 하지 못했다. 그런데 모호성을 강조하는 언어연구는 서양에서 한 번도 "주류언어학"이 된 적이 없다.

세계적으로 대부분의 언어에 형태가 존재하는 것과는 다르게, 중국어는 본질적으로 비형태언어이다. 이는 세계적으로 매우 특수한 예인데, 따라서 모호성의 연구는 중국어에 아주 적합해 보인다. 이것이야말로 최근 몇 년 사이에 텍스트언어학이 중국에서 환영받고 있는 근본적인 원인이다. 하지만 우리는 더 깊이 들어가야 한다. 중국어에 형태가 없다는 사실은 어제오늘의 일이 아니다. 이는 이미 수천 년간 지속되어 온 역사적 사실이다. 2,000년이 넘는 중국어 연구의 전통도 역시 이러한 사실에 기초하고 있으며, 이러한 관점에서 출발할 때만 비로소 중국어와 서양 언어의 연구전통이 왜 이렇게 다른지 이해할 수 있다. 중국 고대의 언어연구에는 사실상 두 가지 노선이 있었다. 하나는 언어의 기본입자, 즉 "한자"에서 출발하는 노선으로 우리가 앞 장에서 다룬 내용이다. 또 다른 노선은 텍스트로, 사실은 문장 전체의 연구인데 전통사회에서는 이를 "문법文法" 혹은 "장구章句"라고 불렀다. 후자가 바로 현대의 텍스트언어학 연구와 상응한다.

고대 중국에는 문장 이하의 층위구조를 연구하는 학문이 없었다. 이는 중국어에 형태변화가 없다는 특징에 의해 결정된 것이다. 장즈궁张志公의 표현을 빌리자면, "그럴 필요가 없었다." 이렇게 보면 고대 중국에 어법이 없었던 것이 아니고 동서양의 어법연구가 서로 다른 층위에서 수립된 것이라고 볼 수 있다. 중국에서는 거시적인 텍스트연구가 더욱 많았고, 서양은 문장 이하의 미시적 연구에 집중해온 것이다. 19세기 말에 서양 언어학을 수입한 마건충은 이러한 현상을 중국에는 어법이 없다는 식으로 오해했다. 100여 년 동안 중국의 언어학자들은 고대 중국에 "어법이 없다."는 사실에 절망하고 심지어는 자해하다가, 20세기 말에 이르러서야 서양의 텍스트언어학 연구가 발전하는 과정 중에 비로소 중국의 고대에 어법이 없었던 것이 아니고 노선이 서양의 어법과 다를 뿐이며, 스스로에게 적합한 언어연구의 노선을 따랐음을 발견한 것이다.

따라서 현대 중국의 어법연구는 『마씨문통』 이전 2,000년 동안의 연구전통을 계승하면서 동시에 『마씨문통』 이후의 의미 있는 성과들을 흡수하여 이 둘을 결합해야 한다. 즉 텍스트언어학과 통사론을 결합해야 하고, "장"과 "구"를 모두 중시하여 새로운 장구학을 수립해야 한다.

7.3. 중국어 장구학의 단위
汉语章句学的单位

새로운 학술분야를 만들려면 당연히 새로운 단위명칭이 있어야 한다. 한자본위를 주장하는 학자들은 "단어"를 언어조직의 기본단위로 간주하지 않기 때문에, 당연히 그것을 기반으로 수립된 단어본위 기초의 "단어", "구절", "절" 등의 단위를 사용하지 않고 스스로의 구상에 따라 용어를 사용한다. 그러나 이러한 이념이 이제야 막 수립되는 단계에 있기 때문에, 학자들 사이에 통일된 구조기틀이 성립되어 있지 않다. 내가 지금까지 보아온 것은 아래와 같다.

쉬퉁창徐通锵(1997: 430~442쪽)이 말하는 언어의 기본단위는 "한자字, 사辞, 조각块, 두读, 구句"의 다섯 단계로, 표면적으로는 인도-유럽어의 "형태소, 단어, 절, (주어나 서술어가 없는 문장), 문장"의 다섯 단계와 비슷해 보인다. 하지만 쉬퉁창은 성격이 완전히 다르다고 강조한다. 앞의 것은 "의미형 언어"의 단위이고, 뒤의 것은 "어법형 언어"의 단위라고 본 것이다. 이 중에서 "두读"는 주어나 서술어가 없는 문장과 일치하지 않는데, 이는 그것이 휴지停顿를 통해 발생한 화제话题에 해당하는 단위여서, 화제가 아닌—예를 들면 문장 중에 있는 "설명" 같은— 부분은 "두读"라고 할 수 없기 때문이다. 쉬퉁창은 이 다섯 단계 단위 중에서 "한자"와 "조각"이 갖는 지위에 대해서도 특히 강조했다.

> 한자는 중국어의 기본적인 구조단위이다. 한자를 기초로, "한자-사-조각-두-구"라는 구조단위가 이루어진다. 한자를 떠나서는 구조단위를 논할 수조차 없다. 조각은 통사구조연구의 기초로 봐야한다. 한자와 사만으로는 개방적인 통사구조로 들어갈 수 없다. (위의 글: 441쪽)
>
> 字是汉语的基本结构单位, "字 - 辞 - 块 - 读 - 句"这一结构序列以字为基础, 离

开了字，其他的结构单位也就无从谈起；块是句法结构研究的基础，不然字与辞难以进入开放性的句法结构。

여기서 나는 "구문본위词组本位론자"들이 주장하는 정태단위静态单位, 동태단위动态单位라는 관점의 영향을 발견한다.

왕핑汪平(2001: 13~16쪽)의 언어단위는 "한자字, 사辞, 두读, 문장句子"의 네 단계이다. 그는 이것들이 언어단위语言单位이지 어법단위语法单位가 아니라고 강조한다. 따라서 앞 세 단계의 구분기준이 어법기능에 따른 것이 아니고 음운의 형식에 따른 것이라고 보았다. 그가 든 예제를 기준으로 볼 때, "사辞", "두读"는 인도-유럽어의 "단어", "절"과 어느 정도 겹치는 부분이 있다.

청위민程雨民(2001)은 "한자"를 형태소로 간주하여 중국어에 "단어"라는 단위가 없다고 보았다. 그는 중국어의 언어단위를 "한자(형태소), 한자조합字组, 구절短语, 문장"의 4개로 보고, 그중에서 "고정적인 한자조합과 화언 한자조합"을 제시했는데, 그가 든 예제로 볼 때 대부분은 단어와 이합사离合词이다.

이러한 분류는 인도-유럽어의 전통적인 분류에서 벗어난 것이다. 이들 중에서 쉬통창은 의미를, 왕핑은 음운을, 청위민은 한자에 "단어"라는 단위가 없음을 강조했음을 알 수 있다.

나의 분류기준도 위에서 언급한 세 학자의 것과 크게 다르지 않으나 약간 차이가 있다. "크게 다르지 않다."고 한 것은 한자본위를 주장하는 사람이 중국어가 조직되는 규칙에 대해 대체로 비슷한 인식을 갖고 있다는 것을 의미하고, "작은 차이가 있다."는 것은 각자가 가장 주목하는 내용이 다르고 채택한 표준이 같지 않다는 것을 의미한다. "크게 다르지 않지만 작은 차이가 있다."는 말을 종합해보면, 우리는 중국어의 조직규칙에 대해 더 깊은 수준의 인식을 가질 수 있다.

나는 중국어의 언어단위를 "한자字, 사辞, 두读, 구句, 텍스트篇" 등의 다섯 단계, 혹은 "한자字, 사辞, 구句, 장章, 텍스트篇"의 다섯 단계로 나누고자 한다. 이 둘은 용어는 다르지만 사실은 한 가지 분류기준에 따른 것이다. 위에서 언급한 학자들의 분류와 내가 이 책에서 주장하는 분류를 모아 표로 정리해보면 아래와 같다.

现行用语	语素	词	短语	小句	句子	篇章
徐通锵	字	辞	块	(读)	句	
汪　平	字	辞		读	句	
程雨民	字	字组	短语	句子		
本　书	**字**	**辞**		**读**	**句**	**篇**
현행용어	형태소	단어	구절	구	문장	텍스트
쉬퉁창	한자	사	조각	(두)	구	
왕핑	한자	사		두	구	
청위민	한자	한자조합	구절	문장		
이　책	**한자**	**사**		**두**	**구**	**텍스트**

내가 이 책에서 주장하는 바가 다른 학자와 다른 점은

① 왕핑과는 명칭이 모두 같다. 하지만 왕핑은 쑤저우의 입말에서 출발해서 순수하게 음운만을 기준으로 잡았으나 이 책에서는 의미와 운율을 표준으로 삼았다.

② 쉬퉁창, 청위민과 다른 점은 단어와 구절을 구분하지 않고 이를 "사辞"로 통일했다는 점이다. 그 원인은 자오위안런赵元任이 이미 말했다.

　　…… 음절단어와 문장 사이에 있는 단위가 어떤 유형인지를 더 효과적으로 깊이 연구하는 것이 우선이고, 이것을 뭐라고 명명하느냐는 그 다음에 고려할 문제이다. (자오위안런, 1975: 240쪽)

　　……更有成效的进一步研究介乎音节词和句子之间的那级单位该是确定什么类型的，至于把这些类型叫做什么，应该是其次考虑的问题。

사실상 음절단어音节词(곧 한자)와 문장 사이에 있는 단위에는 여러 가지가 있지만, 그들에게는 공통된 특징이 있는데 그것은 바로 과도적过渡性이라는 점이다. 따라서 통사체계를 말할 때는 하나의 단위만 남겨놓으면 충분하다. 그 아래 층위의 분석은 당연히 더 상세하게 나눌 수 있다. "사辞"로 통칭하는 것에는 또 하나의 장점이 있는데, 그것은 바로 "단어"와 "구절"이라는 익숙한 용어를 회피하여 그 아래 층위로 분석할 때 계속해서 사용할 수 있게 만든다는 점이다.

③ "두读"는 아주 중요한 단위로, 중국어가 조직되는 특징을 포함하고 있다. 중국어 통사론에 반드시 "두"의 지위를 확립해줘야 한다. 또 그 가치의 범위가 "화제话题"의 영역에 제한되어서도 안 된다.

④ "텍스트"는 위의 세 학자가 모두 언급하지 않았지만, 사실 중국어의 전통적인 연구방법에서 아주 중요한 지위를 지닌다. 엄밀하게 말하면 이 단위의 설정에 있어서 나는 위의 세 학자들과 "조금 다르"지 않고 크게 다르다. 나는 20세기 이래의 연구가 "어법"과 "통사"의 테두리에 제한되던 것에서 벗어나 이를 텍스트로 확대하고자 한다.

이러한 층위체계는 유협의 『문심조룡』 장구편을 따른 것이다.

> 무릇 인간이 쓰는 글은 한자를 사용하여 구를 만들고 구가 모여 장이 되고 장이
> 쌓여 텍스트를 이룬다. (『문심조룡[61]』, 2007: 475쪽)

---

61 옮긴이의 말: 이 책은 많은 부분에서 『문심조룡』을 인용하고 있다. 『문심조룡』의 해설서는 중국에도 많이 있고, 한국에도 몇 가지 업적이 보이는데, 나는 중국 연변인민출판사에서 2007년에 나온 한중 대역본을 참고했다. 여기서 인용된 문장은 연변인민출판사의 번역본에 "무릇 인간이 쓰는 글은 한자字를 사용하여 구句를 만들고 구가 모여 장章이 되고 장이 쌓여 편篇을 이룬다."라고 되어 있다.
　이 번역본은 『문심조룡』을 문학 이론서로 인정하고 번역한 것으로, 판원궈 교수처럼 언어학적 입장에서 각 용어에 대해 깊이 있는 분석을 진행했다고는 볼 수 없다. 실제로 이 책에서 "字"를 "단어"로 번역한 곳도 많이 보인다. 나는 번역의 전반적인 어투와 흐름은 이 책에 따랐지만, 판원궈 교수의 논리 흐름을 방해하지 않기 위해 여기서와 같이 판원궈 교수가 이해한 『문심조룡』의 내용에 따라 이 책의 내용을 일부 수정했다. 앞으로 나오는 번역문에서도 마찬가지인데, 일일이 언급하지는 않겠다. 원 번역자의 아량을 기대한다.
　하지만 나의 이러한 번역에도 문제가 있다. 『문심조룡』 시기의 "장구"라는 표현은 훗날 당 현종 시기에 "구두"로 바뀌는데, "장구"와 "구두"의 "구"는 같은 한자이지만 가리키는 대상이 다르다. "장구"의 "구"는 우리가 "시의 한 구절"이라고 할 때의 "구"를 가리키는 것으로, 시조 같은 정형시를 생각하면 이해하기 쉽다. "구두"의 "구"는 마침표를 찍는 하나의 문장이라고 이해하면 좋다. 자세한 내용은 앞으로 전개되는 판원궈 교수의 논리를 참고하면 좋다. 데리다가 "개념이 모호한 용어를 의도적으로 사용하여" 자기 사상을 명확히 하기 원했던 것과 마찬가지로 판원궈 교수도 의도적으로 "장구학"이라는 모호한 용어를 사용하고 있다. 이는 "장구학"의 "장구"에 포함된 『문심조룡』 시기의 의미, 당 현

夫人之立言，因字而生句，积句而成章，积章而成篇。

유협刘勰은 여기에서 네 개의 단위를 제시했다. 한자汉字, 문장句, 장章, 텍스트篇 가 그것이다. 유협 당시에는 문체를 "문文"과 "필笔" 두 대분류로만 논했는데, "문 (운문)"이든 "필(주로 변려문)"이든 모두 한 문장의 길이가 길지 않아서 길어야 6~7 자에 불과했다. 따라서 "한자"와 "문장" 사이의 과도적 단위 - "사辞"는 별도로 언급 할 필요가 없었다. (『문심조룡』 전체로 보면 "사"라는 용어가 몇 번 보이긴 하고 그것이 "문사文辞"를 가리키기는 하지만, 그 범위가 "한자"와 "문장" 사이에 있고 탄 력성이 매우 크다. 뤼슈샹吕叔湘의 표현을 빌리자면, "구분의 양쪽 모두에 문제가 있"어서 한자, 문장, 장, 텍스트처럼 명확하지 않다. 아마도 유협이 "사"를 하나의 단 위로 보지 않은 것도 이런 원인이 작용했을 것이다.) 하지만 오늘날에는 중국어의 문장이 점점 더 길어지고 있고 어휘도 갈수록 풍부해져서 "사"라는 중간지대의 단 위가 견고하게 자리 잡았다고 볼 수 있기 때문에 그 지위를 별도로 인정할 수밖에 없다.

유협刘勰이 말한 "장구章句"와 내가 앞부분에서 토론한 "구두句读"의 관계에 대해 서는 별도의 설명이 필요하다. 앞에서 두 세트로 단위의 명칭을 구분하여 말한 까닭 과 왜 "통사론 - 텍스트 연구"를 "장구학"이라고 명명했는지를 모두 설명해줄 수 있 기 때문이다.

내 연구에 따르면, "장구"와 "구두"는 모두 역사적으로 그 개념이 전이된 관계이 다. "장"은 현재 우리가 일반적으로 이해하는 "장과 절", 혹은 "단락"의 개념이 아니 라 의미를 기준으로 하는 의미문장义句을 뜻하며, "구"는 음성문장音句이다. 중세中 古 이전의 "장구章句"가 바로 중세 중국어 이후의 "구두句读"로 변했다고 볼 수 있는 것이다. 다만 "장구"가 일반적으로 운문을 기준으로 성립된 개념임에 비해 "구두"는

종 이후의 의미를 모두 포함할 수 있는 용어이기 때문이다. 그런데 옮긴이가 "句"를 "문장"으로 번역한 다면, 이러한 중의성은 사라지고 만다. 이는 한국어의 "문장"이 마침표 한 개로 표시되는 한 문장과 한 편의 글 전체("이 글 좋은 '문장'이다."라고 할 때처럼)를 모두 포함하기 때문이기도 하다.
　더 마땅한 번역어를 찾을 수 없어, 판원궈 교수의 논리흐름에 따라 "句"를 대부분 "구"로 번역했다.

산문까지 그 의미가 확장되었다.

장구라는 명칭은 『시경诗经』에 처음 보인다. 예를 들어 전한 시대의 모형毛亨은 시경의 『관저关雎』편을 3장으로 나누고, 한 장은 8구, 두 장은 9구로 나눈 바 있다. 또 후한后汉의 정현郑玄은 이를 각 장이 4구로 이루어진 5장으로 보았다. 당唐의 공영달孔颖达은 "장, 구, 편" 등에 대해 아래와 같이 해석했다.

구句는 반드시 한자를 연결한 것을 말한다. 구는 국局이니 한자를 연결하고 경계를 나누므로 '국局'이라 말했다. 장章은 명明이다. 전체적인 의미를 포함하는 방법으로 (글쓴이의) 정서를 명확히 한다. 편篇은 편遍이다. 정서를 말로 표현해서 사물과 사건을 나열하며, 이로써 뜻을 밝혀 글을 배치한다. (완원阮元, 1980: 274)

句必联字而言，句者，局也，联字分疆，所以局言者也。章者，明也，总义包体，所以明情者也。篇者，遍也，言出情铺事，明而遍者也。

"구"는 완성되지 않은 단위여서 "장"과 결합되어야만 의미를 완전히 전달할 수 있다.

"장"이 "절"로 변환된다는 말은 "장구"라는 명칭이 운문에서 산문으로 확대된 후에 생겨난 개념이다. 제자백가의 글은 산문이라 해도 매우 짧았는데, 예를 들어 『논어论语』는 전형적인 어록이긴 하지만 24편이 총 492장으로 이루어져 있고, 각 장이 공자 한 사람의 말로만 채워져 있는 경우도 많다. 어떤 말은 길고 어떤 말은 짧지만, 어떤 말은 현대의 문장습관으로 보면 단 하나의 문장으로 이루어진 경우도 많다. 뤼슈샹吕叔湘도 이 점에 주목해 예제로 "공자 말하기를, 군자는 먹을 때 배부름을 구하지 않고, 묵는 곳에서 안락함을 구하지 않으며, 일처리에 민첩하나 말은 신중하게 하고, 도 있는 자에게 나아가 바로 잡는다면 배우기를 좋아한다고 말할 수 있다.子曰：君子食无求饱，居无求安，敏于事而慎于言，就有道而正焉，可谓好学也已"라는 문장을 들었다. 어떤 글은 비교적 길기도 해서, 예를 들어 "학이시습장学而时习之章"의 경우, "배우고 때에 맞추어 익히니, 또한 기쁘지 아니한가? 친구가 먼 곳에서 찾아오니, 또

한 즐겁지 아니한가? 사람들이 알아주지 않아도 화내지 않는다면 또한 군자가 아니겠는가?子曰：学而时习之，不亦说乎？有朋自远方来，不亦乐乎？人不知而不愠，不亦君子乎"라는 표현은 요즘의 기준으로 보면 최소 3개의 문장이라고 이해할 수 있다. 하지만 하나의 "자왈子曰"이 이 세 문장을 하나로 묶어주고 있는데, 이 묶음은 『학이学而』편 전체에서 또 별도의 독립성을 가지고 있다. 하나의 완전한 의미를 표현하는 단위로써 당시에는 "단락" 혹은 "절"이라는 언어단위와 그 명칭이 없고 고대인들이 운문에서 쓰던 "장"을 그 단위로 사용하였으므로, 이는 사실상 "장"의 범위가 확대된 것으로 봐야 한다. "장"의 확대는 필연적으로 "구"의 확대를 불러왔다. 당唐 현종玄宗도 『효경孝经』 18장에 서문을 달면서 유협刘勰의 "장구"에 대한 정의를 수정했다.

> 하나의 장에는 여러 개의 구가 있다. 하나의 구 안에서 의미가 명확해진다. (완원,
> 1980: 2,541쪽에서 재인용)
>
> 一章之中，凡有数句；一句之内，意有兼明。

이로써 "구"에 복잡한 의미가 생겼으니 이젠 "구"가 더 이상 음운을 기준으로 하는 음성문장音句이 아닌 것이다. 이로써 "장"은 현재의 개념으로 "단락"이 되었고, "구"는 그 전의 "장"과 같은 의미가 되었으며, "구"의 휴지停顿에도 새로운 명칭-"두读"가 필요하게 된 것이다.

구두句读라는 명칭은 한나라 때부터 사용되었다. 하지만 이에 대한 권위적인 해석은 당나라의 천태산天台山 승려 담연湛然이 『법화경法华经』에 주석을 달면서 한 말이다.

> 경전에서 의미가 나뉘는 부분을 "구"라고 한다. 의미가 아직 나뉘지 않았지만 읊
> 고 외우는 데 도움이 되는 지점을 "두"라고 한다. (정디엔郑奠 & 마이메이차오麦妹翘,
> 1964: 208쪽에서 재인용)

凡经文语绝处谓之"句"，语未绝而点之以便诵咏，谓之"读"。

담연이 말한 "의미가 나뉘는 부분(구)"은 의미가 완전하다는 것을 의미하므로 유협이 말한 "장"에 상당하는 것이다. 또 의미가 완전하지 않은 채 중간에서 잠깐 멈춘다는 "두"는 유협의 "구"에 상당한다. 따라서 당唐대 이후의 "구두"는 그 이전의 "장구"와 같다. 이러한 변화와 발전에 대해 송宋나라의 손이孫奕가 명확히 지적한 바 있다.

> 구와 두라는 한자는 이미 오래전부터 있었다. …… 마융馬融의 『장적부長笛賦』에는 "리듬에서 법도를 보고 구두62에서 법도를 살핀다."라고 되어 있다. 주를 달자면, 구두는 장구와 같다. (『시아편示儿编』, 정디엔 & 마이메이차오麦妹翘, 1964: 209쪽에서 재인용』
>
> 句读字自古有之……唯马融 『长笛赋』 云："睹法于节奏，察度于句投"，注曰：句投犹章句也。

당과 송을 거치면서 구두는 점점 더욱 넓게 사용되었다. 이에 따라 장구라는 표현을 사용하는 사람은 크게 줄어들었다. 그 결과 사람들은 구두와 장구가 서로 다른 층위에 있다고 오해하게 되었다. 예를 들어 청나라 때의 학의행郝懿行은 아래와 같이 보았다.

> 구는 국이다. 구는 반쯤에서 끊어 읽으면 이를 두라 하고 또 두投(머무를 두)라고도 한다. 구는 구鈎인데 말이 끝나면 구도 끝이 난다. 두投는 두酘인데 말이 끝나지 않았지만 미세하게 끊기는 것으로 다시 끊기기를 기다린다. 구가 끝나는 것을 장이라 하고, 장이 끝나는 것을 편이라 하며, 장이 끝나지 않았는데 구가 끝나면 점을 찍어

---

62 옮긴이의 말: 원문에는 "구투句投"라고 되어 있다. 여기서 "두读"와 "투投"는 서로 통한다. 즉 "句投"는 "구두句读"라는 의미이며, 읽을 때도 "구두句投"라고 읽는다.

단斷이라 한다. (학의행郝懿行, 『정속문证俗文』 권8, 정디엔 & 마이메이차오, 1964: 212쪽에서 재인용』

句者，局也，句半而绝之谓之读，亦谓之投。句者，钩也，词终钩绝之也；投者，酘也，词未终而微绝之，俟再酘也。句竟谓之章，章竟谓之篇，章未竟而句竟者，点之为断。

이 글은 중국어의 언어단위를 "(한자字) 두读, 구句, 단斷, 장章, 편篇"의 여섯 단계로 나눈 것이다. 얼핏 보기엔 과학적이고 엄밀한 것 같지만, 사실 고서를 읽는 방식을 살펴보면 이런 분석에는 아무런 근거가 없다. 고서는 초기에는 "장구章句"가 사용되었고, 훗날에는 이것이 "구두句读"로 바뀌었다. 예를 들어 뤼슈샹呂叔湘이 든 예문에서 "장구"의 사용법은,

子曰句君子食无求饱句居无求安句敏于事而慎于言句就有道而正焉句可谓好学也已句 一章

이었고, "구두"의 사용법은,

子曰读君子食无求饱读居无求安读敏于事而慎于言读就有道而正焉读可谓好学也已句

이었다. 따라서 중국어의 통사론은 충분히 "구두학句读学"이라고 부를 수도 있겠다. 하지만 나의 연구에 의하면, 역시 "장구학章句学"을 사용하는 것이 훨씬 더 중국어의 실제에 어울린다. 왜냐하면 "장章"이라는 글자는 서로 다른 시기에 "구句, 단段"의 두 가지 의미를 가졌고, "문장文章"이라고 할 때는 "장"이 텍스트의 의미를 지니고 있어서, 데리다처럼 약간은 모호한 "장"의 다의성을 충분히 활용하여 중국어를 조직하는 한자 이상의 규칙 연구를 통합할 수 있기 때문이다. "장구학"이라는 명칭의 장점은 두 개의 단위로 전체 연구를 포괄할 수 있으며, 동시에 텍스트의 중요성을 강조할 수 있다는 점에 있다. 이는 언어조직의 연구가 문장에서 끝나는 것이 아

니기 때문이다. ("통사론句法学"이라는 표현이 가진 함의는 어쩔 수 없이 언어조직의 연구를 문장에 한정하는 분위기가 있다. 내가 이 표현을 사용할 수 없는 이유이다.) "장구학"은 또 사람들에게 수사학修辞学을 연상시키기도 한다. 나는 중국어의 어법학에 수사학의 색채를 입히는 것에 반대하지 않는다. 궈샤오위郭绍虞의 의견처럼 이는 중국어 어법의 아주 중요한 특징이기도 하기 때문이다.

7.4. 중국어 어법학의 찬란한 논문 한 편 — 『문심조룡 · 장구편』
一篇汉语语法学的光辉论文——『文心雕龙 · 章句篇』

『마씨문통』 이후로, "중국의 고대에는 어법이 없었다."라는 관념은 이미 반박할 필요도 없는 정설처럼 굳어졌다. 하지만 이는 인도-유럽어의 관점으로 바라본 결과일 뿐이다. 심지어 마건충 스스로도 서문에서 『문심조룡』의 어법과 관련된 표현을 인용해 놓고서도, 서양의 표준으로 이를 재단하여 아래와 같은 결론을 내리고 말았다.

> 나무의 줄기를 잡고 흔들면 가지와 이파리가 같이 흔들린다는 것을 알았을 뿐, 유협은 이에 대해 충분히 설명하지 않았다. (마건충, 1898: 10쪽)
>
> 顾振本知一[63]之故，刘氏亦未有发明。

이는 사실상 유협의 사상에 대하여 반대를 표명한 것이다.

하지만 우리가 인도-유럽어의 관점에서 벗어날 수 있다면, 그리고 어법을 "단어를 조직하고 문장을 이루는 규칙"으로만 이해하거나 혹은 "8대 품사, 6대 문장성분" 정도로만 보는 낡은 인식에서 벗어날 수 있다면, 현대 언어학의 입장에서 어법의 본질이 "언어의 조직규칙"을 연구하는 일이라고 정확하게 인식할 수만 있다면, 우리는 고대 중국에 어법이 없지 않았다는 사실을 금방 깨달을 수 있다. 중국의 옛사람들이 자신들의 언어가 조직되는 규칙에 대해 아무런 인식도 없었던 것은 아니다. 몇천 년 동안 자기들이 사용한 언어에 대해 19세기에 와서 서양문명의 세례를 받고서야 분석이 가능해진 것이 아니다. 그들은 진작부터 스스로의 언어가 조직되는 규칙에 대

---

63 옮긴이의 말· "振本知一"는 《문심조룡》의 원문 "振本而末从，知一而完毕矣"에서 "振本"과 "知一"를 일컫는다.

해 아주 명확하게 인식하고 있었다. 기원후 5세기 말의 『문심조룡』 같은 책은 이미 매우 성숙한 수준으로 중국어가 조직되는 규칙에 대해 서술했는데, 그중에서 『장구편章句篇』은 중국어 어법학에서 으뜸이 되는 찬란한 논문으로 이 분야 연구의 기초를 탄탄하게 다져놓았다.

『장구편』의 가치를 충분히 인식하기 위해 장구 제34 전문을 먼저 읽어보자.

창작을 할 때에는 사상과 감정을 적합한 장소에 적절하게 배치해야 하며 언어를 적당한 위치에 배열해야 한다. 사상과 감정을 적절하게 배치하는 일을 가리켜 장(章)과 절(节)을 나눈다고 하고, 언어를 안배하는 일을 가리켜 "구를 만든다(造句)"고 한다. 장이란 명明인데 명백하다는 뜻이고, 구(句)는 국(局)인데 경계를 나눈다는 뜻이다. 언어의 경계를 나눈다는 것은 글자 하나하나를 엮어서 서로 구별되는 의미의 단위를 구성한다는 말이다. 사상과 감정을 분명하게 서술한다는 것은 나타내고자 하는 바를 총괄하여 그것을 채택된 표현양식 안에서 함축시키는 것을 말한다. 이들 양자는 그 범주의 크고 작음이 서로 다르지만, 마치 도로가 서로 인접해 있듯이 이것과 저것이 서로 통한다.

무릇 인간이 쓰는 글은 한자[64]를 사용하여 구를 만들고 구가 모여 장이 되고 장이 쌓여 텍스트(篇)를 이룬다. 완성된 한 편의 글(텍스트)이 광채를 발하는 것은 각 장에 결함이 없는 데에서 비롯되고, 각 장의 분명하고 세밀한 것은 각 구절에 결함이 없는 데서 비롯된다. 각 문장이 청신하고 힘이 있는 것은 각 한자를 마음대로 사용하지 않았기 때문이다. 뿌리와 줄기가 흔들리면 가지와 잎사귀가 흔들리는 것과 같이, 기본

---

64 옮긴이의 말: 앞부분의 주석에서 말한 것처럼, 『문심조룡』의 번역문은 (중국)연변출판사에서 나온 김관웅, 김정은의 한역본을 참고했다. 하지만 이 번역본도 기본적으로 (아마도 무반성적으로) "단어본위"에 기반하고 있어서 『문심조룡』에서는 물론이고, 번역자들이 주요 텍스트로 삼은 저우전푸周振甫의 1986년 해설서今译에도 "한자字"라고 되어 있는 원문을 한글로 옮기면서 "단어"라고 번역한 부분이 매우 많이 보인다. 나는 참고한 책의 성과에 감사하는 의미에서 가능한 한 그들의 원문을 따랐지만, 여기에서처럼 판원궈 교수의 사상에 방해가 되는 부분은 최대한 원래의 기본텍스트(여기서는 『문심조룡』)의 원뜻에 충실한 방향으로 옮긴이의 해석을 덧붙였다. 앞으로는 논리전개와 독서의 효율성을 위해 일일이 언급하지 않겠다. 참고로 김관웅과 김정은이 사용한 『문심조룡』의 해설본은 周振甫, 『文心雕龙』今译, 商务印书馆, 1986으로, 중국 대륙에서 발행된 것 가운데 가장 권위 있는 해설서 중 하나로 꼽힌다. 판원궈 교수의 "인용문 출처"에도 이 책이 나와 있다.

이 되는 도리(道理)를 이해하게 되면 다양한 각종 사례들을 이해할 수 있게 된다.

글이란 운문이나 산문에는 편폭의 크고 작음의 차이가 있게 되고, 장(章)이나 구(句)는 혹은 분리하고 혹은 합치게 되며, 성조(声调)는 어떤 것은 완만하고 어떤 것은 촉급(促急)하다. 그러한 것들은 내용의 변화에 따라 조정하고 배열하는데, 여기에 일정한 규칙이 있는 것은 아니다. 한 개의 구절 안에는 많고 적은 한자들이 포함되어 있는데, 그것들은 결합되어야만 작용을 하게 된다. 한 장(章) 안에는 어떤 생각의 내용이 담겨 있는데, 그것을 완전하게 정리하여 말할 때 비로소 하나의 단락이 구성된다. 그 가운데서 전달하려는 사상과 감정을 장악하려면 어떤 때는 풀어주고 어떤 때는 감아서 주제에 적합하도록 해야 한다. 이는 무용을 할 때 몸을 빙글빙글 돌리는 춤사위는 일정한 행렬과 위치를 유지해야 하는 것에, 또한 노래를 할 때 때로는 높고 때로는 낮은 리듬이 있어야 하는 것에 비유할 수 있다.

시인들이 시구(诗句)로 비유를 한 것을 살펴보면, 비록 문장의 일부만 잘라다가 그것을 원래의 뜻과는 다르게 자의적으로 사용하긴 했지만 한 작품 안에 있는 장과 구들은 마치 누에고치의 실처럼 처음부터 끝까지 그 체제상 일정한 모습으로 긴밀하게 연결되어 있다. 머리말은 뒤이어 나올 본문의 내용에 대한 맹아를 엿보이고, 맺음말은 그 앞부분의 내용과 호응을 이룬다. 그러므로 한자를 비단의 꽃무늬와 같이 짜 놓고 내용을 혈관처럼 관통시켜 놓으면, 마치 꽃송이와 꽃받침이 서로 이어져 있듯이 머리와 꼬리가 한 몸이 될 것이다. 만일 어떤 구절 안에 적절하게 배합된 말이 없다면 그것은 타관에서 친구 없이 고독한 나그네 같은 형국이 된다. 서사(叙事)에서 순서를 뒤바꿔 놓는다면 그것은 타관 땅에서 정처 없이 떠도는 것과 같은 형국이다. 그렇기 때문에 구절을 지을 때는 그것이 뒤바뀌지 않도록 조심해야 하고, 장(章)을 구분할 때는 순서에 합당하도록 주의해야 한다. 이러한 것들은 본질적으로 사상과 감정을 전달할 때 반드시 지켜야 하는 사항으로서, 산문이나 운문을 막론하고 모두 같다.

한편, 문구의 변화는 비록 일정하지 않다고는 하지만 구(句)를 이루는 글자의 수가 얼마인가, 그리고 그에 따른 작용의 차이점에 대해서는 설명이 가능하다. 사언구

(四言句)는 짧은 구절이지만 그 음절이 결코 촉급(促急)하지 않으며, 육언구(六言句)는 비교적 긴 구절이지만 그 음절이 결코 완만하지는 않다. 때로 삼언구(三言句)나 오언구(五言句)로 변하기도 하는데, 이런 경우에는 정황의 변화에 따라 박자를 임기응변으로 처리한다.

『시경』의 아(雅)와 송(頌)은 정중한 표현양식으로서 사언구를 표준으로 삼는다. 다만 『시경』 가운데 「기부(祈父)」와 『주송(周頌)』 가운데 「조인(肇禋)」은 이언구(二言句)로 되어 있다. 이러한 이언구를 고찰해 보면, 그것은 황제(黃帝)의 시대로부터 나타났는데, 「죽탄(竹弹)」이 바로 이언구로 된 민요이다. 삼언구는 우순(虞舜)시대에 널리 퍼졌는데 「원수(元首)」가 바로 삼언구로 된 시이다. 사언구는 하우(夏禹)시대에 많이 쓰였는데, 「낙예지가(洛汭之歌)」가 바로 그것이다. 오언구는 주나라 시대에 나타났는데, 『행로(行露)』 장(章)이 바로 오언구이다. 육언구(六言句)와 칠언구(七言句)는 『시경』과 「이소(离骚)」에 뒤섞여 있는데, 그 두 가지 형식은 서한(西汉)시대에 이르러 비로소 완성되었다.

세상이 날로 급박하고 복잡해짐으로 말미암아 감정을 표현하는 방식은 더욱 주도면밀하게 되었으며 시대의 진전에 따라 장구(长句)의 사용이 점차적으로 단구(短句)를 대체하기에 이르렀다.

한편 시(诗)와 부(赋)에서 운각(韵脚) 바꾸는 것은 작품의 정조(情调)에 부응하고 언어적 표현을 조절하고 말의 억양에 배합하기 위함이다. 가의(贾谊)와 매승(枚乘)의 부(赋)는 두 개의 운각(韵脚)을 사용하여 운을 바꾸었고, 유흠(刘歆)과 환담(桓谭)의 부는 백 개의 구(句)를 써내려가는 과정에서 한 번도 운을 바꾸지 않았다. 이러한 경우들을 놓고 볼 때, 각자의 방식은 작가 자신의 의도에 따라 고안될 수 있음을 알게 된다.

조조(曹操)는 부(赋)를 논하면서 동일한 운의 글자를 너무 많이 쓰는 것에 대해 불만을 토로했으나 운을 바꾸는 것에 대해서는 칭찬했다. 육운(陆韵)도 이와 비슷한 말을 했는데, 그는 사언구의 운을 바꾸는 일은 사구(四句)마다 한 번씩 운을 바꾸는 것이 좋다고 했다. 운을 바꾸는 것에 대한 조조와 육운의 견해는 바로 가의나 매승의 작품에 동조하는 것이 된다. 그러나 두 개의 운각을 사용해서 운을 자주 바꾸게 되면 그 운율이 다소 조급한 느낌을 줄 것이며, 반면에 백 개의 구가 진행되는 동안 한 번도 운이 바뀌지 않으면 그것을 읊어 내려갈 때 쉽게 피로해질 것이다. 재능이 풍부한 시인들은 감정의 표현이 격동적이다. 그들이 자신의 생각과 감정을 운율과 훌륭하게 접촉시킨다고 할지라도, 양 극단을 절충하지 않으면 자신들이 빠져들 수도 있는 병폐에서 결코 벗어나지 못하게 될 것이다.

『시경』의 작가들은 혜(兮)라는 글자를 구절 중간에 사용했고, 『초사(楚辞)』에서는 그것을 구절 끝에 사용했다. 그 혜(兮)자로 구절을 구성한 것에 대해 검토해 보면 그것은 어조사로서 억양을 길게 늘이는 역할을 한다. 순임금이 부른 『남풍(南风)』의 노래에서 이미 그 용례가 보이는데, 조조는 그것을 별로 좋아하지 않았다. 이는 그것이 문장의 의미에 아무런 도움을 주지 못하기 때문이 아니고 무엇이겠는가? 아무튼 부(夫), 유(惟), 개(盖), 고(故) 등의 글자는 구절을 처음 시작할 때 사용하는 발어사이고, 지(之), 이(而), 우(于), 이(以) 등은 구절을 만들 때 사용하는 허자(虚字)이며, 호(乎), 재(哉), 의(矣), 야(也) 등은 구절 끝에 흔히 쓰이는 조사이다.

이들은 실제 내용과는 크게 관련이 없는 군더더기처럼 보일지 모르나, 실질적으로 절실한 기능을 한다고 말할 수 있다. 주도면밀한 작가들은 그것을 활용해서 문장의 글귀를 더욱 엄밀하게 한다. 그들이 실자(实字)로 구성된 몇 개의 구절 끝에 그러한 허자를 배치하는 것은 그 하나의 허자로부터 문장 전체의 도움을 받기 위함이다. 이렇듯 조사의 사용만 해도 한 치의 소홀함이 허락되지 않는데, 하물며 실제 내용을 구성하는 장(章)과 구(句)에 있어서랴!

찬(赞)한다.

남의 문장 일부만 잘라다가 제멋대로 사용하는 데에는 일정한 한계가 있지만,

구를 모아 장을 만드는 것은 케케묵은 수법만은 아니네.

내용은 주제에 따라 배합되도록 해야 하며,

문구는 연관성을 잃은 외톨이 신세가 되어서는 금물이네.

감정을 둘러싸고 상응하는 음조와 상응하는 구절들을 써야

그 글귀를 구성지게 하며 광채로 빛나게 하도다.

분리와 합일, 같음과 다름을 적절하게 활용하여

장(章)과 구(句)를 운용하는 기량을 나타내야 하리. (김관웅 & 김정은, 2007: 475 ～487쪽)

夫设情有宅, 置言有位; 宅情曰章, 位言曰句。故章者, 明也; 句者, 局也。局 言者, 联字以分疆; 明情者, 总义以包体。区畛相异, 而衢路交通矣。

夫人之立言, 因字而生句, 积句而成章, 积章而成篇。篇之彪炳, 章无疵也; 章 之明靡, 句无玷也; 句之清英, 字不妄也。振本而末从, 知一而万毕矣。

夫裁文匠笔, 篇有大小; 离章合句, 调有缓急。随变适会, 莫见定准。句司数 字, 待相接以为用; 章总一义, 须意穷而成体。其控引情理, 送迎际会, 譬舞容回 环, 而有缀兆之位; 歌声靡曼, 而有抗坠之节也。

寻诗人拟喻, 虽断章取义, 然章句在篇, 如茧之抽绪, 原始要终, 体必鳞次。启 行之辞, 逆萌中篇之意, 绝笔之言, 追媵前句之旨。故能外文绮交, 内义脉注, 跗 萼相衔, 首尾一体。若辞失其朋, 则羁旅而无友; 事乖其次, 则飘寓而不安。是以 搜句忌于颠倒, 裁章贵于顺序。斯固情趣之指归、文笔之同致也。

若夫笔句无常, 而字有条数: 四字密而不促, 六字格而非缓, 或变之以三五, 盖 应机之权节也。至于"诗""颂"大体, 以四言为正, 惟『祈父』"肇禋", 以二言为 句。寻二言肇于黄世, 『竹弹』之谣是也; 三言兴于虞时, 『元首』之诗是也; 四 言广于夏年, 『洛汭之歌』是也; 五言见于周代, 『行露』之章是也。六言七言, 杂出『诗』『骚』; 两体之篇, 成于西汉。情数运周, 随时代用矣。

若乃改韵从调, 所以节文辞气。贾谊枚乘, 两韵则易; 刘歆桓谭, 百句不迁: 亦 各有其志也。昔魏武论赋, 嫌于积韵, 而善于资代。陆云亦称, 四言转句, 以四句 为佳。观彼制韵, 志同枚贾。然两韵辄易, 则声韵微躁; 百句不迁, 则唇吻告劳。 妙才激扬, 虽触思利贞, 曷若折之中和, 庶保无咎。

又诗人以"兮"字入于句限, 『楚辞』用之, 字出句外。寻"兮"字成句, 乃语助余 声。舜咏『南风』, 用之久矣, 而魏武弗好, 岂不以无益文义耶! 至于夫惟盖故者，发端之首唱；之而于以者，乃劄句之旧体；乎哉矣也，亦送末之常科。据事似闲，在用实切。巧者回运，弥缝文体，将令数句之外，得一字之助矣。外字难谬，况章句欤！

赞曰：断章有检，积句不恒。理资配主，辞忌失朋。环情草调，宛转相腾。离合同异，以尽厥能。

『문심조룡』은 중국 역사상 흔치 않은 대작이다. 거대하지만 정밀한 체계와 엄밀하고 상세한 내용으로 이루어져 있다. 역사상 이를 연구한 사람도 매우 많아서 상당한 규모를 이루었기에 '문심조룡학学'이라고 불리기도 한다. 하지만 대부분의 연구자들은 이를 문학 이론서로 간주했고 언어학의 각도에서 연구한 사람들도 이를 수사학의 관점으로 본 경우가 많았기 때문에, 기껏해야 텍스트언어학이나 화용연구의 측면에서 접근한 저작(첸관롄陈冠连, 1997)이 있는 정도에 불과하다. 어법의 각도에서 접근한 연구자로는 선샤오룽申小龙(1991)과 런위안任远(1998) 등이 있지만 안타깝게도 언어조직법이라는 『문심조룡』의 정수를 잡아낸 사람은 아직 없는 것 같다. 그 원인은 저 연구자들이 내가 얘기한 "장구"와 "구두"의 전승관계를 발견하지 못했기 때문이다. 『문심조룡』의 "장구章句"가 사실은 후대의 "구두句读"와 같다는 것을 모른 채 다른 대부분의 연구자들과 마찬가지로 『장구편』의 내용을 텍스트 구조로만 오독한 것이다.

만약 우리가 "구두"로 "장구"를 대체해서 『문심조룡』을 새롭게 읽는다면 유협의 어법사상이 그의 문예이론사상과 마찬가지로 이미 1,500여 년 전에 놀랄 정도로 성숙해 있었다는 사실을 발견하게 될 것이다.

이에 나는 주로 『장구편』을 근거로 하고 『문심조룡』의 다른 장에 있는 내용을 참고하여 유협의 어법사상이 어떠한지 살펴보고자 한다.

7.4.1. 어법의 지위
语法的地位

오늘날 많은 학자들은 어법을 언어조직의 방법으로 이해하고 있다. "어법중심(이 책의 서론편 참고)"을 주장하는 사람들이 보기에, 어법은 당연히 언어연구의 핵심이 어야 한다. 하지만 유협의 생각은 완전히 달랐다. 만약 『문심조룡』 전체를 하나의 체계로 본다면, 『장구편』은 아주 작은 편폭을 가지고 있을 뿐이다. 유협의 창작론 에서도 "언어의 선택이나 문장의 구성"은 두 번째로 고려할 요소에 불과하다.

이런 이유 때문에 문학작품을 훌륭하게 완성하자면 우선 고려할 세 가지 기준을 설정해야 한다. 그 첫 번째는 정리(情理)에 근거하여 체제를 결정하는 것이고, 두 번째는 전달하고자 하는 내용과 관련된 사례(事例)들을 선별하는 것이고, 세 번째는 중요한 문제들을 충분하게 부각시킬 수 있는 강력한 언어의 형식을 창조하는 것이다. …… 세 가지 기준이 설정된 다음에는 언어의 선택이나 문장의 구성을 어떻게 할 것인가를 생각해야 한다. (『문심조룡』 용재편, 김관웅 & 김정은, 2007: 455~457 쪽)

是以草创鸿笔，先标三准：履端于始，则设情以位体；举正于中，则酌事以取类；归余于终，则撮辞以举要。……故三准既定，次讨字句。

유협이 가장 중요하게 생각한 것은 "정리에 근거해서 체제를 결정하는 것", 즉 사상표현의 수요에 맞게 문체를 결정하는 것이었고 그 다음은 "전달하고자 하는 내용과 관련된 사례들을 선별하는 것"이었으며, 세 번째는 "중요한 문제들을 충분하게 부각시킬 수 있는 강력한 언어의 형식을 창조하는 것"이었다. 이 세 가지를 결정한 다음에야 "언어의 선택이나 문장의 구성" 즉 어법의 문제를 고려하라는 것이다. 여기서 우리는 유협이 "어휘선택"을 어법보다 중요하게 여기고 있음을 알 수 있다. 이렇게 생각한 이가 많지는 않으나 유협 혼자만 그런 것은 아니다. 장즈궁은 평생에 걸쳐 어법을 연구한 후, 만년에 어법의 지위에 대해 새로운 해석을 한 바 있다.

많은 사람이 음성, 어휘, 어법을 언어의 3요소로 병립해서 나열하지만, 나는 이런 생각에 대해 의구심을 가지고 있다. 나는 이 셋이 같은 층위에 있다고 생각하지 않는다. 나는 첫 번째 층위에는 어휘가 있다고 생각하는데, 이는 개념과 사상의 물질적 기초이자 정보의 저장장치이다. 두 번째 층위는 음성과 문자이다. 이 둘이 언어의 의사소통 과정을 현실화하는데, 음성은 입말에서 문자는 글말에서 사용된다. …… 언어의 세 번째 층위가 어법이다. 어휘가 있으면 조합이 필요하고 당연히 조합의 법칙이 필요하다. 어법은 이렇게 생겨난 것이다. (장즈궁, 1990: 137~138쪽)

大家都把语音、语汇、语法并列为语言的三要素。我对这个提法表示怀疑。我认为这三者并非处在同一平面上。我认为第一个层面是语汇，这是概念、思维的物质基础，是信息的载体。第二个层面是语音和文字。此二者把语言的交际过程现实化，前者形于口语，后者成为书面语言。……语言的第三个层面是语法。有了语汇，总还要组合，这就要讲组合的法则，这就产生了语法。

어법을 가장 높은 지위에 올려놓은 것, "문자가 생긴 이래로 오늘날까지 밝히지 못한 비밀(마건충, 1989: 11쪽)"의 지위로까지 올려놓은 것은 마건충马建忠부터이다. 만약 마건충부터 장즈궁张志公까지의 90여 년이 흘러서야 우리가 어법의 지위에 대해 새롭게 인식하기 시작한 것이라면, 유협의 사상과 체계는 우리에게 생각할 문제를 많이 제시한다.

7.4.2. 한자본위 사상
字本位的思想

마건충은 『장구편』의 두 번째 단락("완성된 한 편의 글이 광채를 발하는 것은"부터 "뿌리와 줄기가 흔들리면 가지와 잎사귀가 흔들리는 것과 같이, 기본이 되는 도리를 이해하면 다양한 각종 사례들을 이해할 수 있게 된다."까지)을 인용한 후, 이에 대해 "나무의 줄기를 잡고 흔들면 가지와 이파리가 같이 흔들린다는 것을 알았을 뿐, 유협은 이에 대해 충분히 설명하지 않았다.顾振本知一之故，刘氏亦未有发明"라고 비판했다. 마건충은 『마씨문통』에서 "나무의 줄기를 잡고 흔들면 가지와 이파리가 같이 흔들린다는 것을 알았다."라고 말한 것을 유협의 "발명发明65"이 충분하지 않았다고 말하고 있다. 나는 이러한 인식이야 말로 마건충의 "발명"으로, 유협의 근본사상과는 매우 거리가 있다고 생각한다. 『문심조룡』의 문맥을 깊이 들여다보면 유협의 "뿌리本" 혹은 "도리一"는 매우 명확한 대상을 지목하고 있음을 알 수 있다. 그것은 바로 "한자"이다. "한자"는 "문장을 만들고", "장이 되고", "텍스트를 이루"는 것으로 "글을 쓰는" 기초이다. 거꾸로 말하면 "텍스트, 장, 문장"이 "광채를 발하고 청신하고 힘이 있으며 결함이 없"는 것은 "각 한자를 함부로 사용하지 않았기 때문이다.字不妄也"

그런데, 이러한 마건충의 "발명"의 결과는 중국어에 단어본위어법을 수립하는 결정적인 출발점이 되었다. 마건충의 책은 문언문을 연구대상으로 삼았고 "한자"와 "단어"를 많은 경우 별 구별 없이 사용했기 때문에, 사실 이 문제가 그다지 선명하게 부각되지 않았다. 그러나 2음절(과 그 이상의) 단어들이 현대 중국어에서 상당한 수량을 차지하게 되자 우리는 갈수록 단어본위가 사실은 그동안 그 지위가 불명한 "사辭"를 언어조직의 단위로 내세웠던 것이라는 사실을 깨닫게 되었다. 중국어의 조직법이 인도-유럽어의 그것과 매우 다른 규칙을 보이기 때문에 이렇게 "뿌리"와 "도리"가 바뀌자 "가지와 잎사귀" 및 "다양한 각종 사례들"이 점점 사상누각이 되어 버린 것이다.

---

65 옮긴이의 말: 이 말에는 약간 언어유희적인 측면이 있다. 마건충의 원문에 "发明"이라고 되어 있는 말은 대체로 "어떤 뜻을 명확히 밝히다."라고 해석할 수 있는데, 판원궈 교수는 이 단어가 가진 "발명하다."라는 현대 중국어의 뜻을 이용해 마건충이 『문심조룡』의 뜻을 곡해해 원문의 뜻은 무시하고 마치 이 문장의 뜻을 "발명하듯이" 아전인수 격으로 해석했다고 본 것이다. 판원궈 교수의 원문에도 "발명하다."라는 단어에 큰따옴표가 있다.

7.4.3. 체계론 사상
系统论的思想

소쉬르를 시작으로 구조주의언어학은 "체계"를 표방해왔다. 구조주의는 언어가 일종의 "체계"인데 20세기에 이르러서야 이를 처음 발견했다고 주장하며 그 이전의 언어학을 "과학 이전"이라고 폄하했다. (사실은 "과학적이지 않다."라는 말을 완곡하게 표현한 것뿐이다.) 사실 우리는 유협刘勰의 『문심조룡』 장구편에서 매우 성숙한 언어체계론의 사상을 보았다. 체계론은 언어의 층위를 잘 나누는 것을 하나의 중요한 관점으로 보는데, 유협은 언어를 "한자字, 구句, 장章, 텍스트篇"의 4단계로 나누었다. 앞에서 내가 논증한 바와 같이 중국어의 "장구章句=구두句读"이므로 이는 또 "한자字, 두读, 구句, 텍스트篇"이기도 하다. "현대 언어학"과는 달리 "단어, 구절"의 두 단계가 없긴 하지만, "한자, 두, 구, 텍스트"가 모두 형식적으로 명확한 단위임을 생각한다면, ("한자"가 한 글자 한 글자 명확하게 눈에 보이는 것은 말할 것도 없고, "두读, 구句" 역시 문장부호를 통해 또는 다른 방식으로 분명하게 구분할 수 있고, "텍스트"의 명확성도 의심의 여지가 없으므로) 유협이 이 네 개의 단위를 설정한 것은 그 과학성과 형식성이 매우 강하다고 볼 수 있다. 이런 상황에서 보면, 중국어에서는 고대와 현대를 막론하고 단어와 구절은 모두 하나의 단위로 확정하기 어려운 과도성을 가지고 있는데, 이는 이를 선택하는 순간의 구체적인 표현방식과 관련되어 있기 때문이다. 유협은 단어와 구절을 통칭해서 "사辞"라고 불렀는데, 내가 참석했던 어떤 토론에 의하면 이것도 아주 훌륭한 구분법이라 할 수 있다. 뤼슈샹吕叔湘도 평생에 걸쳐 어법을 연구한 후, 만년에 들어서 중국어 어법의 구조단위에 대해 새로운 생각을 밝힌 바 있다.

중국의 전통적인 용어는 "한자"와 "구"이고 더 큰 단위는 "장"과 "편"이다. 이는 현대의 언어학이 나누는 학문분야로 치면 더 이상 어법이 토론하는 범위에 있지 않다. 전통에서 말하는 "한자", 즉 종이 위에 쓰인 하나하나의 네모진 글자들, 또 말로 의사소통할 때의 음절 하나하나는 그것이 얼마만큼이나 독립적으로 의미를 표현할 수 있는지에 대해 토론하지 않았다. 전통적인 "구"는 말을 할 때나 글을 읽을 때 나타나는 두 개의 휴지 사이에 있는 하나의 조각인데, 이는 그 말이나 글의 의미가 하나로 완성되어 있는지를 따지지 않았다. 전통 방식의 "한자"와 "구"를 이용해 고대 중국어의 어법구조를 분석하는 것은 아마도 시도해볼 만한 가치가 있는 것 같으나, 현대 중국어에 이를 대응하는 것은 분명히 안 될 것 같다. 요즘엔 "단어"와 "문장"으로 "한자"와 "구"를 대체하고 있는데 "단어"는 "한자"보다 크고, "문장"은 "구"보다 크다. 요즘엔 "한자"에 어느 정도 겹치는 개념을 "형태소"라고 부르고, "구"와 어느 정도 겹치는 개념을 "절"이라고 부르거나 "구절"이라고 부른다. 서양 언어의 어법을 얘기할 때, 단어와 문장은 가장 중요한 단위이고 형태소, 구절, 절이 그 다음이다. 중국어의 어법을 논할 때는, 역사적 원인으로 형태소와 구절의 중요성이 단어에 못지않고, 절의 중요성이 문장에 못지않다. (뤼슈샹, 1979: 489쪽)

中国的传统的用语是"字"和"句"。再上去就是"章"和"篇"，按照现代的学科分工，已经不在语法论述的范围之内了。传统的"字"，既指书面上的一个个方块字，也指说话里边的一个个音节，不管它在多大程度上独立的起表达作用。传统的"句"指说话和读书的时候两个停顿之间的一个片段，不管意义上是否告一段落。用传统的"字"和"句"来分析古汉语的语法结构，也许还可以试试，用来分析现代汉语，显然行不通了。现在用"词"和"句子"来代替"字"和"句"，"词"比"字"大，"句子"比"句"大。多少跟"字"相当的单位，现在管它叫"语素"；多少跟"句"相当的单位，有的管它叫"小句"，有的管它叫"短语"。讲西方语言的语法，词和句子是主要的单位，语素、短语、小句是次要的。讲汉语的语法，由于历史的原因，语素和短语的重要性不亚于词，小句的重要性不亚于句子。

"구절"의 개념이 약간 혼란스러운 것을 제외하면 이 글의 의미는 아주 명확하다. 뤼슈샹은 현대 중국어의 어법에서 전통적인 "한자"와 "구"에 해당하는 "형태소"와 "절"이 서양의 어법체계에 의해 건립된 기본단위인 "단어"와 "문장"보다 중요하다고 역설했다.

체계론의 사상이 잘 드러나는 또 하나의 모습은 전체성이다. 유협이 "한자, 구, 장, 텍스트"를 논할 때 이를 두 부분으로 나눠서 얘기하고 있다는 것에 주목하는 사람은 많지 않다. 하지만 유협은 분명히 "한자"의 조합에서 출발하여 "텍스트"에 이르는 부분과 "텍스트"에서 그 아래로 "한자"에 이르는 방식을 나눠서 설명하였다. 대부분의 사람들은 이를 같은 의미를 반복한 것으로만 이해하고, 이를 인용할 때도 대체로 앞부분만 인용하고 뒷부분은 언급하지 않는 것이 보통이다. 하지만 이 두 부분은 하나의 전체를 말하고 있다. 이 둘을 통일해서 보아야만 유협의 체계적인 사상이 충분히 드러난다. 왜냐하면 체계론에는 본래 두 개의 방향성이 있어서 하나는 층위의 구조로 작은 것에서 큰 것으로 나아가는 것이고, 또 다른 하나는 전체성으로 전체의 관점에서 각 부분의 하나하나를 관찰하는 것을 동시에 포괄하기 때문이다. 독일의 언어학자 훔볼트Humbolt의 말을 보자.

> 언어에서 서로 관련이 없는 것은 없다. 언어의 모든 요소는 전체의 구성부분으로 드러날 뿐이다. (Humboldt, 1820: 10쪽)
>
> 语言中没有什么彼此无关的东西，它的每一要素都仅仅表现为一个整体的组成部分。

이 말은 현대 언어학에서 체계론 사상이 가장 먼저 표현된 문장으로 기억되고 있다. 현대 언어학의 창시자인 소쉬르도,

> 전체는 부분 때문에 그 가치가 있고, 부분 역시 전체 속에서의 그 위치 때문에 가치가 있다. 그렇기 때문에 부분과 전체 사이의 연사 관계는 각 부분 사이의 관계와 똑같이 중요하다. (소쉬르, 최승언 옮김, 『일반언어학 강의』, 민음사, 1990: 177쪽)
>
> 整体的价值决定于它的部分，部分的价值决定于它们在整体中的地位，所以部分和整体的句段关系跟部分和部分间的关系一样重要。

라고 말한 바 있다.

유협의 논술이 이런 표현들과 비교해 보아도 매우 훌륭한 체계론을 실천하고 있음은 우리에게 많은 시사점을 던져준다.

7.4.4. 생성어법 사상
生成语法的思想

유협은 위 문장에서 또 하나의 중요한 사상을 보여주고 있다. 현대의 용어로 표현하자면, 생성어법의 사상이라고 할 만하다. 형위학에 대해서 토론할 때 나는 생성조어법학자 마크 아르노프Mark Aronoff가 강조한 "조어(The forming of words)"와 "단어구조(Word structure)"의 구별에 대해 언급한 바 있다. 그 이전의 언어학자들은 모두 "단어구조"에 대해 얘기했다. 이는 이미 존재하는 단어를 구조적으로 분석하는 것으로 단어를 쪼개고 나누어 가장 작은 단위를 분석해내는 연구이다. 하지만 더욱 중요한 것은 단어가 어떻게 탄생하느냐를 연구하는 것이라고 강조했다. 그의 관점은 조어법 연구에 혁명적인 변화를 불러왔다.

그의 이론을 통사론에 적용해보면, 역시 매우 잘 들어맞는 것을 알 수 있다. 왕리王力와 궈샤오위郭绍虞를 제외하면, 중국 대부분의 중국어 연구자들이 연구한 것은 모두 "문장구조(Sentence structure)"였지 "문장구성법(The forming of sentences)"이 아니었다. 그들은 문장을 하나하나의 조각으로 나누고, 그 조각들을 더 작은 조각으로 분석하는 일에 만족했으며, 이것으로 중국어의 어법연구라는 임무를 완성했다고 믿었다. 20세기의 80년대 초에 있었던 "성분분석법成分分析法"과 "층위분석법层次分析法"에 대한 토론도 역시 마찬가지였다. 지금에 와서 되돌아보면, 이런 연구방법은 이를 통해 분석해낸 각종 조각들에 이런저런 태그标笺를 붙인 것 외에 언어의 학습과 사용에 어떠한 쓸모도 없는 것들이다. 중국어 어법연구사에 이렇게 수많은 용어논쟁, 방법논쟁이 있었던 근본적인 원인을, 바로 이런 실용적이지 않은 연구목적에서 찾을 수 있다. 이런 상황은 "사각의 링 안 사람들은 격렬하게 싸우지만, 링 밖 사람들은 전혀 관심이 없는" 결과를 만들었다. 당연히 이러한 분석은 제2언어를 학습하는 사람들에게는 그나마 어느 정도 쓸모가 있을 것이다. 하지만 제2언어 학습자에게도 언어의 조직규칙을 습득하는 것은 스스로의 실천과 체득을 통해 이루어지는 것이지 어법을 학습하고 암송해서 얻을 수 있는 것이 아니다. 중국어 어법학의 선구자 중 하나인 옌푸嚴復도 100여 년 전에 이미 이를 지적한 바 있다.

아이가 말을 배우는 것은 들어서 익숙해진 후 입이 따라가며 점점 자연스러워지는 과정일 뿐이다. 이 과정의 어느 부분에 법칙이라 할 만한 것이 있는가! 문법文谱이라는 것은 이미 있는 말의 규칙일 뿐, 그것으로부터 언어를 배울 수 있는 것은 아니다. …… 정말로 영어를 정통으로 익히고자 한다면 다양하게 읽고 많이 써서 익숙해지면 그만이다. 학생이 이 책을 읽고 이미 충분히 공부했다고 생각한다면, 그것은 마치 레시피를 베껴 쓰고 배가 부르다고 생각하는 것과 같고, 책을 읽고 실제로 경험했다고 생각하는 것과 같다. 그래서는 영어를 익힐 수 없다. (옌푸, 1904: 151~152쪽)

小儿之学语，耳熟口从，习然而已。安有所谓法者哉！故文谱者，讲其所已习，非由此而得其所习也。……诚欲精通英文，则在博学多通，熟之而已。使徒执是编以为已足，是无异钞食单而以果腹，诵书谱而遂废临池，斯无望已。

이 인용문의 "문보文谱"라는 단어는 아마도 "문장구성" 연구자가 추구하는 가장 중요한 목적일 것이다. 이 단어는 중국문학사의 『백향사보白香词谱』나 『흠정사보钦定词谱』 같은 "사보词谱"를 떠오르게 한다. 송나라의 음악이 전승되지 않은 관계로 후대인들이 송사宋词가 창작되는 상황과 규칙을 이해하기 위해 송사宋词의 평측平仄과 사성四声에 한 글자 한 글자씩 주석을 달고 귀납하여 마침내 한 수 한 수의 "사보词谱"를 만들었다. 다시 후대의 사람들이 이를 이용해 "사보에 따라 글자를 채워按谱填词" 사를 만든 것에 착안하여 "문보文谱"라는 단어를 사용했다. 사词라는 장르는 살아 있고, 사보词谱는 죽은 것이어서, 사보词谱를 정리한 사람은 서로 다른 작가, 혹은 한 작가가 다른 상황에서 쓴 여러 작품에 대해 어쩔 수 없이 또 하나의 문체, 또 하나의 문체를 반복해야 했던 것이다. 기술주의의 어법이 이런 상황과 매우 닮아있다. 기술주의 어법은 어떤 언어에 존재하는 문장을 최대한 많이 수집하고, 이를 재배치해서 하나하나의 규칙을 만들어 후세나 외국인이 그 언어를 학습하는 데에 사용할 거푸집을 만들고자 한다. 하지만 언어는 살아 있는 것이어서 규칙으로 설명할 수 없는 상황이 자주 발생한다. 이런 상황은 또 하나의 "예외" 혹은 "부가적인 조건"이 된다. 단언하건대 말을 하고 글을 쓰는 것은 절대로 "채워 넣기"가 아니다. 그것은 천천히 먹을 갈며 붓끝을 모으듯이 차곡차곡 만들어지는 것이다. 이것이 바로 기술주의 어법이 사람들에게 점차 외면 받게 된 원인이다.

촘스키도 이런 인식을 시작으로 언어학의 "혁명"을 시작한 것이다. 그는 언어학의 목적이 묘사가 아님을 밝히고 언어의 생성기제를 연구해야 한다고 강조했다.

> 이러한 동기는 단순히 논리적인 분석을 통해 작은 조각을 찾아내거나 이미 수립된 언어분석법을 더 정교하게 다듬는 것보다 훨씬 엄숙한 일이다. (촘스키, 1957: 1쪽)
>
> 这种动机比起单纯头心逻辑上的剖析入微或者一心只把已经建立起来的语言分析法加以精炼化来要严肃得多。

언어연구의 방향을 현존하는 언어구조를 묘사하는 데서 벗어나 문장이 창조되는 과정에 대한 탐색으로 돌린 것은 촘스키 언어학의 가장 큰 공헌이다. 하지만 촘스키에게도 커다란 결함, 아니 근본적으로 부족한 점이 있는데, 훗날의 아르노프가 조어법의 임무를 "단어에서 다른 단어를 만드는 것"에 제한한 것처럼 촘스키도 통사론의 임무를 "문장에서 다른 문장을 만드는 것"으로 제한했다는 사실이다.

> 언어학자의 의무는 바로 (어법이라 불리는) 장치를 제조하는 것이다. 어떤 방식으

로 어떤 언어의 일련의 문장을 일단 가정하면, 이러한 장치는 어법적으로 정확한 그 언어의 모든 문장을 생성할 수 있다. (같은 글: 86쪽)

语言学家的任务就是制造一种装置（称为语法），假定事先已经以某种方式提供出一种语言的一些句子，这种装置就能生成该语言的所有合语法的句子。

이러한 말은 그가 갖고 있던 "한 세트의 문장(같은 글: 6쪽)"이라는 언어관과 관련되어 있다. 그의 "변환"은 사실 문장에서 다른 문장을 만드는 "생성"을 해결하기 위한 것이다.

하지만 내 생각에 문장은 "문장"에서 생성되는 것이 아니라 더 작은 단위가 차근차근 모여서 생성되는 것이다. 중국어로 말하자면 이는 곧 "한자"에서 시작해서 한 땀 한 땀 생성되는 것이다. 이러한 생성관의 어법사상도 일찍이 유협이 보여준 것이다.

내가 앞에서 나의 어법연구를 "Analysis"라고 부르고 싶지 않다고 한 이유는 바로 이러한 생각 때문이다. 왜냐하면 "Analysis"라는 단어는 현존하는 어떤 단위에 대한 "분석"만을 강조하므로 내가 "생성"을 강조하는 어법체계를 구상하는 것과 맞지 않기 때문이다.

7.4.5. 텍스트연구 사상
语篇研究的思想

텍스트연구는 중국 고대 언어학 연구의 특징 중 하나이다. 『문심조룡』에서 이를 충분히 확인할 수 있다. 20세기 이전의 서양 어법학자들도 간혹 문장 층위 이상의 내용에 대해 언급한 적이 있다. 예를 들면 네스필드Nesfield 어법(Nesfield, 1895~1911)도 단락의 구조를 언급했다. 하지만 20세기 이후의 "현대 어법학"은 오히려 문장을 어법연구의 가장 높은 층위로 보았는데, 앞부분에서 내가 인용한 뤼슈샹呂叔湘의 말처럼, "장"과 "텍스트"는 "현대의 언어학이 나누는 분과로 치면 더 이상 어법의 범위에 있지 않은 것들"로 취급했다. 이는 언어를 하나의 밀폐된 시스템으로 보고 "문장성분"분석의 방법을 채용한 결과로 인해 얻어진 필연이다. 촘스키가 제시한 "생성"언어관은 어법연구가 문장까지만을 연구의 울타리로 삼는 한계에서 벗어날 수도 있었다고 생각한다. 하지만 그의 좁은 언어관(언어를 문장의 집합으로만 이해하는)과 소위 "과학성"에 대한 집착 때문에 그의 통사론 연구는 문장에서 시작해서 결국은 문장으로 되돌아오는 결과를 불러왔다. 할리데이Halliday의 기능언어학에 이르러서야 비로소 문장의 한계를 벗어나 텍스트언어학의 개념이 제시되었고(Halliwday & Hasan: 1976; 1985 참조), 로버트 보우그랑데Robert de Beaugrande와 볼프강 드레슬러Wolfgang Dressler(1981)가 비교적 완성된 형태의 이론을 발표했다. 최근 몇 년 사이에 기능언어학이 중국에서 비교적 큰 영향을 끼치고 있는데, 이는 그것이 중국어 연구에 비교적 적합한 언어학 이론이라고 생각하는 사람이 많기 때문이다. 하지만 사실은 그것이 중국어의 연구전통에 어울리기 때문이고 이미 많은 사람이 이를 연구하고 있다. 특히 영어학계에서 중·영 비교연구에 종사하는 학자들이 이 분야에 많은데, 아마도 이 사실을 인식하지 못하고 있는 경우도 많은 것 같다. 만약 우리가 동서양의 결합과 고대와 현대의 결합이라는 시각으로 기능언어학에 대해 연구한다면, 분명히 훨씬 더 훌륭한 연구성과를 기대할 수 있을 것이다.

7.4.6. 중국식 어법연구의 실마리
中国式的语法研究思路

이에 대해서는 이미 위에서 얘기한 바 있지만, 여기서 몇 마디 잔소리를 더 늘어놓고자 한다. 나는 어떤 사람들이 습관처럼 강조하는 "중국특색"이라는 말이 국제사회와 궤를 맞추는 데에 도움이 되지 않는다고 생각한다. 하지만 "중국특색"에 대해 전혀 언급하지 않는다면 마찬가지로 문제가 된다. 예를 들어 나는 언어를 연구하면서 최대한 "현대 언어학"의 성과를 사용하려 하고, 최대한 "중국특색"을 말하지 않으려 노력한다. (나는 "서양"이라는 말도 가능한 한 쓰지 않으려고 노력한다. 물론

"현대"의 것 대부분이 서양에서 오기는 했지만……) 그렇다면 고대 중국의 언어연구는 어떻게 해석하면 좋을까, 중국의 선학들이 언어연구에 공헌한 업적은 어떻게 총괄하면 좋을까? 명나라 이전에는 중국과 서양의 교류가 적었다. 따라서 "명사, 동사, 형용사"라든가, "주어, 서술어, 목적어" 등의 개념도 들어오지 않았으며, 중국인 스스로도 이런 것을 발명하지 않았다. "8대 품사, 6대 문장성분"과 대응되는 개념은 물론이고, "단어"나 "문장"에 상응하는 것도 전혀 없었다. 그렇다면 고대 중국의 어법연구의 성과는 어떻게 총정리할 수 있을까?

내가 보기엔 두 가지 방법이 있다. 하나는 "현대 언어학"의 용어로 전통적인 언어연구의 용어들을 대체하는 것이다. 예를 들면 고대의 "실實, 덕德, 업業"은 사실 현대의 "명사, 형용사, 동사"와 근접하고, 고대의 "허자虛字"는 현대의 "기능어"와 비슷하다는 점에 착안하여 가능한 한 많이 대체하는 것이다. 이런 방법을 사용하면 당연히 고대 중국어에는 없는 용어가 나타날 것이고, 결국 그것들은 "부족한" 부분으로 인식될 것이다. 또 하나의 방법은 "현대 언어학"의 표준과 기준에 엄밀하게 맞추는 것이다. 그 결과는 다음처럼 뻔한 결과를 부른다. 중국의 언어학은 정말로 뒤쳐졌구나! 전혀 과학적이지 않구나! 아니, 언어학이라 말할 것도 없구나! "어문학語文學" 밖에 없었구나!

이런 결과를 받아들이고 싶지 않다면 어쩔 수 없이 "중국식"이라는 말을 사용해야 할 것 같다. 중국 오천 년의 문명사에서 언어연구가 겨우 100여 년 전에 시작됐다는 인식은 그 자체가 말이 되지 않는다. 최소한 그 전에 서양의 "과학"적 언어학이 중국에 들어오기 이전부터 중국인이 스스로의 지혜로 수립한 스스로의 언어학 연구전통이 있었다고 보아야 한다. 어법연구 전통을 포함해 중국에도 스스로 걸어온 언어연구의 길이 있었다고 보는 것이 옳다. 이 길은 오늘날 참고할 만한 가치가 있을 것이다. 서양의 현대 언어학을 열심히 배우고 들여오는 동시에, 중국의 전통 중에서 우수한 것들을 선별하여 잘 정리, 계승해야 할 것이다.

여기서 나는 "보편성" 문제에 대해서도 몇 마디 하고자 한다. 요즈음, 언어학을 연구한다는 사람들은 "보편성"을 항상 입에 달고 다닌다. 물론 나도 이를 반대하지는 않는다. 하지만 "보편성"에도 여러 층위가 있다. 서로 다른 범위에는 서로 다른 "보편성"이 있는 것이다. "보편성"은 추상적인 결과이다. 높은 수준의 "보편성"일수록 "추상성"도 더욱 강하고, 반대로 구체성이 강할수록 높은 수준의 "보편성"이 존재할 가능성은 더욱 적어진다. 예를 들어 "세계 각 언어에는 모두 동사와 명사의 구분이 있다."라고 말한다면, 이런 층위에서 "보편성"의 가능성은 아주 낮다. "각종 언어에는 모두 피동, 사동, 시제 등의 어법범주가 있다."라는 층위는 좀 더 높은 것이지만, 전 인류의 모든 언어의 "보편성"이라고 보기는 어렵다. 어법을 예로 든다면 우리는 가장 높은 층위에서 시작할 수 있을 것이다. 아래와 같은 두 문장은 아마도 진정한 "보편성"이라고 부를 수 있을 것이다. ① 어법을 언어조직의 규칙이라고 이해한다면 모든 언어에는 어법이 존재한다. ② 모든 언어의 어법은 인식할 수 있고 정리될 수 있다. 이 중에서 첫 번째 것은 왠지 불필요한 말처럼 보이기도 한다. 하지만 이 말을 통해 우리는 "중국어에는 어법이 없다."라는 해묵은 인식을 탈피할 수 있다. 두 번째 말은 우리가 중국어의 언어조직규칙을 찾아내는 과정에 힘을 실어준다.

나는 이 두 문장을 인류언어 "보편성"의 전제조건으로 삼고, 『문심조룡』 같은 저작이 보여준 중국어 어법의 사상을 열심히 발굴하여 근대에 서양 언어학의 영향을 받기 전에 중국의 학자들이 자신의 언어조직의 규칙을 찾고 연구하던 사고방식을 이해하고 계승하고자 한다.

7.4.7. 유협이 보여준 연구의 실마리
刘勰的研究思路

『문심조룡』을 꼼꼼히 읽어본 결과 나는 앞에서 말한 어법학 사상 외에 유협이 중국어의 조직규칙을 연구하는 분야에 있어서 서양의 연구자들이 형태가 있는 언어를 상대하는 것과는 완전히 다른 종류의 실마리를 제공했다는 사실을 발견했다. 이를 아래와 같이 귀납해보고자 한다.

7.4.7.1. "음성문장"과 "의미문장"의 변증법적 통일
"音句"、"义句"的辩证统一

『문심조룡』에서 유협은 "장"과 "구"의 의미와 작용이 서로 다르다고 반복해서 강조했다.

장章: "사상과 감정을 적절하게 배치하는 일을 가리켜 장章(과 절节)을 나눈다고 한다.宅情曰章"; "장章이란 명백하다는 뜻이다.章者，明也"; "사상과 감정을 분명하게 서술한다는 것은 나타내고자 하는 바를 총괄하여 그것을 채택된 표현방식 안에서 함축시키는 것을 말한다.明情者，总义以包体"; "한 장 안에는 어떤 생각의 내용이 담겨 있는데, 그것을 완전하게 정리하여 말할 때 비로소 하나의 단락이 구성된다.章总一义，须意穷而成体."

구句: "언어를 안배하는 일을 가리켜 '구句'를 만든다, 고 한다.位言曰句"; "구(句)는 국(局)인데 경계를 나눈다는 뜻이다.句者，局也"; "언어의 경계를 나눈다는 것은 글자 하나하나를 엮어서 서로 구별되는 의미의 단위를 구성한다는 말이다.局言者，联字以分疆"; "한 개의 구절 안에는 많고 적은 단어들이 포함되어 있는데, 그것들은 결합되어야만 작용을 하게 된다.句司数字，待相接以为用"

우리는 여기서 "장"의 주요기능이 의미를 표시하는 것임을 알 수 있다. 장은 완전한 의미를 표현하는 단위이다. 또 "구"의 주요한 작용은 "한자(사실상은 음절)"를 연결하여 하나하나의 휴지와 단락을 나누는 것으로, 완성되지 않은 상태의 단위이다. "구"가 모여서 "장"이 되어야만 완전한 의미를 표현할 수 있다. "구"는 한자의 수량을 일정하게 제한한다. 『시경诗经』 같은 운문에서는 하나의 구 안에 2글자에서 많아야 8글자 정도가 쓰였으며, 9개나 10개 이상의 글자로 이루어진 구는 하나도 없다. 변려문骈文 같은 운문이 아닌 글에서도 한자의 숫자는 일정한 규칙을 보인다. "若夫笔句无常，而字有条数：四字密而不促，六字格而非缓，或变之以三五，盖应机之权节也。[66]문구의 변화는 비록 일정하지 않다고는 하지만 구(句)를 이루는 글자의 수가 얼마인

---

66 옮긴이의 말: 원문에서 이 문장이 변려문의 전형적인 예로 인용되었으므로, 그 예를 살리기 위해 중국어 원문을 본문으로 쓰고 한국어 번역을 흐린 글자체로 추가했다.

가, 그리고 그에 따른 작용의 차이점에 대해서는 설명이 가능하다. 사언구(四言句)는 짧은 구절이지만 그 음절이 결코 촉급(促急)하지 않으며, 육언구(六言句)는 비교적 긴 구절이지만 그 음절이 결코 완만하지는 않다. 때로 삼언구(三言句)나 오언구(五言句)로 변하기도 하는데, 이런 경우에는 정황의 변화에 따라 박자를 임기응변으로 처리한다.”같은 문장에서 볼 수 있듯이, 이러한 규칙은 글말의 문체 전체에 적용된다.

“장”이 의미의 표현을 책임지고 “구”가 음절수를 제어하는 작용을 하기 때문에, 이 둘은 서로 다른 영역에 속한다. 그래서 유협은 “이들 양자는 그 범주의 크고 작음이 서로 다르지만区畛相异” 또 그것들이 서로 관련이 없는 것이 아니라 “마치 도로가 서로 인접해 있듯이 이것과 저것이 서로 통한다.衢路交通”라고 말했다. 이 둘은 서로 합력하여 함께 언어를 조직하는 임무를 수행한다는 말이다.

이러한 사상은 현대에 이르러 궈샤오위郭绍虞의 “음성문장音句”과 “의미문장义句” 및 “구문이 모여 구가 된다.积词组而为句”는 이론으로 발전했다. 그의 말을 보자.

중국어에는 음성문장과 의미문장의 구별이 있다. “关关雎鸠, 在河之洲[67]”는 두 개의 음성문장이 모여서 하나의 의미문장이 된 것이다. 이는 시에 적용하기 좋은 리듬의 형식이다. 하지만 음성문장이 리듬의 형식만으로 제한되는 것은 아니다. 『수호지』의 문장처럼 (“那一阵风起处, 星月光辉之下, 大吼了一声, 忽地跳出一只吊睛白额虎来[68]”라는 문장을 말한다.) 리듬감이 확실하지 않은 음성문장의 형식도 있다. 따라서 음성문장이라는 것은 사실상 하나의 구문과도 같다. 이런 종류의 구문은 반드시 서로 조합되어 의미문장이 되어야만 하나의 완전한 의미를 전달할 수 있다. 음성문장에서 의미문장으로 나아가는 것은, 사실상 구문이 모여 문장이 되는 표현형식이다. (궈샤오위, 1978: 331쪽)

---

67 옮긴이의 말: “关关雎鸠, 在河之洲꾸우~꾸우 우는 물새가 강물 섬에 있다”는 『시경』 「관저」의 첫 부분으로, 이 경우에는 운율을 위해 글자 수를 맞춘 경우를 보여주는 예제로 동원되었다.

68 옮긴이의 말: “那一阵风起处, 星月光辉之下, 大吼了一声, 忽地跳出一只吊睛白额虎来그 바람이 불어오는 곳, 별과 달의 빛 아래에서 큰 울음소리가 들려오더니 갑자기 희고 커다란 눈과 하얀 이마를 가진 호랑이가 불쑥 뛰어나왔다.”는 시경의 예제와 달리 산문의 경우 앞뒤 구의 의미를 조합하여 한 문장을 이루는 예제로 사용되었다.

汉语是有音句义句之分的。"关关雎鸠，在河之洲"，两个音句成为一个义句。这是在诗歌中适合应用的一种整齐的形式。但是音句义句并不一定局限于整齐形式之内。『水浒传』的这一例句（按：指"那一阵风起处，星月光辉之下，大吼了一声，忽地跳出一只吊睛白额虎来"）就是取的不整齐的音句形式。因此，所谓音句，实际上就等于一个词组。这种词组的组合必须进入义句，才能表达一个完整的意义，所以从音句进为义句，事实上就是积词组而为句的表现形式。

고대와 현대의 개념을 통합해보면, "의미문장, 음성문장"은 바로 당나라 이전의 "장, 구"이고, 이것이 당나라 이후에는 "구, 두"로 불렸으며, "구문이 모여 문장이 된다."는 유협의 "구가 모여 장이 된다."와 같은 말이다. 이것이야말로 진정한 중국식의 문장작법이론이다.

7.4.7.2. 음절을 통한 구조제어
通过音节调节结构

『문심조룡』은 많은 곳에서 음악과 문장을 직접 비교했다. 예를 들면 『장구편』에도 "그 가운데서 전달하려는 사상과 감정을 장악하려면 어떤 때는 풀어주고 어떤 때는 감아서 주제에 적합하도록 해야 한다. 이는 무용을 할 때 몸을 빙글빙글 돌리는 춤사위가 일정한 행렬과 위치를 유지해야 하는 것에, 또한 노래를 할 때 때로는 높고 때로는 낮은 리듬이 있어야 하는 것에 비유할 수 있다.其控引情理，送迎际会，譬舞容回环，而有缀兆之位；歌声靡曼，而有抗坠之节也"라는 표현이 있다. 그렇다면 음절은 어떻게 제어하고, 리듬은 어떻게 형성해야 하는가? 바로 한자의 숫자(개수)를 통해서이다. 그래서 유협은 『용재熔裁편』에서 이렇게 말했다.

만일 삭제할 수 있는 글자들이나 문구들이 있다면 그 글은 거칠다는 것을 말해 준다. 그리고 단 한마디도 첨삭할 수 없다면 우리는 그 글이 치밀하다는 것을 알게 된다. 의론(议论)이 정확하고 합당하며, 언어가 간단명료하다면 그것은 간결한 풍격을 갖고 있는 것이고, 문구들이 지나치게 꾸며졌다면 그것은 바람이 부는 것 같아 자유로운 생각과 유창한 수사는 그 풍격이 언제나 복잡하고 산만하다. 복잡한 형식이냐 아니면 간결한 형식이냐 하는 문제의 선택은 글쓰는 이의 개성과 취향에 달려 있다. 말을 늘이는 경우에는 두 개의 구절을 하나의 장(章)으로 확충할 수도 있고, 말을 짧고 간결하게 하는 경우에는 한 장을 두 개의 구절로 압축시킬 수도 있다. 다채로운 사고의 소유자는 일반적으로 부연을 잘하고, 논리적 재능의 소유자는 일반적으로 압축을 잘한다. 압축을 잘하는 사람은 말을 빼버려도 그 글의 사상 내용이 줄어들지 않고 부연을 잘하는 사람은 말을 늘일수록 그 글의 사상을 더욱 분명하게 만든다. 빼버림으로 인해 사상의 명료함에 곤란이 생기게 되면 그 결과로서 얻어지는 것은 논리성 대신에 사상의 빈곤일 것이다. 그리고 수사적 부연으로 인해 언어의 중복이 야기된다면 그 결과로서 얻어지는 것은 사상의 다채로움이 아니라 번잡함과 애매함일 것이다. (김관웅, 김정은 한역, 『문심조룡』 용재편, 연변인민출판사, 2007: 457쪽)

句有可削，足见其疏；字不得减，乃知其密。精论要语，极略之体；游心窜句，极繁之体；谓繁与略，随分所好。引而申之，则两句敷为一章；约以贯之，则一章删成两句。思赡者善敷，才核者善删，善删者字去而意留，善敷者辞殊而意显。字删而意缺，则短乏而非核；辞敷而言重，则芜秽而非赡。

이처럼 한자의 숫자를 더하고 빼서 음절수를 조절하고, 이를 통해 언어의 조직과 스타일에 영향을 주면서도 말과 글의 의미에 크게 영향을 끼치지 않는 상황은 다른 언어에서는 보기 어려운 것이다. 어떤 사람은 이를 순수한 수사修辞의 문제라고 말하지만, 절대 그렇지 않다. 왜냐하면 이런 작업의 결과는 "한자, 문장, 장"에 모두 영향을 끼치고, 당연히 언어의 조직과 구조에까지 영향을 미치기 때문이다. 예를 들어 뤼슈샹呂叔湘(1980: 45쪽)이 예로 든 "清风徐来，水波不兴"과 "风平浪静[69]"는 현대 중

---

[69] 옮긴이의 말: 두 표현은 각각 "맑은 바람은 천천히 불어오고, 물결은 일지 않네"와 "바람이 잔잔하니 물결조차 고요하다" 정도로 번역할 수 있다. 판원궈 교수는 문학적으로만이 아니라 글쓴이의 성격과 글의 목표조차 완전히 다른 이 두 표현이 수사학적으로만이 아니라 언어학적으로도, 즉 언어를 조직하는 방법과 언어의 구조조차도 완전히 다르다고 말한다. 현대 언어학은 글자 수 등에는 전혀 주목하지 않

국어의 어법에서는 각각 두 문장과 한 문장으로 구별할 뿐이다.

7.4.7.3. 어순에 주목할 것
注意语序

형태가 없는 언어와 분석성 언어에서 어순이 중요한 어법수단이라는 것은 잘 알려진 사실이다. 유협도 당연히 이 점에 주의했다. "만일 어떤 구절 안에 적절하게 배합된 말이 없다면 그것은 타관에서 친구 없이 고독한 나그네 같은 형국이 된다. 서사(叙事)에서 순서를 뒤바꿔 놓는다면 그것은 타관 땅에서 정처 없이 떠도는 것과 같은 형국이다. 그렇기 때문에 구절을 지을 때는 그것이 뒤바뀌지 않도록 조심해야 하고, 장(章)을 구분할 때는 순서에 합당하도록 주의해야 한다. 이러한 것들은 본질적으로 사상과 감정을 전달할 때 반드시 지켜야 하는 사항으로서, 산문이나 운문을 막론하고 모두 같다. 若辞失其朋，则羁旅而无友；事乖其次，则飘寓而不安。是以搜句忌于颠倒，裁章贵于顺序。斯固情趣之指归、文笔之同致也"고 했는데, 이 문장에서, "구절을 지을 때는 그것이 뒤바뀌지 않도록 조심해야 하고, 장(章)을 구분할 때는 순서에 합당하도록 주의해야 한다.搜句忌于颠倒，裁章贵于顺序"는 표현은 그가 "구" 안의 각 "글자"의 순서에 주목했음을 말해준다. 또 "구"가 쌓여 "장"을 이룰 때의 "구의 순서 句序"에도 주목했다. 마지막 말은 이 원칙이 운문과 산문을 막론하고 모두 적용된다는 것을 설명한다.

7.4.7.4. 허자의 어법적, 어감적 기능
虚字的声气脉络作用

허자虚字와 허사는 아주 중요한 어법수단이다. 하지만 영어 등의 형태성 언어와 중국어 같은 비형태성 언어에서 허자와 허사가 작용하는 방식은 완전히 다르다. 유협이 강조한 몇 가지 포인트를 보자. 첫 번째는 "구" 안에도 있을 수 있고 "구" 밖에

으므로 이를 단순히 두 문장, 한 문장 정도의 차이 정도로만 분석할 뿐이다.

도 있을 수 있다. (『시경』의 작가들은 혜兮라는 글자를 구절 중간에 사용했고, 『초사楚辞』에서는 그것을 구절 끝에 사용했다.) 두 번째는 허사가 음절만을 표시하고 의미가 없다는 것이다. ("어조사로서 억양을 길게 늘이는 역할을 한다."와 "문장의 의미에 아무런 도움을 주지 못한다.") 세 번째는 구의 시작 부분, 구의 중간, 구의 마지막에 모두 상대적으로 고정된 허사가 있어서 서로 다른 어감을 나타낸다는 것이다. ("부夫, 유惟, 개盖, 고故 등의 글자는 구절을 처음 시작할 때 사용하는 허자이고, 지之, 이而, 우于, 이以 등은 구절을 만들 때 사용하는 허자虛字이며, 호乎, 재哉, 의矣, 야也 등은 구절 끝에 흔히 쓰이는 조사이다.") 이들의 근본적인 작용은 "실제 내용과는 크게 관련이 없는 군더더기처럼 보일지 모르나, 실질적으로 절실한 기능을 한다고 말할 수 있다. 주도면밀한 작가들은 그것을 활용해서 문장의 글귀를 더욱 엄밀하게 한다. 그들이 실사实词로 구성된 몇 개의 구절 끝에 그러한 허사를 배치하는 것은 그 하나의 허사로부터 문장 전체의 도움을 받기 위함이다." 유협의 이러한 견해는 우리가 중국어 허사의 특성을 이해하는 데 있어서 매우 중요한 의의를 지닌다.

제8장 한자본위의 언어형태 연구 — 장구학(하)

字本位的语形研究－章句学（下）

8.0.

　전통적인 중국어 연구의 경험을 계승하고 외국의 현대 언어학 연구의 성과를 흡수한 뒤, 한자본위의 중국어 장구학은 과연 어떤 연구를 어떻게 진행해야 하는가. 나는 이 장에서 초보적인 방안을 제시하고자 한다. 이 방안은 두 가지 내용을 포함하는데 하나는 연구의 방향성과 관련된 이념이고, 하나는 연구의 골격이다.

8.1. 연구의 방향성
研究的指导思想

먼저 해결해야 하는 것은 연구의 방향성과 관련된 이념문제이다. 실질적으로는 동서고금의 이론을 어떻게 이용할 것이냐 하는 문제라고 할 수 있다. 역사적 경험과 현실적 상황을 종합해보면 중국의 연구자들에게서 자주 보이는 두 가지 문제가 있다.

하나는 "하나를 끝까지 따른다."는 생각이다. 촘스키든 할리데이든 한 사람이나 한 가지 주장을 일단 받아들이고 깊이 연구하면 마치 우물에 빠진 듯이 뛰쳐나오지 못한다. 다른 이론에 대해서는 열심히 살펴보지 않을 뿐 아니라, 마치 천성이라도 되는 듯이 적의를 품는 연구자가 많다. 누군가 자기가 신봉하고 숭배하는 이론에 대해 다른 생각을 갖고 있다고 말하면 바로 천둥처럼 화를 내며 들으려하지 않는다. 이런 태도는 좋은 것인가? "하나를 끝까지 따른다.從一而终"는 생각은, 당연히 "아무나 같이 갈 수 있다.人皆可夫"는 태도보다는 좋다. 내가 정조와 도덕을 따지자는 것은 물론 아니다. (페미니스트들에게 내가 여기서 사용한 비유에 대한 용서를 빈다.70) 나는 과학 연구의 태도에 대해 말하고 있다. 과학 연구의 시각에서 보면, 하나를 끝까지 믿는 태도는 아주 좋지 않다. 외국의 어떠한 이론도 일정한 목적성을 가질 수밖에 없다. 특정한 대상에 대해 특정한 목적을 가지고 출발한 것이므로 당연히 만병통치약이 아니다. 사실상 대부분의 외국 이론은 자기들의 문제조차 완벽하게 해결하지 못하는 경우가 태반이다. 이런저런 문제가 있는 이론을 들여와서 무슨 방법으로 그 이론에 근거하여 중국어의 문제를 해결하겠다는 것인가? 솔직하게 말하면 하나

---

70 옮긴이의 말: 從一而终: 죽을 때까지 한 남자와만 산다; 人皆可夫: 남자라면 누구나 남편 삼을 수 있다 정도의 의미로 해석할 수 있다. 그래서 페미니스트들에게 이러한 비유를 사용한 것에 대해 용서를 구한 것이다.

를 끝까지 따른다는 것은 연구자 스스로가 혹시 그 이론에 대해 설명하는 전문가가 될 수는 있겠으나, 그가 얻을 수 있는 것은 "중국의 누구"라는 식의 칭호 밖에 없다. 중국어의 문제를 해결하는 것과는 일말의 관련도 없는 것이다.

또 하나는 "소화불량"이다. 어떤 이론에 깊이 빠져 헤어나오지 못한 결과는 마치 "한단학보邯鄲学步71"의 고사처럼 이것도 저것도 아니게 되는 경우가 많다. 나는 서양의 어떤 사상이나 학자를 신봉하는 중국의 연구자가 그 이론서나 서양학자의 말을 떠나서는 글 한 편 제대로 써내지 못하는 경우를 많이 보아왔다. 그들의 문장이 촘스키에 대해 얘기하고 있으면 글의 내용이 온통 촘스키의 말로 채워져 있고, 할리데이를 말하고 있으면 모든 예제를 할리데이가 제시한 것으로 사용한다. 예제까지도 다른 사람의 것을 사용하고, 기껏해야 그 예제에 어색한 번역을 다는 정도이다. 이런 현상은 외국어 연구계에서 특히 심하게 나타난다. 이런 배경하에서 쉬궈장許国瑋이 촘스키에 도전한 일이라든지, 첸관롄陈冠连의 『중국어 문화화용학』이, 그라이스H. P. Grice의 회화 4원칙 이론을 수정한 일 같은 것은 참으로 소중한 일이다. (내가 말하는 것은 촘스키나 할리데이, 그라이스의 이론 자체가 맞느냐 틀리느냐 하는 것과는 전혀 관계가 없다. 나는 연구자가 외국의 이론을 대하는 태도에 대해 말하고 있을 뿐이다.) 나는 이러한 비판적인 태도가 없다면 외국의 이론을 아무리 많이 "수입"해와도 아무 쓸모가 없다고 생각한다. 요즘 매우 많은 사람들이 적극적으로 외국의 이론을 들여오는 것의 문제점에 대해 말하고 있는데, 만약 이런 수입의 방법과 그것을 대하는 태도문제를 해결하지 못한다면, 아무리 많은 이론이 들어와도 그 이론의 도움을 받기도 전에 거기서 형성된 선입견에 스스로 해를 입게 될 것이다.

이 두 문제를 해결하는 방법은 칼날을 맞대고 과감히 반대되는 주장을 하는 것이다. "하나를 끝까지 따르기"에 반대하며, "여럿을 받아들여 축적하기"를 주장하겠다. "소화불량"에 대해서는 "정신만 취하기"를 주장하겠다. 어떤 사람은 "여럿을 받아들

---

71 옮긴이의 말: 한단 사람이 걷는 모습이 품위 있고 멋있다 하여, 시골 사람이 이를 흉내 내다가 아예 걷지도 못하게 됐다는 고사이다. 『장자』 추수편에 나오는 말로, "한단 사람의 걸음걸이"는 사실 춤동작의 일부로 보이는데 한단 지역의 어떤 춤을 배우기 위해 그 발디딤 흉내를 내다가 자기가 출 수 있었던 춤의 발디딤도 까먹게 되었다는 말이다. 혹자는 이 "춤舞"을 "무술武"로 이해하기도 한다.

여 축적하기"가 별것이 아니라고 생각하는데, 외국의 각 이론이 스스로 완벽한 체계를 이루고 있어 이론과 이론이 서로 모순되고 적대적이라고 생각하는 경향이 있다고 보기 때문이다. 이들은 "여럿을 받아들여 그 정신만을 취하기"가 저 완벽한 체계를 혼란스럽게 만드는 것이 아니냐고 반론한다. 나는 이론을 수입하고 중국어 언어학을 수립하는 과정에서 서양 언어학자의 각종 체계를 새롭게 미적분하는 것을 필연적인 일이라고 생각한다. 우리는 수입을 위해 수입하는 것이 아니고, 서양의 이론을 빌려와 중국의 이론을 수립하고자 하는 것이다. 저들의 체계를 미분하지 않고 어떻게 중국의 체계를 적분할 수 있겠는가? 어떤 사람은 또 다른 사람의 체계를 흐트러뜨리는 것은 그 사람을 존중하지 않는 일이라고 말한다. 나는 그 이론들을 중국어 자체의 체계와 호환할 수 있다면, 그것이야말로 최고의 존중이라고 답변하겠다. 그렇지 않고 만약 어떤 이론이 중국 스스로의 언어이론에 아무런 도움도 되지 않는다면 우리가 왜 시간과 정력을 들여 소개하고 수입해야 하는가? 그 이론들이 스스로 성장하고 멸망하게 내버려 두는 것이 차라리 그들에 대한 존중이 아닌가?

또 어떤 사람은 "정신만을 받아들인다."는 생각에 반감을 품고 "형상"도 보이지 않는데, 어디에 "정신"이 있냐고 반문할 것이다. 그들에게 "형상"은 모든 만물에게 서로 다른 모습이 있는 것이어서 그 수를 미루어 짐작할 수도 없는 데 반해, "정신"은 몇 가지 되지 않는다고 말해주고 싶다. "형상"은 한 번만 보면 얼마든지 알 수 있는 것이어서 굳이 사고작용을 동원해 탐색할 필요도 없지만, "정신"은 스스로 천천히, 깊이 음미하고 제대로 소화해야만 얻을 수 있는 것이다. 표면에 있는 무수한 "형상"은 심층에 있는 유수한 "정신"에 의해 생성된다. "정신"을 제련하고 수입하지 않는다면, "형상"이 아무리 매혹적인들 우리와 무슨 상관이 있겠는가?

이 두 문제 외에 더욱 중요한 것이 있으니, 그것은 바로 "나를 중심으로"라는 생각이다. 논의를 끝까지 전개해보면 결국 수입의 목적은 "서양의 것을 우리에게 맞게 사용하는 일"이다. "우리"가 중요하고, "우리"가 본체인 것이다. 또한 "우리"는 필연적으로 민족의 토양에 뿌리를 내리고 있고, 또 필연적으로 유구한 역사를 가진 중국어의 전통에서 연원한다. 나는 중국어 연구의 "본체"를 반드시 외국에서 들여온 거푸집에 끼워맞춰야 한다는 생각에는 도저히 동의할 수 없다. 마건충은 이러한 이치를 몰랐기 때문에 단숨에 전통을 차버리고 서양의 "그램마葛郎瑪"를 통해 단번에 중국어의 어법체계를 수립하려 한 것이다. 그 결과로 그 이후의 100여 년 동안 이러한 어법체계는, 별다른 수정이나 보완을 거치지 않은 채 네모난 거푸집으로 동그란 물건을 찍어낸 것처럼 엉성하고 어설펐다. 전통에서 이탈했기 때문에 그의 체계는 종국적으로는 사상누각에 불과했다. 문제는 중국의 선조들이 중국어를 연구할 때 이론의 중요성에 대한 인식이 없었기 때문에 이론을 체계화한 적이 별로 없었다는 점이다. 혹은 이론의 체계에 대해 언급을 하면서도 이를 상론하지 않고 개괄하는 데서 논의를 그쳤다는 점이다. 우리가 노력해야 할 지점이 바로 이곳이다. 앞 장에서 『문심조룡』에 대해 많은 얘기를 한 것도 이러한 문제의식에서 출발한 하나의 시도라고 볼 수 있다.

그래서 중국어 장구학의 방향성은 무엇보다도 『문심조룡』이 중국어의 조직규칙에 대해 보여주는 인식의 기초 위에, 서양 현대 언어학 이론의 성과를 받아들여 중국어의 이론기초를 수립하는 일이다. 구조주의의 분류방법과 층위원칙이나 촘스키학파의 생성원칙, 할리데이의 시스템-기능원칙, 더 중요하게는 볼프강 드레슬러 Wolfgang Dressler 등의 텍스트언어학의 원칙 등이 남긴 성과를 받아들여 전통적인 중국어 연구에 접목시키는 일이다.

서양 언어학에 익숙한 사람들은 나의 이러한 생각에 놀랄지도 모르겠다. 이 무슨 백과사전적인 이론이란 말인가? 그들은 나에게 이렇게 말하고 싶을 것이다. 그런데 사실 이러한 이론들은 서양에서도 서로가 옳다고 싸우는 중이다. 앞의 두 가지 이론과 뒤의 두 가지 이론이 서로 다른 이론과 사상체계를 가지고 있는 것은 말할 것도 없고, 구조주의와 생성어법 사이에도 간혹 물과 불처럼 섞이지 않는 모습을 보여준다. 구조주의는 단지 정태적인 분석만을 진행하고 동태적인 변형은 언급하지 않는데, 생성어법은 그와 반대로만 행동한다. 구조주의는 끝까지 분류를 주장하고, "해석"을 반대하는 데 반해서 생성어법은 연역만을 강조하고 실천적인 조사를 우습게 여긴다. 따라서 어떤 이는 이런 상반적인 이론들을 하나로 합칠 수 있겠냐고 나한테 물어볼 것이다. 나의 대답은 '그렇다.'이다. 우리가 하고자 하는 일이 "중국의 구조주의" 혹은 "중국의 생성어법" 따위라면, 당연히 결합이 불가능하다. 하지만 우리가 하고자 하는 일이 중국의 장구학이라면 결합하지 못할 이유가 무엇인가? 내 주장은 고전을 오늘날에 적용하고 동양을 위해 서양을 이용하자는 것이다. 필요한 것을 가져와 출처를 따지지 말고 사용하자는 것이다. 이러한 연구의 유일한 목표는 중국어의 실제와 수요에 부합하는 언어학체계를 수립하는 일이다.

8.2. 중국어 장구학의 기틀 하나: 생성론
汉语章句学框架之一 : 生成论

『문심조룡』이 제공하는 사고의 흐름에 따라서 나는 중국어 장구학을 두 개의 큰 부분으로 나누고자 한다. 하나는 생성론이고, 하나는 제어론이다. 이 장에서는 생성론을 다루고, 제어론은 다음 장에서 다루고자 한다.

생성론의 주요 근거는 유협의 "한자를 사용하여 구를 만들고 구가 모여 장이 되고 장이 쌓여 텍스트(篇)을 이룬다.因字而生句, 积句而成章, 积章而成篇"라는 이론이다. 현대 언어학의 구조, 체계, 생성 등과 관련이 있는 사상이다.

8.2.1. 중국어 조어법의 특징
汉语构词学的特色

현대 중국어의 조어법은 최근 100여 년간 아주 큰 진전을 이루었다. (판원궈潘文国 · 예부칭叶步青 · 한양韩洋, 1993 및 판원궈 · 황위에위안黄月圆 · 양쑤잉杨素英, 1999 참고) 그 가장 중요한 진전은 연구의 중점이 정태적인 "형태론" 연구에서 동태적인 "조어법" 연구로 옮겨갔다는 사실에 있다. 즉 현존하는 단어의 내부구조를 분석하는 연구에서 새로운 단어가 생성되는 기제에 대한 연구로 방향을 전환했다는 것이다. 이는 중국어의 전통적인 연구방식이면서 동시에 국제적인 언어학 연구의 추세와 사조에도 부합하는 일이므로 마땅히 더욱 장려해야 한다고 생각한다. 이 시점에서 중국어의 특징이 잘 반영된 조어법 연구를 제안한다. 중국어의 조어법 연구에는 아래와 같은 몇 가지 특징이 충분히 반영되어야 한다.

8.2.1.1.

"조어"에 중점을 두고, "생성"을 원칙으로 하며, 생산성의 조어법규칙을 중점적으로 연구해야 한다.

以"构辞"为重点，以"生成"为原则，着重研究有能产性的构辞规则

8.2.1.2.

"단어"에서 "사辞"로 범위를 확장한다. 이는 오랫동안 현대 중국어 연구를 괴롭혔던 단어와 구절을 구분하기 어려웠던 문제의 출구가 된다.

把"词"扩大到"辞"，这是为了给困扰现代汉语研究多年的词与短语难以划界问题找一条出路

중국어에서는 단어词와 구절短语이 이론적으로 명확히 구별되지 않는다. 현대의 어법학자들의 연구를 통해서도 중국어의 단어와 구절은 구조적으로 별다른 차이점을 보이지 않는다는 사실을 알 수 있다. 그렇다면 우리는 완전히 새로운 사고를 고려해봐야 하지 않을까? 여기서 새로운 사고라 함은 단어와 구절 사이에 억지로 그은 경계선을 완전히 허물고, 일반적인 상황에서 이들을 모두 "사辞"라고 부르자는 것이다. 단어인지 구절인지 구분하지 말고, 단지 특별한 수요가 있을 때만 임시로 이런 명칭을 사용하자는 것이다. 사실 정확하게 말하면 단어와 구절을 억지로 나누는 것은 단어본위사상의 부산물이다. 단어본위사상을 포기한다면 사람들은 점차 단어와 구절을 굳이 나눌 필요가 없다는 사실을 깨닫게 될 것이다.

8.2.1.3.

중국어 조어법에서 가장 큰 영향을 끼치는 것은 음절 > 의미 > 습관이다.

对汉语构辞起最大作用的，第一是音节，第二是语义，第三是习惯

중국어 조어법 연구의 중점은 인도-유럽어가 형태에 집중하는 것과는 달라야 한다. 중국의 학자들이 이전에 통사론(소위 통사조어법)에 주목하던 것과도 달라야 한다. 내가 관찰한 바에 따르면, 중국어 조어법에서 가장 큰 역할을 하는 것은 첫 번째는 음절, 두 번째는 의미, 세 번째는 습관이다. 나는 이 세 가지 표준을 확립하면 거칠게라도 단어와 구절을 구분할 수 있다고 생각한다.

8.2.1.3.1.

음절은 중국어 조어법에서 가장 중요한 구성요소이다. 음절의 중요성은 의미보다 더욱 크다.

중국어 연구의 역사에서 이 문제는 대체로 아래와 같은 다섯 단계의 발전을 거쳤다고 볼 수 있다. 첫 번째는 후이루胡以魯(1923: 9쪽)가 "대체로 1음절이고, 많아야 2음절을 넘지 않는다."고 말한 것으로 대표되는 중국어의 중요한 "내적 형상內范 (innerform)" 혹은 "민족심리작용民族心意作用"이다. 그는 중국어의 단어가 1음절을 기초로 발전되어 왔다고 강조했다.

한 음절을 크거나 작게 길거나 짧게 조절하여 그것을 개념과 1:1로 평행을 이루게 하며, 이를 통해 각 문자의 경향성을 더욱 명확히 하는 것은 비록 그것이 나중에 복합적인 형식으로 발전한다 하더라도, 여전히 각 음절의 독립성이 유지되도록 한다. 이것이 중국민족의 특별한 점이다. 이를 제대로 이해하지 못했다면, 중국어를 이해했다고 볼 수 없다. (후이루, 1923: 78쪽)

于一音之中作大小长短调节，使一一与概念相平行，而文字更确定其倾向，虽后天之发展成复合式加形式，仍得保持其独立而不相同化，此支那国民之特长也。此而不知，不足与语吾国语矣。

두 번째는 궈샤오위郭绍虞가 가장 먼저 제기한, 1음절 단어가 복합어를 만드는 자양분이라는 생각이다.

중국어의 복합어는 타민족의 복합어와 다르다. 중국의 2음절 단어는 네모진 문자의 형상에 지배를 받아 두 개의 단순화된 음성이 결합한 결과이다. 이 자양분의 기초는 여전히 1음절에 의존하고 있기 때문에, 이 점으로 볼 때 이를 단음화 된 2음절 단어라고 불러도 될 것으로 본다. 복합어는 2음절로 된 것이 가장 많고, 그 다음이

3~4음절이다. 2글자가 연결된 것은 1개의 2음절이며, 3글자로 된 것은 1개의 1음절과 1개의 2음절로 이루어져 있다. 4글자로 된 것은 2개의 2음절로 구성되어 있다. 중국의 문학작품이 특수한 운율을 보이는 것은 이렇게 중국어 단어가 이러한 조건에 부합하기 때문에 나타난 결과이다. (궈샤오위, 1938: 74쪽)

盖中国的复音语词，与他族复音语词不同；中国之复音语词也以受方的字形的牵掣，只成为两个单纯化的声音的结合。其孳化的基础，依旧是建筑在单音上的，由这一点看，即谓为单音化的复音语词也未尝不可 。所以复音语词以二字连缀为最多，其次则三字四字。二字连缀者成为一个二音步，三字连缀者成一个单音步，一个二音步，四字连缀者则成为两个二音步。中国文学之得有一种特殊的韵律者，即因语词的音缀，适合这种配合条件的缘故。

뤼슈샹呂叔湘은 음절수를 단어와 비단어를 나누는 기준점으로 생각하고, 음절수를 기준으로 중국어의 단어를 연구하자고 건의했다.

우리는 두 개의 언어조각이 어법구조도 같고 독립된 말인지 확장 가능한 조건인지도 같은데, 단지 음절수의 많고 적음만 다른 경험을 자주 하게 된다. 예를 들어 하나는 2음절이고 다른 하나는 4음절인 경우이다. 우리는 2음절의 것은 단어에 가깝다고 느끼고, 4음절의 것은 구절에 가깝다고 느낀다. …… 만약 음절수를 하나의 중요한 조건으로 상정한다면, 우리는 2음절의 것(3음절 포함)과 4음절의 것(4음절 이상의 것 포함)을 별도로 나눠서 서로 다른 표준으로 연구할 수 있을 것이다. (뤼슈샹, 1963: 440쪽)

我们常有这样的经验，两个语言片段，语法结构相同，能否单说能否扩展的条件相同，只是音节多寡不同，比如说，一个是双音节，一个是四音节，我们觉得前者更像一个词，后者更像一个词组。……如果把音节数目作为一个重要条件，似乎也可以把双音节的（和三音节的）和四音节的（和四音节以上的）分别对待，不按同样的标准处理。

자오위안런趙元任은 음절수와 리듬이 중국어의 중요한 조어요소라고 정식으로 제시했다.

　　음절수와 리듬은 문언문에서 중요한 작용을 한다. 그런데 현대 중국어의 복합어의 구성도 대부분 문언문의 구조적 유형을 따른다. 따라서 음절수와 리듬도 복합어의 조어요소이다. (Chao, 1968: 483쪽; 중역본은 자오위안런, 1979: 223쪽)

　　音节和节奏在文言中起重要作用，而现代汉语的复合词的构成多数遵循文言的结构类型，因此音节和节奏也就成为复合词的构词要素。

내가 아는 한, 중국과 세계의 언어사에서 음절수와 리듬을 명확하게 조어법과 어법의 한 "요소(Factors)"로 지목한 것은 자오위안런이 처음이다. 나는 이것이 중국어 언어학이 세계 언어학 이론에 적지 않게 공헌한 점이라 생각한다.

마지막은 궈샤오위郭绍虞가 다른 학자들의 연구성과와 자신의 40여 년에 걸친 연구를 기초로 만년에 "…… 중국어는 음절수를 의미보다 더 중요하게 생각한다. (궈샤오위, 1979: 444쪽)"고 결론 낸 것이다. 이를 계기로 음절의 문제가 중국어에서 차지하는 지위가 새롭게 주목받게 되었다.

이처럼 최근 들어 중국어 조어법에서 음절이 차지하는 지위가 예전에 비해 점차 중시되고 있지만, 이는 아직도 매우 부족하다. 나는 중국어 조어법의 연구가 뤼슈샹吕叔湘의 건의를 받아들여 음절의 숫자를 기준으로 처리되어야 한다고 생각한다. "2음절어의 형성", "3음절어의 형성", "4음절어의 형성" 등으로 말이다. 이런 연구는 서양식의 "명사의 형성", "동사의 형성", "형용사의 형성"이라든가, 우리가 예전에 습관적으로 사용하던 "주어+서술어 유형의 단어", "서술어+목적어 유형의 단어", "관형어+체언 유형의 단어" 등의 표현을 대체하자는 것이다. 이 과정을 통해 우리는 중국어에서 의미가 같은 단어가 1음절에서 2음절, 3음절, 4음절로 변화하는 규칙도 연구할 수 있을 것이다. 이런 연구로 악센트重音, 쌍성双声, 첩운叠韵, 중첩접미사重叠后缀, 삽입단어词嵌, 접요사中缀 등과 같은 현상에 대해서도 더욱 합리적인 해석을 찾아낼 수 있을 것이다. 나는 이런 작업을 통한 중국어의 조어법 연구가 중국어에 태그를 붙이는 정도의 서술에서 벗어나 완전히 새로운 가치와 외형을 가져올 것으로 믿는다.

8.2.1.3.2.

의미의 측면에서 중국어의 조어법에 영향을 끼치는 요소로는 논리성과 응고성을 들 수 있다.

논리성. 쉬퉁창徐通锵(1997)은 중국어의 조어법을 연구하면서 "구심력"과 "원심력"의 2대 구조를 제시했다. 사실 구심도 원심도 아닌 "병렬"구조를 여기에 추가해야 한다. 나는 중국어의 어휘가 이런 식으로 분석되는 것에는 그 배후에 논리성이 있기 때문이라고 생각한다. 오랜 세월 동안 중국어 어법계는 중국어의 조어법에서 "주어+서술어 유형", "서술어+목적어 유형" 같은 표현을 써왔다. 하지만 이는 틀린 것이다. 왜냐하면 주어니 목적어니 하는 말은 서양의 통사론에서 사용하는 명사들로, 엄격하게 말하면 어법학의 용어(예를 들면 영어의 주술구조는 형식적으로 일치한다.)인데, 중국어에는 여기에 해당하는 실체가 없다. 따라서 "주어+서술어" 등의 용어를 사용하는 것은 다른 사람의 옷을 입은 것처럼 어색하기 그지없는 것이다. 예를 하나 들어서 설명해보자. 중국어의 회의자는 그 구성부품 사이에 명확한 논리적 관계가 담겨 있다. "明"이라는 글자는 "日"과 "月"이 합쳐져 "日月齐光해와 달이 모두 빛을 낸다."이라는 뜻으로 만들어졌고, "集"라는 글자는 "鸟栖树새가 나무에 (떼로) 모여든다.", "安"은 "女居室여자가 집에 있다.", "采"는 "摘叶이파리를 따다.", "取"는 "持耳귀를 잡다." 등으로 이루어져 있음은 주지의 사실이다. 이런 글자들의 조합을 "연합", "주술", "서술어+목적어" 등의 관계로 설명할 수 있는가? 쑨창쉬孙常叙(1956: 78~79쪽)는 조어법을 단어학에 포함시키고, 의미관계의 명칭들인 "수식관계, 병렬관계, 인과관계, 지배관계" 등의 용어로 통사관계의 명칭들을 대체해야 한다면서 의미조어법(같은 책: 93~98쪽)을 제창했다. 그리고 거번이葛本仪(1985: 76~84쪽)는 의미조어의 논리적 기초를 제시하면서, "동일, 동위, 대립, 종속, 한정, 지배, 판단" 등의 7가지 관계를 설명했다. 판원궈潘文国(1997: 259~273쪽)는 중국어의 어순에 4개의 논리법칙("시간적으로 선후", "공간적으로 대소", "심리적으로 중요한 정도", "사건상의 인과관계")이 있다고 주장했는데, 그중에도 조어법에 응용할 만한 것들이 있다.

응고성. 논리성 외에 중국어 조어법에 영향을 주는 의미요소로 응고성이 있다. 왕핑汪平은 이를 "응고화凝固化"라 말했다.

> 자유와 점착이 한자가 결합해 어휘가 되는 각도에서 본 것이라면, 응고화는 어휘의 각도에서 봤을 때 그 내부구조가 갖는 성질이다. 이 둘은 하나는 밖으로 하나는 안으로 향하면서 서로 밀접한 관계성을 가지고 있다. 응고화의 정도가 강한 어휘는 대체로 점착된 한자로 조합되어 있고, 자유도가 높은 한자로 조합된 어휘는 응고화 정도가 강하지 않다. (왕핑, 2001: 8쪽)
>
> 自由与黏着是从字结合成辞的角度看，凝固化是从辞的角度看其内部结构性质，二者一外一内，有密切关系。凝固化程度高的辞，往往都由黏着字组成，自由度高的字组成的辞，凝固化程度不高。

"자유自由"와 "점착黏着"은 공시적인 관점에서 본 것이다. 만약 통시적인 관점에서 본다면 다시 자오위안런赵元任의 방법을 쓸 수 있다. 그는 "책을 읽고 글을 아는 사람이 할 수 있는 최대 수준의 분석을 선택한다.采取读书识字的人的最大限度的分析"라고 했는데, 아마도 대부분의 한자는 자유성을 더 많이 가졌다고 봐야 하지 않을까? 현대 중국어는 인도-유럽어의 대다수 언어들과는 다르게 사용된다. 사실상 고대와 현대가 구분 없이 섞여 있어서 시대를 구분해 나누기가 매우 어렵다. (예를 들어 『홍루몽红楼梦』은 서술은 백화白话로, 시가诗词는 문언文言으로 되어 있다. 현대의 문장도 일반적으로는 백화를 사용하지만, 고사성어는 문언으로 되어 있다.) 따라서 나는 이 책에서 "자유"나 "점착"의 개념을 사용하지 않겠다. 더구나 응고화 정도의 높고 낮음도 자유로운 정도와 관련이 있다고 보기 어렵다. 자유도가 높은 "猪"와 "肉"는 응고되어 누구나 한 단어로 인정하지만, 마찬가지로 자유도가 높은 "羊"과 "肉"는 응고도가 높지 않아 사람에 따라 한 단어로 보기도 하고 두 단어로 이해하기도 한다. 점착성의 예제로 "兔", "虎"를 선택해 "肉"를 붙인다고 해서 이를 하나의 단어로 이해하는 사람은 많지 않다.

응고의 관건은 의미의 변화이다. 즉, 우리가 자주 말하는 "1+1=3"이다. 두 개의 한자가 하나로 합쳐진 후에 표시하는 것은 원래의 한자가 가진 의미에 제3의 의미가 추가된 상태라는 말이다. "东西[72]"가 "东+西"가 아닌 것처럼, 중국어의 고사성어에는 이런 상황이 매우 많다. 물론 "상용常用"이라는 개념은 탄력성을 포함하고 있다. 어떤 시대에 상용되던 것이 다른 시대에는 상용되지 않을 수도 있으며, 어떤 지역에서 상용된다 하여 다른 지역에서도 그런 것은 아니다. 어떤 사람은 상용하지만 어떤 사람은 상용하지 않을 수도 있다. 이런 특성이 모두 "어휘"에 대한 판단을 시대와 상황 및 개개인의 습관에 따라 다르게 만든 것이다. 이것이 바로 중국어에서 단어와 구절이 쉽게 나뉘지 않게 된 중요한 이유이다.

의미 문제의 세 번째 규칙은 음운성인데 이것은 사실 앞에서 언급한 음절을 말한다. 나는 여기서 이 문제를 다시 강조하고자 하는데, 그 이유는 중국어 조어법에서 음절의 작용이 의미의 작용보다 크다는 점을 설명하기 위해서이고, 음절과 의미가 충돌할 경우 의미 대신 음절이 채택되는 경우가 자주 있기 때문이다. 최근 중국어의 조어법 가운데서 가장 활동이 빈번하고 생산력이 강한 방법 중 하나가 바로 소위 말하는 축약법이다. 축약법에서는 음절의 중요성이 의미의 중요성보다 훨씬 더 강하다. 예를 들어 "미국美国, 영국英国"은 절대로 "아름다운 나라美丽的国家, 영웅의 나라英雄的国家"라는 뜻이 아니며, "삼자기업三资企业"도 "资"라는 글자를 포함하는 세

---

72 옮긴이의 말: 현대 중국어의 "东西"는 "물건", "~ 것" 등의 의미이다. 이 의미는 "동쪽과 서쪽"이라는 원뜻보다 훨씬 더 많이 쓰인다.

가지 종류의 기업을 말하는 것이 아니다. ("삼자기업" 중 하나인 "중외합작기업中外合作企业"에는 "资"자가 없다.) 새로 생겨나고 있는 축약어에 대해서 만약 별도의 설명이 없다면, 그것이 무슨 뜻인지 추측할 수 없는 것도 많다. 예를 들면 상하이의 대학입학시험에서 입시생과 학부모가 자주 언급하는 "一本, 二本" 같은 표현에서 누군가 이를 "첫 번째로 학생을 선발할 권한이 있는 4년제 대학"이나 "두 번째로 학생을 선발할 권한이 있는 4년제 대학"이라고 설명해주지 않는다면, 사람들은 그 표현이 무슨 뜻인지 이해할 수 없을 것이다. 병렬구조에서 의미는 자주 성조의 변화나 음절의 홀짝수에 의해 어느 정도의 희생을 감수한다. (판원궈潘文国, 1997: 279~283쪽 참조)

8.2.1.3.3.
습관은 위에서 말한 응고화의 원동력이다.

언어의 사용은 대부분 습관에 의한 것이다. 현대 언어학도 습관의 힘을 인정한다. 야스퍼슨Jespersen은 습관을 "언어활동의 심리(Otto Jespersen, 1924: 4쪽)"라고 말하고, 이를 설명하기 어렵다고 토로했다.

> 관용어와 자유용어 사이의 차이는 언어활동의 모든 영역에 분포되어 있다. 관용어는 하나의 완벽한 문장일 수도 있고, 하나의 구절일 수도 있으며, 하나의 단어일 수도, 한 단어의 일부분일 수도 있다. 그것이 어떻게 형성되었는지는 중요하지 않다. 중요한 것은 관용어가 언어의 실제 느낌상 반드시 더 이상 분해할 수 없는 영원한 하나의 덩어리라는 것이다. 그것은 자유용어처럼 분해할 수 없는 단위이다. (같은 책, 12~13쪽)

> 惯用语与自由用语之间的差异几乎遍及语言活动的一切领域。惯用语可以是一个完整的句子，也可以是一个词组，可以是一个词，也可以是一个词的一部分。它是怎样构成的这个问题并不重要，重要的是，惯用语在语言的实感上必须永远是一个不能作进一步分解的，即不能像自由用语那样可以分解的单位。

사실상 언어의 관용성에는 4개의 서로 다른 단계가 있다. 제1단계는 가장 완고한 관용어로, 마치 언어의 화석과도 같아서 더 이상 분석할 수 없다. 고대 중국어의 "败绩전쟁에서 무참히 패배하다."나 현재에도 사용되는 "光怪陆离현상이나 형상이 매우 기이하고 다채롭다." 같은 표현이 여기에 속한다. 하지만 "How do you do?" 같은 표현이 더 이상 분석 가능하지 않은 것(Jespersen, 1924)이 영어의 단어본위에 아무런 영향을 끼치지 않는 것처럼, 중국어에 존재하는 위와 같은 다음절 어휘도 중국어가 한자를 기본으로 운용된다는 사실에 아무런 영향을 끼치지 않는다.

제2단계의 관용어는 중국어에서 별다른 토론거리가 없는 복합어나 고사성어 등이다. 하지만 실제로 사용할 때는 여전히 적지 않은 변수를 내포하고 있다. 조건만 갖춰진다면 교체되거나 변환될 수 있으며 아래위의 문맥에 따라 길이를 조절할 수도 있다.

제3단계는 습관적인 조합이다. 이런 용어들은 의미를 동원해 해석할 수 없는 경우가 많다. 상하이 방언인 "吃"는 고체로 된 식품과도 조합되고, 액체로 된 식품(차, 콜라 같은)과도 조합된다. 또 기체(담배, 서북풍西北风73)와도 조합된다. 소위 말하는 주어+서술어, 동사+목적어의 통사규칙과도 관련이 없다.

제4단계의 관용어는 임시로 응고화 하는 수단이다. 현대 영어에도 최근에 이런 수단이 생겨나고 있다. 즉, 짧은 횡("-")을 이용해 구절이나 문장을 "단어화"하는 것이다. 예를 들면 "A never - to - be - forgotten night." 같은 표현이다. 중국어에는 이런 현상이 훨씬 더 많아서 필요할 경우 그 표현의 길이와 관계없이 모두 "단어화词化"될 수 있다. 예를 들어 어떤 사람이 "这是本我从没见过的好书이건 내가 한 번도 본 적 없는 좋은 책이야."라고 말하고, 옆에 있던 사람이 "'从没见过的好书'就这个样子? '한 번도 본 적 없는 좋은 책'이 이 모양이야?"라고 말했다면, 이것이 바로 "从没见过的

---

73 옮긴이의 말: "喝西北风"을 직역하면 "서북풍을 마시다." 정도로 볼 수 있는데, 이는 "먹을 것이 없어 굶다, 굶주리다."라는 뜻이다. 현대 중국어의 푸통화(표준어)에서 "먹다"에 해당하는 동사는 주로 "吃"를 사용하고, "마시다"에 해당하는 동사는 "喝"를 사용하는데, 우리말의 "술을 먹다."라는 표현처럼 상하이 말에서는 거의 대부분의 경우에 "吃"를 이용해 액체나 기체를 먹는다고 표현한다.

好书한 번도 본 적 없는 좋은 책"를 "단어화"한 것이다. 중국어 조어법은 이런 현상까지 연구해야 한다.

8.2.2. 중국어 문장구성 원리의 특징
汉语造句学的特色

중국어 조어법의 연구는 "구가 모여 장이 된다."라는 유협의 사상을 기반으로, 현대 언어학의 연구성과와 현대 중국어의 실천을 결합해 진행해야 한다. 나는 여기에 가장 중요한 세 가지 규칙이 있다고 생각하는데 이를 구두법句读律, 대칭법骈偶律, 허실법虚实律이라고 부를 수 있겠다.

8.2.2.1. 구두법
句读律

"구가 모여 장이 된다.积句而成章"라는 말은 유협刘勰의 용어이다. 현대적인 표현으로는 "두가 모여 문장이 된다.积读而成句"라고 말해야 한다. 따라서 중국어의 통사규칙을 밝히는 일은 하나하나의 "두读"가 조합되어 문장이 만들어지는 과정을 연구하는 것이다. 나는 『汉英语对比纲要중국어-영어 대조의 핵심』에서 영어와 중국어의 문장이 만들어지는 과정을 "나무식 구조树式结构"와 "대나무식 구조竹式结构"로 비유한 바 있다. 여기서 말하는 "대나무식 구조"는 사실상 "두를 모아 문장을 만든다.积读而成句"를 의미한다. 하지만 많은 경우에 "문장句"은 두 개 혹은 더 많은 수의 "두读"로 구성되는데 각 두의 지위가 같다고 볼 수는 없다. 첫 번째 "두读"는 왕왕 언급되는 대상을 제시하고, 두 번째 "두" 혹은 여러 개의 "두"는 이미 언급된 대상에 대해 논술을 계속한다. 이러한 관계는 현대 언어학의 용어로 보면 "화제话题"와 "설명说明"의 관계이다. 첫 번째 "두"는 화제이고, 그 뒤의 "두"는 설명이다. 예를 들어

我要给阿Q做正传，已经不止一两年了。(첫 번째 두는 화제, 두 번째 두는 설명)

내가 아큐(阿Q)의 전기를 써야겠다고 작정한 것은 한두 해 전의 일이 아니다.

화제가 "두"이기 때문에, 그 뒤에는 필연적으로 휴지停頓 pause가 온다. 하지만 이 휴지는 간혹 숨겨진 것일 수도 있다. 자오위안런赵元任은 이에 대해,

> 하나의 문장은 주어와 서술어 두 부분으로 이루어진다. 그 중간에는 휴지가 있거나, 혹은 숨겨진 휴지가 있거나, 혹은 4가지 휴지를 표시하는 어조사 중 하나가 있다. 啊(呀), 呐, 嘛, 吧. …… 중국어의 주어와 서술어 사이에 있는 휴지의 중요성은 문장부호에서 확인할 수 있다. 중국 고대의 서적에는 대부분 문장부호가 없었다. 만약 있다면 통상적으로 3, 4개 글자 뒤에 점을 찍고, 어떤 때는 심지어 1, 2개 글자 뒤에 점을 찍었을 것이다. …… 중국어와는 반대로, 영어의 주어와 서술어 사이에는 어떠한 문장부호도 없다. (Chao, 1968: 67~68쪽)
>
> 整句有主语、谓语两个部分，中间有个停顿，或者一个潜在的停顿，或者四个表示停顿的语气词之一：啊（呀）、呐、嘛、吧。……汉语主、谓间停顿的重要性可从标点中看出来。中国古书大多无标点，如果有的话，通常在三、四个字后点断，有时甚至一、两个字就点断。……与汉语相反，英语的主谓间从来没有标点。

중국어는 영어와 다르게 주어와 서술어 사이에 반드시 휴지나 숨겨진 휴지가 있다는 것을 알 수 있다. 이는 자오위안런이 세계 언어학 이론에 기여한 하나의 큰 공헌이자 동시에 중국어가 "화제-설명의 구조"를 가지고 있으며, 그 통사론이 "두가 모여 문장이 된다."는 명제에 대한 가장 유력한 증명이다. 때로 어떤 휴지는 숨겨져 있는 경우도 있어서, 화제를 확정하는 것이 모두 글말의 문장부호에 의존하는 것은 아니다. 예를 들어

　　阿Q并没有抗辩他确凿姓赵，只用手摸着左颊，和地保退出去了；外面又被地保

训斥了一番，谢了地保二百文酒钱。(화제는 "아큐"이다. 쉼표 이전의 모든 부분이 아니다.)

아큐는 그가 조 씨라고 항변하지 않고 손으로 왼뺨을 어루만지며 띠바오와 물러났다. 밖에서는 띠바오에게 혼쭐이 났지만 띠바오의 술값 200문에 감사했다.

"문장"을 구성하는 "두"와 "두" 사이의 관계는 매우 복잡하므로 세밀하게 연구할 가치가 있다.

아래의 두 가지 경우는 매우 자주 보인다. 하나는 "총화제"로 하나의 화제가 있고, 그 뒤에 나오는 모든 "두"가 그 화제를 설명한다. 앞서 예로 든 『아큐정전』의 예문에서 모든 "두"는 "아큐"를 설명한다. 또 다른 하나는 "체인식"으로, 첫 번째 "설명"이 첫 번째 "화제"에 대한 설명이면서 그 자체로 다시 두 번째 "화제"가 되어 그 뒤에 오는 "두"의 설명의 대상이 된다. 예를 들어 아래의 문장을 보자.

从前有座山，山上有座庙，庙里有个老和尚，老和尚给小和尚讲故事……
앞에 산이 하나 있고, 산에는 절이 하나 있으며, 절에는 늙은 중이 있는데, 늙은 중이 어린 중한테 이야기를 하고 있다……

물론, 이보다 훨씬 복잡한 경우도 있다.

8.2.2.2. 대구법
骈偶律

유협은 『문심조룡』에서 대구의 작용을 특별히 강조했다. 그는 『여사편丽辞篇』을 별도로 써서 이 문제에 대해 토론했는데, 그의 말을 먼저 보자.

자연이 부여한 형체는 사람의 팔과 다리처럼 반드시 쌍을 이루는데 이는 조화옹의 작용으로 이는 사물은 고립적인 것이 아니라는 사실을 드러내 준다. 문학작품을 창작함에 있어서도 구상하고 모색하는 가운데 여러 방면에 대해 많은 고민을 하게 되는데, 이때 높음과 낮음과 위와 아래가 서로 배합되어 자연스럽게 대우(対偶)를 구성한다. (『문심조룡』 여사편)

造化赋形，支体必双，神理为用，事不孤立。夫生文辞，运裁百虑，高下相须，自然成对。

유협은 이 말 뒤에 수많은 예제를 들어 중국어가 대칭이 있는 문장이나 말을 많이 사용하게 된 것은 자연적인 현상이라고 보았다. 후세 사람들은 이러한 대구법이나 문장배열을 수사학의 수단으로만 인식하여 어법과는 연결시키지 않았다. 그러나 나는 종속形合과 병렬意合이라는 변증법의 관점에서 출발하여 대구를 어법의 수단으로 보았다.

중국어의 대구는 일종의 종속 수단으로, 의미의 응집을 돕는다. 대구의 가장 큰 특징은, 혹은 가장 큰 장점은 대칭되는 문장끼리 서로가 서로를 도와 의미를 더욱 명확히 한다는 점이다. 중국어와 같은 의미형 언어에 있어서, 의미를 파악하는 것은 매우 중요하다. 중국어에는 형태가 없고 형식도 아주 적기 때문에 서양의 언어처럼 형태와 형식이 어휘 사이의 관계를 통해 의미를 확정하는 것과는 다른 수단을 선택할 수밖에 없다. 그것은 안으로는 한자의 형태와 한자음을 통해 문자의 의미를 표현하고, 밖으로는 서로 대응되는 위치를 통해 문자의 의미를 보충하는 것이다. 병렬구조의 단어는 상호보완적으로 그 의미를 확정한다.

소쉬르는 연사관계와 연합관계라는 한 쌍의 명제를 제시했는데 이는 언어연구에 중요한 힌트를 제공해주었다. 서양언어의 어법은 일반적으로 형태론과 통사론으로 나뉘는데, 통사론은 통합관계를, 형태론은 계열관계를 말한다. 형태는 주로 계열관계에서 나타나기 때문이다. 중국어에서는 어순의 연구가 연사관계이고, 대구가 어떤 점에서는 일종의 연합관계이다. 작게는 단어의 의미에서부터 크게는 단어의 품사,

단어 사이의 구조관계가 모두 대구를 통해 연구될 수 있다. 중국의 고대사회에서 천년 넘게 명맥을 이어온 대련교육법은 중국어의 교육과 연구의 과학성을 잘 응집하고 있다. 현대 언어학을 연구하는 사람들은 이 점을 중요하게 생각하지 않는데, 사실 이 점은 최소한 주어, 서술어, 목적어 운운하는 태그 붙이기식의 중국어 연구보다는 **훨씬 더 중국어의 특징에 부합한다.** (판원궈, 1997: 354~355쪽)

汉语的骈偶是一种形合手段, 帮助意义凝聚的。骈偶的最大特点或者说最大优越性是可以互文见义。对于汉语这样一种语义型语言来说, 对语义的把握是极其重要的, 汉语既无形态, 又少形式, 无法象西方语言那样通过形态、形式反映的语词间关系来确定意义, 而只能采取别的手段, 这就是向内通过字形字音来表现字义, 向外, 通过相对位置来映衬字义。并列式结构的词可以通过相互对待来确定其整个词的意义, 比它更大的单位也可通过与对应成分的观照来确定其意义。索绪尔提出组合关系和聚合关系这对命题, 对语言研究有重大的启发意义。西方语言的语法, 一般分词法和句法, 句法讲的是组合关系, 词法讲的就是聚合关系, 形态主要是在聚合关系中反映出来的。对汉语来说, 语序研究的是组合关系, 骈偶从某种角度来看就是一种聚合关系, 小至词义, 大至词性、词间的结构关系都可通过骈偶研究出来, 我国古代延续了一千多年的对对子的教学方法实在凝聚了汉语教学与研究的很多科学道理。研究现代语言学的人往往对之不屑一顾, 其实它至少比空谈主谓宾或贴标签要更合汉语的特点。

마빙이马秉义는 언어의 사유방식이라는 각도에서 이에 대해 논증한 바 있다.

중국어의 문장구조는 영어처럼 3등분할 수 없다. 중국어는 오직 2개의 부분으로만 나눌 수 있으니 화제와 설명이 그것이다. 그 기초는 형식논리가 아니고 음양의 변증법이다. 문장만 그런 것이 아니라 문단도 그렇다. 두 개의 문장은 하나의 문단인데, 두 개의 음양은 하나의 사상四象74이다. 사상은 가장 안정적인 구조이다. 따라서 고대의 시나 절구는 모두 이런 구조를 채택했다. …… 음양구조의 사유방식은 단어의

조합에서부터 문장구성과 텍스트에 이르기까지 모두 일관적이다. (마빙이, 2000: 71
~73쪽)

> 汉语句子结构不像英语那样三分，它只有两个部分：话题和说明。它的基础不是
> 形式逻辑，而是阴阳辩证。不仅句子如此，句群也是如此。两个句子是一个句群，
> 两个阴阳就是一个四象。四象是最稳定的结构，所以古诗、绝句都采取这种结构……
> 阴阳结构的思维方式从组词、造句、到篇章，一以贯之。

대구 문제를 어떻게 처리하느냐, 홀수와 짝수의 문제를 어떻게 배합하느냐 하는
문제는 이렇게 연구대상이 매우 많다.

8.2.2.3. 허실법
　　　　虚实律

중국어처럼 형태변화가 적은 언어는 어순과 허사가 중요한 어법적 수단이다. 어
순의 작용은 앞에서 이미 언급했다. 허사는 중국어에서 어떤 작용을 하는가? 이 문
제에 답하기 위해서는 먼저 허사가 도대체 무엇인지를 알아야 한다. 현행하는 교육
체계의 학교어법에서 허사는 "부사副词, 전치사介词, 연결사连词, 조사助词, 감탄사感
叹词" 5가지를 가리킨다. 하지만 예전에는 그렇게 생각하지 않았다. 『마씨문통马氏
文通』은 "조자는 중국어에만 있는 독특한 현상이다.助字者, 华文所独"라고 했는데,
마건충马建忠은 주로 어기사语气词를 조자助字라고 한 것이다. 유협刘勰이 예를 들면
서 지목한 것도 대부분 어기사이고, "之, 而, 于, 以"만 다른 품사에 속한다.

허자의 특성과 작용에 대한 유협의 인식은 크게 3가지로 볼 수 있다. 첫 번째, 허
사는 "실질적인 의미는 없고无益文义 억양을 길게 늘이는 작용语助余声"만 있다. 나
는 이 특징에서 "어법의의"를 발견한다. 이렇게 말하는 이유는 "之, 而, 于, 以" 등의
소위 "전치사, 연결사"가 문언문에서는 강제성을 띄지 않기 때문이다. 영어의 전치

---

74 옮긴이의 말: 四象은 음양阴阳을 태음太阴 · 태양太阳 · 소음少阴 · 소양少阳으로 분별한 것을 일컫는다. 사
　　상의학四象医学도 이러한 철학에 기반하고 있다.

사나 연결사처럼 없어서는 안 되는 것이 아니다. 하지만 이 "억양을 길게 늘이는 작용语助余声"은 인도-유럽어에서는 찾아볼 수 없는 기능이다. 중국어와 인도-유럽어의 허사가 어떻게 다른지 이해하기 위해서는 아마도 여기에서부터 시작해야 할 것이다.

두 번째, 허자는 "필요 없어 보이지만 실질적인 역할을 한다.据事似闲, 在用实切" 비록 별다른 의미는 없어서 얼핏 보기에 있으나마나한 것 같지만 사실은 아주 쓸모가 있다. 구체적인 예를 들자면, "夫惟盖故者, 发端之首唱；之而于以者, 乃箭句之旧体；乎哉矣也, 亦送末之常科.부(夫), 유(惟), 개(盖), 고(故) 등의 글자는 구절을 처음 시작할 때 사용하는 허자이고, 지(之), 이(而), 우(于), 이(以) 등은 구절을 만들 때 사용하는 허자(虚字)이며, 호(乎), 재(哉), 의(矣), 야(也) 등은 구절 끝에 흔히 쓰이는 조사이다." 같은 말처럼 문장의 첫머리와 마지막에서 또 문장의 중간에서 공백을 메우는 역할을 한다. 이러한 역할은 "의미공백을 메우는 음운수단填补语义空缺的语音手段(판원궈, 1997: 306쪽)"이라고 부를 수 있겠다. 이것도 인도-유럽어의 허사에는 없는 기능이다.

세 번째, 허자의 사용은 "구절의 안에 사용入于句限"되기도 하고, "구절의 밖에 사용字出句外"되기도 한다. 잘 쓰기만 하면, "문장의 글귀를 더욱 엄밀하게 한다. 실자实字로 구성된 몇 개의 구절 끝에 그러한 허자를 배치하는 것은 그 하나의 허자로부터 문장 전체의 도움을 받기 위함이다.弥缝文体, 将令数句之外, 得一字之助矣" 같은 말에서 우리는 허자의 사용이 "구절의 안에"서 작용하여 "한자로 인해 구를 만드는因字而生句" 과정과 "구가 모여 장을 이루는积句而成章" 과정 모두에 해당함을 알 수 있다. 이러한 허자들은 "두读"와 "두读" 사이에서 윤활유의 작용을 한다. 심지어 몇 개의 "두"가 허자로 인해 다채로운 색깔을 입기도 한다. 현대의 용어로 말하면 허사는 주로 통사작용을 하므로 조어법 연구의 주요한 대상이 되기도 한다. 그래서 나는 허자에 대한 연구를 이 부분에 배치한 것이다. 현대 중국어의 허자는 고대 중국어의 허자와 많이 다르지만, 그 주요한 작용은 "두" 사이에 존재하면서 통사적 역할을 한다는 점에는 변함이 없다. 중국어의 허사에 대한 연구는 인도-유럽어와 같은 길을 갈 필요가 없다.

유협이 "이렇듯 조사의 사용만 해도 한 치의 소홀함이 허락되지 않는데, 하물며 실제 내용을 구성하는 장과 구에 있어서랴!外字难谬, 况章句欤"라고 말한 것은 허사에서 출발해 실사와 실사구조의 중요성을 말한 것이다. 이 사안도 중요한 연구과제이다.

8.2.3. 중국어 텍스트언어학의 특징
汉语篇章学的特色

중국어에 텍스트언어학이라는 명칭을 처음 사용한 것은 주싱朱星이다.

텍스트의 구조는 과연 어떤 학술분야에 속하는가? 이전에는 그다지 명확하지 않아 주로 글쓰기의 방법론으로 언급되었고, 어떤 때는 문체론으로 언급되었으나 사실 언어학에서 다루어야 한다. 언어학에 하나의 학술분야를 만들어 이를 "텍스트언어학"이라 불러서 단어학, 어법학과 병립시켜야 한다. 단어학은 단어의 형태, 음성, 의미의 규칙을 다룬다. 어법학은 통사론을 다루는데 문장의 구조규칙을 말한다. 텍스트언어학은 문장이 확대되어 문단을 이루고 단락을 이루고 절을 이루어 장과 텍스트가 되기까지의 규칙을 다룬다. (주싱, 1983: 3쪽)

篇章结构究竟属于哪一门科学？过去不明确，一般在文章作法中讲，有的在文体论中讲。其实应当在语言学中讲，应当在语言学中另辟一个部门，叫"篇章学"，与词汇学、语法学并立。词汇学讲词，它的研究对象是词汇的形、音、义规律。语法学讲句，它的研究对象是句子的结构规律。篇章学是讲句子的扩大为句群，为段，为节、章、篇，它的研究对象是篇章结构的规律。

하지만 주싱이 분석한 예제와 실천으로 보면, 그의 연구는 문장을 대상으로 하는 수준에 머물러 있다. 장과 절의 층위나 단락의 주요의미에 대해 논하는 것은 언어학적 분석이라고 볼 수 없다. 언어학적 분석을 비교적 잘 진행한 학자로는 할리데이Halliday(1976; 1985)를 들 수 있다. 그는 절(Clause)을 본위로 삼아 분석을 진행하면서 절의 하위분석 및 절의 상위분석을 진행했다. 그는 본위분석을 진행하면서 절의 기능을 타동성及物性(Transitivity), 정서语气(Mood), 주제성主题性(Theme) 등의 3가지로 구분하였다. 이는 각각 경험성经验性(Experiential), 대인관계성人际性(Interpersonal)과 텍스트성语篇性(Intratextual)의 각종 관계를 처리한다고도 했다. 마지막이 곧 통사론이다. 이는 주제체계主位系统(Theme + Rheme, 즉 주제主题 + 서술述题)와 정보체계信息系统(아는 정보已知信息 + 모르는 정보未知信息)로 구성된다. 할리데이는 하위분석 분야에서 구문词组(Word Group)과 구절短语(Phrase)의 개념을 제시하면서 구문은 단어의 확장이고 구절은 절의 축약缩减(Contraction)이라고 단정하였다. (Halliday, 1985: 159쪽) 그는 구문을 더욱 중요하게 보았는데, 이는 그가 착안점을 구문 이상의 생성에 두었고 그 아래의 분석에 두지 않았음을 보여준다. 하지만 그는 "구문"을 여전히 "명사구문名词词组, 동사구문动词词组" 등으로 분석했으므로 중국어에서 참고할 만한 값어치는 별로 없다. 그는 또 절小句의 상위분석을 두 단계로 구분하였다. 첫 번째 단계는 절에서 절묶음小句群(Clause complex)까지로, 이는 전통적인 분석에서의 문장과 비슷하지만 어떤 경우에는 범위가 더 크다. 여기서 그가 제시한 개념이 바로 병렬관계意合(Parataxis)와 종속관계形合(Hypotaxis)인데 이를 통해 절이 모여 문장이 되는 각종 상황을 해석했다. 두 번째 단계는 화언분석话语分析이다. 그는 절과 문장에서 텍스트와 화언에 이르기까지, 이 부분에서 연결连接(Cohesion)의 개념을 제시하고 이를 참조照应(Reference), 대체替代(Substitution), 생략省略(Illipsis), 접속连接(Conjction)과 단어수단词汇手段(Lexical Cohesion) 등 다섯 가지로 나누었다. (Halliday & Hasan, 1976에 따름; Halliday, 1985에서는 대체와 생략을 하나로 합했다.) 최근에는 할리데이 이론의 영향력이 매우 커서, 특히 영어의 텍스트언어학에서는 그의 이론을 피해갈 수 없다. 하지만 그의 저작을 중국어로 번역한 책은 많지 않아서 중국어학계는 할리데이의 이론에 대한 이해도가 떨어지는 편이지만 중국의 영어학계는 또 너무 절대적으로 할리데이만 신봉한다. 나는 할리데이의 이론에는 중국어 연구에도 적용할 만한 점이 많다고 생각하는데, 다만 영어와 중국어 사이에 존재하는 차이점에는 충분한 주의를 기울여야 할 것이다. 물론 아직까지는 그의 이론에 대한 전면적인 이해 자체가 우선인 것은 분명하다.

유협刘勰이 텍스트에 대해 별도로 논의한 것은 없다. 하지만 한자가 모여 문장을 이루고, 문장이 모여 장을 이루며, 장이 모여 텍스트가 된다고 말한 것은 점진적으로 텍스트가 이루어지는 전 과정을 설명한 것이다. 이러한 서술방식은 한편으로는 한자, 문장, 텍스트의 층위관계를 설명하고, 한편으로는 이 셋의 연속성을 설명하고 있다. 생성의 원칙과 방법으로 볼 때, 이 세 가지에는 수많은 공통점이 있다는 점을 유협은 명확하게 간파하고 있었던 것이다. 이에 대해 우리는 앞부분에서 이미 충분히 살펴본 바 있다. "한자가 모여 구가 된다."는 규칙은 기본적으로 "구가 모여 장이 된다."에 직접 적용이 가능하고, "한자가 모여 구가 되고, 구가 모여 장이 된다."라는 규칙은 또 "장이 모여 텍스트가 된다."에 직접 적용이 가능하다. 아마도 이것이 중국어의 특징일 것이다. 따라서 주싱朱星이 말한 "단어학(사실은 형태론)", "어법학(사실은 통사론)", "텍스트언어학"의 3분법은 서양의 언어학을 기준으로 나눈 것이고, 중국어에서는 이 셋을 구분할 필요 없이 하나의 학술분야에서 토론하면 충분하다고 본다. 이 "하나의 학술분야"가 바로 장구학章句学이다.

이처럼 중국어 장구학에서는 뒷부분의 생성과정을 설명할 때 단지 앞부분의 생성과정의 기초에 설명을 조금만 더 추가하면 충분하다. "구가 모여 장이 된다."라고 말할 때는 어순, 대칭과 허자를 추가하면 되고, "장이 모여 텍스트가 된다."라고 말할 때도 이런 규칙이 여전히 유효한 것이다. (물론 변화하는 부분도 있다. 예를 들어 허자虚字의 경우는 왕왕 허자묶음虚字字组으로 쓰이는데, "换句话说다른 말로 하면", "首先우선……, 其次다음……, 再次또", "总而言之종합해서 볼 때", "这样看来이렇게 보면" 등이 문장과 문장 사이의 윤활유 역할을 하는 것이다. 이것도 할리데이가 말한 접속사로 볼 수 있다.)

추가할 것은 주로 종속개념식 나열과 병렬개념식 나열의 문제이다. 특히 종속개념식 나열과 병렬개념식 나열의 변증법인데, 많은 학자들은 영어 등 서양 언어는 종속개념식 나열을 중시하고 중국어는 병렬개념식 나열을 중시한다고 생각하지만, 나는 이 말이 반은 맞고 반은 틀리다고 생각한다. 이 말은 문장 이하의 층위에서는 대체로 맞지만 문장 이상의 층위에서는 틀렸다고 할 수 있다. 영어와 중국어가 허사를 이용하는 점에서는 같다고 볼 수 있지만, 중국어는 중복과 대칭을 더욱 자주 사용하고, 영어는 대체와 단행을 수단으로 한다는 점은 서로 다르다.75 이러한 차이는 문장 이하의 층위에서 중국어는 "의미맥락意脉"에 더욱 의존하여 연결을 하는 반면, 영어는 형태와 형식수단에 더욱 의존한다는 사실을 증명한다. 문장 이상의 층위에 있어서 중국어는 형식상의 무언가에서 도움을 얻고자 하지만 영어는 반대로 의미의 연관에서 도움을 구한다. (판원궈, 1997: 336~356 참고) 고대사회의 중국어 연구가 서양 언어처럼 문장 이하의 구조에 집중하지 않고 텍스트에 더욱 집중하게 된 원인은 아마도 이러한 차이에 있지 않을까 싶다.

서양의 텍스트언어학에는 보우그랑데Robert de Beaugrande와 드레슬러Wolfgang Dressler 등이 텍스트언어학의 원칙으로 제시한 두 가지가 있다. 그중 "구성원칙組成性原则(Constitutive Principles)"은 아래의 일곱 가지를 포함한다.

① 연결성(Cohension), 즉 텍스트 표면의 언어성분 간의 연결관계;

② 연관성(coherence), 즉 의미의 연관성;

③ 의도성(Intentionality), 즉 텍스트의 의도. 간혹 연결되지도 연관되지도 않는 텍스트;

④ 수용가능성(Acceptability), 즉 텍스트가 수용할 수 있는 정도. 역시 간혹 연결되지도 연관되지도 않는 텍스트;

---

75 옮긴이의 말: 중복 vs. 대체: 예를 들어 어떤 사람을 가리키는 말로 "장 씨"라고 말했을 때, 중국어에서는 주로 계속해서 "장 씨"라고 "중복"하는 방법을 많이 사용하는데 반해, 영어는 "그", "그 남자", "기사님" 등으로 "장 씨"를 가리키는 말을 여러 번 바꿔서 사용하는 "대체"를 선호한다.

대칭 vs. 단행: 한 가지 의미를 가리키는 말로 중국어는 "耳所为虚, 眼见为实.귀로 들은 것은 허구이고, 눈으로 본 것이 진실이다."처럼 두 구절을 대칭시켜 사용하는 방식을 주로 쓰지만, 영어는 "Seeing is believing."처럼 한 구절의 표현을 선호한다. 또 중국어가 "当局者迷, 旁观者清.어떤 국면에 빠져 있는 자는 미혹되지만, 옆에서 구경하는 사람은 또렷이 본다."처럼 두 구절을 대칭하는 표현을 좋아한다면, 영어는 "The onlooker sees most of the game."처럼 한 문장으로 마무리 짓는 것이 보편적이다.

⑤ 정보성(Informativity), 즉 어떠한 텍스트라도 반드시 새로운 정보를 제공;

⑥ 상황성(Situationality), 즉 텍스트는 반드시 어떤 상황과 관련되어 있어서, 텍스트에 대한 이해는 반드시 그 배경에 연결되는 결과를 낳음;

⑦ 호응성(Intertexuality), 즉 하나의 텍스트를 이해하는 것은 그 전에 존재하는 다른 텍스트를 이해하는 것과 연결됨. (Beaugrande & Dresser, 1981: 3~11쪽)

이들은 이러한 조건이 텍스트가 "텍스트성语篇性(Textuality)"을 갖추는 필요조건이라고 보았다. 이 점도 중국어의 텍스트가 생성되는 과정을 연구할 때 참고할 만하다.

8.3. 중국어 장구학의 기틀 둘: 제어론
汉语篇章学框架之二 : 调控论

제어론의 주요한 논거는 유협의 "완성된 한 편의 글이 광채를 발하는 것은 각 장에 결함이 없는 데에서 비롯되고, 각 장의 분명하고 세밀한 것은 각 문장에 결함이 없는 데서 비롯된다. 각 구절이 청신하고 힘이 있는 것은 각 한자를 함부로 사용하지 않았기 때문이다.篇之彪炳, 章无疵也 ; 章之明靡, 句无玷也 ; 句之清英, 字不妄也"라는 이론이다. 또 하나의 논거는 텍스트언어학자들이 얘기하는 텍스트제어론과 관련된 원칙이다.

장구학과 관련하여 유협의 사상이 의미 있는 이유는 중국의 전통적인 변증법사상을 보여주고 있기 때문이다. 중국의 전통적인 언어조직 연구는 본래부터 분석을 목표로 삼지 않았고, 물론 생성을 최종결론으로 생각하지도 않았다. 하지만 한자에서 텍스트까지 다시 텍스트에서 한자에까지 이르는 변증운동의 과정을 보여주고 있다. 이러한 이론은 단순히 분석만 강조하는 서양의 전통어법과 구조주의 어법, 또는 단순히 생성만을 강조하는 생성어법과는 실상이 많이 다르다. 이런 변증법적인 언어조직관 역시 중국의 언어학이 세계 언어학에 크게 공헌한 점이다.

"한자로 구를 만들고, 구가 모여 장이 되며, 장이 모여 텍스트가 된다."는 사상은 생성의 과정을 강조한 말이다. 그 과정이 아주 다이내믹하다. 이러한 어법은 서양의 저 죽은 듯 고요한 어구의 해석(parsing)에 비해서 훨씬 더 생동감 있고 다양하며 풍부하다. 이 이론은 긴 세월 동안 묻혀 있는 듯했지만, 1,500여 년이 지난 후 다시 국제언어학계의 주요한 흐름으로 부활했다. 이는 참으로 많은 것을 생각하게 만든다. 불과 얼마 전까지만 해도 대부분의 언어학자들이 시대적 배경과 사유방식의 한계로 인해 이 이론의 가치를 발견하지 못했다. 주싱朱星도 이렇게 말했다.

…… 그(유협)가 한자(사실은 "단어"), 구, 장, 텍스트 등 네 부분으로 나눠 유기적으로 연결시킨 것은 아주 훌륭한 연구였다. 하지만 그는 순서를 뒤집었다고 볼 수 있다. 그의 연구는 마땅히 텍스트에서 장(장은 곧 단락을 말함)으로, 장에서 구로, 구에서 단어로 순서를 잡았어야 했다. 텍스트 전체의 주제를 정하고 이를 몇 단락으로 나눌 것인지 결정한 후, 매 단락의 의미를 확정하고, 다시 몇 개의 문장으로 쓸 것인지를 고려하고, 어떤 문장으로 표현할 것인지를 정하는 방향으로 잡았어야 했다는 말이다. 그리고 각 문장은 또 어떤 단어를 사용할 것인지를 고려해야 한다. 이렇게 해야만 내용이 형식을 결정하는 것이다. (주싱, 1983: 1쪽)

……他（按：指刘勰）把字（实指"词"）、句、章、篇四部分作有机的联系，这是好的。但他把次序颠倒了。应当从篇到章（章即段节），章到句，句到词。也就是先定全篇的主题中心思想，然后考虑分几段，每一段的段意确定了，再考虑用多少句，用什么样的句来表达。在每一句中又考虑用哪些词。这是内容决定形式。

이러한 말은 유협의 입체적인 사상을 제대로 이해하지 못했다는 사실을 제외하고도, 주싱이 말한 "주제선행"이라는 텍스트론은 아마도 글쓰기 교육에 매우 나쁜 영향을 끼칠 것으로 생각한다. 그런데 이러한 이론은 일정 기간 매우 유행했다. 내용이 창백하고 형식이 틀에 박혀 있으며, 글쓰기를 프로세스 정도로 인식하고, 글을 최대한 간단하게 써야만 한다는 학풍은 아마도 이러한 글쓰기 사상에 의한 결과일 것이다.

유협의 생성론이 소중한 점은 또 있다. 그의 사상은 고대의 어문교육의 실천과도 매우 긴밀하게 결합되어 있다. "한자가 모여 구가 된다."는 유협 "삼부작"의 첫걸음으로 당연히 가장 중요한 기초이다. 이 기초를 제대로 잡느냐 그렇지 않느냐 하는 것은, 글쓰기 교육이 성공하느냐 실패하느냐를 가름하는 가장 중요한 관건이 된다. 서양에서는 "단어본위"로 문학과 어학의 교육을 진행하는데 글쓰기도 단어를 이용해 문장을 만드는 데서 시작한다. 처음에는 실사를 교육하여 명사나 동사, 혹은 형용사를 하나 제시하고 이를 이용해 문장을 만들도록 요구한다. 그 다음에는 허사를 사용하여 부사나 한 쌍의 관련된 단어를 주고 그것을 이용해 문장을 만들도록 하는 방법이다. 20세기에 중국이 서양의 어법을 수입한 후에, 이러한 서양 단어본위의 영향을 받아서 중국도 이런 방식으로 아동을 교육시키고 있다.

그렇다면 중국의 고대인들은 어떻게 아동을 교육했을까? 장즈궁張志公의 연구가 밝혀낸 선조들의 모습을 보자.

> 송나라 이후로 전통적인 언어와 문학의 교육은 아주 간단한 논리에서 시작되었다. 총 두 가지 일에 역점을 두었는데, 하나는 큰 힘을 들여 한자를 익히게 하는 것이고, 또 하나는 큰 힘을 들여 문장을 쓰게 하는 것이었다. (장즈궁, 1992: 150쪽)
>
> 宋代以下，传统语文教学的头绪很简单，一点都不复杂。一共干两件事：一是化大力气对付汉字，一是花大力气对付文章。

이 두 가지 교육방법은 내가 앞에서 말한 바를 정확하게 증명하고 있다. 전통적인 중국어 연구가 집중한 것은 한자와 텍스트라는 양쪽 끝이었다. 교육은 연구의 실천이므로, 이 둘은 매우 긴밀하게 연결되어 있다. 한자를 익히게 하는 교육에 대해서는 여기서 언급할 여유가 없다. 글쓰기 훈련은 대구对子에서 시작했다.

> 송대에는 대구를 맞추는 것이 이미 구두나 성률과 마찬가지로 하나의 기초과정이었다. 대구 교육의 목적은 이미 시의 형식을 맞추는 일뿐 아니라 언어와 문학의 교육을 위한 기초훈련의 수단이 된 것이다. (같은 글: 97쪽)
>
> 在宋代，属对已经是同句读、声律相提并论的一种基础课程。它的目的已经不再是专为学作近体诗，而是作为语文基础训练的一种手段了。

그렇다면 구체적으로 어떻게 훈련했을까?

> 우선은 "한 쌍의 한자"로 시작한다. 실재하는 것은 실재하는 것끼리, 살아 있는

것은 살아 있는 것끼리, 죽은 것은 죽은 것끼리, 동사는 동사끼리, 형용사는 형용사끼리 대응을 찾아내게 하는 것이다. 이러한 교육은 분명히 기초적인 품사훈련이라 할 수 있다. 이것이 충분히 진행되면 학생은 점차 품사의 관념을 수립하게 된다. …… 그 다음으로 "한 쌍의 두 글자". 실사, 산 허사, 죽은 허사를 두 개씩 짝지어 조직하게 하면 수많은 구조를 만들어낼 수 있다. …… 다시 한 걸음 더 나아가 "한 쌍의 세 글자", "한 쌍의 네 글자" 하는 식으로 발전해 가면, 조자助字의 도움을 받는 것도 추가된다. 세 글자와 네 글자의 구조는 문언문에서 이미 복문을 비롯하여 대부분 문장의 격식을 충분히 표현할 수 있다. (같은 책: 99~100쪽)

首先作"一字对"，要求实对实，活对活，死对死，也就是名词对名词，动词对动词，形容词对形容词。这显然是基本的词类训练，作得多了，学生可以逐步树立起词类的观念。……第二步作"二字对"。用实字、虚（活）字、虚（死）字两个两个地组织起来，可以成为好几种结构……也就是训练学生运用主谓、动宾、偏正、联合这几种基本的造句格式。……进一步作"三字对"和"四字对"，这时就可以把助字加进去。三字和四字的结构，在文言里，已经可以表现绝大部分造句格式，包括复句在内。

이러한 교육은 이미 "한자를 모아 구를 만든다."라는 이념을 교육방식으로 정확히 응용한 것이다. 장즈궁이 조사한 교육방식은 송나라 이후의 상황으로 유협의 시대와는 이미 500여 년이나 차이가 난다. 유협의 언어조직이론은 중국에서 1,000년이 넘게 응용되었으나 20세기 초에 이르러 과거제도가 취소되고 서양식 학교교육이 시작되면서 역사의 무대에서 사라지게 되었다. 최근에 지난 100여 년의 언어연구와 언어교육을 다시 되돌아보면서, 어떤 이들은 전통적인 교육방식에서도 얻을 만한 것이 있다고 말한다. 나는 중국의 전통적인 교육방식이 중국어의 특징에 부합하고, 중국어의 실제 상황에 긴밀하게 연결되어 있다는 점이, 우리가 전통적인 교육방식에서 배울 수 있는 가장 중요한 힌트라고 생각한다.

앞에서 나는 서양의 텍스트언어학에 보우그랑데Beaugrande와 드레슬러Dressler

등이 제시한 두 세트의 텍스트언어학의 원칙이 있다고 했다. 그중의 하나는 "구성원칙組成性原則"으로, 이 역시 앞에서 이미 소개한 바 있다. 또 다른 하나는 "제어원칙调控性原則(Regulative Principles)"이다. 여기에는 세 가지가 포함되어 있다.

① 효율성(Efficiency), 즉 어떻게 가장 작은 노력으로 가장 큰 커뮤니케이션 효과를 불러올 수 있는가;

② 효과성(Effectiveness), 즉 어떻게 텍스트가 강렬한 인상을 갖도록 하여 글의 목적을 달성하는 데에 도움이 되게 하는가;

③ 적합성(Appropriateness), 즉 어떻게 텍스트를 처리해야 앞서 말한 텍스트성을 갖추도록 할 수 있는가. (Beaugrande & Dressler, 1981: 11쪽)

보우그랑데 등은 심지어, 문장이 성립 여부(sentence/non-sentence) 혹은 텍스트가 되느냐 되지 않느냐(text/non-text)의 구별조차도 사실은 별로 중요하지 않다고 말한다. 더욱 중요한 것은 위에서 말한 세 가지 원칙으로, 그 중요성은 최소한 추상적인 어법과 논리규칙보다 앞선다. (같은 책: 11쪽) 이 세 가지 원칙과 유협이 말한 "광채를 발하고,彪炳 분명하고 세밀하며,明靡 청신하고 힘이 세다.清英"라거나, 이와 반대되는 방향에서 얘기한 "각 장에 결함이 없고,无疵 각 문장에 결함이 없으며,无玷 한자를 마음대로 사용하지 않는 것不妄"은 모두 위에서 아래로 내려가는 텍스트제어의 표준이다. 중국 문장학의 마지막 장수인 옌푸严复는 그의 『천연론天演论-역례언译例言』에서 "신信, 달达, 아雅"라는 세 글자를 제시했다. 이는 일반적으로 번역의 표준으로 인식되지만, 사실 옌푸는 이것들을 "문장의 정도文章正轨"로 제시한 것이며, 단지 "번역에도 모범이 된다."고 한 것뿐이다. (옌푸, 1898: 1쪽) 이 세 글자는 옌푸가 2,000년에 이르는 중국의 문장학을 총정리한 것으로, 그 함의가 현대 텍스트언어학의 3가지 제어론과 놀랍게 일치한다는 사실을 알 수 있다. "신"은 효과성에, "달"은 효율성에, "아"는 적합성에 해당한다.

유협의 "완성된 한 편의 글이 광채를 발하는 것은 각 장에 결함이 없는 데에서 비롯되고, 각 장의 분명하고 세밀한 것은 각 문장에 결함이 없는 데서 비롯된다. 각 문장이 청신하고 힘이 있는 것은 각 한자를 함부로 사용하지 않았기 때문이다.篇之

彪炳，章无疵也；章之明靡，句无玷也；句之清英，字不妄也"는 그럼 어떻게 진행하는 것일까? 사실 『장구편章句篇』 뒤쪽의 많은 부분은 이 문제에 대한 해답으로 제시된 것이다. "글이란 운문이나 산문에는 편폭의 크고 작음의 차이가 있게 되고裁文匠笔，篇有大小"는 텍스트에서 장에 이르는 방식을 해설한 것이고, "장章이나 구句는 혹은 분리하고 혹은 합치게 되며, 성조声调는 어떤 것은 완만하고 어떤 것은 촉급促急하다. 그러한 것들은 내용의 변화에 따라 조정하고 배열하는데, 여기에 일정한 규칙이 있는 것은 아니다.离章合句，调有缓急。随变适会，莫见定准"라는 표현은 장에서 문장에 이르는 방식을 설명한 것이다. "하나의 구 안에는 많고 적은 한자들이 포함되어 있는데, 그것들은 결합되어야만 작용을 하게 된다.句司数字，待相接以为用"는 구에서 한자에 이르는 방식으로, 주로 한자의 숫자 문제를 다루고 있다. 여기서 그 뒤의 내용은 상론하지 않겠다. 그런데 "그 가운데서 전달하려는 사상과 감정을 장악하려면 어떤 때는 풀어주고 어떤 때는 감아서 주제에 적합하도록 해야 한다. 이는 무용을 할 때 몸을 빙글빙글 돌리는 춤사위는 일정한 행렬과 위치를 유지해야 하는 것에, 또한 노래를 할 때 때로는 높고 때로는 낮은 리듬이 있어야 하는 것에 비유할 수 있다.其控引情理，送迎际会，譬舞容回环，而有缀兆之位；歌声靡曼，而有抗坠之节也"라는 말은 유협의 총원칙을 설명하고 있다. 즉, 운율과 리듬으로 조절하라는 것이다. (운문에서는 운의 전환 문제도 고려해야 한다.)

천여 년이 지난 후, 루쉰은 『答北斗杂志社问북두잡지사의 질문에 답함』 이라는 문장에서 다음과 같이 말했다.

글을 다 쓴 후에 최소 두 번은 다시 봐야 한다. 최선을 다해 있으나마나한 글자, 문장, 단락을 지워버려도 전혀 아깝지 않다. (루쉰, 1932: 364쪽)

写完后至少看两遍，竭力将可有可无的字、句、段删去，毫不可惜。

내가 쓴 글을 스스로 퇴고해본 체험에 의하면, 내용과의 연관성이 많은 부분을 제외하면 사실 어조와 리듬을 위해서 무언가를 지우는 경우가 많다. 왜냐하면 이렇게 할 때 비로소 "각 장에 결함이 없고句无玷也", "한자를 함부로 쓰지 않字不妄也게 되"
기 때문이다.

8.4. 두 가지 체계관
两种系统观

이 장을 마치면서 사족을 하나 붙이고자 한다. 대부분의 사람들이 인식하지 못하고 있는 내용을 언급하려는 것이다. 유협의 이 말은 사실 두 부분을 포함하고 있다. 혹은 두 가지 체계라고도 할 것이다. 하나는 아래에서 위를 향한 체계이고, 또 다른 하나는 위에서 아래를 향하는 체계이다. 이 두 체계는 같은 것인가? 중언부언한 것이 아닌가? 이전에는 대부분의 사람이 그렇게 생각했다. 나는 이 장의 분석을 통해 이 둘이 같지 않다는 것을 실천적으로 증명했다. 여기서는 이론적으로 이 점을 논술해보고자 한다.

"체계"라는 말은 이미 너무 많이 쓰여서 진부해 보이기까지 한다. 언어학에서는 특히 더 그렇다. 소쉬르가 구조주의를 들고나온 이후, 언어학의 세계는 곳곳에서 "체계"가 차고 넘치게 되었다. 언어는 하나의 체계이다, 언어의 아래 층위에서는 음성·어휘·어법이 또 각자 "체계"를 이루고 있다, 더 아래 층위에는 음소의 체계가 있고, 형태소도 체계가 있다, 등등. 사실 언어학뿐 아니라, 크게는 우주에서 작게는 물질입자까지 체계가 없는 곳이 어디에 있고, 체계가 아닌 것이 어디에 있겠는가? 나는 간혹 '무엇무엇이 체계이다.'라는 말이 하나의 "위대한 말쓰레기"라는 생각도 든다. 이런 상황에서 유협의 이 두 세트의 체계가 정말로 필요한 것일까? 아니 저 범람하는 체계들과 또 이 두 체계 간에라도 구분이 가능할까? 내가 텍스트언어학자 보우그랑데Beaugrande의 두 가지 체계에서 영감을 얻을 수 있었던 것은 그래서 아주 다행이었다고 생각한다.

보우그랑데가 말한 두 가지 체계 중 하나는 "진실체계(Virtual System)"라 부르는 것이고, 또 하나는 "현실체계(Actual System)"라고 부르는 것이다. 언어는 일종의 "진실체계"이다. 언어는 객관적인 존재이지만 아직 사용되는 체계가 아니다. 그것은 음성, 어휘, 어법의 각종 요소가 저장되어 있는 창고와도 같다. 하지만 언어 스스로는 어떠한 원칙도 제공하지 않는다. 언어는 우리에게 무엇을 어떻게 선택하라고 가르쳐주지 않는다. 하지만 텍스트는 하나의 "현실체계"로, "진실체계"에 널려 있는 저 요소들 중에서 필요한 것을 골라서 특정한 구조로 조립한 것이다. 이 과정을 "현실화(Actualization)"라고 한다. (Beaugrande, 1980; Beaugrande & Dressler, 1981: 35쪽에서 재인용)

이 이론에서 출발해서 나는 구조주의, 생성어법 등 형식언어학파가 말하는 체계가 사실은 모두 "진실체계"라는 것을 알게 되었다. 기능언어학파에 이르러서야 언어가 "현실체계"에 접어들었다고 할 수 있다. 이런 사고를 거쳐 유협의 두 가지 체계에까지 사고를 진전시키면, 저 말의 앞부분은 주로 "진실체계"의 영역에 있고, 뒷부분은 "현실체계"에 진입했다는 것을 알 수 있다. 언어의 응용이라는 관점에서 보면, 이 둘 중 어느 하나도 없으면 안 되는 것이다. 따라서 유협의 저 말은 하나의 유기적으로 완성된 실체로써 상호보완적이며, 시너지를 일으킬 수 있는 탁월한 견해라고 생각한다. 1,500여 년 이전의 중국인이 언어의 체계에 대해 이렇게 놀라운 이해와 통찰을 가졌고, 더구나 이를 아름다운 문장으로 설명했다는 것은 참으로 자부심을 가질 만한 일이다.

제9장 한자본위의 의미연구 — 자의학

字本位的语义研究－字义学

9.1. 왜 자의학인가
为什么是字义学？

뤼슈샹吕叔湘은 『语文常谈어문상담』에서 이렇게 말했다.

중국어의 "단어"에 대해 만족할 만큼의 정의를 내리지 못하는 것은 그것이 실체로 존재하지 않기 때문이다. 사실 중국어의 어법을 논한다고 해서 "단어"가 반드시 필요한 것은 아니다. 그렇다면 어째서 반드시 그것을 규정하려 하는가? 본래부터 "단어"에는 두 가지 얼굴이 있다. 그것은 어법구조의 단위이면서 어휘를 구성하는 단위이기도 하다. 그런데 이 두 얼굴이 항상 일치하는 것도 아니고 간혹은 서로 모순을 일으키기도 한다. 중국어의 어법을 논할 때, 아마도 "단어"는 꼭 필요한 것이 아닐지도 모른다. 하지만 어휘의 차원에서 보면 현대 중국어의 어휘가 이미 한자를 단위로 하지 않는다는 것은 매우 선명한 특징이다. 한자로 중국어를 기록하면 이 문제가 그다지 선명하다고 할 수 없을지 모르겠지만, 병음문자로 중국어를 써보면 이 문제가 아주 쉽게 눈에 띄는 것을 알 수 있다. 따라서 중국어의 "단어" 문제는 여전히 해결해야 할 과제이다. 하지만 그것을 자꾸 어법의 특징으로 끌어들여서는 문제를 해결하기 어렵고, 어휘의 차원에서 다룰 때만 이 문제를 비교적 쉽게 해결할 수 있다. (뤼슈샹, 1980: 46~47쪽)

汉语里的"词"之所以不容易归纳出一个令人满意的定义，就是因为本来没有这样一个现成的东西。其实啊，讲汉语语法也不一定非有"词"不可。那么为什么还一定要设法把它规定下来呢？原来"词"有两面，它既是语法结构的单位，又是组成语汇的单位，这两方面不是永远一致，而是有时候要闹矛盾的。讲汉语语法，也许"词"不是绝对必要，可是从语汇的角度看，现代汉语的语汇显然不能再以字为单位。用汉字写汉语，这个问题还不十分显露；如果改用拼音文字，这个问题就非常突出了。所以汉语里的"词"的问题还是得解决，可是只有把它当作主要是语汇问题来处理，而不专门在语法特征上打主意，这才有比较容易解决的希望。

이 길지 않은 글에서 뤼슈샹은 중국어의 어법연구에서 "단어"는 별로 중요하지 않다고 세 번이나 강조하고 있다. 그러면서 중국어의 어휘연구에서는 "단어"가 필요하다고도 두 번이나 말했다. 그는 이 둘이 서로 모순되면서도 정상적이라고 보는 것이다. 하지만 이런 생각은 또 다른 문제를 야기한다. 중국어의 "한자본위字本位"는 음성과 어형에 적합하고 어휘연구에는 적합하지 않은 것일까? 거시적으로 봐서 만약 우리가 말하는 "본위"이론이 언어의 "보편성共性"을 연구하는 일이라면, 인도-유럽어의 "Word"가 이를 증명했다면, 중국어의 "한자"는 "보편성" 차원에서 "Word"에 뒤지는 것이 아닐까? 중국어의 "한자"는 이러한 "본위"가 아니지 않을까? 쉬퉁창 徐通锵은 뤼슈샹의 이러한 모순된 심리에 대해 아래와 같은 해석을 제시했다.

> 뤼슈샹이 …… "단어"라는 개념을 남겨놓고 싶어 하는 것은 나중에 중국어의 병음화가 실현되었을 때 단어를 붙여서 쓰고 싶었기 때문이다. 중국어를 병음으로 기록하는 것은 실현될 수 없다. 따라서 단어의 개념을 남겨놓을 필요성도 사라졌다. (쉬퉁창, 2001: 31쪽)
>
> 吕先生……之所以还需要保留"词"这个概念，那是由于将来实现拼音化时词儿需要连写。汉语书写的拼音化问题是无法实现的，因而保留词概念的基础也就不存在了。

뤼슈샹이 위의 글을 쓴 것은 문자개혁文字改革이 한참 최고조에 이르렀던 1964년이었는데 편집인의 요구에 맞춰야했던 당시의 정치적 분위기를 감안하고, 발표지조차 정부 담당부서의 기관지인 『문자개혁』이었다는 사실을 감안한다면,[76] 쉬퉁창

---

76 옮긴이의 말: 여기서 "문자개혁"이라고 한 것은, 한자가 너무 복잡해서 문맹이 많고, 따라서 중국이 낙후되었으니 한자를 폐지하고 알파벳문자로 중국어를 적을 수 있게 하자는 취지의 정치적 운동이다. 이

의 분석은 일리가 있다. 사실 한 언어의 어법연구와 어휘연구에 서로 다른 두 개의 "본위"가 존재할 수는 없다. 언어연구에서 어법과 단어 사이의 구분은 본래부터 인위적인 것이다. 일찍이 150여 년 전에 독일의 언어학자 훔볼트가 지적하기를,

우리가 자주 어법과 단어를 구분하지만, 이런 구별은 언어를 학습하는 실제수요에만 적용된다. 진정으로 언어학을 연구하면서 경계나 규칙을 그렇게 구분할 수는 없다. (Humboldt, 1836: 51쪽)

我们通常把语法跟词汇区分开来，但这种区别只适用于学习语言的实际需要，而并不能为真正的语言学研究规定出界限和规则。

라고 했고, 소쉬르도

사실 보통 어법이라고들 하는 것은 **형태론**(morphologie)과 **통사론**(syntaxe)을 합친 것으로, **어휘론**(lexicologie) 즉 낱말의 과학은 여기에서 제외된다. ······ 어법의 전통적 여러 구분은 실용적 효용성은 있으나 자연적 구별에 상응하지 않으며 어떠한 논리적 관계에 의해서도 연결되어 있지 않다. (소쉬르, 최승언 옮김, 『일반언어학강의』, 민음사, 1990: 185~187쪽』 (강조는 원문에서)

习惯上，人们只把形态学和句法学合在一起叫语法，而词汇学或关于词汇的科学却被排除在外。······这种区分可能有其实际用途，但却不符合自然的区别，也不符合任何逻辑的规则。

러한 운동은 19세기 말부터 중국의 사회주의사상과 함께 발전했으며, 그 결과로 지금 우리가 접하는 "간체자簡化字"가 탄생한 것이다. 현재 중국에서는 "제1차 간체화 방안"으로 만들어진 한자를 사용하고 있고, 한국에서 중국어를 배우는 사람도 대부분 이것을 배우고 사용한다. 1970년대 후반에는 "제2차 간체화 방안"이 발표되고 이를 이용해 『인민일보』를 인쇄하기까지 했으나, 한자의 수를 너무 줄이는 바람에 신문을 읽을 수 없는 지경이 되어 얼마 가지 않아 이를 "잠정폐지"하고, 다시 "제1차 간체화 방안"을 사용하게 되었다. 원래 문자개혁은, 복잡한 한자를 점차 간단하게 만들어서 궁극적으로는 알파벳문자를 사용하려고 시작했던 것이므로, 원문에서 뤼슈상이 그러한 (정치적) 요구에 부합하기 위해 인용된 말을 했다고 본 것이다.

라고 했다. 소쉬르는 심지어 "어휘성"과 "어법성"의 표준으로 언어의 특징을 연구했는데, 이 둘을 두 개의 극단으로 보고 원시 인도-유럽어와 산스크리트어를 초어법超语法적 언어의 모델로, 중국어를 초어휘超词汇적 언어의 대표로 꼽았다. 그러면서 영어와 독일어는 그 둘의 중간에 있다고 보았는데, 그중에서 독일어의 어법성이 영어보다 더 강하다고 보았다. (위의 책: 183쪽) 고대 중국에서는 훈고학训诂学이 발달하고 어법학은 발달하지 않았지만 인도-유럽어는 이와 반대인 점을 보면, 소쉬르의 이러한 논점은 증명되었다고 볼 수 있다.

중국어의 실제 상황으로 볼 때, 어법에서 "단어"의 존재가 부정되었다면 어휘에도 그것이 없다고 보아야 한다. 우리에게는 수없이 많은 중국어"사전"이 있는데, 『현대 중국어사전現代汉语词典』, 『동의어사전同义词词林』 등의 "사전"에 있는 많은 등재어들이 "단어"로서의 자격이 있는지는 매우 의심스럽다. 예를 들어 『현대 중국어사전』의 "安"자로 시작하는 단어로 등재된 "安哥拉兔앙고라토끼", "安家費이주비", "安全玻璃안전유리", "安全岛안전한 섬", "安全理事会UN안전보장이사회", "中"자로 시작하는 "中等教育중등교육", "中国工农红军중국공농홍군", "中国人民解放军중국인민해방군", "中国同盟会중국동맹회", "中国字중국글자", "中华民族중화민족" 등을 과연 하나의 단어라고 볼 수 있을까? 수많은 고사성어는 말할 것도 없다. (단어본위를 기반으로 한 저 많은 "조어법" 저작 중 "고사성어의 구조"에 대해 토론한 것은 본 적이 없다.) 사실 앞에서 나는 어떤 한자의 조합은 단어처럼 보이고 어떤 조합은 구나 절로 보이기도 하기 때문에 각종 어법학, 단어학, 의미론 등의 표준으로 말하기보다는 아예 음절수를 표준으로 삼자고 주장한 바 있다. 두 개의 음절로 된 것은 그 의미를 대충 이해할 만하기만 하면 아무리 봐도 "단어"처럼 보인다. 하지만 서너 개 이상의 음절로 이루어진 것은 "단어"라고 정리를 해놓아도 왠지 자꾸 눈에 거슬린다. 그런데, "음절수"라는 것은 곧 입말에서든 글말에서든 결국 "한자 수"를 말한다. 당연히 "단어"라고 생각하는 "혁명"도 사람들은 습관적으로 "'혁명'이라는 '두 글자'가 무슨 뜻인가?'革命'两个字是什么意思"라고 말하지 "'혁명'이라는 단어가 무슨 뜻인가? '革命'这个词是什么意思"라고 말하지 않는다. "현대 언어학"의 훈련을 받지 않았다면 말이다.

따라서 중국어 어휘 및 의미연구의 본위도 "한자"일 수밖에 없다. 마땅히 "한자"의 기초 위에 중국어의 의미론을 연구해야 한다. 이 학술분야는 "자의학字义学"이라 부를 수 있을 것이다.

9.2. "형태소론" 재비판
"语素论"再批判

정식으로 중국어 자의학에 대해 토론하기 전에, 중국어 어휘론 연구의 "형태소론"에 대해 먼저 비판해야 할 것 같다. 나는 이 비판을 통해 내 주장이 입증될 수 있다고 본다. 즉, 중국어의 단어와 의미를 연구함에 있어서 그 기본단위가 왜 "형태소"일 수 없고 "한자"이어야 하는지에 대한 해답 말이다.

서양 언어학에서 어휘론의 최소단위는 기호소词素이다. (일반적으로 Morpheme이라고 부르지만 더욱 적합한 용어는 앙드레 마르티네André Martinet가 말한 Moneme이다.) 기호소보다 아래 층위에는 어휘성의 단어소义位(Lexeme)와 어법성의 형위形位(Morpheme)가 있다. 의미론에서 보는 최소단위는 의미부语义成分(Semantic component)로, 이것은 음소학의 변별자질을 모방해 수립된 의미론상의 변별자질区别性特征(Distinctive features)이다. 변별자질에 따라 의미를 분석하는 것을 일반적으로 "어휘소분석법义素分析法"이라고 부른다. "어휘소义素"라는 말이 위에서 언급한 "단어소义位"와 쉽게 혼동될 수 있어서, "의미부분석법语义成分分析法" 혹은 "의미자질분석법语义特征分析法"이라 부르는 것이 더욱 정확하다. 이런 분석은 의미장의 범위 내에서 유사어와 유의어 등에 대해 더욱 세밀한 분석을 진행하는 것으로, 훌륭한 장점도 있고 선명한 단점도 있다. (린루창林汝昌 & 리만줴李曼珏, 1993: 227~230쪽 참고) 중국어에서는 이 방면의 연구가 아직 개별적인 예제를 드는 정도의 수준에 머물러 있기 때문에 여기서는 일단 토론하지 않겠다.

서양의 방법대로 중국어의 어휘론과 어법학을 연구하는 단위로서의 기호소와 형태소는 구별 없이 사용되고 있다. 예전에는 기호소를 주로 사용했으나 1970년대 이후로는 일반적으로 형태소를 사용했다. 많은 사람이 이를 "한자"에 대응시켜 사용하고 "형태소"를 "한자"보다 더 과학적인 용어인 것처럼 인식해왔다. 나는 이 책의 제4

장에서 어법의 관점에서 형태소론이 중국어에 적합하지 않음을 논증했는데, 이 장에서는 어휘와 조어법 등의 차원에서 다시 한 번 이를 증명해보려 한다.

① "형태소-단어-구절⋯⋯"로 정리되는 단위들의 층위체계는 중국어에 천연적으로 존재하는 실체형식(입말의 음절과 글말의 한자)을 고려하지 않은 채 수립되었다. 어떤 언어를 묘사하면서 천연적으로 존재하는 단위를 무시하는 것은 현대 중국어의 현행체계를 제외하면 세계 어떤 언어에서도 볼 수 없는 이론이다.

② "단음형태소=한자"라는 생각이 표면적으로는 "한자"와 타협한 것처럼 보이지만, 이것은 사실 형태소라는 명칭이 적합하다는 점을 설명하지는 못한다. 반대로 이는 "형태소"의 개념이 탄력적이고 불확정적이라는 사실을 증명할 뿐이다. 이에 비해 "한자"는 너무나 명확해서 누구나 쉽게 변별할 수 있는 단위이다.

③ "2음형태소"에 대한 해석도 중국어의 실질적인 문제를 해결하지 못한다. 예를 들어 "蝴蝶나비"가 하나의 형태소라면, "蝶"는 형태소인가 형태소가 아닌가? 왜냐하면 "蝶"는 뜻이 명확하고 독립적으로 사용될 수 있는데, 예를 들면 "蝶霜화장품의 일종", "化蝶희곡작품 속의 유명한 이야기", "蝶恋花사(词)의 곡조의 일종", "采茶扑蝶중국 남부지역 민요" 등이 그렇다. 만약 "蝶"도 역시 형태소라고 한다면, 형태소와 조합된 또 하나의 단위도 역시 형태소여야 하는데, 그럼 "蝴"는 뭐라고 불러야 하는가? 이 글자가 아무런 의미가 없다고 말한다면, 이것을 "二简제2차 간체화 방안"이 주장한 것처럼 음만 같은 다른 글자77 "胡, 糊, 湖⋯⋯."로 쓸 수도 있는가? 만약 이 글자(蝴)에 의미가 있다고 말한다면, 역시 그 뜻이 뭐라고 짚어 말하기도 어렵다. 내가 하고 싶은 말은 "蝴蝶"와 같은 경우가 절대로 개별적이지 않다는 것이다. 얼마든지 더 많은 예를 들어 살펴볼 수 있다.

蜘蛛거미 "蛛"는 단독으로 사용가능. ("蛛网거미줄", "蛛丝马迹(거미줄이나 말 발자국) 같은 작은 단서") 그럼 "蜘"는?

77 옮긴이의 말: 성조를 제외하면, 중국어가 성모-운모 조합의 결과로 발성되는 음절의 종류는 겨우 수백 종에 불과하다. "제2차 간체자 방안"은 이 "수백 종"의 음절에 각각 하나씩의 간단한 한자를 대응시켜 중국어를 표기하려는 시도로 볼 수 있다. 당시에 이미 불가능한 시도로 판명되었다.

螳螂사마귀 "螳"은 단독으로 사용가능. ("螳臂当车사마귀가 두 앞발을 들어 마차를 가로막다.(어림도 없는 일을 하다.)") 그럼 "螂"은?

鹌鹑메추라기 "鹑"는 단독으로 사용가능. ("鹑衣百结(옷이) 메추라기 꼬리처럼 누더기다.") 그럼 "鹌"는?

酝酿술을 빚다. "酿"은 단독으로 사용가능. ("酒酿술을 담다.", "自酿苦酒스스로 담은 쓴 술은 스스로 먹는 수밖에 없다.(스스로의 잘못은 스스로 책임져야 한다.)") 그럼 "酝"은?

骆驼낙타 "驼"는 단독으로 사용가능. ("驼毛낙타 털(보온을 위해 옷이나 이불에 채워 사용)", "驼绒大衣낙타 털을 넣어 만든 겉옷") 그럼 "骆"는?

麒麟기린(상상속의 동물) "麟"은 단독으로 사용가능. ("麟儿귀한 아이", "获麟(사냥하여) 기린을 얻다.") 그럼 "麒"는?

蘑菇버섯 "菇"는 단독으로 사용가능. ("菇子버섯", "香菇표고버섯") 그럼 "蘑"는?

硫磺유황 "硫"는 단독으로 사용가능. ("硫酸황산", "硫化物황화물") 그럼 "磺"는?

骷髅해골 "骷"는 단독으로 사용가능. ("骷骨쇄골") 그럼 "髅"는?

脂肪지방 "脂"는 단독으로 사용가능. ("油脂유지", "多脂食物고지방 음식") 그럼 "肪"은?

肮脏더럽다. "脏"은 단독으로 사용가능. ("內脏내장"의 "脏"은 같은 글자가 아님78; "很脏더럽다.") 그럼 "肮"은?

喉咙목구멍 "喉"는 단독으로 사용가능. ("歌喉목청(노랫소리)", "喉痛후통") 그럼 "咙"은?

宇宙우주 "宇"는 단독으로 사용가능. ("宇航员우주인", "开新宇새로운 단계에 도달하다.") 그럼 "宙"는?

위에 나열한 단어들 중에서 어떤 것은 연면자连绵字79(요즘은 주로 "연면사连绵

---

78 옮긴이의 말: "肮脏"과 "內脏"의 번체자는 각각 "骯髒"과 "內臟"임. 이는 번체자에서 다른 글자였는데, 간체자가 되면서 한 글자처럼 보이게 되어 자형분석뿐 아니라, 그 의미조차도 뒤섞인 경우이다.

79 옮긴이의 말: 连绵字는 2글자 이상의 한자가 모여서 하나의 의미만 표시하는 단어를 말한다. "连绵字"라는 이름에서 알 수 있듯이, 현대 언어학이 들어오기 전에는 이 2음절 이상의 단어를 "한자"로만 생각

词"라고 많이 쓴다.)이고 어떤 것은 그렇지 않다. 연면자는 주로 2음절이 모여서 하나의 형태소를 이루는 것을 말하는데, 사실상 다음절단어와 비다음절단어의 경계는 매우 불명확하다. 예를 들어 위에 나열한 단어 중에서 "骆驼낙타, 麒麟기린, 骷髅해골, 肮脏더럽다." 등은 특히 불명확해서, 형태소가 하나인지 둘인지 정하기 어렵다. 하나의 연구단위를 설정했으면서도 많은 경우에 어떤 성분이 단위에 속하는지조차 명확하게 정의할 수 없다면 그 연구단위의 설정 자체에 문제가 있다고 볼 수밖에 없다.

④ 음역을 통해 만들어진 "다음절형태소"에도 같은 문제가 있다. 예를 들어 "英吉利잉글리시"는 하나의 형태소인데, "英영"만 쓰여도 같은 의미를 표시하는 형태소로 쓰인다. 당연히 단독으로 쓰일 수 있다. 예를 들어 "英语영어, 英联邦영국연방, 汉英词典중영사전, 中英关系중영관계" 등처럼 말이다. 그렇다면 남아있는 "吉利"는? ("吉利不吉利길조인가 흉조인가"라고 할 때의 "吉利"가 아니다.) 같은 상황은 "法兰西프랑스"의 "兰西", "美利坚아메리카"의 "利坚", "俄罗斯러시아"의 "罗斯" 등에서도 쉽게 볼 수 있는데, 이처럼 거의 모든 음역단어에서 다음절로 만든 국가나 민족의 이름이 "전체이름全名"과 "약칭简称"으로 사용된다. 우리가 "전체이름, 약칭"을 모두 형태소라고 일컫는다면, 남아 있는 부분은 과연 무엇일까? 그저 아무것도 아닌 음절에 불과할까? 그렇다면 일반적인 상황에서 저 한자들과 발음만 같은 다른 글자, 예를 들어 "英蒺藜", "美丽奸[80]"으로 쓸 수는 없는 것일까?

인명과 지명의 번역도 똑같은 문제를 가지고 있다. 高尔基고리키, 高本汉칼그렌, 高尔斯华绥골즈워디는 모두, 당연히 각각 하나의 형태소이다. 하지만 이들 모두 "高氏고 씨"라고 불린다. (마치 이들의 성이 "高氏고 씨"라도 되는 듯이.) 만약 여기서 "高"가 의미를 가지고 있어서 단독으로 사용할 수 있는 것이라면, 그것이 하나의 형태소라면, 남아 있는 "尔基", "本汉", "尔斯华绥"은 뭐라고 봐야할까? 외국인의 이름을 다음절로 음역하고 그 첫 글자를 단독으로 사용하는 경우는 "莎翁(莎士比亚셰익스피

했기 때문에 이를 "단어"라 부르지 않았다. 요즘에는 주로 "连绵词"라고 부른다.

[80] 옮긴이의 말: 두 단어 다 "English"와 "America"를 음역한 것이고, 각각 "英吉利" 및 "美利坚"과 성조를 포함한 독음이 완전히 같다.

어)", "萨翁(萨马兰奇사마란치)", "托派(托洛茨基派트로츠키파)" 등 매우 많다. 지명도 마찬가지이다. "曼彻斯特맨체스터", "费拉德尔菲亚필라델피아", "麻萨诸塞매사추세츠", "加利福尼亚캘리포니아"는 각각 "曼城, 费城, 麻省, 加州" 등으로 불린다. "曼, 费, 麻, 加"가 단독으로 쓰이는 형태소라면, 남아 있는 "彻斯特, 拉德尔菲亚, 萨诸塞, 利福尼亚"는 어떻게 이해해야 하는가? 내 기억 속에는 단어본위를 주장하는 대부분의 저술이 이를 모른 체하고 넘어가버린 것 같다.

⑤ "축약어"의 구성성분에 대해서는 묘사 자체가 불가능하다. 예를 들어 "北大베이징대학교", "政协중국인민정치협상회의", "苏联소비에트사회주의연방공화국" 등에서 "北, 大, 政, 协, 苏, 联" 등이 모두 "형태소"라고 한다면, 많은 사람이 의아하게 생각할 것이다. 그래서 이를 "특수"한 형태소라고 말한다. 하지만 이런 형태소들이 "특수"하다는 것은 무슨 뜻인가? 다른 형태소와 섞여서 함께 있을 때는 또 어떻게 구분할 것인가? ("苏联소련"의 상황은 더욱 복잡하다. 왜냐하면 "苏소"와 "联련"이 모두 단독으로 사용될 수 있는데, 예를 들면 "苏共二十大소비에트연방공화국 제20차 인민대표대회", "联共布党소비에트연방공화국 볼셰비키당" 등이 그렇다.) 축약이 현대 중국어에서 가장 활발한 생명력을 보이는 조어법 수단 중 하나라는 것은 반드시 언급되어야 한다. 이를 통해 생산되는 어휘가 이미 수없이 보통명사가 되었기 때문에, 이를 "특수"한 것으로 처리하는 것은 전혀 설득력이 없다. 그렇게 말한다면 현대 중국어에서 가장 왕성하게 생성되고 있는 단어들이 정상적인 분석범위에서 제외당하는 일이 벌어진다.

⑥ "다음절형태소" 외에 "음절보다 작은 형태소"도 있다. 예를 들어 "花儿꽃"은 병음으로 쓸 때 "-儿-er"을 "hua"와 합쳐 "huar"이라고 하나의 음절로 쓴다. 그러나 이러한 "이론"은 순수하게 중국어를 병음화 하자는 시각에서 출발한 것이다. 이러한 처리방법은 마치 푸퉁화에 있는 "儿化얼화"문제에 대한 하나의 해결책을 찾은 것처럼 보이기도 한다. 하지만 중국어의 병음화 문제는 차치하고라도, 이것은 형태소를 주장하는 사람들에게 치명적인 상처를 입히기에 충분하다. 왜냐하면 중국어를 일단 병음으로 적고 나면 형태소는 존재할 수도 없기 때문이다. 계속해서 "huar"을

예제로 사용해보자. 만약 "-r"이 하나의 형태소를 대표한다면, "hua"은 어떤 형태소를 대표하는가? 누군가 만약 그것이 "花화"라고 말한다면, 나는 "话말", "画그림", "华꽃부리", 심지어는 "槐회화나무, 踝복사뼈, 环고리, 欢화, 鬟(시집 간 여자의) 쪽(진 머리)"은 아니냐고 반문할 것이다. "花"라고 말하는 것은 두뇌 속에 한자 "花"를 담아두고 있기 때문이다. 이 말을 절대로 인정하지 않고, "현대 언어학"은 "음과 의미의 결합"만을 인정한다고 끝까지 주장하는 사람도 있을 것이다. 하지만, "huar"이라는 음성이 발음될 때 사람들은 "花儿"을 떠올리지 "话儿", "画儿", "华儿" 혹은 "槐儿, 踝儿, 环儿, 欢儿, 鬟儿"을 떠올리지는 않는다. 우리가 지금 저 많은 동음이의어를 구분할 수 있는 것은 우리의 머릿속에 한자의 형상이 보관되어 있기 때문이다. 이것이 바로 내가 서론에서 "어떤 사람은 한편으로 한자의 은사를 받았으면서 한편으로는 그것을 빨리 버리자고 한다."라고 말한 까닭이다. 이는 참으로 현대 언어학자의 기괴한 논리이다.

중국어의 동음이의자는 절대로 작은 문제가 아니다. 2음절의 "단어"가 되어서도 문제는 줄어들지 않는다. 아무 단어나 하나 예를 들어보자. "gongshi"라는 단어가 있다면, 누가 이 단어를 "公式공식", "工事진지 구축물", "公事공적인 일", "攻势공세", "公司회사", "弓矢활과 화살"나 "拱式아치(모양)" 중의 어떤 것이라고 말할 수 있을까? (첸나이룽: 1995 참조) 만약 두 개의 음절이 모인 것이 "단어"가 아니고 단지 임시로 만들어진 "말"에 불과하다고 한다면, "gongshi"가 조합할 수 있는 의미는 훨씬 더 많아진다. 중국어의 병음화, 즉 알파벳으로 단어를 이어서 쓰자는 의견의 본질은 오히려 형태소를 취소하자는 말이 되는 것이다. 이 문제는 아마도 많은 사람이 생각해보지 않은 것 같은데 사실은 외래어의 번역을 보면 금방 알 수 있는 일이다. 많은 단어가 원래의 언어에서는 분석 가능했다. 예를 들면 Oxford, Cambridge라는 단어는 영어의 본래 뜻에서 Ox=牛소, ford=津나루, Cam=(고유명사), bridge=桥다리를 표시한다. 의역을 통해 "牛津, 剑桥"라고 번역한 것은 대체로 본의에 근접한 것이어서, 사람들이 "牛津"을 보면 그것이 어떤 항구를 말하고, "剑桥大学"에 가면 "剑" 강에 있다는 다리를 찾곤 한다. 하지만 만약 Cambridge를 "坎布里奇케임브리지"라고 음역한다면, 누가 이곳에 어떤 특징이 있는지 알 수 있겠는가? 한자를 중국어 병음으로 바꾼다면, 그 효과는 음역한 외래어와 전혀 다를 바 없을 것이다. 60여 년 전에 이미 루즈웨이陆志韦는,

> 1920년대 이후로, 조어법 문제는 항상 알파벳문자와 함께 제기되었다. (루즈웨이, 1957: 서문)
>
> 二十年代以来，构词法问题总是结合着拼音文字提出来的。

라고 말했다. 아마도 그는 중국에서 알파벳문자가 현실화되면, 맨 처음 취소될 만한 학술분야가 조어법이라는 사실을 몰랐던 것 같다. 알파벳문자를 연구한 것이지 조어법을 연구한 것이 아니기 때문에, 알파벳문자가 현실화되면, 단어를 기반으로 한 조어법이 필요 없어지리라는 것은 얼마나 절묘한 패러독스인가!

"형태소가 음절보다 작을 수 있다."는 것을 인정하면 또 다른 문제가 발생한다. 아니 일련의 문제들이 꼬리에 꼬리를 물고 나타난다. 예를 들어 "歪비뚤다, 孬나쁘다[81]" 두 글자는 각자 몇 개의 형태소를 포함하고 있는가? 어떤 사람은 하나라고 할 것이고, 어떤 사람은 두 개라고 할 것이다. 이는 두 글자의 뜻이 "不正, 不好"이기 때문인가? 이 두 글자에 담긴 부정적인 성분과 작다는 성분을 가진 "－儿"에 어떤 근본적인 차이가 있는가? 만약 "歪, 孬"에 두 개의 형태소가 있다는 말이 성립한다면, 그 뒤를 따라 수많은 회의자가 쏟아져나올 것이다. 왜냐하면 회의자는 기본적인 특징이 바로 "종류를 비교하고 뜻을 합하는比类合谊" 것이기 때문이다. 이런 특징이 고대 중국어에만 있다고 말하지 않았으면 좋겠다. 현대 중국어에도 이런 글자가 적지 않아서 아직도 새로운 글자가 만들어지고 있다. 예를 들어 "体몸, 灶주방, 尘먼지" 등이 그렇다. (저우여우광周有光, 1979: 340쪽 참조) 이렇게 봐도 중국어의 조어법에서 "형태소"를 최소단위로 내세우는 것은 적합하지 않다.

---

81 옮긴이의 말: "不+正"와 "不+好"처럼 두 개 혹은 세 개의 한자가 모여 다시 하나의 한자가 되었다. 그 모양만으로 쉽게 의미를 추측할 수 있다.

또 누군가는 "최소단위"에는 독립적인 의미 외에도 스스로의 음성형식이 있다고 말할 것이다. 사실 회의자의 구성부품은 모두 스스로의 음성형식을 가지고 있다. 전체 한자와 관계가 더욱 긴밀한 회의자는 회의와 형성의 특징을 모두 가지고 있다. 예를 들어 "诽비방하다"와 "谤헐뜯다"이 그렇다. 심지어는 서양의 언어처럼 두 음을 합쳐서 하나의 음절이 된 것도 있다. 이에 대해서는 치충텐齐冲天(1981; 1999)의 탐색을 참고하면 좋다.

⑦ 형태소론은 다음절의 의성어를 분석하는 데에도 적합하지 않다. 예를 들어 "丁땅82"은 하나의 의성어인데, 당연히 하나의 형태소일 것이다. "当당"도 의성어인데, 역시 하나의 형태소이다. 그렇다면 "丁当땅당"은? 이것은 형태소가 하나인가, 아니면 둘인가? "丁丁当当땅땅당당", "丁当丁当땅당땅당"은 각자 4개의 형태소인가, 아니면 2개의 형태소인가? "丁令当郎땅링당랑" 중의 "令링, 郎랑"은 무엇인가? 이것들과 "疙里疙瘩울퉁불퉁하다" 중의 "里리"는 다르지만 이것을 "접요사中缀"나 "삽입단어词嵌"라고 부를 수는 없을 것이다. 만약 "令, 郎"이 형태소라면 이는 어떤 종류의 형태소인가? 만약 형태소가 아니라면 그럼 또 무엇이란 말인가?

⑧ 사실 형태소론의 문제점은 여기서 그치지 않는다. 예를 들어 "乌鸦까마귀", "苍蝇파리", "麻雀참새"와 같은 단어에 있는 "乌, 苍, 麻" 등(뤼슈샹吕叔湘, 1963 참고)은 어떤 형태소인가? 만약 이를 일반적인 형태소라고 한다면, 어째서 이것들이 가상의 의미를 갖고 있는가? 그렇다면 이것들은 가상형태소인가? 그럼 "阿, 老, 第" 등 단어의 앞에 접두사처럼 붙는 것들과는 또 어떻게 다른가?

서양의 언어학에서 "-소"라고 이름 붙이는 층위는 그 내용이 비교적 단순하다. 예를 들어 "형태소", "음소", "의미소" 등이 그러한데, 이렇게 이름 붙인 단위들이 그 상위 단위들보다 특징이나 내용이 더 복잡한 상황은 일반적으로 상상할 수도 없고

---

82 옮긴이의 말: 저자가 이 부분에서 의성어를 다루고 있기 때문에, 한자의 발음을 한국어식으로 옮겼다. 병음으로 옮기는 것도 방법이겠지만, 우리말이 의성어를 적는 데에 중국어보다 훨씬 적합하기 때문이다. "疙里疙瘩"는 "거리꺼다"라고 읽는데, 이는 울퉁불퉁한 모양을 묘사하므로 의성어가 아니라 의태어라고 봐야 한다. 이 부분에서 저자는 비교를 위해 임시로 의태어를 사용한 것이다.

상정되지도 않는다. 가장 작고 간단한 단위라는 것이 또 "－소"라는 단위의 존재가 치이기도 하다. 그렇지만 이런 현상이 중국어에만 오면 이상해진다. 소위 "형태소"의 의미는 어느 것 하나 "단어"보다 간단한 것이 없어서, 마치 "형태소"라는 말이 다의성을 가지고 있는 것처럼 의미를 특정할 수 없다. 중국의 언어학자들이 형태소라고 주장하는 것들은 "단어"나 "말", 아니 심지어는 문맥까지 가야만 의미가 겨우 명확해진다. 예를 들어 "阿"라는 형태소는 어떤 누구도 그 의미를 알 수 없다. "中阿关系중아관계"라는 단어가 제시된다 하더라도, 역시 아무도 그 의미를 특정할 수 없다. 이 단어에서 "阿"는 "阿富汗아프카니스탄, 阿尔及利亚알제리, 阿尔巴尼亚알바니아"인지 아니면 "阿曼아만"인지 알 수 없기 때문이다. 이렇게 보면, "형태소"라는 단위를 설정하는 것은 "다른 사람이 가진 것은 나도 가지고 있다."라는 심리를 만족시켜주는 것 외에는 아무런 의미도 없음을 알 수 있다. 중국어에서 "형태소의 의미"를 연구하는 것은 직접 한자의 의미를 연구하는 것만 못한 것이다.

한자의 의미를 강조하는 것에는 이론적으로나 현실적으로 아주 중요한 의의가 있다. 그것은 역사와 관련되어 있다. 중국의 고대인들이 진행한 중국어 연구는 언어연구인가 그렇지 않은가? 고대인과 현대인의 중국어 연구는 접목시켜야 하는가 단절시켜야 하는가? 접목시킨다면 어떻게 접목시켜야 하고 무엇을 기초로 접목시킬 것인가? 고대 중국어의 연구는 훈고학을 중심으로 이루어졌고 음운학과 문자학을 양날개로 삼았다. 그 알파와 오메가가 모두 한자의 의미연구였던 것이다. 그런데 지난 100여 년간 단어를 강조하고 한자를 연구하지 않으면서 고대의 중국어 연구는 그 체계 자체가 무게중심을 잃고 무너져내렸다. 이것이 곧바로 전통적인 중국어 연구를 언어학으로 인정하지 않고 어문학이나 과학 이전의 것으로 치부하는 결과를 낳은 것이다. 이렇게 전통적인 연구를 철저히 해체해버린 결과, 음운학은 역사음성학으로 쪼그라들었고 문자학은 "언어" 밖으로 내쳐진 것이다. 훈고학은 의미학, 단어학, 어법학, 수사학, 문체학 등을 한 솥에 넣고 끓여서 이미 원래의 성질이 아닌 상태가 되고 나서야 건져내어 각자의 학술분야에 나뉘어 들어가게 되었다. 이렇게 전통적인 중국어 연구를 산산이 부서뜨린 후, "고대 중국에는 체계적인 언어연구가 없었다."라고 단정하고 나서 이젠 다시 서양의 언어연구를 "수입"하는 방법밖에 없다고 생각하게 된 것이다. 그렇게 해서 "단어"를 중심으로 중국어를 연구한 결과는 과연 무엇인가? "단어본위"의 수립은 결국 중국어 연구의 전모를 완전히 바꿔버렸고, 이러한 변화는 몇천 년 동안의 전통적인 연구를 희생시키는 대가를 치르게 했다.

현실적인 측면에서 보자. 5·4운동 이후 일련의 언어개혁주의자들이 급진적인 주장을 내세웠다. 그들은 문언문을 철저히 소멸시켜 고대 중국어와 현대 중국어를 완전히 다른 두 가지 언어로 만들고자 했고, 그들이 창조한 백화문이 문언문의 영향을 완전히 벗어난 순수한 것이기를 원했다. 단어는 모두 다음절어로 고치고, 어법적으로는 단어에 조사를 하나씩 붙여나가서 시제와 품사성을 포함한 가능한 한 많은 형태를 갖추게 하고 싶어 했다. 그러나 100여 년이 흘러도 중국어는 여전히 자체적인 논리와 규칙에 의해 발전했으며, 외국어의 표현방식을 일부 받아들였고 적지 않은 수의 외래어를 번역했으나 여전히 "한자로 외국어를 표기"하는 중국어의 특징은 전혀 변하지 않았다. 현대 언어학자들을 두통에서 벗어나지 못하게 하는 가장 큰 골칫거리는 문언문의 특징이 역사의 무대에서 사라지지 않고 여전히 현대 중국어 속에 살아 있다는 점이다. 더구나 교육수준이 높은 사람일수록 더 많은 문언문을 사용하고 있는 현실이다. 그런데 문언문의 분석에 있어서, 단어본위는 명함도 못 내밀고 있다. 예를 하나 들면, 얼마 전 책을 읽다가 "武昌首义[83]"라는 말을 발견했다. 나는 저들 단어본위자들처럼 이 복합어를 분석해보고자 했으나, "首义"라는 말이 하나의 단어인지 두 개의 단어인지 구별할 수 없었다. 만약 하나의 단어라면, "형태소", "义"는 무슨 뜻인가? "首"는 또 무슨 뜻인가? 아마도 "义"의 "형태소의미"를 "起义봉기를 일으키다."라고 말하기는 어려울 것이다. 또 "首"도 "首先가장 먼저"이라고 말하기 어려울 것이다. ("带头선봉장이 되다."라는 의미이다.) 이런 단어를 "형태소"분석에 내맡긴다면, 아마도 "형태소"가 스트레스를 이기지 못하고 과부하 걸린 컴퓨터처럼 다운되어버릴 것이다.

---

[83] 옮긴이의 말: 청나라 말기 신해혁명의 발화점이 된 후난 성 우창의 무장봉기를 말한다.

마지막으로 사족 하나를 붙이고자 한다. 어법학자들은 모두 형태소, 단어, 구절 등의 단위를 즐겨 사용하고, "한자"라는 개념을 매우 꺼려한다. 어법학에서 한자는 지위가 없다. 그런데 수많은 (만약 "모든"이 아니라면) 언어학자들이 어째서 저렇게, "把字句", "被字句", "是字句", "有字句"라는 표현을 자주 사용하고, 그것들을 "把'词'句", "被'词'句", "是'词'句", "有'词'句"라고, 혹은 "把语素'句", "被语素'句", "是语素'句", "有语素'句"라고 고쳐서 사용하지 않는가? 이런 오묘한 모순은 어디서 오는가?[84]

---

[84] 옮긴이의 말: "把字句"는 "'把'라는 한자를 포함한 문장"이라는 뜻이다. 현대 중국의 많은 언어학자들이 스스로의 어법체계에서 이런 표현을 사용하고 있다. 판원궈 교수는 한자를 어법연구의 단위로 인정하지 않는 학자들이 이런 표현을 사용하는 것은 모순이라고 지적하고 있다.

9.3. 중국어 자의학의 이론기초와 연구체계
汉语字义学的理论基础和研究体系

자의학字义学 연구에는 어떤 특징이 있는가? 혹은 자의학 연구와 일반적인 단어 의미연구에는 어떤 차이점이 있는가? 자의학은 일반의미론에서 어떤 지위를 차지하고 있는가? 어떤 방식으로 중국어의 특징이 반영된 자의연구를 일반언어학의 범주에 포함시킬 수 있는가? 이런 문제들은 현대사회에서 중국어의 자의학을 연구하는 사람들이 응당 관심 가져야 할 것들이다.

중국어 자의학과 일반의미론 사이에는 당연히 같은 점도 있고 다른 점도 있다. 자의학字义学의 "자字"와 "의义"를 나눠서 살펴보면, 공통점은 "의义"의 일반성에서 드러나고 차이점은 "자字"의 개별성에서 찾아야 할 것이다. 한자와 다른 언어의 문자 사이에 존재하는 가장 큰 차이점은 무엇인가? 이 책의 제3장에서, 나는 표의문자表意文字와 표음문자表音文字, 자원문자自源文字와 타원문자他源文字의 대립에 대해 언급한 바 있다. 그런데 기호학의 관점으로 보면 또 하나의 중대한 차이가 있다.

현대 기호학은 두 가지 서로 다른 기호에 대한 구별을 매우 중시한다. 하나는 도상적象似性(Iconic) 기호이고, 다른 하나는 자의적任意性(Arbitrary) 기호이다. 도상적이라는 것은 그 의미가 거울에 비친 이미지라는 말이고, 후자는 이러한 추리관계가 없는 것이다. (Cruce, 2000: 7쪽 참고) 예를 들어 아라비아 숫자 "3"과 로마숫자 "Ⅲ"을 보자. 앞의 것은 자의적 기호이고 뒤의 것은 도상적 기호이다. 이런 예를 보고나면 사람들은 금방 한자가 대부분 도상기호라고 생각하게 될 것이다. 이것이 한자와 기타 언어의 문자 사이에 존재하는 또 하나의 커다란 차이를 만드는데, 바로 도상성과 자의성이다. 이는 또 중국어 자의학 연구의 중요한 이론적 기초가 된다. 세계에 존재하는 대다수의 언어가 모두 자의적 기호를 사용하기 때문에 중국어 자의학의 연구는 일반언어학과 일반기호학의 연구에 중요한 보충을 공헌할 수 있다.

어떤 사람은 한자의 도상성이 별로 중요한 문제가 아니라고 생각하여 한자의 상형시대는 이미 오래전에 끝났다고 여긴다. "日"와 "鱼" 두 글자를 예로 들어, 사각형의 태양이나 다리가 네 개 달린 물고기가 존재하냐고 묻는 것이다. 이러한 말은 도상성에 대한 인식이 매우 저급하다는 것을 드러낸다. 도상적 기호에는 민족성과 전통성이라는 두 가지 특징이 있다. 민족성은 기호와 사물 간의 도상적 연결이 절대적인 1:1을 이루지 않고, 어떤 민족의 심리, 또 세계를 인식하는 방식과 연결된다. 언어기호에 있는 의성어는 일반적으로 도상성을 갖추고 있다고 생각되는데, 각 민족의 언어가 같은 소리에 사용하는 의성어는 모두 다르다. 예를 들어 뻐꾸기杜鹃鸟는 영국에서 "cukoo"라고 울고, 중국에서는 "布谷뿌꾸"라고 울거나, 심지어는 "不如归去뿌루궤취85"라고 운다. 수탉은 중국에서 "우우"라고 울지만, 영국에서는 "cock-doodle-doo"라고 운다. 이 두 나라의 의성어 사이에는 아무런 관계도 없지만, 각 나라 사람들은 자기들의 묘사가 매우 생동감 있다고 생각한다.

전통성(converntionality)은 이런 도상성이 내부적으로 오랜 기간 습관으로 누적되어 어떤 민족에게 전통이 된 것이다. 예를 들어 "猫고양이 '묘'"라는 글자의 독음과 고양이의 실제 울음소리는 사실 별로 닮지 않았지만, 사람들은 아직도 이 글자를 의

---

85 옮긴이의 말: 뻐꾸기의 울음을 "不如归去돌아가는 게 낫겠어."라고 음사한 것은 아마도 그 울음을 듣는 사람의 심리적인 상태가 투영되었기 때문일 것이다. 여기서 판원궈 교수는 한자로 의성어를 표시할 때, 어쩔 수 없이 각 글자에 담긴 뜻이 포함된다는 것을 언급하기 위해서 이런 예를 든 것이다.

중국어의 의성어와 의태어는 매우 재미있는 연구주제이다. 한자 하나로 한 음절을 표시하고 모든 한자에는 의미가 있기 때문에, 중국어는 천성적으로 의성 · 의태어를 표기하기 쉽지 않은 것 같다. 그래서인지 중국 각 지방의 의성 · 의태어는 서로 다른 경우도 많고, 사람들도 평상시에 의성어나 의태어를 많이 사용하지 않는다. 간혹 낯선 의성어나 의태어를 들어서 그 말을 한 사람에게 그것을 글로 옮겨보라고 하면 난처한 표정을 짓는 경우가 대부분이다. 이 글을 번역하는 순간에도 옆에 있는 중국친구에게 아무거나 생각나는 의성어, 의태어를 말해보라고 했더니, 한참을 생각한 후에 말한 것이 "뻐야지뻐야지"였다. 그런데 이 말을 한자로 써보라고 하니 도저히 쓰지 못하다가, 컴퓨터에 병음을 입력하는 방법으로 여러 번을 고생한 끝에 결국 한자로 "吧唧吧唧"라고 쓴다는 것을 알게 되었다. 이때 주변에 중국 사람이 3명이나 있었고, 그중 한 명은 언어학박사였지만, 아무도 이 말을 한자로 옮기지 못했다. 더구나 한자로 옮긴 저 말도 병음으로 적자면 "bajibaji"이고 이를 한국어로 음사하자면 "빠지빠지" 정도가 되어서 실제 사용하는 말과 매우 멀다. 심지어 "뻐야지뻐야지" 같은 경우에는 중국어 푸통화(표준어)의 성모운모표에 존재하지도 않는다.

판원궈 교수의 말에 의하면 고대 중국어에서 의성어와 의태어는 매우 중요한 연구과제였는데, 단어 본위로 어법연구에만 치중하는 중국의 현대 언어학계가 이를 의도적으로 멀리하고 있다고 한다.

성어라고 생각한다. "日"자도 원형에서 사각형으로 바뀌었지만, 사람들은 이것을 "오랜 실천을 통해 사회적으로 약정된" 상형문자로 생각하게 되었다. 즉 그 도상성에 영향을 주지 않게 되었다는 것이다. 심지어는 흐르는 물의 모습이 세 개의 점("氵")이 되었고, 심장의 모습이 막대기 옆에 두 개의 점이 있는 모습("忄")이 되었는데도, 그 도상성은 영향을 받지 않는다.

도상성과 자의성의 구별이 가져온 또 다른 구별은 연속성連续性(contiuous)과 단속성間斷性[86] (discrete)이다. 기호학의 관점으로 보면, 모든 도상성에는 반드시 연속성이 내포되어 있고, 모든 자의성에는 단속성이 내포되어 있다. (같은 책: 8쪽) 사실상, 둥근 모양의 태양에서 네모진 모양의 "日"에 이르기까지, 글자를 만들 때는 고양이의 울음소리와 매우 비슷했던 독음이 현재의 "mao("猫")"로 변하기까지, 우리는 이미 한자라는 기호의 연속성을 느낄 수 있다. 한자의 글자체와 필기도구의 발전은 이렇게 기호학적 연구의 가치와 의미를 풍부하게 포함하고 있다.

한자기호는 도상성과 연속성을 가졌다는 특징 때문에 기타 언어의 기호와 다른 점이 많다. 이 점이 바로 중국어 자의학을 연구하는 출발점이자 이론근거가 된다.

소쉬르가 말하는 공시성과 통시성의 구분으로 볼 때 도상성은 공시성의 연구에 속하고 연속성은 통시성의 연구에 속한다. 한자기호는 도상성도 있고 연속성도 있으므로 중국어 자의학은 반드시 공시성과 통시성을 결합해서 연구해야 한다. 그중 하나만을 고려한 어떤 연구도 중국어 자의학 연구로는 완전하지 않은 것이다.

여기까지는 한자의 의미를 개별적으로 연구할 때 고려해야 하는 사항들이다. 다른 한편으로 어떠한 언어의 어휘든지 모두 체계를 갖추고 있다. 중국어의 어휘도 당연히 예외가 아니다. 의미체계의 연구는 가장 중요한 원칙으로, 소쉬르가 강조한 연사관계組合关系와 연합관계聚合关系가 그것이다. 소쉬르는,

형태론, 통사론, 어휘론의 상호 침투 현상은 모든 공시적 현상이 실상 동일한 성

---

[86] 옮긴이의 말: 단속성(斷续性): 끊겼다 이어졌다 한다는 뜻이다.

격을 띠고 있다는 사실로 설명된다. 이들 사이에 미리 그어진 한계란 있을 수 없다. 위에서 세운 연사관계와 연합관계 구별만이 하나의 자명한 분류 방식을 암시해 주는데, 이 분류 방식이 문법 체계의 바탕을 삼을 수 있는 유일한 것이다. (소쉬르, 최승언 옮김, 187~188쪽)

> 形态学、句法学与词汇学的彼此渗透，说明了一个事实，即所有共时态的性质，归根到底是一样，不可能事先为它们划定任何的界限，不可或缺的是我们前面提到过的组合关系与聚合关系的区分，这是任何语法上的体系化所要求的。

연사관계와 연합관계의 구별은 앞으로 중국어 자의학 연구가 유념해야 할 두 번째의 기초이론이다.

앞에서 말한 원칙을 기반으로 전통적으로 훈고학이 중국어의 자의에 대해 진행해 온 연구들을 결합하여 중국어 자의학의 세부 연구 분야를 아래와 같이 수립하고자 한다.

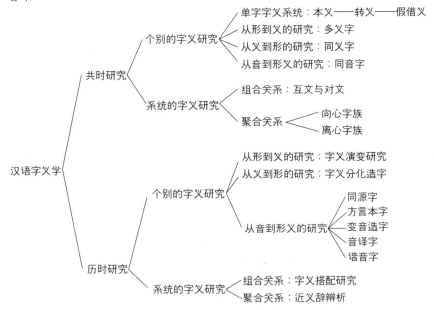

나는 앞에서 중국어 자의학이 일반적인 어휘론이나 의미론과 비교해 같은 점도 있고 다른 점도 있다고 말했는데 "의미"라는 본질적 문제에서 보면 같은 점이 많다. 예를 들어 "동의同义", "다의多义", "근접의近义", "반의反义", "대립의对义", "의미장义场", "문맥의上下义" 등이 그렇다. 하지만 "자字"에 집중해서 본다면 다른 점이 더 많다. 다음 부분에서는 서로 다른 점에 대해 집중적으로 논해보고자 한다. 물론 토론과정에서 공통점에 대해서도 언급될 것이다. 이런 토론이 일반언어학의 의미론 연구를 더욱 풍부하고 깊게 만들어주기를 기대한다.

9.4. 공시적 자의연구
共时的字义研究

공시적 자의연구에는 몇 가지 중요한 문제에 대한 연구가 필요하다.

9.4.1. 한자 "도상성"의 정성정량 고찰
汉字中"象似"度的定性定量考察

중국어 자의학 연구의 기초는 한자기호의 도상성象似性이다. 사실 언어 간의 모든 차이점이 일종의 연속체로 존재하는 것과 마찬가지로, 도상성과 자의성의 차이도 일종의 "정도"의 문제이다. 각종 언어의 어휘가 모두가 자의적인 것일 수는 없으며 (예를 들어 서양 언어 중에도 의성어가 많이 있다.) 또 모든 어휘가 도상적일 수도 없다. (중국어에도 표음적인 한자가 있다.) 언어 간의 차이점은 대부분 전체적인 경향성의 차이인 것이다. 즉 "중국어는 주로 도상성 기호를 사용하는 언어이다."라고 말해야 한다. 하지만 더 깊이 있는 연구를 통해 나는 이런 간단한 결론은 사용할 수 없고, 정성적이며 정량적인 세밀한 분석을 진행해야 한다고 생각하게 되었다. 이것은 바로 한자학계의 뜨거운 감자인 한자의 성격규정 문제이다. 나는 이 문제가 문자학의 문제일 뿐 아니라, 언어학 전체의 문제라고 생각한다.

한자의 속성에 대해서는 많은 사람이 정리해왔다. 표의문자表意文字, 음의문자音义文字, 표사문자表词文字, 형태소문자语素文字, 형태소-음절문자语素-音节文字, 표음표의 겸 표형문자表音表意兼表形文字, 단어기호문자词符文字, 기호문자记号文字 등 너무 많은 정의가 있어서, 어느 것이 맞다고 말할 수 없는 지경에 이르렀다. (이와 관련한 토론은 특히 츄시궤이裘锡圭, 1988; 저우여우꽝周有光, 1997이 참고할 만하다.) 사실상 "표음"과 "표의"를 구분하는 것은 그다지 엄밀하다고 볼 수 없다. 세상의 모든 언어기호는 표음적이면서 표의적이다. 표음만 하고 표의를 하지 않는 것이나, 표의만 하고 표음을 하지 않는 문자란 없다고 봐야 한다. 문자들 사이에서 더욱 중요한 구별은 형체가 의미와 직접 연결되어 있느냐, 아니면 음성기록을 통해 간접적으로 의미와 연결되어 있느냐 하는 것이다. 이 구별은 곧 도상성과 자의성의 구별이다. 반고班固가 『한서汉书』에 기록한 육서六书의 명칭(예를 들면 "상형象形", "상사象事", "상의象义", "상성象声" 등)과 허신许慎과 정중郑众 등이 기록(예를 들면 "상형象形", "지사指事", "회의会意", "형성形声" 등)한 것은 다른데, 이는 아마 당시의 역사적 단계를 반영한 것으로, 이런 명칭들을 통해 중국 언어학의 선조들이 "도상성"의 문제를 중시했음을 알 수 있다. 이러한 시각에서 한자에 대한 정성적, 정량적 분석을 진행한다면, 이는 아마 한자의 언어학적 속성을 이해하는 데에 도움이 될 것으로 생각한다.

하지만 한자의 속성에 대한 이러한 고찰은 첫 번째, 단지 정태적인 조건하에서만 진행되는 것으로 동태적인 조건이나 혹은 상용 중인 한자는 이러한 고찰의 근거가 될 수 없다. 예를 들어 가차자假借字는 한자의 속성을 정하는 근거가 될 수 없다. 두 번째, 과거를 더욱 존중하는 조건하에서만 고찰할 수 있고 후대에 있었던 발전이나 변화에 대해서는 충분한 근거가 되지 못한다. 예를 들면 "的"는 현대사회에서 절대 다수의 상황에서 관형어를 나타내는 하나의 기호로만 쓰이지만, "目的목적"의 "的"에는 그 글자가 만들어지던 때의 의미가 아직 남아있다.87 따라서 우리는 이를 여전히 도상성이 있는 한자로 봐야 한다.

도상의 정도에 따라 높고 낮음의 구별도 있다. 예를 들어 육서 중에서 상형, 회의, 지사는 형성이나 전주보다 도상성이 더 높다. 이것을 이해하는 것은 한자 의미의 이해에 매우 중요하다.

---

87 『설문해자』의 소전체를 보면, 이 글자가 "활시위의 과녁"이라는 뜻임을 쉽게 알 수 있다.

9.4.2. "한자"의 본의와 "단어"의 본의 구별
区別"字"的本意和"词"的本意

잔인신詹鄞鑫(1992: 230~233쪽)은 중요한 관점을 제시했는데, 그것은 바로 한자의 본의와 단어의 본의를 구별해야 한다는 것이다. 또 그는 왕리王力가 편찬한 『고대 한어古代汉语(1961)』부터 중국의 고대 중국어와 중세 중국어 교재가 하나도 예외 없이 한자의 본의를 단어의 본의라고 말하고 있다고 비판했다. 그의 지적은 옳다. 한자의 본의를 단어의 본의라고 말하는 것은 서양의 언어학 이론을 맹목적으로 추종한 결과인데, 서양 언어학에서는 문자를 다루지 않기에 문자의 지위가 없고, 당연히(?) 한자의 도상성에 대해서는 상상도 못한 채 그 체계가 수립되었기 때문이다. 의미분석은 문자의 특징에서부터 시작해야 한다.

단어(문자)의 본의분석은 전체 의미분석의 기초이고, 어휘론과 의미론의 핵심이자 영혼이다. 여기에서 출발하기 때문에 중국어 자의학이 서양의 어휘론과 전혀 다른 길을 걷게 된 것이다. 서양의 단어본의연구는 대체로 어원학(Etymology)에서 시작되는데, 어떤 단어가 언제 처음 사용되었으며 그때는 어떤 의미였는지를 살피는 것이다. 하지만 중국어는 한자의 구조만 봐도 어떤 글자가 만들어질 때의 본의를 알 수 있고, 이를 통해 그것이 확장된 의미와 확장과정도 더욱 믿을 만한 근거를 찾을 수 있다. 이것은 중국어 어휘론의 특징이고 또 장점이다. 한나라 때 허신이 쓴 『설문해자』는 한자의 형태에서 시작해서 중국어의 문자가 만들어질 때의 본의를 연구한 서적인데, 이는 그 이후 2,000여 년 동안 중국어 문자의미연구의 전통이 되었다. 나는 이것이 중국 언어학의 큰 자랑거리라고 생각한다.

서양의 형태소(moneme)는 두 가지로 나눌 수 있다. 단어의미를 표시하는 기호소(lexeme)와 어법의미를 표시하는 형태소(Morpheme)가 그것이다. 기호소의 아래 층위는 다시 어간(Stem)과 접사(Affix)로 나뉘는데, 그중에서 어간의 의미는 비교적 분명하고 접사의 의미는 그렇지 않다. 어간의 일부는 그것이 어떻게 생겨났는지 밝혀지지 않지만 (예를 들면 cram- 같은) 대부분을 고대 그리스와 라틴어의 어원의미를 통해 해석하고 있다. (리펑우李平武, 1984; 잔셴원詹贤鋆, 1980 등 참고) 하지만 중국어의 문자는 표음과 표의의 상황이 훨씬 더 복잡하다.

9.4.3. 한자 표의표음절의 복잡성
汉字表意表音节的复杂性

서양 언어의 단어는 "기표를 기의에 결합시키는 관계가 자의적이다." 당연히 문자의 형태가 있지만 그 문자의 형태는 단지 언어의 기록(얼마나 충실하게 기록할 수 있느냐 하는 문제는 또 다른 차원이다.)일 뿐이다. 서양의 언어에도 다의어(하나의 단어가 여러 가지 서로 관계없는 의미를 나타내는 단어. 예를 들면 bank는 "은행"과 "강가"의 의미를 동시에 갖는다.)와 다음어(예를 들어 desert는 동사일 때와 명사일 때의 독음이 다르다.), 다음다의어(예를 들면 lead를 "이끌다"라는 뜻일 때는 [li:d]라고 읽고, "납"이라는 뜻일 때는 [led]라고 읽는다.) 등도 있다. 하지만 일단 의미가 확정되고 나면 "하나의 의미에 하나의 음이 대응된다."는 원칙은 흔들리지 않는다. 중국어의 문자는 분명히 "형태·음성·의미의 삼위일체形音义三位一体"를 이룬다. 하나의 문자형태는 곧 하나의 음절과 하나의 의미를 갖다. 사람들은 보통 이 세 가지가 동시에 발생했다고 생각한다. 형태가 있으면 반드시 그 음이 있고, 그것은 반드시 일정한 의미를 갖고 있다고 생각한다. 사실 꼭 그렇지는 않다. 물론 대부분의 상황에서 이 셋은 서로 대응되지만, 한자는 언어의 기록이 아니고 서양 언어의 단어에 비해 형체의 "자주권"이 매우 크므로 음절을 표시하는 것이 필연적이다. 하지만 의미를 표현하느냐 그렇지 않느냐 하는 것에서는 정도의 차이가 있어서, 어떤 것은 매우 분명하고 어떤 것은 모호하며, 어떤 것은 숨어 있거나 있는 듯 없는 듯하다. 이러한 특징은 서양 언어에서는 거의 불가능한 상황을 만들어내는데, 그것은 바로 하나의 문자가 의미를 표시하기 위해서가 아니라 그 문자가 있는 자리에 하나의 음절이 필요하다는 것만을 표시하기 위해서 존재한다는 점이다! 한자가 중국어에서 완전한 표의에서부터 표의 없이 단지 음절만 표시하는 상황까지를 아래와 같이 점진적인 스펙트럼으로 그릴 수 있다.

완전한 표의

(1) 완전한 표의. 이는 서양의 언어와 같다. 상론하지 않겠다.

(2) 고대의 가차자假借字와 현대의 음과 의미의 결합이 자의적인 글자. 이런 글자에는 도상성이 없지만, 일단 고정되고 나면 형태-음성-의미의 관계가 완전한 표의를 하는 문자와 같아진다. 예를 들어 한자로 기록한 방언 및 입말의 한자. "搞~를 하다", "棒대단하다" 등("棒"은 현대사회의 홍콩과 타이완에서 매우 유행하고 있다. 그들은 중국의 푸퉁화普通话에서 유래한 말이라고 생각하지만, 사실 이것은 사투리에서 왔고, 처음에는 아마 "磅"이라고 적었을 것이다. 주즈칭朱自清의 『西行通讯서행통신』에 보면, "开车的俄国人居多, 开得磅极了운전수는 러시아 사람이 많았다. 운전실력이 아주 대단했다."라는 말이 나온다. 요즘에는 대부분 "棒"이라고 쓰지만, 사실 "棒"이라는 한자의 자형과는 아무런 관계가 없다. 나는 이것이 불어 "bon"의 음역이라고 생각한다.)

(3) 표의. 하나의 단어를 대표한다. 축약어에 쓰인 글자가 그렇다. 이러한 글자는 형태소가 아니어서 형태소의 의미가 없다. 축약어마다 표의도 서로 다르다. 예를 들어 "南大난따"의 "南난"은 장쑤 성江苏省에서는 "南京난징"이란 뜻이지만, 톈진에서는 "南开난카이"라는 뜻이다.[88]

(4) 표의, 기호성 포함. 사람의 이름, 상점의 간판, 상표에 사용된 글자 등. 예를 들어 "文国원궈"라는 인명에 "以文立国문장으로 나라를 일으키다."라는 뜻이 있다고 보기는 어렵다. 하지만, 그런 뜻이 전혀 없다고 보기도 어렵다.[89]

(5) 표의성을 가지고 있지만 그 의미가 있어도 되고 없어도 되는 정도. 같

---

[88] 옮긴이의 말: "南大"가 江苏省장쑤 성에서는 "南京大学난징대학교"라는 뜻으로 쓰이고 天津톈진에서는 "南开大学난카이대학교"라는 뜻으로 쓰인다는 말이다. 우리말에서 "충대"가 충청남도에서는 "충남대학교"로 받아들여지고 충청북도에서는 "충북대학교"로 통하는 것과 같다.

[89] 옮긴이의 말: "(潘)文国"는 이 책 원저자의 이름이다.

은 뜻의 한자를 두 개 사용해 만들어진 복합어 중의 한 글자. 예를 들어 "眼睛눈", "眼目안목", "头脑두뇌"에서 기울여 쓴 글자.

(6) 표의성이 일부 있지만 허사에 가깝고 음절수를 맞추기 위해 추가된 정도. 예를 들어 큰 분류에 사용되는 한자, "柳树버드나무", "梅花매화" 등. 이런 글자는 인도-유럽어에서는 잘 쓰이지 않는다.

(7) 표의성이 약간 있지만 음절을 표시하기 위해 존재하고 어느 정도 수사修辞로서의 의의가 있음. 예를 들어 비슷하거나 반대되는 뜻의 한자를 두 개 사용해 만들어진 복합어 중에서 의미가 약한 부분. "窗户창문", "消息소식"

(8) 표의성이 거의 없어서 특정 상황에서는 음절표시 작용만 하는 글자. 예를 들어 일부분의 허사: "苍蝇파리", "乌鸦까마귀", "花朵꽃송이", "耳朵귀"

(9) 위와 같음. 예를 들어 자주 사용되는 숫자나 방향을 가리키는 한자 등: "欢天喜地기쁘다", "一来二去오가다", "东奔西忙바쁘다" 등. (더 많은 예제는 장더우张德梧, 2000 참조)

(10) 표음위주, 사용빈도가 높아지면서 점차 하나의 표현유형으로 의의를 가지게 된 것. 주로 "子, 儿, 头" 등 전통적인 접두사나 접미사.

(11) 표음위주, 특정 상황에서는 의미를 표시. 예를 들어 음역외래어 중에서 하나의 음절로 된 글자. 즉 다음절 외래어 중에서 그 의미를 대표하는 한 음절. 예를 들어 "卡(car, card, calorie)", "英(English, England)" 등.

(12) 위와 같음. "연면자连绵字"에서 단독으로 사용가능한 한자. 예를 들어 "蛛거미", "螳당나귀", "蝶나비" 등.

(13) 위와 같음. 성씨와 인명에 사용되는 전용한자. 예를 들어 "斌", "莉"는 인명에만 사용된다. "斌빈"은 "文武双全문무를 겸비하다."을 기원하는 좋은 뜻이 담겨있고, "莉리"는 여성 이름에 사용한다. 이러한 한자의 "의미"는 반대방향에서 관찰할 필요가 있는데, 곧 성씨 "王왕"은 "忘망하다"으로 고쳐 쓸 수 없음을 명심해야 한다.

(14) 표음성이 강하고 표의성은 숨겨져 있기도, 나타나기도 함. 예를 들어 연면자에서 단독으로 사용할 수 없는 부분. 부수가 그 의미를 표시함. 예를 들어 "蝴", "蜘" 등. 중국어의 역사에서 연면자는 서로 다른 글자를 사용해서 기록해왔는데, 이것이 바로 주치평朱起凤이 『辞通사통』이라는 책을 쓰게 된 원인이다. 하지만 공시적인 시각에서 보면, 특히 중국어 규범화작업汉语规范化工作 이후, 이런 한자는 점차 고정되는 추세를 보인다.

(15) 의성한자. 많은 경우, 부수 "口"를 써서 그것이 의성어임을 나타낸다. 광둥 지역의 방언을 기록하기 위해 만든 한자도 이런 특징을 보인다.

(16) 음역어 중에서 단독으로 사용할 수 없는 한자. 예를 들어 "英吉利잉글랜드", "美利坚아메리카" 등에서 기울여 쓴 글자. 하지만 한자의 표음적인 특징 때문에 사람들은 이런 한자도 아주 신중하게 선택한다. 일반적으로 나쁜 뜻을 가진 한자는 사용되지 않는다.90

(17) 완전히 음절수를 맞추기 위한 글자. 예를 들어 "稀里哗啦후두두둑, 와르르", "乱七八糟엉망진창" 중에서 기울여 쓴 글자. 의미를 표시하지 않지만 한자는 갈수록 고정되어 가고 있다.

완전한 표음

이런 구별은 얼핏 좀 번잡해 보이는 것이 사실이다. 하지만 이는 매우 실용적인데, 예를 들어 중국어를 외국어로 번역할 때 이 분류를 잘 활용하면 더 좋은 번역을 할 수 있을 것이다. 어떤 글자의 의미는 반드시 해당 외국어로 번역해야 하는지, 어떤 한자의 의미는 번역하지 않아도 되는지를 나누는 기준이 될 수 있을 것이다. 또 일련의 언어와 문화의 현상을 해석하는 데에도 도움이 된다. 예를 들어 인명에 사용되는 한자의 문제, 고유명사를 번역하는 문제, 상품과 상표의 명명문제 등에도 도움이 된다. (상세한 내용은 판원궈, 1994; 2001c; 2001d 참조.)

---

90 옮긴이의 말: 꼭 그렇지는 않다. 특히 고대사회에서 중원을 기준으로 인접해 있던 타민족이나 타국의 이름에 나쁜 뜻의 한자를 사용한 예가 없지 않다. 예를 들어 "蒙古몽골", "匈奴흉노", "南蛮남만" 등이 있다. 물론 본문에서 판원궈 교수가 말하는 것은 서양과 접촉한 이후에, 그것도 주로 음역에 사용되는 한자에 나쁜 뜻의 단어는 될 수 있는 한 사용하지 않는다는 말이다.

9.5. 통시적 자의연구
历时的字义研究

100여 년 전에 독일의 언어학자 훔볼트는 이렇게 말한 바 있다.

이렇게 확정된 길을 따라 고찰을 진행하려면, 일종의 독특한 연구관점을 사용할 필요가 있다. 우리는 언어를 식어서 딱딱해진 공산품으로 보아서는 안 된다. 언어는 창조되는 과정 자체로 보아야 한다. 우리는 언어를 사물의 명칭이나 매개체로써의 작용으로 고려할 필요는 없다. 반대로 더욱 세심하게 언어의 내재적 정신활동과 긴밀하게 연결된 기원을 탐구해야 한다. 또 언어와 이런 정신활동 간의 상호영향을 고찰해야 한다. (Humbolt, 1863: 47쪽; 중국어 번역본은 洪堡特훔볼트, 1997: 54쪽)

要想成功地沿着以上确定的道路进行考察，就有必要采纳一种独特的研究观点。我们不应把语言视为僵死的制成品，而是必须在很大程度上将语言看作一种创造；我们不必去考虑语言作为事物的名称和理解的媒介所起的作用，相反，应该更细致地追溯语言与内在的精神活动紧密相联的起源，以及语言与这一活动的相互影响。

동태적인 과정은 "내재적 정신활동과 긴밀하게 연결된 기원" 때문에 각종 언어의 특수한 규칙을 더 잘 드러내준다. 중국어 자의학의 또 다른 이론기초는 바로 기호의 연속성이다. 한자와 기타 언어의 문자를 대비해보면 한자의 이런 특징이 특별히 선명하다는 것을 알 수 있다. 이것이 바로 우리가 통시적인 자의연구를 진행하는 출발점이다. 즉, 통시적으로 기호가 어떤 변화를 거쳤는지 기호의 변화가 의미에 어떤 영향을 끼쳤는지, 거꾸로 의미의 변화가 어떻게 문자기호의 변화를 야기했는지를 연구해야 한다는 것이다. 이는 중국어 자의연구에서 매우 흥미로운 영역이다. 이 부분에서 아래의 몇 가지 문제에 대해 토론해보자.

9.5.1. 한자숫자의 증가와 간체화 역사 및 자의운동의 상호작용
汉字孳乳与简化史与字义运动的交互关系

중국어의 발전사에는 우리가 주목하고 연구를 기울여야 하는 부분이 있다. 바로 한자숫자의 증가이다. 『설문해자说文解字』에는 9,353자가 수록되었는데, 이후 『옥편玉篇』, 『광운广韵』, 『집운集韵』 등의 자전과 운서 등에서 점차 한자의 수가 증가해왔고, 청대의 『강희자전康熙字典』에 이르러서는 47,000여 자로 발전했으며, 20세기 말에 세상에 나온 『중국어대자전汉语大字典』에는 60,000여 자가 수록되었다. 최근에 본 어떤 통계에 의하면, 현재 볼 수 있는 한자의 총수는 91,251개 (『光明日报』, 1999년 11월 17일)에 이른다고 한다. 이 정도가 되면 누구나 궁금해질 수밖에 없다. 도대체 무슨 한자가 이렇게 많은가? 왜 나는 이렇게 많은 글자를 본 적이 없는가? 저 많은 글자가 다 필요한가? 안 쓰면 안 되나? 동한 이후의 중국어에 다음절어가 증가했다는 점을 고려한다 해도, 원래 수많은 1음절어(한자)로 표시하던 개념, 예를 들면 『설문해자』에 나오는 소, 말의 명칭이나 『이아尔雅』에 나오는 자연에 대한 묘사와 수많은 사물의 명칭들이 훗날 그에 해당하는 다음절어多音节辞가 되었기에, 한자수의 증가가 곧 개념의 발전 때문이라고 볼 수도 없다. 그렇다면 이 상황을 어떻게 해석해야 하는가?

이 문제를 자세하게 연구해보면 새로 증가된 글자의 경우 한국과 일본 등에서 사용되는 한자, 사투리에 사용되는 한자 및 새로 증가된 간체자를 제외하면 대부분이 형성자形声字임을 알 수 있다. 이런 종류의 한자를 전주자转注字라고 한다. 형성과 전주의 구별에 대해서, 나는 이렇게 생각한다. "형성자는 사물로 이름을 삼고, 비유를 동원해 소리를 맞춘다.以事为名, 取譬相成"라고 했듯이 먼저 의미를 따라 글자를 만들고 거기에 소리기호를 더한 것이고, 전주자는 "유형별로 같은 부수를 붙여 의미가 서로 의지하게 만든다.建类一首, 同意相受"라고 했듯이 새로 만든 글자가 원래 존재하던 글자와 같은 뜻인데, 거기에 유형분류를 뜻하는 형태기호를 더한 것이다. 형성의 예로 "鼻코"를 들 수 있다. 먼저 "自"라는 글자가 있어서 코를 의미했었는데, 훗날 이 글자를 다른 뜻으로 사용하게 되자 독음에도 변화가 생겼고, 그래서 원래 글자의 기초에 소리기호 "畀"를 더해 계속해서 코라는 의미를 표시하게 되었다. 전주의 예는 수없이 많다. 예를 들어 "辟피하다"에 "人"을 더하면 "僻궁벽하다"가 되고, "言"을 더하면 "譬비유하다"가 되며, "刀"를 더하면 "劈쪼개다", "女"를 더하면 "嬖총애하다", 갈지자("辶")를 더하면 "避회피하다"가 되는 것 등이다. 이렇게 생겨난 글자의 의미는 원래부터 존재하던 "辟"자에 다 들어 있지만, 그 글자의 일부 의미를 분화해서 만들어낸 것이다. 이런 현상을 훈고학에서는 "구별문区別文", "고금자古今字" 혹은 "누증자累增字"라고 정확하게 불렀다. 형성자는 의미분화에 의해 새로운 한자가 만들어진 것이고, 전주자는 형성자 출현 이후에 그 뒤를 이어 계속해서 새로운 한자가 만들어진 것을 말한다.

1,000여 년 동안 증가한 한자는 대부분이 이런 전주자(많은 책에서 이를 형성자라고 잘못 부르고 있음)이다. 나는 이런 한자증가가 중국어 자의汉语字义의 운동과 같이 발전한다는 점을 발견했다. 한자의 의미가 발전하면 의미항목이 증가하고, 한자의 의미를 분화하고 사용을 편리하게 하기 위해 계속해서 더 많은 글자를 만들게 된다. 물론 자세히 연구하자면 상황은 매우 복잡하다. 어떤 한자는 원래 글자에 그런 뜻이 있어서가 아니라, 부수를 유추하는 방식으로 만들어졌다. "蝴蝶나비, 蚂蚁개미"는 원래 "胡蝶, 马蚁"라고 썼었는데, "胡"를 사용한 것은 아마도 원래 중원을 기준으로 서쪽지역에서 발견되었기 때문인 것 같고, "马말"가 개미를 표시하기엔 너무 큰 동물이어서 훗날 "虫"를 붙여서 개미가 "벌레"와 관련 있는 것처럼 변한 것이다. "凤凰봉황"은 원래 "凤皇"이라고 썼는데 오히려 훗날 부수를 유추한 것보다도 원래 글자의 의미가 더욱 명확하다. "皇황제"자를 피하기 위해 불필요한 부수가 추가됐기 때문에, 이는 피할 수 없는 결과였다. 전주자가 많아지자, 사람들이 이에 주목하게 되었다. 이에 대한 연구가 진행되어 송나라의 왕성미王圣美를 시작으로 "성부의미론右文说"이 탄생했고, 명청 시대의 발전을 거쳐 20세기의 선젠스沈兼士에 와서 매우 정밀한 이론으로 정립되었다. 이 역시 중국 언어학이 자랑할 만한 중요한 보물이다.

하지만 너무 많이 분화되다 보니 사용할 때 그것이 편리하게 느껴지지 않고 번잡하게 느껴지는 경우가 많아졌다. 예를 들어 "模糊모호"를 어떤 사람은 부수를 유추해 "糢糊"라고 쓰고, "傢私(광둥어: 가구)를 "傢私"라고 쓰며, 심지어는 더 나아가서 "傢俬"라고 쓰기도 한다. 이런 글자들은 상용자가 아니다. 이런 까닭에 또 다른 한편에서는 한자를 간략하게 만들어야 한다는 목소리가 커지게 되었다. 그런데 한자를 간단하게 만드는 수단은 또 부수와 편방偏旁을 줄이는 것이므로 증가된 글자 중에서 어떤 편방을 대량으로 지우거나 원래의 글자로 돌아가는 일이 된다. 예를 들어 "捨-舍버리다", "從-从따르다" 등이 있다. 혹은 편방을 합병하는 방법으로 "金"과 "木"부가 통일되어 "枪창/총91"이 된다든지, "石"과 "火"부가 합쳐져서 "炮92"가 되는 등이 있다. 이 역시 자의운동의 규칙과 자의사용의 규칙에 맞는 일이다. 한자의 수가 너무 많아지고 각 글자의 의미범위가 너무 좁아져 오히려 사용하기 불편해진 것을 바로잡는 것이다. 중국어의 "문자字"와 "의미义"는 이러한 모순 속에서 발전하면서 스스로 조절하고 평형을 찾아왔다.

같은 뜻의 글자가 너무 많은 것이 불편한 것과 마찬가지로, 글자 수가 너무 적은 것도 사용상의 불편을 초래한다. 이 문제에 대한 사람들의 인식이 부족했기 때문에 "문화대혁명"을 겪은 후 "제2차 한자 간체화 방안"의 혼란을 초래했다. 이를 통해 알 수 있는 것은 한자가 복잡해지는 현상과 간단해지는 현상은 사실 한자 자의운동의 규칙이 그 배경에서 작용하고 있음을 명확히 이해했어야 했다는 사실이다. 그런데 중국어 전체의 운용에 있어 이렇게 중요한 한자의 특성을 "현대 언어학"은 오랜 기간 방치해두고 있다가, 마치 아무 일도 일어나지 않았던 것처럼 그대로 무시하고 있다. 이런 종류의 언어학은 마땅히 비판을 받아야 하지 않을까?

---

91 옮긴이의 말: "铳총"과 "枪창"은 원래 전혀 다른 무기이고, 한국어에서는 아직도 한자의 원래 뜻대로 쓰인다. 하지만 중국에서는 "枪창/총"이 "총"이라는 의미를 가지게 되자 자연스럽게 "铳" 혹은 "铳"이라는 한자도 점차 사용하지 않게 되었다.

92 옮긴이의 말: "铳"과 "枪"이 합쳐져 "枪"으로 쓰이는 예와 마찬가지로, 석탄이나 돌 혹은 폭탄을 탄성을 이용해 투석하는 고대 무기를 뜻하는 "炮"와 화약을 장전해 포탄을 발사하는 "炮"가 혼용되다가 점차 "炮"로 통일되었다.

9.5.2. 해음문화학
諧音文化学

중국의 언어학자들은 한편으로 한자가 형태-음성-의미의 통일체라는 사실을 잘 알고 있다. 또 한편으로는 서양 언어학에서 알파벳문자에 기초하여 수립한 이론에 따라, 언어라는 것이 단지 음성과 의미의 결합체일 뿐이라고 말하고 있기도 하다. 언어연구에 한자의 지위를 허락하지 않는 저들의 태도 때문에 긴 시간 동안 중국어의 특징을 제대로 통찰한 언어연구가 자리를 잡지 못했다. 얼마 전부터 서양에서는 언어유희(language game)가 언어학자들의 주목을 받고 있다. 그들은 언어유희에서 생동적이고 재미있는 현상과 규칙을 수없이 발견하고 있다. 이는 언어유희가 사람들이 가장 자연적인 상태에서 스스로의 언어를 자각적으로 운용하게 만드는 과정이고 그 과정에서 자기 민족 언어의 특징과 규칙이 가장 잘 드러나기 때문이다. 하지만 중국에서는 아주 적은 수의 언어학자들만이 언어유희에 관심을 기울이고 있다. 이는 중국어의 "언어유희"가 사실은 대부분 "문자유희"이기 때문이다. 예를 들어 대련對联, 수수께끼灯谜, 말장난歇后语, 쌍관어双关语 등[93]에 대해, "언어학자"들은 놀랍게도 문자를 동원하지 않고 있다. 어떻게 그럴 수가 있는가? 이런 까닭에 "언어연구"가 실제 생활에서 갈수록 멀어지고 대중으로부터도 갈수록 멀어지고 있다.

만약 한자가 형태-음성-의미의 일체라는 본질을 고려한다면, 형태-음성-의미의 상호작용이 창조하는 풍부하고 다채로운 언어활동을 고려한다면, 우리는 동음자가 많은 것이 꼭 중국어의 단점이 되지는 않는다는 것을 발견할 수 있다. 이는 중국어의 중요한 특징인 것이다. 이것을 기초로, 우리는 중국어만의 아주 독특한 분야를 수

---

[93] 옮긴이의 말: 중국어를 공부한 사람은 누구나 느끼는 것이지만, 중국어의 언어유희는 참으로 많고 복잡하고 흥미롭다. 외국인의 어감으로는 때로 알아듣기조차 쉽지 않지만, 언어유희를 가리키는 용어조차 저렇게 많은 걸 보면 중국어의 언어유희가 얼마나 잘 발달했는지 짐작할 수 있다. 각 유희별로 서로 다른 방식이 있지만, 여기서 일일이 설명하기는 쉽지 않고, 설명한 들 중국어를 모르는 사람에게는 이를 이해시키기 쉽지 않을 것 같아서 설명은 생략한다. 다만, 본문에서 판원궈 교수가 말한 것처럼, 이러한 중국어의 언어유희들은 대부분 한자의 음과, 뜻, 그리고 형태와 관련이 있다. 사실 중국어의 언어유희는 위와 같은 가벼운 차원에만 있는 것이 아니다. 문학작품이나 만담相声, 품서品书 같은 예술 행위도 언어유희와 떼려야 뗄 수 없는 관계를 맺고 있다.

립할 수 있다. 바로 "해음문화학諧音文化学"이다. 중국어문화 전체는, 거칠게 말하면 일종의 해음문화라고 할 수 있다. 전체 중국어 사용의 역사도, 거칠게 말하면 동음이 의자同音字 현상에 대한 베끼기抄用와 교묘한 응용巧用이라고도 할 수 있다. 중국어 해음의 묘妙를 모른다면, 진정으로 중국어를 안다고 할 수 없다.

중국어 자의학의 시각에서 보면, 해음은 사실 중국어 자의운동의 중요한 규칙이 다. 이것을 음성과 의미의 결합으로만 이해하면 단지 동음다의어나 동의다음어에 불과하지만, 그러한 다음과 다의는 사실 그 수량이 매우 한정되어 있다. 이러한 이해 는 실제 중국어의 언어흐름과 비교하면 단조롭기 그지없는 것이다. 하지만 여기에 형태라는 요소를 추가하면 하나의 음이 갖는 다양한 형태(정말로 많다. 수록된 글자 가 매우 적다고 볼 수 있는 『신화자전新华字典』에도 100개 이상의 한자가 있는 음 절이 12개나 있다.)가 생산 가능한 다의성과 또 그것이 음성이나 의미와 어울려 일 으키는 조화는 무한대에 가깝기 때문에 생동적인 언어현상을 생성할 수 있다. 민간 의 말장난에서부터 엄숙하기 그지없는 고대의 "피휘避讳"문화[94]에 이르기까지, 인 명, 지명, 상표의 이름을 작명하는 것에서부터 교묘하고 신중한 음역용 한자에 이르 기까지, 숫자해음에서 각종 길한 말만 골라하기, 문인들의 고아한 유희부터 강호를 떠도는 도사들의 점괘까지, 거의 모든 "중국인이 있는 곳에 해음이 있다." 자오진밍 赵金铭(1987)이 이 분야에 대해 글을 쓴 바 있고, 나(1994)도 작명예술에 대한 연구 를 발표한 적이 있다. 이는 오묘하고 풍부한 내용을 함축하고 있는 영역으로 학문연 구로서의 값어치가 매우 높은 분야이다. 언젠가 이 분야에서 중국어와 한자문화의 독특함이 잘 반영된 학술대작이 나올 것을 믿어 의심하지 않는다.

---

94 옮긴이의 말: 봉황에게 황제를 뜻하는 "皇"자를 쓸 수 없는 것과 마찬가지로, 황제의 이름에 쓰인 글자 는 누구도 사용할 수 없었다. 따라서 한자를 바꿔쓰거나 한자의 한 획을 생략하는 방법으로 황제의 이 름을 언급하지 않으려 했는데, 이를 "避讳"라 했다.

9.5.3. 한자의 선택과 자의의 배합
選字与字义搭配

단어의 의미배합은 요즘 국제언어학계에서 연구가 가장 활발한 분야 중 하나이다. 어휘학이든 의미론이든 어법학이든 모두 이 문제에 관심이 많다. 구소련의 언어학자도 새로운 학술분야로 "구절학(Phraseology)"을 수립하자고 얘기했는데, 가장 중요한 연구대상을 의미배합으로 잡았다. 중국어의 자의배합문제는 당연히 다른 언어와 공통점이 많지만 중국어만의 특징도 있다. 아래의 세 가지 방면에 대해서 주의를 기울여야 한다.

첫 번째, 어떤 의미는 고대와 현대에 서로 다른 글자를 사용하기도 하는데, 이럴 경우 그 글자와 배합되는 글자도 함께 바뀌는 경우가 있으므로 이 점을 혼동해서는 안 된다. 예를 들어 "首"와 "头", "足"와 "脚"은 그것과 배합되는 글자를 함부로 사용할 수 없다. "元首원수"를 "元头"라고 할 수는 없고, "一失足成千古恨한 번 실수가 천년의 한이 된다."를 "一失脚成千古恨"라고 해서도 안 된다. 마찬가지로, "头重脚轻머리는 무겁게 발은 가볍게"를 "首重足轻"라고 할 수는 없다. 또, "奶"와 "乳"는 통용되기도 하고 통용되지 않기도 한다. (*기울여 쓴 단어*는 사용되지 않는 것이다.)

牛奶	奶汁	奶粉	*代奶粉*	奶妈	*奶母*	奶子	*奶媪*	*奶姬*
牛乳	乳汁	*乳粉*	代乳粉	*乳妈*	乳母	*乳子*	乳媪	乳姬
우유	젖	분유		유모		젖가슴		
우유	젖		분유대용품		유모		유모	유모

두 번째, 중국어는 같은 의미를 음절수가 서로 다른 두 개의 어휘로 표현하는 경우가 많다. 둘 중 어느 것을 선택하느냐 할 때, 1음절과 고대사회의 냄새가 배어 있는 한자를 먼저 선택한다. 가장 전형적인 예는 지명인데, 중국의 모든 지역은 정식명칭과 약칭을 동시에 가지고 있다. 예를 들면 베이징-京, 상하이-沪, 톈진-津, 후난-湘, 장시-贛, 헤이룽장-黑, 하이난-琼 등이 그렇다. 의미배합을 할 때는 "京沪铁路경호철도, 浙贛线절강선"이라고 하지 "北京到上海的铁路베이징에서 상하이까지 연결된 철

도"라고 하는 사람은 매우 적고, "浙江-江西铁路저장-강서철도"라고 하는 사람은 거의 없다.95 화학원소의 명칭도 처음 번역을 할 때는 2음절어도 있었다. 예를 들면 "轻气 (氢气수소), 养气 (氧气산소), 水银수은" 등. 하지만 일단 화합물의 명칭이 될 때는 1음절만 사용하는데, 예를 들어 "氧化氢산화수소, 氧化汞산화수은"라고 하지 "氧气化氢气, 氧化水银"라고 말하지는 않는다. 사실상, 대부분의 신조어와 번역어가 이러한 경향을 보인다.

　세 번째, 소위 말하는 "이합사离合词"이다. 이합사현상은 자오위안런赵元任이 처음 제기한 문제이다. 그가 들었던 예제에는 동사-목적어 구조의 단어 외에 "가상의 동사-목적어 구조의 단어假动宾结构的词"도 있었다. 예를 들어 "体了一堂操체조를 했다.", "军完了训교련에 참가했다.", "取了消了취소했다.", "提你个醒귀띔해줄게", "再左一点儿手왼쪽으로 조금 더", "小一点儿便소변을 보다.", "幽他一默웃었다.", "慷他人之慨대범하게 굴다.", "滑天下之大稽천하에 웃기는 일", "出完了一次恭화장실에 다녀오다.", "将他一军(장기에서) 장군을 먹이다." 등이 있다. (Chao, 1968: 431~434쪽) 이는 중국 학자들의 관심을 크게 받았고, 이제는 이합사사전离合词词典이 출판되기에 이르렀다. 이합사현상은 중국어의 "한자(음절)"가 "단어"보다 중요하다는 것을 잘 보여주는 좋은 예인 것 같다. "단어본위"를 주장하는 사람들은 단어의 정형성을 요구하고 단어의 구조가 선명해야 한다고 보기 때문에, 설사 "이합사"가 있다 하더라도 그것이 동사-목적어 구조를 벗어나지 않고 통사론의 합리성을 구현해주기를 바랄 것이다. 하지만 "한자본위"는 리듬만 유려하다면 음절과 리듬의 중요성이 간혹 의미의 중요성을 넘어서기도 하므로 "어법에 맞지 않을 것"을 두려워하지 않는다. 중국어의 리듬은 "동사-목적어" 구조에서 "동사" 부분의 역할이 1음절이기를 요구하므로 어떤 2음절 혹은 다음절의 단어도 이 자리에 오려면 모두 그중 한 음절을 잘라서 "이

---

95 옮긴이의 말: 현대 중국어를 한글로 표기하는 방법은 교육부의 권장에 따랐다. 하지만 "京沪铁路경호철도, 浙赣线절강선"처럼 한국식 한자음을 사용해야만 중국어가 가진 축약성을 우리말로 옮길 수 있는 경우도 매우 많다.

합사"로 사용할 가능성이 있기 때문이다. "이합사사전"을 출판하는 것은 어떤 의미
에서 보면 이미 출현한 적이 있는 예문을 모두 수집하는 일이어서 사람들이 이런 현
상을 이해하는 데에 도움을 주기 위한 것이고 특히 외국인이 중국어를 학습하는 데
에 도움을 주고자 함이지만, 다른 한편으로는 궁극적으로 모든 이합사를 수집한다
는 것은 사실상 불가능한 일임을 깨닫게 해주기도 한다. 아마도 오늘 겨우 세상에
존재하는 이합사를 "모두" 수집했다고 생각하면, 바로 내일 새로운 이합사가 등장할
것이기 때문이다. 여기서 다른 사람은 아마 생각도 못해보았을 "이"합사의 예제를
들어보겠다.

到没了落儿，便只好在水门汀上动起手来了。

(가문이) 몰락하면, 길바닥에서도 싸움질을 한다.

人要倒霉，准跟红灯调同了步。

사람이 재수가 없으려면, 매번 빨간불만 만나게(同步) 된다.

糟老头子，今清早又不知吊了哪门丧，都勾到芡里去了。

이 영감탱이가 오늘은 또 어디 상갓집(吊门丧)엘 갔다왔나 (표정이) 왜 흐리멍덩
(勾芡)해.

杀千万，你做什么身和份？

야, 이놈아, 어디서 으스대고(身份) 지랄이야?

立子春来看看。 (冯梦龙『山歌』, 立子春＝立了春)

입춘(立春)이 되면 한번 보러와.

제10장 한자본위 화용연구
－ 음과 의미의 상호작용

字本位的语用研究－音义互动

10.1. 중국어와 한자의 모순
汉语与汉字的矛盾

화용론은 언어가 실제 사용되는 상황의 과정과 규칙을 연구한다. 현대의 언어학계에서 화용론은 의사소통언어학, 사회언어학, 인지언어학, 심리언어학, 문화언어학, 인류언어학, 화언언어학, 텍스트언어학을 연구하는 사람들이 주로 관심을 보였다. 형식언어학파는 이 분야에 대한 관심과 공헌이 적은 편이다. 이론적으로 언어의 사용이라고 하면 당연히 입말과 글말은 물론이고 청각장애인의 수화까지도 포함해야 한다. 하지만 실질적으로 화용연구의 목적은 입말의 의사소통에 집중되어 있는 것이 사실이다. 이런 현상은 아마도 지난 세기부터 이어진 "현대 언어학"이 문자와 글말을 중시하지 않았던 전통과 무관하지 않을 것이다. 화용연구에서 가장 많이 언급되는 것은 오스틴Austin(1962)의 언어행위(Speech Act), 그라이스Grice(1975)의 협동원칙(Co-operative Principles), 리치Leech(1993)의 예절원칙(Politeness Principles) 등이다. 이런 이론들은 의사소통 당사자 쌍방의 태도문제와 그로 인한 화용의 변화에 대해 연구하는 것이어서 언어의 본질적인 부분, 특히 화용에 적합한 방식으로 언어구조에 대한 이론을 조정하는 등의 연구는 많지 않다. 또 입말과 글말의 모순이나 그와 관련한 언어책략에 대해서는 아무도 연구를 진행하지 않고 있다.

이런 상황은 아마도 언어의 특징과 관련이 있는 것 같다. 서양의 언어에서 입말과 글말의 모순, 언어와 문자의 모순은 중국어처럼 크지 않다. 특히 중국어에서처럼 기본적인 언어단위부터, 언어를 사용해 의사소통을 하는 첫 단계부터 충돌이 발생하지는 않는다. 화용이 언어의 본질적인 운동과 변화를 가져오는 것은 중국어 연구가 각별히 중요하게 토론해야 할 과제이다. 이 문제에 대한 토론과 연구는 중국어 연구가 세계 언어학에 가져올 또 하나의 공헌이 될 것이다.

나의 이런 표현은 어딘지 좀 너무 과장된 것 같이 들릴 수도 있다. 중국어와 한자가 어째서 의사소통의 첫 단계부터 모순을 일으킨다는 말인가?

귀샤오위郭紹虞가 제일 먼저 이 문제에 대한 연구결과를 발표한 바 있다. 한자(글말)의 단위는 1음절인데, 중국어(입말)의 단위는 2음절이기 때문이라는 것이다.

중국의 언어와 문자가 1음절이냐 2음절이냐 하는 문제는 오랫동안 지속된 논쟁이다. 대체로 예전에 언어와 문자를 다루던 학자들은 "한자"를 본위로 생각했기 때문에 1음절이라고들 했고, 현대에 들어와서 언어와 문자를 다루는 학자들은 "단어"를 본위로 보기 때문에 2음절이라고 생각하고 있다. 또 입말을 기준으로 보면 동음이의어가 많아져서 언어 자체에도 어쩔 수 없이 접사가 붙은 어휘가 많아졌고, 따라서 점차 2음절로 변해가는 경향을 보이고 있다는 이유를 들어 중국어가 1음절의 언어라고 인정하지 않고 있다. 하지만 글말에는 동음이의어의 혼동이 없기 때문에 문자를 간결히 하기 위해 많은 경우 2음절의 단어가 불필요해서 여전히 1음절 단계에 머물러 있다. 문언문에서는 특히나 그렇다. 단어본위의 입말은 2음절로 가는 경향을 보이는데 한자본위의 글말은 여전히 비교적 많은 1음절 단어를 보이는 상황은 언어 자체의 비고정성을 야기한다. 이 비고정성이 바로 내가 말하는 "탄성작용"이다. (귀샤오위, 1938: 73쪽)

中国的语言文字，究属于单音呢？还是属于复音呢？这是一个长期争论着的问题。大抵以前之治语言文字学者以"字"为本位，所以多觉其为单音，现在之治语言文字学者以"词"为本位，所以观其为复音。还有，从口语讲，由于同音语词的增多，语言本身不得不增加连缀的词汇，所以有趋于复音的倾向，不能承认为单音的语言。但从书面语讲，目治的文辞不怕同音语词的混淆，为了要求文辞之简炼，有时并不需要复音的词汇，依旧停留在单音阶段。这在文言文中尤其是如此。由于这两种关系，所以词本位的口头语虽有趋于复音的倾向，而在字本位的书面语中，依旧保存着较多的单音语词，这就引起了语词本身的不固定性，这不固定性即是我们所说的"弹性作用"。

귀샤오위가 이 말을 한 지 벌써 80년이 지났으나 아직도 충분히 주목받지 못하고 있다. 그 원인은 아마도 그가 이론적인 설명을 추가하지 않았기에, 많은 사람들이 위의 말을 그저 귀샤오위의 개인적인 관찰경험을 서술한 것으로 판단해서 언어이론으로서의 가치는 없다고 보았기 때문인 듯하다. 다행히 최근 서양의 의사소통이론이 이 관점에 좋은 주석을 달아주었다.

서양의 현대 의사소통 이론은 커뮤니케이션의 과정을 간략하게 아래와 같은 그림으로 설명한다. (Cruce, 2000: 5쪽 참조)

이 그림에서 가장 주목을 요하는 것은 "소음"이다. 현대 정보학은 정보가 전달과정에서 각종 변화를 겪는다고 본다. 곡해, 관련 없는 정보의 간섭, 정보의 약화가 가져오는 손실 등을 '소음'이라고 한다. 소음이 존재하기 때문에 접수자가 얻는 정보는 절대로 발화자의 신호와 완전히 같을 수 없다. 만약 발송된 신호의 모든 디테일이 모두 아주 중요하고 관건적이라면 그 커뮤니케이션의 성공은 완전히 운에 맡길 수밖에 없다. 의사소통의 효율을 위해 인류의 언어는 일련의 보충방안을 선택했다. 정보가 전달되는 과정에서 유실되는 것을 보충하기 위해 선택한 주요한 방법은 일정량의 과잉정보冗余信息를 제공하는 것이다. 신호에 담긴 정보를 중복해서 출현시키거나 신호 안에 다른 정보를 포함시켜 중요한 정보를 위한 예시로 삼는 방법 등을 사용하는 것이다. 이렇게 하면 전달과정 중에 일부분의 정보가 손실되어도 접수자는 원래의 정보를 조직해낼 수 있다. "언어에 담긴 과잉정보는 전체 정보의 50%를 차지한다. (같은 책, 6쪽)"

우리는 중국어의 역사에서 사람들이 문자를 창제하여 교류해왔다는 사실을 안다. 한자에는 도상성象似性이 있다. 특히 창제초기에는 대부분의 개념을 직접 기록했는데 여기서 하나의 개념, 하나의 자형, (만약 하나의 개념을 여러 개의 도형으로 표현했다면 이는 연속적인 그림이 되었을 것이고, 그랬다면 문자로 발전하지 못했을 것이다.) 하나의 음절이라는 전통이 생겨났다. 이렇게 농축된 정보는 글말로 전달될 때는 문제가 발생하지 않는다. (그래서 중국어의 글말이 1음절을 기초로 하는 전통이 만들어진 것이다.) 하지만 입말교류에서는 위에서 크루스Cruce가 말한 것처럼 "의사소통의 성공을 운에 맡기는" 상황이 발생하게 되었고, "소음"으로 인해 정보가 부분적으로 손실되기 때문에 한순간에 내뱉고마는 한 음절의 경우 부분적인 손실로도 치명상을 입어 모두를 손실하는 것과도 같은 결과를 초래하게 되었다. 이런 경우 의사소통의 성공률은 매우 낮은 것이다. 그래서 중국인끼리의 의사소통에서 만약 A라는 한 글자를 말하면 상대방은 바로 "어떤 A"라고 되묻게 되어 있다. 입말로 하는 의사소통에서 1음절만 사용하는 것이 힘들어지게 된 이유이다. 정보의 손실을 막기 위해서는 반드시 과잉정보를 추가해야 한다. 그런데 위에서 말한 "과잉정보의 양이 50%"에 이른다는 비율에 대입해본다면, 2개의 음절은 가장 적합한 선택이다. 이것이 바로 중국어의 입말이 어째서 2음절로 이루어진 경우가 많은가, 라는 의문에 대한 해답이다. 원래는 하나의 음절로 처리 가능한 임무였는데 전달과정의 "소음"을 고려해 과잉정보를 포함하게 된 것이다.

이처럼 나는 정보론과 의사소통 이론의 시각으로 볼 때 궈샤오위의 논점에 일리가 있다는 사실을 증명했으며, 중국어와 한자의 사용과정에서 필연적으로 모순이 발생하는 원인도 이해할 수 있게 되었다.

중국어와 한자가 모순을 가지게 된 또 다른 원인은 주로 운율에 있다. 하나의 음절은 리듬을 이룰 수 없기 때문에 하나의 운각音步에는 최소 두 개의 음절이 필요하다. (중국의 시에는 하나의 음절로 된 음보도 있지만, 1음절의 뒤에 사실은 하나의 휴지음절이 있다. 낭송에 필요한 시간으로 보면, "1음절+휴지음절"은 여전히 2음절이다.) 또 최소 2개의 음보가 있어야만 운율의 기복이 구성된다.

중국어와 한자의 모순은 객관적으로 존재하는 것이다. 이것을 좋은 일이다, 혹은 나쁜 일이다, 라고 규정짓기는 쉽지 않다. 하지만 최소한 이것이 중국어와 한자의 사용과정에 큰 특징으로 존재한다고 말할 수는 있다. 중국인들은 이 특징을 충분히 활용하여 중국어에만 존재하는 수많은 언어응용기교와 책략을 창조했다. 오늘날에 이르러서도 우리는 이러한 기교를 언어의 규칙으로 연구할 수 있게 되었다. 이러한 규칙을 귀샤오위는 "중국어 어휘의 탄성작용"이라고 명명하고 주로 문언문에서 많이 활용된다고 본 것이다. 나는 여기서 한발 더 나아가 현대 중국어로 쓰인 문장에도 이런 현상이 수없이 많이 존재한다는 것을 발견했다.

> 거의 대부분의 중국어 단어는 의미가 똑같은 1음절과 2음절로 표현할 수 있다.
> (판원궈, 1997b: 141쪽)
>
> 几乎所有汉语单词都有可能形成单双音节的等义词。

바꿔 말하면 중국어의 거의 모든 개념은 두 가지로 표현될 수 있다. 하나는 1음절을 사용하고 다른 하나는 다음절(주로 2음절)을 사용한다. 또 원래 단음으로 된 것도 임시로 2음절로 만들어 사용할 수 있고, 원래는 2음절로 된 것도 그중 한 글자만 사용해서 표현할 수 있다. 구체적인 선택은 온전히 문장의 리듬과 운율의 필요에 따른다. 이것이 아마 중국어 글말의 가장 근본적인 특징일 것이다. 이 점을 이해하지 못한다면 아마도 중국어를 이용해 한족의 어감에 맞는 문장을 쓰기는 어려울 것이다.

이 규칙은 매우 광범위하게 사용되고 있으며 어휘 수준이 아니라 텍스트 전체에까지 영향을 미치고 있어 중국어를 조직하는 방법 중에서 가장 중요한 규칙인 것이다. 나는 이 규칙을 "음과 의미의 상호작용"이라고 부르고자 한다.

10.2. 음 · 의미 상호작용의 기본원칙
音义互动律的基本原则

음과 의미의 상호작용은 중국어가 조직되는 가장 근본적인 규칙이다. 이것은 화용에서 시작해서 사실상 음운은 물론이고 언어의 형식과 의미 모두에서 일관되게 작용하는 규칙이며, 중국어가 가진 이런저런 규칙의 총합이다. 이 이론은 역시 한자본위 중국어 연구의 핵심이론이다. 음과 의미의 상호작용은 이 책의 결론이면서 또한 앞으로의 연구과제의 결론이기도 하다. 나는 이 규칙이 작금의 중국어가 지금과 같은 모습으로 존재하게 된 근본적인 특징이라고 생각한다. 밖에서 수입된 어떠한 이론이나 어떠한 방법도 반드시 이 규칙의 검증을 받아야만 중국어에 적용할 만한 것인지 확인할 수 있다. 이러한 언어조직의 규칙은 심지어는 중국인(한족)의 사유방식에도 영향을 끼쳤고, 중국인의 사상과 문화의 중요한 구성요소가 되었다. 자오위안런赵元任도 이 문제를 지적했다.

음절단어의 1음절성은 마치 표현의 신축성을 방해하는 것처럼 보인다. 하지만 사실은 오히려 정반대이다. 그것은 언어에 더욱 풍부한 신축 가능성을 선사한다. 나는 심지어 매개에까지 이러한 신축 가능성이 포함되어 있다는 사실이 중국인의 사유방식에 영향을 끼친 것이라는, 어찌 보면 좀 과장된 추측을 하기도 한다. 언어에서 의미가 있는 단위를 간단한 규칙으로 나열 가능하다는 것은 그 언어의 구조단어와 구문을 두 개 혹은 세 개, 네 개, 다섯 개 혹은 더 많은 음절로 마음대로 조립해 사용할 수 있다는 것을 의미한다. 또 나는 만약 male / female(양阳 / 음阴), heaven / earth (하늘天 / 땅地), rational / surd(유리수有理数 / 무리수无理数) 등의 영어단어처럼 리듬이 다르다면, 중국어에서도 "음양"이나 "건곤"처럼 인류문화에 깊은 영향을 끼친 개념은 탄생하지 않았을 것이라고 생각한다. (자오위안런, 1975: 246~247쪽)

음절词的单音节性好象会妨碍表达的伸缩性，但实际上在某些方面反倒提供了更多的伸缩余地。我甚至猜想，媒介的这种可伸缩性已经影响到了中国人的思维方式。语言中有意义的单位的简练和整齐有助于把结构词和词组做成两个、三个、四个、五个乃至更多音节的方便好用的模式。我还斗胆设想，如果汉语的词像英语的词那样节奏不一，如跟mail/femail（阳 / 阴），跟heaven/earth（天 / 地），跟retaional/surd（有理数 / 无理数），汉语就不会有"阴阳"、"乾坤"之类影响深远的概念。

이 문장은 위와 같은 내 생각을 잘 정리한 것이다.

나는 음과 의미의 상호작용이라는 기본원칙, 혹은 그에 대한 기본인식을 귀납하여 아래와 같이 정리했다.

① 중국어는 한자(즉 형태 - 음성 - 의미의 결합체)를 기본단위로 하는 언어이다. 한자는 음운의 기본단위이며, 의미의 기본단위이고, 또 언어조직의 기본단위이면서, 언어활동(화언)의 기본단위이다.

② 중국어와 한자의 본질적인 모순 때문에, 중국어는 그것의 응용역사를 통해 1 음절을 기초로 하는 탄성어휘체계를 만들었다. 이는 1:2뿐 아니라 심지어는 1:3, 1:N 으로 탄력 있게 운용할 수 있다는 것을 의미하고, 그것들은 다시 필요에 따라 한 개의 음절로 표시할 수 있다. 이로 인해 음절수는 다르지만 의미가 같은 어휘체계가 형성되어 언어운용의 소재로 쓰이게 되었다.

③ 중국어의 리듬은 중국어의 조직과정에서 최소한 의미보다는 중요한 작용을 한다. "의미와 리듬의 상호작용과 협조", "의미와 음절의 쌍방향운동(소위 말하는 '음과 의미의 상호작용')"은 중국어가 조직되는 근본동력이다.

④ 음과 의미의 상호작용이라는 사실이, 최소한 중국어에서는 언어의 연구가 반드시 사용 중인 상태에서 진행되어야 한다는 것을 증명했다. 반드시 동태적인 연구를 해야 한다는 것이다.

⑤ 마지막으로 음과 의미의 상호작용이라는 규칙은 어휘에서 텍스트까지 계속해서 발생하므로, 최소한 중국어에 대한 연구는 문장층위에서 끝낼 수 없다.

10.3. 음·의미 상호작용의 예
音义互动举例

귀샤오위郭紹虞는 중국어 어휘의 탄성작용을 4가지로 정리했다. 일단 간단하게 요약해보자.

(1) 어휘의 신축, 음절의 장단은 마음대로 변화시킬 수 있다.

① 중음신축重言伸缩　　ㄱ. 반복어를 1음절로(2음절을 1음절로)

　　　　　　　　　　　ㄴ. 1음절을 반복해서(1음절을 2음절로)

② 연면자신축连语伸缩　ㄱ. 느린 말과 빠른 말(느린 말은 2음절, 빠른 말은 1음절)

　　　　　　　　　　　ㄴ. 쌍첩의 단용(2음절을 1음절로)

　　　　　　　　　　　ㄷ. 명사 잘라 말하기(복수의 음절을 1음절 혹은 2음절로)

(2) 어휘의 분리와 결합, 즉 1음절의 어휘를 (발음을 느리게 해서) 복수 음절처럼 사용할 수 있고, 복수 음절의 어휘는 (발음을 빠르게 해서) 1음절처럼 사용할 수 있다.

① 조사작용助词作用　　ㄱ. 말이 느릴 경우 음절수를 늘려주는 한자(고대에는 "발성发生"과 "수성收声"; 현대에는 "접두사词头"나 "접미사词尾")

　　　　　　　　　　　ㄴ. 말이 빠를 경우 음절수를 줄임(2음절을 1음절로)

　　　　　　　　　　　ㄷ. 반복어 조사를 1음절처럼 사용(2음절이지만, 리듬감을 짧게)

② 비조사작용非助词作用　ㄱ. 동의반복同义复词(1음절을 2음절로)

　　　　　　　　　　　ㄴ. 관형격반복偏义复词(1음절을 2음절로)

　　　　　　　　　　　ㄷ. 다음절 어휘의 잘라내기 작용(축약어)

③ 조사 나누어쓰기 증가 ㄱ. 반복어를 나누어 말하기(2음절을 4음절로)

　　　　　　　　　　　ㄴ. 나눠 말하기를 연면자连语로(2음절을 4음절로)

(3) 반복, 이어말하기의 임의 혼합을 통해 새로운 어휘를 형성

① 연면자连语를 늘려 복합어 반복으로(2음절을 4음절로)

② 반복된 복합어를 축약해서 연면자처럼(4음절을 2음절로)

③ 연면자가 합쳐져 다른 연면자로(4음절을 2음절로)

④ 연면자와 반복된 말의 혼합(2음절을 3음절로)

(4) 어휘의 전복顚倒. 즉 2음절 어휘의 한자순서가 뒤바뀜. 이는 음절수 및 의미와 관계없음(귀샤오위, 1938: 75~100쪽 참고)

귀샤오위의 이와 같은 분류는 어휘의 탄성작용을 기준으로 한 것이다. 나는 음절 수에서 출발해서 어휘를 거쳐 더욱 큰 층위까지, 중국어의 음과 의미가 어떻게 상호 작용하는지 살펴보고자 한다.

10.3.1. 2음절어의 음 · 의미 상호작용
双音节的音义互动

2,000여 년 전의 순자荀子는 중국어 음절의 작용에 대해 훌륭한 통찰을 보여주었다.

　　　한 글자로 충분하게 표현할 수 있으면 한 글자로 쓰고, 한 글자로 충분하지 않으 면 두 글자로 써라. (순자, 1986: 278쪽)

　　　单足以喻则单，单不足以喻则兼。

이 말이 훌륭한 통찰이라고 한 이유는 두 가지 방면을 모두 충분히 고려한 표현 이기 때문이다. 여기서 "한 글자, 두 글자"라는 말은 음절을 가리키고 "표현"이라고 한 것은 의미를 가리킨다. 이 문장은 고대 중국어에서 음절과 의미가 보여주는 상호

작용을 잘 정리했다. 시대의 변화에 따라 현대 중국어에는 긴 문장과 긴 어휘가 많아졌지만, 궈샤오위가 말한 탄성작용이론에 따르면 내가 볼 때 순자의 말에 "두 글자도 부족하면 네 글자로 써라.兼不足以喻则再兼" 한마디만 더하면 대체로 충분할 것이다. "한 글자"라는 것은 1음절이고, "두 글자"라는 것은 2음절, "네 글자"는 4음절이다. 이러한 음절과 의미의 상호작용은 기본적으로 중국어가 "한자가 모여 구를 이루고, 구가 모여 장을 이루며, 장이 모여 텍스트를 이룬다."라는 규칙으로 운용됨을 보여준다. 4음절 이상의 모든 어휘조합도 모두 이렇게 해석할 수 있다. 중국의 고대인들이 글쓰기의 대구对子를 가르칠 때, 4글자까지만 강조한 것은 충분히 일리 있는 것이다. 4음절 이내의 음과 의미의 변화규칙을 확실히 이해하면 아무리 긴 글이라도 기본 기교의 범위를 벗어나지 않기 때문이다. 이것이 바로 진정한 "간단한 원칙으로 복잡한 현상을 다스리는 법执简驭繁"이 아니겠는가? 하지만 어법학자들이 서양에서 들여온 "주어, 동사, 목적어"처럼 중국어에 태그나 붙이는 방법은 "간단한 원칙으로 복잡한 현상을 다스리"지 못했다.

 "한 글자로 충분하지 않으면"에서 "충분하지 않다."는 말에는 두 가지 측면이 있다. 하나는 의미가 불충분하다는 것이고, 다른 하나는 리듬이 부족하다는 것이다. 중국어의 실제운용 측면에서 보면, 리듬이 부족한 경우가 아마도 더 중요할 것이다. 중국어 어휘의 "2음절화"의 규칙에 대해서도 몇십 년 동안 수많은 사람들이 토론해왔다. 나는 중국어의 2음절어가 늘어나고 있는 것은 사실이지만, "2음절화"가 규칙은 아니라고 생각한다. 더욱 중요한 규칙은 1음절과 2음절의 배합사용이다. "2음절화"는 이 규칙의 결과물이지 원인이 아니다. 더욱 중요한 것은 "2음절어"는 그 응고성 때문에 사전에 등재되기 쉽지만, 실제 언어사용에서는 그것이 반드시 고정형으로 쓰이는 것은 아니라는 사실이다. 실제 중국어는 1음절이든 2음절이든 모두 단음과 2음절의 배합사용 규칙에 따라 선택될 뿐이다. 2음절어가 다시 2개의 1음절로 나뉘어 사용되는 것은 너무나도 정상적인 현상이다. 또, 이론적으로도 이러한 현상을 왜 "1음절화"라 하지 않고, "2음절화"라고 하는지도 불분명하다. 왜냐하면, 시대의 발전에 따라 어휘의 의미가 점점 더 복잡해지고 정밀해지고 있다면, 다음절어가 끝없이 증가해야 할 것 같지만 중국어는 여러 가지 방법으로 이를 2음절 이내에 묶어놓고 있기 때문이다. 여기서도 우리는 리듬이 중국어에서 차지하는 중요성을 확인할 수 있다.

따라서 중국어 어휘의 "2음절화"는 아래의 두 차원에서 이해해야 할 것이다.

첫 번째, 중국어 운율체계의 필요에 의한, 동시에 의미를 더 명확히 하기 위한 수요. 이 중에는,

(1) 더 복잡한 의미를 담아내기 위해 많은 종류의 "2음절어" 탄생:

① 관형구조("관형어"와 "수식대상"의 의미가 분화);

② 기타 구조. 사실상은 구절상태가 고착화;

③ 1음절의 중첩으로 발생한 제3의 의미. 예를 들어 "天天매일, 家家모든 집, 人人모든 사람, 个个모든 것" 등의 단어에서 "모든 ~"이라는 의미;

④ 대립되는 의미의 한자를 병립하여 발생한 제3의 의미. 예를 들어 "多少얼마(간), 大小크기, 高低높이, 好坏좋고 나쁜 정도" 등의 단어에서 "~ 정도"라는 의미. 이렇게 발생한 것이 하나의 단어인지 아닌지 구분하기 어려움. 어느 정도는 "이합사离合词"의 특징을 구비함;

⑤ 관련 있는 의미의 한자가 상호보완적으로 병렬되어 발생한 제3의 의미. 예를 들어 "开关스위치, 裁缝재봉, 编辑편집, 聪明총명, 东西물건" 등.

(2) 더 정밀한 의미를 담아내기 위해 많은 종류의 "2음절어" 탄생:

① 분류를 나타내는 관형구조. 주로 "고유명사+보통명사"의 구조. 예를 들어 "桃花복숭아꽃, 柳树버드나무" 등;

② 합성어로 된 관형구조. 예를 들어 "高大(=高+大)크고 높다, 远大원대하다, 敬爱경애하다." 등;

③ 상호보완적인 병렬구조. 예를 들어 "广阔(=广=阔)넓은, 英明영민하고 명민한" 등. 운율체계상의 요구가 특별히 높음.

두 번째, 주로 운율체계상의 필요성에 의해 음절이 추가되기도 하고 그렇지 않기

도 함. 많은 경우에 추가되는 의미 없이 형성된 2음절어:

(1) 같은 한자를 중복:

① 1음절 자체에 명확한 의미가 있고, 1음절과 2음절을 통용할 수 있거나, 글말에서는 1음절, 입말에서는 2음절을 사용. 예를 들어 "常常자주, 稍稍조금";

② 1음절 자체에 명확한 의미가 있고, 중첩된 후에 부가적인 의미가 추가됨. 예를 들어 "青青푸른, 红红붉은, 浓浓진한"은 2음절일 경우 1음절보다 의미가 강화됨.

③ 1음절 자체는 의미가 없으나, "원래"부터 2음절어로 존재하는 단어. 예를 들어 "关关쩩쩩, 喈喈꼬꼬, 夭夭젊고 아름답다." 등. 하지만 "1음절 자체에 의미가 없다."는 것도 절대적이진 않다. 『시경』에는 중첩어를 단독으로 사용한 용례가 많은데, 예를 들어 "喈喈-喈喈然-喈然-喈(其)鸣矣"에서처럼 喈喈가 원래는 중첩어인데 한 글자만 이용해 표현한 것이 이미 자주 보인다는 말이다. 여기에 글말과 입말의 모순이 들어 있다. 입말은 입말의 리듬으로 물체의 형상을 말할 때 생동감 있고 묘사가 구체적이게, 또 음의 높낮이를 조정하기 위해 음의 중첩을 이용하는데, 글말에서는 글말의 리듬규칙에 따라 1음절이 필요하면 1음절을, 2음절이 필요하면 2음절을 사용한다.

(2) 쌍성双声, 첩운叠韵어. 내가 보기에 쌍성, 첩운은 단지 대칭-반복의 변종이다. 본질적으로 큰 차이가 없고, 음운의 느낌이 더욱 풍부하게 변화하는 것뿐이다. 쌍성, 첩운, 중복, 단용이 모두 서로 통용 가능한 경우이다. 예를 들어 "巍巍높고 웅장하다. =巍峨=崔巍=巍然"

(3) 급한 말, 늘어지는 말. 선명하게 운율체계를 위한 말. 1음절이 필요하면 1음절로, 2음절이 필요하면 2음절로 대체. "蒺藜납가새=茨", "不可불가=叵" 등. 어떤 사람은 이런 예가 현대 중국어에는 없다고 주장하지만, "不用=甭", "不要=別" 등의 예도 있다. "不用让他知道그가 알게 하지 마, 不要告诉他그에게 알려주지 마."는 어감이 매우 느슨하지만, "甭提了그만해, 別说了말 마."는 어감이 매우 급하다.

(4) 순수하게 음절수만 하나 늘린 경우. 하지만 추가한 음절 자체가 의미를 가진 한자. 몇 가지 경우가 있음:

① 원래는 의미가 있었으나 훗날 그 의미가 없어진 경우. 예를 들어 "青天푸른 하늘, 苍天검푸른 하늘, 女郎젊은 여성", "马车마차, 马路넓은 길"를 포함. 현재도 그 음이 쓰이고 있지만, 그 의미는 사용되지 않는 경우;

② 원래부터 그 의미가 있으나 마나 했으나 다른 글자에 붙여 쓴 후 불필요한 의미만 가지고 음절로써의 기능만 하는 경우. 예를 들어 "咸盐(짠) 소금, 酸醋(신) 식초, 乌鸦(검은) 까마귀, 黑墨(검은) 먹, 苍蝇(검푸른) 파리" 등;

③ 의미와 관계있지만 사실상 있으나 마나 한 경우. 예를 들어 "头发머리카락, 眉毛눈썹, 月亮달, 古怪괴상한, 耳朵귀("朵"의 본뜻은 귓바퀴)" 등. 그리고 소위 말하는 접두사, 접미사. 예를 들어 "第, 初"와 "老, 子, 儿, 头" 중의 일부분("老李이 씨, 盖子뚜껑, 头儿우두머리, 苦头고생");

④ 의미와 관계있음. 추가된 후 간혹 부가된 의미가 발생함. 예를 들어 "书本책, 马匹말, 船只배, 纸张종이, 车辆차량" 등, 수량사가 붙은 후 그 앞에 수사가 올 수 없음. 이로 인해 집합명사의 의미를 가지게 됨. 그러나 예외도 존재함. 예를 들어 "花朵꽃, 房间방, 文件문건" 등;

⑤ 소위 의미편중복합어. 원래 의미가 있으나 다른 한자와 붙여 쓴 후 의미가 사라진 경우. 예를 들어 "消息소식, 车马차량" 등;

⑥ 원래 의미가 있었으나 응고화 된 후 단어 안에서 이미 의미가 없어진 경우. 예를 들어 "毛病문제점, 嘴巴입, 容易쉽다, 知道알다" 등. 재미있는 것은 "毛"는 의미가 없으나 요즘 "小毛小病작은 문제" 같은 경우 의미가 생겼음.

⑦ 접두사와 접미사 중의 "阿"와 "老, 子, 儿, 头" 중의 다른 한 부분("老虎호랑이, 椅子의자, 花儿꽃, 木头나무").

(5) 외래어의 음역이 2음절화 되는 경향:

① 다음절로 음역된 단어에서 2개의 음절만 취함. 예를 들어 고대의 "Kasaya－袈裟가사, Bodhisattva－菩萨보살". 현대 중국어에서 중국 국가대표 축구팀의 외국인 감독의 이름을 2음절로 부르는 경우("佩得罗维奇Petrović－佩得페더", "米卢蒂诺维奇 Milutinovic－米卢미루");

② 1음절이 2음절로 확대된 경우. 예를 들어 "约翰(John), 潘恩(Pann), 摩尔(Moor), 吉普(Jeep), 老挝(Laos), 啤酒(beer), 卡车(Car), 酒吧(bar)" 등;

③ 다음절어에서 1음절을 취한 후, 뒤에 유형을 표시하는 한자가 추가되어 2음절이 된 경우. 예를 들어 "美国미국, 加州캘리포니아, 费城필라델피아, 亚洲아시아, 高(本汉)氏칼그렌, 莎(士比亚)翁셰익스피어" 등;

④ 다음절 음역어가 2음절 의역어로 바뀜. 예를 들어 "德律风텔레폰―电话전화", "水门汀시멘트―水泥", "赛恩斯사이언스―科学과학", "德谟克拉西데모크라시―民主민주" 등.

(6) 2음절 이상의 단어를 2음절로 줄이는 경우:

① 병렬구조가 아닌 경우. 예를 들어 3음절이 2음절로: "落花生땅콩―花生", "机关枪기관총―机枪"; 원래 4음절이 2음절로: "教育改革교육개혁―教改", "北京大学북경대학―北大"; 원래 5음절이 2음절로: "中国共产党중국공산당―中共", "妇女联合会부녀연합회―妇联"; 원래 6음절이 2음절로: "人民代表大会인민대표대회―人大", "留学生办公室유학생사무실―留办"; 원래 7음절이 2음절로: "中华人民共和国중화인민공화국―中国"; 원래 8음절이 2음절로: "全国人民代表大会전국인민대표대회―人大"; 원래 10음절이 2음절로: "全国人民政治协商会议전국인민정치협상회의―政协"; 원래 12음절이 2음절로: "苏维埃社会主义共和国联盟소비에트사회주의공화국연맹―苏联" 등;

② 병렬구조: ㄱ. 대표성을 가진 한자를 취해 만든 합성어. 예를 들어 "中(国)美(国)双方중미 쌍방, 英(语)汉(语)词典영한사전, 江(苏)浙(江)两省강절 양 성, (丈)夫妻(子)二人부부"; ㄴ. 같은 글자를 취하고 그 앞에 수사를 붙인 경우. 예를 들어 "双抢, 三夏, 四有, 五经, 六礼, 七出" 등96. 만약 같은 글자를 찾을 수 없는 경우에는 더 큰 범위의 2음절을 선택. 예를 들어 "八字(宪法), 十恶(不赦)" 등.

---

96 옮긴이의 말: "4서5경"에서 4서가 논어, 맹자, 대학, 중용을, 5경이 시경, 서경, 역경, 예기, 춘추를 가리키듯, 어떤 공통점이 있는 대상의 단어나 문장을 통괄해서 한 글자로 표시하고, 나열된 대상의 수만큼을 숫자로 표시하는 방법을 말한다. 중국에서는 비슷한 유형의 규범이나 금지 등의 표현에서도 같은 한자를 찾아내거나 일부러 삽입하여 넣고 그 규범이나 금지의 조항 수만큼을 숫자로 표시하는 경우가 많다. 예를 들어 "不抽烟담배를 피우지 않는다, 不喝酒술을 마시지 않는다, 不要女朋友여자를 버리지 않는다."의 특징을 가진 남자를 "三不男人"이라고 부르는 식이다.

이렇게 수많은 경우가 있지만, 모두가 단지 2음절로 운율체계를 맞추기 위해 사용된다. 이 과정에서 의미는 오히려 부차적인 구성요소가 된다. 하지만 이 문제에 대해 오래 천착해보면 표현방식상이나 의미적, 정서적으로도 미묘한 변화가 있었던 것은 분명하다.

10.3.2. 3음절어의 음 · 의미 상호작용
三音节的音义互动

앞부분에서 중국어에서는 단어와 구절을 구별하기 어렵다고 말했다. 가장 간단한 방법은 아마도 음절수에서 시작하는 방법일 것이다. 2음절로 이루어진 것은 단어가 될 가능성이 비교적 높고 4음절로 이루어진 것은 구절이 될 가능성이 비교적 높다. 재미있는 것은 3음절의 경우 2음절과 4음절의 사이에 존재하면서, 그것이 단어나 구절이 될 가능성을 둘 다 가지고 있다는 점이다. 1음절+2음절 구조로 된 것은 구절이 될 가능성이 높고, 2음절+1음절 구조로 된 것은 단어가 될 가능성이 높다.

사실상 고대 중국어에서 3음절어는 고유명사를 제외하고는 매우 적었다. 중국어에서 3음절어가 대량으로 생산된 것은 20세기로 특히 20세기 50년대 이후의 일이다. 새로운 사물과 새로운 개념이 대량으로 유입되면서 3음절 어휘가 동시에 증가했다. 따라서 3음절 어휘의 탄생은 어원상으로 볼 때 의미적 요소가 더욱 중요하고 음절상의 수요는 부차적이었다. 하지만 일단 어휘로 고정되기 시작하면, 그 어휘는 반드시 중국어 고유의 리듬규칙을 따라야 했다.

3음절은 이론적으로 3가지의 리듬이 가능하다: 2+1, 1+2, 1+1+1. 하지만 세 번째 경우는 현실적으로 성립하지 않는다. 왜냐하면 중국어 리듬의 기본단위는 2음절로 2음절 중 하나는 강하고 하나는 약하게 구성되어 운율의 기복이 생기게 하는데, 만약 1+1+1의 구조가 나타나면 같은 강도의 악센트가 세 번 반복되어 아주 부자연스러우므로 성립하기 어렵다. 따라서 3음절 어휘의 경우 의미상으로는 1+1+1의 구조를 가지고 있다 하더라도, 리듬상으로는 단지 2+1이 될 뿐이다. 예를 들어 "工农一兵

노동자, 농민, 군인", "公检一法공안, 검찰, 법원" 등에서도 알 수 있듯이 이 어휘들은 "*工一农兵"이나 "*公一检法"가 될 수 없다. (사실상 3가지가 병립되어 있는 사물을 처리할 때 중국어는 주로 4음절의 형식을 선택한다. 예를 들어 "桌椅板凳", "绸缎布匹", "桃李杏花97" 등. 뤼슈샹呂叔湘, 1963 참고)

우리는 이러한 분석을 통해 남아 있는 두 리듬도 2+1 위주가 된다는 사실을 추론할 수 있다. 의미적으로는 1+2일지라도, 운율상으로는 왕왕 2+1인 경우가 많다는 것이다. 예를 들어

臭豆腐취두부: "臭豆一腐"라고 읽는다. " * 臭一豆腐"라고 읽지 않는다.

雌老虎수호랑이: "雌老一虎"라고 읽는다. " * 雌一老虎"라고 읽지 않는다.

绿帽子녹색 모자: "绿帽一子"라고 읽는다. " * 绿一帽子"라고 읽지 않는다.

贱骨头행복을 모르는 놈: "贱骨一头"라고 읽는다. " * 贱一骨头"라고 읽지 않는다.98

한 가지 예외가 되는 상황이 있다. ABB구조로 된 중첩형용사 "黑压压검은 기운이 넓게 펼쳐진, 绿油油짙푸른, 热乎乎뜨거운" 등이다. 하지만 이러한 경우에도 악센트형식이 사실은 "×··"이어서, 3개의 음절에 강약박자가 하나일 뿐이고 뒤에 있는 두 개의 음절은 단지 하나의 음절로서만 작용을 하기 때문에 리듬상으로는 2음절어와 똑같다.

3음절어의 기본구조형식은 관형어+피수식어이다. 앞에서 2음절어를 분석하면서 알게 되었듯이 이러한 구조는 대체로 의미가 복잡해지는 수요에 적응하기 위해 탄

생한 것이다. 즉, 이들의 탄생원인도 의미적 요소가 더욱 중요하고 음절상의 수요는 부차적이었다. 그 의미구조는 대체로 2+1로, 하나의 2음절구조에 하나의 1음절이 붙은 것이다. 여기서 이 2음절구조의 내부에 다양한 구성관계가 형성되어 있다는 점을 잊어서는 안 된다. 예를 들어 "瓜子脸길쭉한 얼굴, 狮子狗애완견의 일종", "三轮车삼륜차, 八仙桌(중국의 전통적인) 직사각형 탁자", "蛋白质단백질, 马尾松소나무의 일종", "寒暑表온도계, 管弦乐관현악", "敢死队자살특공대, 守财奴수전노", "向日葵해바라기, 吸铁石자석", "航海家항해가, 考古学고고학", "蛋炒饭계란볶음밥, 派出所파출소", "夜来香만향옥(꽃의 일종), 雪里红갓(채소의 일종)", "孔雀蓝(공작의 깃털처럼) 푸른, 鱼肚白(물고기 배처럼) 희끄무레한", "消防队소방대, 计算机컴퓨터" 등이 그렇다. 또 1+2구조도 있는데, 이것들은 다수가 새롭게 생성된 어휘들이다. 예를 들어 "少掌柜젊은 주인, 野汉子정부(내연의 남자)", "亲太太사돈(호칭), 闷葫芦쪼개지 않은 조롱박(그래서 이해할 수 없는)", "西红柿토마토, 素什锦수스진(요리 이름)", "上星期지난주, 这年头요즘 세상", "不道德비도덕적인, 非正规비정규적인", "超高速초고속, 反革命반동(분자)", "高保真Hi-Fi (고음질 또는 고화질), 过饱和과포화" 등이 그렇다. 극소수이긴 하지만 3음절이 별도로 존재하는 병렬구조 혹은 다른 형식도 있다. 예를 들어 "工农兵노동자 & 농민 & 사병, 公检法공안기관 & 검찰기관 & 법원, 刘关张유비 & 관우 & 장비, 马大哈(성격이) 덜렁대는 사람", "驴打滚(베이징 지역의) 전통적인 떡의 일종, 鬼剃头원인불명의 탈모현상, 胃下垂위하수(병), 金不换황금으로도 바꿀 수 없는" 등이 그렇다. 마지막으로 든 예제는 이미 관형어와 매우 닮아 있다. 동사+목적어로 이루어진 3음절구조 대부분이 관용어이다. 예를 들면, "打圆场분위기를 원만하게 돌리다, 偷汉子(여자가) 바람을 피우다, 拍马屁아부하다." 등이 그렇다. 관용어의 1음절과 2음절 사이에는 대체로 숨겨진 휴지停顿가 있어서, 그것이 매우 쉽게 드러난다. 입말로 할 때는 이 특징이 더욱 선명하다.

ABB구조는 중국어 형용사에 존재하는 독특한 형식이다. 초사楚辞에서 시작해 원곡元曲에서 가장 활발하게 사용되었고, 오늘날에도 매우 보편적으로 사용되고 있다. 이 구조는 2음절과 4음절의 중간에 자리 잡고 있으면서, 리듬상으로 매우 풍부한 탄성을 가지고 있어서 중국어의 말하기와 글쓰기의 수요에 매우 적합하다. 만약 말하기나 글쓰기에서 2음절이 필요한 곳에 이 구조가 쓰이면 그중에서 BB부분은 모두 약하게 읽히며, 3음절이 필요한 곳에서는 그것이 하나는 강하게 하나는 약하게 읽혀 마치 하나의 2음절구조처럼 쓰인다. 또 ABB 뒤에 "的~한"라는 글자를 하나 붙여서 "ABB的"라고 쓰이면 두 번째 B는 중간 악센트로 읽혀서 "×·×·99" 두 박자가 된다. 현대 중국어의 ABB형식도 이와 같은 용법으로 쓰인다.

의미의 측면에서 보면 A와 BB 사이에는 간혹 관계가 있는 경우도 있지만, 대부분의 경우에는 전혀 관계가 없다. ABB는 주로 음절수를 통해 리듬을 조절하는 용도로 사용되는 것이다. 특히 자주 사용되는 "乎乎, 墩墩, 丝丝, 油油, 哄哄, 洋洋" 등의 BB형식은 의미가 있는 듯 없는 듯해서 더더욱 그렇다.

리듬을 기준으로 보면 중국어의 기본적인 리듬은 2음절이다. 리듬의 변화 중에서 가장 간단한 형식은 4음절구조이다. 따라서 3음절은 흔히, 일종의 불안정성을 가지고 있는데, 말을 만들고 문장을 지을 때 다른 무언가를 첨가해서 이를 해결하는 경향을 보인다. 한 가지 방법은 하나의 음절을 추가하는 것이다. 예를 들어 "你快来빨리 와."라고 말하면 어쩐지 좀 어색하다고 느껴지지만, "你快来呀"나 "你快过来"라고 말하면 더욱 자연스럽다. 마찬가지로 "你快走"라고 말하면 이상해서, 2음절로 된 말을 선택해 "快走"라고 말하거나, 4음절로 늘여서 "你快走吧"라고 말한다.

또 하나의 방법은 3음절 전체를 하나의 "두读"로 처리하고, "두"를 하나 더 붙이는 것이다. 앞뒤가 모두 3음절이지만 전체를 보면 훨씬 안정적인 구조가 된다. 예를 들어

"东方红동녘이 붉게 물들다."만 말하면 안정적이지 않아서, "太阳升태양이 떠오르다."을 붙여서 안정적이게 만든다;

"天苍苍검푸른 하늘 끝이 없다."만 말하면 안정적이지 않아서, "野茫茫들녘도 한없다."을 붙여서 안정적이게 만든다;

---

99 옮긴이의 말: ×는 강하게, · 는 경성으로 약하게 읽거나 말하게 된다는 뜻이다.

"抬起头고개 들어."만 말하면 안정적이지 않아서, "朝前走앞으로 가."를 붙여서 안정적이게 만든다;

이러한 예들은 마치 시나 노래처럼 들리는데, 사실 산문에서도 마찬가지이다. 만약 "朝前走"라고 말하면 어딘지 문장이 끝나지 않은 것 같은 느낌이 든다. "你就到家了집에 곧 도착할 거야."라고 말해야 문장이 완성되는 것 같다. 따라서 리듬과 운율은 중국어 장구학에서 매우 중요하다.

3음절어의 불안정성은 그것이 자주 두 가지 방향으로 속성을 전환하는 데에서도 드러난다. "어휘화词化"되어 2음절어가 되거나, "구절화语化"되어 4음절이 되는 것이다. 이러한 현상도 3음절어가 단어와 구절의 중간자적 속성을 가지고 있음을 보여준다.

(1) "단어화词化"로 2음절어가 되는 경우

고대의 정형시에서 3음절로 된 인명이 출현하면, 한 글자를 잘라내고 2음절로 바꾸어 쓴 경우가 있다. 예를 들어

诸葛亮제갈량—诸葛, 葛亮

司马迁사마천—司马, 马迁

杨得意양득의—杨意

钟子期종자기—钟期

徐孺子서유자—徐孺

현대 중국어에서도, 이런 예는 많다.

① "不, 未, 非"로 시작하는 2음절어는 많은 경우에 3음절어의 축약형이다:

不定정해지지 않은(=不确定); 不当해서는 안 될(=不应当); 不宜적합하지 않은(=不适宜); 不该해서는 안 될 (=不应该)

不可안 돼(=不可以); 非法불법(=不合法); 非凡범상치 않은(=不平凡); 未定결정되지 않은(=未决定)

이런 단어들은 그 단어의 긍정형과 대칭이 되지 않기 때문에 2음절어로 바뀌어

쓰이는 것으로, 이런 현상이 바로 의미가 운율체계에게 양보한 경우인 것이다.

② 뤼슈샹呂叔湘(1963: 417쪽)은 중국어의 고유명사 가운데 현의 명칭, 산의 명칭에서 두 글자로 된 것은 "县"자와 "山"자를 말하지 않는 경우가 많고, 한 글자로 된 것은 반드시 이 글자를 붙여야 한다는 점을 지적했다. 예를 들어 "大兴따싱(지명), 順义순이(지명)", "峨眉어메이 산, 普陀푸뒈 산"와 "通县퉁현(지명)", "泰山태산, 华山화산"과 비교해보면 쉽게 알 수 있다. 뤼슈샹은 2음절이 자유로운 점과 1음절이 자유롭지 않은 점을 강조했지만, 사실 이 문제는 다른 각도에서 볼 수도 있으니, 3음절의 불안정성이 바로 그것이다. "大兴县, 順义县"과 "峨眉山, 普陀山"이 "大兴, 順义", "峨眉, 普陀"로 축약된 것이다. 물론 정식적인 상황에서는 그다지 생략하지 않는다. 그런 경우에는 의미가 운율체계보다 중요하기 때문에 아무리 발음하기 어려워도 정식명칭을 모두 사용한다. (예를 들어 외교문서에서는 "苏维埃社会主义共和国联盟소비에트사회주의공화국연맹"처럼 읽기조차 어려운 말도 그대로 쓰인다.)

인명에 "老张, 小张, 张总, 张公, 张老"만 있고, "老欧阳, 小欧阳, 欧阳总" 등이 없는 것도 같은 원인이다. 구양수欧阳修는 스스로를 "구양자欧阳子(『추성부秋声赋』)참고)"라고 칭한 바 있는데, 후대의 사람들이 그를 부를 때는 항상 "欧公구공"이라고 했지 "欧阳公구양공"이라고 하지는 않았다. 1930년대의 메이란팡梅兰芳과 오우양위첸欧阳予倩은 모두 유명한 배우였는데, 사람들은 "北梅南欧북방엔 메이란팡, 남방엔 오우양위첸"라고 부르지 "北梅南欧阳"이라고 부르지는 않는다.

이번에는 학과의 명칭을 보자. "数学수학, 化学화학, 哲学철학"에는 모두 "学"자가 붙어있는데, "天文천문, 地理지리, 生物생물, 物理물리"에는 "学"자를 자주 생략한다. 그런데 각 학교의 단과대학에서 펴내는 학보의 명칭은 또 "天文学报천문학보, 地理学报지리학보, 物理学报물리학보"라고 부르고, "数学" 등은 뒤에 다시 "学"자를 붙여서 "数学学报수학학보, 化学学报화학학보, 哲学学报철학학보"처럼 기어코 4음절을 만들고야 만다. 물론 "天文学学报천문학학보"에서 "学"자를 합병해서 "天文学报천문학보"를 만들었다고 볼 수도 있다. 마치 "外交部部长외교부부장"을 "外交部长외교부장"이라고 부르는 것이 "部부"자를 합병한 것과 같다.

③ 일반적인 단어에서도 3음절을 축약하여 2음절만 사용하는 경우가 있다.

落花生－花生땅콩 ; 橡胶鞋－胶鞋고무신 ; 苹果绿－果绿풋사과의 푸른 빛깔 ;

豆腐浆－豆浆두유 ; 豆腐干－豆干말린 두부 ; 绿豆芽－豆芽숙주나물 ; (그래서 "黄豆芽콩나물"의 "黄"을 생략할 수 없다.100)

花生油－生油땅콩기름 ; 菜籽油－菜油유채기름 ; 芝麻油－麻油참기름 ; 芝麻酱－麻酱기름장 ;

吹牛皮－吹牛허풍 떨다. ; 拍马屁－拍马아첨하다. ;

우리는 이러한 단어들에서도 음절의 중요성이 의미의 중요성을 넘어서는 것을 확인할 수 있다. 만약 이런 단어들이 원래 3음절이었다는 것을 모른다면 수많은 단어들의 의미를 분석할 수 없다. 예를 들어 "豆浆두유, 豆干말린 두부" 같은 단어는 "豆"의 "浆"이나 "豆"의 "干"이 아니다.101 (반드시 형태소를 찾아내야 만족하는 사람들은 "豆"라는 "형태소"가 "豆腐"라는 의미를 가졌다고 말하는데 이는 너무 궁상맞은 해석이다.) "生油"도 "熟油"의 반대말이 아니다. (형태소주의자들이 "生"의 "형태소의미"를 "花生"이라고 한다면 더 심한 궤변이다. "花生"의 "生"은 그럼 무엇이란 말인가?) "菜油"는 "菜"를 짜서 만든 것이 아니고,102 "吹牛, 拍马"가 "牛소, 马말"을 정말로 "吹불다, 拍찰싹 때리다."하는 것이라고 해석할 수도 없다.

(2) "구절화语化"로 4음절이 되는 경우

"구절화"로 4음절이 되는 경우는 대체로 1+2구조이다. 이러한 구조의 불안정성은 앞에서 이미 언급한 바 있다.

한 가지 방법은 "1" 뒤에 하나의 음절을 추가하는 것이다. 예를 들어,

过饱和과포화－过于饱和; 高保真Hi-Fi－高度保真; 超浓缩초고농축－超度浓缩

다른 예에서 언급한 "不, 非, 无" 등으로 구성된 2음절어는 앞에서 말한 것처럼 3

---

100 옮긴이의 말: 중국의 북방지역에서는 콩나물과 숙주나물을 모두 "豆芽"라고 부른다.

101 옮긴이의 말: 원문의 이 부분은 상하이 방언을 기준으로 설명되어 있다. 상하이 사람들은 원래 "豆腐浆"과 "豆腐干"라고 표현했는데, 북방어를 기초방언으로 하는 푸퉁화가 전파되어 같은 사물을 "豆浆"과 "豆干"이라고 부르게 되자, 자연스럽게 자신들이 원래 쓰는 말에서 "腐"가 "생략되었다."고 생각하게 된 것이다.

102 옮긴이의 말: "菜油"는 "菜채소"를 짜서 만든 기름이 아니다. 유채꽃의 씨를 짜서 만든다.

음절이 축약된 것으로 볼 수도 있지만, 3음절어는 여기서처럼 4음절로 확장시킬 수도 있다. 예를 들어,

尚未确定확정되지 않은(=不确定); 殊不应当~하지 말아야 하는(=不应当); 殊不适宜적합하지 않은(=不适宜); 甚不应该~하지 말아야 하는(=不应该); 殊不可以안 되는(=不可以); 不合法度불법적인(=不合法); 很不平凡평범하지 않은(=不平凡); 尚未决定결정되지 않은(=未决定) 등이 있다.

ABB형식은 그 뒤에 "的"를 추가해서 4음절이 된다. 현대 중국어의 ABB구조 뒤에 "的"가 붙는 것은 거의 고정적인 것이어서, ABB만 단독으로 사용하지 않는다. 여기서도 우리는 운율체계의 힘을 확인할 수 있다.

특히 주의를 요하는 것은, 절이나 구절이 3음절일 경우에는 대부분 어떤 수단을 이용해서라도 4음절로 바뀐다는 점이다. 예를 들어

三大纪律3대 계율; 八项注意8항의 주의사항; 四大金刚4대천왕; 十大矛盾10대 모순; ("大"=크다?)

不要走, 吃我一枪!서라, 내 창을 받아랏! ("我"=나의?)

有饭先吃他两碗밥이 있으면 일단 먹고 보자. ("他"=대명사?)

酒先来个半斤再说술 먼저 좀 가져와; 笑个不停멈추지 않고 웃다; 吓个半死깜짝 놀라다 ("个"=수량사?)

一把抓了过来한 손으로 잡아왔다. ("了"= "완성"?)

先把他放过 (或"放在, 放de") 一边재 일단 치워. ("过"는 경험이나 과거를 표시하고, "在, de"는 개사인가?)

위의 예에서 밑줄을 친 글자는 현행 어법체계를 적잖이 곤혹스럽게 만든다. 이러한 현상은 문장의 리듬을 위해 진행된 음절수 조정기능이라고 보는 것이 가장 중국어의 현실에 맞고 이론적으로도 더 체계적이다.

10.3.3. 4음절어의 음 · 의미 상호작용
四音节的音义互动

중국어에는 응고되어 떨어지지 않는 4음절구조가 많이 존재한다. 어떤 것은 (고사)성어지만, 어떤 것은 그렇게 보기 어렵다. 예를 들어 "颠三倒四뒤죽박죽, 横七竖八어수선하다, 糊里糊涂흐리멍덩, 乱七八糟엉망진창" 등이 그렇다. 이러한 구조를 단어로 볼 것인지 아니면 구절로 볼 것인지에 대해서는 의견이 분분해서, 이 구조를 표현하는 용어로 사용된 것은 내 기억에만 의존해도, "固定词组, 固定短语, 固定结构, 四字词组, 四字短语, 四字格, 四字语" 등이 있다. 이렇게 많은 이름이 존재하는 것은 이 구조의 성격에 대해 제대로 이해하지 못했기 때문이다. 어법의 시각으로 보면 이 구조는 하나의 단어로 보인다. 하지만 구조적으로 보면 우리가 통상적으로 말하는 단어보다 훨씬 복잡하다. 예를 들어 "天高地厚、花好月圆하늘은 높고 땅은 기름지며, 꽃이 아름답고 달이 둥글다." 등은 병렬구조로 된 복문 수준이고, "亡羊补牢、人云亦云양을 잃고 나서 외양간을 고치고, 다른 사람이 뭐라 말하면 따라서 말한다."은 관형구조의 복문 같다. 하지만 중국인의 어감으로 보자면 2음절은 대체로 "단어"로 느껴지고, 4음절은 "구절"로 생각된다.

이런 구조는 당연히 구조의 시각으로 볼 수도 있고 의미의 시각으로 볼 수도 있다. 하지만 나는 음과 의미의 상호작용이라는 관점으로 이해하는 것이 가장 중요하다고 생각한다. 나는 앞에서 중국어 단어가 만들어지고 문장이 조직되는 규칙이 단지 의미만을 고려하여 이루어지는 것은 아니라는 점을 여러 예를 통해서 입증했고, 어떤 때는 심지어 더 많은 경우에 운율체계적인 고려가 더욱 중요하다는 점도 증명했다. 2음절어가 그렇고 3음절어도 그러하며, 4음절어도 당연히 그렇다.

중국어에서 4음절어는 매우 중요한 지위를 가지고 있다.

첫 번째, 만약 2음절이 중국어 리듬의 기본단위라고 한다면, 4음절은 중국어의 리듬이 실전에 운용된 가장 간단한 형식이다. 우리는 근체시와 변려문의 율격을 통해 이 점을 살펴볼 수 있다. 근체시近体诗의 예제에서: (—는 평성平声을 의미하고, │는 측성仄声을 의미한다. 점은 리듬의 위치이다.)

无边落木萧萧下,　　　　　　　— — | | — — |

不尽长江滚滚来。 103　　　　| | — — | | —

변려문에서:

关山难越，谁悲失路之人；　　— — | | , — — | | — —

萍水相逢，尽是他乡之客。 104　| | — — , | | — — | |

이런 예제들은 1음절의 성조를 기준으로 변화하지 않고 한 쌍의 2음절을 단위로 변화한다는 것을 알 수 있다. 이런 상황에서 가장 간단한 변화는 당연히 — — | | 나 | | — — 같은 일종의 4글자형식이 될 것이다. 이런 형식은 사람들에게 일종의 만족감이나 안정감을 준다.

어떤 사람은 이런 현상이 고시에만 존재하고 현대 중국어에는 존재하지 않는다고 생각한다. 그러나 이런 생각은 너무 단순하다. 한 언어의 "동력구조动力结构"는 그리 쉽게 변하지 않는다. 원래부터 백화문과 문언문은 형식상으로 이미 매우 큰 차이를 지녔다. (변려문처럼 형식의 요구가 아주 높은 글은 말할 것도 없다.) 하지만 현대에 이르러서도 4글자구조는 중국어에서 가장 안정적인 형식이어서 특히 한 문장의 끝 부분이 4글자 구조로 되어 있으면 독자가 안정감을 느끼지만 그렇지 않은 경우는 어딘지 어색한 것이 사실이다. 아래의 문장들은 오늘(2001년 9월 9일) 내가 중국 시나왕(www.sina.com)의 뉴스제목을 순서대로 옮겨온 것이다.

1. 中国队客场1--1逼平卡塔尔　暂列十强赛B组第一

---

103 옮긴이의 말: 하늘가엔 낙엽이 쓸쓸히 지고
　　　　　　끝없는 장강은 남실남실 흐르네
104 옮긴이의 말: 관산은 넘기 어려운데 뉘라서 길 잃은 자를 슬퍼해주며
　　　　　　부평초차 물이 만나듯 모두 타향의 나그네라
　이상 두 시의 해석은 충남대학교 이규춘 교수의 번역이다.

2. 美报承认报道失实却不道歉 中机公司声明不满

3. 现场组图：破壳而出--毕加索轿车今日精彩下线

4. 外经贸部有关人士：中国"下周入世"说法有误

5. 朱邦造：美发展导弹防御系统将损害各国安全

6. 饮用不洁豆奶中毒 吉林1000多名中小学生被放倒

7. 台高官称大陆为"中共" 新华社记者与之舌战

8. 烘托祥和气氛展现繁荣景象 国庆节天安门这样摆花

9. 迪斯尼亚太公司透露北京建"迪斯尼"尚无定论

10. 海南交警枪杀按摩女案：琼山市公安局局长被免职

11. 美驻日使馆发布恐怖预警 提醒在日美国人高度警惕

12. 四大不测足可让前功尽弃 库艇打捞至最危险阶段

13. 美国秘密军演 声称美军现有力量能"以一挡二"[105]

위의 13문장 중에서 6번과 10번은 4자구조로 제목을 마치지 않았기 때문에, 어딘가 안정적이지 못하다는 인상을 준다. 12번은 5글자로 마무리되었는데, 역시 안정성이 좀 부족해 보인다. 나는 이렇게 실제 사용되는 중국어의 상황을 검토하는 것이 나의 논지를 잘 증명해준다고 생각한다. 4음절이 중국어에서 가장 안정적인 형식이기 때문에, 분명히 1음절, 3음절, 심지어는 2음절로 충분히 표현할 수 있는 의미도

---

105 원문의 번역은 대체로 아래와 같다.
1. 중국, 원정에서 카타르와 1:1로 비겨 10위권 B조 1위
2. 미 신문, 가짜뉴스 인정했으나 사과는 안 해 중국기계그룹 불만 표시
3. 현장스케치: 유독 눈에 띈 피카소 승용차 오늘부터 무대 밖으로
4. 대외경제부 관계자, 중국 "다음 주 WTO 가입"설 부정
5. 주방자오, "미 MD시스템 각국 안전 위협"
6. 상한 두유 먹고 지린 성 1,000여 명 학생 식중독
7. 타이완 고위관료 "중공" 호칭에 신화사 기자 설전 벌여
8. 은은한 빛으로 번영상 보여주는 (중국)건국기념일 천안문 꽃장식
9. 디즈니 아태社, "베이징 디즈니" 결론 없어
10. 하이난 성 경찰 女안마사 총기살인사건, 치웅산 공안국 국장 파면
11. 주일美대사관 테러주의보 발령; 주일 미국인에도 안전경계령
12. 예측불가 4요소, 공든탑 무너뜨리나; 쿠르스크 잠수정 견인작업 가장 위험한 단계 접어들어
13. 미국 비밀군사훈련; 미군 관계자, "미군은 1:2로 싸워도 이길 수 있어"

4음절을 사용하는 경우가 있다. 예를 들어 위 예제의 9번에서 "尚无定论아직 결론이 없다."은 "无定论결론이 없다."보다 안정적이고, 11번의 "高度警惕고도로 경계하다."는 "警惕경계하다."만 말하는 것보다 더욱 안정적이다.

　두 번째, 중국어는 한 음절의 "한자"를 본위로 하기 때문에 언어를 조직할 때 대구对偶(Parallelism)되는 특징을 보여준다. 2음절이나 3음절은 스스로 이미 대구성을 포함하고 있지만 (2음절의 병렬방식은 사실 그 자체로 대구성이 있다.) 2음절은 1박자밖에 없고 3음절은 2+1구조에서 앞의 한 음절에만 박자가 있어서 역시 1박자이다. 따라서 변화를 일으키지 않는다. ("东方红, 太阳升"의 경우, "두读" 이상의 층위인데다가 음절수도 6개나 된다.) 오직 4음절이 되어야만 대구의 최소, 최적 형식을 만족시킬 수 있다. 대구성은 중국어 운율체계의 중요한 표현형식이고, 이것이 운율체계의 중요성이 의미의 필요성을 넘어선다는 나의 논지를 잘 증명해주고 있다.

　아래는 운율체계와 음과 의미의 상호작용이라는 관점에서 중국어의 4음절구조를 분석한 것이다. 대체로 10가지 종류가 있다.

(1) 1음절이 직접 확장되어 이루어진 경우:

　이런 형식의 4음절 조합 중에서 실제 의미가 있는 글자는 1개뿐이다. 다른 3개는 모두 의미가 없는 음절이지만 그로 인해 생동감과 지방성 등에서 어느 정도 의미변화를 불러일으켰다고 볼 수 있다. 예를 들어 "黑古隆冬(공간이) 매우 어두운, 乌七八糟영망진창, 黑不溜秋거무튀튀한, 酸不拉叽시금털털, 稀里麻哈어리숙한" 등이 있는데, 주로 입말에 쓰이고 어떤 특정 지역에서 많이 쓰인다.106 (고사)성어의 경우에도 "逃之夭夭("逃"가 "桃"를 대체한 후, "夭夭"의 의미는 완전히 소실됨.107), 微乎其微매우 작다." 등이 있다.

---

106 옮긴이의 말: 중국의 등베이 지역 즉 헤이룽장 성, 지린 성, 랴오닝 성 지역(한국인 관념 속의 "만주지역"이 여기에 속한다.)에서 특히 이런 방식의 표현이 많이 쓰인다.
107 옮긴이의 말: 『시경』에 나오는 표현은 "桃之夭夭복숭아꽃이 무성하게 피다"였는데, "桃복숭아(꽃)"와 "逃도망가다"가 같은 음이어서 훗날 "逃之夭夭"도 많이 쓰이게 되었다. "桃之夭夭"라고 쓰면 "夭夭"에 "무성하다"라는 뜻이 있지만, "逃之夭夭"라고 쓰면 "夭夭"에는 의미가 없다고 봐야 한다.

(2) 2음절이 확장되어 이루어졌지만 대구를 사용하지 않은 경우:

① AB－AABB. 일반적으로 형용사를 더욱 생동감 있게 표현하기 위해 쓰인다. 예를 들어 "高高兴兴기쁘다, 快快活活즐겁다, 暖暖和和따뜻하다" 등;

② AB－ABAB. 일반적으로 동사의 "시험 삼아"라는 뜻. 뒷부분의 AB는 "一下 시도하다"와 같음;

③ AB－A里AB. 이 형식은 대체로 부정적인 뜻贬义을 포함하고 있다. 예를 들어 "糊里糊涂어리숙하다·헛갈리다, 娇里娇气의지가 약하고 고생하기 싫어하는, 咕里咕噜쪼르르(물 흐르는 소리 등), 懵里懵懂흐리멍텅한, 肮里肮脏지저분한, 促里促狭좁디좁은, 邋里邋遢더러운" 등;

④ AB－AXXB. 예를 들어 "乱七八糟엉망진창" 등;

⑤ AB－ABXX. 예를 들어 "脑袋瓜子머리, 宝贝疙瘩귀여운 놈" 등.

(3) 대구를 사용하여 2개씩 병렬을 이루되 2음절 확장이 아닌 경우도 있다. 그 방법으로는:

① 두 부분이 다 비교적 충분한 의미를 가진 경우. 예를 들어 "丰衣足食부유한, 人面兽心인면수심, 一本万利적은 자본으로 큰 이익을 얻다, 虎踞龙盘범이 버티고 용이 서린 듯" 등;

② 두 부분이 다 중첩자. 하지만 각 부분을 단독으로 사용할 수 없어서 AB가 단어가 되지 않는 경우. 예를 들어 "蹦蹦跳跳펄쩍펄쩍, 嘻嘻哈哈히죽히죽, 大大咧咧덜렁대는, 洋洋洒洒(말이나 글이) 거침없는" 등;

③ 앞뒤 두 부분이 동일의미의 중복. 리듬상으로는 2음절의 4음절화. 하지만 각 부분을 단독으로 사용할 수 없는 경우. 예를 들어 "行尸走肉살아 있는 송장, 걸어다니는 고깃덩어리, 短斤缺两분량이 부족한, 安家落户정착하여 살다, 心平气和(마음이) 평화롭고 온화한" 등;

④ 두 부분 모두 하나의 의미가 비교적 충분하지 않은 경우. 예를 들어 "~天~地, 东~西~, 南~北~, 千~万~" 등. 비교적 고정적인 틀을 형성하고 그중의 AB가 어떤 때는 단어가 되고 어떤 때는 단어가 되지 못함. 예를 들어 "昏天黑地눈앞이 캄캄

하다, **怨天恨地**하늘과 땅을 원망하다, **呼天抢地**하늘에 울부짖고 땅에 머리를 찧다, **走南闯北**남북 각지를 떠돌다, **南腔北调**남과 북의 곡조; 출신지역이 불분명한 엉성한 사투리, **东奔西走**온갖 곳을 돌아다니다, **万紫千红**온갖 꽃이 만발하여 아름다운, **千山万水**멀고 험한, **千头万绪**얼기설기 뒤엉키다, **指手划脚**손짓발짓하며 떠들다; 원칙 없이 지휘하다, **三拳两脚**몇 번 때리고 차다, **说长道短**다른 사람에 대해 이러쿵저러쿵하다, **冤哉枉也**억울하고 불공평하다, **奇乎怪哉**기괴하다"등;

⑤ 두 부분에서 하나는 같은 성분이고 하나는 충분한 의미가 없는 성분의 경우. 각 부분을 단독으로 사용하지 않는다. 예를 들어 "**横看竖看**이리저리 보다, **左想右想**이래저래 생각하다, **东看西看**이리저리 보다, **动手动脚**손찌검을 하다"등;

⑥ ABX-XAXB. 이것은 3음절을 4음절로 변환시켜 사용하는 경우이다. 예를 들어 "**一模一样**같은, **老夫老妻**(결혼한 지) 오랜 부부, **无拘无束**구속받지 않는"등;

⑦ ⑥번에서 AB가 단어가 아닌 경우. 예를 들어 "**无法无天**법도 하늘도 없는, **有始有终**시작이 있고 끝이 있는, **同心同德**(같은 목표를 향해) 일치단결된, **不伦不类**이도 아니고 저도 아닌, **非驴非马**노새도 아니고 말도 아닌, **称王称霸**주제를 모르고 나대다."등;

⑧ ④번의 상황과 유사하지만 그 기틀에 더욱 실질적 의미가 없는 경우. AB는 단어. 예를 들어 "**一干二净**깨끗이; 모조리, **一清二楚**명백한, **天公地道**공평하고 합리적인, **瞎三话四**사실에 근거하지 않은 추측, **欢天喜地**하늘과 땅도 기뻐하는, **七零八落**어지러이 흩어진, **鸡零狗碎**자질구레한"등;

⑨ 대칭되는 두 부분의 의미가 모두 충분하지 않아서 있는 것 같기도 하고 없는 것 같기도 한 경우. 예를 들어 "**一来二去**거래하는 사이에 차츰차츰, **七上八下**갈팡질팡하다, **横七竖八**어수선하게 흩어진, **飞短流长**낭설을 퍼뜨리다, **天南海北**아득히 먼"등.

윗부분의 9가지 분류에서 ①번과 ②번을 제외하면 대부분은 운율체계가 작동한 결과로, 4음절을 만들기 위해 4음절이 된 경우이다. ①번의 대칭과 ②번의 중첩도 운율체계가 영향을 끼쳤다.

(4) 3음절이 확장되어 이루어진 경우:

여기서 말하는 3음절은 의미에 중점을 둔 것으로, 의미상으로 봐서는 3음절이면 충분하지만 실질적으로는 4음절로 사용되어 운율체계가 기능하고 있는 경우이다. (3)의 ⑤⑥⑦번에서 이러한 경향을 이미 보았고, 다른 예로는 "桌椅板凳각종 책상과 의자, 즉 가구, 门窗墙壁(창)문과 벽, 日月星辰해달별, 吃喝玩乐먹고 마시고 즐기는, 周秦 两汉주나라, 진나라, 전한과 후한" 등이 있다.

(5) 4글자 병렬:

사실 병렬할 만한 것은 4개보다 훨씬 많지만, 중국어는 4음절로 맞추기를 요구한다. 예를 들어,

青红皂白   (사실 색깔은 이 4가지만 있는 것은 아니다.)

喜怒哀乐   (사람의 7정七情을 말한다.)

之乎者也   (문언문의 허자虛字에 이 4가지만 있는 것은 아니다.)

男女老少   (男女와 老少는 서로 중첩적인 구성요소가 있다.)

(6) (고사)성어로 고정된 경우:

이 경우는 특히 그 (고사)성어의 어원이 4글자만 되는 것은 아님에도 이를 함축하거나 개괄하여 4글자로 만든 것이다. 예를 들어,

愚公移山   (스토리를 개괄하여 4글자로 만들었다.)

塞翁失马   (위와 같음.)

乘风破浪   (乘长风破万里浪에서 4글자를 취함.)

出谷迁乔   (出自幽谷, 迁于乔木에서 4글자를 취함.)

依样葫芦   (依样画葫芦에서 한 글자를 빼고 4글자로 만듦.)

大声疾呼   (大其声而疾呼矣를 줄여 4글자로 만듦.)

老当益壮

萍水相逢

위 예에서 맨 아래의 두 가지에만 어원이 다 포함되어 있다.

(7) 앞 두 글자가 대칭을 이루면서 뒤 두 글자를 같이 수식하는 경우:

의미상으로는 A+B+CC. 예를 들어 "中英友好중영우호, 汉英词典중영사전, 里外勾结 내외세력이 내통하다, 上下联手아래위로 연합하다." 등.

(8) 구조는 (7)과 비슷하고, 의미상으로는 ACC+BCC:

예를 들어 "大中学校대학교와 중고등학교, 水旱码头수륙으로 교통이 발달한 도시(항구), 城乡居民도시와 시골의 주민, 水陆交通수륙교통, 男女演员남녀배우" 등.

(9) 관형어+명사 조합:

2+2구조로는 "极乐世界극락세계, 抽水马桶(수세식) 양변기, 航空母舰항공모함" 등; 3+1구조로는 "金鸡纳霜퀴닌(약 이름), 高尔夫球골프(공), 红十字会적십자사, 轻工业部경공업부" 등.

(10) 기타:

예를 들어 1+3의 동사-목적어조합. "打退堂鼓퇴청의 북을 울리다; 물러나다, 捅马蜂窝벌집을 쑤시다; 화를 자초하다." 등.

위의 10가지 경우 중에서 마지막의 4가지를 보면, 4음절구조 내부에서도 뒷부분이 1개의 2음절이 되어 2+2의 박자를 만드는 것이 가장 좋음을 알 수 있다. 4음절 내부에서도 3+1이나 1+3의 구조는 안정성이 떨어져서 실제 사용에서는 어느 정도 조정을 거치기도 한다. 뤼슈샹吕叔湘은 상하이의 한 도로명을 예로 든 적이 있는데, 의미상으로는 "北-四川路"라고 해야 하지만 실제로는 "四川-北路"로 쓰인다. 이 역시 운율체계의 강한 영향이 초래한 현상이다.

10.3.4. 5음절 이상 어휘의 음 · 의미 상호작용
五音节以上的音义互动

중국어는 4음절을 하나의 경계로 의미가 조합되고 음절이 조정되며 운율을 배합한다는(예를 들어 어순의 규칙 등은 판원궈潘文国, 1997b: 280~282쪽 참고) 사실은 실질적으로 이미 충분히 증명되었다. 고대 중국의 어문교육은 4글자까지의 대칭을 훈련시켰는데, 문장의 길이가 아무리 길어져도 모두 2음절, 3음절, 4음절 등의 조합으로 나누어질 수 있었고 이를 다시 분석하면 충분했기 때문이다. 현대 중국어는 구절이나 문장이 훨씬 더 길어졌으나 기초는 아직도 똑같다. 따라서 5음절 이상의 음과 의미의 상호작용은 한꺼번에 다루어도 무방하다.

5음절 이상의 고정적인 조합에는 3가지 경우가 존재한다.

첫 번째, 음역을 통해 만들어진 다음절어이다. 예를 들어 "斯巴达克斯스파르타쿠스, 加利福尼亚캘리포니아, 普罗列塔里亚프롤레타리아, 布里诺斯艾利斯부에노스아이레스" 등. 이런 음역어들은 중국어 안에서 매우 어색하게 사용되기 때문에, 이것을 사용할 때는 일반적으로 다른 방식으로 대체하거나 간략하게 줄여서 사용한다. 예를 들어 "普罗列塔里亚－普罗"가 그렇다. 아니면 음역어로 대체되는데, 예를 들어 "普罗列塔里亚－无产阶级무산계급"가 그렇고, 축약해서 "加利福尼亚－加州"처럼 만들기도 한다.

두 번째, 고유명사이다. 예를 들어 "中华人民共和国중화인민공화국, 全国人民代表大会전국인민대표대회" 등인데 이런 조합은 매우 정식적인 상황에서는 전체를 유지하지만 일상 중에서는 축약어로 대체되지 않는 경우가 매우 드물다. 이는 중국어의 문장운율을 따르기 때문이다. 이와 같은 두 가지 상황은 음절수에 의해 결정되거나 의미에 의해 결정되는데, "음과 의미의 상호작용"은 축약할 때나 축약 후에만 영향을 끼친다.

세 번째는 격언과 속담이다. 그중에서 단문으로 된 것은 5음절과 7음절이 가장 많다. 예를 들어 "天高皇帝远하늘은 높고 황제는 멀다, 娶了媳妇忘了娘마누라가 생기면 엄마를 잊는다, 喝水不忘掘井人물을 마실 때는 우물 판 사람을 기억하라, 大树底下好乘凉큰 나무 아래는 더위를 피하기 좋다." 등이 그렇다. 이런 상황에서는 음과 의미의 상호작용이 주로 5음절 이상의 조합으로 드러나며, 특히 병렬구조에서 자주 드러나는데 반드시 음절수의 홀짝을 맞추려는 경향이 있다. 즉 짝수조합이 앞에 나오고, 홀수조합이 뒤에 나와, "2+3, 4+3" 혹은 "2+2+1, 2+2+2+1"과 같은 리듬을 형성한다. 이는 5언시와 7언시의 기본리듬이다. 중국어의 시는 7언에서 극한에 이르는데, 이는 중국어가 1음절의 "한자"를 본위로 하기 때문에 2음절이 1박자, 4음절이 2박자, 7언이 4박자를 이루기 때문이다. 1이 2가 되고, 2가 4가 되는 것은 『역경易经』의 원리이기도 하다. 중국의 고시에서 한 구는 절대로 7글자를 초과하지 않고(초과한다면 "쉼표逗"를 삽입한다.), 현대시는 7언의 제약을 받지 않지만 시구의 한자 수는 늘어나더라도 박자는 여전히 4박자를 쓴다. (현대에는 4"顿"이라고 부른다.) 이보다 길어지면 중국어의 어감(판원궈, 1997c: 213쪽 참조)에 맞지 않는다. 8음절 이상은 2문장으로 나뉘는데, 이때의 2문장(사실은 두 개의 "逗读") 대부분이 이런 홀짝의 규칙을 따른다. 예를 들어 "耳听为虚, 眼见为实귀로 들은 것은 의미가 없다. 눈으로 본 것이 사실이다.", "人无千日好, 花无百日红천일 동안 좋은 사람 없고, 백일 동안 지지 않는 꽃이 없다.", "近水楼台先得月, 向阳花木早逢春물에 가까운 건물이 달을 먼저 보고, 태양에 가까운 화목이 봄을 먼저 맞이한다." 등을 보면 알 수 있다.

5음절 이상의 비고정적 조합도 만약 문자가 비교적 나란히 사용되었다면 가끔 고정조합의 규칙을 참조하기도 한다. 만약 산만하게 흩어진 문장이라면, 절의 길이에 관계없이 그 문장("두" 포함)의 마지막 2음절이 가장 중요하다. 나는 이를 "尾中心原则말꼬리중심원칙"이라 부른다. 말꼬리가 안정되면 문장 전체가 안정되는 것이다. 일반적으로 짝수 음절은 비교적 안정적이나 홀수 음절은 안정성이 떨어진다. 짝수 중에서는 4음절이 가장 안정되어 있다. 위에서 신문기사 제목을 예제로 들었으니, 이번에는 다른 짧은 글 한 편을 예로 들어보겠다.

校长王建磐首先讲话, 他就学校"十五"发展规划和新校区选址方案作了说明。他指出, 我校的定位是中国最高层次的师范大学, "十五"规划的制定必须符合这个定位, 新校区的建设将大大拓展学校的办学空间, 全校教职员工要集思广益、群策群力, 支持新校区的启动工作, 为我校"十五"规划的最终确定和实施贡献力量[108]。
(『华东师范大学校报』 2001年9月7日)

왕젠신 총장은 우선 화둥사범대학교의 "10-5"발전계획과 새 캠퍼스의 위치

---

[108] 옮긴이의 말: 이 글은 쉼표 앞의 말이 모두 4음절로 되어 있다. 어순을 바꾸거나(校长王建磐首先讲话), 불필요한 글자를 추가하는(作了说明) 방식으로 굳이 4음절을 맞추었다. 판원궈 교수는 이러한 음절수 배열은 중국어의 리듬감을 안정적으로 만들기 위해 의식 · 무의식중에 노력한 결과로, 중국인이 읽기에 편안하고 리듬감 있다고 말하고 있다.

를 결정하는 문제에 대해 발언했다. 그는 "우리 학교는 중국 최고의 사범대학으로, '10-5'계획은 반드시 이 기준에 맞춰야 하며, 새로운 캠퍼스는 학교의 교육 공간을 크게 확장해야 한다. 전교의 교직원은 지혜를 모으고 힘을 모아 새로운 캠퍼스와 관련한 사업을 지지하고, 우리 학교의 '10-5'계획이 최종적으로 확정되도록 자기 역할을 하길 바란다."고 했다. (『화둥사범대학교보』, 2001년 9월 7일)

재미있는 것은 이 문장의 구두句读가 모두 4음절구조로 되어 있기 때문에 특히 안정적인 느낌을 준다는 사실이다. 안정적이지 않은 3음절이 한 곳도 없다.

10.4. 장구와 운율
章句与节律

　"사辭" 이하 층위의 음과 의미의 상호작용이 주로 음절의 수량에 따라 좌우된다면, "두读" 이상의 장구의 층위에서 그것은 주로 글의 리듬과 휴지停顿(혹은 통칭해서 "운율체계节律")에 존재한다. 나는 중국어 장구의 조직에서 3가지 현상에 주목하는데 이는 중국어 이외의 언어에서는 보기 힘든 현상이다.

　첫 번째. 끊어쓰기가 가진 "임의성"이다. 글을 꽤나 써본 사람이라면 누구나 이런 경험을 가지고 있을 것이다. 즉, 마침표를 어디에 찍는 것이 좋을 것인가 하는 문제이다. 어떤 사람은 쉼표만 사용하다가 한 단락이 끝나는 부분에서야 마침표를 사용한다. 서양 언어의 훈련을 받은 사람은 영어의 문장을 기준으로 마침표를 사용하는 경향을 보이는데, 그 결과 문장이 너무 조밀한 느낌을 주고 읽을 때도 멈칫멈칫하게 되어 매우 자연스럽지 못한 느낌을 준다. 글을 더 많이 써본 사람은 적합한 곳에 마침표를 찍어서 스스로도 만족스럽고 읽는 사람도 편안하다. 그러나 문장부호를 그렇게 쓴 이유는 설명하지 못하는 경우가 많다. 사실상 중국어에서 문장을 끊어 쓰는 것은 마음속에 있는 리듬을 따라가는 것이다. 중국어로 글을 쓰는 것이 익숙한 사람은 의미를 따라 문장을 지으면서 마음속에 있는 리듬(고대인들은 이를 "문기文气"라 불렀다.)에 따라 쉼표가 필요하면 쉼표를, 마침표가 필요하면 마침표를 찍어 구름이 가고 물이 흐르는 것처럼 처리한다. 이런 표현은 "현대 언어학"의 관점에서 보면 지나치게 "뜬구름 잡는" 소리로 들린다. 하지만 현대 중국어 문장의 "끊어쓰기"가 명쾌하게 정리되지 않는 것은 사실 그것이 글쓴이의 주관에 많이 좌우되기 때문이다. 문장부호가 없는 한 단락의 글에 10명이 문장부호를 넣으면, 아마도 10가지 케이스가 만들어질 것이다. (나는 현대 중국어를 말하고 있다. 고대 중국어의 문장부호를 말하는 것이 아니다.) 이론적으로 아무리 내 말에 반대하는 사람이라도 스스로 글을 쓸 때는 마찬가지로 마침표를 찍는 위치를 고민하게 될 것이다. 내 말을 성급하게 부정하기 보다는 이 현상에 대해 먼저 해석해주었으면 좋겠다.

두 번째. 긴 문장을 용납하지 않는다. 서양 언어의 문장은 길 수도 있고 짧을 수도 있다. 옌푸严复(1898)는 짧은 것은 두세 단어가 한 문장이 되고, 길면 몇백 단어가 모였으나 겨우 한 문장인 경우도 있다고 했다. 비록 유행이 변하여 영어도 짧은 문장이 많이 늘었지만, 빅토리아 시대 사람들은 긴 문장을 좋아해서 심지어는 한 페이지 전체가 하나의 문장인 경우도 있었다. 하지만 중국어의 문장은 길게 만들어지지 않는다. 조금만 길어졌다고 생각하면, 예를 들어 한 줄만 넘어가도 "기气"가 이어지지 않아서 중간 어딘가에서 쉼표 찍을 만한 곳을 찾게 되고, 그래야만 한숨을 돌리는 것이다. 이것이 바로 "두读"이다. "문장"도 마찬가지여서, 4~5행을 넘었는데 아직도 마침표(쉼표로만 이어지는 초등학생 수준의 작문은 예외로 하자.)가 없다면 그 글을 읽는 사람을 불안해서 어쩔 줄 모르게 만들 것이다. 이런 현상의 원인은 무엇인가?

세 번째. 어순의 자유로움이다. 많은 사람이 어순과 허사가 중국어에서 가장 중요한 어법수단이라고 말한다. 이런 인식은 아주 오래되었는데, 처음으로 중국어의 글쓰기가 어순에 의존한다고 말한 사람은 독일의 언어학자 훔볼트(1836)이다. 이는 그가 중국어에서 서양의 언어에서 습관적으로 보던 어법수단을 발견하지 못했기 때문이다. 그래서 그는 중국어에는 어법이라 할 만한 것이 없다고 생각했다. 어순과 허사가 어법수단이라고 처음 언급한 사람은 영국의 언어학자 스위트(1891)인데, 그는 이 두 가지를 영어 및 라틴어와 비교해서 도출했다. 라틴어와 비교할 때 영어는 형태변화가 간단해졌기 때문에 어순이 훨씬 고정적이라고 보았다. 이 이론이 중국에 수입되어 중국어에도 어법이 있다는 이론의 근거가 되었고, 이에 따라 어순과 허사가 중국어에서 가장 중요한 어법수단으로 대우받게 되었다. 하지만 어순과 허사가 중국어에서 도대체 어떻게 작용한다는 말인가? 솔직히 말해서 이 문제는 철저한 검증을 통과한 바가 없다. 중국어에서 어순이 중요하다는 말은 중국어의 어순이 더욱 고정적이고 기계적이라는 말이다. (딩셩슈丁声树가 쓴 『현대 중국어법강화现代汉语语法强化』는 어순을 기준으로 문장성분을 확정하려는 시도였다.) 하지만, 나(판원궈

潘文国, 1997b)는 전혀 그렇지 않다는 사실을 발견했다. 주어+목적어, 관형어+피수식어 구조에서 대체로 규칙을 따른다는 점을 제외하면, 중국어의 어순은 영어에 비해 전혀 고정적이지 않다. 훨씬 더 많은 경우에 있어서 더욱 자유롭다. 중국어의 허사는 영어의 그것에 비해 숫자적으로 비교가 불가능할 정도로 적다. 따라서 중국어의 어순과 허사는 영어에 비해 전혀 특징적이지 않다고 할 수 있다. 그렇다면 중국어의 어법은 과연 어떤 특징이 있는 것일까?

이 세 가지 현상은 우리에게 중국어의 어법(언어가 조직되는 규칙)은 현재까지의 서양의 언어학 이론, 서양의 어법이론으로는 해석이 불충분하므로 새로운 차원의 시도가 필요하다는 사실을 알려준다. 자오위안런赵元任(1968)이 중국어 자체에 대한 연구를 통해 리듬节奏과 휴지停顿가 어법수단이라는 새로운 해결책을 제시한 바 있지만, 아직까지 충분한 주목을 받지 못했다. 적은 수의 학자들만이 그의 생각을 이어받아 연구를 진행했을 뿐이다. (평성리冯胜利: 1997, 2000; 우제민吴洁敏, 주흥다朱宏达: 2001; 예쿤叶军, 2001이 그 시작이라고 할 수 있다.) 그 근본적인 원인은 단어본위의 기초 위에서는 리듬과 휴지를 어법규칙으로 연구하는 것이 불가능하기 때문이다. 이는 중국어의 단어는 리듬의 기본단위 혹은 시작단위가 될 수 없기 때문이다. 한자본위의 기초에서만 리듬과 휴지를 중국어 조직의 핵심작용으로 이해하고 연구를 진행할 수 있다.

이에 근거해서 나는 세계 어법연구사를 아래의 세 가지 발전단계로 본다:

① 형태를 주요 수단으로 하는 어법연구: 라틴어

② 어순과 허사를 주요 수단으로 하는 어법연구: 영어

③ 리듬과 휴지를 주요 수단으로 하는 어법연구: 중국어(여기서 "리듬"이라는 말은 앞에서 말한 음절수를 포함하는 넓은 범위)

이 세 가지 단계 사이의 관계는 상호대체제가 아니기 때문에 "발전의 규칙"을 말하는 것이 아니고, 단지 상호보충제라고 할 수 있다. 매 단계는 그 전 단계를 기초로 새로운 언어적 사실의 발견과 해석을 통해 어법수단에 대한 인식이 더 심화되었다는 것을 나타낸다. 따라서 중국어의 음과 의미의 상호작용을 연구하는 것은 일반언어학의 내용과 지평을 더욱 풍부하게 해줄 것이다. 이는 중국어 연구가 일반언어학에 제시할 수 있는 중요한 공헌이 될 것이다.

동시에 중국어에 있어서는 운율체계에 대한 연구야말로 고대의 "문법文法("문"장을 짓는 "법"도)"과 현대의 "어법语法(언"어"를 조직하는 방"법")"을 연결할 수 있는 유일한 수단이다. 운율체계만이 고대와 현대의 중국어 연구가 각개전투를 벌이고 있는 국면을 수습하고, 현대의 어법연구가 실용가치 없이 학계 안에서만 도돌이표가 되고 있는 상황을 타개할 수 있는 수단이다.

왜냐하면 운율체계节律에서 출발할 때만이 마치 뜬구름 잡는 것 같던 "문기文气"를 해석할 수 있기 때문이다. "문기"란 무엇인가? 쉽게 말하면, 문기는 곧 리듬节奏으로 사람의 호흡이 만드는 기의 흐름이다. 모든 인류는 호흡을 한다. 따라서 "리듬" 문제는 사실 모든 언어에서 보편적인 현상이다. 그러나 이 "보편성"이 모든 언어에 평균적으로 분포되어 있거나 같은 표현형식을 가진 것은 아니다. 각 언어는 인류에게 공통적으로 있지만, 공기를 들이마시고 내뱉는 정도는 각 언어마다 다 다르고, 이 다름이 각 언어의 "개별성"을 형성한다. 언어연구는 보편성과 개별성을 모두 고려해야 하지만 반드시 개별성에 더욱 집중해야 한다.

리듬을 기준으로 보면 영어에도 리듬이 있고 또 아주 중요한 역할을 한다. 영어의 리듬은 예전에는 주로 "Sence Group" 혹은 "Breath Group"이라고 했고, 요즘에는 "Tone Unit"이라고 부르는 경향이 있다. (Crystal, 1969: 204~205쪽 참조) "Breath Group"이라는 이름은 확실히 언어조직이 호흡에 적응한 결과가 리듬이라는 인상을 준다. 운율의 관점에서 보면 영어가 조직되는 것은 "Sence Group이 모여 문장이 된다."고 볼 수 있다. 모든 문장은 몇 개의 Sence Group으로 나눌 수 있는데, 낭독을 할 때 이 느낌이 매우 선명해지며, 잘 쓴 영어문장은 이 Sence Group이 적절히 나뉘어 있어서 낭독을 하면 푸근하고 편안한 느낌을 준다. 하지만, 영어의 "Sence Group이 모여 문장이 되"는 것과 중국어의 "휴지가 모여 문장이 되积顿以成句"는 것은 그 중요도에 있어서 매우 큰 차이를 보인다. 영어의 문장에서 제일 먼저 지켜야 할 규칙은 "Sence Group"을 모으는 것이 아니라, 형태를 정확히 사용하는 것이다. 구체적으로 말하면 "주어와 술어를 일치시키는" 원칙이다. "Sence Group"은 단지 문장의 아래 층위일 뿐이므로 문장 내부의 운율조절을 담당한다. 어떤 관점에서는 영어의 통사론과 리듬은 "두 개의 궤도"라고 말할 수 있지만, 중국어가 "휴지가 모여 문장이 되"는 것은 중국어 문장이 조직되는 첫 번째 규칙이다. 이 층위보다 높은 곳에서 이것을 움직이는 통사론 규칙이 없기 때문에 중국어의 "휴지가 모여 문장이 되"는 것은 의미의 기초 위에서 문장을 조직하는 "하나의 궤도"이다. (이것이 바로 내가 말하는 음과 의미의 상호작용이다.)

영어의 Sense Group과 중국어의 휴지에는 비슷한 점도 있다. 그것은 바로 호흡과의 관계 때문에 모든 휴지나 Sence Group의 길이가 일정한 제한을 받는다는 것이다. 대체로 하나의 휴지 혹은 Sence Group은 한 호흡으로 말할 수 있는 음절수가 된다. 영어의 각 Sence Group은 일반적으로 2개에서 3개의 악센트를 포함하고 있고, 모든 Sence Group 뒤에는 잠재적인 휴지가 있기 때문에 매우 긴 문장도 가능하고 읽을 때도 별 어려움이 없다. 따라서 영어의 문장은 어법만 맞으면 얼마든지 조직할 수 있다. 그러나 중국어의 휴지는 앞에서 말한 것처럼 시에서는 각 문장(사실은 하나의 "휴지停頓" 혹은 하나의 "두读") 안의 이상적인 길이가 4박자이고, 산문에서는 좀 더 길어지기도 하지만, 길어봤자 얼마 길어지지도 않는다. 왜냐하면 너무 긴 "두"는 중국어에서 아주 불편한 느낌을 주는데, 이 "불편한 느낌受不了"은 사실 호흡이 이어지지 않기 때문에 발생하는 것이다. 이것이 중국어에 "짧은 문장短句"이 특히 많은 이유이다. 만약 이 점을 충분히 고려하지 않고 의미만 고려해서, 혹은 서양에서 배워온 어법만을 고려해서 중국어 문장을 조직한다면, 그 문장은 읽는 이의 숨을 막히게 만들 것이다. 긴 문장에서 중국어는 특히 긴 주어나 긴 관형어를 용납하지 않는다. 운율체계의 관점으로 볼 때, 중국어는 주어가 끝나기 전에는 일반적으로 휴지를 두지 않는다. (자오위안런은 중국어의 주어 뒤에 하나의 잠재적인 휴지가 있다고 보았다. 이 말은 이것이 첫 번째 휴지여야 한다는 뜻이다. <자오위안런: 1968 참고>

또 전통적인 구두법에 의해도 주어 뒤에 첫 번째 "두"가 오고, 그 전에는 휴지가 올 수 없다.) 또 관형어는 그것의 수식기능 때문에 피수식을 동반하여 출현하게 되고, 그것과 하나의 호흡으로 읽혀야 하므로 그 사이에 휴지를 놓아 수식관계를 파괴할 수 없다. 문언문을 비판하는 사람들은, 문언문은 "눈으로 보는" 언어이고, 백화문이야말로 입말의 언어라고 말한다. 하지만 문언문이야말로 읽을 때 음악과 같은 높낮이가 있고 성운의 힘이 느껴지는 데 반해, 수준이 낮은 백화문은 특히 서양의 통사론에 영향을 받아 유럽화 된 문장은 입에 자갈을 문 듯이 읽히지조차 않는다. 그 원인은 무엇일까? 한자본위의 문언문이야말로 중국어의 음과 의미의 상호작용이라는 본질에 주목한 것이고, 단어본위의 유럽화 된 문장은 거꾸로 이 기본원칙을 잃어버린 채 백화문을 눈으로 보는 언어가 되도록 만들었기 때문 아니겠는가?

중국어 장구조직에서 운율체계의 구성요소로 또 하나 언급할 만한 것이 있다. 바로 대칭의 문제이다. 이는 유협이 말한 "지체필쌍支体必双: 팔과 다리처럼 반드시 쌍을 이룬다."이며 앞에서 인용한 것처럼 마빙이马秉义가 말한 『역경易经』의 원칙이다. 이는 중국어가 조직되는 규칙과 호흡이 더욱 긴밀한 관계에 있다는 사실을 말해준다. 한 번 내뱉고 한 번 들이마시는 것이 한 "쌍"이고, 이를 한 번 더 반복하면 "4"가 된다. 소위 말하는 "四平八稳4글자면 평화롭고 8글자면 안정적이다."라는 말은, 중국어를 조직할 때 운율체계를 조정한 결과를 말하는 것이다.

위에서 거칠게 여러 가지 예를 들었는데, 나는 이를 통해 중국어가 비록 의미형 언어지만, 그 의미는 자유롭지 않고 속박을 받는다는 것을 증명하고자 했다. 구체적인 운용에서 "발을 깎아 신발에 맞추는 고통削足适履(아마도 '즐거움'?)"을 느낀다. 이 "발足"이 바로 의미이고, 이 "신발履"이 바로 운율규칙이다. 따라서 중국어가 의미형 언어语义型语言라고만 말하는 것은 완전하지 않다. 완전한 표현은 "중국어는 일종의 의미형 언어이면서, 동시에 운율형 언어이다.汉语是一种语义型语言，汉语又是一种音足型语言"일 것이다. 이것이 바로 "한자본위"연구가 나에게 안겨준 가장 중요한 결론이다.

후 기

판원궈 교수와 공부할 때, 난 항상 "한자에 기반한 언어학"의 전도사를 자처했지만 학문이 부족하여 늘 지도교수님께 죄송한 마음을 가지고 있었다. 학계에서 일하지 않았기 때문에, 과정이 끝난 후에는 지도교수를 만나뵐 기회조차 매우 적어졌다.

어느 날 지도교수의 은퇴 소식을 듣고 이 책을 번역하기로 마음 먹었다. 종신석좌 교수이셨기 때문에 주의하지 않아서 그렇지, 사실 교수님의 연세가 적지 않았던 것이다. 하지만 번역하는 과정은 사실 완전히 새롭게 공부하는 과정이기도 했다. 이 책은 중국의 언어학 연구사를 정리하고 언어의 본체론을 새롭게 입론하고 확장하는데에서 시작해 유협의 《문심조룡》과 데리다의 《그라마톨로지에 관하여》에 이르기까지 매우 넓은 분야를 다루고 있고, 더구나 모든 부분의 논리와 근거가 매우 엄밀해서 이해하기가 쉽지 않았기 때문이다. 또 중국인이라도 모호하게 의식하고 있을 어감 문제까지 언어의 본체적 연구에 포함시켰기 때문에 내가 이해할 수 없는 부분이 적지 않았다.

그래서 번역하면서 여러 곳에서 다시 지도교수님의 도움을 청했다. 이 부분은 어떤 의미인지, 저 인용문에서 가장 중요한 것은 어떤 점인지 등, 사실 박사과정 중에 충분히 이해했어야 하는 내용을 묻고 또 물은 것이다. 다행히 지도교수께서 인내심을 가지고 충분히 설명해주셨기 때문에 이 번역문의 초고를 완성할 수 있었다.

초고를 완성한 후에 충남대학교 한자문화연구소의 이규춘 교수께도 자문을 많이 구했다. 이규춘 교수는 내가 학부과정에 다닐 때 유가의 경전과 조선의 한문학 작품을 강의하신 분이다. 동서고금을 관통하는 언어로 학문하는 자세를 몸소 보여주셔서 학생들이 많이 따랐다. 나도 중국에 여행 오실 때마다 따라다니며 여러 관광지의 인문학적 전고에 대해 듣는 것이 좋아서 막무가내로 따라다녔고, 중국 생활이 20년이 넘은 지금도 한국에 갈 때마다 꼭 찾아뵙고 소주 한잔을 청한다. 내가 학술논문을 써본 경험이 일천하여 이 번역문을 읽으실 때 적잖이 고생하셨을 것으로 생각한다. 너무 감사하다.

일본문학을 번역해 한국에 소개하고 있는 박현석 선배의 도움도 많이 받았다. 선배는 대학 문학동아리에서 만난 분인데, 출판을 위한 교정 작업에서 나보다 더 자세하게 원고를 읽어주었다.

마지막으로 다시 한 번 판원궈 교수에게 감사를 전해야 한다. 그의 책을 번역한다는 소식을 듣고 교수께서는 사방팔방으로 나를 도울 방법을 생각해주셨다. 원저를 출판한 화둥사범대학교 출판사의 도움도 이 책을 번역하고 출판하는 데 큰 힘이 되었다. 번역을 처음 시작할 때는 이렇게 많은 도움을 받아야 이론서 한 권이 탄생할 수 있다는 점은 생각도 하지 못했으니, 감사하고 또 감사할 따름이다.

后　记

我不算一个好学生，但是从硕士读期间开始，只要有机会介绍自己，就会各种场合自称"字本位传道士"。不过遗憾的是因为自己的原因，没写成博士论文进一步推广先生的理论。没写论文，虽然说是因为"工作太忙，学习纯属爱好"的借口，不过回过头去想，"自己学问没到位"应该是最大的原因。这一点，作为学生对导师潘文国先生一直心怀内疚。课程结束之后，因为我不在学界工作，所以能见到导师的机会就更少了。

某一天听到先生退休的消息，突然觉得应该翻译这本《字本位与汉语研究》。因为学术训练不够，翻译过程实际上就是从头学习的过程。这本书从回顾中国语言研究历史开始，引出字本位理论的立论和展开，从刘勰的《文心雕龙》到德里达的《论文字学》，涉及的范围太广，而且每一个部分的逻辑和根据非常严谨，再加上可能只有中国人能意识到的模模糊糊的语感问题等，对我来说不好理解的部分太多。

所以我翻译过程中多次麻烦了导师，问原著的什么部分是什么意思，某个引用著作的着重点是什么等问题。现在一想，这些应该是当年就读的时候就明白了才对…… 还好先生耐心回答了一个个问题，我才好容易完成了初稿。

初稿写出来之后，我还请教了诚轩李圭椿先生（韩国忠南大学汉字文化研究所）。他是我本科阶段的教授，教授儒家经典和朝鲜时期的（汉）文学作品。先生曾经多次来过中国，也曾游历中国各地。因为和他旅游会听到非常多的历史背景和典故 ， 所以我非常喜欢和他一起旅游。他也是对我人生影响最大的老师 ， 每次回韩国我都会和他吃饭喝酒。因为我从来没有写过类似的文章， 学问也不够， 李先生为了我的译稿花费了不少精力。在此感谢李圭椿先生。

从事日韩文学翻译的我的大学同学朴玄石也帮了我不少忙， 他是我本科时文学同仁会的主导人物 ， 我当时向他学了不少东西 。 出版前的校对， 他比我看得还要仔细很多。

最后， 我想再次感谢我的导师潘文国先生。先生听到我在翻译他的著作之后， 在各方面都给了我极大的帮助。出版原著的华东师范大学出版社也愿意推广老师的著作， 我的翻译和出版就得到了非常大的推动力。开始翻译的时候没有想到需要这么多帮助才可以出一本学术作品，现在想， 我是很幸运的！

인용 문헌

白乐桑1997，『汉语教材中的文、语领土之争：是合并，还是自主，抑或分离?』载『第五届
　　国际汉语教学讨论会论文选』，北京：北京大学出版社，1997年10月

布龙菲尔德1933，『语言论』，中译本，北京：商务印书馆，1980年

曹伯韩，吕叔湘，张世禄1960，『语言与文字』，香港：上海书局

陈保亚1999，『20世纪中国语言学方法论』，济南：山东教育出版社

陈定安1990，『翻译精要』，香港：商务印书馆（香港）有限公司

陈独秀1917，『文学革命论』，载张若英编『中国新文学运动史资料』，上海：光明书局，193
　　4年

陈独秀1934，『新文化运动是什么？』，载张若英编『中国新文学运动史资料』，上海：光明
　　书局，1934年

陈 绂1999，『谈汉字及汉字教学』，载吕必松主编『汉字与汉字教学研究论文选』，北京：
　　北京大学出版社，1999年，pp.60-73

陈仁凤，陈阿宝1998，『一千高频度汉字的解析及教学构想』，『语言文字应用』第1期

陈望道1940a，『从"词儿连写"说到语文深入研究』，载『陈望道语文论集』，上海：上海教
　　育 出版社，1980年，424-429页

陈望道1940b，『文法革新问题答客问』，载『陈望道语文论集』，上海：上海教育出版社，19
　　80年，438-453页

陈 原1989，『现代汉语定量分析』，上海：上海教育出版社

陈 原1993，『现代汉语用字信息分析』，上海：上海教育出版社德里达1999，『论文字学』，
　　汪堂家译，上海：上海译文出版社

程雨民1991，『汉语中的语素短语』，夏旦大学中国语言文学研究所编『中国评议文学研究
　　的现代思考』，上海：夏旦大学出版社

程雨民2001，『汉语以语素为基础造句』（上），『暨南大学华文学院学报』第1期

褚孝泉1991，『语言哲学：从语言到思想』，上海：三联书店

丁声树等1961，『现代汉语语法讲话』，北京：商务印书馆

段玉裁1981, 『寄戴东原先生书』, 载段玉裁『说文解字注』, 上海：上海古籍出版社

冯胜利1997, 『汉语的韵律、词法与句法』, 北京：北京大学出版社

冯胜利2000, 『汉语韵律句法学』, 上海：上海教育出版社

傅斯年1919, 『汉语改用拼音文字的初步谈』, 载李中昊编『文字历史观与革命论』, 1931
　　　年, 北平：文化书社

傅永和1993, 『汉字结构和构造成分的基础研究』, 载陈原主编『现代汉语用字信息分析』,
　　　上海：上海教育出版社

高本汉1940, 『中国音韵学研究』, 赵元任, 罗常培, 李方桂合译, 商务印书馆, 1995年版

高家莺, 范可育, 费锦昌1993, 『现代汉字学』, 北京：高等教育出版社

葛本仪1985, 『汉语词汇研究』, 济南：山东教育出版社

郭锦桴1993, 『汉语声调语调阐要与探索』, 北京：北京语言学院出版社

郭绍虞1938, 『中国语词之弹性作用』, 载郭绍虞『照隅室语言文字论集』, 上海：上海古籍
　　　出版社, 1985年

郭绍虞1978, 『汉语词组对汉语语法研究的重要性』, 原载『夏旦大学学报』第1期, 又见郭
　　　绍虞『照隅室语言文字论集』, 上海：上海古籍出版社, 1985年

郭绍虞1979, 『汉语语法修辞新探』, 北京：商务印书馆

洪堡特 1997, 『论人类语言结构的差异及其对人类精神发展的影响』, 姚小平译, 北京：商
　　　务印书馆

胡明扬1992, 『史有为「呼唤柔性」序』, 载史有为著『呼唤柔性－汉语语法探异』, 海口：
　　　海南出版社, 1992年

胡 适1922, 『建设的文学革命论』, 载张若英编『中国新文学运动史资料』, 上海：光明书
　　　局, 1934年

胡 适1924, 『文学革命运动』, 载张若英编『中国新文学运动史资料』, 上海：光明书局, 19
　　　34年

胡以鲁1923, 『国语学草创』, 上海：商务印书馆, 又载李中昊编『文字历史观与革命论』, 1
　　　931年, 北平：文化书社

姜德梧2000, 『汉语四字格字典』, 北京：北京语言文化大学出版社

康拉德, N.Y. 1952, 『论汉语（下）』, 彭楚南译, 『中国语文』1952年11期22-26页

孔广森1983, 『诗声类』, 北京：中华书局

劳乃宣1907, 『进呈简字谱奏摺』, 载李中昊编『文字历史观与革命论』, 1931年, 北平：文化书社

黎锦熙1924, 『新著国语文法』, 北京：商务印书馆, 1993年版

黎锦熙1933, 『比较文法』, 北京：中华书局, 1986年版

李大遂1998, 『关于合体汉字结构分析问题－部件分析法和偏旁分析法的初步研究』, 载赵金铭等编『对外汉语教学探讨集』, 北京：北京大学出版社

李葆嘉2000, 『中国语的历史与历史的中国语』, 载李葆嘉主编『引玉集』, 南京：南京师范大学文学院 文章原载日本『中国语研究』1996年第38号

李临定1992, 『以语义为基础的分析方法』, 载中国语文杂志社编『语法研究与探索』(六), 北京：语文出版社, 1992年

李平武1984, 『英语词根和单词的说文解字』, 福州：福建教育出版社

李 圃1995, 『甲骨文文字学』, 上海：学林出版社

李 荣1952, 『北京口语语法』, 北京：中国青年出版社

李宇明1997, 『汉语语法"本位"论评』, 『世界汉语教学』第1期

梁启超1916, 『国文语原解』, 『大中华』2卷1 期

梁启超1931, 『从发音上研究中国文字之源』, 载李中昊编『文字历史观与革命论』, 1931年, 北平：文化书社

林汝昌, 李曼珏1993, 『语义学入门』, 武汉：华中理工大学出版社

林语堂1969, 『英语学习法』, 『林语堂选集：读书・作文』, 台北：读书出版社

刘泽先1957, 『北京话里究竟有多少音节？』载胡裕树主编『现代汉语参考资料』（上册）, 上海：上海教育出版社, 1980年

刘 勰501, 『文心雕龙』, 见周振甫1986

鲁 川2000, 『汉语语法的意合网络』, 北京：商务印书馆

鲁 迅1932, 『答北斗杂志社问』, 『鲁迅全集』第四卷, 北京：人民文学出版社, 1981年版

陆俭明, 郭 锐1998, 『汉语语法研究所面临的挑战』, 『世界汉语教学』第4期

陆志韦1937, 『北京话单音词词汇叙论』, 修订稿载陆志韦『北京话单音词词汇』, 北京：人

民出版社, 1951年

陆志韦1957,『汉语的构词法』, 北京：科学出版社

陆宗达, 俞敏1954,『现代汉语语法（上）』, 群众出版社

吕叔湘1941,『中国文法要略』, 上海：商务印书馆, 1953年版

吕叔湘1963,『现代汉语单双音节初探』,『中国语文』第1期, 又载吕叔湘『汉语语法论文集』（增订本）, 北京：商务印书馆, 1984年

吕叔湘1979,『汉语语法分析问题』, 载吕叔湘『汉语语法论文集』, 北京：商务印书馆, 1984年

吕叔湘1980,『语文常谈』, 北京：三联书店

吕叔湘1983,『重印「马氏文通」序』, 载『马氏文通』, 商务印书馆1983年版, 北京

马秉义2000,『英汉语句子结构常式比较』, 载杨自俭主编『英汉语比较与翻译』, 上海：上海外语教育出版社, 2000年6月

马建忠1898,『马氏文通』, 北京：商务印书馆, 1983年版

马庆珠1998,『结构、语义、表达研究琐议』,『中国语文』第3期

潘文国1986a,『评高本汉为「广韵」拟音的基础－－四等洪细说』,『语文论丛』第三辑, 上海：上海教育出版社

潘文国1986b,『论总和体系——「切韵」性质的再探讨』,『华东师范大学学报』第4期

潘文国1990,『汉英构词法对比研究』, 载林祥楣主编『汉语论丛』, 上海：华东师范大学出版社, 1990年1月

潘文国1994,『实用命名艺术手册』, 上海：华东师范大学出版社

潘文国1996,『字本位和词本位』, 耿龙明, 何寅主编『中国文化与世界』第四辑, 上海：上海外语教育出版社

潘文国1997a,『韵图考』, 上海：华东师范大学出版社

潘文国1997b,『汉英语对比纲要』, 北京：北京语言文化大学出版社

潘文国1997c,『诗歌翻译中的诗歌语言问题』, 中国华东修辞学会编『修辞学研究』第七辑, 南京：南京大学出版社, 1997年3月

潘文国1997d,『汉字的音译义』,『第五届国际汉语教学讨论会论文选』, 北京：北京大学出版社, 1997年10月

潘文国1998, 『语言研究与语言教学——兼论"汉语言文字学"专业设立的理论意义和实践意义』, 『语言文字应用』1997年增刊, 1998年3月出版

潘文国2000, 『汉语研究：世纪之交的思考』, 『语言研究』第1期

潘文国2001a, 『语言的定义』, 『华东师范大学学报』第1期

潘文国2001b, 『试论中国语言学的"落后"』, 上海市语文学会编『语文论丛』第七辑, 上海：上海教育出版社

潘文国2001c, 『汉英命名方式的语言学考察』, 『暨南大学华文学院学报』第1期, 2001年3月

潘文国2001d, 『汉语音译词中的"义溢出"现象』, （香港）『语文建设通讯』第67期, 2001年6月

潘文国, 黄月圆, 杨素英1999, 『当前的汉语构词法研究』, 载江蓝生, 侯精一主编『汉语现状与历史的研究』, 北京：中国社会科学出版社, 1999年12月

潘文国, 叶步青, 韩洋1993, 『汉语的构词法研究』：1898-1990, 台北：学生书局

潘悟云2000, 『汉语历史音韵学』, 上海：上海教育出版社, 2000年7月

齐冲天1981, 『汉语单音节词的构成问题』, 北京大学『语言学论丛』第八辑, 北京：商务印书馆, pp.118-141

齐冲天1997, 『声韵语源字典』, 重庆：重庆出版社, 1997年3月

钱冠连1997, 『汉语文化语用学』, 北京：清华大学出版社

钱乃荣1995, 『汉语语言学』, 北京：北京语言学院出版社

钱玄同1926, 『历史的汉字改革论』, 载李中昊编『文字历史观与革命论』, 1931年, 北平：文化书社

乔姆斯基1957, 『句法结构』, 中译本, 北京：中国社会科学出版社, 1979年

裘锡圭1988, 『文字学概要』, 北京：商务印书馆

瞿秋白1931, 『再论翻译』, 载罗新璋编『翻译论集』, 北京：商务印书馆, 1984年

任瑚琏2001, 『字、词与对外汉语教学的基本单位』, 中国对外汉语教学学会第七届学术讨论会论文, 成都

任学良1981a, 『汉英比较语法』, 北京：中国社会科学出版社

任学良1981b, 『汉语造词法』, 北京：中国社会科学出版社

任 远1998，『句读学论稿』，杭州：浙江古籍出版社

阮 元1980，『十三经注疏』，北京：中华书局

邵敬敏1990，『汉语语法学史稿』，上海：上海教育出版社

邵敬敏1996，『关于"功能"和"解释"的几点思考』，『华东师范大学学报』第4期

邵敬敏1998，『八十到九十年代的现代汉语语法研究』，『世界汉语教学』第4期

沈家煊1996，『我国的语用学研究』，『外语教学与研究』第1期

申小龙1989，『人文精神，还是科学主义？』，上海：学林出版社

申小龙1991，『语文的阐释』，长春：辽宁教育出版社

史存直1973，『汉语语法体系问题』，『语法三论』，上海：上海教育出版社1980

史存直1986，『句本位语法论集』：上海：上海教育出版社

史有为1989，『新时期中国语言学的应对』，『汉语学习』第2期，又载史有为『呼唤柔性』，
　　　　　海口：海南出版社，1992年

史有为1991，『多元·柔性·立体』，『世界汉语教学』第4期，又载史有为『呼唤柔性』，
　　　　　海口：海南出版社，1992年

史有为1995，『效率单位：语素和短语之间』，『大阪外国语大学论集』14号，又载史有为
　　　　　『汉语如是观』，北京：北京语言文化大学出版社，1997年

苏培成1994，『现代汉字学纲要』，北京：北京大学出版社

孙常叙1956，『汉语词汇』，长春：吉林人民出版社

孙雍长1991，『转注论』，长沙：岳麓书社

孙中山1918，『「建国方略」之一"以作文为证"』（节象），载张万起编『马氏文通研究资
　　　　　料』，北京：中华书局

索绪尔，F. 1916，『普通语言学教程』，中译本，北京：商务印书馆，1980年

汪 平1997，『苏州方言语法引论』，『语言研究』第1期

汪 平2001，『苏州方言语法新探』，打印本，武汉：华中科技大学

王艾彔1987，『汉语语法类型管窥』，（山西）『理论学刊』第4期和1988年第1期

王洪君1994，『从字和字组看词和短语』，『中国语文』第2期

王洪君1996，『汉语语音词的韵律类型』，『中国语文』第3期

王 力1944, 『中国语法理论』, 北京：中华书局, 1954年版

王 力1956, 『汉语音韵学』, 中华书局, 北京. 原名『中国音韵学』, 1935年, 上海：商务印书馆

王 力1963, 『汉语音韵』, 北京：中华书局

王 力1984, 『经典释文反切考』, 中国音韵学研究会编『音韵学研究』第一辑, 23-77页. 北京：中华书局

王 宁1995, 『汉字的书写元素与构形元素』, 『中国教育报』1995年3月27日第3版

王若江2000, 『由法国"字本位"汉语教材引发的思考』, 『世界汉语教学』第3期

王 显 1962, 『再谈「切韵」音系的性质』, 『中国语文』第12期

王 筠1838, 『文字蒙求』, 1846年再版. 北京：中华书局, 1962年影印本

魏建功1925, 『从中国文字的趋势上论汉字（方块字）的应该废除』, 载李中昊编『文字历史观与革命论』, 1931年, 北平：文化书社

吴洁敏, 朱宏达2001, 『汉语节律学』, 北京：语文出版社, 2001年2月

邢福义1996, 『小句中枢说』, 『中国语文』第6期

邢福义1997, 『汉语语法学』, 长春：东北师范大学出版社

邢公畹1982, 『汉语方言调查基础知识』, 武汉：华中工学院出版社, 1982年5月

徐通锵1991, 『语义语法刍议』, 『语言教学与研究』第3期

徐通锵1994a, 『"字"和汉语的句法结构』, 『世界汉语教学』1994年第2期

徐通锵1994b, 『"字"和汉语研究的方法论』, 『世界汉语教学』1994年第3期

徐通锵1997, 『语言论』, 长春：东北师范大学出版社

徐通锵2001, 『基础语言学教程』, 北京：北京大学出版社

徐友渔等1996 『语言与哲学：当代英美与德法哲学传统比较研究』, 北京：生活 · 读书 · 新知三联书店

许国璋1988, 『评夸克1985年的「语法」』, 载『许国璋文集』, 北京：商务印书馆, 1997年5月

荀 子1986, 『正名篇』, 王先谦『荀子集解』本, 载『诸子集成』第二册, 上海：上海书店影印, 1986年

严 夏 1898, 『「天演论」译例言』, 载罗新璋编『翻译论集』pp136-8, 商务印书馆, 北京, 1984年

严 夏1904, 『"英文汉诂"叙』, 载王栻主编『严夏集』第一集, 1986年, 北京：中华书局

姚小平1992, 『Logos与"道"』, 『外语教学与研究』第1期. 又载李瑞华主编『英汉语言文化对比研究』, 上海：上海外语教育出版社, 1996年3月

姚孝遂 1980, 『古汉字的形体结构及其发展阶段』, 『古文字研究』第四辑, 北京：中华书局

叶步青1997, 『汉语书面词语的中介形式』, 『世界汉语教学』第1期, pp.88-93

叶蜚声1989, 『十年来汉语语法研究的回顾与前瞻』, 『外语教学与研究』, 1989年第1期

叶军2001, 『汉语语句韵律的语法功能』, 上海：华东师范大学出版社

叶斯柏森1924, 『语法哲学』, 中译本, 北京：语文出版社, 1988年

游汝杰1992, 『汉语方言学导论』, 上海：上海教育出版社, 1992年11月

袁毓林2001, 『语言学研究的现状和发展趋势』, 『汉语学习』第3期

詹贤鋆1980, 『英语词素分析』, 北京：商务印书馆

詹鄞鑫1992, 『汉字说略』, 沈阳：辽宁教育出版社

章士钊1907, 『中等国文典』, 上海：商务印书馆

张寿康1978, 『说"结构"』, 『中国语文』第4期

张志公1980, 『语法和语法教学』, 载『张志公语文教育论集』, 北京：人民教育出版社, 1994年

张志公1990, 『汉语语法的再研究』, 『外语教学与研究』第3期. 又载王本华编『张志公论语文集外集』, 北京：语文出版社, 1998年4月

张志公1992, 『传统语文教育教材论』, 上海：上海教育出版社, 1992年12月

张志公1993, 『汉语辞章学引论』, 『语文学习』第1期开始连载. 又载王本华编『张志公论语文·集外集』, 北京：语文出版社, 1998年

张中行1988, 『文言和白话』, 哈尔滨：黑龙江人民出版社

章士钊1907, 『中等国文典』, 上海：商务印书馆

赵 诚 1988, 『汉字探索』, 载中国社会科学院语言文字应用所编『汉字问题学术讨论会论文

集』，北京：语文出版社. pp.286-295

赵尔巽等1977, 『清史稿』第41册，卷446，列传第223，黎庶昌传附，北京：中华书局

赵金铭1987, 『谐音与文化』，『语言教学与研究』第1期

赵元任1933, 『Tone and Intonation in Chinese』，『史语所集刊』第四本第二分, pp. 121-134

赵元任1975, 『汉语词的概念及其结构和节奏』，译文载袁毓林主编『中国现代语言学的开拓和发展－赵元任语言学论文选』，北京：清华大学出版社, 1992年

赵元任1979, 『汉语口语语法』，吕叔湘译，北京：商务印书馆, 1979年12月

郑 奠，麦梅翘1964, 『古汉语语法学资料汇编』，北京：中华书局

郑 敏1998, 『结构－解构视角：语言 · 文化 · 评论』，北京：清华大学出版社

周流溪2000, 『导读』，见Andrew Radford et al. Linguistics: An Introduction, Cambridge: Cambridge University Press, 1999, reprinted in 北京：外语教学与研究出版社, 2000

周有光1979, 『汉字改革概论』 (第三版)，北京：文字改革出版社

周有光 1997, 『世界文字发展史』，上海：上海教育出版社

周振甫1986, 『文心雕龙今译』，北京：中华书局

朱德熙1982, 『语法分析和语法体系』，载全国语法和语法教学讨论会业务组编『教学语法论集』，北京：商务印书馆, 1982年

朱德熙1985, 『语法答问』，北京：商务印书馆

朱 星1983, 『篇章结构及教学』，兰州：甘肃人民出版社, 1983年6月

Ann, T.K. (安子介) 1982, Cracking the Chinese Puzzles, Vol. 1, Hong Kong: Stockf lows Co., Ltd.

Aronoff, Mark 1976, Word Formation in Generative Grammar, Cambridge, MA: MI T Press

Austin, J.L. 1962, How to Do Things with Words, Oxford: Clarendon Press

Beaugrande, Robert de & Wolfgang Dressler 1981, Introduction to Text Linguistics, London and New York: Longman

Bellassen, Joël & Zhang Pengpeng 1989, Méthod d'initiation à la langue et à l'écritu re chinoises, Paris: La Gompaignie

Bloomfield, Leonard 1933. Language, London: George Allen & Unwin, 1967

Chao, Yuan Ren 1948, Mandarin Primer, Cambridge MA: Harvard University Press

Chao, Yuen Ren 1968, A Grammar of Spoken Chinese, Berkeley, Los Angeles & lon don: University of California Press

Chomsky, Noam 1957, Syntactic Structure, The Hague: Mouton & Co.

Chomsky, Noam 1965, Aspects of the Theory of Syntax, Cambridge Mass.: MIT Pr ess

Chomsky, Noam & Morris Halle 1968, The Sound Pattern of English, Cambridge, Mass. & London: MIT Press

Comrie, Bernard 1981, Language Universals and Linguistic Typology, Oxford: Basil Blackwell Ltd..

Cruse, Alan 2000, Meaning in Language: An Introduction to Semantics and Pragma tics, Oxford: Oxford University Press

Crystal, David, 1969, Prosodic Systems and Intonation in English, Cambridge: Cam bridge Press

Crystal, David, 1997, The Cambridge Encyclopedia of Language, second edition, Ca mbridge: Cambridge University Press

DeFrancis, John 1984, The Chinese Language: Facts and Fantasy, Honolulu: Univer
　　sity of Hawaii Press

DeFrancis, John 1989, Visible Speech: The Diverse Oneness of Writing Systems, H
　　onolulu: University of Hawaii Press

Derrida, Jacques 1967, De la Grammotologie, translated into English by G. Spivak
　　as Of Grammotology, Baltomore and London: The John Hopkins Universi
　　ty Press, 1976

Ferguson, Charles A. 1978, Historical Background of Universal Research, in Joseph
　　H.

Firth, J.R. 1948, Sounds and Prosodies, in Transactions of Philological Society 1948,
　　127-152

Greenberg, J. (ed.) "Universals of Human Language", Volume 1, Method and Theor
　　y, Stanford, California: Stanford University Press

Grice, H.P. 1975, 'Logic and Conversation', in P. Cole and J.L. Morgan (eds.) Synta
　　x and Semantics, Vol. 3: Speech Acts. New York: Academic Press (1975),
　　41-58

Fromkin, Victoria et al. 2000, Linguistics: An Introduction to Linguistic Theory, Ma
　　lden, Massachusetts and Oxford: Blackwell Publishers

Halliday, M.A.K. 1967a, Notes on Transitivity and Theme in English 1, Journal of
　　Linguistics, 3.1, pp. 37-81

Halliday, M.A.K. 1967b, Notes on Transitivity and Theme in English 2, Journal of
　　Linguistics, 3.2, pp. 199-244

Halliday, M.A.K. 1968, Notes on Transitivity and Theme in English 3, Journal of
　　Linguistics, 4.2, pp. 179-215

Halliday, M.A.K. 1969, Options and Functions in the English clause, Brno Studies
　　in English, 8, pp. 81-88; also in Halliday and J.R. Martin (eds.) Readings
　　in Systemic Linguistics, London: Batsford Academic and Educational Ltd.
　　1981

Halliday, M.A.K. 1985, An Introduction to Functional Grammar, London: Edward A
　　rnold

Halliday, M.A.K. & Ruqaiya Hasan 1976, Cohesion in English, London: Longman

Halliday, M.A.K. & Ruqaiya Hasan 1985, Language, Context, and Text: Aspects of Language in a Social-Semiotic Perspective, Victoria: Deakin University P ress

Harris, Roy 1995, Signs of Writing, London and New York: Routledge

Harris, Roy 2000, Rethinking Writing, London: Athlone Press

Harris, Zellig 1951, Structural Linguistics, Chicago & London: The University of C hicago Press

Hocket, C.F. 1942, A System of Descriptive Phonology, in M. Joos (ed.) Readings in Linguistics, New York: American Council of Learned Societies, 1957, p p. 97-108

Honey, John 1997, Language Is Power---- The Story of Standard English and its Enemies, London, Boston: faber and faber

Householder, Fred Walter 1949, Review of Jones 1949, International journal of Ame rican Linguistics 18 : 99-105

Humboldt, Wilhelm Von. 1820, On the Comparative Study of Language and Its Rela tion to the Different Periods of Language Development, in T. Harden and D. Farrelly (eds.) Wilhelm Von Humboldt: Essays on Language, Frankfur t am Main, Berlin, Bern, New York, Paris: Peter Lang GmbH, 1997

Humboldt, Wilhelm von. 1836, On Language: The Diversityof Human Language-St ructure and its Influence on the Mental development of Mankind. Translat ed into English by Peter Heath. Cambridge and New York: Cambridge U niversity Press

Jackendoff, Ray 1994, Patterns in the Mind: Language and Human Nature, New Yo rk: Basic Books

Jacobson, Roman & Morris Halle 1956, Phonology in Relation to Phonetics, in B. M almberg (ed.) Manuel of Phonetics, North Holland, 1956, pp. 411-449

Jespersen, Otto 1938, Growth and Structure of the English Language, Ninth edition, 1978, Oxford: Basil Blackwell

Joos, M. 1950, Description of Linguistic Design, in M. Joos (ed.) Readings in Lingui stics, New York: American Council of Learned Societies, 1957, pp.349-356

Joseph, John E. 1999, A Matter of Consequenz: Humboldt, Race and the Genius of the Chinese Language, Historiographia Linguistica, XXVI: 1/2. 89-148, A msterdam: John Benjamins

Joseph, John E. et al. 2001, Landmarks in Linguistic Thought II: The Western Trad ition in Twentieth Century, London and New York: Routledge

Leech, Geoffrey N 1983, Principles of Pragmatics, London and New York: Longman

Liberman, Mark & Alan Prince 1977, On Stress and Linguistic Rhythm, Linguistic Inquiry, 8, pp. 249-336

Lieberban, Philip 1998, Eve Spoke: Human Language and Human Evolution, W.W. Norton & Company, Inc.

Luelsdorff, Philip A. 1989, 'Introduction' to Vechek 1989.

Lyons, John 1968, Introduction to Theoretical Linguistics, Cambridge: University of Cambridge Press

Marshman, Joshua, Clavis Sinica: Elements of Chinese Grammar, Seramporte

Mattews, P.H. 1974, Morphology: An Introduction to the Theory of Word Structure, London etc.: University of Cambridge Press

Mattews, P.H. 1997, Oxford Concise Dictionary of Linguistics, Oxford and New Yo rk: Oxford University Press

Moore, Terence & Christine Carling 1982, Understanding Language: Towards a Po st-Chomskyan Linguistics, London: The Macmillan Press LTD.

Nesfield, John Collinson 1895-1911, English Grammar Series. With Key. London et c.: Macmillan & Co.

Pinker, Steven 1994, The Language Instinct: How the Mind Creats Language, New York: William Morrow

Quine, Willard Yan Orman 1960, Word and Object, The Technology Press MIT and John Wiley & Sons, Inc., New York and London

Quirk, Randolph et al. 1985, A Comprehensive Grammar of the English Language, London and New York: Longman

Reed, Alonzo and Brainard Kellogg 1877?, Higher Lessons in English: a Work on English Grammar and Composition, in Which the Science of the Language is Made Tributary to the Art of Expression. rev. ed. 1886, New York: Clark & Maynard

Ricoeur, Paul 1976, Interpretation Theory: Discourse and the Surplus of Meaning, Texas: The Texas Christian University Press

Sampson, Geoffrey 1997, Educating Eve -- The "Language Instinct" Debate, London and Washington: Cassell,

Sapir, Edward 1921, Language: An Introduction to the Study of Speech, New York: Harcourt, Brace & World, Inc. 1949

Saussure, F. de 1916, Cours de linguistique générale, edited by Charles Bally and Albert Sechehaye, Paris: Payot & Cie , 1972, translated into English by R. Harris as Course in General Linguistics, La salle, Illinois: Open Court Publishing Co. 1986

Scalise, S. 1981, Generative Morphology, Dordrecht: Foris

Spencer, Amdrew 1991, Morphological Theory, Osford UK & Cambridge USA: Blackwell

Spencer, Andrew & Arnold M. Zwicky 1998, The Handbook of Morphology, Oxford: Blackwell Publishers Ltd.

Stillman, Francis 1966, The Poet's Manual and Rhyming Dictionary, London : Thamesand Hudson

Swadesh, M. 1934, The Phonemic Principle, Language, Vol. 10, 1934, pp. 117-129, also in Erik C. Fudge (ed.) Phonology, Penguin Books Ltd. 1973

Sweet, Henry 1891, A New English Grammar: Logical and Historical, Part I, London: Oxford University Press

Trench, Richard Chenevix 1904, On the Study of Words, London: Kegan Paul, Trench, Trübner & Co. Ltd.

Tylor, Issac 1899, The History of the Alphabet, 2 Vols. New York: Scribner's

Vachek, Josef 1987, 'Thoughts on Some Fifty Years of Research in Written Language', in Vchek 1989.

Vachek, Josef 1989, Written Language Revisited, Amsterdam/Philadelphia: John Be
    njamins

Yin, Binyong and John S. Rohsenow 1994, Modern Chinese Characters, Beijing: Sin
    olingua

인명 색인

용어 색인

(용어 한-중-영 대조)

중국어	한국어	영어	언급된 곳
矣及圣书文字	이집트 히에로글리프	(Egyptian Hieroglyphic)	3.2.2.
口别塔	바벨탑	(Towel Babel)	4.2.1.
斈刻学	금석학	(Epigraphy)	6.3
《北京口语语法》	베이징 구어 어법	(Mandarin Primer)	2.4.3.
厷能说	본능주의	(Instinctivism)	3.2.1.
厷体论	본체론	(Ontology)	3.2.
厷体语言学	본체언어학	(Linguistics Proper)	1.3.; 8.1.
厷位	본위	(Basic Unit)	4.0.
厷位理论	본위이론	(Theories on basic unit)	2.1.; 2.3.
厷义	본의	(Original meaning)	9.4.2.
画	필획	(Stroke / Grapheme)	6.4.
迹学	필적학	(Chirography)	6.3
意文字	표의문자	(Ideographic Writing)	3.2.2.
音文字	표음문자	(Phonetic Writing)	3.2.2.; 6.1.
尔·罗瓦雅尔语法	포트·로열 어법	(Port Royal Grammar)	1.1.1.
成字形素	비문자형태소	(Non-Sinigrammic Morph)	6.6.2
对称现象	비대칭현상	(Asymmetry)	10.3.2.
拉格学派	프라그학파	(Prague School)	2.4.4.; 5.2.
件	부품	(Component)	6.4.
首	부수	(Radical)	6.4.
次分析	직접성분분석	(Immediate Constituent Analysis)	2.4.3.
识	상식	(Common Sense)	3.1.1.
字形素	문자형태소	(Sinigrammic Morph)	6.6.2
统性	전통성	(Conventionality)	9.3.
	단어	(Word)	4.1.; 4.1.3.; 4.3.; 6.5.1.
本位	단어본위	(Word-based Approach)	4.0.; 6.5.1.; 6.5.2.; 9.5.3.
本位的构词法	단어본위의 조어법	(Word-based Morphology)	6.6.2.
干	어간	(Stem)	9.4.2.
匂	단어구조	(Word Structure)	6.6.3.; 7.4.4.
化	단어화	(Wordification)	8.2.1.3.3.; 10.3.2.
匸词	어휘단어	(Lexeme)	4.1.3.
匸性的	어휘성의	(Lexicological)	9.1.
吏论	단어기본론	(Word-based theory)	4.1.
娄本位	품사본위	(Word class as the basic unit)	2.3.; 2.4.; 6.5.1.

《生成构词学》	생성조어법	(Generative Morphology)	6.6.2.
生成论	생성론	(Generation theory)	8.2.
生成音系学	생성음운학	(Generative phonology)	5.2.
生成语言学	생성언어학	(Generative Grammar / Generative linguisitcs)	7.4.4.
《生成语言学中的构词法》	생성언어학의 형태론	(Word Formation in Generative Grammay)	6.6.2.
声符	성부	(Phonetic component)	6.8.
声系研究	성운체계 연구	(Systematic study of initials)	6.8.
声韵调系统	성모운모성조체계	(Initial−final−tone system)	5.3.1.1.
《诗经》	시경	(Book of Poetry)	7.3.
世界观说	세계관설	(Theory of language as worldview)	3.2.1.
《示儿编》	시아편	(A Reader for My Sons)	7.3.
《释名》	석명	(Shi Ming, or, An Explanation of Sinigrams)	6.8.
手势语	몸짓언어	(Gesture language)	3.2.1.
书法学	서예학	(Calligraphy)	6.3
书面语	글말	(Writing / Written language)	1.2.3.; 3.2.1.; 6.1.; 10.1.
双声叠韵	쌍성첩운	(Alliterated or rhymed binome)	5.3.1.2.
双音化	2음절화	(Disyllabification)	10.3.1.
《说文解字》	설문해자	(Shuo Wen Jie Zi, or, An Analytic Dictionary of Sinigrams)	1.1.; 1.1.2.; 4.2.1.; 6.2.; 6.6.2.
四字结构	4음절구조	(Four−Sinigram structure)	10.3.3.
苏联语言学	소련언어학	(Soviet linguistics)	2.4.3.
速记学	속기학	(Stenography)	6.3
缩略词	약어	(Acronym)	9.2.
他源文字	타원문자	(Scripts of other−origin)	3.2.2.
替代	대체	(substitution)	2.4.3.
天然单位	천연단위	(Natural unit)	4.1.1.; 4.2.1.
《天演论 · 译例言》	천연론 역례언	(Preface to Evolution and Ethics)	8.3.
调控论	제어론	(Regulation Theory)	8.3.
调控性原则	제어성 원칙	(Regulative Principles)	8.3.
同形替代法	동형대체법	(Method of homographic substitution)	2.4.3.
同音字	동음자	(Homophone)	9.2.
图解法	도해법	(Diagrammatic method)	2.4.2.
文白之争	문언 백화 논쟁	(Debate between classic and vernacular written languages)	1.2.3.

形位	형위	(morpheme)	4.3.; 6.4.; 9.4.2.
形位变体	형위변형체	(allomorph)	4.3.
形位学	형위학	(morphology)	6.3.; 6.5.3.
形义结合	형태와 의미의 결합	(Form—meaning combination)	3.2.1.; 4.2.1.
休止音节	휴지음절	(Silent syllable)	10.1.
虚实律	허실률	(Principle for applying functional Sinigrams)	8.2.2.3.
训诂学	훈고학	(Textology)	7.2.
言语行为	언어행위	(Speech Act)	10.1.
演绎	연역	(Deduction)	1.2.1.; 1.2.4.
一声之转	일성지전	(A shift of sound)	6.8.
一体三相	삼위일체	(Three phases of a single entity)	4.1.3.; 4.2.3.; 5.1.; 6.5.3.
移动本位	이동본위	(Movable basic unit)	2.1.; 2.3.
以形构义	형태에 의한 의미구성	(Using shapes to make meaning)	6.8.
以音表义	음운에 의한 의미표현	(Using sounds to express meaning)	6.8.
以语证史	언어를 통한 역사연구	(Using Sinigrams to verify historical records)	4.2.2.
义句	의미문장	(Semantic sentence)	7.4.7.1.
义素分析法	어휘소분석법	(Lexeme analysis)	9.2.
义位	단어소	(Lexeme)	9.2.
意合	병렬관계	(Parataxis)	8.2.3.
意群	의미그룹	(Sense Group)	10.4.
音步	운각	(Foot)	10.1.
音句	음성문장	(Prosodic clause)	2.4.3.; 7.4.7.1.
音类	음운유형	(Phonological category)	5.2.; 5.3.2.
音素	음성형태소	(Phone / Sound)	4.1.1.; 4.3.; 5.2.
音位	음소	(Phonemes)	1.2.3.; 2.4.3.; 4.1.1.; 4.3.; 5.2.; 6.1.
音位变体	음소변형체	(allophone)	4.3.
音位学	음소학	(Phonemics)	5.2.
音系学	음운학	(Phonology)	4.3.; 5.2.
音义互动律	음성-의미의 상호작용 규칙	(The law of interaction between syllables and meaning)	10.1.ff.
音义结合	음성-의미 결합	(Sound—meaning combination)	3.2.1.
音译义	음역의미	(Transliterated meaning)	5.3.1.2.
音韵词	음운단어	(Phonological Word)	4.1.3.
音韵律	음운률	(Prosodical principle)	8.2.1.3.2.
音韵学	음운학	(Chinese Phonology)	1.1.2.; 1.1.3.; 1.2.4.; 5.2.
音转研究	음운전이연구	(Study of phonological shifting)	6.8.

音足型语言	운율형 언어	(Prosodic language)	10.4.
印欧语眼光	인도-유럽어의 관점	(European language's viewpoint)	2.4.6.; 3.0.; 3.1.2.
印刷学	인쇄술	(Typography)	6.3
《英语音型》	영어음운의 유형	(The Sound Pattern of English)	5.2.
《英语语法大全》	영어 어법대전	(A Comprehensive Grammar of the English Language)	2.4.4.
语文说	성부의미론	(The Theory of the "The—side Component of the Sinigram")	6.8.; 9.5.1.
语法词	어법단어	(Grammatical Word)	4.1.3.
语法革新派	어법혁신파	(Grammatical reformers)	2.4.2.
语法性的	어법적인	(Grammatical)	9.1.
语法中心	어법중심	(Grammar—centeredness)	1.2.2.; 7.4.1.
语感	어감	(Sense of language)	10.1.
语化	어휘화	(Phrasification)	10.3.2.
语境	문맥	(context)	6.1.
语篇性	텍스트성	(Intratextual)	2.4.4.; 8.2.3.
语篇性	텍스트성	(Textuality)	8.2.3.
语篇研究	텍스트언어학 연구	(Text Linguistics)	7.2.
语气	정서	(Mood)	2.4.4.; 8.2.3.
语素	형태소	(Morpheme / Moneme)	2.4.3.; 4.1.1.; 4.3.; 9.2.; 9.4.2.
语素本位	형태소본위	(Morpheme as the basic unit)	2.1.; 2.3.; 2.4.3.; 4.0.
《语文常谈》	어문상담	(Table Talk on Language and Script)	9.1.
语形	어형	(Grammatical form)	6.0.
语形学	어형학	(Grammar)	4.2.3.; 6.2.
语言	언어	(Language)	3.2.1.
语言的定义	언어의 정의	(Definition of language)	3.2.1.; 3.2.2.
《语言学：语言理论导论	언어학: 언어이론 해설	(Linguistics: An Introduction to Linguistic Theory)	4.2.3.; 4.2.4.
语言学的"常识"	언어학의 "상식"	(Linguistic "common sense")	3.1.1.
语言游戏	언어유희	(Language games)	9.5.2.
语义	의미	(Sense)	6.6.1.
语义本位	의미본위	(Sense as the Basic unit)	2.3.
语义成分	의미부	(Semantic component)	9.2.
语义型语言	의미형 언어	(Semantic language)	7.3.; 10.4.
语音	음성	(Phone)	6.1.
语音特征	음성특징	(Phonetic feature)	5.2.
语音学	음성학	(Phonetics)	5.2.
语音中心主义	음성중심주의	(Phonetic centrlism)	3.2.2.
语用学	화용론	(Pragmatics)	10.1.

语原	어원	(Origin of language)	4.2.2.
元辅音系统	모음자음 체계	(Vowel−Consonant system)	5.3.1.1.
韵律学	운율학	(Prosody)	5.2.
暂拟系统	잠정체계	(Provisional System)	1.2.2.
章	장	(Sentence / Paragraph)	7.3.; 7.4.7.1.
章句	장구	(Sentence & pauses / Paragraph & sentences)	7.2.; 7.3.; 7.4.; 10.4.
《章句篇》	문심조룡 장구편	(On Sentence & Pauses)	2.4.1.; 7.4.ff
章句学	장구학	(Syntactical−textual Studies)	7.2.; 7.3.
真实系统	진실체계	(Virtual System)	8.4.
整字	한자	(Sinigram)	6.4.
执简驭繁	간단한 방법으로 복잡한 체계를 운용하다	(Limited means for unlimited usage)	10.3.1.
《中等国文典》	중등(중)국문전	(An Intermediate Chinese Grammar)	4.2.1.
《中国话的文法》	중국어의 문법	(A Grammar of Spoken Chinese)	1.2.2.
《中国音韵学研究》	중국음운학 연구	(Etudes sur la phonologie chinoise)	1.1.2.; 5.2.
《中文语法要素》	중문어법요소	(Clavis Sinica: Elements of Chinese Grammar)	6.8.
重音轻字	문자보다는 음성을 중시	(To lay more emphasis on sounds than on scripts)	1.2.3.
重语轻文	글말보다는 입말을 중시	(To lay more emphasis on speech than on writing)	1.2.3.; 3.2.2.
《周易 · 系传》	주역 계전	(Book of Changes: The Great Treatise)	4.2.1.
主流语言学	주류언어학	(Mainstream linguistics)	7.2.
主题性	주제성	(Theme)	2.4.4.; 8.2.3.
助字者，华文之独	조자는 중국어에만 있다	(Particles are what is idiosyncratic in Chinese)	1.2.1.; 8.2.2.3.
转换生成语言学	변형생성문법	(TG Grammar)	1.2.4.; 2.4.3.
转注	전주	(Derivatives)	6.8.; 9.5.1.
字	한자	(Sinigram / Chinese character)	1.4.; 4.0.; 4.2.; 7.3.; 9.2.
字本位	한자본위	(Sinigram as the basic unit)	2.1.; 2.4.6.; 3.1.3.; 4.0.; 6.5.1.; 6.5.2.; 6.6.2.; 7.4.2.; 9.5.3.
字本位的汉语研究	한자본위의 중국어 연구	(Sinigram−based Chinese studies)	1.3.; 6.1.
字本位教学法	한자본위교육법	(Teaching Chinese with Sinigram as the basic unit)	6.5.5.

옮긴이 오은석

목원대학교 국어국문학과
(중국) 화둥사범대학교 응용언어학과 석사
(중국) 화둥사범대학교 언어학과 박사(수료)
중국인을 위한 한국어 교육에 종사
(현) 백제어학원(www.bjkorean.net) 원장

한자에서 언어학으로

1판 1쇄 인쇄 2022년 1월 10일
1판 1쇄 발행 2022년 1월 20일

지은이 판원궈
옮긴이 오은석
펴낸이 박현석
펴낸곳 호 人(현인)
표지디자인 김창미

등 록 제 2010-12호
주 소 서울시 도봉구 덕릉로 62길 13, 103-608
전 화 010-2012-3751
팩 스 0505-977-3750
이메일 gensang@naver.com

ISBN 979-11-90156-25-7